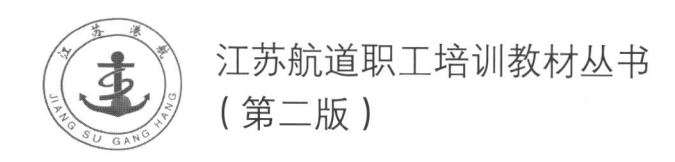

江苏航道职工培训教材丛书
（第二版）

航闸技术

江苏省交通运输厅港航事业发展中心　编著

吉顺莉　主编

河海大学出版社
HOHAI UNIVERSITY PRESS
·南京·

图书在版编目(CIP)数据

航闸技术 / 江苏省交通运输厅港航事业发展中心编著. -- 南京：河海大学出版社，2023.5
(江苏航道职工培训教材丛书：第二版)
ISBN 978-7-5630-7996-4

Ⅰ. ①航… Ⅱ. ①江… Ⅲ. ①船闸-职工培训-教材 Ⅳ. ①U641

中国国家版本馆 CIP 数据核字(2023)第 019775 号

书　　名	航闸技术
书　　号	ISBN 978-7-5630-7996-4
责任编辑	金　怡
责任校对	周　贤
封面设计	徐娟娟
出版发行	河海大学出版社
地　　址	南京市西康路1号(邮编:210098)
电　　话	(025)83737852(总编室)　(025)83722833(营销部)
经　　销	江苏省新华发行集团有限公司
排　　版	南京布克文化发展有限公司
印　　刷	南京玉河印刷厂
开　　本	787毫米×1092毫米　1/16
印　　张	39.75
字　　数	819千字
版　　次	2023年5月第1版
印　　次	2023年5月第1次印刷
定　　价	198.00元

《江苏航道职工培训教材丛书》
（第二版）

编写委员会

主 任 委 员 梅正荣
副主任委员 陈胜武　吴丽华
委　　　员 杨　栋　杨　本　张爱华　高　莉　邓国权
　　　　　　　杨先华　徐业庄　徐向荣　赵苏政

《航闸技术》编写组

主　　编 吉顺莉
副 主 编 祝雁冰　邓小燕
编　　审 蔡守军　王　栩　王宗传
　　　　　　吉　旸　高　杰

序

习近平总书记指出,"劳动者素质对一个国家、一个民族发展至关重要","技术工人队伍是支撑中国制造、中国创造的重要基础,对推动经济高质量发展具有重要作用"。新时代赋予了交通"中国现代化开路先锋"的重任。江苏省交通运输厅始终把建设高素质交通运输技能队伍作为事关交通运输行业现代化、事关交通强省建设和事关"国之大者"的重要工作牢牢抓稳抓实。2021年12月,江苏省交通运输厅与江苏省人才工作领导小组办公室联合印发了《江苏省"十四五"交通运输人才发展规划》,将"高技能人才强基行动"纳入"十四五"时期交通运输系统人才发展五大行动之一,进一步加强规划设计,强化工作部署。

江苏省交通运输厅港航事业发展中心一直以来都高度重视港航人才培养,多年来一直坚持针对航标工、潜水员、航闸技术工等主要工种开展培训,为港航事业发展输送了大量技术技能型人才。近年来,面对智慧港航、绿色港航发展新需求,面对港航新技术、新工艺的快速发展,航道职工原有的知识技能体系亟需补充提升。而随着工考管理体制改革,也需要对原有培训考试机制和知识教育体系重构。因此,江苏省交通运输厅港航事业发展中心与江苏航运职业技术学院协作,集中力量完成了《江苏航道职工培训教材》的修订工作,形成一套四本职业技能培训教材丛书。

《江苏航道职工培训教材丛书(第二版)》,紧扣江苏航道人才培养需求,围绕航闸技术工、内河航标工、内河潜水员等高素质技术技能型人才培养目标,以实用为要,能够满足一线航道技能职工岗位培训和管理人员知识培训需求。希望全省港航系统各单位用好教材,进一步加强技能人才培训工作,不断提升队伍素质,为推动港航事业现代化、加快交通运输现代化示范区建设、建设"强富美高"新江苏,提供强有力的人才支撑、智力保障。

2022 年 12 月

前 言

"十三五"以来,江苏航道教育培训进一步贯彻落实"科教兴航"和"队伍强航"战略,着眼于港航事业的长远发展,围绕专业型职工队伍建设和复合型管理干部的能力提升,突出岗位培训和后学历教育两大重点,加强培训教材和培训基地两大建设,教育培训工作得到全面加强,职工队伍素质不断提高,为全省航道事业的跨越式发展提供了重要的智力支持和人才保障。

《江苏航道职工培训试用教材》于2006年5月面世试用,在全省航养费征稽人员转岗培训、全省航道系统技术工人技术等级升级考核培训等方面发挥了重要的作用。随着时代的发展,江苏航道系统建设、运行、养护等新技术、新工艺不断出现,在2014年,原江苏省交通运输厅航道局与原南通航运职业技术学院,结合当时迫切需要一套系统规范化培训教材的需要,共同组织专家完成了《江苏航道职工培训教材》编写,并由河海大学出版社公开出版发行。随着江苏航道事业的快速发展,围绕航道建、管、养、修的新技术、新工艺、新材料不断出现,对原出版教材修订整合的需求日益迫切。为此,2020年7月,江苏航运职业技术学院与江苏省交通运输厅港航事业发展中心联合启动《江苏航道职工培训教材》修订工作,将教材整合为《航道基础知识》《航闸技术》《内河航标》《内河潜水》。经过基层调研、资料收集、大纲审定、教材内审等艰苦努力,新版教材于2022年12月定稿交付。

《航闸技术》是江苏航道职工培训系列教材之一。本书在2014版江苏航道职工培训教材《船闸知识》的基础上,结合江苏船闸机械、电气和运行操作的具体情况,调整了篇章的构成,对原有的内容进行了修订。

全教材共分为"船闸机械""船闸电气""船闸安全运行管理"三篇,第一篇"船闸机械"内容包括:齿轮齿条式启闭机、滚珠丝杆式启闭机、螺杆式启闭机、圆盘推杆式启闭机、齿条推杆式启闭机、钢丝绳卷扬式启闭机、液压启闭机、柴油机;第二篇"船闸电气"内容包括:电工电子技术基础、电气控制技术、现代控制技术、船闸控制系统;第三篇"船闸安全运行管理"内容包括：运调管理、规费征稽、安全管理、应急预案。

  本教材适用于江苏航道一线初级工、中级工、高级工、技师等各个层面的技术工人培训，也适用于航道站长和船闸所长以及新进人员的岗位培训，也可供港口与航道、水利类专业相关工程技术人员参考。

  全书由吉顺莉担任主编，祝雁冰、邓小燕担任副主编，蔡守军、王栩、王宗传、吉旸、高杰等参与完成了教材的编制与审核工作。

  本教材在编写过程中，得到了江苏省港航事业发展中心、省工考办、省交通运输厅政治处、河海大学、东南大学、南京水利科学研究院、华设设计集团股份有限公司、苏交科集团股份有限公司、长江航道局以及全省航道系统专家和领导的大力支持和帮助，在此一并表示感谢。

  由于知识经济时代江苏航道各种新知识新技术不断出现，本教材的知识体系和对新知识点涵盖的疏漏和不足在所难免，欢迎各位专家、教师和学员在使用过程中指正，以便今后进一步修订完善。

编者
2022 年 12 月

目 录

绪 论

一、智慧船闸理念 ·· 002
二、智慧船闸运行调度建设指南 ··· 010
三、学习要求 ·· 017
思考题 ··· 018

第一篇 船闸机械

第一章 齿轮齿条式启闭机

第一节 齿轮齿条式启闭机的性能及结构特点 ··· 020
一、性能及优缺点 ··· 020
二、齿轮齿条式启闭机日常管理与维护 ·· 021
第二节 齿轮齿条式启闭机常见故障及其排除方法 ·· 022
第三节 机械知识拓展——机械传动 ··· 023
一、带传动 ··· 023
二、齿轮传动 ·· 028
三、螺旋传动 ·· 034
四、蜗轮蜗杆传动 ··· 035
五、链传动 ··· 037
思考题 ··· 039

第二章　滚珠丝杆式启闭机

第一节　滚珠丝杆式启闭机的性能与结构特点 ······ 040
一、性能 ······ 040
二、滚珠丝杆工作原理 ······ 041
三、结构特点 ······ 042
四、优缺点 ······ 044
五、滚珠丝杆式启闭机日常维护 ······ 044
第二节　滚珠丝杆式启闭机常见故障及排除方法 ······ 045
第三节　机械知识拓展——机械零件 ······ 046
一、轴 ······ 046
二、轴承 ······ 051
三、联轴器、离合器、制动器 ······ 059
思考题 ······ 066

第三章　螺杆式启闭机

第一节　螺杆式启闭机的性能结构特点 ······ 067
一、性能 ······ 067
二、优缺点 ······ 068
三、构造及分类 ······ 068
四、螺杆式启闭机的维护 ······ 071
第二节　螺杆式启闭机常见故障及其排除方法 ······ 072
第三节　机械知识拓展——机械连接 ······ 073
一、螺纹连接 ······ 074
二、轴毂连接 ······ 078
思考题 ······ 083

第四章　圆盘推杆式启闭机

第一节　圆盘推杆式启闭机的性能及结构特点 ······ 084
一、性能 ······ 084
二、优缺点 ······ 085
三、机体构造 ······ 085
四、管理与维护 ······ 086

第二节　圆盘推杆式启闭机常见故障及排除方法 ………………………………… 087
第三节　机械知识拓展——平面四连杆机构 …………………………………… 088
一、概述 ………………………………………………………………………………… 088
二、铰链四杆机构的基本类型 ………………………………………………………… 088
三、铰链四连杆机构的演化 …………………………………………………………… 091
四、四连杆机构的基本特性 …………………………………………………………… 092
思考题 …………………………………………………………………………………… 093

第五章　其他机械式启闭机

第一节　齿条推杆式启闭机 ……………………………………………………… 094
一、性能 ………………………………………………………………………………… 094
二、优缺点 ……………………………………………………………………………… 094
三、构造 ………………………………………………………………………………… 094
四、管理与维护 ………………………………………………………………………… 095
第二节　钢丝绳卷扬式启闭机 …………………………………………………… 096
一、性能 ………………………………………………………………………………… 096
二、优缺点 ……………………………………………………………………………… 096
三、构造 ………………………………………………………………………………… 097
四、管理与维护 ………………………………………………………………………… 098
思考题 …………………………………………………………………………………… 099

第六章　液压启闭机

第一节　液压传动的概念 ………………………………………………………… 100
一、液压传动的工作原理、系统组成 ………………………………………………… 100
二、液压传动的优缺点 ………………………………………………………………… 101
三、液体压力建立和传递的基本概念 ………………………………………………… 102
第二节　液压泵 …………………………………………………………………… 106
一、液压泵的工作原理及特点 ………………………………………………………… 106
二、液压泵的主要性能参数 …………………………………………………………… 107
三、齿轮泵 ……………………………………………………………………………… 108
四、叶片泵 ……………………………………………………………………………… 109
五、柱塞泵 ……………………………………………………………………………… 110
第三节　液压缸 …………………………………………………………………… 112

一、液压缸的分类 ··· 112
二、单杆式液压缸的推力和速度 ··· 112
三、单杆式液压缸的典型结构和组成 ·· 114
第四节　液压控制阀 ·· 116
一、概述 ··· 116
二、方向控制阀 ··· 116
三、压力控制阀 ··· 125
四、流量控制阀 ··· 131
五、叠加式液压阀 ·· 134
六、二通插装阀 ··· 136
七、液压阀的连接 ·· 141
第五节　液压辅助元件 ··· 142
一、管路和接头 ··· 142
二、油箱 ··· 143
三、过滤器 ·· 143
四、压力表 ·· 145
五、密封装置 ··· 146
第六节　液压系统的使用维护、故障排除 ······································ 148
一、液压系统的使用保养要求 ·· 149
二、定期维护内容与要求 ··· 150
三、液压系统故障诊断的方法和步骤 ·· 151
四、液压系统常见故障诊断与排除 ·· 152
第七节　船闸启闭机的典型液压系统 ·· 156
一、插装阀液压系统 ··· 156
二、滑阀液压系统 ·· 159
第八节　液压启闭机的常见型式 ··· 162
一、液压启闭机与机械启闭机的关系 ·· 162
二、液压启闭机的常见型式 ·· 162
第九节　液压直推式启闭机常见故障及排除方法 ····························· 163
思考题 ··· 165

第七章　柴油机

第一节　柴油机基本概念、名词术语 ·· 166

一、柴油机的类型 …………………………………………………………… 167
二、术语、名词解释 ………………………………………………………… 167
第二节　工作原理 …………………………………………………………… 170
一、四个冲程进行情况 ……………………………………………………… 170
二、四冲程柴油机的定时图 ………………………………………………… 171
第三节　柴油机的主要部件 ………………………………………………… 172
一、柴油机辅助系统 ………………………………………………………… 172
二、柴油机的调速装置 ……………………………………………………… 173
三、柴油机的启动装置 ……………………………………………………… 173
第四节　柴油机的调整 ……………………………………………………… 174
一、气门间隙的调整检查 …………………………………………………… 174
二、配气定时的检查调整 …………………………………………………… 174
三、喷油提前角的检查调整 ………………………………………………… 175
四、喷油泵的检查调整 ……………………………………………………… 175
五、喷油器的检查和试验调整 ……………………………………………… 176
第五节　柴油机的使用 ……………………………………………………… 177
一、燃油、机油及冷却水 …………………………………………………… 177
二、柴油机的启动 …………………………………………………………… 178
三、柴油机的运转 …………………………………………………………… 179
四、柴油机的停车 …………………………………………………………… 179
第六节　柴油机的技术保养 ………………………………………………… 179
一、日常维护 ………………………………………………………………… 180
二、一级技术保养 …………………………………………………………… 180
三、二级技术保养 …………………………………………………………… 180
第七节　柴油机的故障及排除方法 ………………………………………… 181
思考题 ………………………………………………………………………… 189

第二篇　船闸电气

第一章　电工电子技术基础

第一节　电工技术基础 ……………………………………………………… 192
一、直流电路 ………………………………………………………………… 192
二、单相交流电路 …………………………………………………………… 197

三、三相电路 ……………………………………………………………… 203

第二节 电子技术基础 ………………………………………………………… 208

一、半导体器件及应用 …………………………………………………… 208

二、集成运算放大器 ……………………………………………………… 216

三、直流稳压电源 ………………………………………………………… 220

思考题 ………………………………………………………………………… 224

第二章 电气控制技术

第一节 磁路及变压器 ………………………………………………………… 226

一、磁路的基本知识 ……………………………………………………… 226

二、变压器 ………………………………………………………………… 230

第二节 三相异步电动机 ……………………………………………………… 237

一、三相异步电动机的结构和工作原理 ………………………………… 238

二、三相异步电动机的特性和额定值 …………………………………… 240

三、三相异步电动机的运行方式 ………………………………………… 242

第三节 继电-接触器控制 …………………………………………………… 247

一、常用低压电器 ………………………………………………………… 247

二、常用控制线路 ………………………………………………………… 263

三、安全用电 ……………………………………………………………… 269

第四节 测量技术 ……………………………………………………………… 277

一、电量的测量 …………………………………………………………… 277

二、常用传感器 …………………………………………………………… 288

第五节 船闸电气设备 ………………………………………………………… 292

一、船闸供配电 …………………………………………………………… 293

二、船闸照明 ……………………………………………………………… 298

三、船闸报警 ……………………………………………………………… 301

四、船闸电气设备的维护 ………………………………………………… 302

思考题 ………………………………………………………………………… 306

第三章 现代控制技术

第一节 变频技术 ……………………………………………………………… 309

一、变频调速技术的发展 ………………………………………………… 309

二、变频调速技术及特点 ………………………………………………… 310

三、通用变频器的工作原理及控制方式 ……………………………………… 310

四、通用变频器的应用 …………………………………………………………… 314

五、变频器的干扰问题 …………………………………………………………… 320

第二节 可编程控制器 ………………………………………………………………… 325

一、可编程序控制器(PLC)概述 ………………………………………………… 325

二、PLC 的特点及性能指标 ……………………………………………………… 325

三、PLC 的分类 …………………………………………………………………… 328

四、PLC 的基本结构 ……………………………………………………………… 330

五、PLC 的软件及编程语言 ……………………………………………………… 333

六、PLC 的工作原理 ……………………………………………………………… 338

七、船闸 PLC 的维护 ……………………………………………………………… 340

第三节 计算机控制及网络技术 ……………………………………………………… 343

一、计算机控制系统的概念 ……………………………………………………… 343

二、计算机控制接口技术 ………………………………………………………… 350

三、计算机控制系统 ……………………………………………………………… 352

思考题 …………………………………………………………………………………… 358

第四章 船闸控制系统

第一节 船闸自动控制系统 …………………………………………………………… 359

一、船闸自动控制系统工艺流程及要求 ………………………………………… 359

二、船闸闸阀门自动控制系统的设计 …………………………………………… 361

第二节 船闸远程集中控制系统 ……………………………………………………… 366

一、船闸集中控制系统 …………………………………………………………… 367

二、视频监控系统 ………………………………………………………………… 373

三、广播通信系统 ………………………………………………………………… 376

思考题 …………………………………………………………………………………… 377

第三篇 船闸安全运行管理

第一章 运调管理

第一节 船舶登记 ……………………………………………………………………… 380

一、航行证件的查验 ……………………………………………………………… 380

二、货物分类 ……………………………………………………………………… 381

三、船舶复核 ··· 382

四、船舶登记 ··· 385

第二节 船舶调度 ··· 390

一、一级调度 ··· 390

二、二级调度 ··· 392

第三节 船舶进闸 ··· 393

一、进闸船舶预告 ··· 393

二、指挥调度进闸 ··· 394

第四节 船舶出闸 ··· 395

一、出闸船舶预告 ··· 395

二、船舶出闸指挥 ··· 396

第五节 船舶停靠秩序管理 ··· 397

一、一级停泊区（包括预调区）停靠秩序管理 ·· 397

二、二级停泊区停靠秩序管理 ··· 397

三、靠船墩停靠秩序管理 ··· 397

第六节 通闸运行调度管理 ··· 398

一、通闸的概念 ··· 398

二、通闸运行调度管理的概念 ··· 398

三、上、下游水位观测与控制 ··· 398

四、放行条件与航向选择 ··· 399

五、通闸运行时停泊区船舶调度管理 ··· 400

六、通闸运行时船舶进出闸秩序管理 ··· 401

七、动水（开启）关闭闸阀门的控制程序与注意事项 ····························· 402

第七节 科学的调度方式及模式 ··· 403

一、运行调度模式 ··· 403

二、货轮过闸档位图管理 ··· 408

三、船舶便捷过闸系统（"水上 ETC"） ··· 411

四、区域集中调度 ··· 415

思考题 ··· 418

第二章 规费征稽

第一节 过闸费征收 ··· 420

一、过闸费的概念 ··· 420

二、过闸费征收的目的、原则、用途 ····· 420
　　三、船舶过闸费征收标准 ····· 421
　　四、过闸违章管理 ····· 424
　第二节　船闸联网收费系统 ····· 426
　　一、计算机收费系统的模块划分、功能、特点 ····· 426
　　二、计算机收费系统的工作流程及用户角色 ····· 433
　　三、计算机收费系统用法 ····· 434
　思考题 ····· 455

第三章　安全管理

　第一节　安全管理理论基础知识 ····· 456
　　一、安全生产管理基本理论 ····· 456
　　二、安全生产管理内容 ····· 463
　　三、安全评价 ····· 483
　　四、安全生产事故调查与分析 ····· 488
　第二节　船闸安全操作规程 ····· 495
　　一、船闸运行程序 ····· 495
　　二、可编程控制系统操作规程 ····· 497
　　三、集散控制系统操作规程 ····· 507
　　四、安全操作规程 ····· 510
　第三节　船闸运行安全管理 ····· 515
　　一、船舶进出闸安全管理规则 ····· 515
　　二、闸次安全宣传 ····· 519
　　三、闸、阀门安全运行观察 ····· 520
　　四、启闭机运行安全管理 ····· 522
　　五、危险品船舶特征及消防措施 ····· 526
　　六、闸区消防与水上救生设施使用与维护 ····· 540
　　七、船闸运行现场主要危险点与预控管理 ····· 541
　　八、防雷击防触电基本知识 ····· 544
　第四节　运行调度值班记录 ····· 548
　思考题 ····· 549

第四章　应急预案

第一节　应急预案编制 … 552
一、应急预案的作用 … 552
二、应急预案体系 … 553
三、应急预案编制的基本要求 … 554
四、事故应急预案编制程序 … 555
五、应急预案基本结构 … 555
六、事故应急预案主要内容 … 557

第二节　应急预案的演练 … 562
一、应急演练的定义、目的与原则 … 562
二、应急演练的类型 … 563
三、应急演练的组织与实施 … 564

第三节　应急预案举例——施桥船闸应对突发事件应急处置预案 … 573
一、应急预案适用范围 … 573
二、突发事件报告制度 … 573
三、应急预案等级划分 … 574
四、应急组织机构与分工 … 575
五、施桥船闸应急保障工作主要预案 … 577
六、应急预案实施要求与措施 … 592

第四节　专项预案示例 … 593
一、邵伯船闸船舶碰撞闸门应急预案 … 593
二、邵伯船闸上、下游远方调度站区域突发事件处理应急预案 … 594
三、邵伯船闸应对危险化学品及油污泄漏事故应急处置预案 … 596
四、危险品船过闸安全防范预案 … 606
五、船舶积压时运行调度应急预案 … 606
六、低水位运行期间安全防范预案 … 608
七、防止船舶沉没应急救援预案 … 609
八、南通船闸通闸运行事故应急救援预案 … 610
九、南通船闸套闸运行事故应急救援预案 … 611
十、南通船闸引航道事故应急救援预案 … 612

思考题 … 613

参考文献

绪论

水运能耗少，运量大，环境污染小，是比较经济的运输方式，同时符合时代发展要求的低碳、绿色理念。船闸作为通航建筑物的主要形式，其作用在于帮助船舶克服水利枢纽上下游集中水位的落差，以达到船舶顺利通行的目的，在水运中起到极其关键的作用。

自21世纪以来，我国水运有了蓬勃的发展，航道建设亦取得了重大成就，船舶大型化趋势加快，给现有船闸的通航带来了巨大压力，新建船闸虽是提升通航运力最直接有效的办法，然受国土资源紧张等因素制约无法广泛实施。因此，提升现有船闸通航效率成为促进内河水运体系发展的有效途径。

智慧船闸是智慧交通、智慧水利的重要组成部分。智慧船闸建设坚持以人为本、可持续发展的理念，以提升船员与船闸工作人员智能交互水平、提高船闸通航效率为目的。智慧船闸是运用移动互联网、云计算、大数据、物联网等丰富的信息化技术手段，以更准确的信息在有限的时间、空间内建设人性化、智能化的动态服务体系。

构建智慧船闸不仅可以提高船闸的管理水平和运行效率，减少船闸事故，降低环境污染，还能在很大程度上促进业务流程的优化，提升船闸服务水平，为船舶提供高效、便捷、优质的过闸服务。

一、智慧船闸理念

（一）概念及特点

1. 概念

智慧船闸就是将监控技术、通信技术、控制技术、传感器技术、计算机技术以及网络技术集成应用于船闸通航管理服务中，在过闸全流程中建立安全、实时、准确、高效的管理和控制系统的船闸。

智慧船闸，是智慧中国、智慧交通等理念在水运行业的具体落实，是新一代信息技术在水运领域的深度应用。智慧船闸是在船闸信息化和智能交通的基础上，通过技术创新、系统协同和流程优化，依托更成熟的高端技术体系、更协调的系统集成体系、更匹配的保障制度体系，实现更高水平更高效率的便捷过闸、经济运输和科学管理。船闸信息化和智能船闸是智慧船闸的必要前提和必经阶段，智慧船闸是船闸信息化和智能船闸的高级形态和必然结果。

具体地说，就是把传感器嵌入和装备到靠船墩、闸门、电机、油箱、闸壁、闸室、水中、引航道等各种船闸基础设施设备和要素中，使之互相连接，形成物联网，再与通信网、互联网连接，实现人与物的整合与交互。新一代信息技术在船闸中的应用为水运发展注入了更多的人性科学、创新元素，使之富有东方哲学智慧的内涵。

与传统船闸相比，智慧船闸对信息资源的开发利用强度更大，对信息的采集精度、覆盖度更高,是更为透彻的感知,是更高水平的管理。

从技术的内涵上看,智慧船闸是感知船闸、数字船闸、掌上船闸的组合体,同时智慧船闸又是科学船闸、人性船闸、创新船闸。智慧船闸＝基础设施和信息的互联＋船闸组织管理和运行机制的协同＋智慧思维和智慧服务。建设智慧船闸目的是利用丰富的信息化手段,实现船闸管理工作效能的提升,以充分发挥船闸效益,主要包括智慧内控、智慧收费与调度、智慧养护、智慧安全、智慧稽查、智慧应急等内容。

2. 特点

智慧船闸是以信息的收集、处理、发布、交换、分析、利用为主线,为通航参与者提供多样性服务的新一代综合通航体系。智慧船闸的基本特点包括高效省时、安全便捷、以人为本、节能环保、可视可预测等。

(1) 高效省时

智慧调度可实时感知进入待闸区的船舶,无须船员上岸登记,提高了通航效率,满足了船员的快速过闸需求。例如江苏省泰州高港船闸推出的电子收费信息系统,率先开启过闸手续全程"网上跑"的"不见面"时代,南来北往的船舶实现了更加安全、快速、便捷的过闸。

高港船闸电子收费信息系统类似于高速公路 ETC 系统,以微信公众号为平台,采用移动互联网和船舶自动识别系统(Automatic Identification System,AIS)等技术对船舶进行身份、状态的识别,船舶无须进入引航道报港,只要在船闸划定的报港范围内,人不离船,利用手机即可办理过闸电子申报、电子支付、电子发票获取、接受调度等全部过闸手续,船闸工作人员也无须和船员直接接触。如今在高港船闸通过微信办理整个报港及缴费流程的船舶已达 98% 以上。

(2) 安全便捷

水路运输在区域物流和综合运输系统中发挥重要作用的同时,也存在着较大的风险。由于自然环境或人为失误等因素的影响,船舶在运行作业过程中存在很大的安全隐患,一旦发生水上交通事故,往往会导致严重的经济损失和人员伤亡。根据三峡船闸船舶过闸发生的主要事故统计,2010 年 1 月到 2011 年 4 月间,发生碰撞事故 11 起、搁浅事故 6 起、火灾事故 2 起。在水上交通事故中,船舶碰撞导致的事故是占比最高的事故之一。

智慧船闸利用激光、摄像机、振动监测等传感器,采用激光对射、目标检测、目标跟踪和图像识别等技术,向船闸工作人员提供实时且准确的船舶高度、船舶位置及轨迹、靠船墩振动幅度、系船钩受力情况,向船员提供危险报警信息,如超警戒线报警和涨泄水时危险报警等,为船闸工作人员减轻工作强度,使船员便捷安全地通过船闸,减少船闸管理区域内水上交通事故的发生。

(3) 以人为本

智慧船闸的理念之一就是以人为本、服务船员、需求引导、开放创新。"智慧"落脚于船员的通航需求、船闸工作人员的管理需求,使其得到高水平满足。进入体验经济时代,在信息化、移动化趋势下,智慧船闸必须时刻以人们的需求为导向,从船闸基础设施的设计到通航信息服务的提供,都要适应当前的水运发展水平和人们生活习惯的变化,充分考虑船闸各方的个性化需求,给予船员贴心、安全、高效的过闸体验。例如智慧稽查系统投入使用后,船员无须停船等待稽查人员现场查看或登船测量,这既缩短了待闸时间,又避免产生争议。且稽查人员无须长时间盯着视频查找船舶,登船次数也大大减少,很多工作可以通过快速筛选、浏览船舶高清照片和参数来完成,在提高过闸效率的同时,减轻稽查人员工作强度。

(4) 节能环保

智慧调度系统使得船舶进入报港区域即可在船上办理过闸业务,直接在报港区范围内的安全水域停靠待闸,无须多次往返报港区与停泊区,节省了船舶燃油消耗。

同时,系统实现过闸手续网上办理、过闸信息网上查询,采用最新的电子发票技术,实现船舶身份核查、登记缴费、调度等环节全程电子化、无纸化,船闸纸张消耗显著减少。

(5) 可视可预测

可视化能将人脑与现代计算机这两个最强大的信息处理系统联系在一起,使我们能观察、操纵、研究、探索、过滤、发现和理解大规模数据,并方便与之交互,从而有效地发现隐藏在信息内部的特征和规律。在水运领域,随着智慧船闸建设的推进,船闸多元、多时数据激增,船闸可视化是将所有船闸数据(例如船舶位置、待闸情况、闸室调度、门机电状态、水位、靠船墩受力情况等)整合到数据库中,提供单个网络状态视图,实现数据的可视化表达与分析,直观地传达船闸信息,发现数据中存在的关系和规律,为船闸管理者提供决策依据,提高船闸系统的运行效率。

船闸可预测是指通过对实时通航信息进行持续性的数据分析和建模,改善通航流量和基础设施规划。船舶交通流预测不仅是航道、船闸交通控制与诱导系统的基础,还是解决航道拥塞问题的关键。

(二) 智慧船闸设想

一个智慧的船闸,具备全视角监控能力。船闸管理人员和值班人员在调度室或监控室,甚至通过移动端即可掌握船舶过闸全动态流程。此外,通过监控大屏幕,智慧船闸系统可根据当前过闸步骤自动切换需重点关注的画面,并提示应注意事项。

一个智慧的船闸,具备全信息服务能力。过闸船员无须泊船上岸,足不出船,掏出手机便可办理登记、缴费等业务。此外还可通过缴费系统或手机 App 实时获取航道状况、排档情况，以及获取电子发票等。船闸人员也可通过微信客户端等平台完成船舶登记、船舶调度、报表统计等工作。

一个智慧的船闸，具备全岗位协同办公能力。船闸工作人员无须在处理各类文件时奔波于各办公室之间，可通过一个具有综合功能的协同办公平台，实现在线办公、单位内部各部门及岗位间的工作协同。

一个智慧的船闸，具备船舶智能调度能力。调度系统应当根据闸室尺寸、船舶尺寸与货种等数据，实现船舶智能排档，只需少量人工甚至无须人工干预。

一个智慧的船闸，具备通航安全预警能力。当出现船舶水面上高度超过跨闸建筑物的通航净空、靠船墩因受到船舶撞击而亟须保养、系船钩受到船舶拖拽而行将脱落、船舶超越闸室警戒线或将搁浅闸台等各类安全隐患时，船闸工作人员和船员均能在事故发生前收到预警，以提前采取措施，避免安全事故的发生，竭力保障通航安全。

一个智慧的船闸，具备自动稽查能力。稽查人员无须登船逐一检查核实船舶身份，通过自动稽查系统，在电脑或手机上即可实时掌握过闸船舶动态及船舶实际参数（长度、宽度、高度、吨位、船型、货种等）与登记参数的差异。

一个智慧的船闸，具备工程隐患预警能力。船闸养护不再重度依赖人工，养护人员无须每日巡船闸一遭，用肉眼观察船闸设备设施是否异常。智慧船闸基于泛在的传感设备、大数据分析预测等技术，自动诊断可能存在的船闸安全隐患，提前预警。

一个智慧的船闸，具备工程设施故障远程应急诊断与维护能力。当船闸突发故障时，应急保障中心可采用多种网络通信方式，如短信、微信、广播等及时通知相关人员，使应急保障人员快速到达现场；在排障抢险时，可启用包含专家意见、应急保障案例数据分析等多功能应急保障数据库，为工作人员及时提供故障信息和处理对策，若遇上工作人员无法现场解决的故障时，可远程连线有关专家，并通过视频在线远程指导现场工作人员排除故障；在人工应急的基础上再增添一级信息技术的智慧应急，更全面、更便捷、更迅速地为船闸应急工作提供方案和对策。

（三）总体架构

智慧船闸的核心在于"智慧"，即给船闸安装上类似于人的大脑的设备，使之能够及时看到、听到、感知与外界周围环境相关的信息，并及时做出反应，克服船闸监控船舶动向不实时、危险情况下的施救不及时、指挥调度手段匮乏、船舶监控和船闸管控脱节、信息不对称及通信手段单一、交互性弱等不足，以缓解日益增加的过闸需求和实际通过能力之间的矛盾，使船闸发挥最大效能。

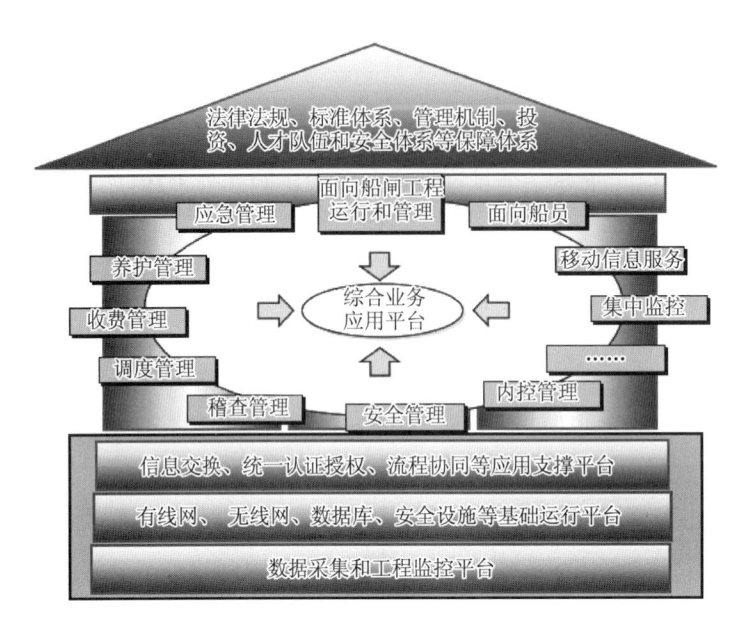

图 0-0-1 智慧船闸总体架构

图 0-0-1 为智慧船闸系统的总体架构,可概括为"软硬四平台,两面一体系"。其中"软硬四平台"为底层的两个硬件支撑平台(数据采集和工程监控平台,有线网、无线网、数据库、安全设施等基础运行平台),以及中间的两个软件平台(信息交换、统一认证授权、流程协同等应用支撑平台,综合业务应用平台)。硬件支撑平台负责采集船闸及周围环境的信息,并利用物联网等传输到计算机等设备上;软件平台则负责对已有数据及实时传输数据进行分析,借助智能化技术等对船闸实施管理和监控,其中"综合业务应用平台"是整个架构的核心,主要包括收费管理、调度管理、稽查管理、养护管理、应急管理等,对业务数据、业务流程进行智能化应用,以直观的方式展示数据,最终实现良好的人机交互及管理保障,为船闸人员和船员提供服务(即"两面",面向船闸工程运行和管理+面向船员)。另外智慧船闸离不开保障体系的保驾护航,架构还包括法律法规、标准体系、管理机制、投资、人才队伍和安全体系等保障体系(即"一体系")。

船闸设计是水运改革发展过程中一项长期的系统性工程,要解决长期制约和梗阻水运发展的痛点问题,必须从全局的角度进行统筹考虑,改善传统船闸的配套设施,提高船闸的智能化水平。"智慧船闸"的主要目标是完成智慧船舶监管、智慧过闸调度、智慧公众服务、智慧安全保畅、智慧数据分析等任务。实现这些目标不仅要依靠信息化技术手段,更需要融合当下流行的"云""大数据""人工智能"等技术建立综合管理、调度指挥、服务支持的信息体系,补齐传统过闸模式的短板。

(四)分层模型

分层模型是总体结构的另一种表达,是总体架构的细化描述。分层从船闸信息化整体建设角度,提出智慧船闸建设所需要具备的要素及要素之间的关系,智慧船闸分层模型如图 0-0-2 所示。

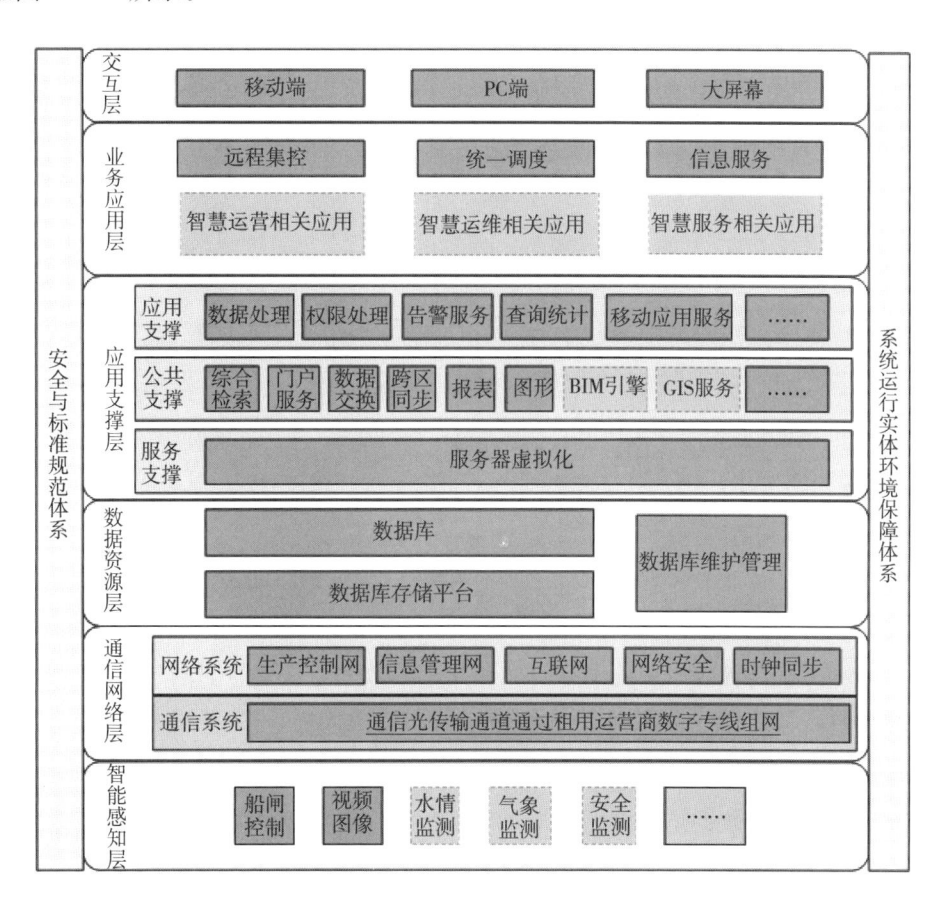

图 0-0-2 智慧船闸分层模型

系统逻辑构成包括:交互层、业务应用层、应用支撑层、数据资源层、通信网络层、智能感知层、安全与标准规范体系、系统运行实体环境及保障体系等八大部分,系统以智能感知层为基础;以数据处理与交互为纽带,全面、及时地采集所需数据,进行统一处理,并存入实时数据库和历史数据库;构建统一的数据共享资源,统一安全可靠地进行数据存储管理;通过一体化应用支撑层,对统一数据资源中的数据进行专业化的数据分析与处理,并提供统一的综合数据应用支撑。为在业务应用层上实现远程集控、统一调度、信息服务等基本业务应用,通过强有力的系统运行环境支撑与保障体系、安全防护及标准规范体系,为全面提高"智慧船闸"各项业务的处理能力提供保障。

1. 交互层

交互层是智慧船闸的对外展示窗口,它负责系统与客户之间的交互,通过不同方式展现船闸各类信息,即采用多种方式为用户提供与智慧船闸的交互接口,主要包括微信公众号、移动 App、PC 门户、调度大屏幕等。

2. 业务应用层

对各类感知信息进行综合加工，通过智能分析、辅助统计、预测、仿真等手段，构建业务应用层。通过提高支撑性智慧应用服务水平，确保管理者、船员及船闸工作人员的目的、意愿得到充分实现，为管理者、船员及业务员提供更加精细化、智能化的服务。业务应用层的建设可以促进各个应用的信息化和智慧化的发展，是智慧船闸建设过程中非常重要的应用环节。

3. 应用支撑层

应用支撑层是连接数据中心和业务应用的桥梁，其作用是实现资源的有效共享和应用系统的互联互通，为应用系统的功能实现提供技术支持、多种服务及运行环境，是实现应用系统之间、应用系统与其他平台之间信息交换、传输、共享的核心。应用支撑平台主要包括：数据处理交互、权限、数据查询录入、图形、报表、告警、跨区同步等服务或组件。

4. 数据资源层

数据是船闸运行、经营、战略决策等过程中不可或缺的信息。因此规范信息化数据是建设智慧船闸的重要环节，数据化建设的首要任务是建立一个统一的信息化平台，通过该平台能大大提高各应用系统信息交换和共享的效率。在智慧船闸建设中，数据是重要的战略性资源，通过对船闸范围内各类数据的汇聚、存储、共享、分析和使用，可提升航道船闸的资源监控、管理和服务能力。

本层获得的各类数据是支撑船闸更加"智慧"的关键。智慧船闸建设中涉及的实时数据、收费调度数据、视频数据、管理数据、基础数据、职工信息数据等数据资源是设计中关键的支撑数据。

数据资源层的主要作用是满足海量数据的存储管理要求；整合系统资源，避免或减少重复建设，降低数据管理成本；整合数据资源，保证数据的完整性和一致性。通过应用系统和数据的备份，保证系统的安全性；数据资源管理平台主要由各类数据库、数据库存储平台及数据库管理系统三部分组成。

（1）数据库包括应用系统需要的实时、历史、文件数据库及元数据库。

（2）数据库存储平台主要是对整个系统及各类业务应用系统中结构化及非结构化数据进行存储管理。

（3）数据库管理系统主要功能有数据库自身的管理、对数据库软硬件的维护、根据系统等级对数据本地或远程进行安全备份与恢复等。

数据库面向各个应用系统的数据服务是通过应用支撑平台来实现的。

5. 通信网络层

通信网络层是智慧船闸的神经中枢，承担各种信息准确传输的功能，通过网络将感知的各种信息进行实时可靠传送。传输层包括各种通信网络与互联网的融合网络、网络管理中心和信息处理中心等。

在小型安防监控系统中,最常见的通信网络层设备是视频线、音频线;对于中远程监控系统而言,常用射频线、微波;对于远程监控系统而言,通常使用因特网这一被广泛使用的便捷载体。传统网络、物联网网络以及二者之间的融合(如移动互联网)为智慧船闸提供大容量、高带宽、高可靠的光网络。智慧船闸通信网络层要求信息在传输过程中具有融合、便捷、协调、快速、泛在的特性。

除了物理网络以外,通信网络层还包括网络安全,即指网络系统的硬件、软件及其系统中的数据受到保护,不因偶然的或者恶意的原因而遭受到破坏、更改、泄漏,系统能连续、可靠、正常地运行,网络服务不中断。根据《信息安全等级保护管理办法》规定,船闸网络安全防护应至少符合安全保护等级第二级(信息系统受到破坏后,会对公民、法人和其他组织的合法权益产生严重损害,或者对社会秩序和公共利益造成损害,但不损害国家安全)。

6. 智能感知层

智能感知层是整个系统的基础,是系统的感知部分,主要由各类信息采集与控制系统组成。感知层就像人的感觉器官一样,它是智慧船闸识别物体、采集信息的媒介。

智慧船闸的感知层主要是将运行过程中的船闸环境、人员、船舶影像信息等经采样量化后进行数字编码,并将各种情况按照一定的准则规范进行离散化、数字化表示,便于后续操作和处理。感知层体现了对环境的智能感知能力,通过移动终端、视频监控、可编程逻辑控制器(Programmable Logic Controller,PLC)、传感器、船舶自动识别系统(AIS)等手段实现对航道范围内的天气、基础设施、环境、人、船舶、停泊点、闸区等要素的识别、信息采集、监测和控制。感知层是智慧船闸的基础,为智慧船闸提供了感知能力。

7. 安全与标准规范体系

运调中心"智慧船闸"信息化系统是一项大型综合性信息化工程,涉及学科门类繁多,覆盖范围广阔,建设周期相对较长,需要多家建设单位相互协作共同完成。有的系统甚至都需要多家公司共同承建,某类设备也可能涉及不同厂家的产品和技术,因此制定相应的标准体系,是规范、统一系统建设管理和运行管理的重要基础,也是系统信息和软、硬件资源共享、系统有效开发和顺利集成、系统安全运行和平稳更新完善的重要保证。

对于运调中心调度运行管理系统来说,为了满足最根本的安全需求,需要建设主动、开放、有效的系统安全体系,实现网络信息安全状况可知、可控和可管理,形成集防护、检测、响应、恢复于一体的安全防护体系。

8. 系统运行实体环境及保障体系

为保证整个智慧船闸系统正常运行,展现系统运行状况,满足业务人员的工作需要,进行运调中心系统运行环境建设。系统运行环境是支撑全程业务运行、满足运调中心及相关机房等对环境需求的集成体,包括系统硬件运行环境、业务人员的工作环境、综合会商环境及船闸管理所的相关环境。

二、智慧船闸运行调度建设指南

(一)船闸智能感知

船闸智能感知主要包括船舶动态感知、通航环境感知、船闸设施感知、船闸设备感知。船闸智能感知应采用空中、水面、水下感知设施相结合的感知体系和数据交换共享、多源数据融合的技术方式。

```
船闸智能感知
├── 船舶动态感知
│   ├── 船舶身份信息
│   ├── 船舶动态位置
│   ├── 信用等级
│   ├── 航行轨迹
│   ├── 船舶吃水
│   ├── 待闸状态
│   └── ……
├── 通航环境感知
│   ├── 船闸水位
│   ├── 桥梁通航净空
│   ├── 风速风向
│   ├── 能见度
│   └── 流速流向
├── 船闸设施感知
│   ├── 船闸主体设施
│   └── 助航设施及附属设施
└── 船闸设备感知
    ├── 闸门、阀门
    ├── 启闭机
    ├── 电气控制设备
    ├── 变配电设备
    └── 视频监控设备
```

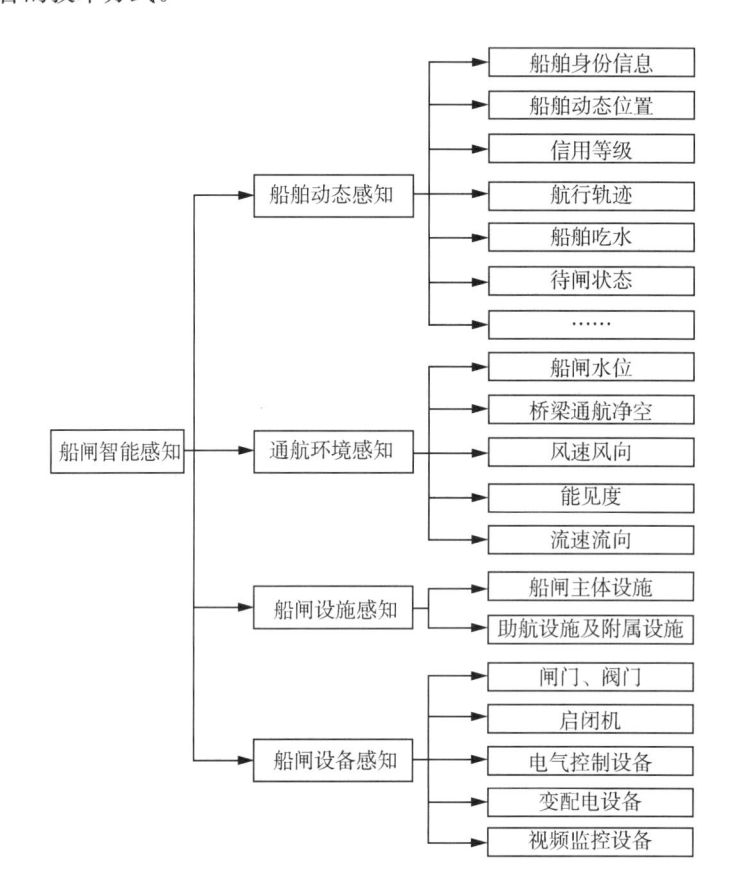

图 0-0-3 船闸智能感知框架图

1. 船舶动态感知

船舶动态感知主要包括船舶身份信息、船舶动态位置、信用等级、起讫点、航行轨迹、船舶吃水、船舶进/出闸状态、闸室停靠档位、待闸状态等,并满足以下要求:

a. 船舶身份信息、动态位置、航行轨迹的感知宜采用 AIS、北斗、VITS、4G/5G、智能视频、雷达等技术手段通过数据融合方式实现;

b. 船舶起讫点、信用等级信息应通过数据交换共享方式获取；

c. 通江口门船闸宜利用船舶吃水实时监测设施自动测量船舶的吃水深度；

d. 船舶进/出闸状态包括船舶超高/越限、进/出闸位置、进/出闸速度等，宜利用雷达、智能视频分析、红外等方式实现；

e. 船舶闸室停靠档位识别宜用机器视觉技术实现；

f. 船舶待闸状态宜利用无人机等实现动态巡查。

船舶动态感知的范围主要包括闸区、靠船墩、引航道、待闸锚地以及船闸上下游 10 km 的航道水域。

船闸应根据运行调度需求在上下游各设置 1 座 AIS 基站，覆盖半径应不小于 10 km。

船闸应对上/下游闸门附近、闸室系船柱等处的视频监控点位进行加密，并与 AIS 数据融合，实现船舶状态的智能分析。

2. 通航环境感知

通航环境感知主要包括船闸水位、桥梁通航净空、风速风向、能见度、流速流向等。

船闸水位感知范围主要包括闸室水位、上游引航道水位、下游引航道水位。

船闸区域桥梁通航净空应利用附近船闸和航道水位数据换算获取。

船闸宜设置气象仪，动态监测闸区风速、风向和能见度，并与气象部门实现数据交换共享。

通江口门、疏港航道、汛洪区的船闸应动态感知船闸水域流速流向、潮汐等，并满足以下要求：

a. 闸室内的流速流向感知应利用雷达测流系统等非接触式的感知设施；

b. 船闸上下游的流速流向感知宜利用 ADCP 等接触式的感知设施。

3. 船闸设施感知

船闸设施感知主要包括船闸主体设施、助航设施及附属设施。

新建船闸宜利用北斗高精度定位设备结合激光准直仪、自动全站仪实现主体工程沉降、位移、变形等重要参数的实时监测，并具备自动预警、结构安全监测等功能。

船闸宜在靠船墩、系船柱等助航设施和附属设施安装形变、震动、应力等传感器，实时状态监测应包括下列主要内容：

a. 系船柱船钩的脱落、松动；

b. 靠船墩的水下破损、水下套箱位移。

4. 船闸设备感知

船闸设备感知主要包括闸门、阀门、启闭机、电气控制设备、变配电设备、视频监控设备。

闸门、阀门设备运行监测应包括下列主要内容：

a. 闸门的门头跳动、震动异响、错位、开度等；

b. 阀门的行程、异响、开关到位信号等。

液压启闭机设备运行监测应包括下列主要内容：

a. 油质、油温、液位；

b. 压力、流量、噪音；

c. 电机电流、电压、转速；

d. 主阀件状态；

e. 油缸行程。

机械启闭机设备运行监测应包括下列主要内容：

a. 振动、噪音、位移；

b. 电机电流、传动轴扭矩。

电气控制设备运行监测应包括下列主要内容：

a. 工业控制网络运行状态；

b. PLC设备运行状态；

c. 水位计运行状态；

d. 交通信号灯运行状态；

e. 数字广播运行状态；

f. 界限灯运行状态。

船闸应具备对船闸变配电设备、室外照明设备进行遥测、遥信、遥控等电力监控功能，并宜具有对船闸主要用电负荷进行能效利用智能分析的功能。

船闸应具备对视频监控设备远程动态管理和自诊断功能，并宜包括下列主要内容：

a. 摄像机动态配置；

b. 摄像机运行状态自动显示和监测；

c. 摄像机故障自动报警；

d. 视频监控图像快速检测和溯源。

（二）自动化船闸

1. 一般规定

自动化船闸应具备自动化运行、远程控制、现地控制三种运行模式，并具备各种控制模式切换和权限管理功能。

自动化船闸应在船闸智能感知、过闸安全保障的基础上，实现过闸操作的全自动化。

自动化船闸主要包括自动控制算法、智能泵站、自动诊断系统、评估决策系统、反向控制系统、运行指挥系统、网络安全等。

2. 建设要点

自动控制算法应根据运行指挥系统的控制指令,切换船闸信号灯,控制闸/阀门的开闭操作,并满足以下要求:

　　a. 船闸自动控制算法应与船闸智能调度系统实现数据自动对接、智能联动及业务协同;

　　b. 船闸自动控制算法应具备与过闸安全保障设备联动功能,包括防闸门夹船监测报警联动、闸门错位报警、船舶超高/越限报警等;

　　c. 船闸自动控制算法应能实时获取船舶进/出闸状态,自动判断进闸/出闸是否完成;

　　d. 船闸自动控制算法应具备与船闸数字网络广播自动关联功能,并实现信息交互、分区广播、自动预告;

　　e. 船闸自动控制算法应具备与水位计的联动功能,实现水位计参与船闸控制。

智能泵站应具有闸/阀门运行智能控制、泵站运行状态监测和液压系统故障分析等功能。

评估决策系统应利用人工智能技术对感知数据的安全等级进行评估,并自动决策船闸自动化运行流程。

反向控制系统应根据评估决策的结果,自动下发控制指令给自动控制算法,操作闸/阀门的开闭。运行指挥系统宜利用数字孪生技术实现船闸运行仿真,并与便捷过闸系统、联网收费系统以及船闸智能调度系统联动,实现船闸过闸全流程的管理。

自动化船闸应为现场巡检人员提供紧急状态下的现地应急控制、远程应急控制等处置方式,包括暂停、急停、强落及故障告警等。

自动化船闸网络安全应符合《信息安全技术网络安全等级保护基本要求》(GB/T 22239—2019)中第7章的规定,划分工业控制区和信息管理区并进行物理隔离。

(三)区域集中控制

1. 一般规定

区域集中控制应采用统一控制、分级运管模式,实现区域性多船闸的协同运行。

区域集中控制主要包括集中控制中心、船闸现地硬件、集中控制软件、综合语音系统、视频监控系统、通信网络和网络安全。

2. 建设要点

集中控制中心应实现控制权限处理、数据采集与处理、控制命令下发、图形显示、数据记录与存储,以及向管理区单向传输运行数据等功能。

船闸现地硬件应实现控制权限处理、数据采集与处理、控制命令下发、图形显示、本地数据记录与存储,以及对本船闸进行现地控制等功能。

集中控制软件应实现数据采集与处理、数据记录与存储、数据报表、控制与调节、监视与报警、人机接口、系统自诊断与恢复、系统备份与恢复等功能。集中控制软件应实现向船闸智能调度系统单向发送运行状态数据的功能,为优化船闸调度提供基础数据。

综合语音系统主要包括数字网络广播、甚高频、网络电话、智能语音、短信服务等。

通信网络应建立双通道,并可通过路由器自动切换主备通信通道,实现双通道冗余。

网络安全应符合《信息安全技术网络安全等级保护基本要求》(GB/T 22239—2019)的规定,遵循集中部署、安全分区原则,横向分为工业控制区和信息管理区,纵向分为船闸层和集中控制中心层。

(四)过闸安全保障

1. 一般规定

过闸安全保障应实现船舶超高超限、闸门人行通道、闸门开关、危险品船舶等过程中安全状态的智能监测预警。

过闸安全保障主要包括船舶越线预警、船舶超高预警、船舶吃水监测、闸室一张图、控制与视频联动、危险品数据交换共享。

2. 建设要点

船闸应具有船舶越线预警、超高预警等功能,并宜对超限船舶实现自动视频联动取证和声光报警。

船舶越线预警宜采用激光监测和智能视频分析相结合的监测方式,增加系统可靠性。

船舶超高预警由超高检测控制器、红外传感装置、报警器组成,应能根据船舶超高信息触发报警信号,并提醒值班员和船员。

船舶吃水监测宜用机器视觉与AIS融合识别的方式实现,并对船舶超吃水进行视频抓拍。

船闸宜实现闸室一张图的可视化管理,并利用机器视觉等技术实现闸门夹船、闸门错位、闸门人行通道的安全监测。

船闸应实现控制与视频联动,并满足以下要求:

a. 船闸开关闸门或阀门时,应能自动调出相关视频画面并按预设的顺序排列显示;

b. 船闸关闭闸门或阀门时,应对船舶通过、船舶越线停靠等突发情况能自动调用相关视频画面;

c. 应能根据重要设备的故障信号,自动调用事故区域关联摄像机的画面并全屏显示。

船闸宜具备危险品船舶过闸信息的数据交换功能,实现海事系统等的信息报送和数据共享。

（五）船闸智能调度

1. 一般规定

船闸智能调度服务于船闸运行调度的管理业务，实现船闸远程调度，建立应急联动与区域协同的联合调度体系，服务船员提高过闸便捷性，船闸智能调度主要包括单闸智能调度、多闸联合调度。

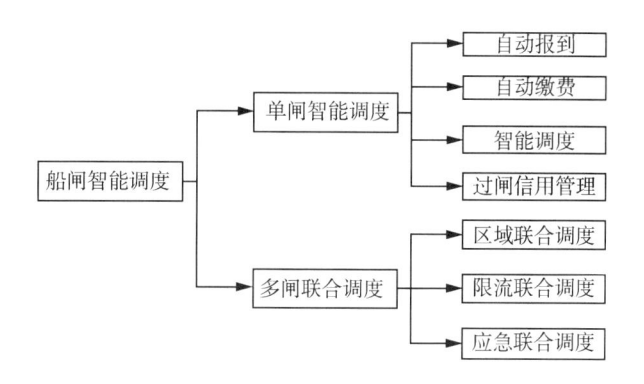

图 0-0-4　船闸智能调度框架图

2. 单闸智能调度

单闸智能调度应实现船舶自动报到、自动缴费、智能调度、过闸信用管理等功能。

船舶自动报到宜通过电子围栏方式对船舶身份和位置进行远程自动识别。

申报信息核验宜利用机器视觉与 AIS 融合识别技术，对船舶吃水、船名、船型、船舶主尺度等信息进行对比核查。

申报信息核验应与海事系统对接，由海事系统对申报信息进行确认。

待闸区调度宜设置虚拟泊位，利用机器视觉与 AIS 融合识别技术智能识别泊位空余情况，并通过智能移动终端引导船舶进入计划泊位。

智能调度应实现船闸排档、调度计划生成、档位图生成、过闸信息核验、过闸确认全过程数字化，并满足以下要求：

a. 智能调度应根据闸次计划和排档等情况将过闸调度指令信息发送给船闸调度人员、船员等；

b. 自动化船闸应根据过闸调度指令进行过闸操作；

c. 智能调度应具备船舶过闸后自动或人工过闸确认功能。

交通繁忙水域船闸宜实现排挡智能化，自动给出最优调度方案，包括船舶过闸次序、闸室档位图。

船闸排挡应符合《江苏省内河航道船舶优先过闸管理办法》（苏交规〔2020〕1号）中第 4 条的规定，为抢险救灾船、重点急运物资船等符合条件的船舶提供优先过闸服务。

船闸排挡宜利用过闸大数据,聚合分析船型、空重载、吨位、天气、季节等场景参数,对每艘船舶给出过闸参考时间,与智能移动终端、现场诱导设备联动,引导快速过闸。

过闸信用管理应符合《船闸信息系统设计规范》(JTS/T 161—2021)中 5.4 的规定,并与智能调度之间具备联动功能。

3. 多闸联合调度

多闸联合调度用于提高区域内船闸之间的协作性,充分发挥各个船闸的通过能力,主要包括区域联合调度、限流联合调度、应急联合调度。

区域联合调度应对区域内多座船闸实现统一登记、统一调度、统一服务,简化过闸流程。

在交通繁忙区域,宜具备限流联合调度功能,触发限流调度的条件应包括:

a. 上下游航道/船闸拥堵;

b. 上下游通过量超过区域内单一船闸最大通过量;

c. 上下游相邻梯级船闸的通过量超过本梯级船闸的待闸容量;

d. 干线船闸待闸船舶密度达到一定程度,相邻支线船闸空闲。

限流联合调控宜建立多闸室计划优化算法,以一个计划期内所有船舶过闸时间累计值最小化为目标,调整各闸开闸计划,包括闸次、时间、放行量等。

应急联合调度应具备应急决策支持能力,针对船闸设施设备故障、危化品泄露、船舶碰撞等事件,制定船舶疏散计划、应急资源调度计划等应急预案,发布决策指令,实现应急全流程数字化处置与记录。

应急联合调度应与海事系统、港口系统等联动,实现应急资源联合调度、统一指挥。

(六)航行保障服务

1. 一般规定

航行保障服务面向船舶航行,基于电子航道图提供实时导助航、过闸申报等服务,航行保障服务主要包括信息发布服务、便捷过闸服务、水上导航服务。

2. 信息发布服务

信息发布服务宜利用交通行业既有门户网站与移动 APP,信息发布内容包括航道基础设施信息、通航环境信息、船闸调度信息、行政监督信息、规费征收信息等。

信息发布服务应实现航道基础设施信息查询,针对航道、船闸、港口码头、助航标志标牌、临跨过拦河建筑物、水下碍航物、水上服务区等设施,提供经纬度坐标、主要尺度等信息。

通航环境信息服务应实现针对不同水域的航道通航公告、突发事件信息、船闸调度信息、航道水位信息、天气预报信息的发布与提示。

航道水位信息宜包括观测点与航道线两种形式,可显示实时水位与历时水位曲线。

船闸调度信息服务应可查询待闸船舶数量、平均待闸时间等信息。

3. 便捷过闸服务

便捷过闸服务应与船闸智能调度系统联动，实现船舶智能报道、船舶智能缴费、过闸智能诱导等。

船舶智能报道应自动检测进入过闸报到线船舶的申报完成情况，并对未申报船舶进行警示与提醒。

船舶智能缴费应支持互联网支付，可实现单闸缴费与多闸联合缴费。

过闸智能诱导应根据船闸的通航能力、过闸排队情况提供闸次档位推送、船舶过闸引导、预计过闸时间等过闸计划信息服务，提供闸门开度、提/落阀进度等船闸运行状态信息服务。

4. 水上导航服务

水上导航服务主要包括本船高精度定位、电子航道图显示、船型匹配（含空重）、航行路径导航、航线动态规划、航行辅助预警、水上泊位诱导等。

本船高精度定位宜利用手机北斗差分定位服务，精准显示定位点，并实时计算船舶航行速度。

航行路径导航应可通过输入船舶航速、船舶载货量、始发地、目的地、约定达到时间等信息，提供最小航行距离、最短航行时间两种优化结果。

航行辅助预警应通过语音、文字多种方式提供航道水位、特殊天气、航段拥堵、待闸拥堵、航道偏离、船舶过桥、避碰预警等信息服务与航行预警，避碰预警应可剔除船舶背向行驶、并排行驶等误报情况，预警准确率应不小于80%。

水上泊位诱导应可提供停泊区、锚地、水上服务区的泊位占用情况，并为不同类型船舶提供分区停泊导引。

三、学习要求

《航道基础知识》教材中介绍了船闸的概念、船闸的组成和类型、船闸有效尺度、船闸水工结构形式及其特点、船闸的输水系统、船闸的闸门和阀门、船闸的助航设施等内容，在学习本教材《航闸技术》前应已积累了船闸的基本知识。

随着智慧航道的建设，智慧船闸运行调度通过建设全要素动态感知的监测系统、高速泛在的信息网络、高度集成的大数据中心，实现从单一的管理调控到多方位的全局协作，从机械的、孤立的管理到信息数据共享、智能化与人性化服务，大幅提升了通航能力和管理水平，为区域经济的发展作出重大贡献。智慧船闸将监控技术、通信技术、控制技术、传感经技术、计算机技术以及网络技术集成应用于船闸通航管理服务中，在过闸全流程中建立安全、实时、准确、高效的管理和控制系统船闸。智慧船闸把传感器嵌入和装备到靠船墩、闸门、电机、油箱、闸壁、闸室、水中、引航道等各种船闸基础设施设备和要素中,使之互相连接,形成物联网,再与通信网联网连接,实现人与物的整合和交互。

智慧船闸即将迎来高速发展,这就需要航闸工作人员掌握船闸机械、船闸电气和船闸运行管理知识,利用丰富的信息化手段,实现智慧内控、智慧收费与调度、智慧养护、智慧安全、智慧稽查、智慧应急等内容,提升船闸管理工作效能,以充分发挥船闸效益。

思考题

1. 思考智慧船闸概念和特点。
2. 说说智慧船闸的架构。
3. 说说智慧船闸建设要求。

第一篇 船闸机械

第一章　齿轮齿条式启闭机

第一节　齿轮齿条式启闭机的性能及结构特点

一、性能及优缺点

齿轮齿条式启闭机一般适用于横拉门。它可以通过人力、电力驱动减速箱齿轮、轴及最后级齿轮转动，使最后级齿轮沿着齿条滚动。

1. 工作特点

其工作特点是启闭机械全部在门顶部的顶平车上，位于门库中，由电动机带动皮带盘、减速箱、传动轴传递动力，驱动最后级齿轮沿着门库两旁牛腿上所安装的齿条前后滚动，从而带动顶平车推动横拉门前后运动，见图1-1-1。为保证闸门开启，齿轮齿条之间要有一定的间隙。由于顶平车是依靠滚轮支撑，因此在安装时特别要注意保证滚轮中心与齿轮中心高差符合设计要求。这样就可防止齿轮与齿条卡死。

2. 优缺点

其优点是启闭机位于水面以上因而便于检修，操纵、管理方便，使用牢固可靠，价格较低廉；齿条齿轮置于门库中，可省去机房；能适应较大启闭能力，一般10～20 t启闭力都可适用。

缺点是齿轮齿条式启闭机安装精度要求高，结构较复杂。

3. 构造及分类

横拉门齿轮齿条式启闭机如图1-1-1所示，整机安装在钢结构顶平车架上。由电动机1带动皮带轮2再带动减速箱3运转，减速箱3的输出轴是双出轴，同时带动两个齿轮5沿着齿条8滚动。由轴承6带动顶平车运行，顶平车车架12带动吊杆10及顶推装置11推拉闸门。

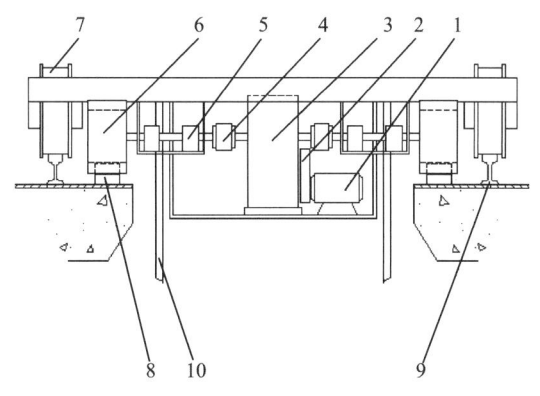

（a）正面图

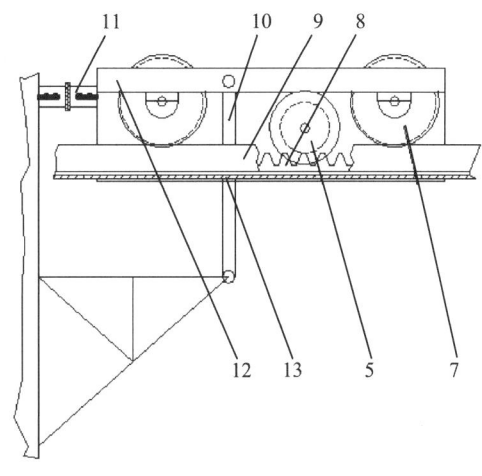

（b）侧面图

1—电动机；2—皮带轮；3—减速箱；4—联轴器；5—齿轮；6—轴承座；7—滚轮；8—齿条；9—轨道；10—吊杆；11—顶推装置；12—顶平车车架；13—轨板。

图 1-1-1　横拉门齿轮齿条式启闭机

二、齿轮齿条式启闭机日常管理与维护

1. 投入运行前检查

投入运行前必须严格检查机体的安装质量，检查各基础地脚螺栓埋设是否牢固，各运转间隙是否符合设计要求。

1）横拉门两侧主滚轮中心距安装误差是否符合要求。

2）模数齿轮齿条的齿间隙是否符合要求。

3）相邻齿条对接，接缝处拼合是否符合标准齿形。

4）检查闸门各连接部位有无问题，在开启过程中有无障碍物等。

2. 每日巡查

1) 检查各零部件的运行情况,各基础地脚螺栓埋设是否牢固,检查各运转间隙是否符合设计要求,检查闸门各连接部位有无问题,在开启过程中有无障碍物等。

2) 在运行过程中操作人员须经常注意各部件运转情况,如电动机、电磁制动器、减速箱的发热、噪声、漏油等现象。

3. 定期巡查

1) 齿轮齿条定期消除灰尘,涂抹润滑油,防止锈蚀。

2) 滚轮油孔定期注油。

4. 每年进行一次全面拆检、加油的保养工作,发现有问题必须及时修理。

第二节　齿轮齿条式启闭机常见故障及其排除方法

齿轮齿条式启闭机常见故障及排除方法如表 1-1-1 所示。

表 1-1-1　齿轮齿条式启闭机常见故障及排除方法

序号	故障现象	故障原因	排除方法
1	闸门无法关闭	闸门电机减速机组损坏导致闸门无法关闭	旧电机减速机组拆除后,更换新电机减速机组
2	闸门运行异常	顶平车主滚轮轴承损坏导致闸门运行异常	利用液压千斤顶将顶平车支撑起,拆除旧主滚轮更换新主滚轮
3	闸门无法运行	变速箱轴漏油到电机内部导致闸门无法运行	拆除电机罩壳,将内部清洗干净
4	闸门抖动、闸门运行出现异常声响	底台车主滚轮的轴承损坏而引起底台车在闸门底轨道上运行不畅	整体更换底台车；底台车的使用周期为 3 年,满 3 年后主动实施更换
5	闸门不能正常运行	连接传动轴和变速箱输出轴的联轴器总成里的尼龙销受力过大而折断,导致尼龙销故障	卸下折断的尼龙销,更换新尼龙销。同时,可以通过安装变频器、调节限位开关的位置,减小闸门在运行初和运行结束时产生的冲击,从而达到延长尼龙销寿命的效果
6	闸门运行不同步	传动轴轴承座固定螺栓松动	紧固松动螺栓,加强日常维护检查
7	变速箱渗油	密封圈损坏	及时添加润滑油,平时加强维护保养
8	闸门关闭后回弹	电磁刹车磨损失效	及时更换制动片,平时需经常性检查巡查
9	传动效率下降	三角皮带、皮带盘磨损	及时更换三角带

注：1. 本表故障现象及排除方法均为来自生产一线的实际案例；
　　2. 按照收集的案例数量,进行排序,排在前列的,发生频率较高。

第三节　机械知识拓展——机械传动

机械传动在我们的工作和生活中随处可见,在船闸机械中应用也较为广泛。它主要是指利用机械方式传递动力和运动的传动。主要分为两大类:一是靠机件间的摩擦力传递动力和运动的摩擦传动,二是靠主动件与从动件啮合或借助中间件啮合传递动力或运动的啮合传动。机械传动在应用中可以实现机械的减速、增速和调速;改变运动形式,如将等速旋转改为直线运动、螺旋运动、间隙运动等;对动力和运动进行传递和分配等。机械传动通常可分为:带传动、齿轮传动、螺旋传动、蜗杆传动和链传动等,在船闸机械中以前三种传动形式较为常见。

一、带传动

带传动是以张紧在至少两个轮上的带作为中间挠性件,依靠带与带轮接触面间产生的摩擦力(啮合力)来传递运动与动力的。

1. 带传动的类型和特点

带传动如图 1-1-2 所示,由主动轮、从动轮和传动带等组成。

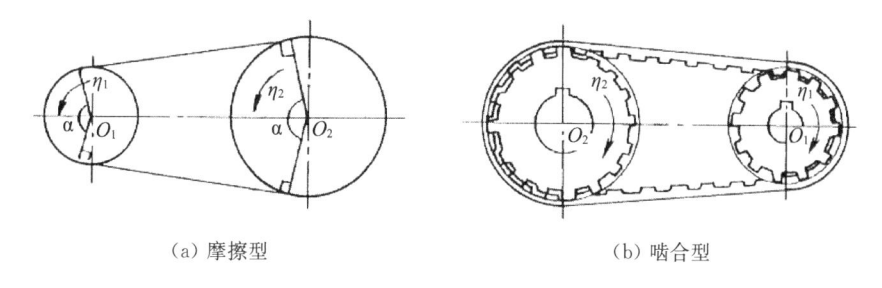

(a) 摩擦型　　　(b) 啮合型

图 1-1-2　带传动

根据传递力的方式不同,带传动分摩擦型和啮合型两种,摩擦型带传动如图 1-1-2(a)所示,它是传动带紧套在两个带轮上,使带与带轮的接触面产生正压力,主动轮旋转时,依靠摩擦力使传动带运动而驱动从动轮转动。啮合型带传动如图 1-1-2(b)所示,它是依靠带齿与轮齿的啮合来传递运动,其运动的传递更准确可靠。

摩擦型带传动按带的截面形状有以下几种。

1) 平带传动 平带如图 1-1-3(a)所示,其横截面为扁平矩形。平带传动结构简单,带轮制造方便,平带质轻且挠曲性好,多用于高速和中心距较大的传动中。

2) V带传动 V带如图 1-1-3(b)所示,其横截面为等腰梯形,两侧面为工作面,V带传动所产生的摩擦力为平带的3倍多,且允许传动比较大,结构紧凑,应用较广。

3) 多楔带传动 多楔带如图1-1-3(c)所示,它是在平带的基体下接有若干纵向V形楔的环形带,工作面为V形楔面的侧面。这种带柔性好,摩擦力大,传动平稳,效率高,同时可防止多根V带长短不一而使各带受力不均。

4) 圆带传动 圆带如图1-1-3(d)所示,其横截面为圆形,圆带仅用于传递载荷较小的场合,如缝纫机、吸尘器中的传动带等。

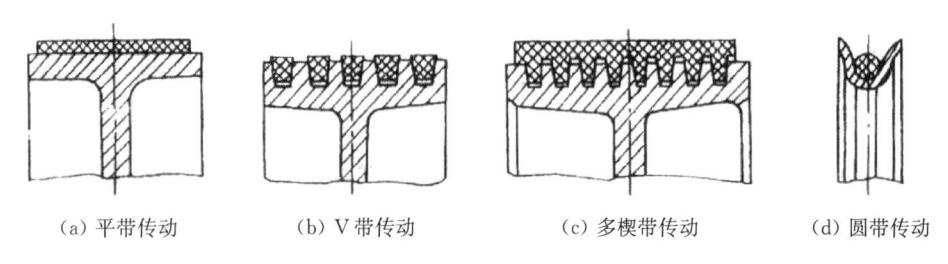

(a) 平带传动　　(b) V带传动　　(c) 多楔带传动　　(d) 圆带传动

图1-1-3 摩擦型传动带的分类

2. V带的型号及选用

在摩擦型带传动中,V带的应用较为广泛,型号类别也较多。通常情况下,V带的型号根据其截面尺寸不同,有Y、Z、A、B、C、D、E七种,见表1-1-2;国家标准规定,V带的节线长度(即横截面形心连线的长度)为基准长度,其标准系列值见表1-1-3。

表1-1-2　V带型号截面尺寸

结构图	型号	节宽b_p/mm	顶宽b/mm	高度h/mm	楔角α	单根V带最大额定功率/kW
	Y	5.3	6	4		0.6
	Z	8.5	10	6、8		2.3、10
	A	11.0	13	8、10		3.3、15
	B	14.0	17	11、14	40°	6.4、25
	C	19.0	22	14、18		14、40
	D	27.0	32	19		32
	E	32.0	38	23		50

V带的结构如图1-1-4所示,有帘布结构和线绳结构两种。一般采用帘布结构,在直径较小或转速较高时采用线绳结构。

3. 带轮的材料及结构

带轮常用的材料有灰铸铁、铸钢、铝合金和工程塑料等,其中以灰铸铁应用最广。带速较高或特别重要的场合宜采用铸钢,铝合金和工程塑料带轮多用于小功率的带传动。

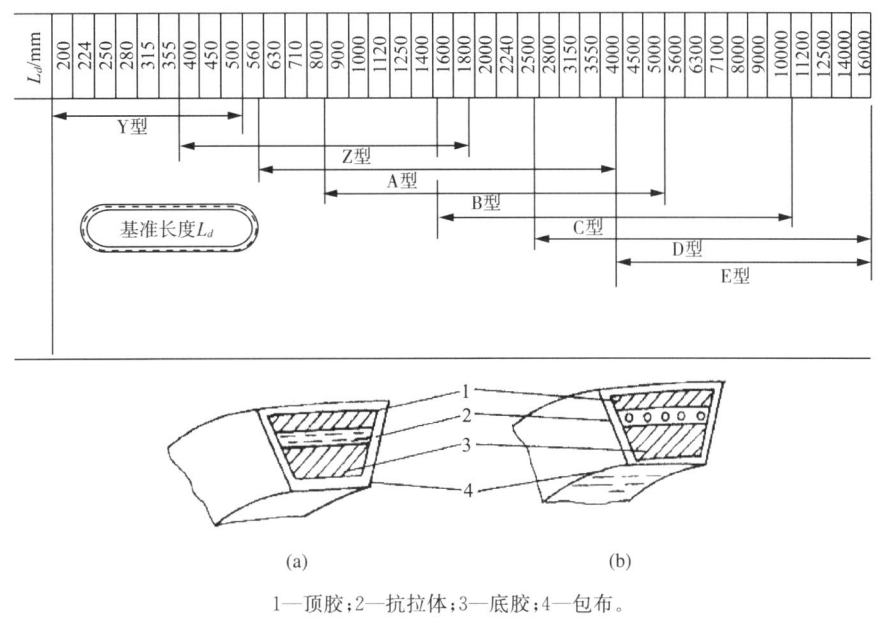

表 1-1-3　V 带基准长度 L_d 的标准系列值

L_d/mm	200	224	250	280	315	355	400	450	500	560	630	710	800	900	1000	1120	1250	1400	1600	1800	2000	2240	2500	2800	3150	3550	4000	4500	5000	5600	6300	7100	8000	9000	10000	11200	12500	14000	16000

Y型 / Z型 / A型 / B型 / C型 / D型 / E型

基准长度 L_d

1—顶胶；2—抗拉体；3—底胶；4—包布。

图 1-1-4　普通 V 带的结构

带轮的结构如图 1-1-5 所示，有实心式、腹板式、孔板式和轮辐式等类型，它们一般均由轮缘、轮毂和轮辐组成。V 带轮轮缘制有与带的根数、型号相对应的轮槽，轮毂是带轮与轴相配的包围轴的部分。轮缘与轮毂间的部分称为轮辐。

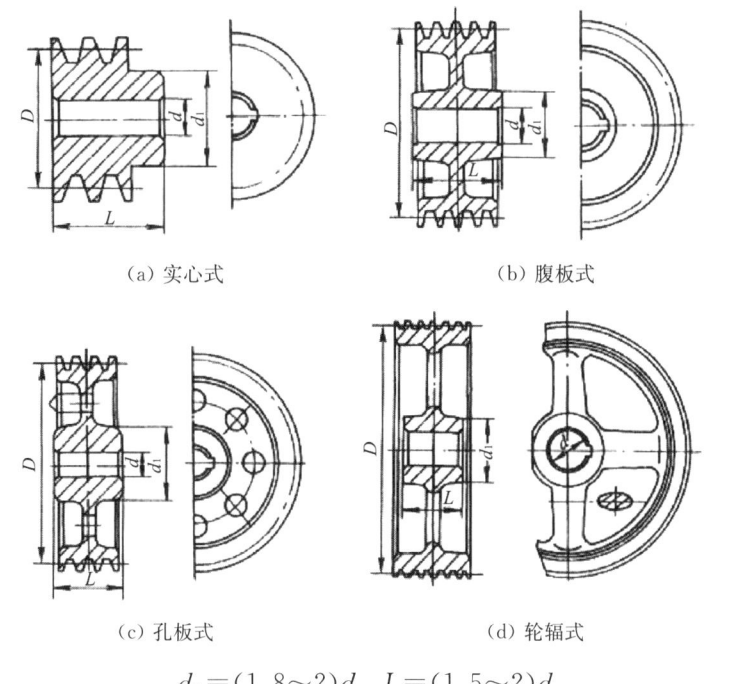

(a) 实心式　　(b) 腹板式

(c) 孔板式　　(d) 轮辐式

$$d_1=(1.8\sim2)d \quad L=(1.5\sim2)d$$

图 1-1-5　普通 V 带轮结构

4. 带传动的张紧装置

带在工作一定的时间后,会产生磨损和塑性变形,使传动带松弛导致拉力降低,为此须定期检查传动带的张紧程度,及时予以调整。常见的调整方法如下。

1) 当中心距可调时,加大中心距,使传动带张紧。这种张紧装置有移动式和摆动式之分,图 1-1-6(a)为移动式张紧装置,通过调整螺钉进行调节张紧;图 1-1-6(b)为摆动式张紧装置,用螺钉来调整摆架位置,顺时针旋转摆架,将带张紧;图 1-1-7 为自动张紧装置,它是利用电动机和摆架的自重使摆架旋转,从而自动将带张紧。

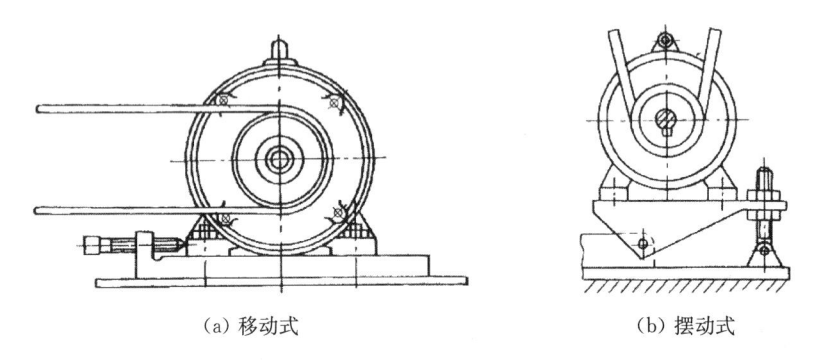

(a) 移动式　　　　　　　　(b) 摆动式

图 1-1-6　带的定期张紧装置

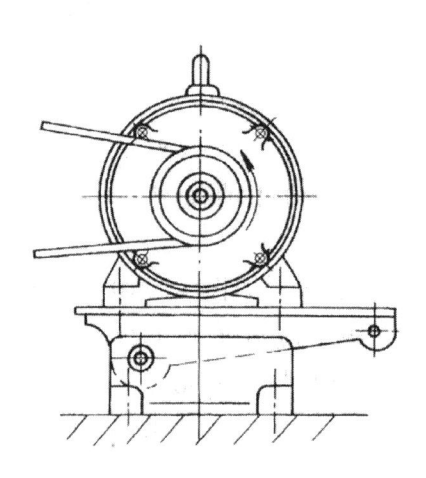

图 1-1-7　自动张紧装置

2) 当张紧轮中心距不可调时,可采用张紧轮装置,图 1-1-8(a)为平带传动使用的张紧轮装置,张紧轮安装在平带松边的外侧并靠小带轮处,这样可增大小带轮的包角,从而增强平带的传动能力。图 1-1-8(b)为 V 带张紧装置,张紧装置应置于松边内侧且靠近大带轮处,以防止小带轮包角 α 的过多减小及受反向弯曲。

(a) 平带张紧装置　　　　(b) V带张紧装置

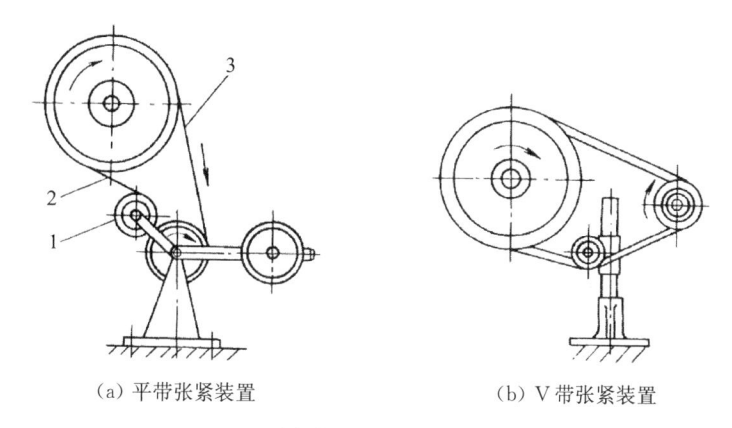

1—张紧轮；2—松边；3—紧边。

图 1-1-8　张紧轮装置

5. 带传动的安装与维护

如图 1-1-9 所示，带轮在安装时，带轮两轴线应平行，两轮对应轮槽需在同一平面内，误差不得超过 20′，以防止 V 带的扭曲而造成带侧面的急剧磨损。

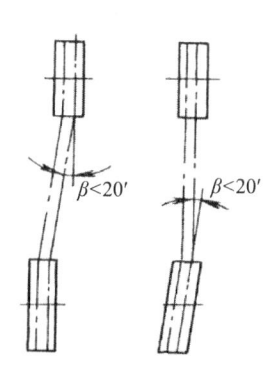

图 1-1-9　带轮的安装位置

为使带传动正常工作，如图 1-1-10 所示 V 带截面在轮槽中应有正确的位置，即 V 带的外缘应与带轮的轮缘取齐，新安装时可略高于轮缘。若高出轮缘太多，则接触面减少，其传动能力降低；若陷入轮缘太深，会导致 V 带的两工作侧面接触不良也对传动不利。

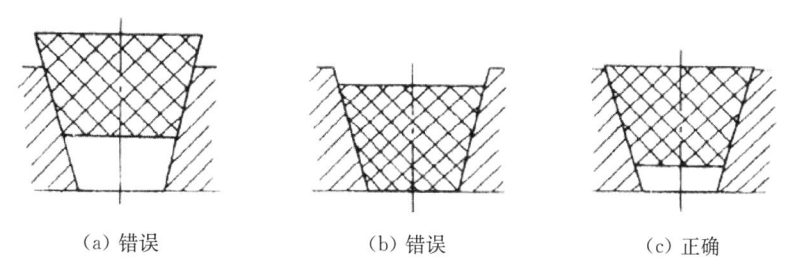

(a) 错误　　　　(b) 错误　　　　(c) 正确

图 1-1-10　V 带轮在轮槽中的位置

因新旧 V 带长短不完全一致,故同一带轮上,新旧带不要同时使用,以防止拉力不均匀而影响传动。

二、齿轮传动

齿轮传动是利用两齿轮的轮齿相互啮合传递动力和运动的机械传动。

1. 齿轮传动的特点及分类

1) 齿轮传动的特点。齿轮传动是机械中应用范围较广的一种传动方式,它的使用范围广,其传递速度可从高速传动到低速传动,传递功率可从小于 1 W 至数万 kW,直径可从不到 1 mm 至 10 m 以上;齿轮传动效率高,传动平衡,瞬时传动比恒定,结构紧凑,工作可靠,使用寿命长。但齿轮的制造工艺复杂,安装精度要求高,不宜用于两轴距离较远的传动。

2) 齿轮传动的分类。齿轮的种类很多,有各种不同的分类方法,根据齿轮传动轴的相对位置可将齿轮传动分为平面齿轮传动(两轴平行)与空间齿轮传动(两轴不平行)。

此外,根据齿轮的转速不同,可分为低速($v<3$ m/s)、中速($v=3\sim15$ m/s)和高速($v>15$ m/s)三种。按齿轮工作条件的不同,可分为闭式齿轮传动(封闭在箱体内,并能保证良好润滑的齿轮传动)和开放式齿轮传动(传动外露在空间,不能保证良好润滑的齿轮传动)两种。按齿宽方向与轴的歪斜形式不同,可分为直齿、斜齿和曲线齿等。按齿轮的啮合方式不同,可分为外啮合齿轮传动、内啮合齿轮传动和齿条传动。按轮齿的齿廓线不同,可分为渐开线齿轮、摆线齿轮和圆弧齿轮等。下面以在船闸机械中应用较多的标准直齿圆柱齿轮的啮合传动和齿轮齿条传动为例加以介绍。

2. 标准直齿圆柱渐开线齿轮的主要参数

图 1-1-11 显示了标准直齿圆柱渐开线齿轮各部分名称和代号及几何尺寸间关系。

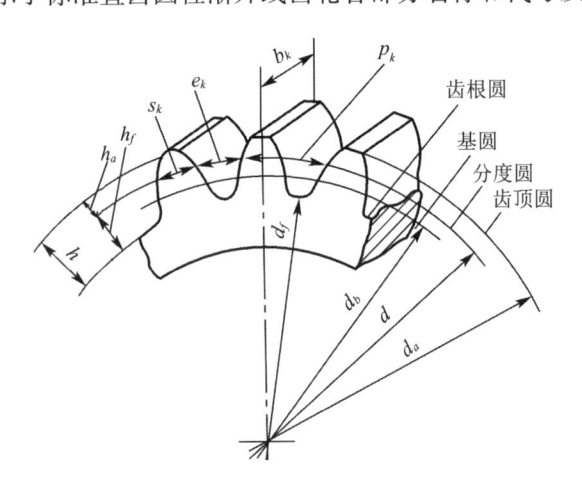

图 1-1-11 齿轮各部分名称和代号

1) 齿数 z

在齿轮整个圆周上,均匀分布的轮齿的总数,一般直齿圆柱齿轮的最少齿数不少于17齿。

2) 齿顶圆、齿根圆

轮齿顶部所在圆称为齿顶圆,直径用 d_a 表示;相邻两齿间的空间称为齿槽。齿槽底部所在圆称为齿根圆,直径用 d_f 表示。

3) 槽宽、齿厚与齿距

在任意直径 d_k 的圆周上,齿槽两侧之间的弧长称为该圆周上的槽宽,用 e_k 表示。同一轮齿两侧齿廓间的弧长称为该圆周上的齿厚,用 s_k 表示。相邻两齿同侧齿廓间的弧长称为该圆周上的齿距,用 p_k 表示。显然同一圆周上的齿距等于齿厚与槽宽之和。即

$$p_k = s_k + e_k \tag{1-1-1}$$

4) 模数、压力角和分度圆

齿数为 z 的齿轮,其齿距与周长的关系为

$$\pi d_k = p_k z \tag{1-1-2}$$

$$即\ d_k = p_k z / \pi \tag{1-1-3}$$

由上式可看出,在不同的圆上,其 d_k 不同,为了便于设计、制造和互换,在齿顶圆和齿根圆之间取一特定走向的圆作为计算的基准圆,并使该圆上的 p_k/π 为标准值,此值为模数,以 m 表示。该圆上的压力角也为标准值,以 α 表示,此圆称为分度圆,直径用 d 表示。即分度圆是齿轮上具有标准模数和压力角的圆。从而有

$$m = p/\pi = d/z \tag{1-1-4}$$

$$d = mz \tag{1-1-5}$$

模数是齿轮尺寸计算中重要的基本参数,可理解为每一个齿在分度圆直径上占有的长度,其单位为 mm,模数越大,轮齿越大,齿轮的强度越高,承载能力越强。

齿轮的模数在我国已经标准化,见表1-1-4。

表 1-1-4　渐开线齿轮模数(部分)

第一系列	0.8　1　1.25　1.5　2　2.5　3　4　5　6　8　10　12　16　20　25　32　40　50
第二系列	0.9　1.75　2.25　2.75　(3.25)　3.5　(3.75)　4.5　5.5　(6.5)　7　9　(11)　14　18　22　28　36　45

注:1. 本表适用于渐开线圆柱齿轮,斜齿轮指法向模数;
　　2. 选用模数时,应优先采用第一系列,其次是第二系列,括号内的模数尽可能不用。

国家规定的标准压力角为 20°或 15°,一般以 20°为主。

综上所述,分度圆是齿轮上具有标准模数和标准压力角的圆。分度圆上的压力角、

齿距、齿厚和槽宽等通常直接简称为压力角、齿距、齿厚和槽宽,其参数符号分别以 α、p、s、e 表示。

5)齿顶高、齿根高、齿高。齿顶高是齿顶圆和分度圆之间的径向距离,用 h_a 表示;齿根高是齿根圆和分度圆之间的径向距离,用 h_f 表示;齿高是齿顶圆和齿根圆之间的径向距离,用 h 表示。故

$$h = h_a + h_f$$

标准直齿圆柱齿轮几何尺寸计算公式见表 1-1-5。

表 1-1-5 标准直齿圆柱齿轮计算公式

名称	代号	公式
齿数	z	设计选定
模数	m	设计选定
压力角	α	取标准值
分度圆直径	d	$d = mz$
基圆直径	d_b	$d_b = d\cos\alpha$
齿顶圆直径	d_a	$d_a = d + 2h_a = (z + 2h_a^*)m$
齿根圆直径	d_f	$d_f = d - 2h_f = (z - 2h_a^* - 2c^*)m$
齿顶高	h_a	$h_a = h_a^* m$
齿根高	h_f	$h_f = (h_a^* + c^*)m$
齿高	h	$h = h_a + h_f$
齿距	p	$p = \pi m$
齿厚	s	$s = \pi m/2$
槽宽	e	$e = \pi m/2$
中心距	a	$a = 1/2(d_1 + d_2) = 1/2(z_1 + z_2)m$

注:h_a^* 称齿顶高系数,c^* 称为顶隙系数。国家规定,正常齿制 h_a^* 和 c^* 分别为 1 和 0.25,短齿制 h_a^* 和 c^* 分别为 0.8 和 0.3。

3. 标准直齿圆柱齿轮的啮合传动

1)渐开线齿轮正确啮合的条件。渐开线齿廓能够满足齿轮啮合基本定律,同时还必须保证齿轮的轮齿在交替啮合过程中不产生两齿廓不正常接触或相交的情况,图 1-1-12 所示为一对渐开线齿轮啮合的情况,根据渐开线齿廓啮合原理,其接触点均应在啮合线 N_1N_2 上。即前一对轮齿在 K 点啮合时,若后一对轮齿在 K' 点也处于啮合状态,则 K 与 K' 均应在 N_1N_2 上,要达到这一要求,两齿轮的模数和分度圆上的压力角必须相等。即

$$m_1 = m_2 = m \tag{1-1-6}$$

$$\alpha_1 = \alpha_2 = \alpha \tag{1-1-7}$$

一对齿轮的传动比为

$$i_{12}=n_1/n_2=z_2/z_1 \tag{1-1-8}$$

式中：n_1——主动轮转速(r/min)；

n_2——从动轮转速(r/min)；

z_1——主动轮齿数；

z_2——从动轮齿数。

2) 标准中心距。一对外啮合渐开线标准齿轮的正确安装，在理论上应达到齿侧间无间隙，以防止传动时产生冲击、噪声及影响传动的精度。因标准齿轮的分度圆齿厚与槽宽相等，且一对相啮合的齿轮其模数相等，即

$$s_1 = e_1 = s_2 = e_2 = \pi m/2 \tag{1-1-9}$$

故两轮啮合时，分度圆相切，侧隙为零，从而得到标准中心距

$$a = 1/2(d_1 + d_2) = 1/2(z_1 + z_2)m \tag{1-1-10}$$

一对齿轮传动时因轮齿的热变形、装配误差等，在安装时其齿廓间应根据传动要求留有微小的齿侧间隙，以储存润滑油等。

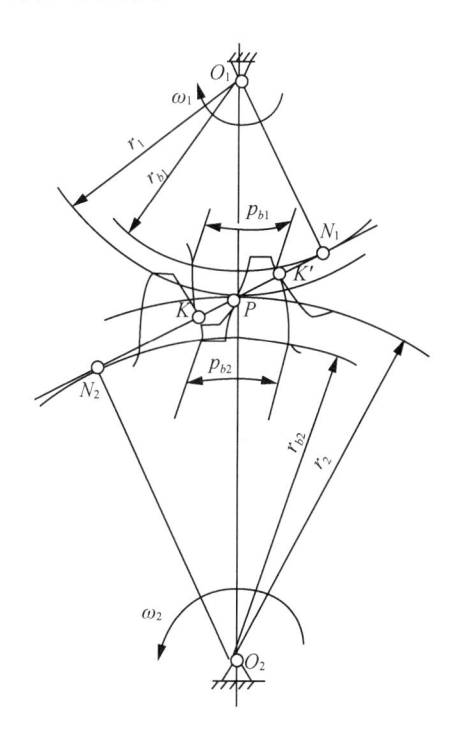

图 1-1-12　渐开线齿廓的正确啮合

3) 传动的连续性。齿轮传动是靠轮齿对的依次啮合而传递运动，为此要求当前一对

轮齿（如图 1-1-12 所示在 K 点接触的一对轮齿）尚未脱离啮合时，后一对轮齿（图 1-1-12 中所示在 K' 点接触的一对轮齿）已进入啮合状态，这样同时有两对轮齿工作，传动连续性好。若出现前一对轮齿脱离啮合时，后一对轮齿刚开始啮合，即始终仅有一对轮齿工作，则传动的连续性不好。绝不允许出现一对轮齿已脱离啮合，而后一对轮齿还尚未进入啮合的传动不连续状态。参与啮合的轮齿的多少称为轮齿的重合度，重合度愈大传动愈平稳，每个轮齿受到的载荷也愈小，重合度为 1 表示传动过程中始终只有一对轮齿在啮合；重合度为 2 表示始终有两对轮齿在啮合，重合度在 1～2 之间时，表示有时有一对齿啮合，有时有两对齿啮合。一般机械中，重合度为 1.1～1.4。

4. 齿轮齿条传动

齿条可以看作当基圆直径趋于无限大时的齿轮的一部分，此时分度圆变成直线，即成为齿条的分度线，齿条的齿廓也变成直线，齿顶圆、齿根圆相应变成为齿顶线和齿根线，如图 1-1-13 所示。

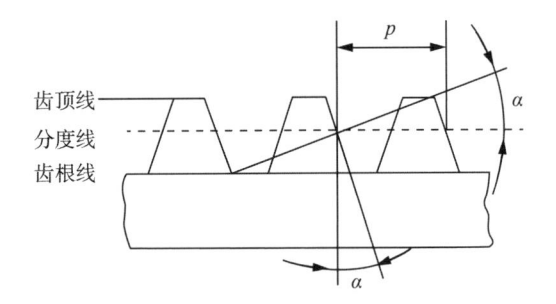

图 1-1-13　齿条

齿条与齿轮相比其主要特点是：①由于齿轮的齿廓是直线，故齿廓上各点的法线相互平行，齿条上各点速度相同，方向一致。齿廓上各点的齿形角均等于齿廓的倾斜角，也即压力角；②由于齿条上各齿的同侧齿廓相互平行，所以不论在分度线上、齿顶线上或齿根线上，其齿距相等即

$$p = \pi m \tag{1-1-11}$$

齿轮齿条传动的正确啮合条件与标准圆柱齿轮啮合相同，即要求其模数和压力角须分别相等。

齿条的基本尺寸计算也与直齿圆柱齿轮相同。

齿轮齿条传动主要是实现齿轮的旋转运动和齿条的直线往复运动的相互转换。齿条直线移动速度与齿轮转速的关系可按式(1-1-12)进行计算

$$v = n\pi m z \tag{1-1-12}$$

式中：v——齿条移动速度(mm/min)；

n——齿轮转速(r/min)。

5. 齿轮的失效形式

齿轮的失效主要是轮齿的失效，它与齿轮的传动类型、工作材料性质、加工精度等有关。

1）轮齿折断。齿轮工作时其根部产生弯曲应力最大，且伴有应力集中。轮齿折断的原因本是齿轮在短时过载或冲击载荷作用下突然断裂，多发生在铸铁等脆性材料制作的齿轮上；二是齿轮工作时，齿轮根部受到交变弯曲应力，从而导致齿根处产生疲劳裂纹而发生轮齿折断，也称疲劳折断。

选用合适的材料和适当的热处理方法，增大齿根圆角半径，降低表面粗糙度等均可提高轮齿的抗折断能力。

2）齿面点蚀。闭式齿轮传动中，齿面产生交变接触应力，当某一局部接触应力超过材料的接触疲劳极限时，齿面就会出现微小的疲劳裂纹并导致金属脱落而形成点蚀坑。

提高齿面硬度，降低齿面粗糙度，可提高齿面抗疲劳点蚀的能力。齿面点蚀是闭式齿轮传动失效的主要形式，在开式齿轮传动中，齿面磨损较快，齿面微裂纹还未及扩展即被磨掉，一般看不到齿面点蚀现象。

3）齿面胶合。高速或重载齿轮传动中，因齿面间压力大、摩擦发热多，造成齿面间油膜破坏，而使啮合点上的瞬间温度过高，润滑失效，致使两齿面接触点发生黏接现象，由于两齿面的相对滑动，在软齿面节线附近形成与滑动方向一致的撕裂沟痕，齿面出现胶合现象后，将产生严重损坏而失效。

提高齿面硬度、减小表面粗糙度，对低速传动采用黏度大的润滑油，对高速传动采用含抗胶合添加剂的润滑油等可防止齿面胶合。

4）塑性变形。在重载及启动频繁的传动中，齿面间不易形成润滑膜而直接接触，较软的齿面表层金属可能沿相对滑动产生局部塑性流动。由于主动轮上所受的摩擦力是背离节线分别朝齿顶和齿根作用，而从动轮上所受摩擦力则分别由齿顶、齿根朝向节线作用。故塑性变形后，主动轮齿面沿节线处形成凹坑，从动轮齿面沿节线处形成凸棱。为防止齿面塑性变形，可通过提高齿面硬度或采用较高黏度的润滑油等方法来解决。

齿轮传动的失效经常是齿面磨损，齿轮在传动过程中，相互接触的两齿面会产生一定的滑动而引起跑合磨损，如果磨损的速度符合预定的设计期限，则为正常磨损，正常磨损的齿面光滑而无明显痕迹。当齿面磨损严重时，将损坏齿面而影响传动。在开式齿轮传动中，由于灰尘、砂粒、金属屑等颗粒进入啮合区引起磨粒性磨损，从而导致齿廓形状破坏。

采用闭式传动，提高齿面硬度，减少接触应力，改善润滑条件，保持润滑油的清洁等可减轻齿面磨损。

三、螺旋传动

螺旋传动由螺旋(或称为螺杆)、螺母和机架组成,实现旋转运动与直线运动的转换。

1. 螺旋传动的种类和应用

螺旋传动按其用途不同可分为三类。

1) 传力螺旋以传递动力为主,以较小的力矩转动螺杆(或螺母)以产生较大的轴向力,如螺旋千斤顶[图 1-1-14(a)]、螺旋压力机[图 1-1-14(b)]。

2) 传导螺旋以传递运动为主,一般为螺杆转动,螺母移动方式。如机床滑板及刀架的进给装置,如图 1-1-14(c)所示。

3) 调整螺旋用于调整并固定零件或部件之间的相对位置,如图 1-1-14(d)所示的虎钳钳口调节机构,可改变虎钳钳口距离,以夹紧或松开工件。

螺旋传动按螺旋副的性质可分为滑动螺旋和滚动螺旋等。在滑动螺旋机构中,螺旋副做相对运动时产生滑动摩擦;而滚动螺旋机构中,螺旋副做相对运动产生滚动摩擦。

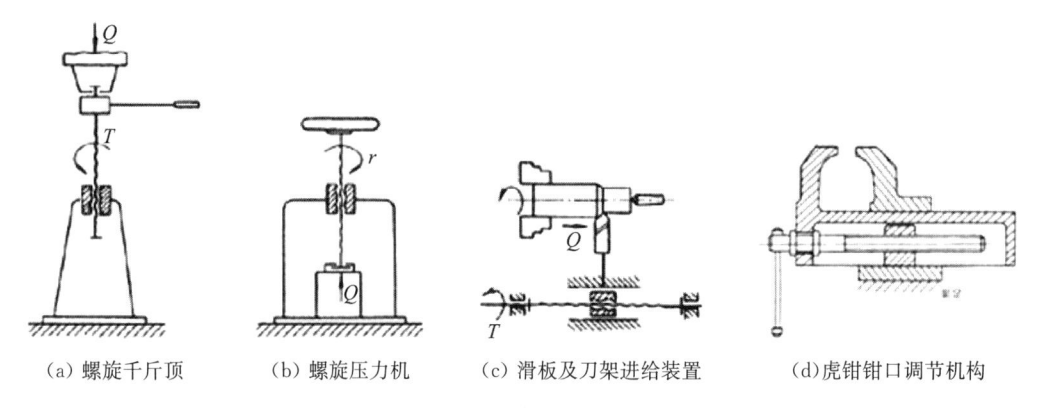

(a)螺旋千斤顶　　(b)螺旋压力机　　(c)滑板及刀架进给装置　　(d)虎钳钳口调节机构

图 1-1-14　螺旋传动

2. 螺旋传动的特点

螺旋传动具有传动平稳、增力显著、噪声较小、可合理选择螺旋升角、具有自锁性能等优点,但也存在摩擦损耗大、传动效率低等缺点。

3. 常见传动螺纹的牙型及应用

传动螺纹有梯形、锯齿形和矩形等,它们的牙形及应用见表 1-1-6。

由于梯形螺纹的力学和工艺性能较好,故广泛用于各种机床的传动系统中。梯形螺纹的基本参数见图 1-1-15。

表 1-1-6　常用传动螺纹的牙型及应用

名称	截面牙型	应用
梯形螺纹	30°	广泛应用于螺旋传动中,加工工艺性好,牙根强度高,螺旋副对中性好,传动精度高
锯齿形螺纹	30° 3°	应用于单向受力的传动机构中,牙根强度较高,如在螺旋压力机等锻压机械中有所应用
矩形螺纹		牙型为正方形,牙厚为螺距的一半,传动效率高,但牙根强度低,对中性精度低,加工困难

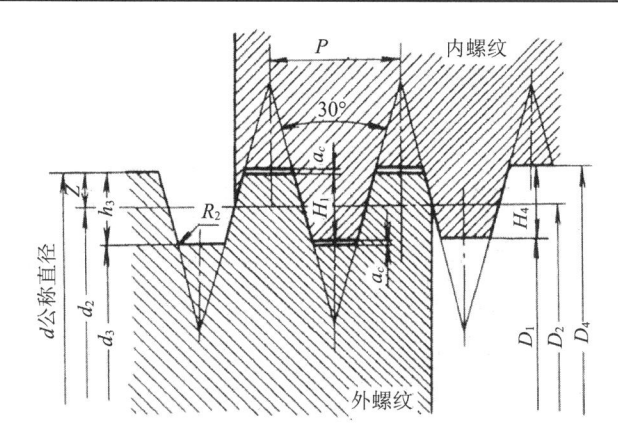

图 1-1-15　梯形螺纹的基本参数

四、蜗轮蜗杆传动

蜗轮蜗杆传动由蜗杆和蜗轮组成,如图 1-1-16 所示。蜗杆是主动件,蜗轮是从动件。蜗杆传动常用于传递空间异面交错轴间的运动和动力,通常两轴线在空间交错角为 90°。

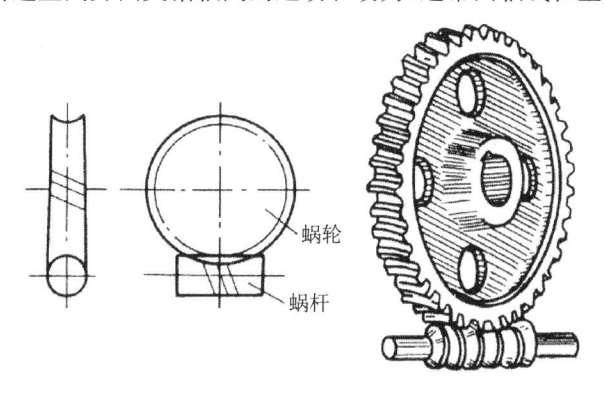

图 1-1-16　蜗杆传动

1. 蜗杆传动的类型

根据外形不同,蜗杆有圆柱蜗杆和环面蜗杆等,如图 1-1-17 所示,圆柱蜗杆制造简单应用广泛;环面蜗杆传动的润滑状态好,效率高,但制造复杂,主要用于大功率的传动。

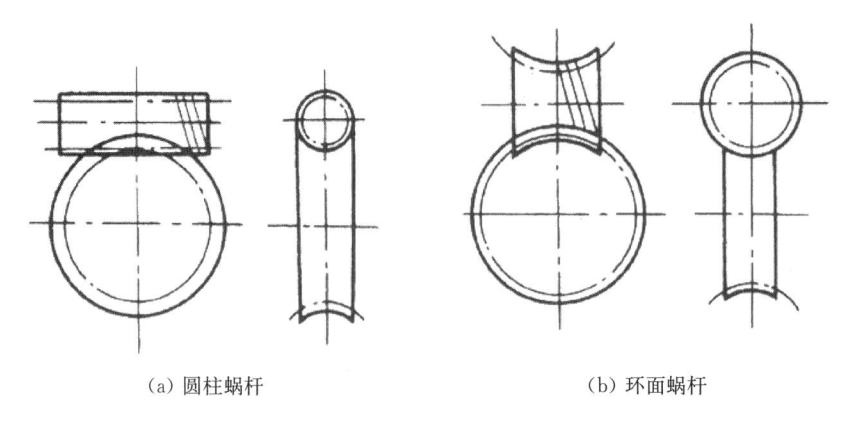

(a) 圆柱蜗杆　　(b) 环面蜗杆

图 1-1-17　蜗杆类型

圆柱蜗杆按照齿廓形状不同,可分为阿基米德(ZA)蜗杆、渐开线(ZI)蜗杆等。其中阿基米德圆柱蜗杆可用加工梯形螺纹的方法在车床上车削而成,所以应用较广。

此外根据蜗杆螺旋的旋向,蜗杆可分为右旋蜗杆和左旋蜗杆,一般常用右旋蜗杆。按蜗杆头数不同可分为单头蜗杆和双头蜗杆。

2. 蜗杆传动的特点和应用

1) 传动比大,结构紧凑。一般情况下 $i=8\sim100$,在分度机构中,传动比可达 1 000。

2) 传动平稳,噪声小。因为蜗杆轮齿是连续的螺旋齿,与蜗轮啮合时是逐渐进入和退出啮合的,同时啮合的齿数对较多。

3) 在一定条件下,可以实现自锁。此时无论在蜗轮上作用多大的力都不能推动蜗杆的转动,故常将蜗杆传动应用在要求不能逆转的装置上。

4) 传动效率低。蜗杆传动时有较大的轴向力,齿面摩擦剧烈,功率损失大,效率一般为 0.7~0.8,当传动有自锁时,效率低于 0.5。

5) 传递功率较小,一般不超过 50 kW。蜗杆传动一般用于传递功率不大且间隙性工作的场合。

3. 蜗杆传动的失效形式

蜗杆传动的失效形式与齿轮传动的失效相似,有轮齿折断、点蚀、磨损和胶合等,由于齿面间相对滑动摩擦严重,所以磨损和胶合失效更为普遍。一般在开式蜗杆传动中,因蜗杆、蜗轮裸露在外,外界杂质侵入,润滑不良,易产生齿面磨损;在闭式蜗杆传动中,因啮合处的相对速度高,散热不好,易产生齿面胶合。为防止磨损和胶合,应选用减摩材料和注意改善蜗杆、蜗轮的润滑条件。

五、链传动

链传动结构由主动链轮、从动链轮和绕在链轮上的链条所组成。工作时通过链条与链轮轮齿的啮合来传递运动和动力。

1. 链传动的特点及类型

链传动结构组成如图 1-1-18 所示,与带传动相比,链传动的承载能力大,效率高,能保持准确的平均传动比;但其安装精度要求高,瞬时的传动比不稳定,工作时有噪声,易脱链。

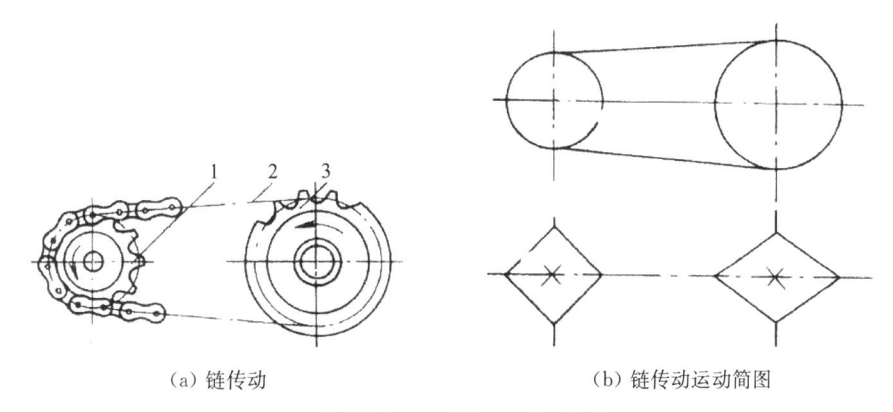

(a) 链传动　　　　　　　　　(b) 链传动运动简图

1—主动链轮;2—链条;3—从动链轮。

图 1-1-18　链传动

链的类型很多,按用途不同有传动链、起重链和牵引链等,传动链用于传递动力和运动,起重链用于起重机械提升重物,牵引链用于运输机械驱动输送带等。

传动链最常用的是滚子链和齿形链。

1) 滚子链又称套筒子链,它由内链板、外链板、销轴、套筒和滚子组成,其结构如图 1-1-19 所示。

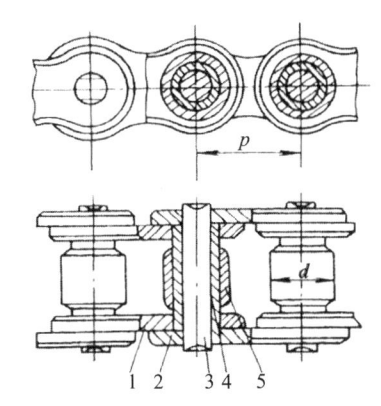

1—内链板;2—外链板;3—销轴;4—套筒;5—滚子。

图 1-1-19　滚子链的结构

内链板与套筒、外链板与轴为过盈配合,套筒与销轴、滚子与套筒则为间隙配合,以使内、外链节构成可相对转动的活络环节并减少链条与链轮间的摩擦与磨损。滚子链接头形式如图 1-1-20 所示。

(a) 开口销链节　　(b) 弹簧夹链节　　(c) 过渡链节

图 1-1-20　滚子链接头链节

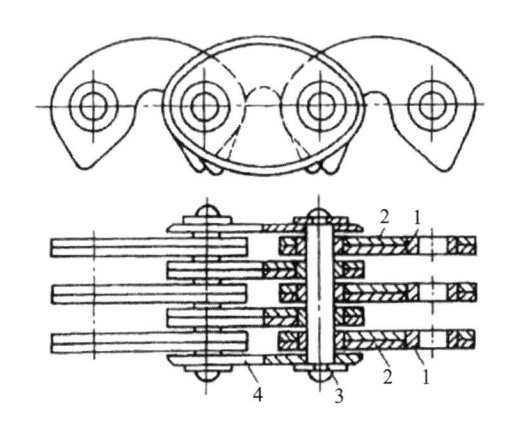

1—套筒；2—齿形板；3—销轴；4—外链板。

图 1-1-21　圆销铰链式齿形链

2) 齿形链有圆销铰链式、轴瓦铰链式和滚柱铰链式等几种。图 1-1-21 为圆销铰链式齿形链,它由套筒、齿形板、销轴和外链板组成。这种铰链承压面窄,故压强大,易磨损,成本高。但它比套筒滚子链传动平稳,噪声小,齿形链又称无声链,多用于转速较高的场合。

2. 链传动的应用

当两轴平行,中心距较远,传递功率较大且平均传动比要求较准确时可考虑采用链传动。在低速、重载和高温条件下及尘土飞扬的不良环境场合下,尤其适宜应用链传动。目前在轻工机械、农业机械、石油化工机械、运输起重机、摩托车和自行车等机械传动中均有链传动的实例,链传动传动比应控制在 $i \leqslant 6$,低速时可使传动比 $i=10$,一般传动比控制在 $i=2 \sim 3.5$ 较适宜。

思考题

1. 机械传动的方式有哪些？
2. 齿轮的失效形式有哪些？
3. 机械启闭机有哪些类型？
4. 蜗轮蜗杆的失效形式有哪些？
5. 齿轮齿条式启闭机的工作原理是什么？有什么优点？有什么缺点？
6. 齿轮齿条式启闭机的日常维护工作有哪些？

第二章　滚珠丝杆式启闭机

江苏省第一台船闸滚珠丝杆传动式启闭机(100 kN)于 2002 年 11 月在樊川船闸投入使用。经过 5 年的试运行,在第一台滚珠丝杆式启闭机的基础上,航道人又在设计上做了较大的改进,三台滚珠丝杆式启闭机分别于 2007 年 5 月、2008 年 3 月和 2008 年 6 月在杨庄船闸、下坝船闸和运西船闸投入使用(其中下坝船闸为 150 kN 启闭机,其余为 100 kN)。滚珠丝杆式启闭机的成功投入使用,标志着我省船闸启闭机研制在瞄准世界先进水平方面,进入了一个新的发展阶段。2009 年 10 月前,投入使用的最大滚珠丝杆式启闭机为 150 kN,不能满足大型船闸的需要。通过对已使用的滚珠丝杆式启闭机进行分析,江苏航道系统的专家和技术人员认为研制大型船闸通用型滚珠丝杆式启闭机(以下简称通用型滚珠丝杆启闭机)的时机已经成熟。从 2008 年初开始,相关专家和技术人员分别走访了有关生产厂家及科研单位,征求他们对该启闭机的有关建议。以下坝船闸 150 kN 启闭机为样机,依据苏北大运河人字门船闸的有关设计参数,研制通用型启闭机(最大启闭力 300 kN～500 kN),以便于标准化、系列化和通用化。经过一年多的努力,新的启闭机终于在 2009 年在江苏省刘老涧船闸成功应用。由于新研制的大型船闸通用型滚珠丝杆启闭机在设计中采用了一些新技术,在结构上也做了一定的改进,与下坝船闸启闭机相比,进一步提高了启闭机的可靠性、安全性,延长了启闭机的使用寿命。目前,在省管船闸上,共有 9 个船闸使用滚珠丝杆式启闭机。

第一节　滚珠丝杆式启闭机的性能与结构特点

一、性能

滚珠丝杆式启闭机是利用滚珠丝杆传递运动或动力。滚珠丝杆传动具有一系列优点,如传动效率高,可达到 90%～98%,有利于主机的小型化;工作寿命长,平均可达滑动螺旋的10倍左右;传动间隙小,无爬行,运转平稳,故障率低。目前滚珠丝杆已实现了标准化、系列化,由专业化工厂生产。利用变频器对电机进行变频调速,实现闸门运行时的慢—快—慢运行状态要求,调速方便,节能效果好。在推拉杆与闸门连接处设置了蝶形弹簧缓冲器,对负载的急剧变化的承受能力好。

二、滚珠丝杆工作原理

（一）滚珠丝杆工作原理和特点

滚珠丝杆螺母传动是在丝杆和螺母之间放入适量的滚珠,使丝杆与螺母之间由滑动摩擦变为滚动摩擦的螺旋传动。它由丝杆、螺母、滚珠及滚珠循环返回装置组成,如图1-2-1所示。它的工作原理如图所示,当丝杆和螺母相对运动时,滚珠就沿着滚道面滚动。为防止滚珠沿着滚道滚出,在螺母上设有滚珠循环返回装置,使得滚珠沿滚道运动后,能通过这个装置自动返回其入口处,继续参加工作。

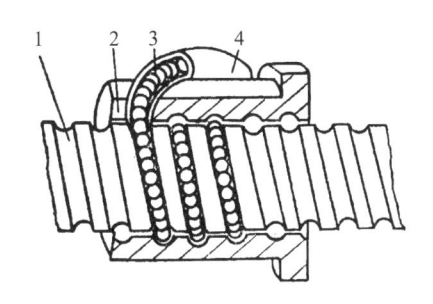

1—丝杆;2—螺母;3—滚珠;4—滚珠循环返回装置。
图 1-2-1 滚珠丝杠螺母传动

（二）消除间隙和调整方式

1. 垫片式结构间隙调整方法:调整垫片厚度,使螺母产生轴向位移。这种结构简单,刚性好,装卸方便,但是调整不便,滚道有磨损时,不能随时消除间隙和进行预紧。垫片式结构如图1-2-2所示。

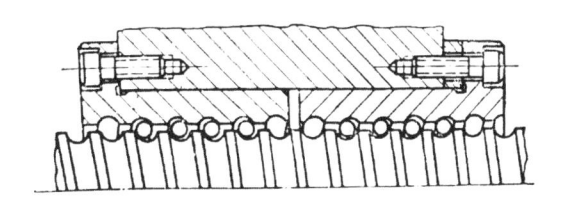

图 1-2-2 垫片式结构

2. 螺纹式结构间隙调整方法

螺纹式结构间隙调整方法:调整端部的圆螺母,使螺母产生轴向位移。螺纹式结构较紧凑,工作可靠,滚道磨损时,可随时调整。预紧量不很准确,应用较广。螺纹式结构如图 1-2-3 所示。

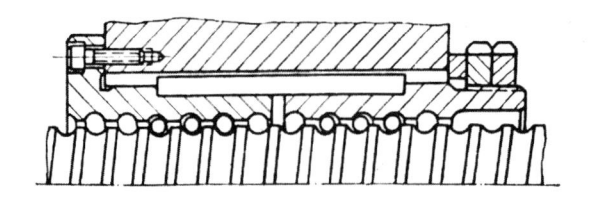

图 1-2-3 螺纹式结构

三、结构特点

1. 闸门启闭机的传动原理(图 1-2-4)

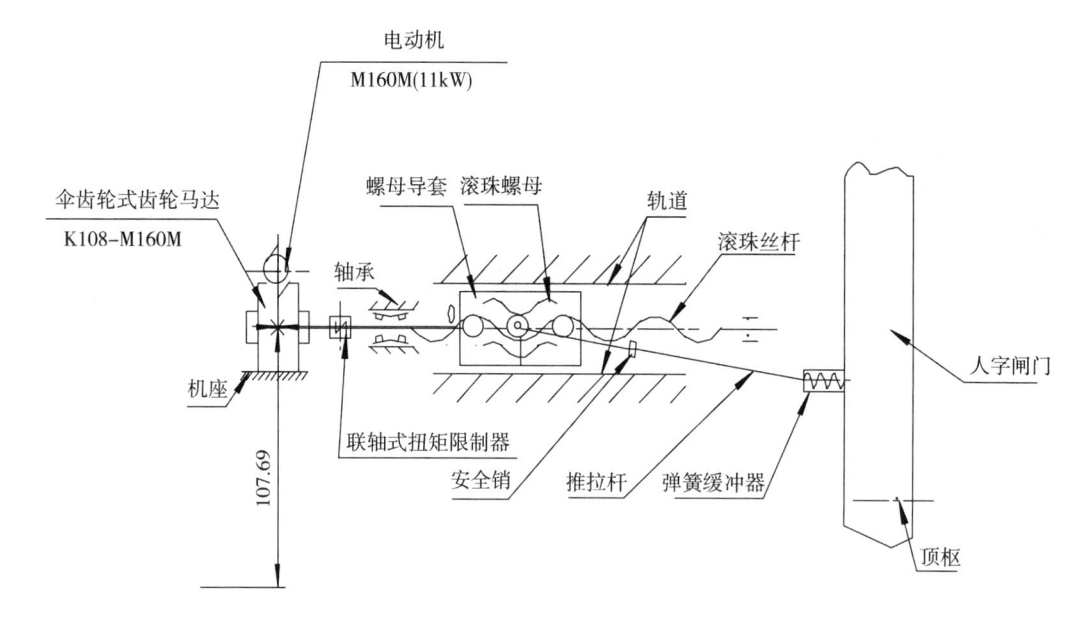

图 1-2-4 滚珠丝杆闸门启闭机传动原理图

闸门启闭机的滚珠丝杆是水平安装的,当电机得电后,将电能转变为旋转运动的机械能,经减速机减速后带动滚珠丝杆做旋转运动,从而带动滚珠螺母做直线运动。由于滚珠丝杆被其两端轴承所限制,只能做旋转运动而不能沿轴线移动;螺母因被导套和其两侧导轨所限制,只能沿丝杆轴线移动而不能绕轴线转动。由于推拉杆通过导套与螺母铰接在一起,螺母的直线运动就带动推拉杆做平面运动(移动加摆动),因而推拉杆就带动闸门绕顶底枢轴线转动。

2. 阀门启闭机的传动原理(图 1-2-5)

阀门启闭机的滚珠丝杆是垂直安装的,当电机得电后,将电能转变为旋转运动的机械能,经减速机减速后带动滚珠丝杆做旋转运动,从而带动滚珠螺母做上下直线运动。

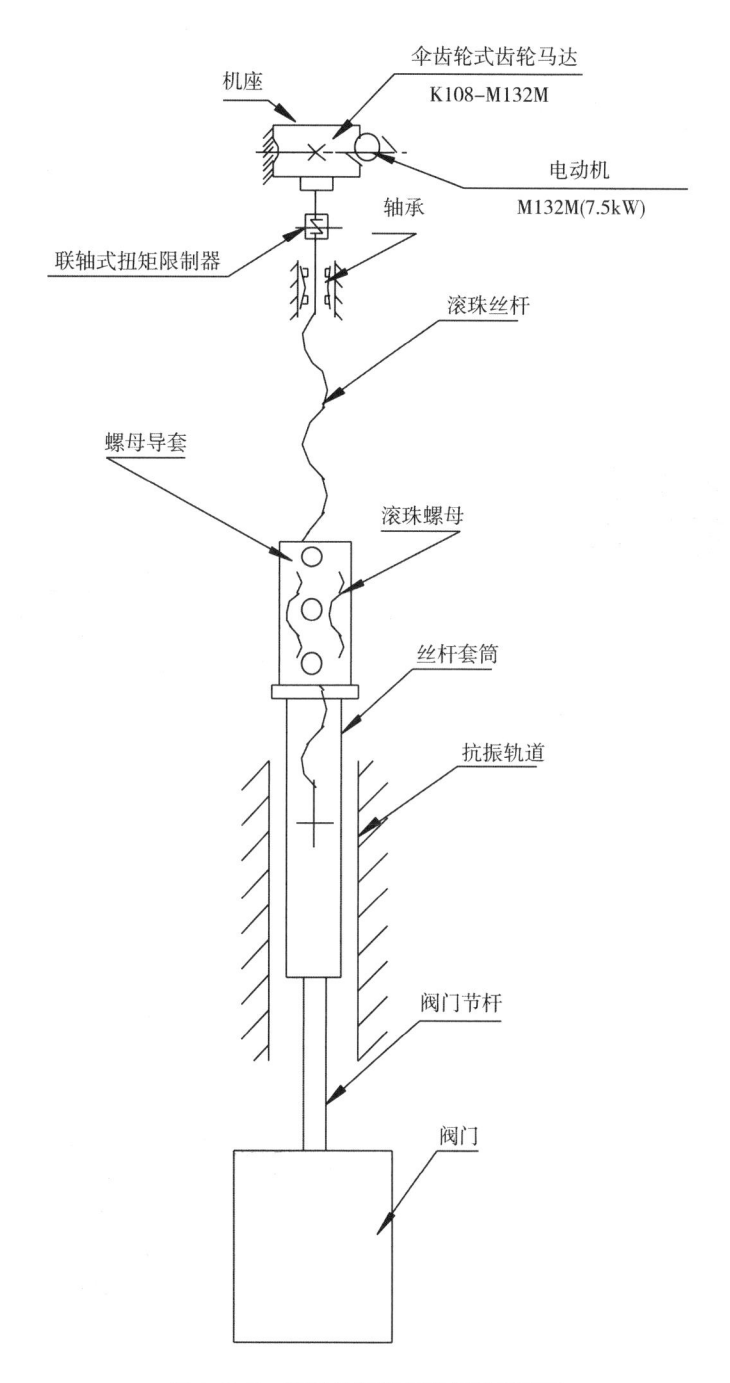

图 1-2-5 滚珠丝杆阀门启闭机原理图

因阀门通过吊杆、丝杆套筒、螺母座与螺母连接,它随螺母的运动而做上下移动。

四、优缺点

（一）优点

1. 动力元件选用了电机、减速机、制动器为一体化的产品,使得结构紧凑。
2. 滚珠丝杆传动,摩擦小,可消除轴向间隙,提高轴向刚度,寿命长,机械效率高,平均为滑动螺旋的 2～3 倍。
3. 灵敏度高,运转平稳,噪声小。由于滚动摩擦,动静摩擦系数小,无论是静止,还是低速或高速时,摩擦扭矩几乎不变,使得闸门运行时的同步性能好。且一次调定,终身不变。
4. 与液压传动相比较,无外泄漏,因而对环境无污染。结构简单明晰,故障分析容易,技术难度小。

（二）缺点

缺点是不能自锁,承受径向载荷能力差。实际应用中采用了电磁刹车装置来增强自锁性,避免发生闸门漂移或阀门下滑现象。在螺母导套两侧设置了 V 形轨道,用来克服径向载荷引起的变形。

五、滚珠丝杆式启闭机日常维护

投入运行前必须严格检查机体的安装质量,各基础地脚螺栓埋设是否牢固。丝杆与滚珠螺母间要消除灰尘,涂抹润滑油,防止锈蚀。

在运行过程中操作人员经常注意各部件运转情况,如电动机、减速箱的发热、噪声、漏油等现象,特别注意运行过程中有无异响,如有问题及时修理,每年进行一次全面拆检、清洁、加油的保养工作。

表 1-2-1　液压启闭机与滚珠丝杆式启闭机性能对比表

性能		机型	
		液压启闭机	滚珠丝杆式启闭机
可靠性	定位精度	不能保证定比传动:由于液体的压缩性和泄漏因素的影响,液压技术不能保证严格的定比传动	滚珠丝杆副运动中升温较小,并可预紧消除轴向间隙和对丝杆进行预拉伸以补偿热伸长,因此可以获得较高的定位精度和重复定位精度
	锁定性	液压系统的泄露很难避免,易产生阀门自坠和闸门飘移现象	由于运动平稳、反应灵敏、无阻滞、无滑移,用几套相同的滚珠丝杆副同时传动几个相同的部件或装置,可以获得较好的同步运动
	速度稳定性	由于液压油受压力、温度及空气溶解度等影响,速度很难达到恒定	滚珠丝杆副为点接触滚动运动,工作中摩擦阻力小,灵敏度高、启动时无颤动,低速时无爬行,可精密地控制微量进给

续表

性能	机型	
	液压启闭机	滚珠丝杆式启闭机
结构	启闭机由液压泵站和油缸组成。液压泵站是由液压泵、驱动用电动机、油箱、溢流阀等构成的液压源装置或包括控制阀在内的液压装置。油缸主要由缸体、活塞杆、前后端盖、导向套、活塞、密封装置等组成,结构复杂	启闭机主要由减速电机组、滚珠丝杆副、轨床及滑块(闸门启闭机)、抗震装置(阀门启闭机)等组成。结构简单紧凑、体积小,制造、装配和安装方便
节能环保性	液压油属不可再生的能源;液压系统传动效率偏低,传动过程须经过两次转换,常有较多的能量损失;液压系统易发生泄漏,既有碍美观又污染环境;另外,液压系统噪音大	由于是滚动摩擦,提高了整机效率,只需很小的驱动源,就可以产生很大的推动力,传动效率较高,可达到90%以上;与液压传动相比,无外泄漏,因而对环境无污染
工艺性	液压系统主要部件制造精度高,加工制作时需要高精度设备	滚珠丝杆式启闭机主要部件加工较为简单,只需普通设备(滚珠丝杆除外)
使用寿命	液压系统密封件寿命为5年(厂家提供及使用经验),液压油使用寿命为5年(使用经验),泵组使用寿命为8年,阀组使用寿命为15年(厂家提供及使用经验)	滚珠丝杆40年(有关资料及与滑动丝杆类比),减速箱40年(有关资料及使用经验),扭矩限制器50年(厂家提供),闸门轨床滑块与轨道摩擦副50年(船闸耐磨材料科研试验数据)
使用环境	液压系统的性能对温度较为敏感,不宜在过高或过低的温度下工作;液压油在工作中易受污染,外部环境须保持清洁	滚珠丝杆式启闭机对外界环境要求不高,在特殊场合可在无润滑状态下工作
维修养护	液压系统较复杂,故障率较高,故障判断难,需要维修人员具备一定的液压理论知识和实践经验,遇到较复杂的故障时,需要有经验的液压工程师才能解决,维护成本高	滚珠丝杆式启闭机故障率较低,故障判断容易,维修保养也极其简单,只需进行一般的润滑和防尘,对维修人员的技术水平要求较低,处理问题一般技术工人即可,维护成本低

注:表中的主要机械元部件寿命根据以下原则制定。
1. 厂家提供的数据结合使用经验;
2. 滚珠丝杆寿命参考有关资料并根据我们曾经使用过的滑动丝杆使用情况进行寿命类比;
3. 减速箱寿命参考有关资料并根据我们使用过的其他船闸启闭机减速箱使用情况进行寿命类比;
4. 寿命年限以繁忙船闸每天开启50闸次计算,以每天启闭机工作的总时间推算。

第二节 滚珠丝杆式启闭机常见故障及排除方法

滚珠丝杆式启闭机常见故障及排除方法如表1-2-2所示。

表1-2-2 滚珠丝杆式启闭机常见故障及排除方法

序号	故障现象	故障原因	排除方法
1	阀门无法运行	轴承损坏	更换轴承
2	阀门无法运行	联轴器损坏	更换新联轴器
3	减速箱渗漏油	密封件损坏	更换密封件

续表

序号	故障现象	故障原因	排除方法
4	运行抖动	传动件损坏	更换传动件
5	滚珠丝杆式启闭机故障	螺母损坏	更换滚珠并清洗了轨道
6	阀门运行时异响	螺母损坏	送到厂家清洗滚道,更换滚珠和防尘圈,重新安装
7	闸门开到位时推拉杆有异响	轨床底轨发亮,开关门中间位置滚珠螺母跳动,底轨无台阶,磨损不严重,螺母跳动是由于轨床中间与螺母间隙较大,螺母运行不稳定造成,异响是由于缓冲器安全间隙较大,推杆与轴承座摩擦造成	更换轴承、螺母,调整间隙
8	推拉杆与定压板摩擦导致有划痕现象	螺母导套与压板间隙太小	调整间隙
9	轨床内有铁屑	压板与螺母导套挤压过紧导致轨床内有铁屑	调整间隙
10	闸门滚珠丝杆处导套防尘套脱位	未紧固充分,导致脱位	重新安装,紧固
11	缓冲器下坠	缓冲器底座松动导致下坠	调整、固定缓冲器,恢复正常
12	电机进水	大雨导致机房被淹	拆除电机送到厂家修复后重新安装、调试
13	紧固螺栓松动导致发生位移	电机扭矩限制器松动、紧固螺栓松动导致发生位移	位移纠正后紧固到位
14	阀门节杆弯曲	落阀时有出现超负荷现象导致阀门节杆弯曲	对旧节杆进行拆除后安装一节新节杆
15	丝杆滑块移位	螺母松动	紧固螺母,调整滑块位置
16	防尘套移位	防尘套松动	紧固防尘套
17	闸门不同步	限位开关需要调整	调整限位开关

注:本表故障现象均为来自生产一线的实际案例。

第三节 机械知识拓展——机械零件

一、轴

(一)轴的分类

1. 按轴所承受的载荷情况不同可分为传动轴、心轴和转轴三类。

轴工作时只传递转矩而不承受弯矩或承受弯矩很小的轴称为传动轴。如图1-2-6所示,汽车变速器与后桥间的轴即为传动轴。

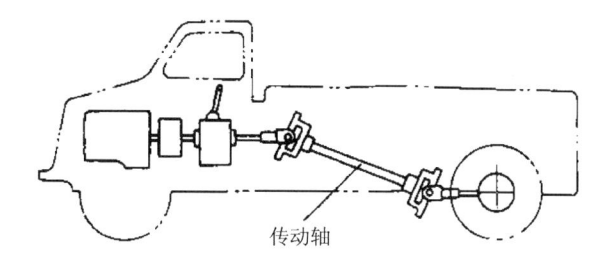

图 1-2-6 传动轴

轴工作时只承受弯矩而不承受转矩的轴称为心轴。按其是否与轴上零件一起转动，又可分为固定心轴[图 1-2-7(a)]和转动心轴[图 1-2-7(b)]。

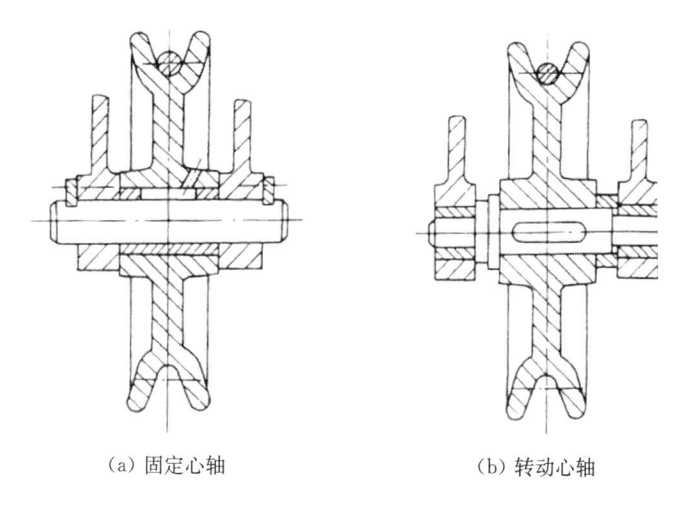

(a) 固定心轴　　　　　　(b) 转动心轴

图 1-2-7　心轴

轴工作时既承受弯矩又传递转矩的轴称为转轴。转轴是机器中最常用的轴，图 1-2-8 展示了带轮轴和齿轮轴等。

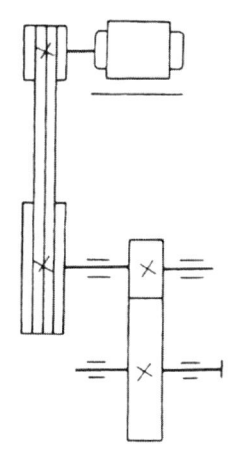

图 1-2-8　转轴

2. 按轴的轴线形状不同可分为直轴、曲轴和挠性轴三类。

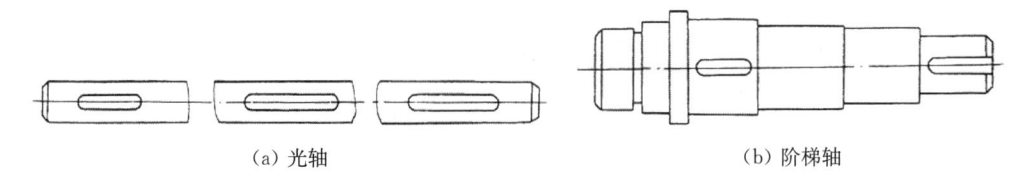

(a) 光轴　　　　　　　　　(b) 阶梯轴

图 1-2-9　直轴

直轴用于一般机械传动中。按其外形不同可分为光轴[图 1-2-9(a)]和阶梯轴[图 1-2-9(b)]，阶梯轴便于轴上零件的安装与固定，应用最广。按心部结构不同，直轴又可分为实心轴[图 1-2-9(a)(b)]和空心轴(图 1-2-10)。

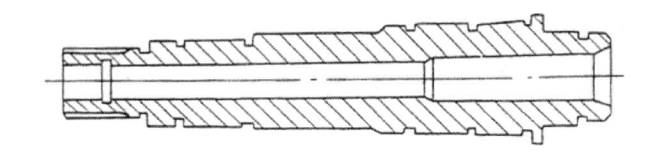

图 1-2-10　空心轴

曲轴如图 1-2-11 所示，常用于复式机械中，如曲柄压力机、内燃机和空气压缩机等。

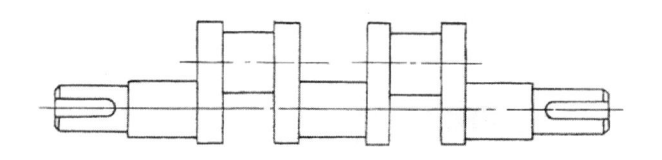

图 1-2-11　曲轴

挠性轴是由几个紧贴在一起的钢丝卷绕制而成[图 1-2-12(a)]，它可以将转矩和回转运动灵活地传递到任意位置[图 1-2-12(b)]，常用于可移动式机械化工具。

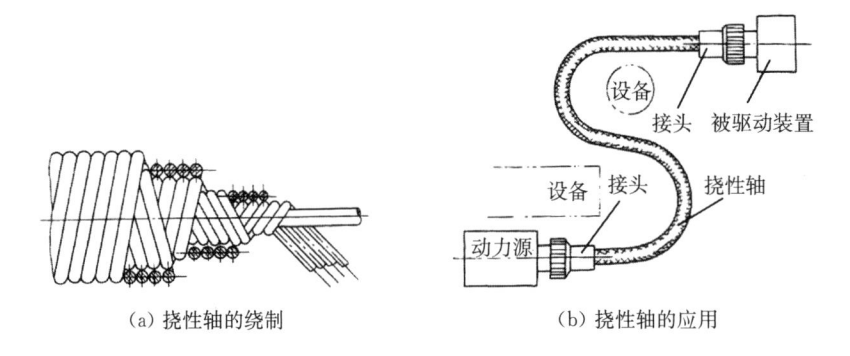

(a) 挠性轴的绕制　　　　　　　　　(b) 挠性轴的应用

图 1-2-12　挠性轴

(二)轴的材料

轴在工作时要承受弯曲应力和扭转应力等作用,因此,轴的材料应具有足够的强度和韧性、高的硬度和耐磨性,以及好的加工性能。

轴的材料一般选用优质碳素钢或合金钢,碳素钢对应力集中敏感性低,且价格便宜,工艺性能好,应用较广泛。合金钢具有较高的综合力学性能,多用于曲轴、凸轮轴等形状复杂的轴,这些轴有时也可用铸钢或球墨铸铁制作。

(三)轴的结构

轴的应用广泛,种类较多,尺寸结构各不相同,图1-2-13为某减速器中的输入轴,是阶梯轴的典型结构。

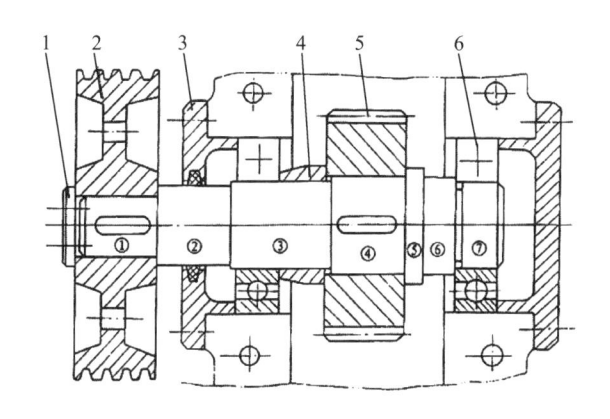

1—轴端挡圈;2—带轮;3—轴承盖;4—套筒;5—齿轮;6—滚动轴承。

图1-2-13 减速器的输入轴

1. 轴上零件的轴向定位和固定采用轴肩、轴环、套筒、圆螺母、轴端挡圈、弹性挡圈、紧定螺钉等方式,其结构形式、特点与应用见表1-2-3。

表1-2-3 轴上零件的轴向固定方法

序号	固定方法	简图	特点及应用
1	轴肩、轴环		简单可靠,能承受较大载荷 为了使零件端面与轴肩贴合,轴上圆角半径r应小于零件毂孔的圆角半径R或倒角高度C,即$r<R$或$r<C$;同时还须保证$a>R$或C。一般取 $a\approx(0.07\sim0.1)d+(1\sim2)$mm $b\approx1.4a$

续表

序号	固定方法	简图	特点及应用
2	套筒		两零件相隔距离 L 不大时，用套筒作轴向固定零件，结构简单，可减少轴的阶梯数。但不适用轴转速较高的场合
3	圆螺母		固定可靠，可承受大的轴向力。用于固定轴中部的零件时，可避免采用过长的套筒，以减轻重量。但轴上须切制螺纹和退刀槽，应力集中较大，经常用于轴端零件固定。一般用细牙螺纹
4	圆锥面和轴端挡圈		用圆锥面配合可使轴和轮毂间无径向间隙，能承受冲击和振动载荷，定心精度高，拆卸容易。但加工圆锥面表面配合比较困难 轴端挡圈（又称压板），用于轴端零件的固定，可承受较大轴向力
5	弹性挡圈		结构简单、紧凑，只能承受较小的轴向力，且可靠性差，常用于滚动轴承的轴向固定
6	轴端挡板		适于心轴轴端零件的固定，只能承受较小的轴向力
7	紧定螺钉		结构简单，适用于轴向力很小、转速很低或仅为防止偶然轴向滑移的场合。同时可起周向固定作用

续表

序号	固定方法	简图	特点及应用
8	销连接		结构简单,但轴的应力集中较大,用于受力不大、同时需要周向固定的场合

2. 轴上零件的周向固定采用键、花键、销、过盈配合、无键连接等方式。

3. 轴的工艺结构有倒角、过渡圆角、退刀槽、越程槽及中心孔等。

为了便于装配、减少应力集中和保证轴上的零件能够紧靠定位面,轴上应有倒角和过渡圆角。轴肩的过渡圆角应小于轴上安装零件孔的倒角尺寸。

轴上需要加工螺纹时,应该有为加工螺纹退刀而用的退刀槽[图1-2-14(a)];阶梯轴需要磨削加工时,应该有为磨削砂轮留出的越程槽[图1-2-14(b)]。

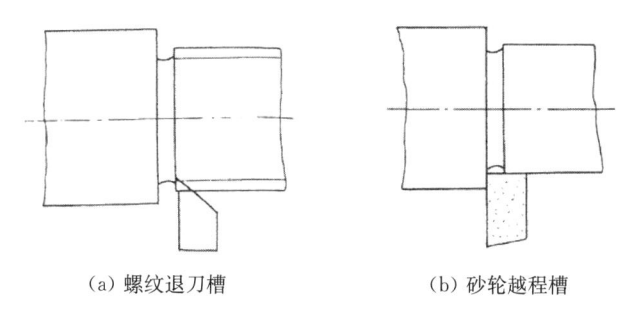

(a) 螺纹退刀槽　　　　(b) 砂轮越程槽

图1-2-14　砂轮越程槽与螺纹退刀槽

中心孔的作用是便于细长轴等加工时的装夹和测量,有时在轴的两个端面上加工有锥孔。

二、轴承

(一) 轴承的作用、类型和特点

轴承是在机器中用来支持轴和轴上零件的部件。它能保证轴的回转精度,并能减少轴与支承间的摩擦与磨损。

根据轴承工作时摩擦性质不同,可分为滑动轴承和滚动轴承两大类。

滑动轴承具有结构简单、承载能力高、工作平稳、抗震性好、噪声低、回转精度高、使用寿命长等优点,但对润滑条件要求高、维护复杂,且轴向尺寸较大。滑动轴承按其工作表面的摩擦状态不同,又可分为液体摩擦滑动轴承和非液体摩擦滑动轴承,液体摩擦滑动轴承的摩擦表面完全被润滑油隔开[图1-2-15(a)],轴承与轴颈的表面不直接接触,因此避免了磨损,但制造精度要求较高,多用于高速、精度要求较高或低速重载的场合。非液体摩擦滑动轴承的摩擦表面不能被润滑油完全隔开[图1-2-15(b)],摩擦表面容易磨损,但结构简单,制造精度要求较低,用于一般转速、载荷不大和精度要求不高的场合。

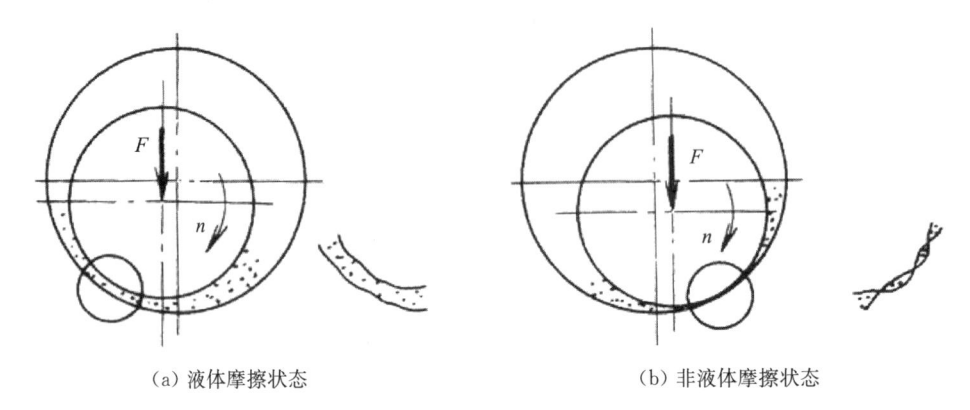

(a) 液体摩擦状态　　　　　　(b) 非液体摩擦状态

图 1-2-15　滑动轴承的摩擦状态

滚动轴承的摩擦阻力较小,机械效率较高,润滑和维护方便,但径向尺寸较大,在中、低转速以及精度要求较高的场合得到广泛应用。

(二) 滑动轴承

1. 滑动轴承的类型、结构与特点

滑动轴承按所承受的载荷方向不同可分为受径向载荷的向心滑动轴承、受轴向载荷的推力滑动轴承和同时承受径向载荷和轴向载荷的向心推力滑动轴承。

(1) 向心滑动轴承一般由轴承座、轴瓦或轴承衬和润滑装置组成。图1-2-16为整体式向心滑动轴承,其结构组成包括轴承座和压入轴承座孔内的轴承(轴瓦),轴套上开有油孔和油沟,轴承多用铸铁制成,并用螺栓与机座连接,顶部设有装油杯的螺纹孔。

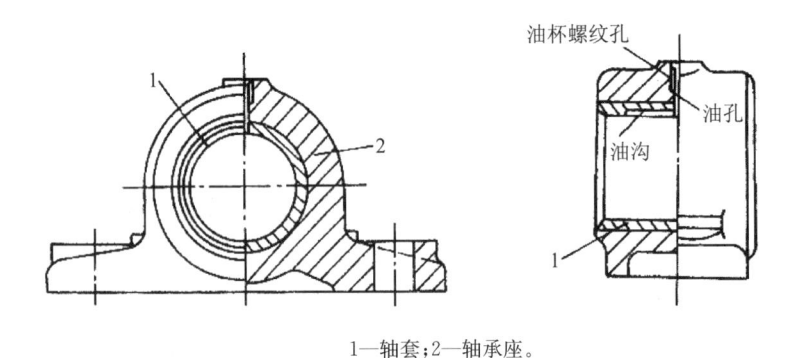

1—轴套;2—轴承座。

图 1-2-16　整体式向心滑动轴承

整体式向心滑动轴承结构简单、制作容易,常用于低速轻载、间歇工作、不需要经常拆装的场合,缺点是装拆时只能沿轴向移动,装拆不方便,轴瓦与轴颈磨损后,无法调整间隙。

剖分式向心滑动轴承由轴承座、轴承盖、剖分式轴瓦及双头螺栓等组成,如图 1-2-17 所示,轴承盖上有注油孔,可保证轴承的润滑。轴承盖和轴承座的结合面做成阶梯形定位止口,便于装配时对中和防止其横向移动。这种轴承的轴瓦为对开式,剖分面上的间隙可装若干调整垫片,当其磨损后,可通过修刮轴瓦内孔和减少部分结合面处的调整垫片来调整轴颈与轴瓦的间隙,这种轴承装拆和维修方便,应用广泛。

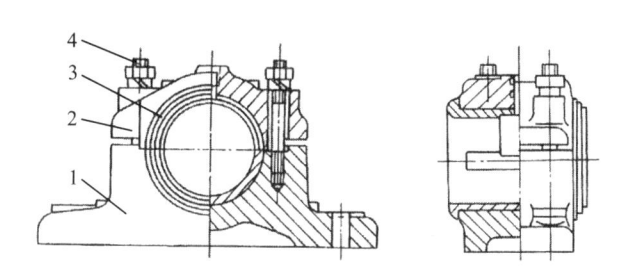

1—轴承座；2—轴承盖；3—剖分轴瓦；4—双头螺栓。
图 1-2-17　剖分式向心滑动轴承

如图 1-2-18(a)所示,当轴承宽度 B 较大时($B/d<1.5$ 时),会由于轴的变形、装配和工艺原因等引起轴颈偏斜,而使轴颈局部与轴瓦两端边缘接触,导致轴瓦两端边缘急剧磨损。因此,如图 1-3-18(b)所示,当轴的变形较大或有调心要求时,应使用调心轴承,这种轴承的轴瓦支承面和轴承座的接触部分加工成球面,可自动适应轴颈在弯曲时所产生的偏斜,避免出现边缘接触,调心式轴承须成对使用。

(a) 轴变形后造成的边缘接触　　(b) 调心轴承
图 1-2-18　调心式滑动轴承

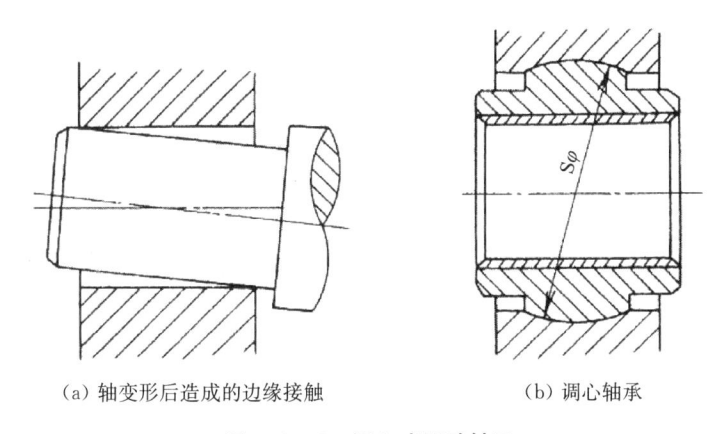

(2) 推力滑动轴承如图 1-2-19 所示,用于承受轴向载荷。按推力轴颈支承面的类型不同,有实心、空心、单环和多环等类型,推力轴承的工作表面为轴的端面或轴上的环平面,其支承面距中心愈远,相对滑动速度愈大,摩擦愈剧烈,磨损也愈快,磨损后使靠近中心

处的压力增高,因此实心端面上的压力分布很不均匀。如图1-2-19(c)所示的空心端面推力轴承,由于靠近轴心处不承载,因此避免了实心式的缺点。为使压力分布趋于均匀,工程上多采用环形支承面。图1-2-19(b)为单环式,其结构简单,但只能承受单方向轴向力。当载荷较大,要求承受双向轴向力时,可采用图1-2-19(d)所示的多环式推力轴承。

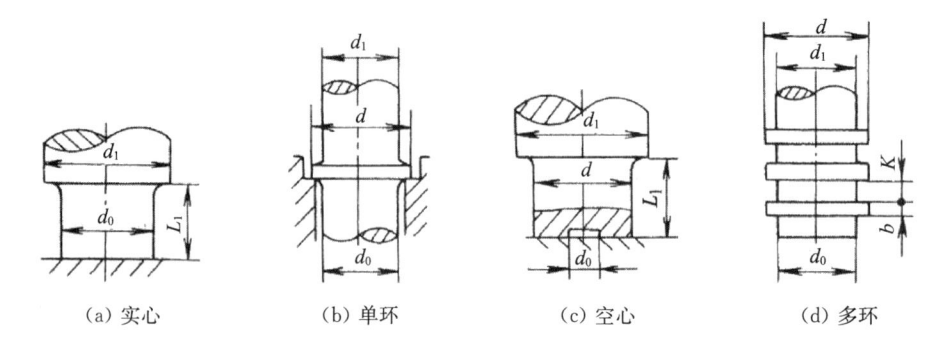

(a) 实心　　(b) 单环　　(c) 空心　　(d) 多环

图1-2-19　推力滑动轴承

2. 轴瓦的材料及结构

轴承座和轴承盖一般不与轴颈直接接触,常用灰铸铁制造,轴瓦和轴承衬与轴颈直接接触,所用材料应具有较小的摩擦系数、较高的耐磨性和抗胶合性,有足够的强度和良好的塑性。常用的轴瓦材料主要是铸造轴承合金,有些牌号的黄铜、铝合金、粉末冶金和非金属材料等也可用来制造一些中低速工作的轴承。

轴瓦有整体式和剖分式两种,整体式轴瓦如图1-2-20(a)所示,整体式轴瓦又称轴套,分为光滑轴套和带纵向油沟轴套两种。剖分式轴瓦结构如图1-2-20(b)所示,两端有凸缘以限制轴瓦的轴向窜动。

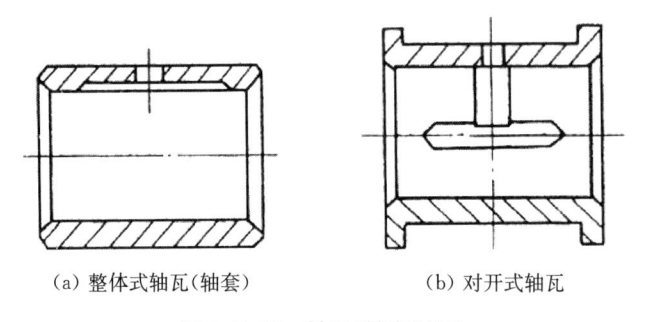

(a) 整体式轴瓦(轴套)　　(b) 对开式轴瓦

图1-2-20　轴瓦(轴套)结构

为改善轴瓦表面的摩擦性质及节约贵重金属,常在轴瓦内表面浇注一层或两层减摩材料,通常称为轴承衬,为保证轴承衬与轴瓦结合牢固,一般在轴瓦内表面预制一些沟槽,其形式如图1-2-21所示。

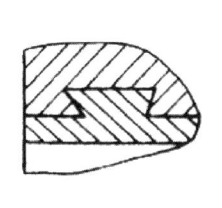

(a) 适用于铸铁和钢制轴瓦　　　　　　(b) 适用于青铜轴瓦

图 1-2-21　轴承衬预制沟槽的形式

为了给轴承输送润滑油,轴承上开有油孔与油沟,以使润滑油能均匀分布在整个轴颈上。油沟的形式有纵向、环向和斜向等,如图 1-2-22 所示。油孔和油沟应开在非承载区,以免降低油膜承载能力,油沟离轴承的两端应有一定距离。

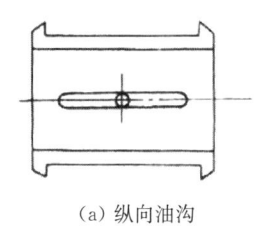

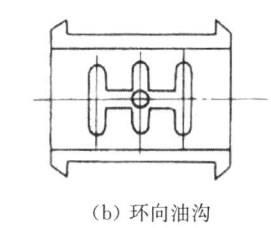

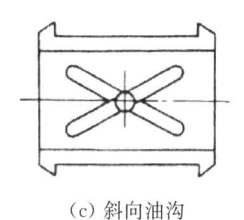

(a) 纵向油沟　　　　　(b) 环向油沟　　　　　(c) 斜向油沟

图 1-2-22　油沟的形式

3. 滑动轴承的摩擦状态

良好的润滑状态是减少摩擦、磨损的有效措施,两相对运动表面间因润滑存在形式的不同,而有不同的润滑状态,也称为摩擦状态。对于滑动轴承,其摩擦状态有干摩擦、边界摩擦、液体摩擦和混合摩擦等类型。

两摩擦表面的微观凸峰接触,中间不存在任何润滑剂的摩擦状态为干摩擦状态;两摩擦表面被吸附于表面的边界膜隔开,其摩擦性能取决于边界膜与表面的吸附状况的摩擦状态为边界摩擦;液体摩擦状态是两摩擦表面被一液体层隔开,表面凸峰不直接接触,摩擦性质取决于液体内部分子间的黏性阻力。处于干摩擦、边界摩擦、液体摩擦间的混合状态的摩擦称为混合摩擦。上述几种摩擦状态中,干摩擦的摩擦系数最大,边界摩擦和混合均可有效降低摩擦系数。液体摩擦的摩擦系数最低。对于滑动轴承,干摩擦状态应避免,最低限度应维持边界摩擦或混合摩擦状态。对于承载力高、抗震性好、噪声低、高速运转的滑动轴承应实现液体摩擦状态。

4. 滑动轴承的失效形式

滑动轴承的失效形式主要有磨损和胶合。

轴与轴承相对运动时,由轴上较硬物体或硬质颗粒切削或刮擦作用引起轴承表面材料的脱落、损伤,从而破坏摩擦表面的现象称为磨损。导致轴承磨损一般有三种情况:①较硬物体在滑动轴承表面发生微量切削引起接触面划伤;②硬物质作用在轴承表面层产生交变接触应力,导致表面破坏;③硬颗粒在力的作用下压入轴承表面产生压痕。

滑动轴承工作时,特别是在重载条件下工作时,由于温度和压力都很大,轴颈和轴瓦之间的润滑油膜可能被挤出,从而使金属表面直接接触,因摩擦面发热而温度迅速升高,严重时表面金属局部软化或熔化,导致接触区发生牢固的黏着或焊合,而形成胶合。由于摩擦表面瞬时温度很高,黏着区较大,黏着点强度高,黏着点不能被从基体上剪切掉,使轴与轴瓦发生咬死而不能转动,咬死是胶合失效最严重的表现形式。

(三)滚动轴承

滚动轴承是由专业化工厂大批量生产的标准件,具有摩擦阻力小、启动快、效率高、制造成本低、类型和尺寸系列多、轴向尺寸小、使用及更换方便等优点。

1. 滚动轴承的结构、类型与特点

如图 1-2-23 所示,滚动轴承由内圈、外圈、滚动体和保持架组成,内外圈均有滚道,滚动体可在滚道内滚动,其形状有球形、圆柱形、圆锥形、鼓形、针形等,如图 1-2-24 所示。保持架的作用是使滚动体均匀分开,减少滚动体间的摩擦和磨损。滚动轴承的内、外圈和滚动体均要求有耐磨性和较高的接触疲劳强度,须用如 GCr9、GCr15、GCr15SiMn 等滚动轴承钢制造。保持架可用低碳钢制成。

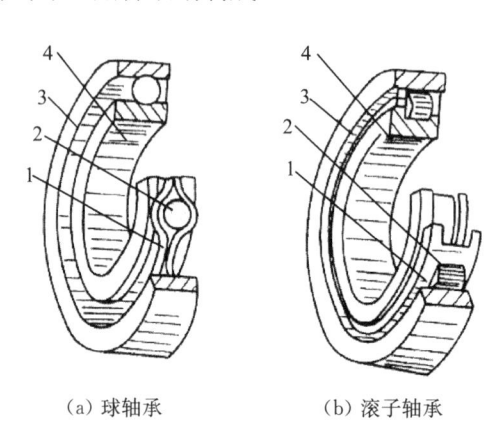

(a) 球轴承　　(b) 滚子轴承

1—保持架;2—滚动体;3—外圈;4—内圈。

图 1-2-23　滚动轴承的基本构造

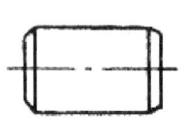

(a) 球形　　(b) 圆柱形

(c) 圆锥形　　　　　(d) 鼓形　　　　　(e) 针形

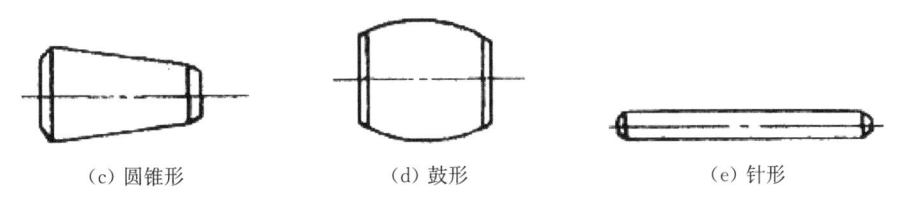

图 1-2-24　滚动体形状

滚动轴承按其所能承受的载荷方向,可分为以承受径向载荷为主的向心轴承和以承受轴向载荷为主的推力轴承两类。按滚动体的形状不同可分为球轴承和滚子轴承。在相同直径时,滚子轴承比球轴承的承载能力大。按滚动轴承的结构和性能特点,国家标准将滚动轴承的基本类型分为 10 类,见表 1-2-4。

表 1-2-4　滚动轴承的基本类型

类型代号	轴承类型
0	双列角接触球轴承
1	调心球轴承
2	调心滚子轴承、推力调心滚子轴承
3	圆锥滚子轴承
4	双列深沟轴承
5	推力球轴承、双向推力球轴承
6	深沟球轴承
7	角接触球轴承
8	推力圆柱滚子轴承
N	圆柱滚子轴承

2. 滚动轴承的固定和调整

轴承内圈轴向固定的常用方法如图 1-2-25 所示:①轴肩固定[图 1-2-25(a)],主要用于承受单向载荷场合或全固定式支承结构;②弹性挡圈和轴肩固定[图 1-2-25(b)],该法结构简单,轴向尺寸小,因挡圈只能承受较小的轴向载荷,一般用于游动支承处;③轴端挡圈和轴肩固定[图 1-2-25(c)],用于直径较大,轴端切削螺纹有困难的场合;④锁紧螺母与轴肩固定[图 1-2-25(d)],固定及装拆方便,适用于轴向载荷不大的场合;⑤开口圆锥紧定套和锁紧螺母在光轴上固定锥孔轴承内圈[图 1-2-25(e)],此法装拆方便,适用于轴向载荷不大、转速不高的场合。

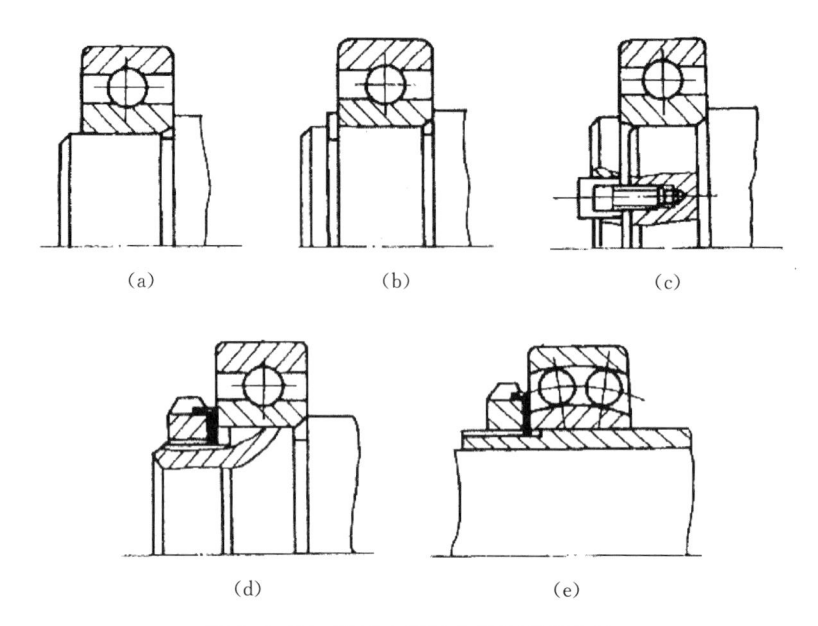

图 1-2-25 轴承内圈轴向固定常用方法

轴承外圈轴向固定常用方法如图 1-2-26 所示：①用轴承盖固定[见图 1-2-26(a)]，用于两端固定式支承结构或承受单向轴向载荷时；②用弹性挡圈与机座凸台固定[见图 1-2-26(b)]，该法轴向尺寸小，用于轴向载荷不大的场合；③用止动环嵌入轴承外圈的止动槽内[见图 1-2-26(c)]，用于机座不便制作凸台且外圈带有止动槽的深沟轴承；④用轴承端盖和机座凸台固定[见图 1-2-26(d)]，适用于高速旋转并承受很大的轴向载荷的场合。

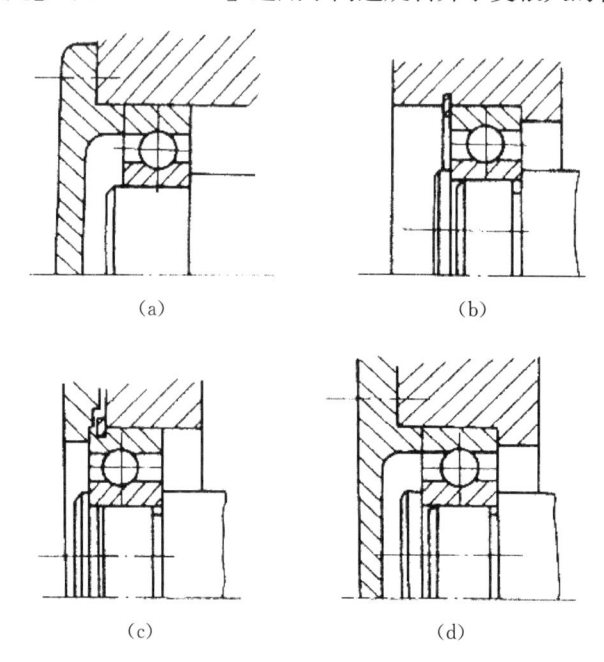

图 1-2-26 轴承外圈轴向固定常用方法

轴承部件的调整。轴承轴向间隙的调整如图 1-2-27 所示,有调整垫片、调节压盖和调整环等几种方式。

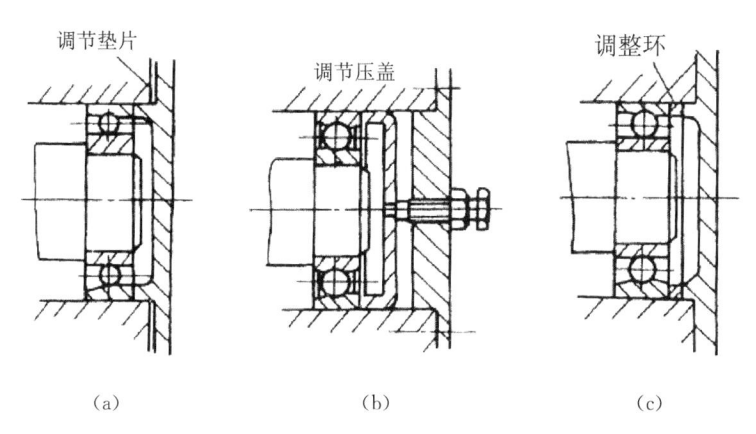

图 1-2-27 轴向间隙的调整

3. 滚动轴承的失效形式

疲劳点蚀。轴承工作时,作用于轴上的载荷是通过轴承的内圈、滚动体、外圈传到机座上的,使滚动体与内、外圈的接触表面产生接触应力。因为轴承的内、外圈要做相对转动,滚动体沿滚道滚动,所以接触表面的接触应力按脉动循环规律变化。在这种应力长期作用下,轴承的滚动体或内、外圈滚道的表层金属将发生剥落,从而形成疲劳点蚀。疲劳点蚀是滚动轴承的主要失效形式,它使轴承产生振动和噪声,旋转精度下降,影响机器的正常工作。

塑性变形。当轴承的转速很低($n<10$ r/min)或间歇摆动时,一般不会发生疲劳点蚀,此时轴承往往会因受到过大的静载荷或冲击载荷而产生塑性变形,使轴承失效。

此外,由于使用、维护和保养不当,或润滑、密封不良等原因,也能引起轴承的早期磨损、胶合,内、外圈和保持架损坏等不正常失效。

三、联轴器、离合器、制动器

联轴器、离合器和制动器是机械传动中的常用部件,联轴器和离合器用于连接两轴使其一起旋转并传递扭矩,有时也可用作安全装置,以防止机械过载。联轴器与离合器的区别在于:联轴器只有在机械停止后才能将连接的两根轴分离,离合器则可以在机械的运转过程中根据需要使两轴随时接合和分离。制动器可用来迅速制止断开运动后因惯性引起的运动。

(一) 联轴器

联轴器所连接的两轴,由于制造、安装误差,工作中的磨损及受载变形等原因,常产生轴向、径向、偏角、综合等位移,如图 1-2-28 所示。另外有些联轴器常在振动、冲击的环境下工作,因此要求联轴器应具有补偿偏移和缓冲、吸振的能力。

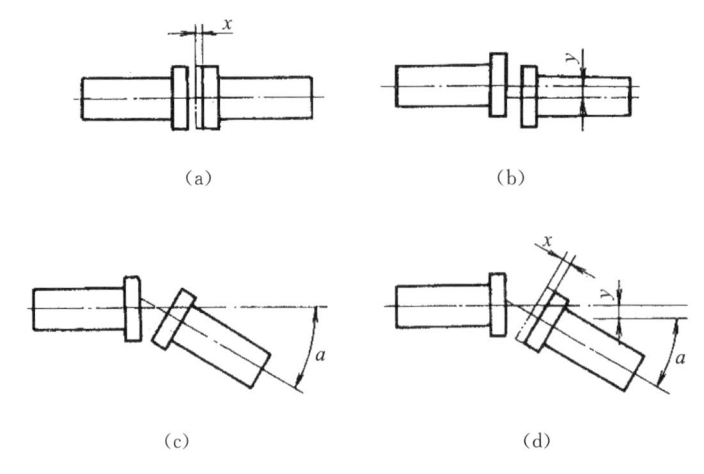

图 1-2-28　轴线的相对位移

联轴器按照有无弹性元件,能否缓冲、吸振分为弹性联轴器和刚性联轴器两大类,其中刚性联轴器又按照能否补偿轴线偏移分为固定式刚性联轴器和可移式刚性联轴器两类。

1. 固定式刚性联轴器

固定式刚性联轴器主要有套筒联轴器和凸缘联轴器,套筒联轴器如图 1-2-29 所示,它由一公用套筒及键或销将两轴连接。这种联轴器的结构简单、径向尺寸小、制作方便。但其装配拆卸时需做轴向移动,仅适用于两轴直径较小、同轴度较高、轻载荷、低转速、无振动、无冲击、工作平稳的场合。凸缘联轴器如图1-2-30所示,两个通过键与轴连接的带凸缘的半联轴器用螺栓组联成一体,图 1-2-30(a)采用两半联轴器凸缘肩和凹槽对中,依靠两半联轴器接触面间的摩擦力传递转矩,两半联轴器用普通螺栓连接。图 1-2-30(b)采用铰制孔螺栓对中,直接利用螺栓与螺栓孔壁之间的挤压传递转矩。凸缘联轴器使用方便,能传递较大转矩。安装时对中性要求高,主要用于刚性较好、转速较低、载荷较平稳的场合。

2. 可移式刚性联轴器

可移式刚性联轴器有十字滑块联轴器、齿式联轴器和万向联轴器等。十字滑块联轴器如图 1-2-31 所示,它由两个端面上开有凹槽的半联轴器 1、3 和一个两面带有互相垂直凸牙的中间滑块 2 所组成,工作时若两轴不同心,则中间滑块可在半联轴器的凹槽内滑动,从而补偿两轴的径向位移。十字滑块联轴器适用于轴线间相对位移较大,无剧烈冲击且转速较低($n \leqslant 250 \text{ r/min}$)的场合。齿式联轴器如图 1-2-32 所示,它由两个带有内齿的外壳 3、4 和两个带有外齿的半联轴器 1、2 组成,两凸缘外壳用螺栓 5 连成一体,工作时通过内外齿的相互啮合传递力矩,由于齿轮间留有间隙和外齿轮的齿顶做成球面,且球面中心位于轴线上,故能补偿两轴的综合位移。齿式联轴器结构紧凑,有较大的综合补偿能力,由于是多齿同时啮合,故承载能力大,工作可靠,但其制造成本高,一般宜用于启动频繁、经常正反转、传递运动要求准确的场合。万向联轴器如图1-2-33(a)所示,它的两个轴叉分别与中间的十字轴以铰链相连,万向联轴器两轴间夹角可达45°。单个万向联轴器工作时,为保证从动轴与主动轴均以同一角速度旋转,应采用双向联轴器,如图1-2-33(b)所示,万向联轴器适用于两轴间有较大角位移的场合。

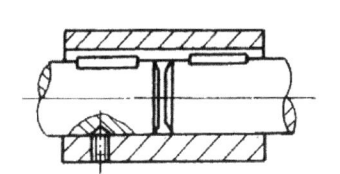

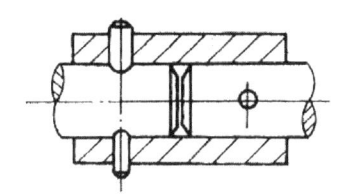

图 1-2-29 套筒联轴器

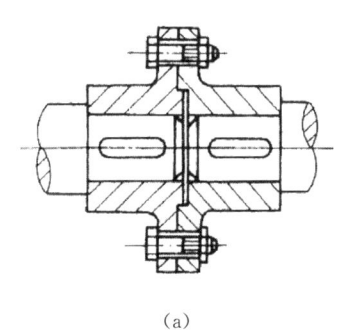

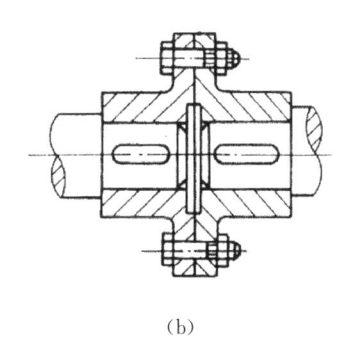

(a) (b)

图 1-2-30 凸缘联轴器

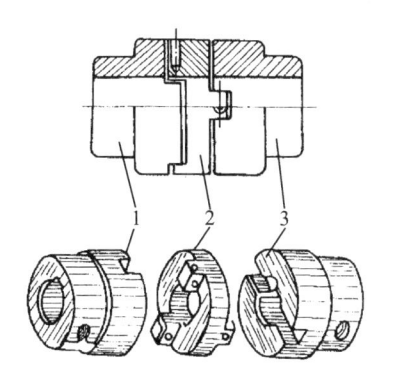

1、3—半联轴器;2—中间滑块。
图 1-2-31 十字滑块联轴器

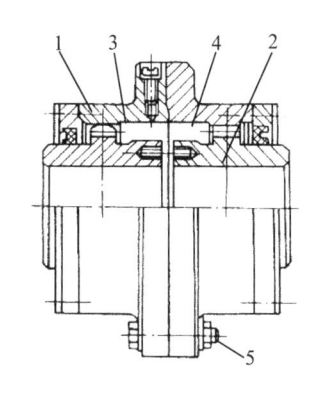

1、2—半联轴器;3、4—外壳;5—螺栓。
图 1-2-32 齿式联轴器

(a)　　　　　　　　　　(b)

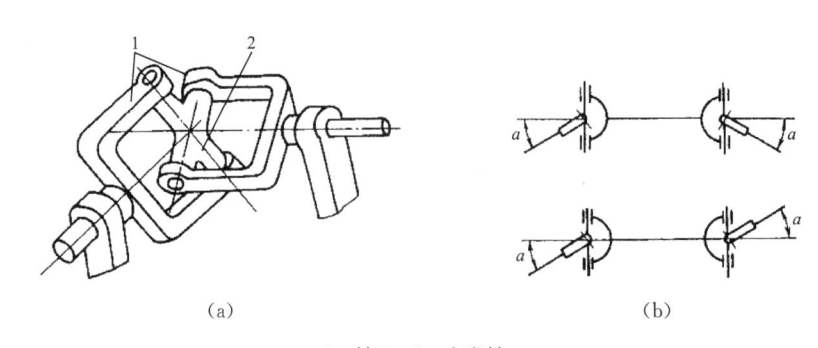

1—轴叉；2—十字轴。

图 1-2-33　万向联轴器

3. 弹性联轴器

弹性联轴器有弹性套柱销联轴器和弹性柱销联轴器。弹性套柱销联轴器如图 1-2-34 所示，其结构与凸缘联轴器相似，只是用橡胶弹性套柱销取代了螺栓。利用弹性套圈可以补偿两轴的偏移，吸收、减小振动和缓冲。弹性套柱销联轴器结构简单，安装方便，适用于转速较高、有振动、双向运动、启动频繁、扭矩不大的场合。弹性柱销联轴器如图 1-2-35 所示，这种联轴器采用尼龙柱销将两半联轴器连接起来，为防止柱销滑出，在两侧装有挡圈。这种联轴器与弹性套柱销联轴器结构类似，更换柱销方便，它对偏移量的补偿不大，其应用与弹性套柱销联轴器类似。

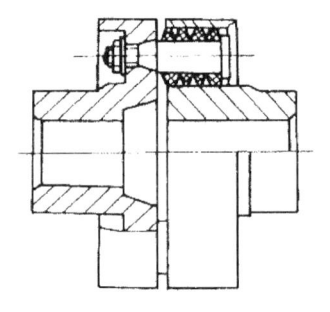

图 1-2-34　弹性套柱销联轴器　　图 1-2-35　弹性柱销联轴器

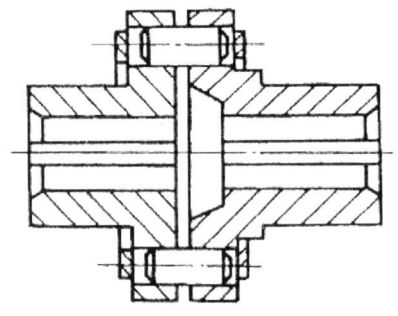

（二）离合器

离合器在工作时需随时分离或接合被连接的两根轴，不可避免地会遇到摩擦、发热、冲击、磨损等情况，因而要求离合器接合平稳，分离迅速，操纵省力方便，同时结构简单、散热好、耐磨损、寿命长，离合器传递扭矩的方式主要是利用牙的啮合、工作表面间的摩擦力、电磁吸力等实现的。

1. 牙嵌式离合器

牙嵌式离合器如图 1-2-36(a) 所示，它由两个端面带牙的半联轴器组成，两半联轴器分别与主、从动轴用平键或花键连接，工作时利用操纵机构、移动滑环，使两半联轴器沿导向键向移动,使两半联轴器端面上的牙接合或分离,从而起到离合作用。为了保证两轴线的同轴度,在半联轴器上装有对中环,从动轴可在其中自由转动。

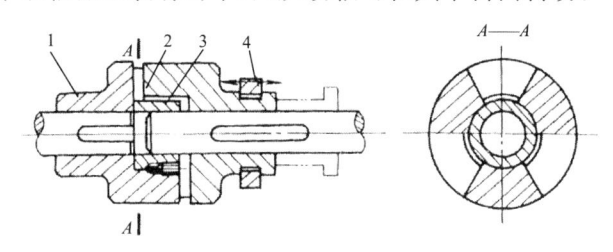

1、2—半联轴器;3—对中环;4—滑环。

(a) 牙嵌式离合器

(b) 牙嵌式离合器的牙型

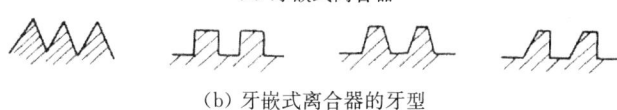

图 1-2-36　牙嵌式离合器

牙嵌式离合器的牙型如图 1-2-36(b)所示,有三角形、矩形、梯形、锯齿形等。其中三角形牙型可双向传动,但转速低,传递扭矩小;矩形牙型可双向传动,传动扭矩较大,但需在静止状态下操纵;梯形牙型可双向传动,转速较高,接合容易,传递扭矩较大,可补偿磨损后的牙侧间隙,应用较广泛;锯齿形牙型单向传动,转速较大,接合容易。

牙嵌式离合器结构简单,外廓尺寸小,两轴向无相对滑动,转速准确,但转速差大时不易接合。

2. 摩擦离合器

摩擦离合器主要有单片式、多片式和圆锥式三种,其中以多片式摩擦离合器应用最广。单片圆盘摩擦离合器如图 1-2-37 所示,两摩擦圆盘分别用平键和导向平键与主动轴、从动轴连接,工作时对滑环施加推力,使从动盘左移与主动摩擦盘接触,从而产生摩擦力,这种摩擦离合器传递的扭矩较小,在工作过载时,则摩擦片打滑,防止其他零件损坏,有一定的安全保护作用。

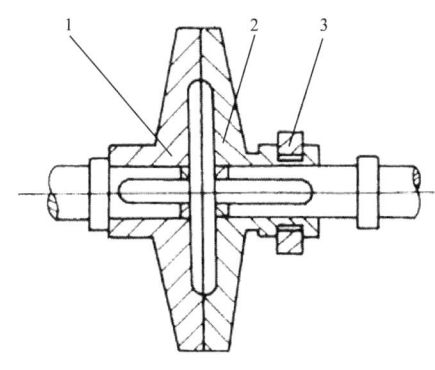

1—主动盘;2—从动盘;3—滑环。

图 1-2-37　单片圆盘摩擦离合器

多片圆盘摩擦离合器如图1-2-38所示，它有两组摩擦片，外摩擦片3与外套筒2，内摩擦片4与内套筒6，分别用花键相连，外套筒、内套筒分别用平键与主动轴1和从动轴9相固定。当滑环7由操纵机构控制沿轴向左移时，压曲臂压杆8使内外摩擦片相互压紧，离合器接合；当滑环右移时，曲臂压杆右移，内、外摩擦片松开，离合器分离。圆形螺母5可调节内、外两组摩擦片间隙，以控制压紧力大小。多片式摩擦离合器传递扭矩的大小，随轴向压力和摩擦力及摩擦片对数的增加而增大，但片数过多会影响分离动作的灵活性，一般摩擦片在10～15对之间。

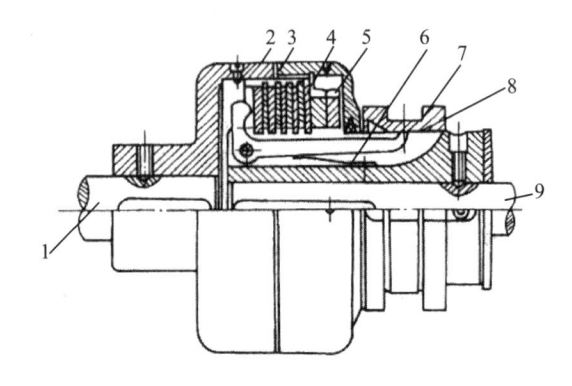

1—主动轴；2—外套筒；3—外摩擦片；4—内摩擦片；5—圆形螺母；6—内套筒；7—滑环；8—曲臂压杆；9—从动轴。

图1-2-38　多片圆盘摩擦离合器

摩擦离合器摩擦片的形状如图1-2-39所示，有带外齿的外摩擦片和带凹槽的内摩擦片，碟形内摩擦片受压时可被压平而与外摩擦片贴紧，去压后由于弹力作用可恢复原形，使其与外盘迅速脱开。

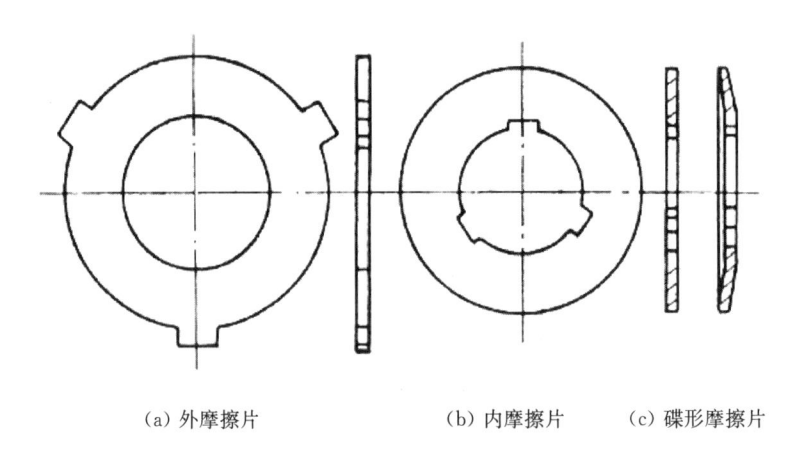

(a) 外摩擦片　　(b) 内摩擦片　　(c) 碟形摩擦片

图1-2-39　摩擦离合器摩擦片的形式

摩擦离合器与牙嵌离合器相比，可在任何转速条件下接合，且接合平稳，无冲击，过载时会自动打滑，可起到安全保护作用，因其工作灵活，调节方便，而得到广泛应用。

(三) 制动器

制动器一般是利用摩擦力使物体降低速度或停止运动,有外抱块式、内涨式和带式等几种。

1. 外抱块式制动器

外抱块式制动器(又称闸瓦制动器)如图 1-2-40 所示,它由制动轮、闸瓦块、主弹簧、制动臂、推杆及松闸器组成。制动臂 4 及闸瓦块 2 使制动轮 1 经常处于制动状态,当松闸器 6 通电时,电磁力操纵推杆 5 将制动臂推向两侧,闸瓦块 2 与制动轮松开。松闸器也可使用液压、气压或人力等方式操纵。通电时松闸,断电时闭合的制动器称为常闭式制动器,适用于起重设备等。制动器也可设计成常开式,即通电时制动,断电时松闸,适用于车辆等的制动。

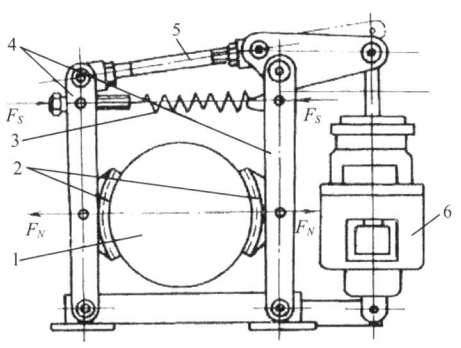

1—制动轮;2—闸瓦块;3—主弹簧;4—制动臂;5—推杆;6—松闸器。

图 1-2-40　外抱块式制动器

2. 内涨式制动器

内涨式制动器如图 1-2-41 所示,它由销轴、制动蹄、摩擦片、泵、弹簧及制动轮等组成,当压力油进入泵 4 后,推动左右两个活塞克服弹簧 5 的作用使制动蹄 2、7 压紧制动轮 6,从而达到制动。油路卸压后,弹簧 5 使制动蹄与制动轮分离而松闸。内涨式制动器体积小,结构紧凑。

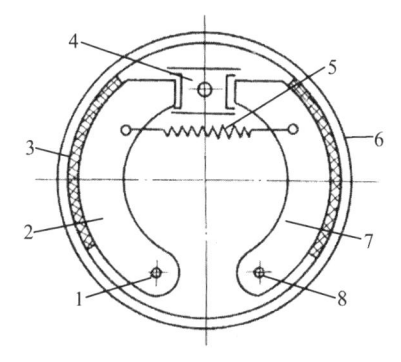

1、8—销轴;2、7—制动蹄;3—摩擦片;4—泵;5—弹簧;6—制动轮。

图 1-2-41　内涨式制动器

3. 带式制动器

带式制动器如图 1-2-42 所示，由制动轮、制动带、杠杆等组成，当杠杆 3 上作用外力 F 时，即使制动带 2 压紧而达到制动。为增加摩擦作用，制动带 2 上一般衬有石棉、橡胶和皮革等材料。带式制动器结构简单，成本低，可实现小扭矩的制动。

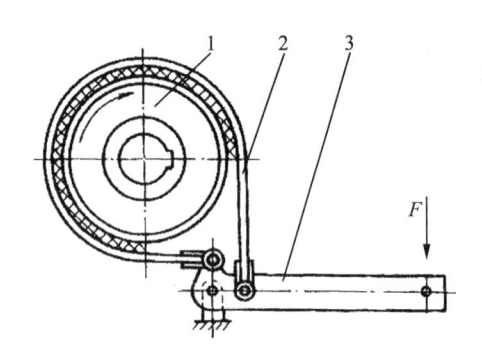

1—制动轮；2—制动带；3—杠杆。

图 1-2-42　带式制动器

思考题

1. 联轴器与离合器有何区别？
2. 制动器在机器中起什么作用？分哪几类？
3. 轴承在机器中起的主要作用是什么？
4. 滚珠丝杆式启闭机有哪些优缺点？
5. 滚珠丝杆式启闭机日常维护如何进行？

第三章　螺杆式启闭机

第一节　螺杆式启闭机的性能结构特点

一、性能

螺杆式启闭机是中小型闸门比较普遍采用的启闭机，它是一种既能产生启门力，又能根据螺杆的支承情况，适当地产生一些闭门力的简单可靠的启闭设备。它的工作特点是：螺杆的下端与闸门连接，螺杆的上端利用螺纹与承重螺母相扣合。当承重螺母通过与其相连的齿轮或蜗轮被外力驱动而旋转时，它驱动螺杆做垂直的升降运动，从而启闭闸门。

在开启闸门时，螺杆承受拉力。这个最大的拉力即表示螺杆启闭机的能力。例如 5 t 螺杆启闭机，就是说这个螺杆启闭机最大使用拉力为 5 t。

在关闭闸门时，螺杆可以对闸门施加压力，从闸门的启闭力计算可以得知，闭门力数值一般是小于启门力的。例如计算得某闸门启门力为 5 t，闭门力为 3 t，则选用 5 t 螺杆式启闭机，而要求它的闭门力为 3 t。但一般还应按 3 t 的压力对螺杆的受压情况进行核算。

螺杆的受压强度，主要受其长细比控制。当启闭机座到门顶的高差较大，亦即螺杆的总长度较大时，可适当地加设中间支承，以减少螺杆的无支承长度或长细比。但中间支承的设置，不宜超过一个，多设不易对中，容易卡死。如果将螺杆受压长细比按容许最大值取为 200，螺杆的计算长度视为一端固定，一端铰接，那么当螺杆的总长度（即启闭机座到门顶的高差）为 70 d（d 为螺杆内径）时，即需要考虑设置中间支承。若螺杆的总长度不超过 70 d，由一般只需要核算其受压强度。

螺杆的总长度很大时欲施加闭门力是很不安全的。螺杆稍一加压，即易产生弯曲。因此，比较合适的办法是，在深孔闸门设计时，采用减少支承部分的摩擦阻力或利用水柱压力等方法，尽量避免闸门关闭时需要闭门力，而使闸门需要提升力。这样，可以使螺杆不论是在开门或关门的情况下，始终是承受拉力，从根本上避免了螺杆压弯现象的产生。在设计某些深孔闸门时，采取了这样的措施，运行的结果表明，这种方法是比较有效的。

二、优缺点

优点：由于螺杆式启闭机的机体较小而封闭、构造简单，使用牢固可靠，管理养护较为方便，价格也较低廉。在螺杆长细比的许可范围内，能对闸门施加闭门力。螺杆和螺母有自锁作用，即闸门能够停留在任何位置而不会自行滑落，比较安全。

缺点：由于机体没有减速或者减速程序少、速比小，因而限制了它的启闭能力，常用吨位较小。它易因设计不周、安装不正确或操作不当而将螺杆压弯，影响闸门的启闭。有时，因机座大梁锚固不牢，在启闭力过大时，容易将机体本身甚至将启闭机大梁抬起。

三、构造及分类

根据闸门计算的启门力和闭门力，选择合适的吨位，根据启闭机座到门顶的高差，决定螺杆的总长度，根据闸门的启闭行程，决定螺杆中螺纹的长度。如关闭闸门需要闭门力时，则应考虑螺杆受压的长细比。启闭闸门的行程，最大不宜超过5 m。否则启门时因螺杆伸出机体过长而不稳定。螺杆式启闭机一般附有连接螺杆下端与门顶的吊头。闸门上的吊头螺栓，应与之配合设计。

螺杆式启闭机的地脚螺栓，应有足够的埋置长度。并在其端部做成开脚或弯钩，以便与启闭机座大梁固定。而启闭机座简支大梁支座处，亦应埋置足够的锚栓。若支座为砌石墩墙时，其锚固长度应达1.5~2.0 m。

螺杆启闭机一般采用一机开一孔，即单吊点启闭。但在需要时，也可采用两机开一孔，即双吊点启闭，这时需将其手柄并联成为一根传动轴，以便同步启闭。

螺杆式启闭机在构造上通常不外乎为下列三种形式。

（一）平轮式

渠系放水建筑物小型平面闸门常采用这种简单的螺杆启闭机。如图1-3-1所示，承重螺母2直接与手动平轮5相连，没有减速程序。单靠手动平轮的直径产生较大的转动力矩从而驱动轴承螺母，升降螺杆以启闭闸门。同时，承重螺母为铸铁制造，它直接与机体的上下支承面接触。有的则装配滚动轴承减少驱动时的摩擦。因此，这种螺杆启闭机一般只能提供0.5~3 t的启闭力，并且需手动操作。它的结构简单，机体轻巧。常做成封闭的盒状，安装在混凝土的底座上。

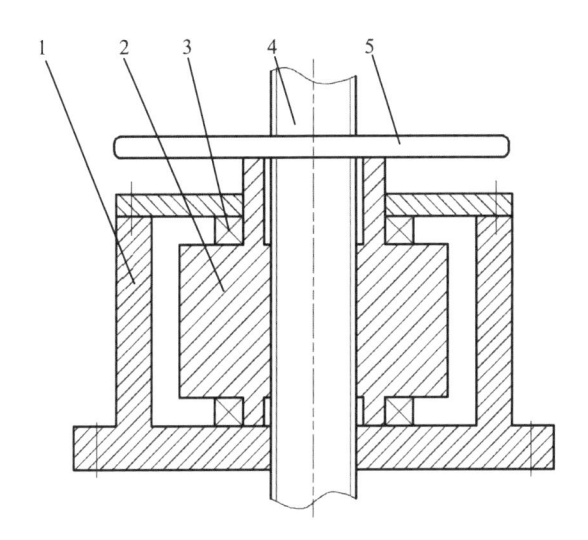

1—机体；2—承重螺母；3—滚动轴承；4—螺杆；5—手动平轮。

图 1-3-1　平轮式螺杆启闭机

这种螺杆启闭机有时可在承重螺母顶部做成十字形的预留孔，启闭闸门时临时将用作手柄的木棒插入；或是将平轮做成一根穿过承重螺母顶部而两端向上翘起的钢杆，以转动承重螺母，启闭闸门。

（二）锥齿轮式

锥齿轮式螺杆启闭机，如图 1-3-2 所示，是通过一对锥齿轮减速的。承重螺母 4 与水平放置的大锥齿轮 3 相连，而小锥齿轮 2 则与伸出机体的手柄轴连成一体。手柄轴则又外接手摇把 1，形成较大的转动力矩。同时，承重螺母 4 的本身镶有铜合金做成的螺纹套以与螺杆 5 啮合，而承重螺母的上下支承面，各设滚珠轴承 6 以减少摩擦，为了启闭操作方便，机体盒下面支架及底座，与启闭机座大梁的预埋螺栓相接。

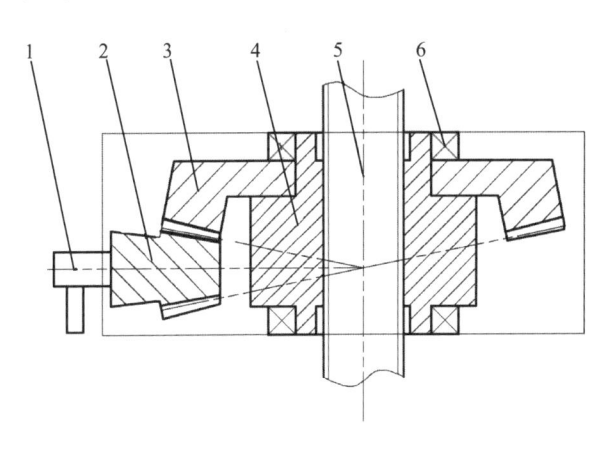

1—手摇把；2—小锥齿轮；3—大锥齿轮；4—承重螺母；5—螺杆；6—滚珠轴承。

图 1-3-2　锥齿轮式螺杆启闭机

锥齿轮式螺杆启闭机用得比较普遍,常用的规格为3~10 t,这种螺杆启闭机可采用电动或手摇启闭。

(三)蜗轮蜗杆式

采用蜗轮蜗杆代替锥轮,可以得到较大的传动比。因此,蜗轮蜗杆式的启闭能力比锥齿轮式大。如图1-3-3所示,它与锥齿轮式比较,所不同的只是承重螺母3与蜗轮2相连,而蜗杆1则与伸出机壳的手柄轴成为一体。其他的构造则与锥齿轮式螺杆启闭机相类似。不过采用蜗轮蜗杆传动的机构效率低,加工条件的要求也比较高。其中蜗轮一般采用铸铁,在启闭吨位较大时,则用铜合金镶制的齿圈。因此,这种蜗轮蜗杆式启闭机的应用不及锥齿轮式的普遍。它一般可采用手摇和电动两种方式启闭。蜗杆的限位螺母如图1-3-4所示。

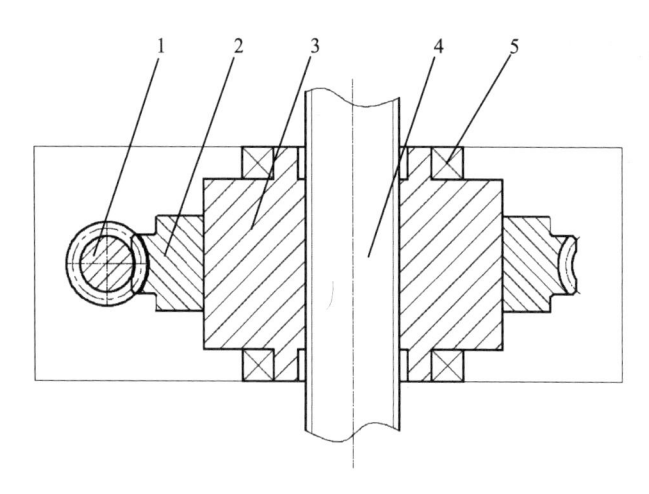

1—蜗杆;2—蜗轮;3—承重螺母;4—螺杆;5—承重螺母。

图 1-3-3　蜗轮蜗杆式螺杆启闭机

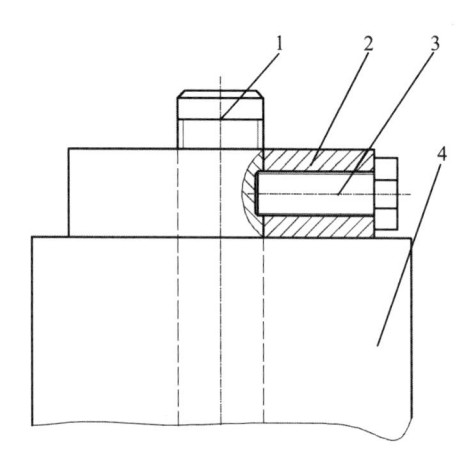

1—螺杆;2—限位螺母;3—固定螺钉;4—机体。

图 1-3-4　螺杆的限位螺母

四、螺杆式启闭机的维护

由于螺杆式启闭机用得比较普遍,一般的操作运行又多由非专业的群众掌握,所以对于它的管理与维护应在工程的设计、施工和安装上予以足够的重视,才能使它发挥应有的作用。螺杆式启闭机结构简单,维护的主要内容为传动系统、润滑系统。螺杆式启闭机在管理与维护方面应注意下列一些事项。

1. 螺杆式启闭机的螺杆中心,在安装时必须与闸门的门顶吊耳轴中心线中心相吻合,才能使螺杆升降顺利,不致发生卡阻,达到启闭省力的目的。特别是采用两台螺杆式启闭机并联时,尤需要在安装时使两根螺杆都对准闸门的两个吊耳轴中心,否则会造成启闭困难。

2. 当螺杆的长度较大,而设有中间支承时,中间支承的位置必须安设正确。并应对中间支承经常进行检查和润滑。

3. 螺杆应配备能伸缩的防护装置,以保护其免受雨淋生锈。

4. 螺杆式启闭机的手摇柄,应用铁链与机体锁住,以防他人乱动。若手柄平时摘下,应有专人保管,以便随时取用。

5. 螺杆式启闭机机体注油孔应定期灌注机油润滑。润滑系统要求轴衬及齿轮定期加油,变质润滑油必须清洗更换,如船闸的启闭,由于运行比较频繁,夏季加油周期不宜超过一个月,冬季加油周期不宜超过两个月,且夏季宜选用钙基 1#、2#、3# 黄油。螺杆的螺纹段,则应涂抹黄油,以防生锈。

6. 没有专人管理的中小型放水建筑物闸门的启闭机座,其爬梯的设置应使其最低一蹬距离地面约 2 m。由启闭人员备木梯登上启闭,以防止其他闲人任意攀登和启闭闸门。

7. 每年应对螺杆式启闭机做一次检查。清理污积,进行润滑。发现问题或故障,须及时修理。

8. 螺杆式启闭机的螺杆在使用中容易发生弯曲现象,这是由于闭门时过分施加了压力的结果。为防止螺杆弯曲,应在螺杆螺纹段闸门行程的顶端,校正位置后固定限位螺母,或设置明显的标记,谨慎操作。对新选用的螺杆启闭机来说,最好是设计闸门时不需施加闭门力(特别是在深孔闸门的设计中)。或者是采用带安全手摇柄的螺杆式启闭机。安全手摇柄是在摇柄轴部增设一对摩擦片,当所传递的摩擦力超过设计限度时,即自行打滑空转,以防止过负载的压力产生。螺杆弯曲的矫正主要有两种方法。第一种强行用外力顶压,有的称压重法、千斤顶法或杠杆法;另一种方法是热烘法,当钢材达到 600 ℃ 时,钢材强度急剧下降,缓慢冷却可以达到调直的目的。

传动系统的重点是齿轮箱、联轴器、轴衬、齿轮。齿轮箱应做到不渗油,如渗油可用玻璃胶涂在端盖与箱体的结合处。安全联轴器的张力弹簧需要定期检查,斜面的磨损不能形成圆弧面；传动轴轴衬磨损量不宜大于 1 mm，齿轮磨损量不宜超过 10%，超过 10%，则必须更换。

第二节　螺杆式启闭机常见故障及其排除方法

（一）主动轴衬磨损

故障表现为运行噪声大，螺杆运行过程中有抖动，轴衬不能很好支撑轴，还可以看到运行中主动轴摆动明显。造成轴衬磨损的原因有：

1. 润滑系统不良，轴衬的油槽内缺油或注油孔不通；
2. 联轴器的同心度不符合要求，轴衬受力不均匀。

第一种情况更换轴衬时只需要将磨损量大的轴衬取出，更换上新的轴衬。技巧是将轴衬的油槽对准加油孔，轴衬安装到位，手枪钻钻通机座上的注油孔，确保润滑系统的畅通和油孔的不偏移。

第二种情况更换轴衬的操作相同，另外需要调整联轴器两端轴的同心，一般同心度不满足要求的启闭机在试运行过程中联轴器会明显摆动。用一根细铁丝靠近联轴节，保持静止，可以清晰地看出联轴节安装偏向哪一侧。由于轴衬是黄铜材料制成的，有较好的塑性，轴衬尺寸偏大也能装配到位。但装配不当，容易造成轴衬内径缩小，抱死传动，造成电机负载过大，所以轴与轴衬的间隙一定要合理，一般保留 0.10~0.15 mm 的间隙（经验值，供参考）。

（二）推力轴承破坏

故障表现为闸、阀门运行阻力加大，噪音很大。造成推力轴承破坏的主要原因是：

1. 机座安装水平度不够或者螺杆安装的垂直度不足，造成轴承的端盖受力不均匀，端盖上局部受压太大，造成端盖碎裂；
2. 产品质量不过关，启闭机的承台平整度不足，这种破坏需要及时处理，否则会导致承重螺母报废。

更换推力轴承时要分析原因，第一种情形需要调整机座水平或者螺杆安装的垂直度，第二种情形需要更换机座。

（三）螺杆自动下滑

螺母与螺杆是通过自锁来制动的，当承重螺母磨损到一定量时（可以用内螺纹测厚仪测出），它们的摩擦角将不能实现自锁，螺杆的升角通常在 4°~6°，超过这个范围将需要更换螺母。另外，启闭机端盖上的压紧螺母松动，也会造成螺杆自动下滑，此时需要拧紧压紧螺母。

（四）安全联轴器打滑

通常是因为联轴器上的张力弹簧松弛或者张力弹簧压缩的锁定 T 形铁脱落，此时只需要将张力弹簧压缩到需要的长度即可；也有的是因为联轴器的两个接触斜面磨损量太大（由斜面磨成了圆弧面），需更换联轴器。

（五）螺杆弯曲、断裂

螺杆弯曲产生的原因很多，大抵有：

1. 限位开关失灵；
2. 门槽有异物卡阻；
3. 长细比过大；
4. 螺杆安装的垂直度不符合要求；
5. 违反设计的使用工况。

螺杆断裂的原因最主要是光面（无螺牙部分）与螺牙结合处应力高度集中及应力疲劳；应力幅值很大。船闸的阀门如采用螺杆式启闭机，需要启闭阀门 40 次/天，一年需要启闭阀门达 14 600 次，10 年达 146 000 次之多。在我国，通常钢结构工作循环的次数达 100 000 次，就必须验算其疲劳强度。第一种情况需要更换限位开关，同时经常检查限位开关；第二种情况需要清除门槽异物；第三种情况需要在门槽或中间平台部位增设中间导向点，限制侧向挠度，减少螺杆受压的计算长度；第四种情况需要调整机座；第五种情况，必须要求操作人员严格执行操作规程。

（六）齿轮啮合间隙太大或太小

故障表现为运行噪声大，啮合间隙小的，表现为螺杆剧烈抖动；啮合间隙大，会造成螺杆下滑。间隙小通常是因为螺母的承台高度偏小，需要在承台与齿轮之间放入垫片调整；一般可以将薄片材料剪成圆环型，套在螺母承台上；间隙大的，需要调整啮合齿轮的中心距。

第三节　机械知识拓展——机械连接

机械连接具体内容包括：螺纹连接、楔连接、销连接、键连接、花键连接、过盈配合连接、弹性环连接、铆接、焊接和胶接等。

一、螺纹连接

（一）螺纹连接的基本类型和应用

螺纹连接的基本类型有螺栓连接、双头螺柱连接、螺钉连接和紧定螺钉连接四种。

1. 螺栓连接是利用一端有螺栓头，另一端有螺纹的螺栓穿过被连接件的通孔，并用螺母拧紧，从而将被连接件连成一体，通常用于被连接件不太厚和便于加工通孔的场合。

螺栓连接又可分为普通螺栓连接和铰制孔用螺栓连接两种。图 1-3-5(a)为普通螺栓连接，其特点是螺栓杆与被连接件上的通孔之间有间隙，并且孔的加工精度要求不高，无论连接受轴向载荷还是受横向载荷，螺栓均只承受轴向拉力，故又称之为受拉螺栓连接。这种连接结构简单，装拆方便，应用最广泛。图 1-3-5(b)为铰制孔用螺栓连接，其螺栓杆与被连接件通孔之间采用基孔制过渡配合，能直接承受横向载荷和起定位作用，一般不能用来承受轴向载荷，故又称之为受剪螺栓连接。

（a）普通螺栓连接　　（b）铰制孔用螺栓连接

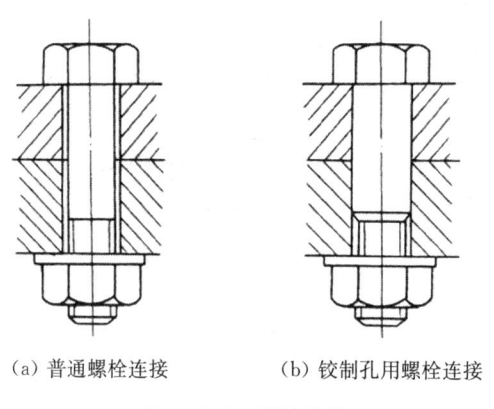

图 1-3-5　螺栓连接

2. 双头螺柱连接是利用两端均有螺纹的螺柱，将其一端拧入被连接件的螺纹孔中，一端穿过另一被连接件的通孔，旋上螺母并拧紧，从而将被连接件连成一体，如图 1-3-6 所示。拆卸时，只需旋下螺母，而不需拧下双头螺栓便可将被连接件拆开。这种连接适用于被连接件之一很厚、不便加工成通孔，而又需要经常拆卸的场合。

3. 螺钉连接不使用螺母，而是将螺钉穿过一被连接件的通孔，直接拧入另一被连接件的螺纹孔内而实现连接，如图 1-3-7 所示。这种连接的结构比螺栓连接简单，但若经常装拆则易损坏螺纹孔，因此适用于被连接件之一太厚，且不必经常装拆的场合。

4. 紧定螺钉连接是将紧定螺钉拧入一被连接件上的螺纹孔，并以螺钉末端直接顶住另一被连接件的表面或相应的孔穴，以固定两被连接件的相对位置，如图1-3-8所示。这种连接用于传递不大的力或力矩。

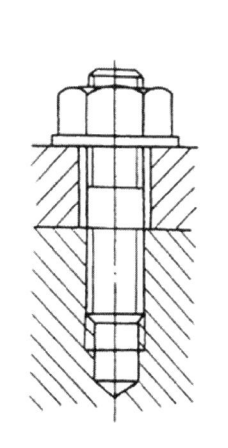

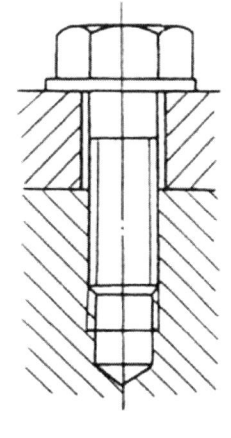

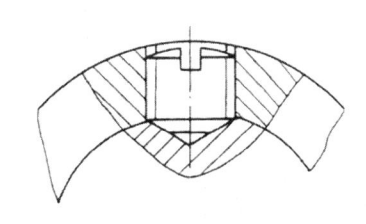

图 1-3-6　双头螺柱连接　　图 1-3-7　螺钉连接　　图 1-3-8　紧定螺钉连接

(二) 螺纹连接件

螺纹连接件包括螺栓、双头螺柱、螺钉、螺母、垫圈以及防松零件等,这些零件大多已经标准化,并由专门的工厂生产制造。

1. 螺栓、螺柱和螺钉

螺栓有普通螺栓[图 1-3-9(a)]和铰制孔用螺栓[图 1-3-9(b)]。螺栓头多为六角形,有六角头和小六角头两种。六角头应用较广;小六角头头部较小,故不宜用于常装拆、被连接件强度低和易锈蚀的场合。

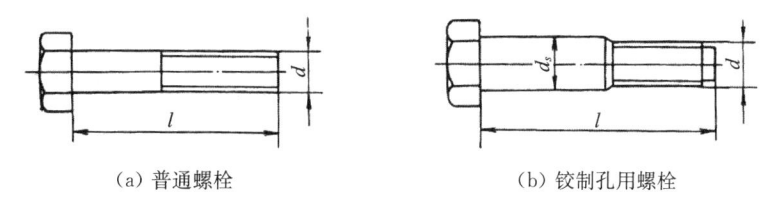

(a) 普通螺栓　　(b) 铰制孔用螺栓

图 1-3-9　螺栓

双头螺柱(图 1-3-6)两端均有螺纹,旋入被连接件螺纹孔的一端被称为座端,另一端则被称为螺母端。

螺钉的结构形状与螺栓类似,但头部形式较多,其中内、外六角头可施加较大的拧紧力矩,而圆头和十字头都不宜施加较大的拧紧力矩。

紧定螺钉的头部和末端形式很多(图 1-3-10),可以适应不同拧紧程度的需要,其中方头能承受的拧紧力矩最大。常用的末端形状有锥端、平端和圆端,一般均要求末端有足够的硬度。

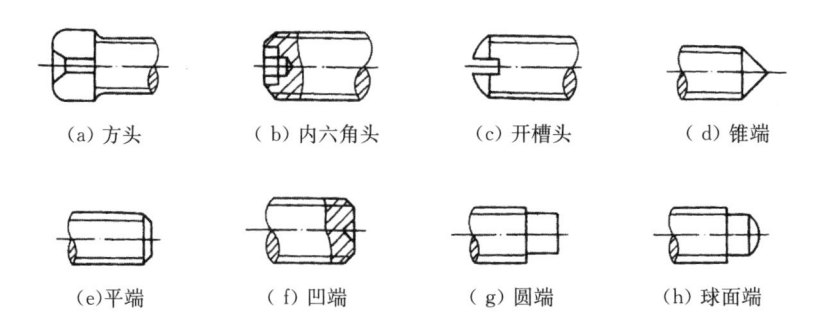

(a) 方头　　(b) 内六角头　　(c) 开槽头　　(d) 锥端

(e) 平端　　(f) 凹端　　(g) 圆端　　(h) 球面端

图 1-3-10　紧定螺钉的头部和末端形式

2. 螺母和垫圈

和螺纹连接配套使用的有螺母和垫圈。

螺母的形状有六角形和圆形等（图 1-3-11），其中以六角形螺母应用最普遍。六角形螺母又分为厚型和薄型，厚螺母用于经常装拆、易于磨损的场合；薄型的扁螺母用于尺寸受限制的地方。

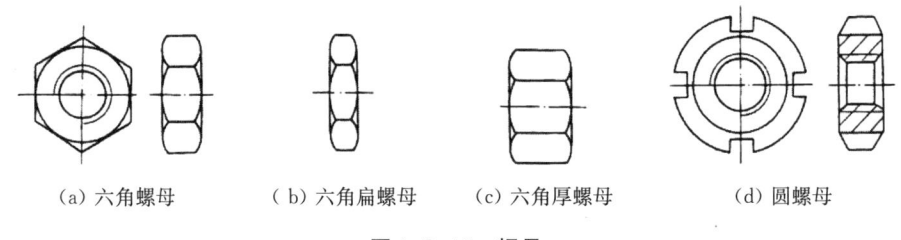

(a) 六角螺母　　(b) 六角扁螺母　　(c) 六角厚螺母　　(d) 圆螺母

图 1-3-11　螺母

垫圈的作用是增大螺钉头或螺母与被连接件的接触面积，保护被连接件的支承表面不受损伤。常用垫圈有平垫圈和弹簧垫圈（图 1-3-12），平垫圈与螺栓、螺柱、螺钉配合使用，弹簧垫圈与螺母配合使用起到摩擦防松作用。

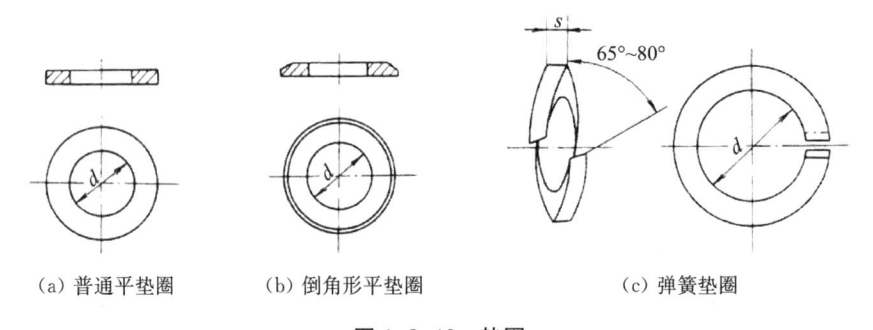

(a) 普通平垫圈　　(b) 倒角形平垫圈　　(c) 弹簧垫圈

图 1-3-12　垫圈

（三）螺纹连接的防松

为了增强连接的可靠性、紧密性和坚固性，螺纹连接在承受载荷前需要拧紧，使螺纹连接受到一定预紧力作用,由于连接用三角形螺纹的升角满足自锁条件,所以螺纹连接在拧紧后,一般在载荷和温度不变的情况下,不会自行松动。但如果在冲击、振动、变载或变温作用时,螺纹副间的摩擦力可能会减小,从而导致螺纹连接松动。必须采取防松措施。常用的有摩擦防松、机械防松和不可拆防松。

1. 摩擦防松

摩擦防松是利用螺旋副中阻止螺旋副相对转动的摩擦力来达到防松的效果,常用的方法有双螺母防松、弹簧垫圈防松等,如图 1-3-13 所示。

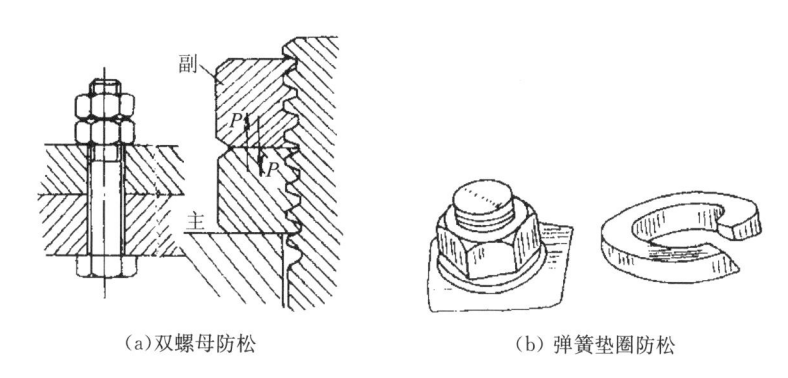

(a)双螺母防松　　(b)弹簧垫圈防松

图 1-3-13　摩擦防松

2. 机械防松

这类防松方法是利用机械方法使螺母与螺栓、螺母与连接件相互锁牢,以达到防松的目的。具体形式有开口销与六角槽螺母、止动垫圈、串联钢丝等,如图 1-3-14 所示。

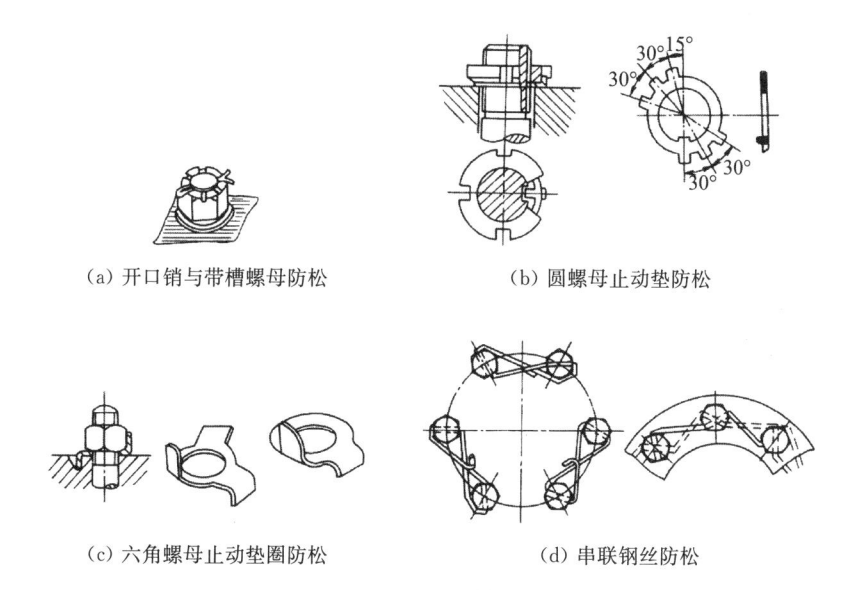

(a)开口销与带槽螺母防松　　(b)圆螺母止动垫防松

(c)六角螺母止动垫圈防松　　(d)串联钢丝防松

图 1-3-14　机械防松

3. 不可拆防松

不可拆防松是在螺旋副拧紧后,采用端铆、冲点、焊接、胶接等措施,使螺纹连接不可拆的方法,如图1-3-15所示,这种方法简单可靠,适用于装配后不再拆卸的场合。

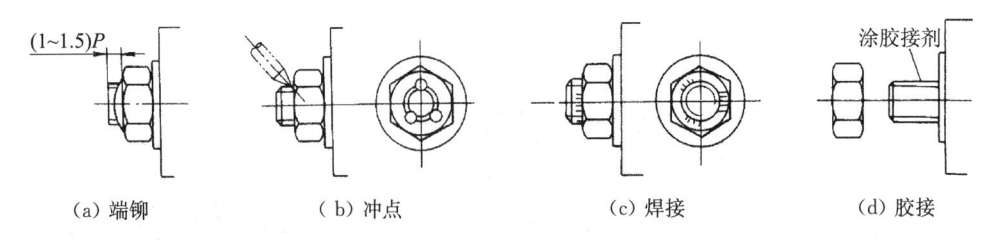

(a) 端铆　　(b) 冲点　　(c) 焊接　　(d) 胶接

图1-3-15　不可拆防松

二、轴毂连接

轴毂连接是将轴上零件(如齿轮、带轮等)以其轮毂与轴连接在一起,从而使轴与轴上零件实现周向固定的连接方式。常用的轴毂连接有键连接、销连接、成形连接和过盈连接等。

（一）键连接

键连接包括平键连接、半圆键连接、楔键连接和花键连接等。

1. 平键连接

平键的两侧面为工作面,并与键槽有配合关系,工作时依靠键和键槽侧面的挤压来传递转矩,而键的顶面与轮毂槽底之间留有间隙,见图1-3-16(a)。平键连接结构简单、装拆方便、对中性好,因而应用十分广泛。按用途不同,平键分为普通平键、导向平键和滑键三种。

(a) 平键连接结构　　(b) 平键连接类型

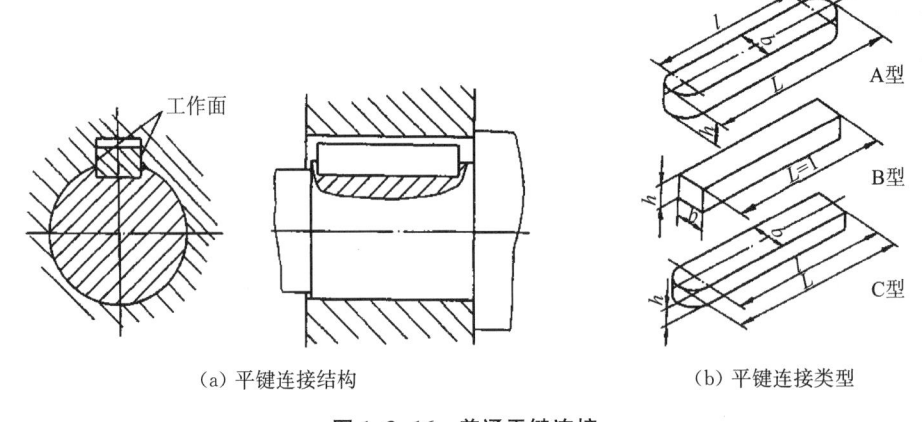

图1-3-16　普通平键连接

普通平键用于静连接,即轴与轮毂之间无相对轴向移动的连接。按端部形状不同它分为 A 型(圆头)、B 型(平头)、C 型(单圆头)三种,见图 1-3-16(b)。A 型键在键槽中易于固定,但轴上键槽的应力集中较大。

导向平键用于动连接,即轮毂与轴之间有相对轴向移动的连接。导向平键是一种较长的平键,分 A 型和 B 型两种。因为键较长,为了防止键在轴槽中松动,需用螺钉将键固定在轴槽中,为便于键的拆卸,在键的中部有起键螺纹孔,见图 1-3-17,导向平键适用于轴上零件轴向移动量不大的场合,如变速箱中的滑移齿轮等。

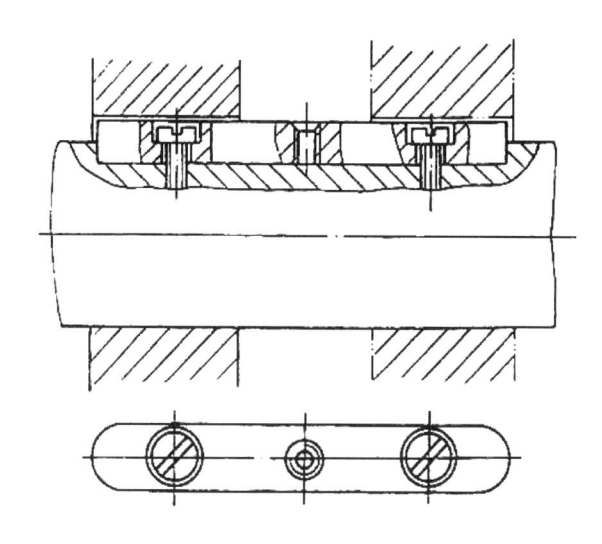

图 1-3-17 导向平键连接

滑键也用于动连接,其结构如图 1-3-18 所示。这种连接是将滑键固定在轮毂上,轮毂带动滑键在轴槽中做轴向移动,因而需要在轴上加工较长的键槽。滑键连接适用于轴上零件轴向移动量较大的场合,如车床中光杠与溜板箱中零件的连接等。

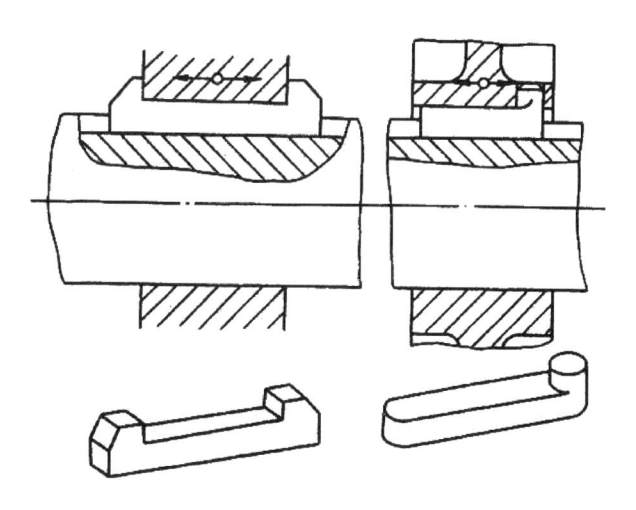

图 1-3-18 滑键连接

2. 半圆键连接

半圆键连接用于静连接，其结构如图 1-3-19 所示。半圆键的两侧面为工作面，键与键槽的配合较松，能在键槽中摆动，以适应轮毂上键槽的斜度，装拆方便。但轴上的键槽较深，对轴的强度削弱较大，故常用于轻载和锥形轴端的连接。

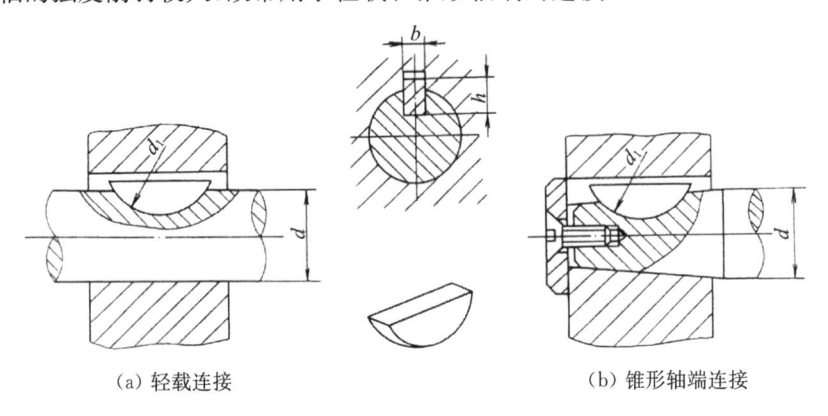

（a）轻载连接　　　　　　（b）锥形轴端连接

图 1-3-19　半圆键连接

3. 楔键连接

楔键连接只用于静连接，根据键的结构不同分为普通楔键连接和钩头楔键连接两种，见图 1-3-20。楔键的上下表面为工作面，其上表面与轮毂键槽的底面均有 1∶100 的斜度，装配时需将键打紧在轴与轮毂的键槽中，靠楔紧后产生的摩擦力传递转矩，也可以承受单向的轴向力。楔键连接由于装配打紧后造成轴和轮毂的偏心，故多用于对中性要求不高、载荷平稳和转速较低的场合，如农业机械和建筑机械等。钩头楔键易于拆卸，用在轴端时，为了安全，应加装防护罩。

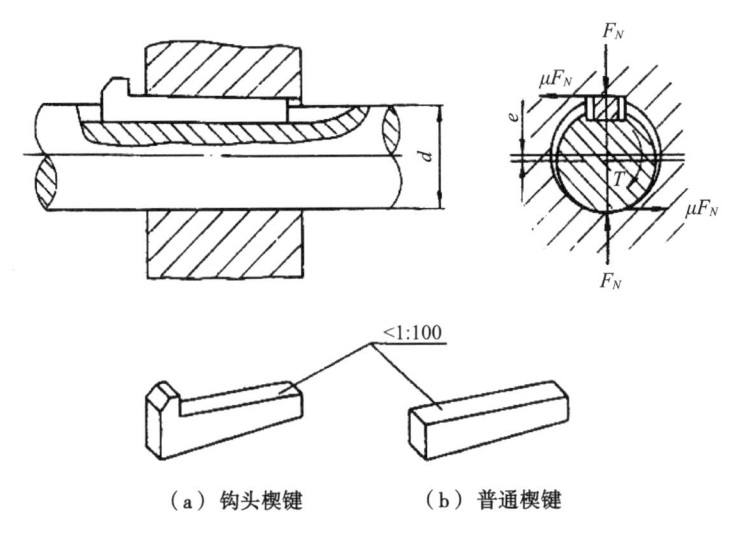

（a）钩头楔键　　　　（b）普通楔键

图 1-3-20　楔键连接

4. 花键连接

花键连接是由周向均布多个键齿的花键轴和带有相应键槽的花键孔组成的,如图1-3-21所示。花键的两侧面为工作面,依靠花键轴与花键孔齿侧面的挤压来传递转矩。与平键连接相比,花键连接由于键齿多,齿槽较浅,对轴的强度削弱较小,故能传递较大的转矩,且对中性和导向性都比较好,但其制造比较复杂,成本高。花键连接适用于传递载荷较大和定心精度要求较高的动连接和静连接。

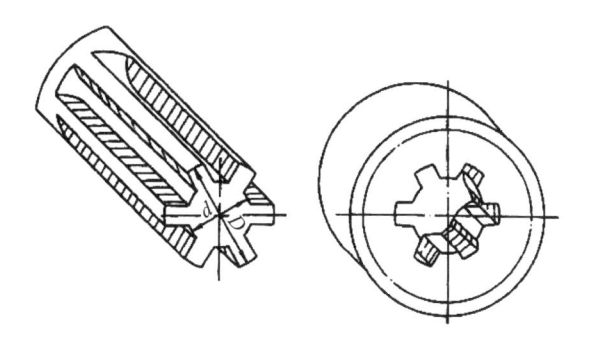

图 1-3-21 花键连接

花键连接按其键齿的形状不同,可分为矩形花键和渐开线花键两种,见图1-3-22。

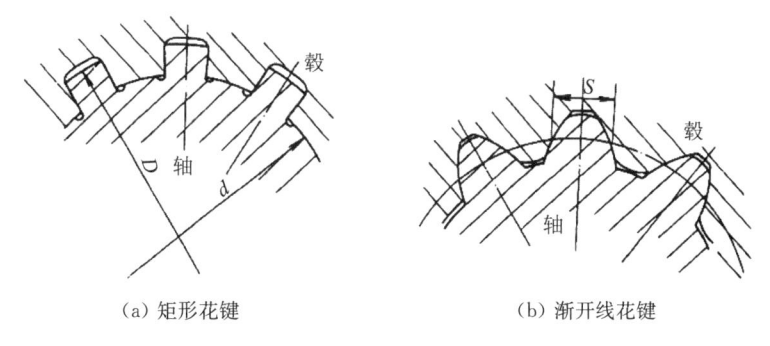

(a) 矩形花键　　(b) 渐开线花键

图 1-3-22 花键连接的类型

(1) 矩形花键的齿侧面相互平行,易于加工。矩形花键采用小径定心,花键轴和花键孔的小径均可通过磨削得到高的定心精度和稳定性,因此应用广泛。

(2) 渐开线花键的齿廓为渐开线,可用加工齿轮的方法来获得齿形,因而工艺性好。与矩形花键相比,渐开线花键具有自动定心、齿面接触好、强度高、寿命长等特点,在航天、航空、造船、汽车等行业中应用相当广泛。渐开线花键的齿形有压力角为30°和45°两种,其中前者主要用于重载和尺寸较大的连接;而后者则用于轻载和小直径的静连接,特别适用于薄壁零件的连接。

(二)销连接

销连接主要用来固定零件之间的相对位置[见图1-3-23(a)];也可用于轴与轮毂间的连接[见图1-3-23(b)],并传递不大的载荷;还可以作为安全装置中的过载剪断元件[见图1-3-23(c)]。

销是标准件,常用的有圆柱销、圆锥销和开口销等。圆柱销是利用微量过盈固定在销孔中的,故不宜经常装拆,否则会降低定位精度和连接的可靠性。圆锥销有1∶50的锥度,其小端直径为标准值。圆锥销易于安装,有可靠的自锁性能,定位精度高于圆柱销,且在同一销孔中经过多次装拆不会影响定位精度和连接的可靠性,所以应用较为广泛。圆柱销和圆锥销的销孔一般均需铰制,以保证定位精度。开口销主要用于锁定其他零件,常与槽形螺母合用起防松作用,具有工作可靠、装拆方便的特点。

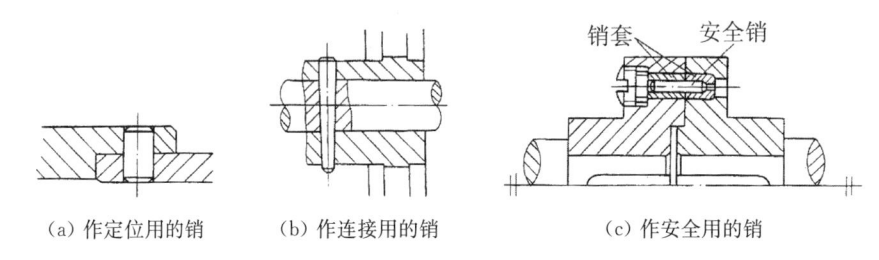

(a) 作定位用的销　　(b) 作连接用的销　　(c) 作安全用的销

图 1-3-23　销连接的用途

(三)成形连接

成形连接是利用非圆剖面的轴与相应的毂孔所构成的可拆连接,如图1-3-24所示。因这种连接不用键或花键,故又称为无键连接。当轴和毂孔做成柱形时,只能传递转矩;当轴和毂孔做成锥形时,既能传递转矩,又能传递轴向力。

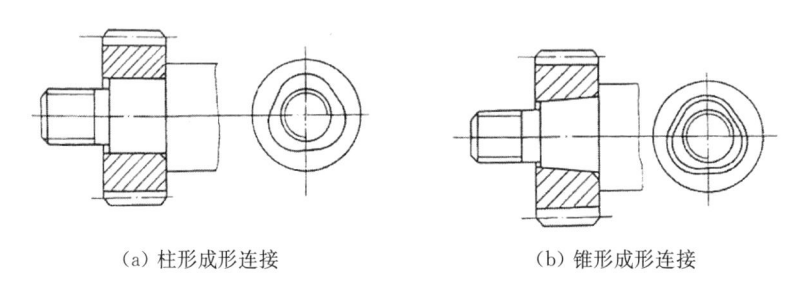

(a) 柱形成形连接　　　　(b) 锥形成形连接

图 1-3-24　成形连接

成形连接装拆方便,对中性好,又没有键槽或尖角引起的应力集中,可以传递较大的载荷。但缺点是加工困难,特别是为了保证配合精度,需要在专用机床上进行磨削加工,因而应用不广。

(四)过盈连接

过盈连接是利用轴与轮毂之间的过盈配合来实现的连接。过盈连接装配后,由于连接处的弹性变形和过盈量,在轴和毂孔的配合表面之间将产生很大的径向压力,如图 1-3-25所示。工作时,配合表面上便产生摩擦力,以此来传递载荷。

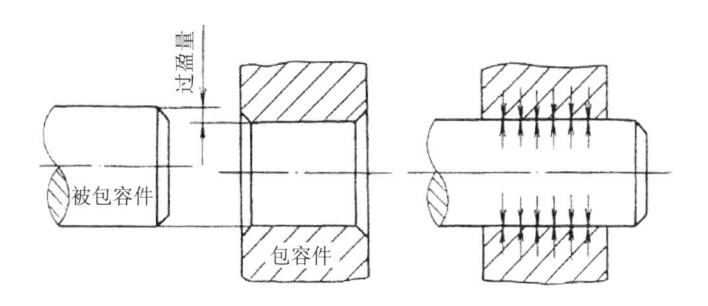

图 1-3-25　过盈连接

过盈连接是一种常用的轴毂连接方式,其结构简单,对中性好,承载能力高,在冲击、振动载荷下也能可靠工作,常与普通平键连接组合使用。但过盈连接对配合表面的加工要求较高,且装配不方便。为了获得较好的装配质量,一般应将轴和毂孔的端部加工出如图 1-3-26 所示的倒角。

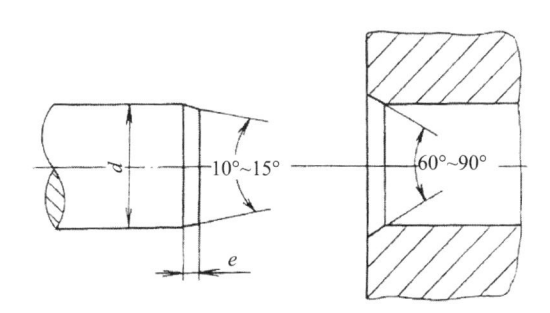

图 1-3-26　轴与毂孔的倒角

思考题

1. 螺纹连接的基本形式有哪些?
2. 键连接的类型有哪几种?
3. 请叙述螺杆式启闭机的日常管理与维护方式。

第四章　圆盘推杆式启闭机

第一节　圆盘推杆式启闭机的性能及结构特点

一、性能

圆盘推杆式启闭机是四连杆机构演化的一种特例。它的应用范围很广,特别是在启闭力较大的人字门、三角门、一字门中更为适用。

圆盘推杆式启闭机原理见图 1-4-1,圆盘旋转中心为 A,门叶旋转中心为 D,推杆与圆盘铰接于 B 点,与门叶铰接于 C 点,AD 连线为四连杆中的机架,AB 为曲柄,BC 为连杆,门叶 CD 为摇杆。这就组成了平面曲柄连杆机构。它的特点一,当曲柄(即圆盘)作匀速旋转时,在开门和关门极限位置,摇杆(门叶)C 点为死点,门叶 CD 的角速度为零,门旋转运动到中间为最快,两端时的速度最慢,这正好是人们所期望的运行速度。特点二,当圆盘匀速转动产生不变的转动力矩 Ma 时,连杆 BC 推拉门体的输出力矩 Md 为门的转

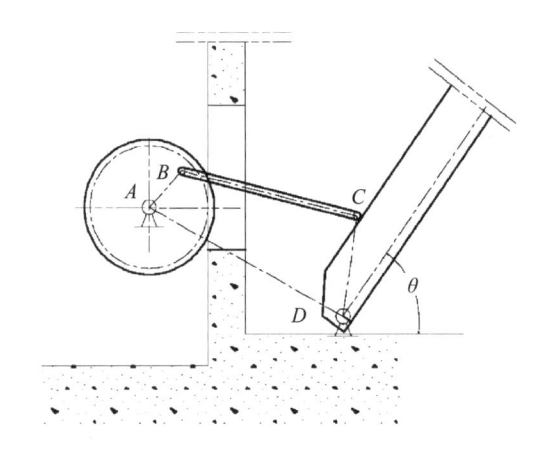

图 1-4-1　圆盘推杆式启闭机原理图

角 θ 的函数,在开门和关门极限位置为最大。它的力矩曲线与人字门、三角门的开关阻力矩曲线形状基本吻合,因而驱动功率计算与选择可以做到比较合理。

圆盘推杆式启闭机的驱动方式有两种,一种是电力驱动式,由电动机、减速器带动圆盘旋转;另一种是液压驱动式,由油缸、活塞杆、齿条驱动齿轮盘旋转。目前常用的是液压驱动式。

二、优缺点

优点:这种启闭机最大的优点是不用调速能使人字门、三角门获得从小到大再到小的理想运行速度,可以消除对门叶的冲击。液压驱动式启闭机构造简单,缓冲性能好,起重能力大,结构紧凑,重量较轻,便于布置,在经济上是比较合理的,另外由于启闭机械全部布置在水面以上,因而便于检修,管理方便。

缺点:启闭力作用于门顶,而启门阻力的合力却位于门扇的下部,因而在启闭过程中门扇结构受到相当大的垂直于门扇平面的扭转力矩,必须加大门扇结构刚度。此外在关门过程中刚性推杆受压,其长度不宜太长,因此离门扇的转轴力臂就相应小,需要的启闭力就需增大。

三、机体构造

电力驱动圆盘推杆式启闭机与门叶布置图见图1-4-2。

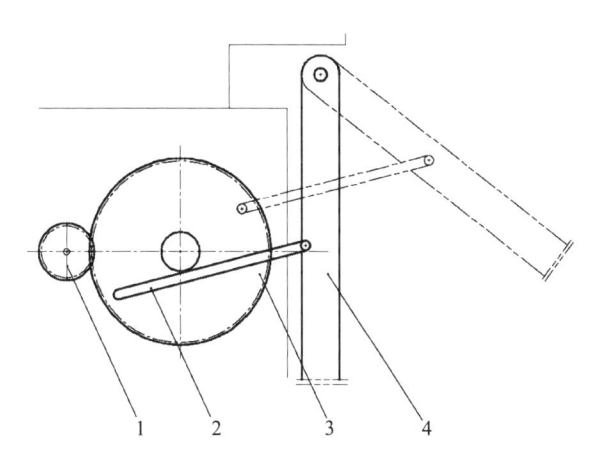

1—小齿轮;2—推杆;3—圆盘;4—闸门。

图1-4-2 圆盘推杆式启闭机机械平面布置图

启闭机由刚性推杆、圆盘和齿轮等传动系统所组成。刚性推杆的一端铰接于门扇的顶横梁上,铰接点一般距门扇转轴为门叶宽度1/3~1/4,另一端铰接于水平圆盘上。圆盘直径达1~5 m,沿着圆盘的大半个圆周上装有齿轮。由电动系统带动传动系统的锥齿轮转动再带动圆盘水平转动,推动门叶旋转。另有手摇装置,断电时还可用人力操作。当圆盘转动130°～200°时,铰接于圆盘上刚性推杆即可使门扇处于关闭或开启位置。

为了减小圆盘的直径和重量,将圆盘改为半圆的扇形齿轮见图1-4-3。在其上固定臂杆3,然后将臂杆与推杆铰接,由小齿轮5带动扇形齿轮转动。其他的传动部分和启闭方式与圆盘推杆式启闭机没有大的区别。

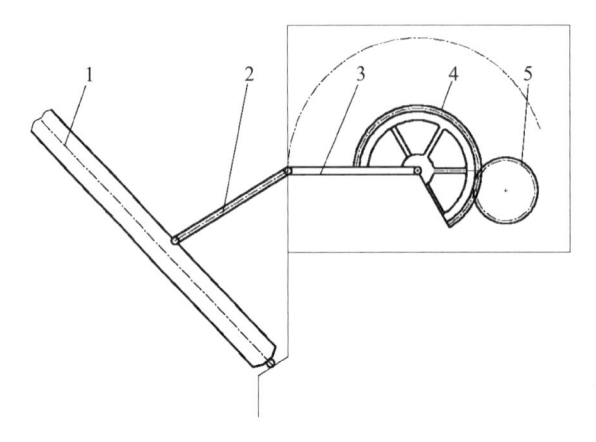

1—闸门;2—刚性推杆;3—臂杆;4—扇形齿轮;5—小齿轮。

图1-4-3 具有臂杆式的扇形齿轮启闭机

液压驱动圆盘推杆式启闭机用于10～20 t启闭力的中型闸门较为合适。它的工作原理图见图1-4-4。带有齿条的活塞杆前后运动带动带齿轮的圆盘转动,圆盘上的固定臂杆又带动推杆,推拉闸门,使门叶转动。

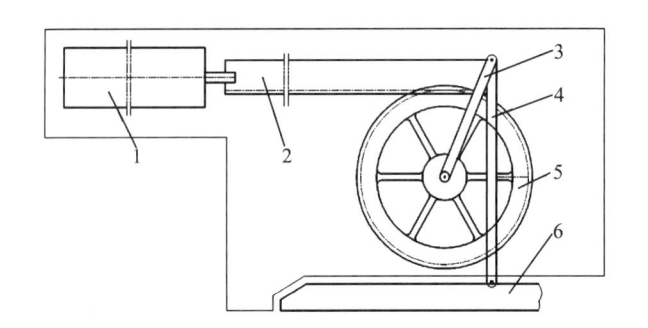

1—液压启闭机;2—齿条;3—臂杆;4—推杆;5—齿轮;6—门扇。

图1-4-4 液压四连杆启闭机

四、管理与维护

投入运行前,检查大齿盘与推杆铰点几何位置必须安装正确,保证开关门都能正确到位。圆盘与齿条的齿隙要符合设计要求,检查各地脚螺栓是否牢固。所有开式齿轮齿条经常涂抹润滑油。运行中经常检查有无零件相互碰擦,电机、减速箱等运转部件有无发热、噪声、漏油等现象，发现问题及时排除。

每年进行一次全面保养，清洗、拆检、加油。易损件如滚动轴承、滑动轴承、齿轮等磨损超过设计要求即更换新的零件。

第二节　圆盘推杆式启闭机常见故障及排除方法

液压四连杆式启闭机常见故障及排除方法如表 1-4-1 所示。

表 1-4-1　液压四连杆式启闭机常见故障及排除方法

序号	故障类型及故障现象		故障原因	排除方法
1	闸门运行异常		四连杆启闭机基础松动，导致闸门运行异常	拆除四连杆齿轮
2	启闭机运行故障		大齿轮轴基座螺纹孔扩大，使得紧固螺栓松动，导致启闭机运行故障	将大齿轮轴基座紧固螺栓拧紧并焊接加固
3	油缸运行时有响声		油缸轴线与齿条轴线有误差，导致油缸运行时有响声	将曲柄销轴、油缸接头销轴拆除，并将轴线高程检测结果交由船闸大修施工单位
4	下游闸门经常发生门头错位现象，有时闸门间隙很大，两侧不同步		2016 年二号闸大修时未更换齿轮盘主轴及侧支轮，导致齿轮条与齿轮盘啮合度不正常，油缸启闭机在运行过程中左右摇摆	1. 更换侧支轮及轴承； 2. 齿条两端焊接了 6 cm 的钢板
5	液压泵站故障	系统无压力或压力过低	电机油泵组损坏	维修或更换
			油泵电机组反转	重新进行电气接线
			溢流阀调整不当或损坏	重新调定或更换
6		压力不稳	液压油混入空气或油箱油位过低	加油、排气
7		无流量或流量过小	油泵流量调整不当或严重内泄	重新调定或更换
			油泵电机组转速未达到要求	调整转速
			油泵电机组反转	重新进行电气接线
8		系统动作不规则	阀件故障或损坏	更换阀件
			系统管路外泄露过大	更换密封件，封堵外泄露
			液压油油品变差或变质	更换液压油
9		油箱组件漏油	液压油箱损坏	修理
			检修窗盖损坏或密封件破损或液位计损坏	更换密封件或检修窗盖或液位计

续表

序号	故障类型及故障现象		故障原因	排除方法
10	液压油缸故障	油缸不动作	油路堵塞或有严重泄漏	清洗管路,堵塞泄露
			密封件损坏	更换密封件
11		油缸欠速	有内泄漏	更换密封件
			负载比设定过大	重新调定溢流阀或更新选定油缸
12		振动、噪音	密封件损坏造成严重泄露	更换密封件
			液压油混入空气	排出空气
13		爬行	液压油或油缸内混入空气	排出空气
			液压油老化,润滑性能差	更换液压油
14		泄露	密封件磨损或损坏	更换密封件

注:1. 本表故障现象均为来自生产一线的实际案例;
　2. 按照收集的案例数量,进行排序,排在前列的,发生频率较高。

第三节　机械知识拓展——平面四连杆机构

一、概述

平面连杆机构是由若干构件通过面接触(可相对转动或平移)连接而成的平面机构。其主要优点是:传力时压强小,磨损小;制造简单,易保证制造精度;能方便地实现各种基本运动形式及其相互转换。主要缺点是:连接副存在间隙,构件数目较多时会产生较大的累积误差,导致不能实现工作构件的运动要求;另外平面连杆机构不易精确地实现复杂的运动规律。平面连杆机构按其组成构件数目可分为四连杆机构、五连杆机构……,并将五杆及五杆以上的平面连杆机构称为多杆机构。其中最基本的是平面四连杆机构,它不仅应用最广,而且是组成多杆机构的基本形式。在平面四连杆机构中,又以铰链四杆机构为基本形式。其他形式均可由铰链四杆机构演化而得到。

二、铰链四杆机构的基本类型

当平面四杆机构中各构件的连接均为铰链连接时,称为铰链四杆机构(见图1-4-5)。其中固定不动的构件4称为机架,与机架相连的构件1和3称为连架杆,不与机架相连的构件2为连杆。在连架杆中能相对机架整周回转的称为曲柄,而只能绕机架在某一角度内摆动的称为摇杆。

铰链四杆机构按两连架杆的运动形式不同,分为曲柄摇杆机构、双曲柄机构、双摇杆机构三种基本类型。

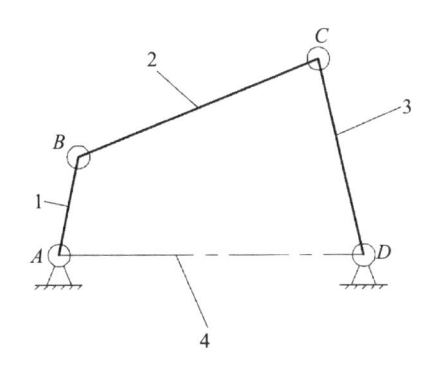

1—连架杆;2—连杆;3—连架杆;4—机架。
图 1-4-5　铰链四杆机构

(一) 曲柄摇杆机构

两连架杆中的一个为曲柄,另一个为摇杆的铰链四杆机构称为曲柄摇杆机构。在曲柄摇杆机构中,以曲柄为原动件时,可将曲柄的匀速转动变为摇杆的往复摆动。如图 1-4-6 所示的雷达天线俯仰角调整机构,当曲柄 1 缓慢地匀速转动时,通过连杆 2 使摇杆 3 在一定范围内摆动从而调整天线俯仰角的大小。以摇杆为原动件时,可将摇杆的往复摆动变成曲柄的整周回转,如图 1-4-7 所示的缝纫机踏板机构,当脚踏动踏板 3 使其做往复摆动时,通过连杆 2 带动曲柄 1 作连续转动,使缝纫机进行缝纫工作。

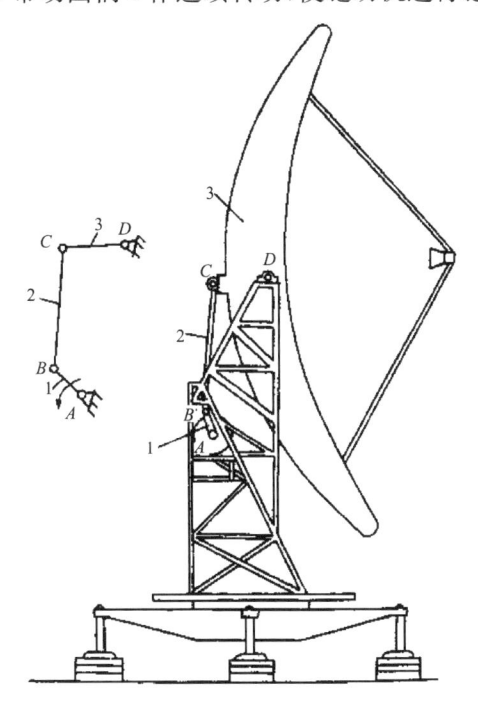

1—曲柄;2—连杆;3—摇杆。
图 1-4-6　雷达天线俯仰角调整机构

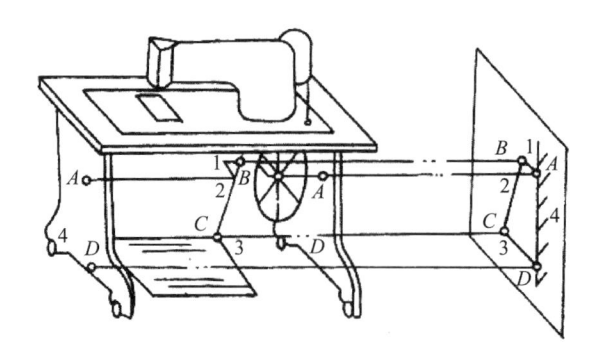

1—曲柄；2—连杆；3—踏板；4—机架。
图 1-4-7 缝纫机踏板机构

（二）双曲柄机构

两连架杆均为曲柄的铰链四杆机构，称为双曲柄机构。在双曲柄机构中，通常原动曲柄做等速转动，从动曲柄做变速转动。如图 1-4-8 所示的惯性筛机构即利用从动柄 3 的变速转动使筛子 6 产生变速直线运动，筛子上的物料因惯性来回抖动，从而达到筛分物料的目的。在双曲柄机构中，若两曲柄长度相等，且连杆与机架的长度也相等，则称为平行双曲柄机构。

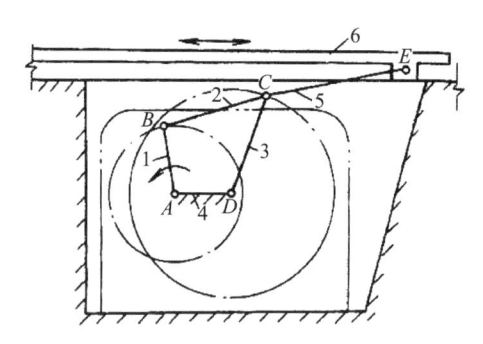

1—主动曲柄；2—连杆；3—从动曲柄；4—机架；5—推杆；6—惯性筛。
图 1-4-8 惯性筛

（三）双摇杆机构

两连架杆均为摇杆的铰链四杆机构，称为双摇杆机构。如图 1-4-9 所示的车辆前轮

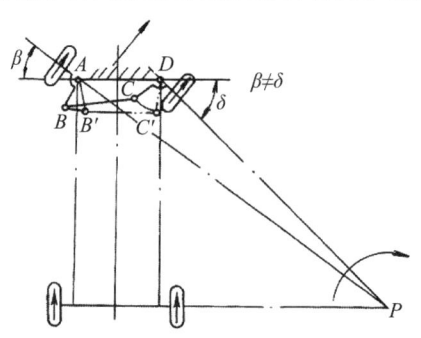

图 1-4-9 车辆前轮转向机构

转向机构中,由于两摇杆的长度相等,故其又称等腰梯形机构。它能在汽车转弯时,使与前轮轴固联的两个摇杆的摆角 β 和 δ 不等,使车轮转弯时每一瞬间均能绕一个转动中心 P 点转动从而保证四个车轮都与地面做纯滚动,避免了轮胎在地面滑动而造成损伤。

三、铰链四连杆机构的演化

(一)曲柄滑块机构

在图 1-4-10(a)所示的曲柄摇杆机构中铰链中心 C 的轨迹是以 D 为圆心 l_3(杆 3 的长度)为半径的圆弧。如果摇杆长趋于无穷大,C 点轨迹将由圆弧演变为直线,如图 1-4-10(b)所示。摇杆 3 演化为沿直线导路移动的滑块,D 点两构件的相对转动变为相对滑动,机构则演化为如图 1-4-10 所示的曲柄滑块机构。曲柄转动中心距导路的距离 e,称为偏距。若 $e=0$,如图 1-4-10(c)所示,称为对心曲柄滑块机构;若 $e\neq0$,如图 1-4-10(d)所示,称为偏置曲柄滑块机构。

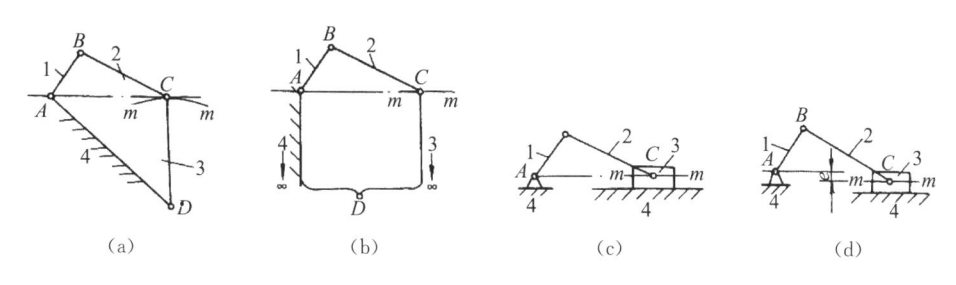

图 1-4-10 曲柄滑块机构

(二)导杆机构

改变曲柄滑块机构中的机架便可得到导杆机构。在如图 1-4-11(a)所示的曲柄滑块机构中,若改构件 1 为机架,则可得到如图 1-4-11(b)所示的导杆机构,构件 3(滑块)相对导杆滑动并可一起绕 A 点转动。通常构件 2 作为原动件。

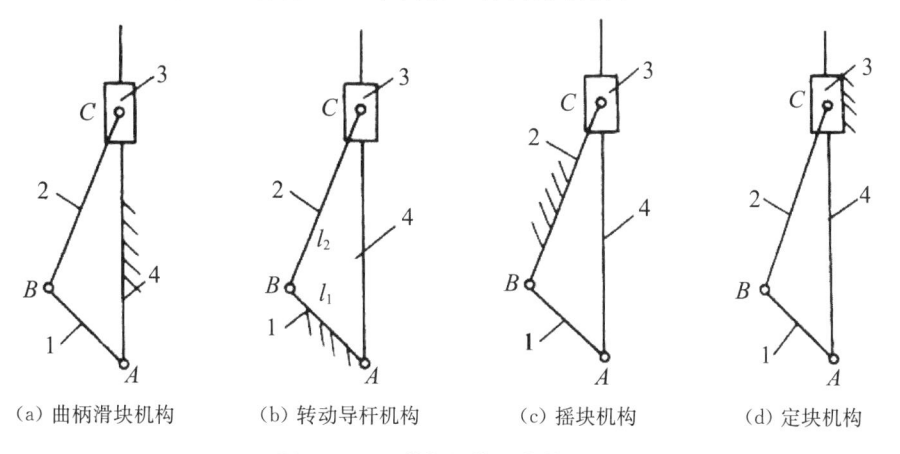

(a)曲柄滑块机构　(b)转动导杆机构　(c)摇块机构　(d)定块机构

图 1-4-11 曲柄滑块机构的演化

（三）摇块机构

如图 1-4-11(a)所示的曲柄滑块机构中，若取构件 2 为机架，即可得到摇块机构，如图 1-4-11(c)所示。这种机构广泛用于摆缸式内燃机和气、液压驱动装置中，如图 1-4-12 所示的卡车自动卸料机构中，车厢 1 相当于曲柄，可绕车架上的 B 点转动，活塞 4 相当于连杆，液压缸 3 相当于摇块可绕车架 2 上的 C 点摆动。当液压缸中的压力油推动活塞运动时，车厢便绕 B 点转动，当达到一定角度时，便可卸下物料。

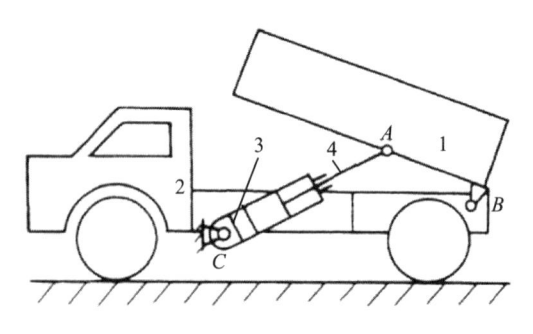

1—车厢；2—车架；3—液压缸；4—活塞。
图 1-4-12 卡车自动卸料机构

（四）定块机构

如图 1-4-11(a)所示的曲柄滑块机构中，取构件 3 为机架，便可得到如图 1-4-11(d)所示的定块机构。此种机构常用于手压抽水机（如图 1-4-13 所示）及抽油泵中。

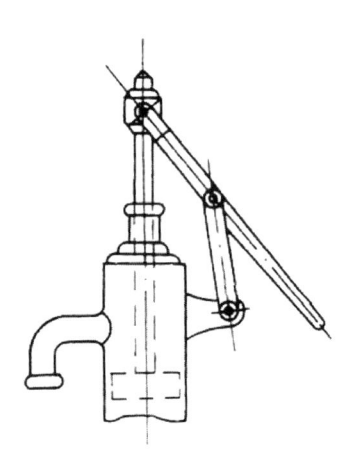

图 1-4-13 手压抽水机

四、四连杆机构的基本特性

（一）铰链四杆机构存在曲柄的条件

由前述可知，铰链四杆机构的三种基本类型是按机构是否存在曲柄来区分的，显然，

铰链四杆机构是否存在曲柄,取决于各构件长度之间的关系。实物演示和理论分析均已证明,连架杆成为曲柄必须满足以下两个条件:

1. 必要条件为最短构件与最长构件长度之和小于或等于其他两构件的长度之和;
2. 充分条件为连架杆与机架中至少有一个为最短构件。

(二)四连杆机构的极限位置和死点位置

在曲柄摇杆机构、摆动导杆机构和曲柄滑块机构中,当曲柄为原动件,从动件做往复摆动或往复移动时,存在两个极限位置。极限位置可以用几何作图法作出。如图 1-4-14(a)所示的曲柄摇杆机构,当摇杆处在 C_1D 和 C_2D 两个极限位置时的几何特点是曲柄与连杆共线,即 $AC_1=BC-AB$,$AC_2=BC+AB$;图 1-4-14(b)为摆动导杆机构,导杆的两个极限位置是 B 点轨迹圆的两条切线 Cm 和 Cn;图 1-4-14(c)为曲柄滑块机构,滑块的两极限位置的几何特点是曲柄与连杆共线,$AC_1=B_1C_1-AB_1$,$AC_2=B_2C_2+AB_2$,滑块的两个极限位置为 C_1 和 C_2。

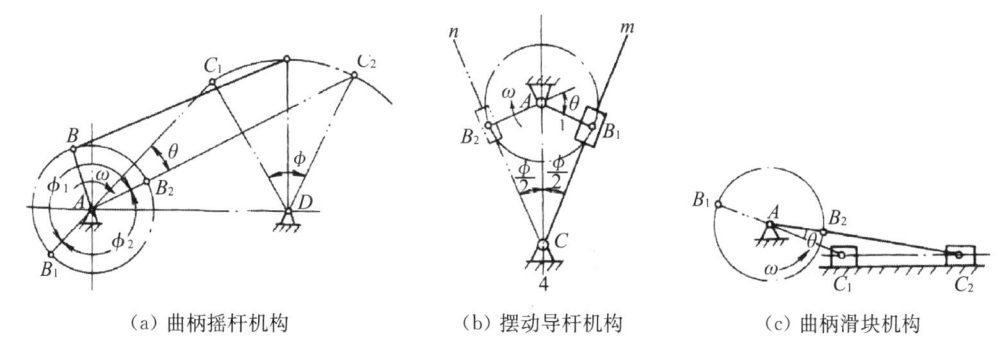

(a)曲柄摇杆机构　　(b)摆动导杆机构　　(c)曲柄滑块机构

图 1-4-14　四连杆的极限位置

在上述机构中,当摇杆、导杆、滑块为原动件,曲柄为从动件时,如图 1-4-14 所示,当曲柄转动到 B_1、B_2 位置时,驱动力矩为零,无论作用力多大,不能使从动件曲柄转动,B_1、B_2 称为机构的死点位置,机构处于死点位置时,会出现停顿或运动不确定现象。

思考题

1. 平面四连杆机构有哪些类型?
2. 铰链四连杆机构有哪些类型?
3. 请叙述圆盘推杆式启闭机的管理与维护方式。

第五章　其他机械式启闭机

第一节　齿条推杆式启闭机

一、性能

齿条推杆式启闭机的工作特点是齿板与槽钢组成的齿条一端铰接于门扇的顶横梁上，其杆身与水平齿轮衔接，齿轮带动齿条前后运动，从而使门扇转动。齿杆的传动装置可采用简单的手摇绞盘传动机构，亦可采用电力传动机构，齿条尾端在闸门启闭机中沿一定的轨迹摆动，根据此轨迹可定出齿条的尾轮轨道及机坑的尺寸。为了不使齿条的长度过长，齿轮传动装置应尽量靠近闸首边缘，而齿条在门扇上的铰接点与门叶转动中心的距离一般为门叶宽度的1/3。

二、优缺点

优点：结构简单，利于过载保护，运行安全可靠，启闭机械位于水面以上因而便于检修、操纵，管理方便，使用牢固可靠，价格较低廉。

缺点：缓冲器易失灵，尾轮在运行过程中易转动不灵；牵引力作用于门顶，而启闭阻力的合力却位于门扇下部，因而在启闭过程中结构受到相当大的垂直于门扇平面的扭转力矩，必须加强门扇的刚度，通常是靠人字门的主横梁的横板来保证刚度。此外在关门过程中刚性拉杆受压，其长度不宜过长，因而离门扇转轴的力臂较小，启闭力就相应增大。

三、构造

(一) 齿条推杆式启闭机

图1-5-1为常用齿条推杆式启闭机，整个机体安装在机房地基上，电动机1带动减速箱2转动，传动至蜗轮蜗杆装置3，改变运动方向后经传动轴4驱动齿轮8转动，齿轮

使齿条 7 前后运动,齿条一端与闸门铰接,带动闸门开、关。

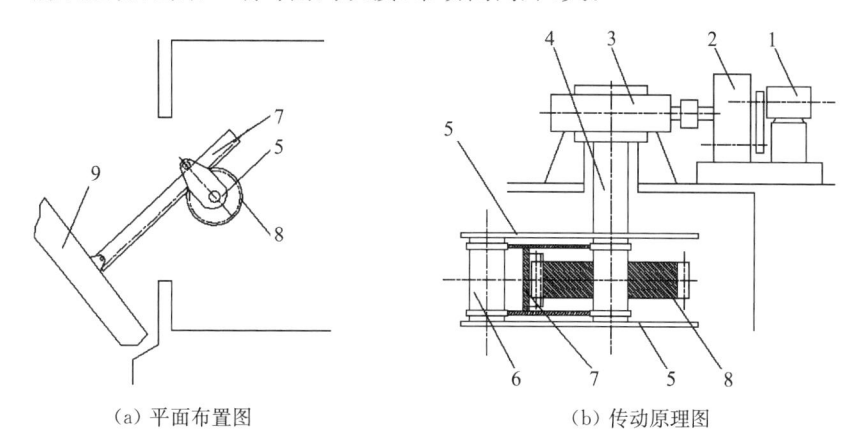

(a)平面布置图　　　　(b)传动原理图

1—电动机;2—减速箱;3—蜗轮蜗杆传动装置;4—传动轴;5—转架;6—导轮;7—齿条;8—齿轮;9—门叶。
图 1-5-1　齿条推杆式启闭机

(二)液压双齿条启闭机

图 1-5-2 是液压双齿条启闭机传动原理图。该类型启闭机在我省船闸上使用不多,它的特点是运行平稳,安全可靠。与齿条推杆式启闭机相对比,它不使用齿条作为推杆直接驱动闸门,而是另增加了一根推拉杆。如图 1-5-2 所示液压启闭机 1 推动齿轮 3 沿固定齿条 2 滚动,同时驱动活动齿条 5 在导轨 6 中前后滑动,推拉杆 4 与活动齿条 5 及门叶分别铰接,活动齿条推动推拉杆运动,推拉杆 4 带动门叶开、关。

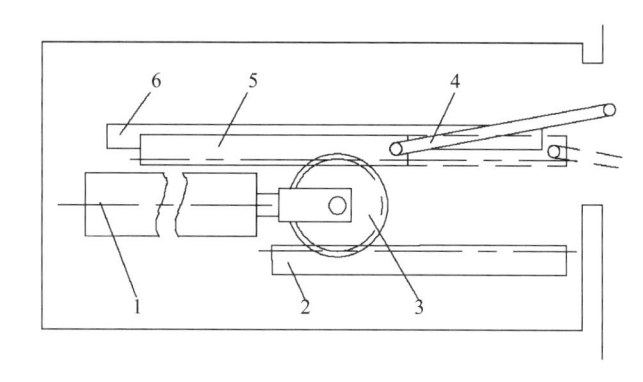

1—液压启闭机;2—固定齿条;3—齿轮;4—推拉杆;5—活动齿条;6—导轨。
图 1-5-2　液压双齿条启闭机

四、管理与维护

投入运行前必须严格检查机体的安装质量,各基础地脚螺栓埋设是否牢固,检查各运转间隙如齿轮齿条的齿间隙是否符合设计要求,另外检查闸门各连接部位有无问题,在开启过程中有无障碍物等。检查尾轮转动是否灵活,缓冲器是否正常,等等。

齿轮齿条要经常消除灰尘,涂抹润滑油,防止锈蚀。滚轮油孔定期注油。在运行过程中操作人员经常注意各部件运转情况,如电动机、电磁制动器、减速箱是否有发热、噪声、漏油等现象。如有问题及时修理,每年进行一次全面拆检、加油等保养工作。

第二节　钢丝绳卷扬式启闭机

一、性能

原先该类型的启闭机在船闸中使用还是较多的,曾经被用于平板闸门、横拉门、人字门、弧形闸门等闸门和众多船闸的阀门上,现在江苏省船闸上使用不多。目前省内仅用于提升卧倒闸门(见图 1-5-3)。

卷扬式启闭机是由人力或电力驱动减速齿轮,减速齿轮驱动缠绕钢丝绳的绳鼓,借助绳鼓的转动收放钢丝绳,使闸门打开或关闭。

卷扬式启闭机的钢丝绳,有时直接连接于闸门的吊点来启闭闸门,有时则通过滑轮组的倍率放大,将启闭力增大数倍后再行启闭闸门,闸门的吊点则与动滑轮组连接。后者的布置也可以说它只需提供较小的钢丝绳拉力,就可以得到较大的启闭力,可以节省机体的传力机构。

卷扬式启闭机的绳鼓容量一般是较大的,因而可以得到较大的启闭行程,适宜用于孔口较大的闸门和深孔闸门。

二、优缺点

优点:卷扬式启闭机通过了减速箱和减速齿轮的减速,其减速程度多,速比大,有时则通过滑轮组作倍率放大,因此可能获得较大的启闭力,适用于较大孔口尺寸和水头的闸门。钢丝绳绕在绳鼓上,一般缠绕单层,也可缠绕多层。因此卷扬式启闭机的行程实际上不受限制,便于开启具有较大行程的闸门或深孔闸门。钢丝绳的受力方向可以适当摆动,也可以通过附加埋设的转向轮改变其受力方向,因此闸门与启闭机的配合有较大的灵活性,在采用电动时,启闭的速度较快,适用于事故闸门和经常启闭的闸门。

缺点:由于钢丝绳只能承受拉力,故只能用于开启闸门,而不能对闸门的关闭提供任何帮助。卷扬式启闭机没有自锁作用,不论采用手动或电动,必须附有可靠的制动装置,若阀门在启闭过程中途停留,必须依靠制动或锁定,否则会因自重而坠落,不够安全。另外,钢丝绳及滑轮组如长期在水中工作,钢丝绳运行时易锈蚀、拉断,维护困难。同时,在钢丝绳松弛情况下启动时,有时会在滑轮处出现掉槽卡住现象。特别是在寒冷地区钢丝绳套管易结冰、卡死,横拉门使用时会变得不平稳。近年来通过改造该类启闭机已基本被更换掉了,目前应用较少。

三、构造

船闸及通航孔(兼节制闸)的固定式卷扬启闭机均布置在闸首上方"T"形梁的跨闸孔机房内,船闸的固定式卷扬启闭机上、下闸首各1套,共2套;通航孔(兼节制闸)的固定式卷扬启闭机仅上闸首1套。1套启闭机由2套独立的电动机、减速器、制动器、卷筒、滑轮、荷载限制器、限位器等组成,通过中间传动轴实现双吊点的同步,传动轴中间设置支承。

根据《船闸启闭机设计规范》(JTJ 309—2005)"工作闸门和工作阀门开关门运行至终点位置时,不得发生撞击现象"的规定,船闸及通航孔(兼节制闸)的启闭机均采用变频器变速运行。

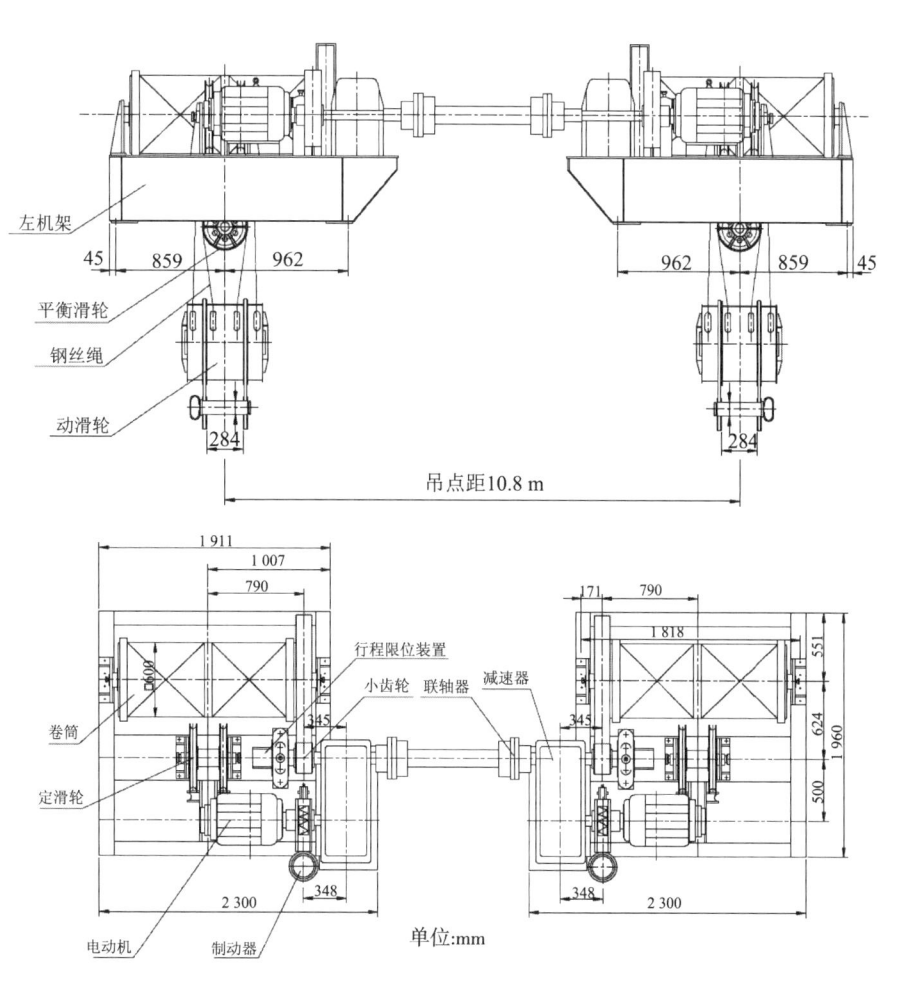

图 1-5-3 提升卧倒门卷扬式启闭机

四、管理与维护

卷扬式启闭机的启门能力较大,构造也较复杂,对管理与维护的要求是比较高的。

卷扬式启闭机在正式投入运行以前,必须对机体安装的质量进行严格的检查,其中包括机墩混凝土与基础螺栓的埋设是否牢固,机体各部件安装及运转是否合格,以及与闸门的连接有无问题和闸门启闭过程中有无阻碍等。同时应先进行启闭机的空载、静载以及动载等试验以考核启闭机的工作能力。

卷扬式启闭机在启闭闸门操作以前,必须对操作人员进行明确分工,各守岗位,在统一指挥下协调工作。在启闭过程中经常注意机体各部分的运转情况,如电动机、减速箱、轴承和电磁制动装置等是否发热,齿轮啮合是否发生噪声,减速箱是否有漏油现象等。同时注意电气部分,如主令控制器、限位开关的工作情况,以及高度指示器的指针位置,特别是闸门达到上升和下降的极限位置时。如发现上述情况中有不正常的现象或闸门行走受到卡阻时,应立即停机检查。

有锁定装置的辅助吊点闸门,或者是在融冰、放木等季节启闭的闸门,均需对闸门进行启闭前的检查和准备工作,在启闭过程中,也应随时观察与闸门连接的钢丝绳或滑轮组以及吊杆等有无抖动、扭结或接头松动情况。在一机多开的启闭操作中,应注意各闸门的平衡同步,防止倾斜卡阻。在遥控或集中控制的启闭操作中,应有专业人员在控制室对仪表进行监视。有条件时仍应有专人在闸门现场观察。

每次操作完毕后,应切断电源,检查校核闸门的开度。闸门如有锁定装置或辅助吊点,也应即时处理。

在有启闭操作命令和开启记录要求的管理单位,应按规定的制度办理。对启闭机的电气设备,要经常保持干燥清洁、触点良好、接头牢固,防止受潮和失灵。对制动轮和闸瓦要经常保持良好的接触,防止磨损和油污。对减速箱和其他开放式齿轮,要保持良好的润滑,对限位开关、触点和高度指示器等,要经常检查使其准确可靠。对所有连接螺栓和弹簧垫圈以及键和键槽的配合要经常保持其紧固,防止松动。

机体上的滚动轴承,必须装配正确,要使用良好纯净的润滑油脂,使其保持正常的润滑,防止润滑油过多或不够。并要经常检查其是否被灰尘或铁屑等污塞,是否与毛毡和轴等发生不应有的摩擦等。

机体上的滑动轴承,应经常用干净的润滑油进行润滑,防止供油不足或停止供油(进油沟或分油沟堵塞)。要检查轴套和轴颈的配合,防止偏斜和磨损。钢丝绳在绳鼓上缠绕平整,其末端的压板螺钉应保持紧固。采用6股19丝的钢丝绳,在1个捻距内,若交叉捻超过12个断丝,或单向捻超过6个断丝,均应立即更换。采用6股37丝的钢丝绳,在1个捻距内,若交叉捻超过22个断丝,或单向捻超过11个断丝以上,均应更换。

思考题

1. 钢丝绳卷扬式启闭机的优点有哪些？缺点有哪些？
2. 请叙述钢丝绳卷扬式启闭机管理与维护方式。
3. 什么是传动装置？
4. 齿条推杆式启闭机的优点有哪些？缺点有哪些？
5. 请叙述齿条推杆式启闭机管理与维护方式。

第六章 液压启闭机

第一节 液压传动的概念

一、液压传动的工作原理、系统组成

在密闭容器内,受压的油液将压力能传递给执行机构,再通过执行机构把压力能转换为机械能,这样的一种传动,叫作液压传动。现以如图 1-6-1 所示的液压千斤顶来简述液压传动的工作原理。

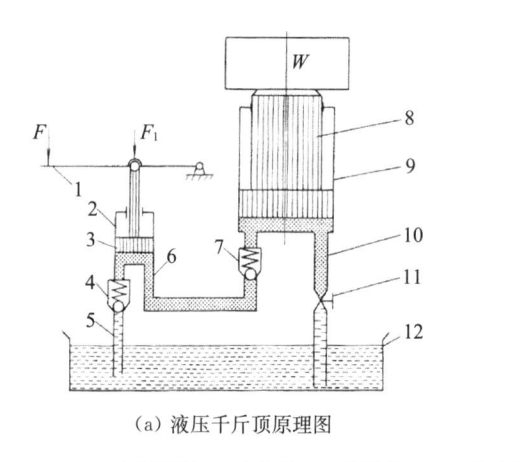

(a) 液压千斤顶原理图　　(b) 液压千斤顶简化模型

1—杠杆手柄;2—小缸体;3—小活塞;4、7—单向阀;5—吸油管;6、10—管道;
8—大活塞;9—大缸体;11—截止阀;12—通大气式油缸。

图 1-6-1　液压千斤顶工作原理

由图 1-6-1(a)可知,大缸体 9 和大活塞 8 组成举升液压缸。杠杆手柄 1、小缸体 2、小活塞 3、单向阀 4 和 7 组成手动液压泵,如提起手柄使小活塞向上移动,小活塞下端油腔容积增大,形成局部真空,这时单向阀 4 打开,通过吸油管 5 从油箱 12 中吸油;用力压下手柄,小活塞下移,小活塞下腔压力升高,单向阀 4 关闭,单向阀 7 打开,下腔的油液经

管道 6 输入大缸体 9 的下腔,迫使大活塞 8 向上移动,顶起重物。再次提起手柄吸油时,举升缸下腔的压力油将流入手动泵内,但此时单向阀 7 自动关闭,使油液不能倒流,从而保证了重物不会自行下落。不断往复扳动手柄,就能不断把油液压入举升缸下腔,使重物逐渐地升起。如果打开截止阀 11,举升缸下腔的油液通过管道 10、阀 11 流回油箱,活塞在重物和自重作用下向下移动,回到原始位置。

从油压千斤顶的工作原理可知,一个能完成能量传递的液压系统由四部分组成。

1. 动力部分:液压泵(千斤顶的小油缸相当于手动柱塞泵),将机械能或电能等转换为油的液压能。

2. 执行部分:油缸(千斤顶的大油缸),将压力油的液压能转换为机械能。

3. 控制部分:各种压力、流量及方向控制阀等,用来控制和调节油流的方向,以满足对液压传动系统提出的动作和性能要求。

4. 辅助部分:各种油管及接头、油箱、滤油器、压力表等,将动力部分、执行部分和控制部分连接起来,以实现各种工作循环。

二、液压传动的优缺点

(一) 优点

1. 液压传动与机械、电力传动等传动方式相比,在输出同等功率的条件下,体积和重量可减少很多,因此惯性小、动作灵敏。

2. 工作平稳,不像机械装置因加工和装配误差会引起振动和撞击,油液本身也有吸振能力,因此便于实现频繁的换向。

3. 可以在比较大的调速范围内实现无级调速。

4. 操作简单,便于实现自动化。特别是电液联合应用时,能够充分发挥两者的优点,易于实现复杂的工作循环。

5. 液压传动易于实现过载保护,同时因采用油液为工作介质,相对运动表面间能自行润滑,故使用寿命较长。

6. 液压元件易于实现系列化、标准化、通用化,便于设计、制造和推广应用。

(二) 缺点

1. 液压传动采用液体为介质,在相对运动表面间不可避免地要有泄漏,同时油液也不是绝对不可压缩的,油管等也会产生弹性变形,因此液压传动不宜用于传动比要求严格的情况,例如螺纹加工机床中的螺纹系和齿轮加工机床中范成系等。

2. 油液在管路中流动要有液压损失,当管路长和流速大时,液压损失也增大,因此不适于远距离传动。

3. 当油温(影响到油的黏度)或载荷变化时,往往不易保持运动速度的稳定。在低温和高温条件下,采用液压传动有一定困难。

4. 为了防止漏油,以及为了满足某些性能上的需求,液压元件的配合件制造要求比较高。

三、液体压力建立和传递的基本概念

(一) 液体的压力

我们知道液体能自由改变其形状,但不易改变其体积,即液体有流动性,而压缩性极小,一般是不可压缩的。垂直于油液单位面积上的液压作用力为压力强度,即压强,通常称为压力,可由下式表示,即

$$p = F/A \qquad (1-6-1)$$

式中：p——压力强度(MPa)；

F——作用力(N)；

A——作用面积(mm^2)。

如图 1-6-2 所示,油液被装在密闭容器内,如果在活塞上不加任何重量(活塞和油液的重量也略去不计),则压力表上的指针指在零位,这表明油液没有压力。如果在活塞上逐渐增加重量,可以看到压力表上指针的偏转角也随之增大,表明油液有了压力,该压力是外加重量作用的结果,外力越大,压力也越大。也即系统的压力大小取决于负载,它从无到有、从小到大迅速建立。

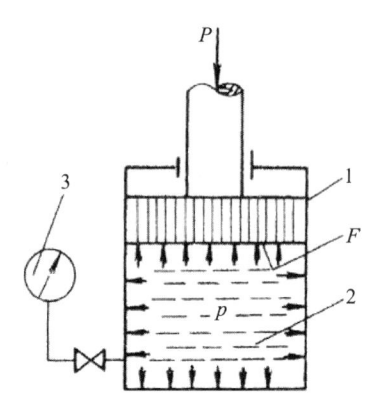

1—活塞；2—油液；3—压力表。

图 1-6-2 液体压力产生原理图

(二) 帕斯卡原理

根据作用与反作用公理,活塞作用在油液上有多大的压力,油液也必将以同样大小的压力反作用于活塞。在密闭容器中,加在液体任一部分上的压力,将以相等的值传递到连通容器的各个部分,此即帕斯卡原理。液压机械就是利用这一原理进行工作。

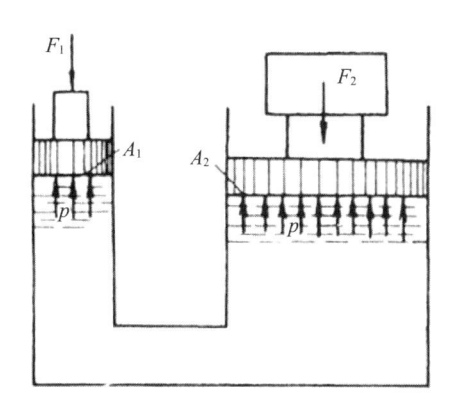

图 1-6-3　液压系统放大原理

根据帕斯卡原理，可求出图 1-6-3 中活塞 1 和活塞 2 上作用力的比例关系，由于容器内的压力均为 p，则

$$p = F_1/A_1 = F_2/A_2 \qquad (1\text{-}6\text{-}2)$$

或

$$F_1/F_2 = A_1/A_2 \qquad (1\text{-}6\text{-}3)$$

若 A_1 较小，A_2 较大，则只需较小的外力 F_1 就可获得较大的液压推力 F_2，此即液压系统力的放大原理。液压千斤顶和水压机就是利用了这个原理。

液压系统必须在额定压力下工作。额定压力指液压系统在正常工作条件下，连续运转的最高工作压力。超过这个值液压系统可能损坏。液压系统通常按压力大小分成不同的级别，见表 1-6-1。

表 1-6-1　液压系统压力分级　　　　　　　　　　　　　　　单位：MPa

压力级	低压	中压	中高压	高压	超高压
压力范围	≤2.5	>2.5～8	>8～16	>16～32	>32

（三）流量和平均流速

1. 流量

流量是指单位时间 t 内流过管道或液压缸某一截面的油液体积 V，通常用 Q 表示。即

$$Q = V/t \qquad (1\text{-}6\text{-}4)$$

流量的单位为 m^3/s。

2. 平均流速

由于油液与容器壁和油液之间的摩擦力大小不同，流动时同一截面上的各点的速度分布较复杂，所以一般用平均流速 v 表示。即油液单位时间 t 内流过管道（或液压缸）的距离 s。

$$v = s/t \tag{1-6-5}$$

液压传动中液压缸中活塞的运动速度和液体流量与平均流速密切相关,如图 1-6-4 所示,有效面积为 A 的活塞在油液的推动下,经过时间 t 移动的距离为 s,则在这段时间内,流入液压缸内油液体积为 As,则流量为

$$Q = As/t = Av \tag{1-6-6}$$

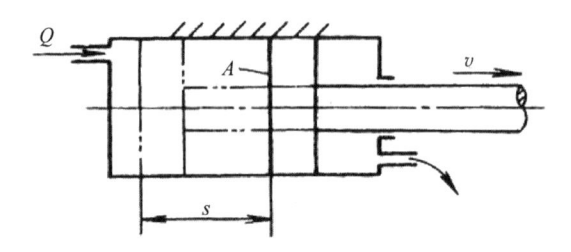

图 1-6-4 通过液压缸的流量

从而推出,平均流速 v 为管道单位流通面积(或液压缸的有效作用面积)上的流量。

$$v = Q/A \tag{1-6-7}$$

由上式可知,当液压缸的有效面积一定时,活塞运动速度的大小,由输入液压缸的流量决定。流入液压缸的流量越大,活塞运动速度越快,反之亦反。这里应注意,活塞运动速度与油液压力无直接关系。

(四)液流连续原理

由于油液具有不可压缩性,在压力作用下油液中间也不能有空隙,所以油液流经无分支管道截面的流量应相等,即进入管道一端和自管道另一端流出的油液流量相等,这就是液体流动连续性原理。

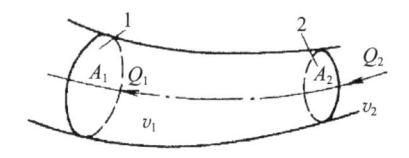

图 1-6-5 液流连续性原理

如图 1-6-5 所示的管道中,根据液流连续性原理,进出管道流量相等 $Q_1 = Q_2$,则

$$A_1 v_1 = A_2 v_2 \tag{1-6-8}$$

由上式可得:

1. 在同一管道中通过任一横截面的流量相等;
2. 管道各处的流速随截面积大小而改变,截面积大,流速小,反之亦反。

(五）液阻和压力损失、泄漏

液体在管道中流动会产生阻力，这种阻力称为液阻。液阻会造成压力损失。压力损失包括沿程损失和局部损失。沿程损失是指液体沿着相同截面的直管流动一段距离，由液体与管壁之间以及液体分子之间的摩擦而造成的。局部损失是液体流过弯头，通过突然扩大或缩小的管道截面，以及通过各种控制阀时，液流被迫改变流速、流向，而使液流发生撞击、分离、旋涡，产生液体流动阻力而造成的能量损失。在液压传动中，局部损失是主要的。

泄漏在液压系统中一般总是不同程度地存在着。如图1-6-6所示，液压缸中活塞与缸壁之间的泄漏为内泄漏；而活塞杆与端盖之间油液的漏出，称为外泄漏。凡是固定零件的接触面及两个相对运动零件之间都有可能存在油液的泄漏。所有泄漏都是油液由高压向低压处流动造成的。由于泄漏必然伴随着压力损失，这就使工作机构不能获得液压泵输出的全部流量，从而影响工作机构的运动速度等。

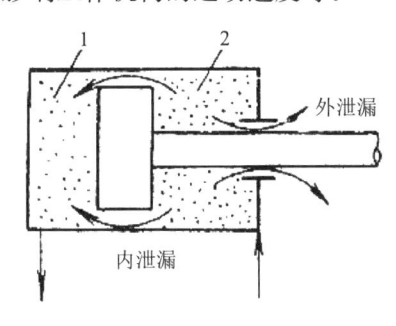

1—低压腔；2—高压腔。

图 1-6-6 液压缸的泄漏

（六）液压传动的功率计算

1. 液压缸的输出功率 $W_{缸}$ 等于负载阻力 F 与活塞运动速度 v 的乘积，即

$$W_{缸} = Fv \tag{1-6-9}$$

由于 $F = p_{缸} A$，$v = Q_{缸}/A$，所以液压缸的输出功率 $P_{缸}$ 又可写为

$$W_{缸} = p_{缸} Q_{缸} \tag{1-6-10}$$

式中：$W_{缸}$——液压缸的输出功率（W）；

$p_{缸}$——液压缸的最高工作压力（Pa）；

$Q_{缸}$——液压缸的最大流量（m³/s）。

2. 液压泵的输出功率与液压缸相似，液压泵的输出功率 $W_{泵}$ 为

$$W_{泵} = p_{泵} Q_{泵} \tag{1-6-11}$$

式中：$W_{泵}$——液压泵的输出功率（W）；

$p_泵$——液压泵的最高工作压力(Pa);

$Q_泵$——液压泵的最大流量(m^3/s),对输出流量为定值的泵,即为该泵的额定流量。

3. 发动机功率 由于油液在管道中流动有压力损失、泄漏及机械损失,所以驱动液压泵的电动机的功率$W_电$比液压泵的输出功率$W_泵$要大,引入效率系数$\eta_总$,则有

$$\eta_总 = W_泵 / W_电 \qquad (1\text{-}6\text{-}12)$$

式中:$\eta_总$——液压泵的总效率,其值可参照液压泵产品说明;

$W_泵$——液压泵的输出功率(W);

$W_电$——驱动液压泵的电机功率(W)。

第二节 液压泵

一、液压泵的工作原理及特点

(一)液压泵的工作原理

液压泵都是依靠密封容积变化的原理来进行工作的,故一般称为容积式液压泵,图1-6-7为一单柱塞液压泵的工作原理图,图中柱塞2装在缸体3中形成一个密封容积a,柱塞在弹簧4的作用下始终压紧在偏心轮1上。原动机驱动偏心轮1旋转,柱塞2做往复运动,使密封容积a的大小发生周期性的交替变化。当a由小变大时就形成部分真空,使油箱中油液在大气压的作用下,经吸油管顶开单向阀6进入油腔a而实现吸油;反之,当a由大变小时,a腔中吸满的油液将顶开单向阀5流入系统而实现压油。这样液压泵就将原动机输入的机械能转换成液体的压力能,原动机驱动偏心轮不断旋转,液压泵就不断地吸油和压油。

(二)液压泵的特点

单柱塞液压泵具有一切容积式液压泵的基本特点。

1. 具有若干个密封且又可以周期性变化的空间。液压泵的输出流量与此空间的容积变化量和单位时间内的变化次数成正比,与其他因素无关。这是容积式液压泵的一个重要特性。

2. 油箱内液体的绝对压力必须恒等于或大于大气压力。这是容积式液压泵能够吸入油液的外部条件。因此,为保证液压泵正常吸油,油箱必须与大气相通,或采用密闭的充压油箱。

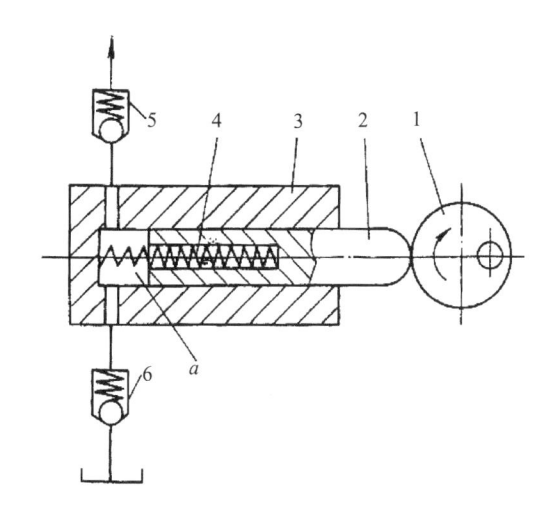

1—偏心轮；2—柱塞；3—缸体；4—弹簧；5、6—单向阀。

图 1-6-7　单柱塞液压泵工作原理图

3. 具有相应的配流机构将吸液腔和排液腔隔开，保证液压泵有规律地连续吸排液体。液压泵的结构原理不同，其配流机构也不相同。如图 1-6-7 所示的单柱塞液压泵的配油机构就是单向阀 5、6。

容积式液压泵中的油腔处于吸油时称为吸油腔，处于压油时称为压油腔。吸油腔的压力取决于吸油高度和吸油管路的阻力。吸油高度过高或吸油管路阻力太大，会使吸油腔真空度过高而影响液压泵的自吸性能。压油腔的压力则取决于外负载和排油管路的压力损失，从理论上讲排油压力与液压泵的流量无关。

容积式液压泵排油的理论流量取决于液压泵的几何尺寸和转速，而与排油压力无关，但排油压力会影响泵的内泄漏和油液的压缩量，从而影响泵的实际输出流量，所以液压泵的实际输出流量随排油压力的升高而降低。

液压泵按其在单位时间内所能输出的油液的体积是否可调节分为定量泵和变量泵两类；按结构形式可分为齿轮式、叶片式和柱塞式三大类。

二、液压泵的主要性能参数

(一) 压力

1. 工作压力

液压泵实际工作时的输出压力称为工作压力。工作压力取决于外负载的大小和排油管路上的压力损失，而与液压泵的流量无关。

2. 额定压力

液压泵在正常工作条件下，按试验标准规定连续运转的最高压力称为液压泵的额定压力。

3. 最高允许压力

在超过额定压力的条件下,根据试验标准规定,允许液压泵短暂运行的最高压力值,称为液压泵的最高允许压力。

(二) 排量和流量

1. 排量 V

液压泵每转一周,由其密封容积几何尺寸变化计算而得的排出液体的体积叫液压泵的排量。排量可以调节的液压泵称为变量泵;排量不可以调节的液压泵则称为定量泵。

2. 理论流量 q_t

理论流量是指在不考虑液压泵的泄漏流量的条件下,在单位时间内所排出的液体体积。

3. 实际流量 q

液压泵在某一具体工况下,单位时间内所排出的液体体积称为实际流量。

4. 额定流量 q_n

液压泵在正常工作条件下,按试验标准规定(如在额定压力和额定转速下)必须保证的流量。

三、齿轮泵

(一) 外啮合泵的工作原理

图 1-6-8 为外啮合齿轮泵的工作原理图,它由壳体和两个互相啮合的齿轮组成,壳体和齿轮的各个齿间槽组成了许多密封工作腔。当齿轮按图示方向旋转时,右吸油腔由于相互啮合的轮齿逐渐脱开,密封的工作容积逐渐增大,形成部分真空,油箱中油液便在大气压力作用下被吸入油腔,被吸入齿间的油液,随着轮齿的旋转而被送入左侧油腔。左侧油腔的轮齿逐渐进入啮合,其密封容积不断减小,从而将腔内油液不断压入液压系统之中。

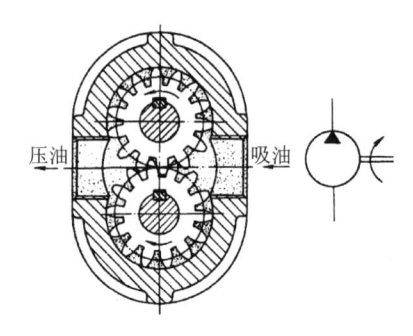

图 1-6-8 外啮合齿轮泵工作原理

（二）外啮合齿轮泵的优缺点

外啮合齿轮泵的优点是结构简单，尺寸小，重量轻，制造方便，价格低廉，工作可靠，自吸能力强（容许的吸油真空度大），对油液的污染不敏感，维护容易。它的缺点是一些机件承受不平衡径向力，磨损严重，泄漏大，工作压力的提高受到限制。此外它的流量脉动大，因而压力脉动和噪声都比较大。

四、叶片泵

（一）单作用叶片泵

1. 工作原理

单作用叶片泵的工作原理如图 1-6-9 所示，单作用叶片泵由转子 1、定子 2、叶片 3 和端盖等组成。定子具有圆柱形表面，定子和转子有偏心距 e，叶片装在转子槽中，并可在槽内滑动，当转子回转时，由于离心力的作用，使叶片紧靠在定子内壁，这样在定子、转子、叶片和两侧配油盘间就形成若干个密封的工作空间，当转子按图示的方向回转时，在图的右部，叶片逐渐伸出，叶片间的工作空间逐渐增大，从吸油口吸油，这是吸油腔。在图的左部，叶片被逐渐压进槽内，工作空间逐渐缩小，将油液从压油口压出，这就是压油腔。在吸油腔和压油腔之间，有一段封油区，把吸油腔和压油腔隔开，这种叶片泵转子每转一周，每个工作空间就完成一次吸油和压油，因此称为单作用叶片泵。

2. 特点

（1）改变定子和转子之间的偏心便可改变流量，偏心反向时，吸油压油方向也相反。

（2）处在压油腔的叶片顶部受压力油的作用把叶片推入转子槽内。为了使叶片顶部与定子内表面接触，压油腔一侧的叶片底部要通过特殊的沟槽和压油腔相通。吸油腔一侧的叶片底部和吸油腔相通，这里的叶片仅靠离心力的作用顶在定子的内表面上。

（3）由于转子有受不平衡的径向作用力，所以这种泵一般不宜用于高压。

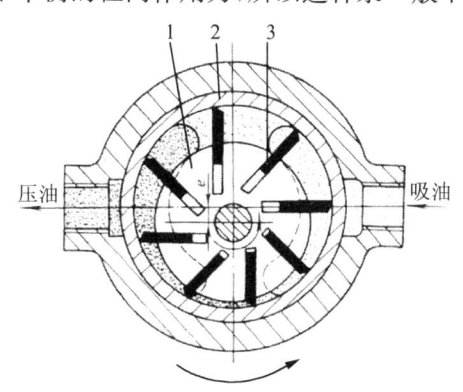

1—转子；2—定子；3—叶片。

图 1-6-9　单作用叶片泵工作原理

(二）双作用叶片泵

1. 工作原理

双作用叶片泵的工作原理如图1-6-10所示，它是由定子1、转子2、叶片3和配油盘（图中未画出）等组成。转子和定子中心重合，定子内表面为两段长半径圆弧和两段短半径圆弧组成的近似椭圆形。当转子按顺时针转动时，处于小圆弧上的密封空间经过过渡曲线而运动到大圆弧的过程中，叶片外伸，密封空间的容积增大，要吸入油液；再从大圆弧上的密封空间经过过渡曲线而运动到小圆弧的过程中，叶片被定子内壁逐渐压进槽内，密封空间容积变小，将油液从压油口压出。因而，转子每转一周，每个工作空间要完成两次吸油和压油，称之为双作用叶片泵。这种叶片泵有两个吸油腔和压油腔，并且各自中心夹角是对称的，作用在转子上的油液压力相互平衡，因此又称为卸荷式叶片泵，为了径向力完全平衡，密封空间数（叶片数）应当是双数。这种泵的转子定子同心，不能改变油量，只能用作定量泵。

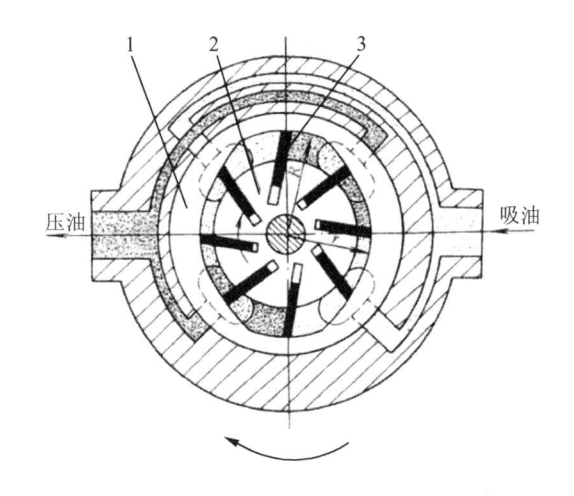

1—定子；2—转子；3—叶片。

图1-6-10　双作用叶片泵工作原理

2. 特点

双作用叶片泵具有寿命长，噪声低，流量均匀、体积小、重量轻等优点，但对油液质量较敏感，使用油液不能被污染；叶片泵自吸能力较齿轮泵弱，结构较复杂，工艺要求高，一般用于中压的传动系统。

五、柱塞泵

（一）径向柱塞泵

径向柱塞泵的工作原理如图1-6-11所示，柱塞1径向排列安装在缸体2中，缸体由原动机带动连同柱塞 1 一起旋转,所以缸体 2 一般称为转子,柱塞 1 在离心力(或在低压油)作用下抵紧定子 4 内壁,当转子顺时针方向回转时,由于定子和转子之间有偏心距 e,当柱塞转到上半周时向外伸出,柱塞底部的容积逐渐增大,形成部分真空,因此经过衬套 3(衬套 3 压紧在转子内,并和转子一起回转)上的油便从配油盘 5 的吸油口 b 吸油;当柱塞转到下半周时,定子内壁将柱塞向里推,柱塞底部的容积逐渐减小,向配油盘的压油口 c 压油。当转子回转一周时,每个柱塞底部的密封容积完成一次吸压油,转子连续运转,即完成吸压油工作。

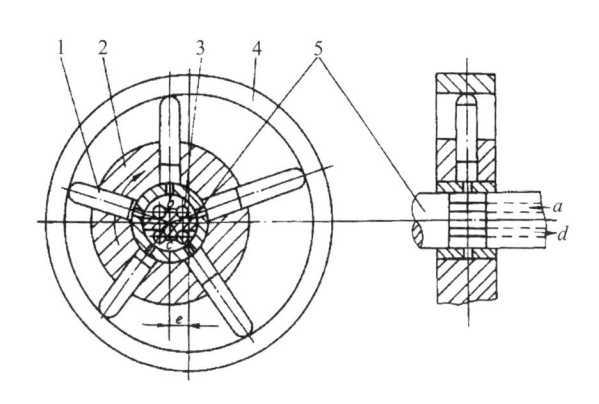

1—柱塞;2—缸体;3—衬套;4—定子;5—配油盘。

图 1-6-11　径向柱塞泵的工作原理

径向柱塞泵的流量因偏心距 e 的大小而不同,若偏心距 e 做成可调的(一般是定子作水平移动以调节偏心量),就成为变量泵,如偏心距的方向改变后,进油口和压油口随之互相变换,这就是双向变量泵。

由于径向柱塞泵径向尺寸大,结构复杂,自吸能力差,且配油盘受到径向不平衡液压力的作用易于磨损,从而限制了它转速和压力的提高。

(二)轴向柱塞泵

轴向柱塞泵是将多个柱塞轴配置在一个共同缸体的圆周上,并使柱塞中心线和缸体中心线平行的一种泵,轴向柱塞泵有两种形式,直轴式(斜盘式)和斜轴式(摆缸式),图 1-6-12(a)为直轴式轴向柱塞泵的工作原理图,这种泵主要由缸体 1、配油盘 2、柱塞 3 和斜盘 4 组成。柱塞沿圆周均匀分布在缸体内。斜盘与缸体轴线倾斜一角度 γ,柱塞靠机械装置或低压油作用压紧在斜盘上(图中为弹簧),配油盘 2 和斜盘 4 固定不转,当缸体转动时,由于斜盘的作用,迫使柱塞在缸体内做往复运动,并通过配油盘的配油窗口进行吸油和压油。缸体每转一周,每个柱塞各完成吸、压油一次,如改变斜盘倾角 γ,就能改变柱塞行程的长度,即改变液压泵的排量,改变斜盘的倾角方向,就能改变吸油和压油的方向,即成为双向变量泵。

(a)直轴式　　　　　(b)斜轴式

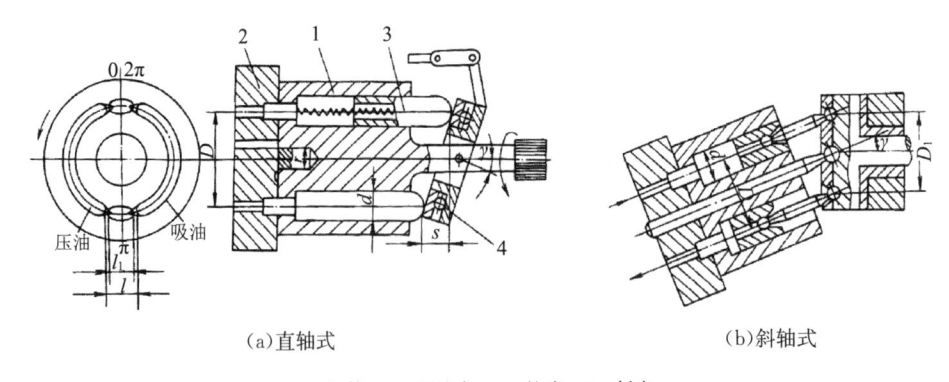

1—缸体；2—配油盘；3—柱塞；4—斜盘。
图 1-6-12　轴向柱塞泵的工作原理

图 1-6-12(b)为斜轴式轴向柱塞泵原理图。缸体轴线相对传动轴轴线成一倾斜角 γ，传动轴端部用万向铰链、连杆与缸体中每个柱塞相连接，当传动轴转动时，通过万向铰链、连杆使柱塞和缸体一起转动，并迫使柱塞在缸体中做往复运动，借助配油盘进行吸油和压油。这种泵的优点是变量范围大，泵的强度较高，但和上述直轴式相比，其结构较复杂，外形尺寸和重量均较大。

轴向柱塞泵的优点：结构紧凑、径向尺寸小，惯性小，容积效率高，目前最高压力可达 40 MPa，甚至更高，一般用于工程机械等高压系统中，但其轴向尺寸较大，轴向作用力也较大，结构比较复杂。

第三节　液压缸

一、液压缸的分类

液压缸按其结构形式，可分为活塞缸、柱塞缸和摆动缸三类。活塞缸和柱塞缸实现往复运动，输出推力和速度，摆动缸则能实现小于360°的往复摆动，输出转矩和角速度。液压缸除单个使用外，还可以几个组合起来以完成特殊的功用。

二、单杆式液压缸的推力和速度

活塞式液压缸根据其使用要求不同可分为双杆式、单杆式两种，双杆式活塞缸是活塞两端都有一根直径相等的活塞杆伸出。单杆式活塞缸只有一端带活塞杆，如图 1-6-13 所示。

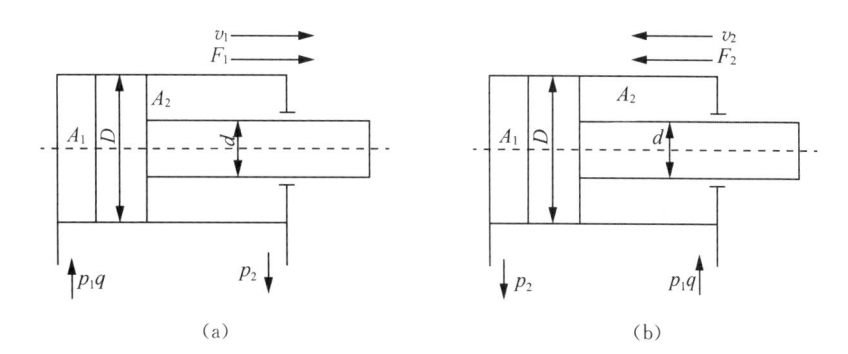

图 1-6-13 单杆活塞缸

单杆活塞缸由于活塞两端有效面积不等,如果以相同流量的压力油分别流入液压缸的左、右腔,活塞移动的速度与进油腔的有效面积成反比,即油液进入无杆腔时有效面积大,速度慢,进入有杆腔时有效面积小,速度快;而活塞上产生的推力则与进油腔的有效面积成正比。

如图 1-6-13(a)所示,当输入液压缸的油液流量为 q,液压力为 p_1,出油腔液压力近似为 0 时,活塞上的推力 F_1 和速度 v_1 为

$$F_1 = A_1 p_1 = \pi p_1 D^2 / 4 \qquad (1\text{-}6\text{-}13)$$

$$v_1 = q/A_1 = 4q/\pi D^2 \qquad (1\text{-}6\text{-}14)$$

当油液从如图 1-6-13(b)所示的右腔(有杆腔)输入时,其活塞上的推力 F_2 和速度 v_2 为

$$F_2 = A_2 p_1 = \pi p_1 (D^2 - d^2)/4 \qquad (1\text{-}6\text{-}15)$$

$$v_2 = q/A_2 = 4q/\pi(D^2 - d^2) \qquad (1\text{-}6\text{-}16)$$

如果向单杆活塞缸的左右两腔同时通压力油,如图 1-6-14 所示,即所谓差动连接,作差动连接的单出杆液压缸称为差动缸,开始工作时差动缸左右两腔的油液压力相同,

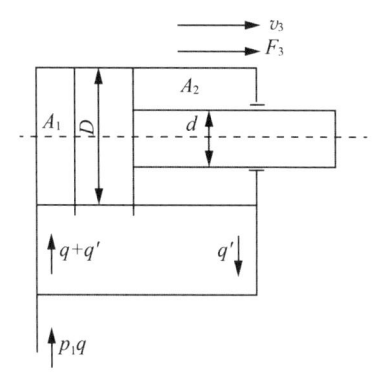

图 1-6-14 差动缸工作原理

但由于无杆腔的有效面积大于有杆腔的有效面积,故活塞向右侧移动,同时右腔中排出的油液(流量为 q')也进入了左腔,加大了流入左腔的流量($q+q'$),从而也加快了活塞的速度,则差动缸上活塞上的推力 F_3 和速度 v_3 为

$$F_3 = (A_1 - A_2)p_1 = \pi p_1 d^2/4 \tag{1-6-17}$$

$$v_3 = (q+q')/A_1 = q'/A_2 \tag{1-6-18}$$

$$即\ v_3 = 4q/\pi d^2 \tag{1-8-19}$$

由上式可知,差动连接时液压缸的推力比非差动连接时小,速度比非差动连接时大,正好利用这一点,可在不加大液压油流量的情况下得到较快的运动速度。

三、单杆式液压缸的典型结构和组成

图 1-6-15 为单杆式液压缸的结构图,主要由缸底 1、缸筒 7、缸头 18、活塞 21、活塞杆 8、导向套 12、缓冲套 6 和 24、节流阀 11、带放气孔的单向阀 2 以及密封装置等组成。缸筒 7 与法兰 3、10 焊成一个整体,然后通过螺钉与缸底 1、缸头 18 连接。图中用半剖面的方法表示了活塞与缸筒、活塞杆与缸盖之间的两种密封形式:上部为橡胶密封,下部为唇形密封。该液压缸具有双向缓冲功能,工作时压力油经进油口、单向阀进入工作腔,推动活塞运动,当活塞运动到终点前,缓冲套切断油路,排油只能经节流阀排出,起节流缓冲作用(图中左端只画了单向阀,右端只画了节流阀)。

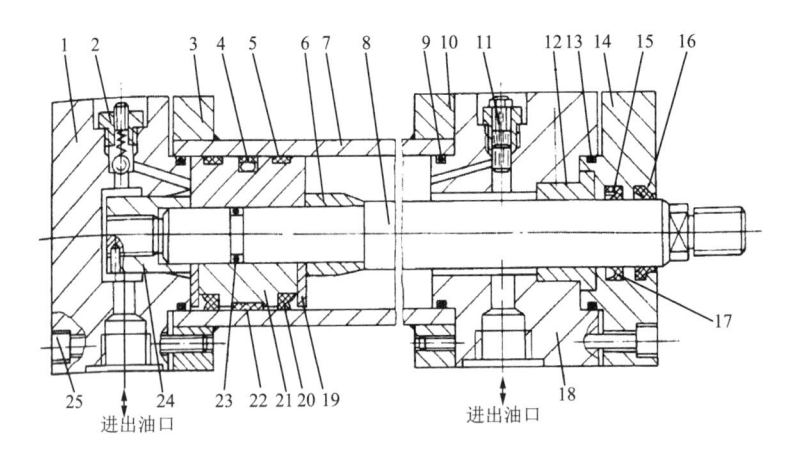

1—缸底;2—单向阀;3、10—法兰;4—格莱圈密封;5、22—导向环;6—缓冲套;7—缸筒;8—活塞杆;9、13、23—O 形密封圈;11—缓冲节流阀;12—导向套;14—缸盖;15—斯特圈密封;16—防尘圈;17—Y 形密封圈;18—缸头;19—护环;20—YX 密封圈;21—活塞;24—无杆端缓冲套;25—连接螺钉。

图 1-6-15 单杆式液压缸结构

(一) 缸筒和缸盖

缸筒与缸盖的连接方式,有法兰连接、半环连接和螺纹直接连接等。

（二）活塞和活塞杆

活塞和活塞杆的连接方式很多，但无论采用何种连接方式，都必须保证连接可靠。活塞与活塞杆也有制成整体式结构的，但只适用于尺寸较小的场合。活塞一般用耐磨铸铁制造，活塞杆则不论空心或实心的，大多用钢料制造。

（三）密封装置

液压缸的密封装置用以防止油液的泄漏（液压缸一般不允许外泄并要求内泄漏尽可能小）。密封装置设计的好坏对于液压的静、动态性能有着重要的影响。一般要求密封装置应具有良好的密封性，尽可能长的寿命、制造简单、拆装方便、成本低。液压缸的密封主要指活塞、活塞杆处的动密封和缸盖处的静密封，如图 1-6-15 所示的 O 形密封圈和 Y 形密封圈，以及组合式密封装置（格莱圈）等。

（四）缓冲装置

当液压缸所驱动的工作部件质量较大，移动速度较快时，由于具有的动量大，致使在行程终了时，活塞与端盖容易发生撞击，造成液压冲击和噪声，甚至严重影响工作精度和引起整个系统和元件的损坏，为此在大型、高速或要求较高的液压缸中往往要设置缓冲装置。尽管液压缸中的缓冲装置结构形式很多，但它的工作原理是相同的，即当活塞行程到终点而接近缸盖时，增大液压缸回油阻力，使回油腔产生足够大的缓冲力，使活塞减速，从而防止活塞撞击缸盖。

（五）排气装置

当液压系统长时间停止工作，系统中的油液由于本身重量的作用和其他原因流出，这时易使空气进入系统，如果液压缸中有空气或油液中混入空气，都会使液压缸运动不平稳，因此一般的液压系统在开始工作前都应使系统中的空气排出，为此可在液压缸的最高部位（那里往往是空气聚积的地方）设置排气装置，排气装置通常有两种，一种是在液压缸的最高部位处开排气孔，并用管道连接排气阀进行排气；另一种是在液压缸的最高部位安放排气塞，如图 1-6-16 所示。两种排气装置都是在液压缸排气时打开（让活塞全行程往复移动数次），排气完毕后关闭。

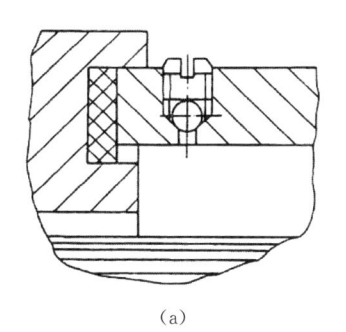

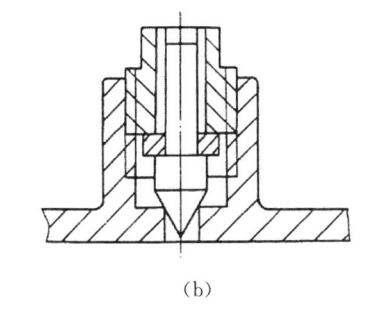

(a)　　　　　　　　(b)

图 1-6-16　排气装置

第四节 液压控制阀

一、概述

在液压系统中,除需要液压泵供油和执行元件来驱动工作外,还要配备一定数量的液压阀来对液流的流动方向、压力的高低以及流量的大小进行预期的控制,以满足负载的工作要求。因此液压控制阀是直接影响液压系统工作过程和工作特性的重要元件。

各类液压控制阀虽然形式不同,控制的功能各有所异,但都具有共性。首先,在结构上,所有的阀都由阀体、阀芯(座阀和滑阀)和驱动阀芯动作的元部件(如弹簧、电磁铁)等组成;其次,在工作原理上,所有阀的阀口大小、阀进出油口的压差以及通过阀的流量之间的关系都符合孔口流量公式$[q=KA(\triangle P)^m]$,只是各种阀控制的参数各不相同而已。如压力阀控制的是压力,流量阀控制的是流量等。因而,根据其内在联系、外部特征、结构和用途的不同,可将液压阀按不同的方式进行分类,如表1-6-2所示。

表1-6-2 液压控制阀的分类

分类方法	种类	详细分类
按用途	压力控制阀	溢流阀、减压阀、顺序阀、比例压力控制阀、压力继电器等
	流量控制阀	节流阀、调速阀、分流阀、比例流量控制阀等
	方向控制阀	单向阀、液控单向阀、换向阀、比例方向控制阀
按操纵方式	人力操纵阀	手把及手轮、踏板、杠杆
	机械操纵阀	挡块、弹簧、液压、气动
	电动操纵阀	电磁铁控制、电液联合控制
按连接方式	管式连接	螺纹式连接、法兰式连接
	板式及叠加式连接	单层连接板式、双层连接板式、集成块连接、叠加阀
	插装式连接	螺纹式插装、法兰式插装

液压系统对液压控制阀的基本要求如下。

1. 动作灵敏、使用可靠,工作时冲击和振动要小,使用寿命长。
2. 油液通过液压阀时压力损失要小,密封性能好,内泄漏要小,无外泄漏。
3. 结构简单紧凑,安装、维护、调整方便,通用性好。

二、方向控制阀

方向控制阀主要用来通断油路或改变油液流动的方向,从而控制液压执行元件的启动或停止,改变其运动方向。它主要有单向阀和换向阀。

（一）单向阀

单向阀的主要作用是控制油液的单向流动。液压系统中对单向阀的主要性能要求是：正向时流动阻力损失小,反向时密封性能好,动作灵敏。图 1-6-17(a)为一种管式普通单向阀的结构,压力油从阀体左端的通口流入时,克服弹簧 3 作用在阀芯 2 上的力,使阀芯向右移动,打开阀口,并通过阀芯上的径向孔 a、轴向孔 b 从阀体右端的通口流出；压力油从阀体右端的通口流入时,液压力和弹簧力一起使阀芯压紧在阀座上,使阀口关闭,油液无法通过,其图形符号如图 1-6-17(b)所示。

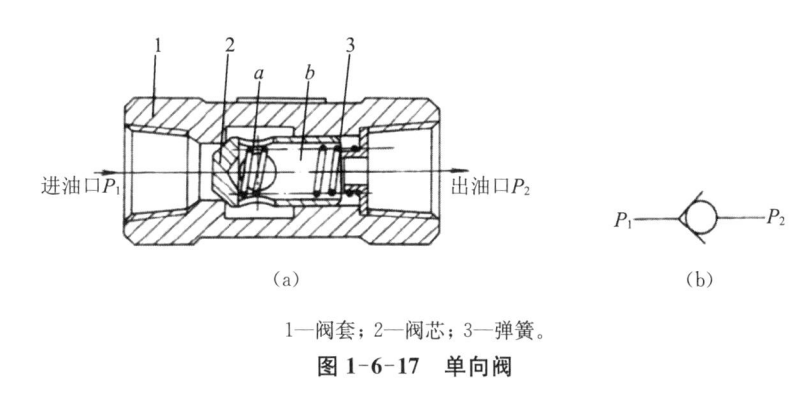

1—阀套；2—阀芯；3—弹簧。

图 1-6-17　单向阀

单向阀中的弹簧主要是用来克服阀芯的摩擦阻力和惯性力,使单向阀工作灵敏可靠,所以普通单向阀的弹簧刚度一般都选得较小,以免油液流动时产生较大的压力降。一般单向阀的开启压力在 0.035～0.05 MPa 左右,当通过其额定流量时的压力损失不应超过 0.1～0.3 MPa。若将单向阀中的弹簧换成较大刚度的弹簧时,可将其置于回油路中作背压阀使用,此时阀的开启压力约为 0.2～0.6 MPa。

除了一般的单向阀外,还有液控单向阀,图 1-6-18(a)为一种液控单向阀的结构,当控制口 K 处无压力油通入时,它的工作和普通单向阀一样,压力油只能从进油口 P_1 流向

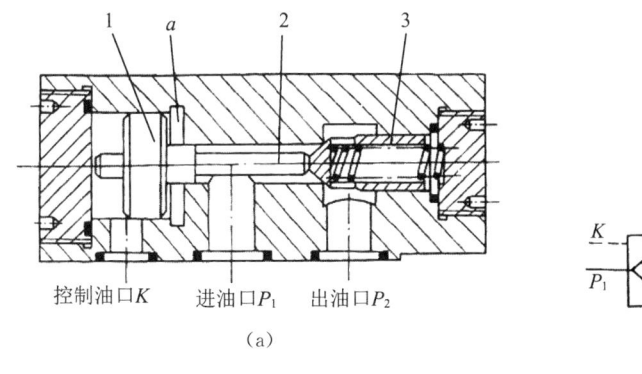

1—活塞；2—顶杆；3—阀芯。

图 1-6-18　液控单向阀

出油口 P_2,不能反向流动。当控制口 K 处有压力油通入时,控制活塞 1 右侧 a 腔通泄油口(图中未画出),在液压力作用下活塞向右移动,推动顶杆 2 顶开阀芯,使油口 P_1 和 P_2 接通,油液就可以从 P_2 口流向 P_1 口。在图示形式的液控单向阀结构中,K 处通入的控制压力最小须为主油路压力的 30%~50%(而在高压系统中使用的,带卸荷阀芯的液控单向阀其最小控制压力约为主油路压力的 5%),图 1-6-13(b)为其图形符号。

（二）换向阀

换向阀是利用阀芯对阀体的相对运动,使油路接通,关断或变换油流的方向,从而实现液压执行元件及其驱动机构的启动、停止或变换运动方向。液压传动系统对换向阀性能的主要要求是:

（1）油液流经换向阀时压力损失要小;

（2）互不相通的油口间的泄漏要小;

（3）换向要平稳、迅速且可靠。

换向阀的种类很多,其分类方式也各有不同,一般来说按阀芯相对于阀体的运动方式来分有滑阀和转阀两种;按操作方式来分有手动、机动、电磁动、液动和电液动等多种;按阀芯工作时在阀体中所处的位置有二位和三位等;按换向阀所控制的通路数不同有二通、三通、四通和五通等。系列化和规格化了的标准换向阀,有专门的工厂生产。

1. 换向阀的工作原理

图 1-6-19(a)为滑阀式换向阀的工作原理图,当阀芯向右移动一定的距离时,由液压泵输出的压力油从阀的 P 口经 A 口输向液压缸左腔,液压缸右腔的油经 B 口流回油箱,液压缸活塞向右运动;反之,若阀芯向左移动某一距离时,液流反向,活塞向左运动。

(a)

(b)

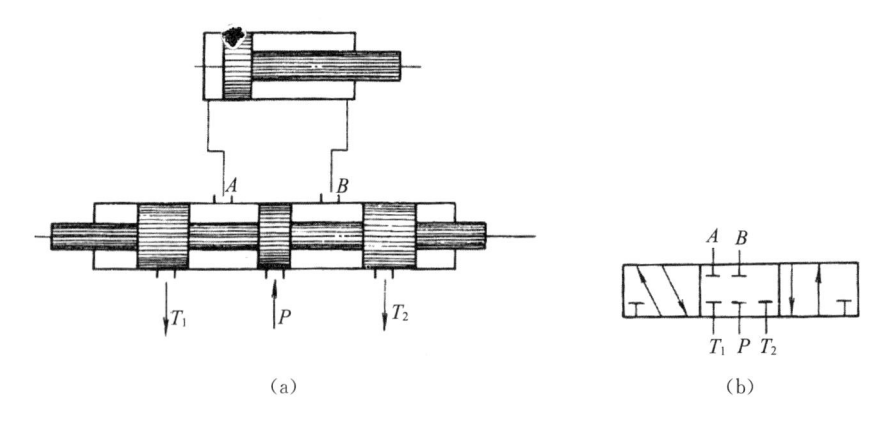

图 1-6-19 换向阀的工作原理

图 1-6-19(a)中的换向阀可绘制成如图 1-6-19(b)所示的图形符号图,由于该换向阀阀芯相对于阀体有三个工作位置,通常用一个粗实线方框符号代表一个工作位置,因

而有三个方框;而该换向阀共有 P、A、B、T_1 和 T_2 五个油口,所以每一个方框中表示油路的通路与方框共有五个交点,在中间位置,由于各油口之间互不相通,用"⊥"或"⊤"来表示,而当阀芯向右移动时,表示该换向阀左位工作,即 P 与 A、B 与 T_2 相通;反之,则 P 与 B、A 与 T_1 相通。因此该换向阀被称为三位五通换向阀,图 1-6-20 为常用的二位和三位换向阀的位和通路的符号图。

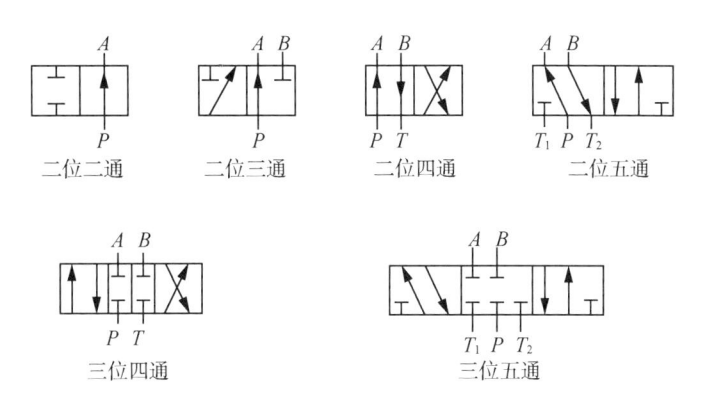

图 1-6-20 换向阀的位和通路符号

换向阀中阀芯相对于阀体的运动需要有外力操纵来实现,常用的操纵方式有:手动、机动(行程)、电磁动、液动和电液动,其符号如图 1-6-21 所示,不同的操纵方式与如图 1-6-20 所示的换向阀的位和通路符号组合就可以得到不同的换向阀,如三位四通电磁换向阀、三位五通液动换向阀等。

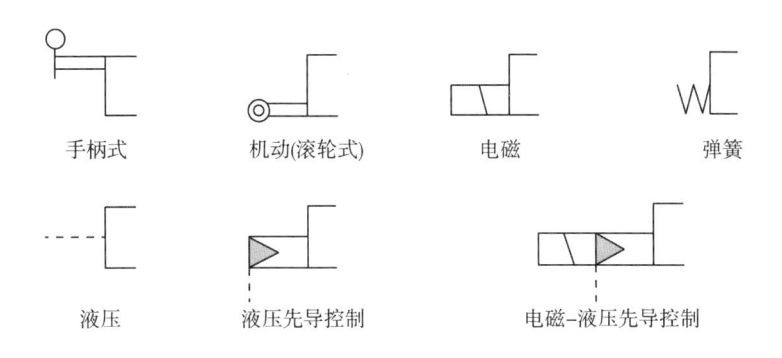

图 1-6-21 换向阀操纵方式符号

图 1-6-22 为转动式换向阀(简称转阀)的工作原理图,该阀由阀体 1、阀芯 2 和使阀芯转动的操纵手柄 3 组成,在图示位置,通口 P 和 A 相通、B 和 T 相通;当操纵手柄转换到"止"的位置时,则通口 P、A、B 和 T 均不相通;当操纵手柄转换到另一位置时,则通口 P 和 A 相通、B 和 T 相通,图 1-6-22(b)为它的图形符号。

在液压传动系统中广泛采用的是滑阀式换向阀,在这里主要介绍这种换向阀的几种典型结构。

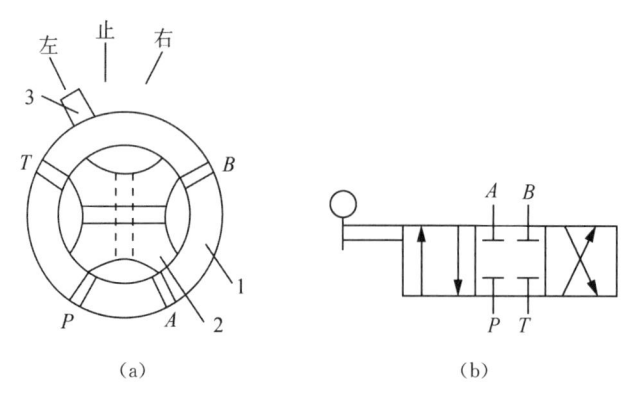

(a)

(b)

1—阀体；2—阀芯；3—手柄。
图 1-6-22 转阀

2. 换向阀的结构

(1) 手动换向阀

手动换向阀是利用手动杠杆来改变阀芯位置实现换向的，图 1-6-23 为手动换向阀的结构和图形符号。

(a)

(b)

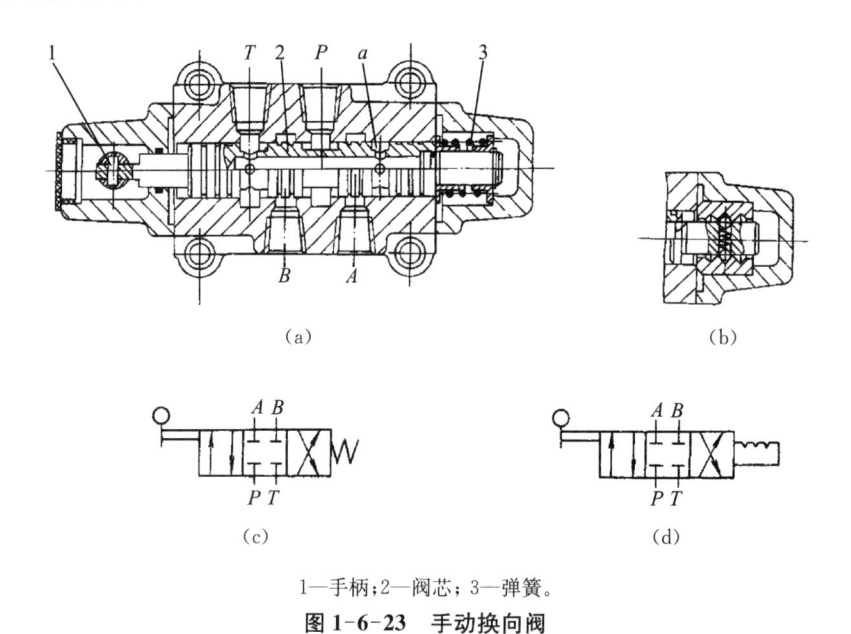

(c)

(d)

1—手柄；2—阀芯；3—弹簧。
图 1-6-23 手动换向阀

图 1-6-23(a)为自动复位式手动换向阀，放开手柄 1，阀芯 2 在弹簧 3 的作用下自动回复中位，该阀适用于动作频繁、工作持续时间短的场合，操作比较安全，常用于工程机械的液压传动系统中。

如果将该阀阀芯右端弹簧 3 的部位改为图 1-6-23(b)的形式，即成为可在三个位置定位的手动换向阀,图 1-6-23(c)、(d)为其图形符号图。

(2) 机动换向阀

机动换向阀又称行程阀,它主要用来控制机械运动部件的行程,它是借助于安装在工作台上的挡铁或凸轮来迫使阀芯移动,从而控制油液的流动方向,机动换向阀通常是二位的,有二通、三通、四通和五通几种,其中二位二通机动阀又分常闭、常开两种。

图 1-6-24(a)为滚轮式二位二通常闭式机动换向阀,在图示位置阀芯 2 被弹簧 3 压向左端,油腔 P 和 A 不通,当挡铁或凸轮压住滚轮 1 使阀芯 2 移动到右端时,就使油腔 P 和 A 接通,图 1-6-24(b)为其图形符号。

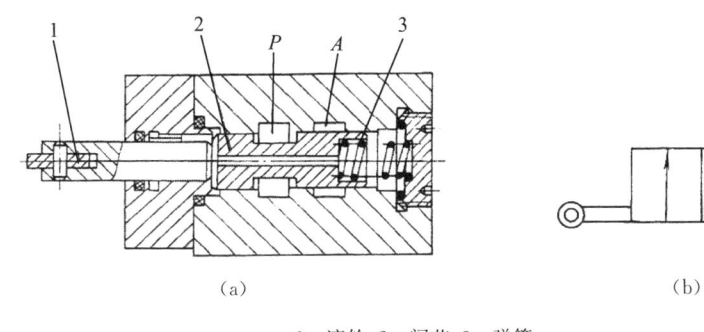

1—滚轮;2—阀芯;3—弹簧。

图 1-6-24 机动换向阀

(3) 电磁换向阀

电磁换向阀是利用电磁铁的通电吸合与断电释放而直接推动阀芯来控制液流方向的。它是电气系统与液压系统之间的信号转换元件,它的电气信号由液压设备中的按钮开关、限位开关、行程开关等电气元件发出,从而可以使液压系统方便地实现各种操作及自动顺序动作。

电磁铁按使用电源的不同,可分为交流和直流两种。按衔铁工作腔是否有油液又可分为干式和湿式。交流电磁铁启动力较大,不需要专门的电源,吸合、释放快,动作时间约为 0.01~0.03 s,其缺点是若电源电压下降 15% 以上,则电磁铁吸力明显减小,若衔铁不动作,干式电磁铁会在 10~15 min 后烧坏线圈(湿式电磁铁为 1~1.5 h),且冲击及噪声较大,寿命低,因而在实际使用中交流电磁铁允许的切换频率一般为 10 次/min,不得超过 30 次/min。

直流电磁铁工作较可靠,吸合、释放动作时间约为 0.05~0.08 s,允许使用的切换频率较高,一般可达 120 次/min,最高可达 300 次/min,且冲击小、体积小、寿命长。但需有专门的直流电源,成本较高。此外,还有一种电磁铁,其电磁铁是直流的,但电磁铁本身带有整流器,通入的交流电经整流后再供给直流电磁铁。目前,国外新发展了一种油浸式电磁铁,不但衔铁,而且激磁线圈也都浸在油液中工作,它具有寿命更长,工作更平稳可靠等特点，但由于造价较高，应用面不广。

图 1-6-25(a)展示了二位三通交流电磁阀结构，在图示位置，油口 P 和 A 相通，油口 B 断开；当电磁铁通电吸合时，推杆 1 将阀芯 2 推向右端，这时油口 P 和 A 断开，而与 B 相通。当电磁铁断电释放时，弹簧 3 推动阀芯复位。图 1-6-25(b)为其图形符号。

(a)

(b)

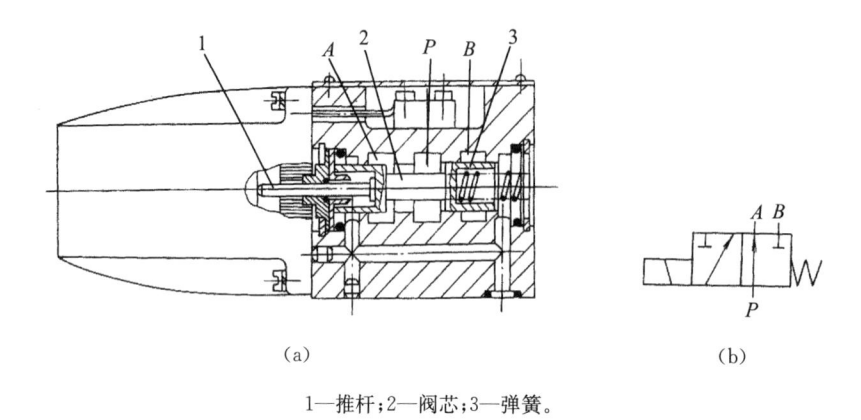

1—推杆；2—阀芯；3—弹簧。

图 1-6-25　二位三通电磁阀

如前所述，电磁阀就其工作位置来说，有二位和三位等。二位电磁阀有一个电磁铁，靠弹簧复位；三位电磁阀有两个电磁铁，图 1-6-26 为一种三位五通电磁换向阀的结构和图形符号。

(a)

(b)

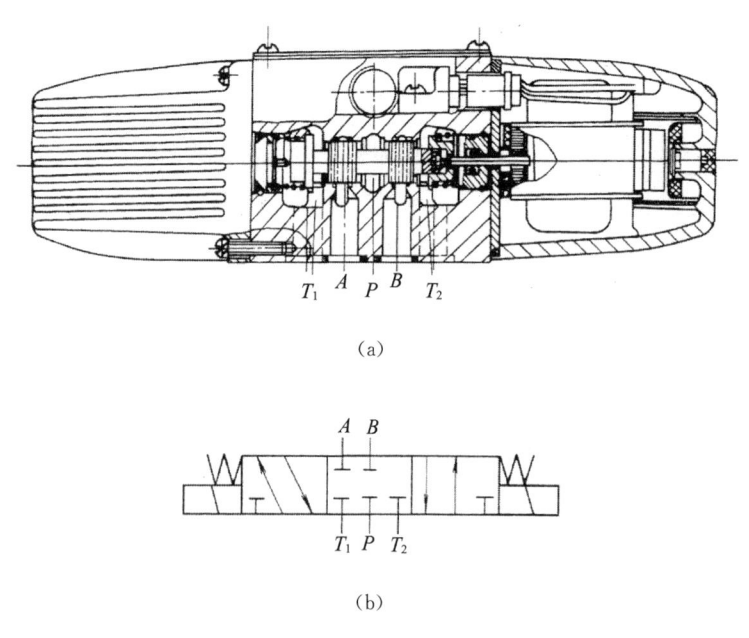

图 1-6-26　三位五通电磁阀

(4) 液动换向阀

液动换向阀是利用控制油路的压力油来改变阀芯位置的换向阀，图 1-6-27 为三位四通液动换向阀的结构和图形符号。阀芯是靠其两端密封腔中油液的压差来移动的，当控制油路的压力油从阀右边的控制油口 K_2 进入滑阀右腔时，K_1 接通回油，阀芯向左移动，使压力油口 P 与 B 相通，A 与 T 相通；当 K_1 接通压力油，K_2 接通回油时，阀芯向右移动，使得 P 与 A 相通，B 与 T 相通；当 K_1、K_2 都通回油时，阀芯在两端弹簧和定位套作用下回到中间位置。

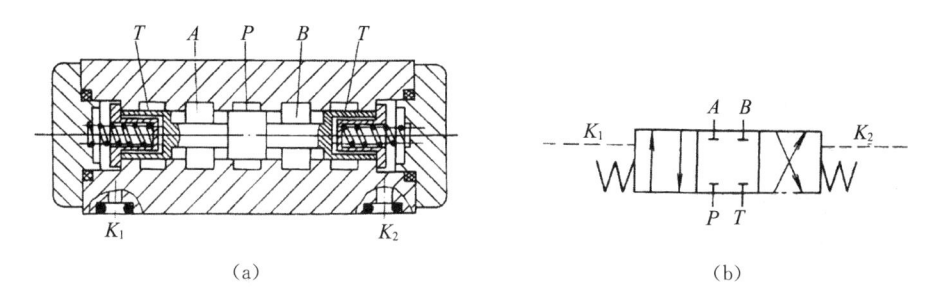

图 1-6-27 三位四通液动阀

(5) 电液换向阀

在大中型液压设备中，当通过阀的流量较大时，作用在滑阀上的摩擦力和液动力较大，此时电磁换向阀的电磁铁推力相对太小，需要用电液换向阀来代替电磁换向阀。电液换向阀是由电磁滑阀和液动滑阀组合而成。电磁滑阀起先导作用，它可以改变控制液流的方向，从而改变液动滑阀阀芯的位置。由于操纵液动滑阀的液压推力可以很大，所以主阀芯的尺寸可以做得很大，允许有较大的油液流量通过。这样用较小的电磁铁就能控制较大的液流。

图 1-6-28 为弹簧对中型三位四通电液换向阀的结构和图形符号，当先导电磁阀左边的电磁铁通电后使其阀芯向右边位置移动，来自主阀 P 口或外接油口的控制压力油可经先导电磁阀的 A 口和左单向阀进入主阀左端容腔，并推动主阀阀芯向右移动，这时主阀芯右端容腔中的控制油液可通过右边的节流阀经先导电磁阀的 B 口和 T 口，再从主阀的 T 口或外接油口流回油箱（主阀芯的移动速度可由右边的节流阀调节），使主阀 P 与 A、B 和 T 的油路相通。反之，由先导电磁阀右边的电磁铁通电，可使 P 与 B、A 与 T 的油路相通；当先导电磁阀的两个电磁铁均不带电时，先导阀阀芯在其对中弹簧作用下回到中位，此时来自主阀 P 口或外接油口的控制压力油不再进入主阀芯的左、右两容腔，主阀芯左右两腔的油液通过先导阀中间位置的 A、B 两油口与先导阀 T 口相通[如图 1-8-28(b)所示]，再从主阀的 T 口或外接油口流回油箱。主阀芯在两端对中弹簧的预压力的推动下，依靠阀体定位，准确地回到中位，此时主阀的 P、A、B 和 T 油口均不通。

电液动换向阀除了上述的弹簧对中以外还有液压对中的,在液压对中的电液换向阀中,先导式电磁阀在中位时,A、B 两油口均与控制压力油口 P 连通,而 T 则封闭,其他方面与弹簧对中的电液换向阀基本相似。

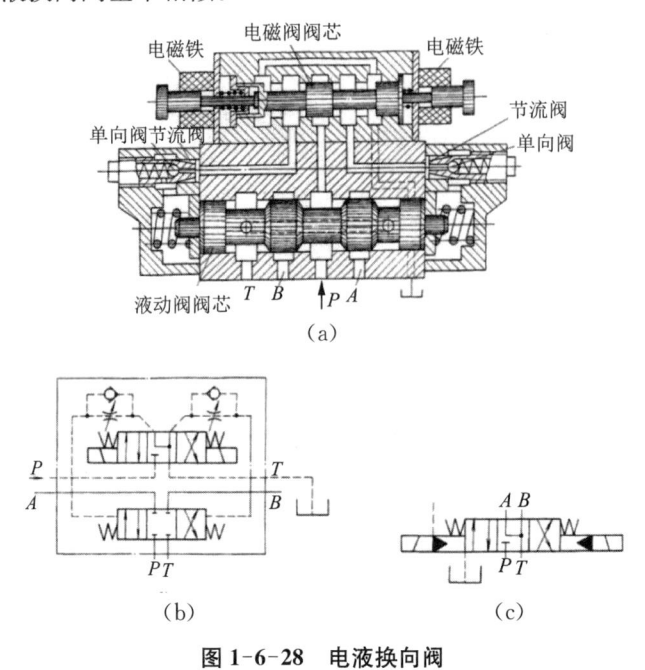

图 1-6-28 电液换向阀

3. 换向阀的中位机能

对于各种操纵方式的三位四通和五通的换向滑阀,阀芯在中间位置时各油口的连通情况称为换向阀的中位机能。不同的中位机能,可以满足液压系统的不同要求,表 1-6-3 为常见的三位四通、五通换向阀的中位机能的型式、滑阀状态和符号,由表 1-6-3 可以看出,不同的中位机能是通过改变阀芯的形状和尺寸得到的。

表 1-6-3 三位换向阀的中位机能

中位机能型号	中间位置时的滑阀状态	中间位置的符号	
		三位四通	三位五通
O	$T(T_1)\ A\ P\ B\ T(T_2)$	$\begin{array}{c}A\ B\\P\ T\end{array}$	$\begin{array}{c}A\ B\\T_1\ P\ T_2\end{array}$
H	$T(T_1)\ A\ P\ B\ T(T_2)$	$\begin{array}{c}A\ B\\P\ T\end{array}$	$\begin{array}{c}A\ B\\T_1\ P\ T_2\end{array}$
Y	$T(T_1)\ A\ P\ B\ T(T_2)$	$\begin{array}{c}A\ B\\P\ T\end{array}$	$\begin{array}{c}A\ B\\T_1\ P\ T_2\end{array}$

续表

中位机能型号	中间位置时的滑阀状态	中间位置的符号	
		三位四通	三位五通
J			
C			
P			
K			
X			
M			
U			

三、压力控制阀

液压系统中,控制油液压力高低的液压阀被称为压力控制阀,简称压力阀,有溢流阀、减压阀、顺序阀等。

(一)溢流阀

溢流阀的主要作用是对系统定压或进行安全保护。几乎在所有的液压系统中都要用到它,其性能好坏对整个液压系统的正常工作有很大的影响。

1. 溢流阀的作用

在液压系统中用来维持定压是溢流阀的主要用途。它常用于节流调速系统中,和流量控制阀配合使用,调节进入系统的流量,并保持系统的压力基本恒定。如图1-6-29(a)所示,溢流阀2并联于系统中,进入液压缸4的流量由节流阀3调节。由于定量泵1的流量大于液压缸4所需的流量,油压升高,将溢流阀打开,多余的油液经溢流阀2流回油箱。因此,在这里溢流阀的功用就是在不断的溢流过程中保持系统压力基本不变。

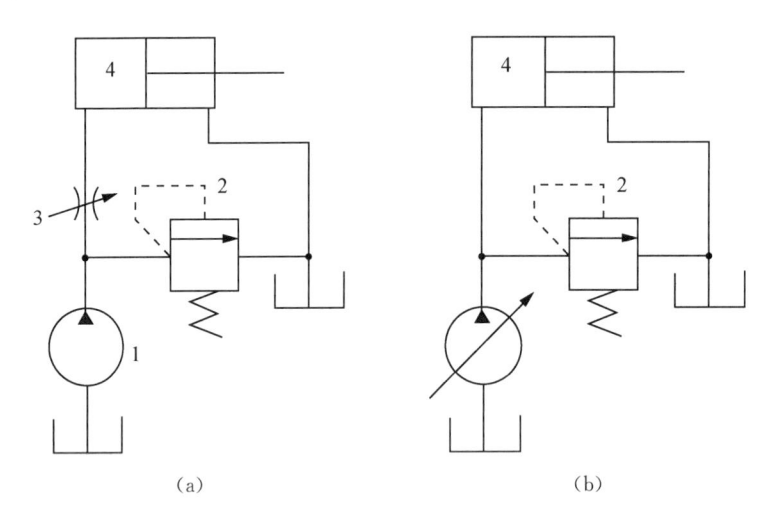

1—定量泵;2—溢流阀;3—节流阀;4—液压缸。

图 1-6-29 溢流阀的作用

用于过载保护的溢流阀一般称为安全阀。如图 1-6-29(b)所示的变量泵调速系统,在正常工作时,安全阀 2 关闭,不溢流,只有在系统发生故障,压力升至安全阀调整数值时,阀口才打开,使变量泵排出的油液经安全阀 2 流回油箱,以保证液压系统的安全。

2. 液压系统对溢流阀的性能要求

要求为定压精度高;灵敏度要高;工作要平稳;当阀关闭时密封性要好,泄漏要小。

对于经常开启的溢流阀,主要要求前三项性能;而对安全阀,则主要要求第 2 和第 4 两性能。其实,溢流阀和安全阀都是同一结构的阀,只不过是在不同要求时有不同的作用而已。

3. 直动式溢流阀的结构和工作原理

直动式溢流阀是依靠系统中的油压力直接作用在阀芯上与弹簧力等相平衡,以控制阀芯的启闭动作,图 1-6-30 为一种低压直动式溢流阀,P 是进油口,T 是出油口,进口油压力经阀芯 3 中间的阻尼孔 a 作用在阀芯的底部端面上,当油压力较小时,阀芯在弹簧 2 的作用下处于下端位置,将 P 和 T 两油口隔开。当进油压力升高,在阀芯下端的作用力超过弹簧压紧力 F_s 时,阀芯上升,阀口被打开,将多余的油液排回油箱,阀芯上的阻尼孔 a 用来对阀芯的动作产生阻尼,以提高阀的工作平衡性,调整螺母 1 可以改变弹簧的压紧力,这样也调整了溢流阀进口处的油液压力 p。

4. 先导式溢流阀的结构和工作原理

图 1-6-31 为先导式溢流阀的结构示意图,在图中压力油从 P 口进入,通过阻尼孔 3 后作用在导阀 4 上,当进油口压力较低,导阀上的液压作用力不足以克服导阀右边弹簧 5

1—螺母;2—弹簧;3—阀芯。

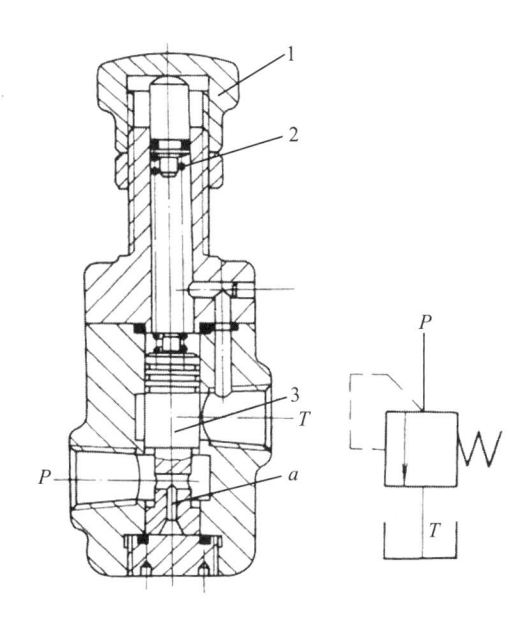

图 1-6-30　低压直动式溢流阀

的作用力时导阀关闭,没有油液流过阻尼孔,所以主阀芯两端压力相等,在较软的主阀弹簧 1 作用下主阀芯 2 处于最下端位置,溢流阀口 P 和 T 隔断,没有溢流。

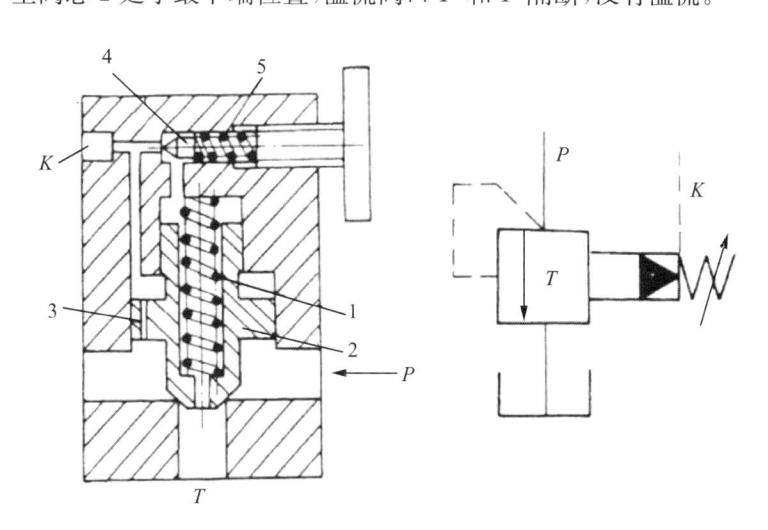

1—主阀弹簧;2—阀芯;3—阻尼孔;4—导阀;5—弹簧

图 1-6-31　先导式溢流阀

当进油口压力升高到作用在导阀上的液压力大于导阀弹簧作用力时,导阀打开,压力油就可通过阻尼孔、经导阀流回油箱,由于阻尼孔的作用,主阀芯上端的液压力 p_2 小于下端液压力 p_1,当此压力差作用在阀芯上的作用力大于主阀弹簧力、阀芯自重和摩擦力的合力时，主阀芯开启，油液从 P 口流入，经主阀阀口由 T 流回油箱，实现溢流。

由于油液通过阻尼孔而产生的 p_1 和 p_2 之间的压差值不太大，所以主阀芯只需一个小刚度的软弹簧即可；而作用在导阀4上的液压力与其导阀阀芯面积的乘积即为弹簧5的调压弹簧力，由于导阀阀芯一般为锥阀，受压面积较小，所以用一个刚度不太大的弹簧即可调整较高的开启力 p_2，用螺钉调节导阀的预紧力，就可调节溢流阀的溢出压力。

先导式溢流阀有一个远程控制口 K，如果将 K 口用油管接到另一个远程调压阀（远程调压阀的结构和溢流阀的先导控制部分一样），调节远程调压阀的弹簧力，即可调节溢流阀主阀芯上端的液压力，从而对溢流阀的溢流压力进行远程调压。但是，远程调压阀所能调节的最高压力不得超过溢流阀本身导阀的调整压力。当远程控制口 K 通过二位二通阀接通油箱时，主阀上端的压力接近于零，主阀芯上移到最高位置，阀口开得很大。由于主阀弹簧较软，这时溢流阀 P 口处压力很低，系统的油压在低压下通过溢流阀流回油箱，实现卸荷。

（二）减压阀

减压阀是使出口压力低于进口压力的一种压力控制阀，作用是减低油液压力，使用同一油源能同时提供几个不同的压力输出。根据其控制压力的不同，可分为定值输出减压阀、定差减压阀和定比减压阀，这里仅介绍定值输出减压阀。

图 1-6-32(a)为直动式减压阀的结构示意图和图形符号。P_1 口是进油口，P_2 为出油口，阀不工作时，阀芯在弹簧作用下处于最下端位置，阀的进出油口是相通的，亦即阀是常开的。若出口压力增大，使作用在阀芯下端的压力大于弹簧力时阀芯上移，关小阀口，这时阀处于工作状态。若忽略其他阻力，仅考虑作用在阀芯上的液压力和弹簧力相平衡的条件，则可以认为出口压力基本上维持在某一特定值——调定值上。这时如出口压力减小，阀芯就下移，开大阀口，阀口处阻力减小，压降减小，使出口压力回升到调定值；反之，若出口压力增大，则阀芯上移，关小阀口，阀口阻力加大，压降增大，使出口压力下降到调定值。图 1-6-32(b)为先导式减压阀的工原理图和图形符号。

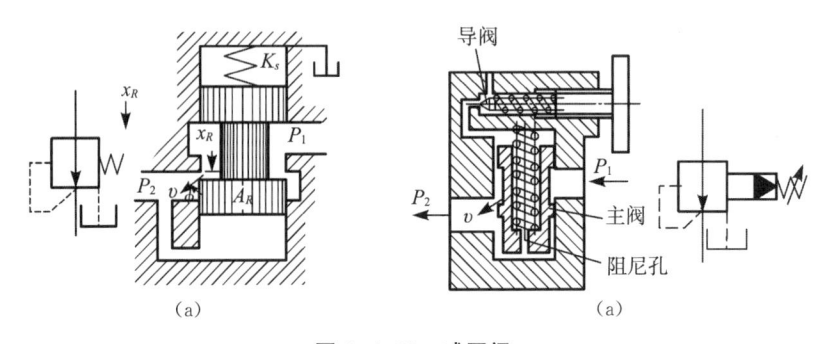

图 1-6-32 减压阀

先导式减压阀和先导式溢流阀进行比较,它们之间有如下几点不同:

1. 减压阀保持出口压力基本不变,溢流阀保持进口压力不变;
2. 在不工作时,减压阀进出油口互通,而溢流阀进出油口不通;
3. 保证减压阀出口压力恒定,它的导阀弹簧腔需要通过泄油口单独外接油箱;而溢流阀的出油口是通油箱的,所以它的导阀弹簧腔和泄漏油可通过阀体上的通道和出油口相通,不必单独外接油箱。

(三)顺序阀

顺序阀是用来控制液压系统中各执行元件动作的先后顺序的。依控制压力的不同,顺序阀又可分为内控式和外控式两种。前者用阀的进油口压力控制阀芯的启闭,后者用外来的压力油控制阀芯的启闭(即液控顺序阀)。顺序阀也有直动式和先导式两种,前者一般用于低压系统,后者用于中高压系统。

图 1-6-33 为直动式内控顺序阀的工作原理图和图形符号,当进油口压力 p_1 较低时,阀芯在弹簧的作用下处于下端位置,进油口和出油口不相通。当作用在阀芯下处的油液压力大于弹簧的预紧力时,阀芯向上移动,阀口打开,油液便经阀口从出油口流出,从而操纵另一执行元件或其他元件动作。由图可见,顺序阀和溢流阀的结构基本相似,不同的只是顺序阀的出油口通向系统的另一压力油路,而溢流阀的出油口通油箱。此外,由于顺序阀的进出油口均为压力油,所以它的泄油口必须单独外接油箱。

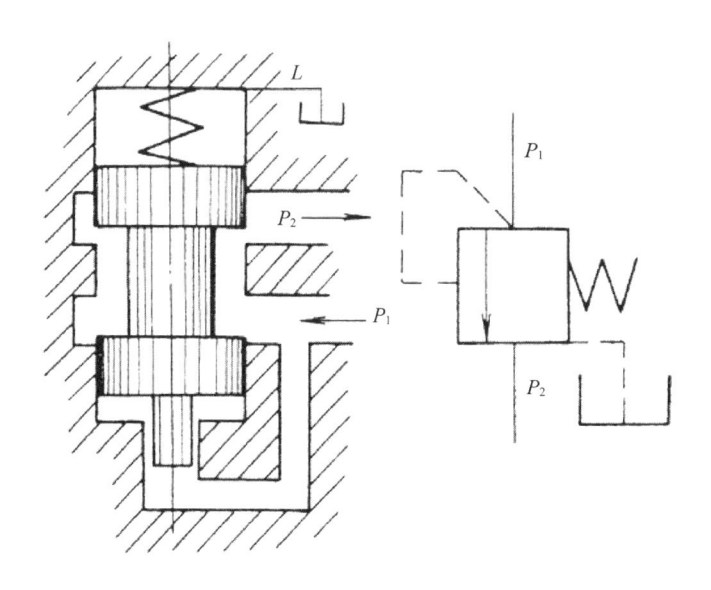

图 1-6-33 直动式内控顺序阀

直动式外控顺序阀的工作原理图和图形符号如图 1-6-34 所示,和上述内控顺序阀的差别仅仅在于其下部有一控油口 K,阀芯的启闭是利用通入控制油口 K 的外部控制油来控制的。

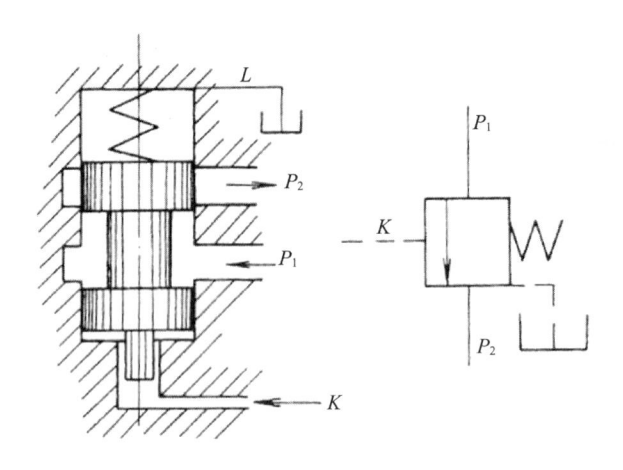

图 1-6-34 直动式外控顺序阀

图 1-6-35 为先导式顺序阀的工作原理图和图形符号,其工作原理不再详述。

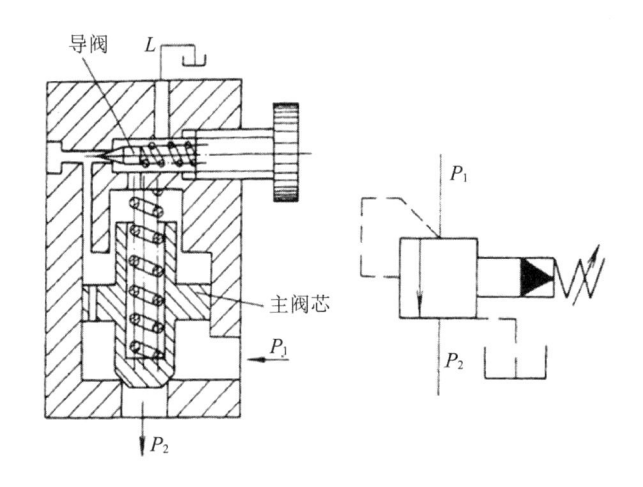

图 1-6-35 先导式顺序阀

（四）压力继电器

压力继电器是一种将油液的压力信号转换为电信号的电液控制元件,当油液压力达到压力继电器的调定压力时,即发出电信号,以控制电磁铁、电磁离合器、继电器等元件动作,使油路卸压、换向,执行元件实现顺序动作,或关闭电动机,使系统停止工作,起安全保护作用等。

四、流量控制阀

液压系统中执行元件运动速度的大小,由输入执行元件的油液流量的大小来确定。流量控制阀就是依靠改变阀口通流面积(节流口局部阻力)的大小或通流通道的长短来控制流量的液压阀类。常用的流量控制阀有普通节流阀、压力补偿和温度补偿调速阀、溢流节流阀和分流集流阀等。

(一)流量控制原理及节流口形式

节流阀的节流口通常有三种基本形式:薄壁小孔、细长小孔和厚壁小孔,但不论采用何种形式,通过节流口的流量 q 及其前后压力差 Δp 的关系可用式 $q=KA(\Delta p)^m$ 表示,三种节流口的流量特性曲线如图 1-6-36 所示,由图可得如下结论。

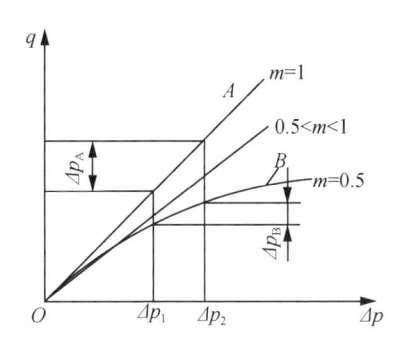

图 1-6-36 节流阀特性曲线

1. 压差对流量的影响。节流阀两端压差 Δp 变化时,通过它的流量要发生变化,三种结构形式的节流口中,通过薄壁小孔的流量受到压差改变的影响最小。

2. 温度对流量的影响。油温影响到油液黏度,对于细长小孔,油温变化时,流量也会随着变化,对于薄壁小孔,黏度对流量几乎没有影响,油温变化时,流量基本不变。

3. 节流口的堵塞。节流阀的节流口可能因油液中的杂质或由于油液氧化后析出的胶质、沥青等而局部堵塞,这就改变了原来节流口通流面积的大小,使流量发生变化,尤其是当开口较小,这一影响更为突出,严重时会完全堵塞而出现断流现象。因此节流口的抗堵塞性能也是影响流量稳定的重要因素,尤其会影响流量阀的最小稳定流量。一般节流阀口通流面积越大、节流通道越短、开口直径越大,越不容易堵塞,当然油液的清洁度也对堵塞产生影响。一般流量控制阀的最小稳定流量为 0.05 L/min。

综上所述,为保证流量稳定,节流口的形式以薄壁小孔较为理想。

在液压系统中节流元件与溢流阀并联于液压泵的出口,构成恒压油源,使泵出口的压力恒定。如图 1-6-37(a)所示,此时节流阀和溢流阀相当于两个并联的液阻,液压泵输出流量 q_p 不变,流经节流阀进入液压缸的流量 q_1 和流经溢流阀的流量 Δq 的大小,由节流阀和溢流阀液阻的相对大小来决定。节流阀是一种可以在较大范围内改变液阻来调节流量的元件。因此可以通过调节节流阀的液阻,来改变进入液压缸的流量,从而调节液压缸的运动速度。但若在回路中仅有节流阀而没有与之并联的溢流阀,如图1-6-37(b)所示,则节流阀起不到调节流量的作用。液压泵输出的液压油全部经节流阀进入液压缸。改变节流阀节流口的大小,只是改变液流流经节流阀的压力降。节流口小,流速快;节流口大,流速慢,而总的流量是不变的,因此,液压缸的运动速度不变。所以,节流元件用来调节流量是有条件的,即要求有一个接受节流元件压力信号的环节(与之并联的溢流阀或恒压变量泵)。通过这一环节来补偿节流元件的流量变化。

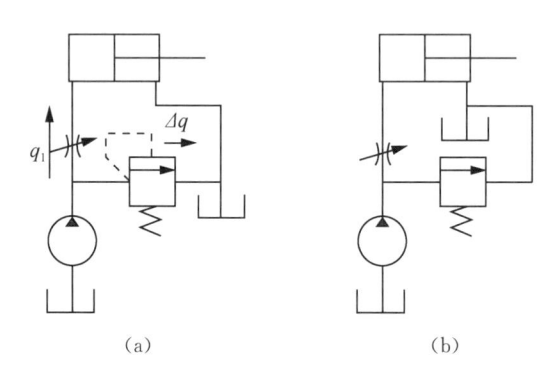

图 1-6-37 节流元件的作用

液压系统对流量控制阀的主要要求有:
1. 较大的流量调节范围,且流量调节要均匀;
2. 当阀前后压力差发生变化时,通过阀的流量变化要小,以保证负载运动的稳定;
3. 油温变化对通过阀的流量影响要小;
4. 液流通过全开阀时压力损失要小;
5. 当阀关闭时,阀的泄漏量要小。

(二)普通节流阀

图 1-6-38 为一种普通节流阀的结构和图形符号。这种节流阀通道呈轴向三角槽式。压力油从进油口 P_1 流入孔道 a 和阀芯 1 左端的三角槽进入孔道 b,再从出油口 P_2 流出。调节手柄 3,可通过推杆 2 使阀芯做轴向移动,改变节流口的通流截面面积来调节流量。阀芯在弹簧的作用下始终贴紧在推杆上,这种节流阀的进出口可互换。

(三)调速阀

调速阀是在节流阀前面串接一个定差减压阀组合而成。图 1-6-39 为其工作原理图。液压泵的出口(即调速阀的进口)压力 p_1,由溢流阀调定,基本上保持恒定。调速阀出口处的压力 p_3 由液压缸负载 F 决定。油液先经减压阀产生一次压力降,将压力降到

1—阀芯；2—推杆；3—手柄；4—弹簧。

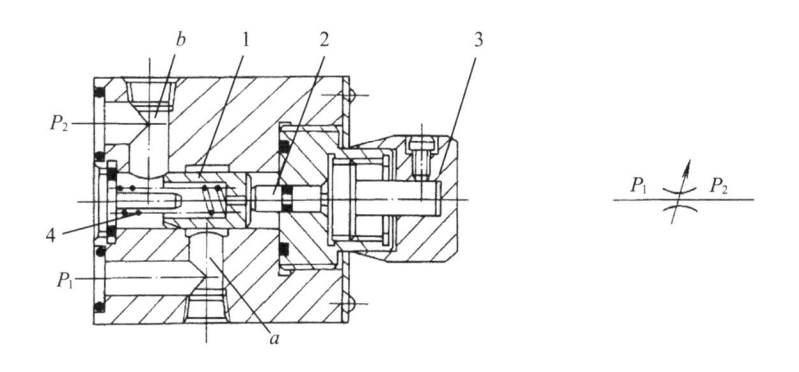

图 1-6-38 普通节流阀

p_2，节流阀的出口压力 p_3 又经反馈管道 a 作用到减压阀的上腔 b，当减压阀的阀芯在弹簧

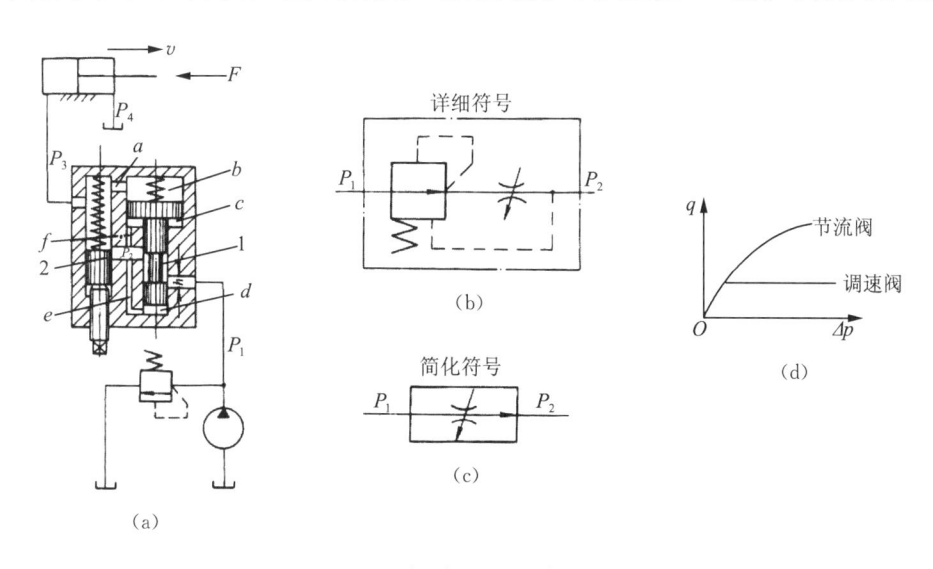

1—减压阀；2—节流阀。

图 1-6-39 调速阀

力 F_s、油液压力 p_2 和 p_3 作用下处于某一平衡位置时（忽略摩擦力和液动力等），则有

$$p_2 A_1 + p_2 A_2 = p_3 A + F_s \tag{1-6-20}$$

式中，A、A_1、A_2 分别为 b 腔、c 腔、d 腔内压力油作用于阀芯的有效面积，且 $A = A_1 + A_2$，故

$$p_2 - p_3 = \Delta p = F_s / A \tag{1-6-21}$$

因为弹簧的刚度较低，且工作过程中减压阀阀芯位移很小，可以认为 F_s 基本不变，故节流阀两端压力差也基本不变，这就保证了通过节流阀的流量稳定。

五、叠加式液压阀

叠加式液压阀简称叠加阀,它是近10年发展起来的集成式液压元件,采用这种阀组成液压系统时,不需要另外的连接块,它以自身的阀体作为连接体直接叠合而成所需的液压传动系统。

叠加阀的工作原理与一般液压阀基本相同,但在具体结构上和连接尺寸上则不相同,它自成系列,每个叠加阀既有一般液压元件的控制功能,又起到通道体的作用,每一种通径系列的叠加阀其主油路和螺栓连接孔的位置都与选用的相应通径的换向阀相同,因此同一通径的叠加阀都能按要求叠加起来组成各种不同控制功能的系统。用叠加式液压阀组成的液压系统具有以下特点:

(1) 用叠加阀组成的液压系统,结构紧凑、体积小、重量轻;
(2) 叠加阀液压系统安装简便,装配周期短;
(3) 液压系统如有变化,如改变工况,需要增减元件时,组装方便迅速;
(4) 元件之间实现无管连接,消除了因油管接头等引起的泄漏、振动和噪声;
(5) 整个系统配置灵活、外观整齐,维护保养容易;
(6) 标准化、通用化和集成程度较高。

叠加阀的分类与一般液压阀相同,它同样分为压力控制阀、流量控制阀、方向控制阀三大类,其中方向控制阀仅有单向阀类,主换向阀不属于叠加阀。

(一) 叠加式溢流阀

先导式叠加式溢流阀,由主阀和导阀两部分组成,如图1-6-40所示,主阀芯6为单向阀二级同心结构,先导阀即为锥阀式结构。图1-6-40(a)为$Y1-F-10D-P/T$型溢流阀的结构原理图,其中Y表示溢流阀,F表示压力等级($p=20$ MPa),10表示为$\phi 10$通径系列,D表示叠加阀,P/T表示该元件进油口为P、出油口为T,图1-6-40(b)为其图形符号,据使用情况不同,还有$P1/T$型,其符号如图1-6-40(c)所示,这种阀主要用于双泵供油系统的高压泵的高压溢流。

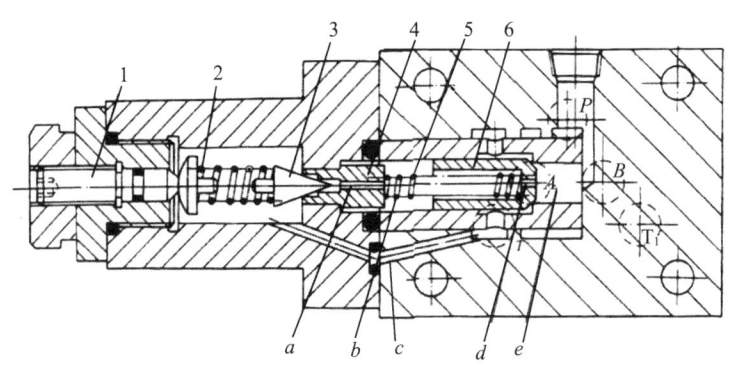

(a)

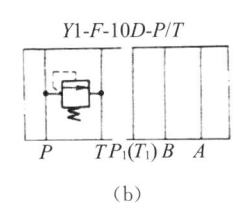

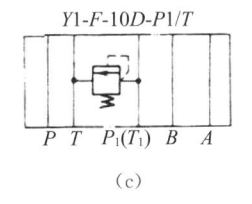

$$Y1\text{-}F\text{-}10D\text{-}P/T \qquad Y1\text{-}F\text{-}10D\text{-}P1/T$$

(b)   (c)

1—推杆；2—弹簧；3—锥阀；4—阀座；5—弹簧；6—主阀芯。

图 1-6-40　叠加式溢流阀

叠加式溢流阀的工作原理同一般的先导式溢流阀，它是利用主阀芯两端的压力差来移动主阀芯，以改变阀口的开度，油腔 e 和进油口 P 相通，c 和回油口 T 相通，压力油作用于主阀芯 6 的右端，同时经阻尼小孔 d 流入阀芯左端，并经小孔 a 作用于锥阀 3 上，当系统压力低于溢流阀的调定压力时，锥阀 3 关闭，阻尼孔 d 没有液流通过，主阀芯两端压力相等，主阀芯 6 在弹簧 5 的作用下处于关闭位置；当系统压力升高并达到溢流阀的调定值时，锥阀 3 在液压力作用下压缩导阀弹簧 2 并使阀口打开。于是 b 腔的油液经锥阀阀口和孔 c 流入 T 口，当油液通过主阀芯的阻尼孔 d 时，便产生压差，使主阀芯两端产生压力差，在这个压力差的作用下，主阀芯克服弹簧力和摩擦力向左移动，使阀口打开，溢流阀便实现在一定压力下溢流。调节弹簧 2 的预压缩量便可改变该叠加式溢流阀的调整压力。

（二）叠加式流量阀

图 1-6-41 为 $QA-F6/10D-BU$ 型单向调速阀的结构原理图。QA 表示流量阀、F

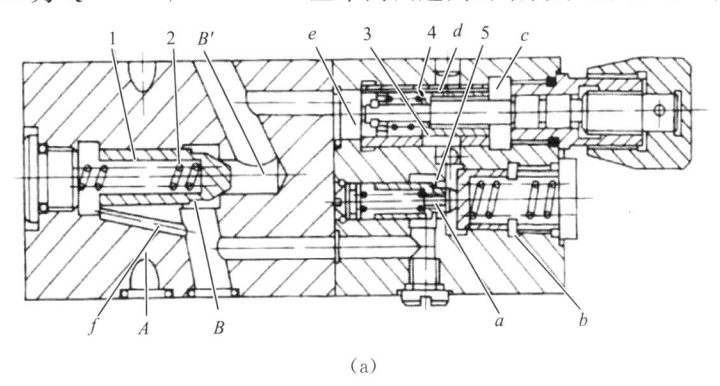

(a)

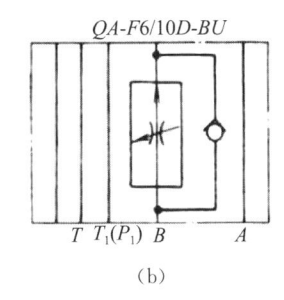

$QA\text{-}F6/10D\text{-}BU$

(b)

1—单向阀；2—弹簧；3—节流阀；4—弹簧；5—减压阀。

图 1-6-41　叠加式调速阀

表示压力等级(20 MPa)上、6/10 表示该阀阀芯通径为 $\phi6$，而其接口尺寸属于 $\phi10$ 系列，BU 表示适用于出口节流(回油路)调速的液压缸 B 腔油路，其工作原理与一般的调速阀基本相同。当压力为 P 的油液经 B 口进入阀体后，经小孔 f 流至单向阀 1 左侧的弹簧腔，液压力使锥阀式单向阀关闭，压力油经另一孔道进入减压阀 5(分离式阀芯)，油液经控制口后，压力降为 p_1，压力 p_1 的油液经阀芯中心小孔 a 流入阀芯左侧弹簧腔，同时作用于大阀芯左侧的环形面积上，当油液经节流阀 3 的阀口流入 e 腔并经出油口 B' 引出的同时，油液又经油槽 d 进入油腔 c，再经孔道 b 进入减压阀大阀芯右侧的弹簧腔。这时通过节流阀的油液压力为 p_2，减压阀阀芯上受到 p_1、p_2 的压力和弹簧的作用而处于平衡，从而保证了节流阀两端压力差(p_1-p_2)为常数，也就保证了通过节流阀的流量基本不变。图 1-6-41(b)为其图形符号。

六、二通插装阀

插装阀又称插装式二位二通阀，在高压大流量的液压系统中应用很广，由于插装式元件已标准化，将几个插装式元件组合一下便可组成复合阀，它和普通液压阀相比较具有下述优点：

(1) 通流能力大，特别适用于大流量的场合，最大通径可达 200～250 mm，通过的流量可达 10 000 L/min；

(2) 阀芯动作灵敏，抗堵塞能力强；

(3) 密封性好，泄漏小，油液经阀口压力损失小；

(4) 结构简单，易于实现标准化。

(一)插装式锥阀的工作原理及基本组成

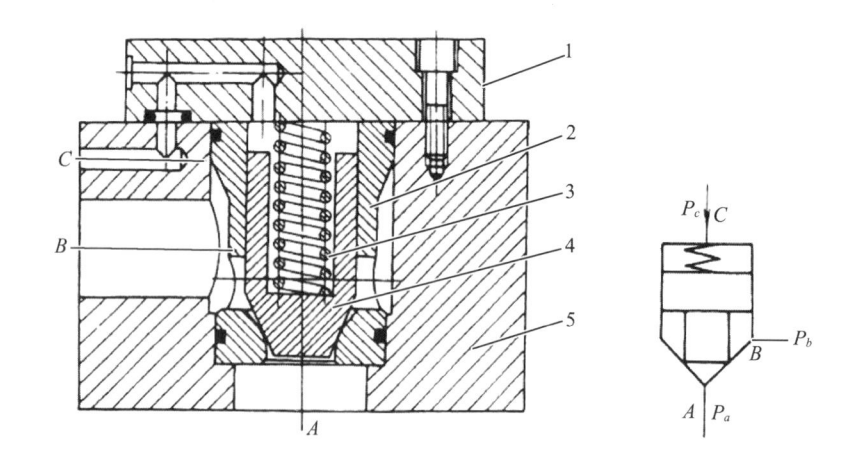

1—控制盖板；2—阀套；3—弹簧；4—阀芯；5—阀体。

图 1-6-42 插装式锥阀

图 1-6-42 为插装式锥阀基本单元和结构原理图,它主要由阀芯 4、阀套 2 和弹簧 3 等组成,1 为控制盖板,有控制口 C 与锥阀单元的上腔相通,将此锥阀单元插入有两个通道 A、B(主油路)的阀体 5 中,控制盖板对锥阀单元的启闭起控制作用。锥阀单元上配置不同盖板就可实现各种不同的工作机能。若干不同工作机能的锥阀单元组装在一个阀体内,实现集成化,就可以组成所需的液压回路和系统,设油口 A、B、C 的油液压力和有效面积分别为 p_a、p_b、p_c 和 A_a、A_b、A_c,其面积关系为 $A_c = A_a + A_b$,若不考虑锥阀的质量、液动力和摩擦力等的影响,当

$$p_a A_a + p_b A_b < p_c A_c + F_s \tag{1-6-22}$$

时,阀口关闭,油口 A、B 不通,当

$$p_a A_a + p_b A_b > p_c A_c + F_s \tag{1-6-23}$$

时,阀口打开,油路 A、B 接通,以上两式中 F_s 为弹簧力。从以上两式可看出,改变控制口 C 的油压力可以控制 A、B 油口的通断。当控制口 C 接油箱(卸荷),阀芯下部的液压力超过上部弹簧力时,阀芯被顶开,A、B 形成通路,液流方向视 A、B 口的压力大小关系而定。当 $p_a > p_b$,液流由 A 到 B,当 $p_a < p_b$,液流由 B 到 A;当控制口 C 接通油路,且 $p_c \geqslant p_a$、$p_c \geqslant p_b$,则阀芯下移关闭油口 A、B,这样,锥阀就起到逻辑元件"非"门的作用,所以插装式锥阀又被称为逻辑阀。

插装式锥阀通过不同的盖板和各种先导阀组合便可构成方向控制阀、压力控制阀和流量控制阀。

(二)插装式锥阀用作方向控制阀

1. 作单向阀

将 C 腔与 A 或 B 连通,即成为单向阀,连接方法不同其导通方式也不同,如图 1-6-43(a)所示。在控制盖板上接一个二位三通液动阀来改变 C 腔的压力,即成为液控单向阀,如图 1-6-43(b)所示。

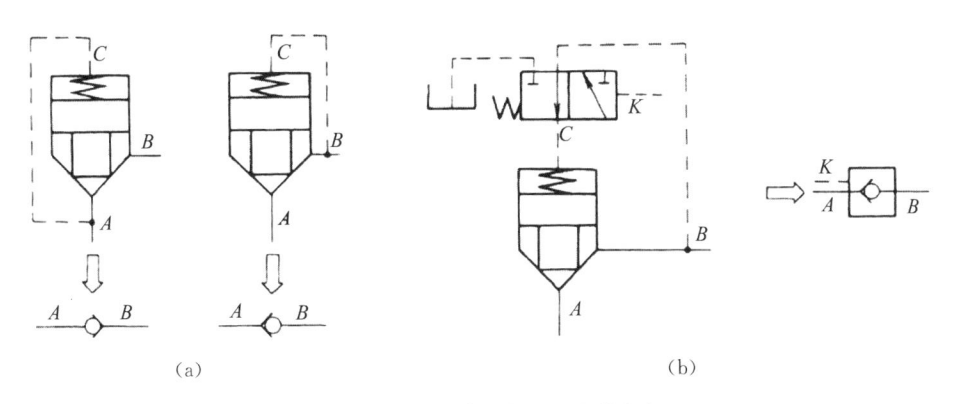

图 1-6-43 插装式锥阀用作单向阀

2. 作二位二通阀

用一个二位三通电磁阀来转换 C 腔压力,就成为一个二位二通阀,如图 1-6-44 所示。图 1-6-44(a)在电磁阀断电时,液流 A 不能流向 B,如果要使两个方向都起切断作用,可在控制油路中加一个梭阀,如图 1-6-44(b)所示,梭阀的作用相当于两个单向阀,只要图中的二位三通电磁阀不通电,不管油口 A、B 哪个压力高,锥阀始终可靠地关闭。

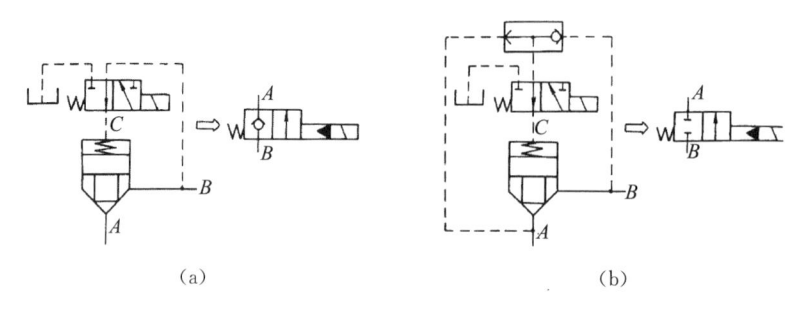

图 1-6-44 插装式锥阀用作二位二通阀

3. 作三通阀

两个锥阀单元再加上一个电磁先导阀就组成一个三通阀,如图 1-6-45 所示,用一个二位四通阀来转换两个锥阀的控制腔中的压力,在图示电磁阀断电状态,左面的锥阀打开,右边的锥阀关闭,即 A 通 T,P 与 A 不通;电磁阀通电时 P 通 A,A 与 T 不通。

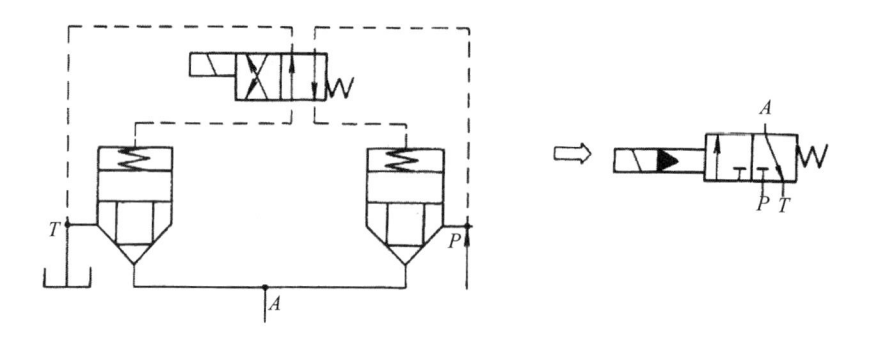

图 1-6-45 插装式锥阀用作二位三通阀

4. 作四通阀

用四个锥阀单元及相应的先导阀就组成一个四通阀,图 1-6-46 中用一个二位四通电磁先导阀来对四个锥阀进行控制,就相当于一个二位四通电液换向阀,如图 1-6-47 所示,用四个先导阀分别对四个锥阀进行控制,理论上有 16 种通路状态,但其中有五种是相同的,如表 1-6-4 所示。由此可以看出,通过先导阀控制可以得到除 M 型以外的各种滑阀机能,它相当于一个多位多机能的四通阀(表中 1 表示通电,0 表示断电)。

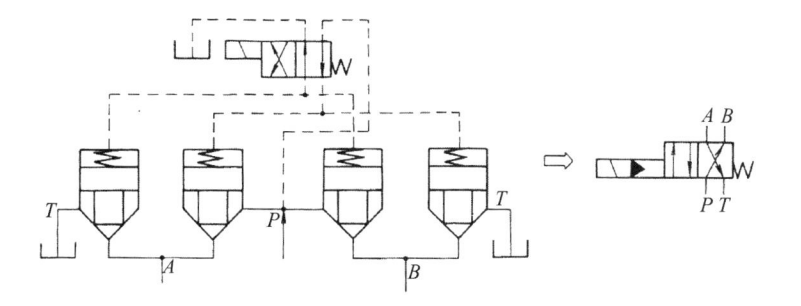

图 1-6-46　插装式锥阀用作二位四通阀

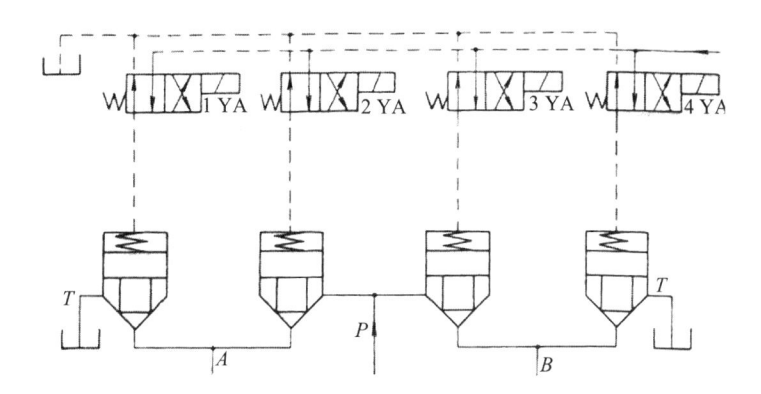

图 1-6-47　插装式锥阀用作多机能三位四通阀

表 1-6-4　先导阀控制状态下的滑阀机能

1YA	2YA	3YA	4YA	中位机能	1YA	2YA	3YA	4YA	中位机能
1	1	1	1		1	0	1	0	
1	1	1	0		1	0	0	1	
1	1	0	1		0	1	1	1	
1	1	0	0		0	1	1	0	
1	0	1	1		0	1	0	1	

续表

1YA	2YA	3YA	4YA	中位机能	1YA	2YA	3YA	4YA	中位机能
0	0	1	1		0	0	1	0	
1	0	0	0		0	0	0	1	
0	1	0	0		0	0	0	0	

（三）插装式锥阀用作压力控制阀

图 1-6-48(a)为插装式锥阀用作压力阀的工作原理图。A 腔压力油经阻尼小孔进入控制腔 C，并与先导压力阀进口相通，B 腔接油箱，这样锥阀的开启压力可由先导压力油来调节。其工作原理与先导式溢流阀完全相同，当 B 腔不接油箱而接负载时，就成为一个顺序阀了；再在 C 腔接一个二位二通电磁阀就成为电磁溢流阀[图 1-6-48(b)]。图 1-6-48(c)为减压阀原理图。减压阀的阀芯采用常开的滑阀式阀芯，B 腔为进油口，A 腔为出油口。A 腔的压力油经阻尼小孔后与控制腔 C 相通，并与先导压力阀进口相通，其工作原理和普通先导式减压阀相同。

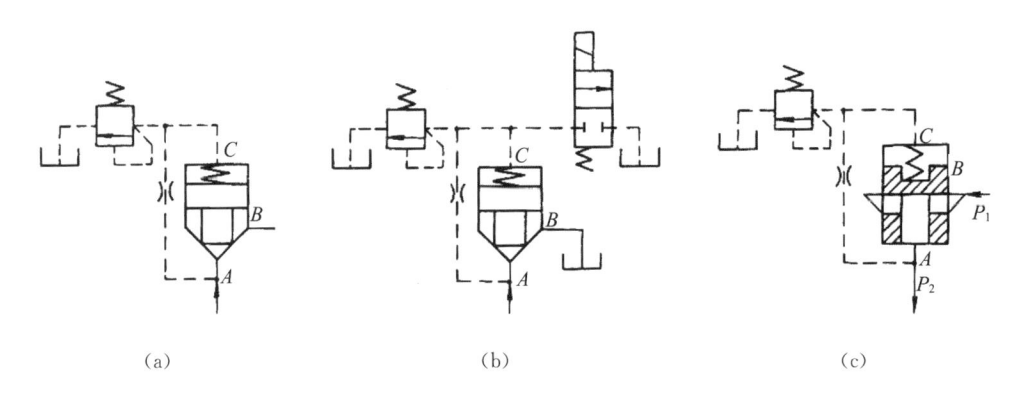

图 1-6-48 插装式锥阀用作压力阀

（四）插装式锥阀用作流量控制阀

若用机械或电气的方式限制锥阀阀芯的行程，以改变阀口的通流面积大小，则锥阀可起流量控制阀的作用。图 1-6-49(a)表示插装式锥阀用作流量控制的节流阀，图 1-6-49(b)为节流阀前串接一减压阀，减压阀两端分别与节流阀进出油口相通，利用减压阀的压力补偿功能来保证节流阀两端的压差不随负载的变化而变化，这样就成为一个调速阀。

(a)　　　　　　　　　　　　(b)

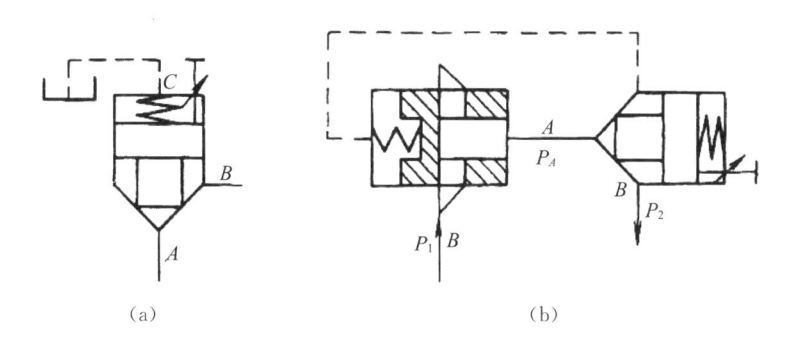

图 1-6-49　插装式锥阀用作流量控制阀

七、液压阀的连接

各液压阀间的连接方式有：管式、板式、集成式等，集成式又可分为集成块式、叠加阀式和插装阀式。

（一）管式连接

管式连接是将各管式液压阀用管道互相连接起来，管道与阀一般用螺纹接头连接起来，流量大的则用法兰连接，管式连接不需要其他专门的连接元件，系统中各阀间油液的运行路线一目了然，但是结构较分散，特别是对于较复杂的液压系统，所占空间较大，管路交错，接头繁多，既不便于装卸维修，也易在管接头处造成漏油和渗入空气，而且有时会产生振动和噪声，因此目前使用的场合已不太多。

（二）板式连接

为了解决管式连接中存在的问题，出现了板式液压元件，板式连接就是将系统中所需要的板式标准液压元件统一安装在连接板上，采用的连接板有以下几种形式。

1. 单层连接板。阀装在竖立的连接板前面，阀间油路在板后连接，这种连接板较简单，检查油路较方便，但板上的油管多，装配极麻烦，占空间也大。

2. 双层连接板。在两块板间加工出油槽以连接阀间油路，两块板再用黏接剂或螺钉固定在一起，这种方法工艺较简单、结构紧凑，但当系统中压力过高或产生液压冲击时，容易在两块板间形成缝隙，出现漏油串腔问题以致液压系统无法正常工作，而且不易检查故障。

3. 整体连接板。在整体板中间钻孔或铸孔以连接阀间油路，这样工作可靠，但钻孔工作量大，工艺较复杂，如用铸孔则清砂又较困难，此外整体连接板和双层连接板都是根据一定的液压回路和系统设计的，不能随意更改系统，如系统有所改变，需重新设计和制造。

（三）集成块式

由于前述几种连接方式中存在一些问题，在生产中发展了液压装置的集成化，集成块式是集成化中的一种方式，即借助于集成块把标准化的板式液压元件连接在一起，组成液压系统。

集成块是一种代替管路把元件连接起来的六面连接体，在连接体内根据各控制油路设计加工出所需要的油路通道，阀装在集成块的周围。集成块的上下面是块与块的接合面，在接合面上加工有相同位置的压力油孔、回油孔、泄漏油孔及安装螺栓孔，有时还有测压油孔路，集成块与装在其周围的阀类元件构成一个集成块组，可以具备一定典型回路的功能，将所需的几种集成块叠加在一起，就可构成整个集成块的液压传动系统。集成块方式的优点是结构紧凑，占地面积小，便于装卸和维修，且具有标准化、系列化的产品，但其设计工作量大，加工工艺复杂，不能随意修改系统。

（四）叠加阀式

叠加阀式是液压装置集成化的另一种方式，它由叠加阀互相直接连接而成。叠加阀液压装置一般在最下面为底板，在底板上有进油口、回油口以及通向液压执行元件的孔口。若系统中有几个液压执行元件需要集中控制，可将几个竖向叠加阀组并排安装在多联底板块上。用叠加阀组成的液压系统，元件间的连接不使用管子，也不使用其他形式的连接体，因而结构紧凑、体积小，尤其是液压系统的更改较为方便。设计中仅需按工艺要求绘制出叠加阀式液压系统原理图，即可进行组装，因而设计工作量小，运用较广泛。

（五）插装阀式

插装阀式是液压装置集成化的又一种形式，它是将阀制成圆筒形专用元件——插装阀，通过将插装阀直接插入布有孔道的阀块的插座中而构成液压系统的。其结构十分紧凑，通流孔径大不易堵塞，系统的泄漏及压力损失均较小，运用相当广泛。

第五节　液压辅助元件

一、管路和接头

液压系统中使用的油管有钢管、铜管、尼龙管、塑料管、橡胶软管等，钢管能承受高压，价格较低、耐油、抗腐蚀，但装配时不易弯曲成所需形状；纯铜管装配时易弯曲成各种形状，但承压性能较差，且易使油液氧化；尼龙管承压能力因材料而异，一般为 $2.5\sim 8$ MPa，大多用在低压管路中，将尼龙管加热到 140 ℃左右可随意弯曲和扩口，然后冷却定型，具有广阔的发展前途；塑料管价格便宜，但耐压较低；橡胶软管能缓冲和吸振，但软管制造困难，寿命短，成本高。

液压系统中常用管接头如图 1-6-50 所示,图 1-6-50(a)为焊接式管接头,多用于钢管连接中,这种管接头连接牢固,利用球面进行密封,简单可靠。图 1-6-50(b)为卡套式管接头,用于钢管连接中,其性能可靠装拆方便,但制造工艺要求高,适用于高压系统;图 1-6-50(c)扩口薄壁管接头,常用于连接薄壁钢管及铜管,也可用于连接尼龙管和塑料管,它是利用油管管端扩口在管套的紧压下进行密封,其结构简单,适用于低压系统。

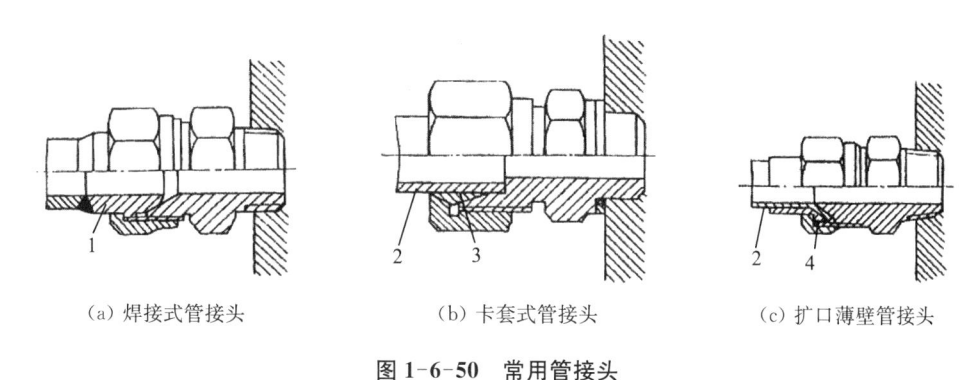

(a) 焊接式管接头　　(b) 卡套式管接头　　(c) 扩口薄壁管接头

图 1-6-50　常用管接头

二、油箱

油箱的主要功用是储存油液,此外还起着散发油液中热量、逸出混在油液中气体、沉淀油中的污物等作用。液压系统中的油箱有总体式和分离式两种。总体式是利用机器设备机身内腔作为油箱(例如压铸机、注塑机等),结构紧凑,各处漏油易于回收,但维修不便,散热条件不好。分离式是设置一单独的油箱,与主机分开,减少了油箱发热和液压源振动对工作精度的影响,因此,得到了普遍的应用,特别是在组合机床、自动线和精密机械设备上多采用分离式油箱。

油箱常用钢板焊接而成。采用不锈钢板为最好,但成本高,大多数情况下采用镀锌钢板或内涂防锈的耐油材料的普通钢板。图 1-6-51 为一个油箱的简图。图中 1 为吸油管,4 为回油管,中间有两个隔板 7 和 9,隔板 7 用作阻挡沉淀杂物进入吸油管,隔板 9 阻挡泡沫进入吸油管,脏物可从放油阀 8 放出,空气过滤器 3 设在回油管一侧的上部兼有加油和通气的作用,6 是油面指示器,当彻底清洗油箱时可将上盖 5 卸下。油箱中引入压缩空气,使油箱内的压力大于外部压力即为压力油箱。

三、过滤器

为防止液压元件相对运动表面的划伤和磨损,避免系统中的小孔、缝隙和节流阀等处被油液堵塞,生产中采用先沉淀,然后过滤器过滤的方法清除油液的杂质,以保持油液的清洁。

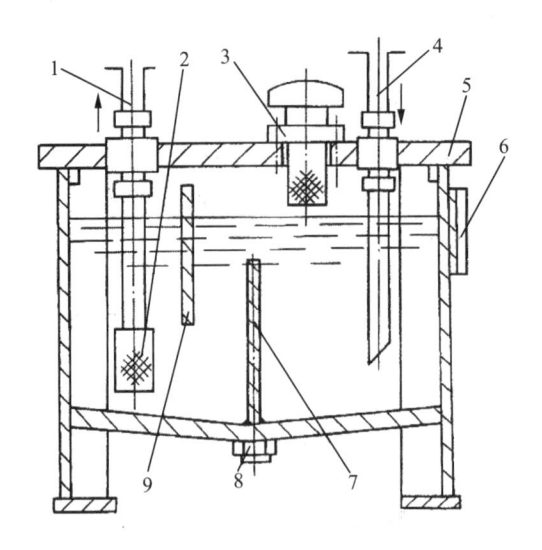

1—吸油管;2—过滤器;3—空气过滤器;4—回油管;5—上盖;6—油面指示器;7—隔板;8—放油阀;9—隔板。

图 1-6-51 油箱简图

按过滤器的材料和结构形式不同,有网式、线隙式、烧结式等类型。

(一)网式过滤器

网式过滤器如图 1-6-52 所示,它是在筒型骨架上包一层或两层铜丝网而组成,其过滤精度与网孔大小及网的层数有关,网式过滤器的结构简单、清洗方便,但过滤精度低。

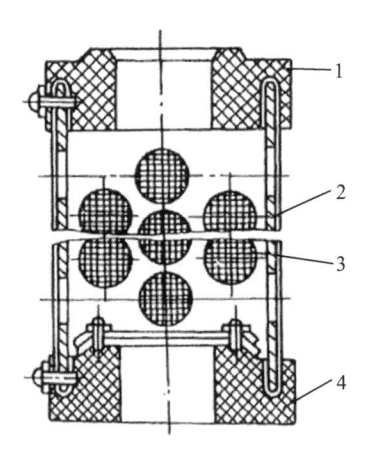

1、4—端盖;2—骨架;3—滤网。

图 1-6-52 网式过滤器

(二)线隙式过滤器

线隙式过滤器如图 1-6-53 所示,它有吸油管用和压油管用两种,其滤心由铜线或铝线绕成,依靠间隙进行过滤。线隙式过滤器结构简单,通油能力大,过滤精度比网式过滤器高,但不易清洗,滤心强度低。

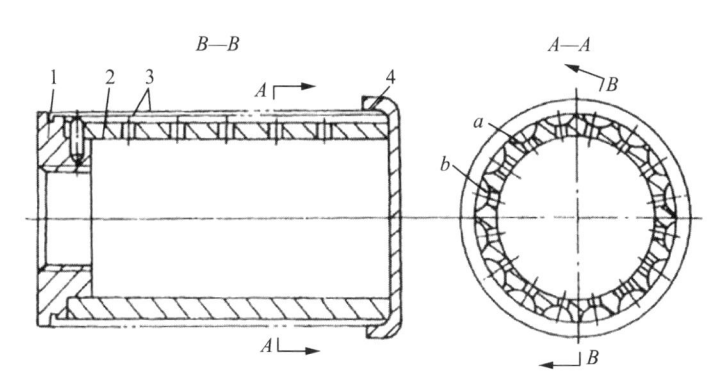

1、4—端盖;2—骨架;4—线圈。
图 1-6-53 线隙式过滤器

(三) 烧结式过滤器

烧结式过滤器如图 1-6-54 所示,其滤心由颗粒状金属烧结而成。它通过颗粒间的微孔进行过滤,粉末粒度越细,间隙越小,具有过滤精度高、抗腐蚀、滤心强度高的优点,还能在较高油温下工作,不足是易堵塞、难清洗、颗粒易脱落。

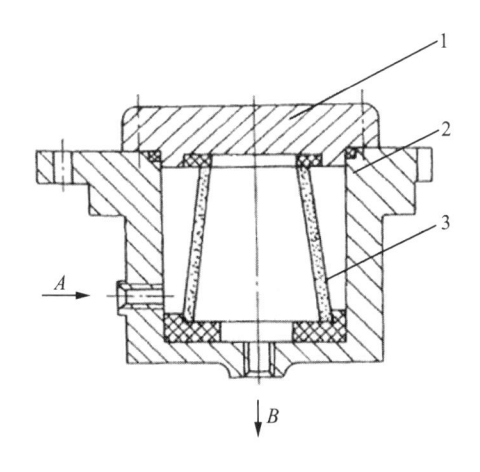

1—端盖;2—壳体;3—滤芯。
图 1-6-54 烧结式过滤器

四、压力表

液压系统中液压泵的出口、减压阀支路、润滑系统等处的压力,一般用压力表进行测量,以便根据要求进行调整,图 1-6-55 为液压系统中常用的弹簧式压力表,它由测压金属弯管 1、齿扇放大机构 2 和指针 3 等组成,油液进入金属弯管,弯管变形曲率半径变大,其端部位移通过齿扇放大机构而带动指针转动,压力越大,指针偏转角越大,从而可从表盘上读出压力数值。

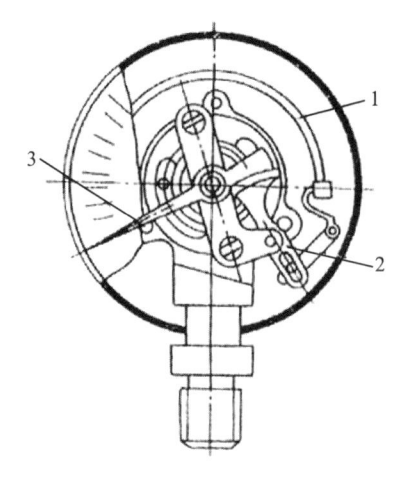

1—弯管;2—齿形杠杆;3—指针。

图 1-6-55 压力表

五、密封装置

密封是解决液压系统泄漏的最有效的、最重要的手段。液压系统如果密封不良,可能出现不允许的外泄漏;可能使空气进入吸油腔,影响液压泵的工作性能和液压执行元件运动的平稳性(爬行),使系统容积效率过低,工作压力达不到要求值。

密封装置按其工作原理来分可分为非接触式密封和接触式密封。前者主要指间隙密封,后者指密封件密封。

(一)间隙密封

间隙密封是靠相对运动件配合面之间微小间隙进行密封的,常用于柱塞、活塞或阀芯的圆柱配合副中,一般在阀芯的外表面开有几条等距离的均压槽,它的主要作用是使径向压力均布,减少液压卡紧力,同时使阀芯在孔中对中性好,以减少间隙的方法来减少泄漏。同时,槽所形成的阻力,对减少泄漏也有一定作用。这种密封的优点是摩擦力小,缺点是磨损后不能自动补偿,主要用于直径较小的圆柱面之间,如液压泵的柱塞与缸体之间,滑阀的阀芯与阀孔之间。

(二)O 形密封圈

O 形密封圈一般用耐油橡胶制成,其横截面呈圆形,它具有良好的密封性能,内外侧和端面都能起到密封作用,结构紧凑,运动件的摩擦阻力小、制造容易、装拆方便、成本低,在液压系统中得到广泛的应用。图 1-6-56 所示为 O 形密封圈的结构和工作情况。图 1-6-56(a)为其外形图,图 1-6-56(b)为装入沟槽的情况,δ_1、δ_2 为 O 形密封圈装配后预压缩量。

(a)　　　　　　　(b)

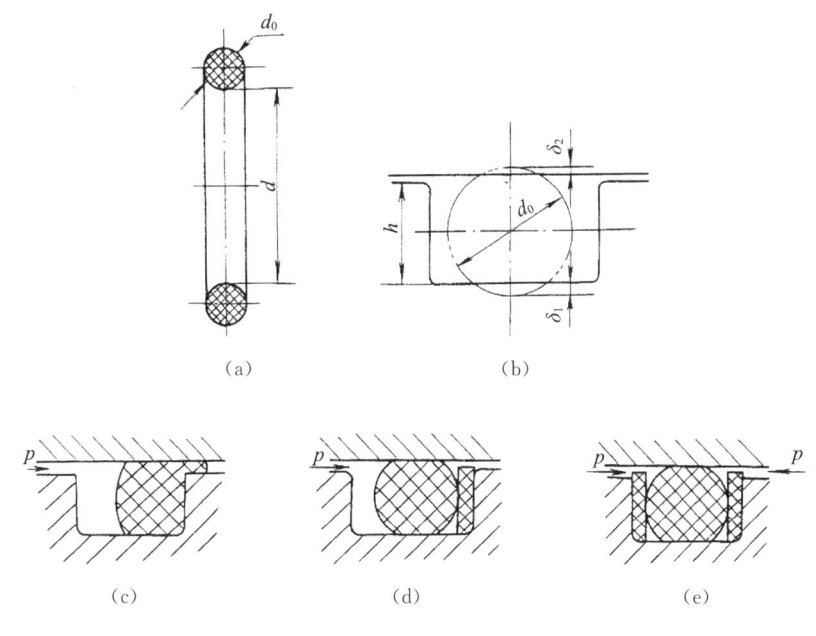

(c)　　　　　(d)　　　　　(e)

图 1-6-56　O 形密封圈

(三) 唇形密封圈

唇形密封圈根据截面可分为 Y 形、V 形、U 形、L 形等。其工作原理如图 1-6-57 所示。液压力将密封圈的两唇边 h_1 压向形成间隙的两个零件的表面。这种密封作用的特点是能随着工作压力的变化自动调整密封性能，压力越高则唇边被压得越紧，密封性越好；当压力降低时唇边压紧程度也随之降低，从而减少了摩擦阻力和功率消耗，除此之外，还能自动补偿唇边的磨损，保持密封性能不降低。

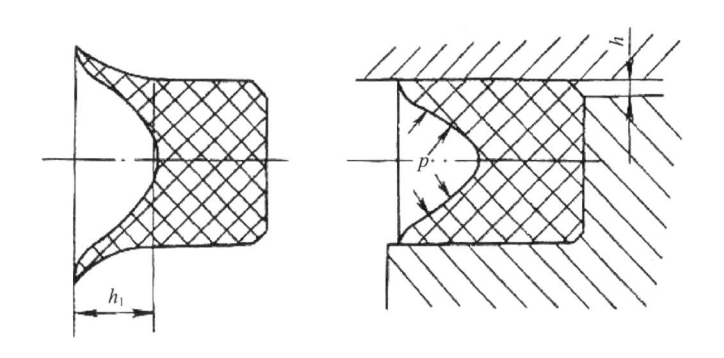

图 1-6-57　唇形密封圈的工作原理

(四) 组合式密封装置

随着液压技术的应用日益广泛，系统对密封的要求越来越高，单独使用普通的密封圈已不能很好地满足密封性能需求，由包括密封圈在内的两个以上元件组成的组合式密封装置被研发出来。图1-6-58为O形密封圈与滑环组成的组合密封装置。组合密封装置充分发挥了橡胶密封圈和滑环(支持环)的长处,不仅工作可靠,摩擦力低而稳定,而且使用寿命比普通橡胶密封圈高近百倍,在工程上的应用日益广泛。

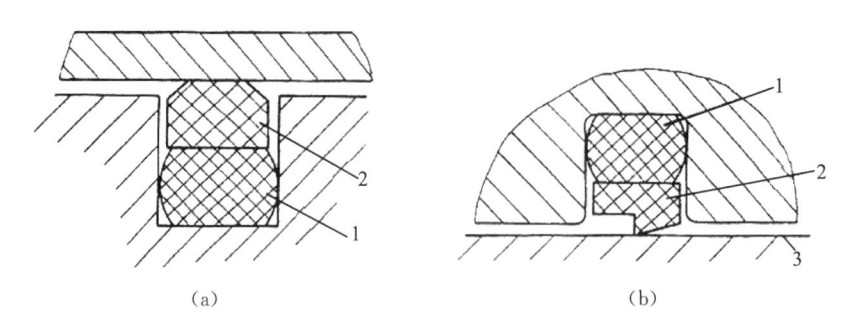

1—O形圈;2—滑环;3—被密封件。
图1-6-58 组合式密封装置

(五) 回转轴的密封装置

回转轴的密封装置形式很多,图1-6-59是一种耐油橡胶制成的回转轴用密封圈,它的内部由直角形圆环铁骨架支撑着,密封圈的内边围着一条螺旋弹簧,把内边收紧在轴上来进行密封。这种密封圈主要用于液压泵、液压马达和回转式液压缸的伸出轴的密封,以防止油液漏到壳体外部,须在有润滑的情况下工作。

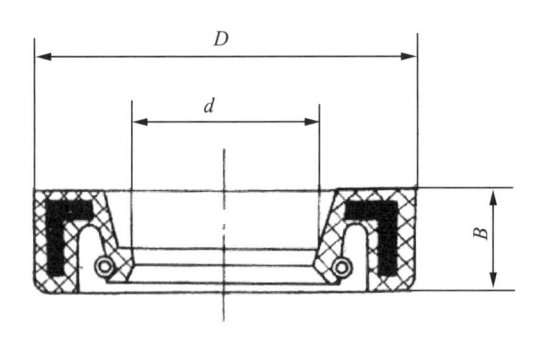

图1-6-59 回转轴用密封圈

第六节 液压系统的使用维护、故障排除

液压设备正确使用与精心保养,可以防止机件过早磨损和遭受不应有的损坏,从而减小故障的发生,并能有效地延长使用寿命。对液压设备进行主动保养、预防性维护,进

行有计划地检修,可以使液压设备经常处于良好的技术状态,并发挥应有效能。

一、液压系统的使用保养要求

（一）使用维护要求

为了保证液压设备能达到预计生产能力和稳定可靠的技术性能,对液压设备必须做到:操作熟练、合理调整、精心保养和定期检修。液压设备使用时应符合下列要求。

1. 按设计规定和工作要求,合理调节液压系统的工作压力和工作速度。压力阀、流量阀等调至规定值时,将调节螺钉紧固牢靠,防止松动。

2. 液压系统运行过程中,要注意油质的变化状况,要定期检查,若发现油质不符合要求,要进行净化处理或更换油液。

3. 液压系统油液的工作温度不得过高,油液温度要按使用说明书的要求范围进行控制,超过允许的温度范围,应检查原因并采取相应对策。

4. 为保证电磁阀工作正常应保持电压稳定。

5. 不准使用有缺陷的压力表,不允许在无压力表的情况下工作或调压。

6. 当液压系统某部位产生异常时（例如压力不稳定、压力太低、振动等）要及时分析并处理,不要勉强运转,造成大事故。

7. 经常检查管件接头的松动、泄漏状况,发现问题及时处理。

8. 高压软管、密封件的使用期限根据具体情况决定,除重要大型设备外,一般不漏油、不损坏就不必更换。

（二）定期检查

液压系统须定期检查的内容如下。

1. 所有液压阀、液压缸、管件是否有渗漏。

2. 液压泵运转时是否有异常噪声。

3. 液压缸运动全过程中是否正常平稳。

4. 液压系统中各测点压力是否在规定的范围内,压力是否稳定。

5. 液压系统中油液温度是否在允许范围内。

6. 液压系统各部位有无高频振动。

7. 油箱内油量是否在油标线范围内。

8. 电气控制的换向阀及行程开关等工作是否可靠正常。

9. 油液有无污染。

10. 重要部位的螺钉、螺母、接头有无松动。

二、定期维护内容与要求

(一) 定期紧固

液压系统在工作过程中由于外载变化、换向冲击、管道振动等原因，容易使管接头、紧固螺钉松动，因此，对受系统冲击影响较大的螺钉、螺母和接头等进行定期紧固。一般高压系统一个月紧固一次，低压系统每三个月紧固一次。

(二) 定期检查或更换密封件

目前弹性密封件材料，一般为耐油丁腈橡胶和聚氨酯橡胶。这类密封件长期使用，不仅会自然老化而且因长期处于受压状态下工作，密封件会永久变形，丧失密封性，因此一般说来应定期更换。但在具体做法上，应讲求科学性，防止盲目性。为此，应考虑以下几点因素。

1. 对要求不能发生停机故障，否则会给生产带来重大损失的液压设备，应严格执行更换密封件制度。停机修理时，应更换全部密封件。

2. 对单机作业、非连续运行的液压设备可对检查有问题的密封件进行更换，无异常现象一般不予更换。

3. 对使用的密封件材料性能、寿命、使用环境条件，要有深入了解，再制定出更换密封件的周期。

(三) 定期清洗或更换液压件

液压元件在工作过程中，各元件之间相互摩擦产生的金属磨耗物、密封件磨耗物，以及液压件在装配时带入的各种污染物等随液流一起流动，它们之中有一部分被过滤掉了，但仍会有一部分积聚在液压元件的流道内，这将会损坏液压元件，因此要定期清洗液压元件。清洗周期也要视具体使用条件，特别是液压设备的环境条件而定。大多液压设备根据实际使用情况确定清洗周期。定期检查时发现液压件磨损严重，影响液压系统的正常运行，经调整修理无效者应更换新件，如某些零件丧失原有性能时也应更换新件。

(四) 定期清洗油箱与管道

液压系统油液中的污染物存留在油箱内，若不定期清除，存留量会越来越多，有时又会被液压泵吸入系统中，使液压系统发生故障。液压系统中的污染物，常常会积聚在管子的弯曲部位和接头等处，由于油液流动，积聚后污染物会被冲至阀件的阻尼孔，使系统无法工作。清洗周期视液压设备的工作环境和污染情况而定。

(五) 定期更换滤芯

滤油器的滤芯必须经常更换，更换周期视滤芯的堵塞情况而定，不论时间长短，只要堵塞了就应及时更换，特别重要的液压系统，定期检查时，滤芯虽未到报废程度，但已有足够污垢，过油能力下降，也应更换。

三、液压系统故障诊断的方法和步骤

液压系统的故障一般是看不见摸不着的,这给观察和分析带来了很多困难。因此了解掌握液压系统的各种故障现象及排除方法就尤为重要。

(一)液压系统故障现象

1. 管接头因振动而松脱;

2. 密封件质量差,或由于装配不当破损,造成内外泄漏;

3. 管道或液压元件流道内的型砂、毛刺、切屑等污染物在油流的冲击下脱落,堵塞阻尼孔和滤油器,造成压力和速度不稳及阀芯卡死等现象。

4. 由于负载大或外界散热条件差,油液温度过高,引起内外泄漏,导致压力和速度变化。

液压系统运行到后期,液压元件因工作频率和负荷的差异,易损件开始正常的超差磨损。此阶段故障率较高,泄漏明显增加,效率下降。

(二)液压系统故障诊断步骤

液压系统的故障往往是系统中某个元件产生故障所造成的,因此,需要把出了故障的元件找出来。根据下列步骤进行检查,就能找出液压系统中产生故障的元件。

1. 液压设备运转不正常,例如,没有运动,运动不稳定,运动方向不正确,运动速度不符合要求,动作顺序错乱,力输出不稳定,严重泄漏、爬行、温升等。无论是什么问题都可以归纳为流量、压力和方向三大问题。

2. 审核液压回路图,并检查每个元件,确认其性能和作用,初步评定其质量状况。

3. 列出与故障有关的元件清单,进行逐个分析。进行这一步时,一是要具备充分判断力,二是要注意绝不可遗漏对故障有重大影响的元件。

4. 对清单中所列元件按以往的经验和元件检查难易排列次序。必要时,列出重点检查元件和元件重点检查部位,同时安排检测仪器等。

5. 对清单中列出的重点检查元件进行初检。初检应判断以下一些问题:元件的使用和安装是否合适;元件的测量装置、仪器和测量方法是否合适;元件的外部信号是否合适;对外部信号是否响应等。特别要注意某些元件的故障先兆,如过高的温度和噪声,振动和泄漏等。

6. 如果初检未查出故障,要用仪器反复检查。

7. 识别出了产生故障的元件,对不合格的元件进行修理或更换。

8. 在重新启动设备前,必须认真考虑这次故障的原因和后果。如果故障是由于污染或油温过高引起的,则应预料到另外元件也有出现故障的可能性,并应采取相应措施。

四、液压系统常见故障诊断与排除

液压执行机构不能正常工作,例如没有运动、运动不稳定、运动方向不正确、运动速度不符合要求、动作顺序错乱、力输出不稳定、爬行等许多故障现象,无论具体是什么缘故,往往可根据压力和流量这两个基本的工作参数查到故障原因并加以排除。一般来说,若系统工作压力不正常,则可能液压泵、压力控制阀等有故障;若系统中流量不正常,则可能液压泵、流量控制阀等有故障。

（一）压力不正常

液压系统中,工作压力不正常主要表现在工作压力建立不起来,或工作压力升不到调定值,致使液压系统不能正常工作,甚至运动件处于原始位置不动。

图 1-6-60 为液压系统工作压力不正常的基本逻辑诊断框图。

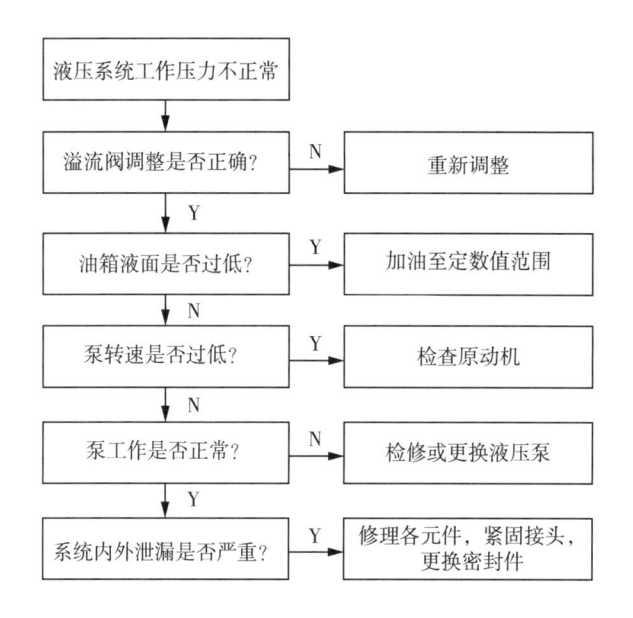

图 1-6-60　压力不正常逻辑诊断流程图

（二）流量不正常

在液压系统中,执行机构的运动速度应满足负载所要求的速度范围:低速时不出现爬行现象;高速时不产生液压冲击;调速时呈线性规律变化;变负载下速度变化小;速度转换时平稳;往复速度差小等。在实际工作中,如果执行机构运动不符合上述速度要求时,往往可从"流量不正常"角度去进行故障诊断。

图 1-6-61 为液压系统工作流量不正常的基本逻辑诊断框图。

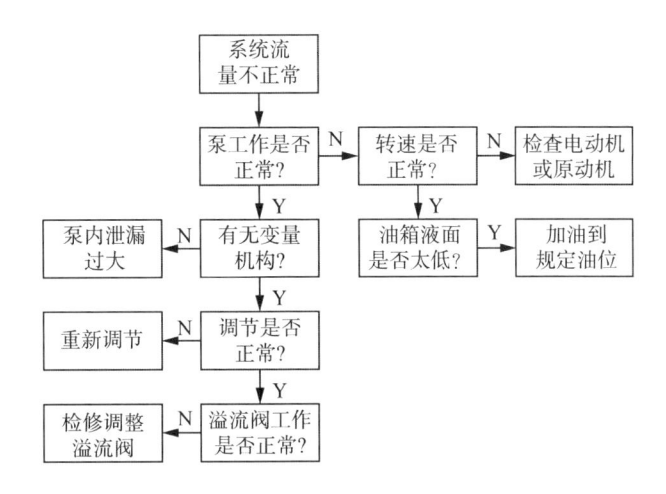

图 1-6-61　流量不正常逻辑诊断框图

（三）液压冲击

在液压系统中，液体流动方向的迅速改变或停止流动，如换向阀的迅速换向、液压缸或液压马达迅速停止或改变运动速度，使得液流速度迅速改变，这样流动液体的惯性便引起系统内压力某一瞬间急剧上升，形成一个油压峰值，这种现象称为液压冲击。

液压系统冲击不仅影响系统性能稳定和工作可靠性，还会引起剧烈的振动和噪声，造成连接件松动，管路破裂，液压元件和测量仪表损坏。在高压大流量液压系统中，液压冲击造成的不良后果更为严重。因此，消除或减轻液压冲击，对提高液压系统的性能有着非常重要的意义。

图 1-6-62 为液压系统中液压冲击故障的逻辑诊断框图。

（四）运动不正常

前面已分析了流量不正常对液压系统执行机构运动的影响，而引起运动不正常不仅仅是流量因素，很多其他原因都容易导致运动不正常。因此运动不正常是系统综合性故障，必须综合起来研究其产生的原因与排除方法。

图 1-6-63 为液压系统工作机构运动不正常的原因诊断与排除方法框图。

（五）泄漏

在液压系统中，油液泄漏是一个不可忽视的问题。如果过多的泄漏得不到解决，将会影响液压设备的正常应用和液压技术的发展。具体地说，泄漏引起的问题有以下几种：系统压力调不高；执行机构运动速度不稳定；系统发热；元件容积效率低；能量、油液浪费；污染环境；引起控制失灵；可能引起火灾。

一般地说，产生泄漏的原因有设计、制造以及密封件方面的问题，也有维护、保养等管理方面的问题。过多泄漏也是故障先兆之一，其逻辑推理诊断如图 1-6-64 示。

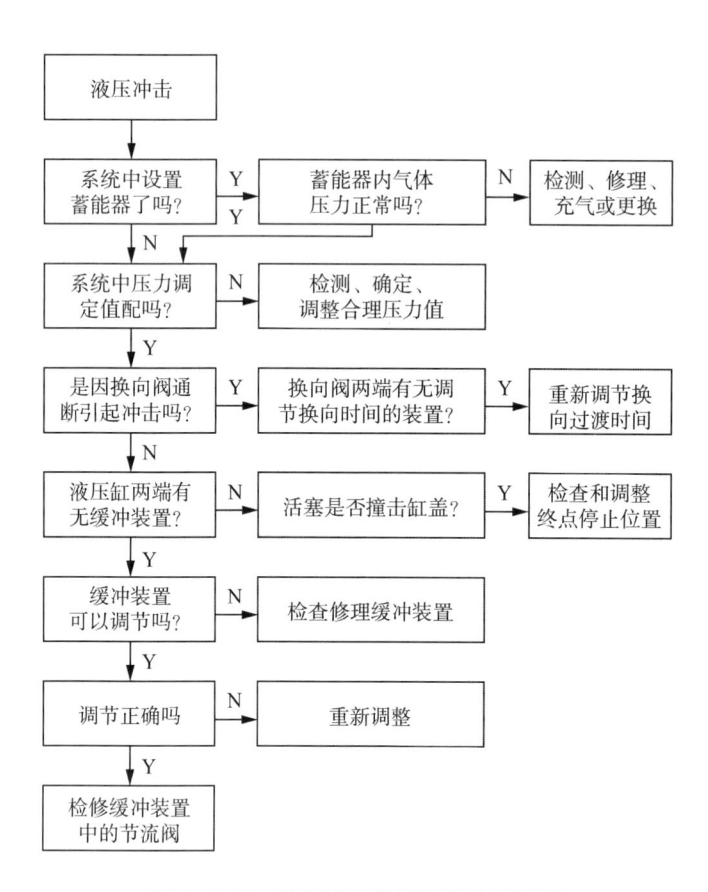

图 1-6-62　液压冲击故障逻辑诊断框图

```
                          ┌─────────────┐
                          │  运动不正常  │
                          └──────┬──────┘
        ┌────────────────┬───────┴────────┬────────────────┐
   ┌────┴────┐      ┌────┴────┐      ┌────┴────┐      ┌────┴────┐
   │ 没有运动 │      │ 没有运动 │      │ 没有运动 │      │ 没有运动 │
   └────┬────┘      └────┬────┘      └────┬────┘      └────┬────┘
┌───────┴───────┐ ┌──────┴──────┐ ┌───────┴────────┐ ┌─────┴──────┐
│ 没有油流或压力 │ │   流量小    │ │ 压力无规律变化 │ │  流量过大  │
│     排除      │ │    排除     │ │      排除      │ │    排除    │
└───────┬───────┘ └──────┬──────┘ └───────┬────────┘ └─────┬──────┘
```

a—油液温度可能过低,或油液太脏,滤油或换油;b—找出卡死部位,针对卡死原因进行修理和排除;c—调整、修理或更换;d—清洗、调节或更换,检查系统中油液或滤油器情况;e—修理或更换;f—修理控制台或检查内部线;g—加润滑油;h—调整、修理或更换补偿阀。

图 1-6-63 运动不正常的综合原因与排除框图

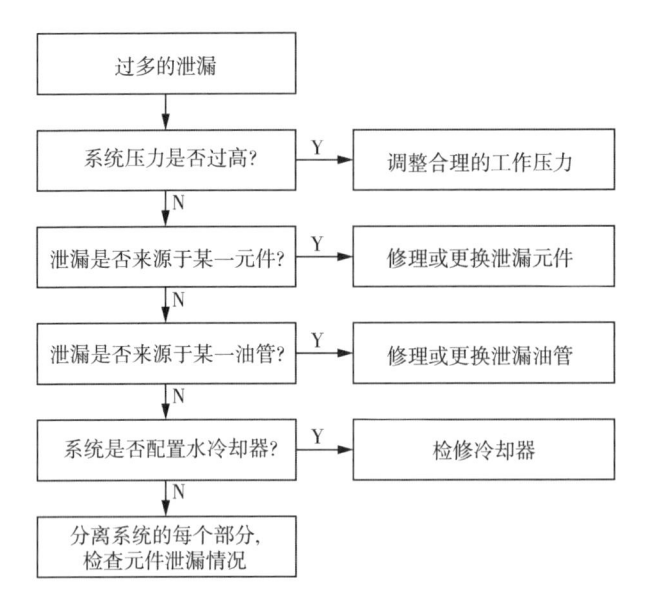

图 1-6-64　液压系统过多泄漏的逻辑诊断框图

第七节　船闸启闭机的典型液压系统

一、插装阀液压系统

图 1-6-65 是江苏省泗阳二号船闸液压启闭机的液压系统图,它采用插装阀为主要阀件,1 号手动变更泵作为闸门启闭机的驱动设备,2 号手动变更泵作为阀门启闭机的驱动设备,并可互为备用。液压执行件为两只油缸,分别是为闸门和阀门提供动力和运动,工作原理如下。

(一)关闸门(闸门油缸活塞杆向左运动)

油泵及电磁阀通电:1 号油泵、YVa、YV5、YV6、YV8。

供油油路:1 号油泵供油—顶开单向阀—过滤器—用作单向阀的插装阀 F1—插装阀 F7—常开截止阀—闸门油缸左腔(有杆腔)。

液压油流向闸门油缸左腔的同时,也经插装阀 F9—截止阀—闸门油缸右腔(无杆腔),即液压油在左右两腔压力相同,成为差动油路。两腔油压相同,由于两腔在活塞上的面积差,右腔在活塞上的推力大于左腔在活塞上的推力,活塞向左运行。

回油油路:闸门油缸左腔—插装阀 F7—插装阀 F9—闸门油缸右腔。

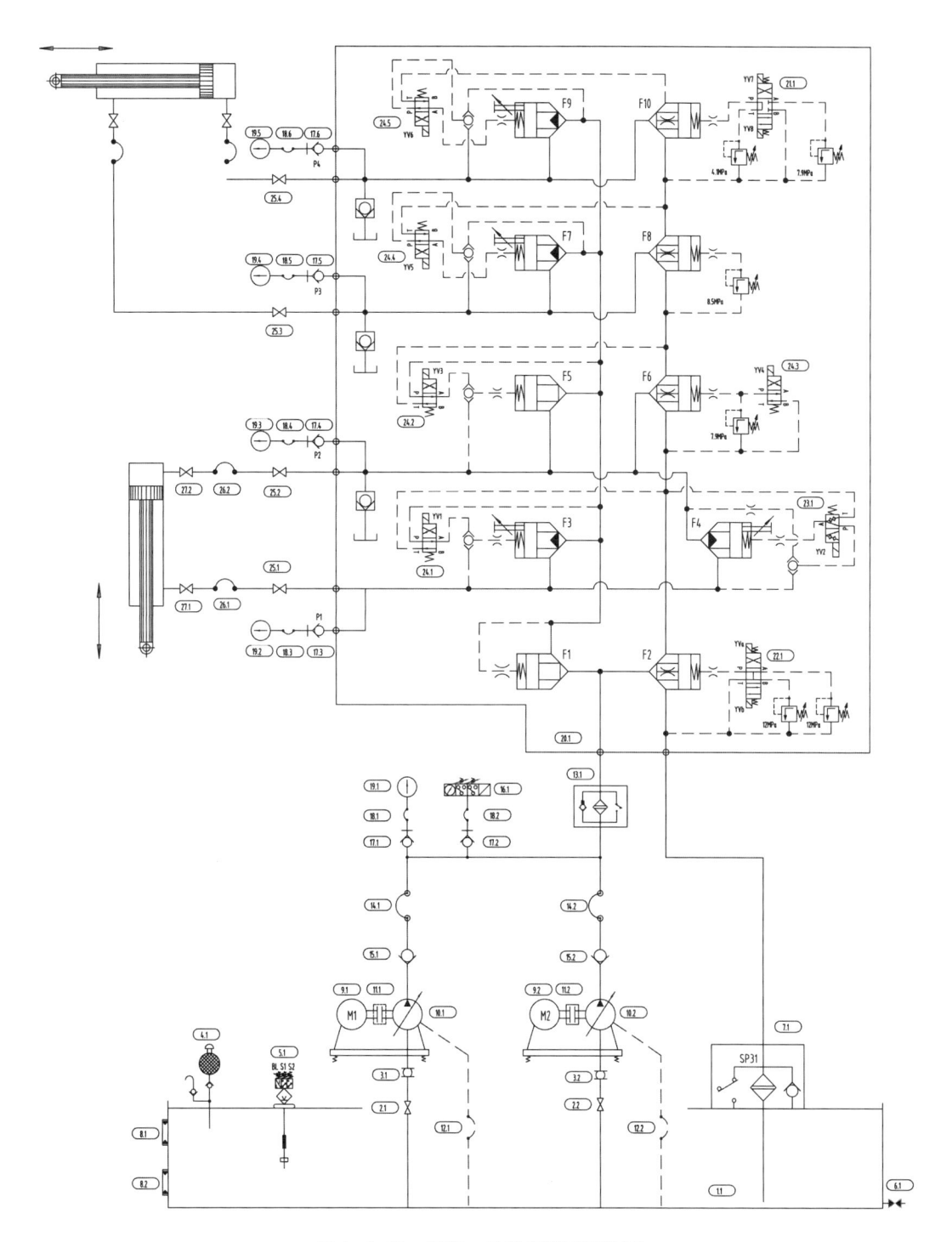

图 1-6-65　泗阳二号船闸液压系统图

如 F10 处油路压力小于 7.9 MPa 时,溢流阀(7.9 MPa)不卸荷,F10 不通,当压力增大至 7.9 MPa 以上时,F10 阀芯打开,回流至油箱,系统卸荷。

YVa 得电时,YVa-YVb 三位四通阀阀芯下移,P 与 B 通,T 与 A 通,系统压力超过 12MPa 时,系统卸荷。

YV5 得电时,二位四通阀阀芯上移,P 与 B 通,T 与 A 通,T 通油箱,压力为 0,插装阀 F7 油口 C(左)压力为零,液压油冲开阀芯由油口 A(右)流向油口 B(下)。

YV6 得电时,二位四通阀阀芯上移,P 与 B 通,T 与 A 通,T 通油箱,压力为 0,插装阀 F9 油口 C(左)压力为零,液压油冲开阀芯由油口 A(右)流向油口 B(下)。

YV8 得电时,YV7-YV8 三位四通阀阀芯上移,P 与 A 通,T 与 B 通,插装阀 F10 油口 A(左)液压油通过阻尼孔进入油口 C(右),油压超 7.9 MPa 时,溢流阀工作,C 口油压为 7.9 MPa,A 口油压持续增大后,冲开阀芯,从 B 口回流至油箱。

(二) 开闸门(闸门油缸活塞杆向右运动)

油泵及电磁阀通电:1 号油泵、YVa、YV5、YV7。

供油油路:1 号油泵供油—顶开单向阀—过滤器—用作单向阀的插装阀 F1—插装阀 F7—常开截止阀—闸门油缸左腔(有杆腔)。

回油油路:闸门油缸右腔(无杆腔)—常开截止阀—插装阀 F10—回油滤油器—油箱。

如插装阀 F8 油口 A(左)处液压油通过阻尼孔进入油口 C(右),压力增加至 8.5 MPa 以上时,溢流阀工作,油口 A 压力持续增大超过 C 口压力时,F8 阀芯打开,液压油回流至油箱,系统卸荷。

YVa 得电时,YVa-YVb 三位四通阀阀芯下移,P 与 B 通,T 与 A 通,系统压力超过 12 MPa 时,系统卸荷。

YV5 得电时,二位四通阀阀芯上移,P 与 B 通,T 与 A 通,T 通油箱,压力为 0,插装阀 F7 油口 C(左)压力为零,液压油冲开阀芯由油口 A(右)流向油口 B(下)。

YV7 得电时,YV7-YV8 三位四通阀阀芯下移,P 与 B 通,T 与 A 通,插装阀 F10 油口 C(右)直通油箱,压力为 0,油口 A(左)液压油冲开阀芯,从 B 口(下)回流至油箱。

(三) 提阀门

油泵及电磁阀通电:2 号油泵、YVb、YV1、YV4。

供油油路:2 号油泵供油—顶开单向阀—过滤器—用作单向阀的插装阀 F1—插装阀 F3—常开截止阀—阀门油缸下腔(有杆腔)。

回油油路:阀门油缸上腔(无杆腔)—常开截止阀—插装阀 F6—回油滤油器—油箱。

YVb 得电时,YVa-YVb 三位四通阀阀芯上移,P 与 A 通,T 与 B 通,系统压力超过 12 MPa 时,系统卸荷。

YV1 得电时,二位四通阀阀芯下移,P 与 B 通,T 与 A 通,T 通油箱,压力为 0,插装阀 F3 油口 C(左)压力为零,液压油冲开阀芯由油口 A(右)流向油口 B(下)。

YV4 得电时,YV4 二位四通阀阀芯下移,P 与 B 通,T 与 A 通,插装阀 F6 油口 C

(右)直通油箱,压力为0,油口A(左)液压油冲开阀芯,从B口(下)回流至油箱。

(四)强落阀门

油泵及电磁阀通电：2号油泵、YVb、YV2、YV3。

供油油路：2号油泵供油—顶开单向阀—过滤器—用作单向阀的插装阀F1—插装阀F5—常开截止阀—阀门油缸上腔(无杆腔)。

液压油流向阀门油缸上腔的同时,也经插装阀F5—插装阀F4—截止阀—闸门油缸下腔(无杆腔),即液压油在左右两腔压力相同,成为差动油路。两腔油压相同,由于两腔在活塞上的面积差,上腔在活塞上的推力大于下腔在活塞上的推力(另有阀门自重作用),活塞向下运行。

回油油路：阀门油缸下腔—插装阀F4—闸门油缸上腔。

YVb得电时,YVa-YVb三位四通阀阀芯上移,P与A通,T与B通,系统压力超过12 MPa时,系统卸荷。

YV2得电时,二位三通阀阀芯上移,A与T通,T通油箱,压力为0,A口有油压时,液压油由A口流向B口。

YV3得电时,二位四通阀阀芯下移,P与B通,T与A通,T通油箱,压力为0,插装阀F5油口A(右)有油压时,液压油由A口流向B口。

插装阀F6处油路压力小于7.9 MPa时,液压油经油口A通过阻尼孔至油口C处,压力进一步增大超过7.9 MPa时,溢流阀(7.9 MPa)工作,A口油压持续增大时,液压油冲开阀芯,回流至油箱,系统卸荷。

(五)自落阀门

油泵及电磁阀通电：YV2。

供油油路：阀门由于自重下落,油泵不需供油。

回油油路：阀门油缸下腔(有杆腔)—常开截止阀—插装阀F4—阀门油缸上腔(无杆腔)。

YV2得电时,二位三通阀阀芯上移,A与T通,T通油箱,压力为0,二位三通滑阀先导带动插装阀F4,A口、B口连通。

二、滑阀液压系统

图1-6-66是焦港船闸液压系统图,它采用滑阀为主要阀件,两台泵分别作为闸门和阀门的启闭机的驱动设备(互为备用),两台泵均为比例泵,通过安装在电气控制柜的比例放大板调节泵的流量,控制闸阀门开关速度。液压执行件为两只油缸,分别为闸门和阀门提供动力和运动,工作原理如下。

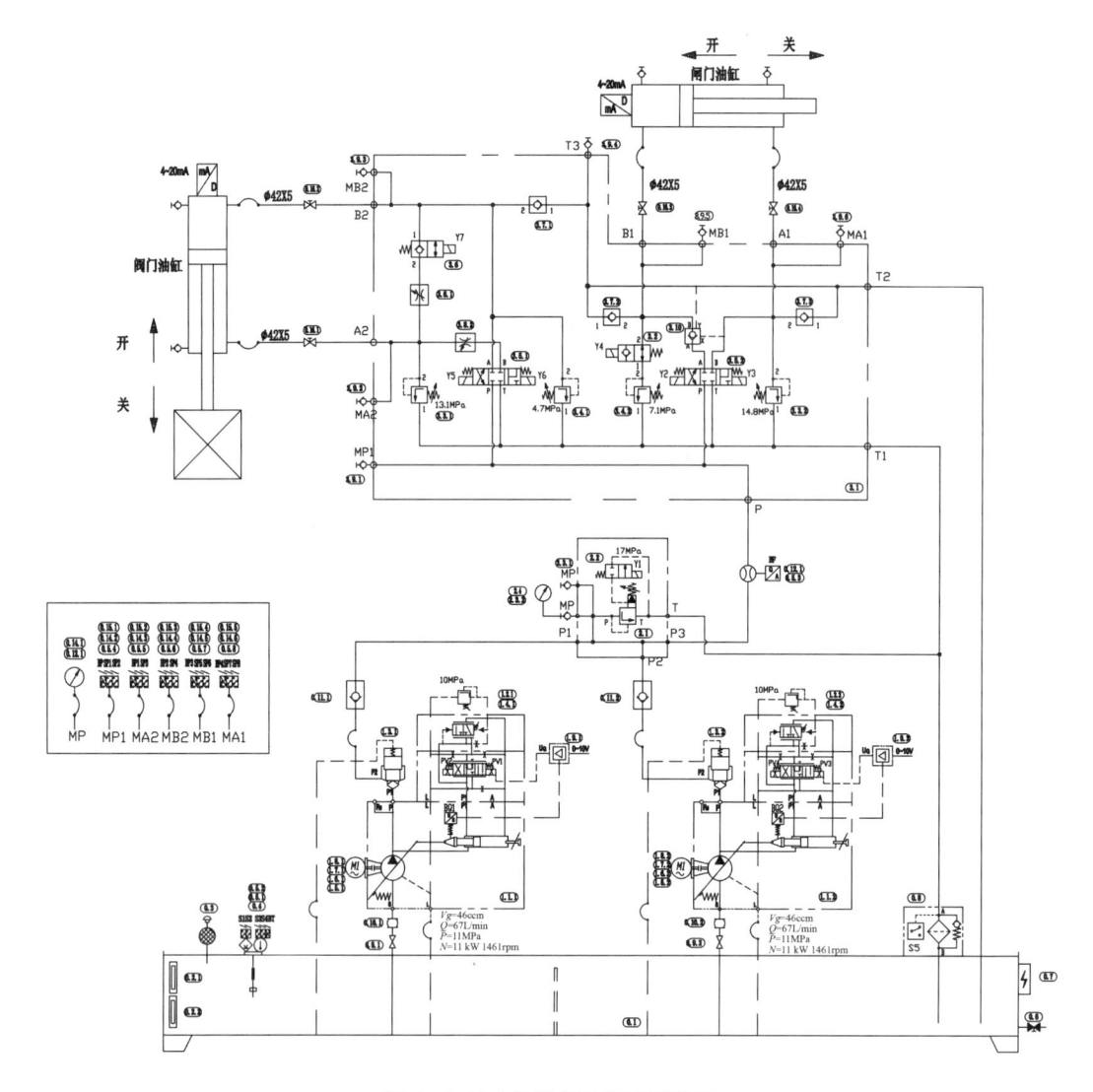

图 1-6-66　焦港船闸液压系统图

(一) 关闸门(闸门油缸活塞杆向右运动)

油泵及电磁阀通电:1号油泵、Y1、Y3、Y4。

供油油路:油泵供油—电磁换向阀 P 口—电磁换向阀 A 口和 B 口—常开截止阀—闸门油缸右腔(有杆腔)及左腔(无杆腔)。

关闸门油路采用差动油路,同时向油缸左右两腔供油,两腔油压相同,由于两腔在活塞上的面积差,左腔在活塞上的推力大于右腔在活塞上的推力,活塞向右运行。

电磁铁 Y1 得电,电磁换向阀 Y1 阀芯左移,系统压力超过规定值时,系统溢流阀可实现卸荷。

电磁铁 Y3 得电,电磁换向阀 Y2-Y3 阀芯左移,阀口 P 与 A、B 通。

电磁铁 Y4 得电,二位二通阀 Y4 阀芯右移,单向阀工作。

(二) 开闸门(闸门油缸活塞杆向左运动)

油泵及电磁阀通电:1 号油泵、Y1、Y2。

供油油路:油泵供油—电磁换向阀 P 口—电磁换向阀 B 口—常开截止阀—闸门油缸右腔(有杆腔)。

回油油路:闸门油缸左腔—电磁换向阀 A 口—电磁换向阀 T 口—滤油器—油箱。

Y3 得电时,电磁换向阀 Y2‑Y3 阀芯右移,阀口 P 与 B 通,T 与 A 通。

(三) 提阀门

油泵及电磁阀通电:1 号油泵、Y1、Y5。

供油油路:油泵供油—电磁换向阀 P 口—电磁换向阀 B 口—常开截止阀—阀门油缸下腔(有杆腔)。

回油油路:阀门油缸上腔—电磁换向阀 A 口—电磁换向阀 T 口—滤油器—油箱。

Y5 得电时,电磁换向阀 Y5‑Y6 阀芯右移,阀口 P 与 B 通,T 与 A 通。

(四) 强落阀门

油泵及电磁阀通电:1 号油泵、Y1、Y6。

供油油路:油泵供油—电磁换向阀 P 口—电磁换向阀 A 口和 B 口—常开截止阀—阀门油缸下腔(有杆腔)及上腔(无杆腔)。

强落阀门油路采用差动油路,同时向油缸上下两腔供油,两腔油压相同,由于两腔在活塞上的面积差及阀门自重,上腔在活塞上的推力大于下腔在活塞上的推力,活塞向下运行。

电磁铁 Y6 得电,电磁换向阀 Y5‑Y6 阀芯左移,阀口 P 与 A、B 通。

(五) 自落阀门

油泵及电磁阀通电:Y7。

供油油路 1:阀门油缸下腔(有杆腔)—常开截止阀—二位二通阀—常开截止阀—阀门油缸上腔(无杆腔)。

供油油路 2:阀门油缸上腔油压负压时,经单向阀由油箱直接补油。

Y7 得电,二位二通阀阀芯左移,油路接通。

第八节　液压启闭机的常见型式

一、液压启闭机与机械启闭机的关系

液压启闭机指以液压系统作为船闸启闭机的主要组成部分,来完成闸阀门的启闭动作。在一般情况下,液压缸只能实现直线运动,而船闸人字门、三角门的启闭是绕顶底枢的旋转运动,因此,液压启闭机均需特定的机械零件或机构的辅助才能完成闸门的整个启闭过程。

绝大多数液压启闭机都是由门体、推拉杆、齿轮齿条等组成的平面四连杆机构或其演化型式,液压缸只作为其中的动力组成部分。

二、液压启闭机的常见型式

（一）液压直推式

该类型启闭机在我省主要用于人字门、三角门、一字门以及大部分船闸的阀门上。其主要特点是机构简单,制造经济,运行平稳,过载保护措施容易实现,应用于阀门时,易于实现自落与强落。该类型启闭机存在主要问题是渗漏油较普遍,导向套、密封圈易磨损,闸门启闭机活塞杆易压弯等。针对活塞杆压弯问题,近年来已在设计制造上做了一些改进,采取了一些措施,如闸门关到位时,活塞预留 30～40 mm 的富余行程,增设门头开关、蝶形弹簧等,基本解决了这一问题。其他问题可通过提高油缸、活塞杆的加工精度,选用较好质量的导向套材料和密封圈,加强日常的维护保养工作来改善。通过给电机安装变频器,可解决闸门运行时需要"慢—快—慢"的问题,近年来,应用越来越广泛。

（二）液压四连杆

该类型的启闭机主要用于大型船闸的人字门上。其主要特点是运行平稳,安全可靠,符合人字闸门"慢—快—慢"的运行规律,但造价稍高。其主要不足是铜套易磨损,基座螺栓易松动和剪断,易损件的更换较困难。

（三）液压双齿条

该类型的启闭机早年在江苏省小型船闸中得到一定范围的应用,目前基本不再使用,其特点是油缸的工作状况有所改善,油封不易损坏,运行平稳,安全可靠,使用情况良好。主要的不足是相对液压直推式启闭机,部件多,维护量大。

第九节 液压直推式启闭机常见故障及排除方法

液压直推式启闭机常见故障及排除方法如表 1-6-5 所示。

表 1-6-5 液压直推式启闭机常见故障及排除方法

序号	故障现象	故障原因	排除方法
1	阀门无法提落	阀门上主滚轮压盖脱落后与下主滚轮卡死,导致阀门无法提落	潜水员下水后将压盖清除后将阀门提起,将脱落的压盖重新安装紧固
2	阀门无法自落	阀门主滚轮轴松动导致阀门无法自落	将阀门提起更换松动的主滚轮轴以及轴承套、侧滚轮
3	阀门无法自落	泵站阀件线圈损坏导致阀门无法自落	将损坏的阀件整体更换
4	阀门节杆弯曲	节杆超负荷导致弯曲	拆除弯曲的节杆校正后重新安装、调试
5	阀门出现故障	阀门油泵电机组损坏导致阀门出现故障	更换阀门油泵电机组一套
6	阀门无法运行	泵站换向阀以及阀门电机电缆损坏导致阀门无法运行	更换损坏的阀件,维修损坏的电缆
7	阀门不能正常启闭	阀件堵塞造成强落阀失灵,不能正常启闭,导致运行故障	拆除电磁阀、溢流阀、阀芯,用柴油清洗
8	阀门提阀不正常,油箱蝶阀漏油	电气程序故障导致阀门提阀不正常,油箱蝶阀漏油	经机械保障人员检查判断提阀不正常为电气故障,蝶阀损坏
9	闸门无法关闭	泵站插件堵塞导致闸门无法关闭	拆除强落阀,阀件清洗
10	上右闸门突然不能正常开门	检查电气系统是否正常,阀门是否可以正常运行,判断可能是有细微杂质堵住启闭机电磁阀阀芯	多次手动操作开闸门,用液压油压力将堵塞的电磁阀导通,尝试几次后闸门能够正常运作
11	落下阀门后,闸门轻微飘移		重新提一下阀门,再落阀门,闸门正常关到位
12	闸阀门启闭不同步	左右岸输油电机功率出现偏差或闸阀门启闭阻力异常	检查并校核电机及控制系统,检查闸门顶、底枢润滑情况及门槛、门龛、侧缝等处的淤积和异物情况,检查阀门井内异物情况及轨道、滚轮、轴套等构件磨损情况
13	机房部分机电设备浸水	水位上涨造成机房部分机电设备浸水	水位下降后对相关浸水设备检查检测、油缸活塞进行检查清理、对油缸支座进行排水加油润滑、对加油机进行检测、油缸位移传感器进行拆卸检查、更换行程开关后闸阀门启闭机进行试运行
14	漏油	焊接接头脱落导致漏油	对脱落的焊接接头进行更换
15	闸门漏油	闸门活塞杆密封 O 形圈损坏导致漏油	油缸拆除,更换损坏的密封件
16	管路渗油	紧固管接头、更换管路接口处密封垫圈,定期检查并补充液压油;定期检查易损件的磨损状况,及时更换	
17	液压油流量不正常	检查泵是否正常工作,检查电动机转速是否正常,检查油箱液位高度,检查溢流阀是否正常工作	
18	液压缸异响	检查油缸回转支承座紧固螺母是否松动,检查推拉杆件表面是否清洁、防尘罩是否完整,检查液压缸表面油漆是否脱落、是否锈蚀,检查启闭机工作油压是否偏离正常值	

续表

序号	故障现象	故障原因	排除方法
19	压力不正常	查看溢流阀调整是否正确,确认油量是否充足,检查液压油泵是否正常工作,查看系统内外是否严重泄漏	
20	系统报警液压启闭机"回油阻塞",更换滤芯后很快又出现相同问题	进口滤芯过滤效果不好,导致油路阻塞	使用国产滤芯后,回油阻塞现象得到改善
21	液压启闭机油箱和油泵连接处漏油	密封圈损坏	重新安装油泵和密封圈
22	泵不供油	1. 泵旋转方向不对; 2. 油箱中油面过低; 3. 吸油道阻塞或阻力过大; 4. 吸油管进气; 5. 泵组或转子损坏; 6. 油的黏度过大; 7. 柱塞泵转子与配油盘脱开	1. 倒换油泵电机的电源接线; 2. 注油; 3. 检查、清理吸油管; 4. 拧紧管接头或更换吸油管; 5. 换泵; 6. 换油; 7. 检查、修理油泵
23	系统压力调不上去	1. 泵未排油; 2. 管道中有较大的泄漏; 3. 溢流阀的先导阀或方向阀由于下述原因始终处于打开位置: (1) 阻尼孔堵塞; (2) 控制卸荷油路泄漏; (3) 杂质控制先导滑阀或先导阀泄漏; (4) 先导阀由于别劲卡住。 4. 换向阀中位卡死 5. 压力表或压力表开关堵塞,系统中的压力没有反映出来	拧紧管接头,检查并清理管接头的密封处; 拆下方阀清洗; 使控制油路可靠密封; 清洗先导阀; 修理先导阀; 修理换向阀; 清洗压力表或压力表开关
24	系统中有噪声	1. 油泵吸油管道堵塞; 2. 吸油管道通油能力不够; 3. 吸油管道或泵轴密封不够; 4. 吸入的油中含有气泡; 5. 泵轴和电机轴不同心; 6. 溢流阀振动或系统共振; 7. 管路未固定; 8. 油的黏性过大	1. 清洗吸油管道; 2. 更换吸油管道; 3. 检查、修理吸油管道,更换泵轴密封; 4. 排除空气进入油中的可能; 5. 重新调整; 6. 检查阀的零件,消除共振原因; 7. 用管夹的设备刚性部分固定; 8. 换油
25	运动部件产生爬行现象	1. 系统中有空气; 2. 油箱中的油面过低; 3. 油缸中的回油背压不足; 4. 溢流阀振动或系统工程共振; 5. 启闭机的速度过慢; 6. 闸门和导轨制造安装质量不过关	1. 检查油面和油箱中有无气泡,排除空气进入系统的可能,油缸中应放气注油; 2. 放气注油; 3. 调整背压; 4. 检查阀的零件,消除共振原因; 5. 调整速度; 6. 调整修理

注:1. 本表故障现象均为来自生产一线的实际案例;
  2. 按照收集的案例数量,进行排序,排在前面的,发生频率较高。

思考题

1. 什么是液压传动?
2. 什么是额定功率?
3. 液压传动有哪些有优点?
4. 液压传动系统由哪几部分组成?
5. 常用液压泵有哪些类型?
6. 液压缸的结构型式分为哪几类?
7. 什么是帕斯卡原理?
8. 什么是持久功率?
9. 液压启闭机有哪些常见的系统?
10. 液压启闭机有几种常见型式?
11. 液压传动系统由哪几部分组成?分别包括哪些元件?
12. 详细叙述液压传动的优点。
13. 液压启闭机与机械启闭机之间是怎样的关系?
14. 根据教材图1-6-1,简述液压千斤顶液压传动的主要原理、系统组成。
15. 根据教材图1-6-14,简述差动缸的工作原理。
16. 液压缸为什么要设置缓冲装置?
17. 根据教材图1-6-42,简述插装阀的工作原理。
18. 液压启闭机的常见故障有哪些,结合实际工作举一个例子说明。

第七章　柴油机

第一节　柴油机基本概念、名词术语

以柴油作为燃料的内燃机称为柴油机。由于它具有很多优点,所以得到了迅速发展和最广泛的应用。

图 1-7-1 为活塞式柴油机装置示意图。它是由多种机件构成的独立发动机。工作时燃料和空气通过控制机构直接被送到发动机内部进行燃烧,放出热能,形成高温、高压的燃气,推动活塞移动,再通过连杆带动曲轴向外输出机械能。膨胀做功后的废气经排气门被上行的活塞排出。如此不断地循环下去,柴油机就会不停地运转工作。

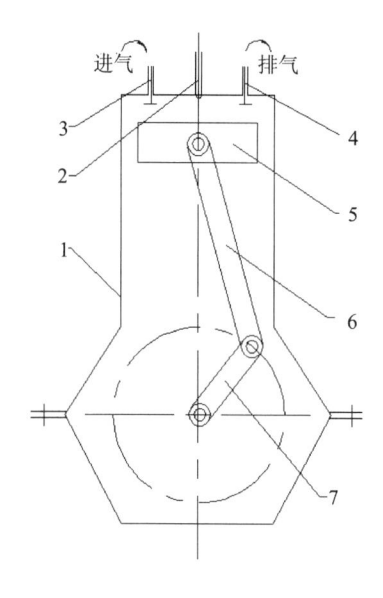

1—气缸体;2—喷油器;3—进气门;4—排气门;5—活塞;6—连杆;7—曲轴。

图 1-7-1　柴油机装置示意图

一、柴油机的类型

柴油机的种类很多,虽然各种类型存在着各种差异,但是它们的基本工作原理都是一样的。按照柴油机工作循环过程、结构型式和用途的不同,一般可分为以下几种类型。

1. 按照工作循环过程分

二冲程:活塞进行两个冲程完成一个工作循环。

四冲程:活塞进行四个冲程完成一个工作循环。

2. 按照机体结构型式分

单缸:一台柴油机只有一个气缸。

多缸:一台柴油机具有两个以上气缸。多缸柴油机根据气缸排列方式不同分为:直列立式、直列卧式和"V"形式。

3. 按照冷却方式分

风冷:利用空气作为冷却介质。

水冷:利用水作为冷却介质。

4. 按照进气方式

非增压式:空气是靠活塞的抽吸作用进入气缸内。

增压式:空气通过增压器提高压力后进入气缸。

5. 按照额定转速分

高速:额定转速在1 000转/分以上。

中速:额定转速在300～1 000转/分范围内。

低速:额定转速在300转/分以下。

6. 按照用途分

固定式:柴油机在固定不变的位置进行工作。

移动式:柴油机作为流动机械在移动过程中工作。如汽车、拖拉机、船舶和铁路牵引用柴油机。

二、术语、名词解释

1. 几何名称,如图1-7-2所示,柴油机的主要几何名称如下。

上死点、下死点:活塞在气缸内做上下运动时所达到的最高或最低的位置。

冲程:活塞在气缸内运动时,从上死点运动到下死点,或从下死点运行到上死点的距离叫作冲程,也叫行程,常用 S 表示,它等于曲柄半径 R 的两倍,即 $S=2R$。一个冲程相当于曲柄回转180°。

曲柄半径:曲轴的曲柄销中心线与主轴颈中心线之间的距离,常用 R 表示。

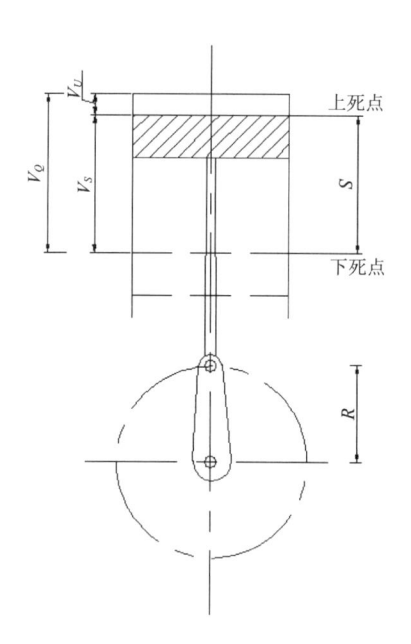

图 1-7-2　柴油机几何名称示意图

气缸直径:气缸的通称直径,以 D 表示。

压缩容积:活塞位于上死点时,活塞顶与气缸盖底面之间的气缸容积,又称燃烧室容积,常以 V_c 表示。

工作容积:活塞从上死点走到下死点时所让出来的空间,以 V_s 表示。即

$$V_s = \pi D^2 S/4$$

气缸总容积:活塞在下死点时,活塞顶上的全部空间称气缸总容积,以 V_a 表示,即

$$V_a = V_c + V_s$$

压缩比:吸入气缸内的新鲜空气被活塞压缩的程度叫压缩比,也就是气缸总容积 V_a 与压缩容积 V_c 的比值,常用 ε 表示,即

$$\varepsilon = V_a / V_c = (V_c + V_s) / V_c = 1 + V_s / V_c$$

压缩比是柴油机的一个重要性能参数。压缩比越大,压缩终了时的压缩空气的压力与温度越高,燃油就越容易发热燃烧,机器易于启动。其值一般在 11~12 之间。

2. 名词术语

压缩压力:进入气缸的空气被压缩到上死点时,所具有的压力称为压缩压力。一般约为 3~6 MPa。

爆炸压力:柴油机在额定功率下工作,冲程之初,燃油强烈燃烧,使气缸内的压力急剧升高,此时的压力称为爆炸压力。一般约为 5~8 MPa。

额定功率：在特定的工况下（外界大气压力正常、温度20 ℃等），在试验台上对一台新机器连续运转12小时所核定的功率，也称12小时功率，即铭牌上的功率。

持久功率：指机器在长期运转中所输出的功率，因为柴油机在实际工作过程中，比在试验台上的工况条件差，因此发出的功率要小于额定功率，持久功率为额定功率的85%～90%，而相应的转速为额定转速的95%～96.5%。

马力(hp)、千瓦(kW)是功率的计算单位。其相互关系如下。

1 hp＝74.57 N·m/s

1 kW＝1 000 N·m/s

即

1 hp＝0.745 7 kW

1 kW＝1.34 hp

3. 国产柴油机的型号识别

国家对柴油机型号的编制方法做了统一规定。一台柴油机的铭牌型号，应能反映出它的以下内容。

① 气缸数：具有的气缸数目。

② 机型符号：气缸直径(mm)和冲程形式。

③ 变型符号：机型经过改装后结构与性能上的变化。

④ 用途与结构特点：主要用途和不同结构特点。

柴油机的型号由数字和汉语拼音字母组成，排列顺序及符号代表意义规定如下：

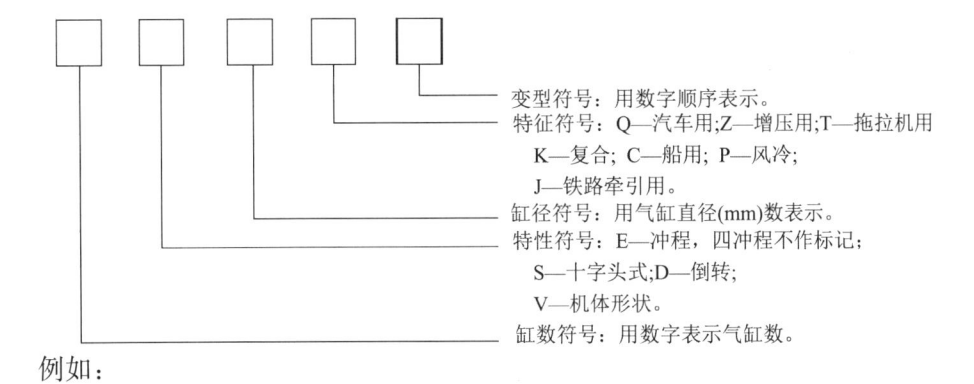

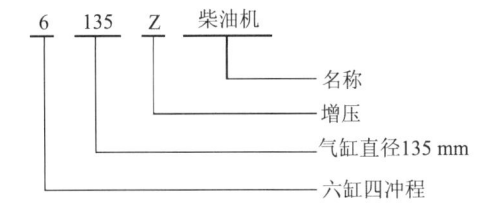

□ □ □ □ □
- 变型符号：用数字顺序表示。
- 特征符号：Q—汽车用；Z—增压用；T—拖拉机用
  K—复合；C—船用；P—风冷；
  J—铁路牵引用。
- 缸径符号：用气缸直径(mm)数表示。
- 特性符号：E—冲程，四冲程不作标记；
  S—十字头式；D—倒转；
  V—机体形状。
- 缸数符号：用数字表示气缸数。

例如：

6 135 Z 柴油机
- 名称
- 增压
- 气缸直径135 mm
- 六缸四冲程

第二节 工作原理

任何型式的柴油机在工作时都必须有进气、压缩、燃烧膨胀和排气四个过程,这四个过程叫作一个工作循环。活塞往复运动四个冲程完成一次工作循环,就叫作四冲程柴油机。

一、四个冲程进行情况

图 1-7-3 为四冲程柴油机工作原理图。

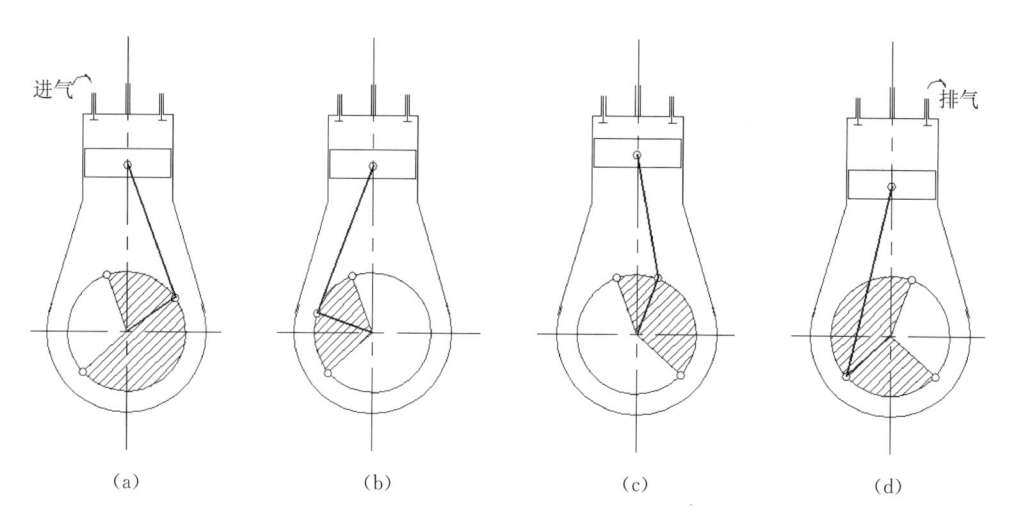

图 1-7-3 四冲程柴油机工作原理

第一冲程:进气冲程,如图 1-7-3(a)所示。

活塞从上死点下行,进气阀打开。由于气缸容积增大使气缸内的压力下降到大气压力以下,利用气缸内的压力差和活塞下行时的抽吸作用,新鲜空气通过进气阀被吸入气缸。

为了更多地吸入新鲜空气,进气阀打开,到下死点后关闭,全部进气过程所占的曲柄转角 ϕ_{1-2}[图 1-7-3(a)中阴影部分]大于 180°,即超过一个冲程时间。

第二冲程:压缩冲程,如图 1-7-3(b)所示。

活塞从下死点上行,进气阀关闭,气缸内的容积逐渐变小,气体由于压缩其压力与温度随之升高。当活塞到达死点压缩完毕时,缸内气体压力约为 3~5 MPa,温度达到 600~700℃,整个压缩角度见曲柄转角 ϕ_{2-3}[图 1-7-3(b)中阴影部分]。

第三冲程:工作冲程(燃烧膨胀冲程),如图 1-7-3(c)所示。

当活塞在压缩冲程接近上死点时,燃油经喷油器以雾状喷入气缸与空气混合,在高温下自行点火剧烈燃烧,使缸内气温迅速升温至 1 400～1 800 ℃,压力增至 6～8 MPa。活塞越过上死点后,被燃气压力推动下行,并通过连杆推动曲轴旋转做功。随着活塞的继续下行,气缸容积逐渐增大,缸内燃气压力和温度也随着燃气的膨胀逐渐下降,直到排气阀打开,燃气开始排出,工作冲程结束。燃烧和膨胀过程的曲柄转角 ϕ_{3-4} 见图 1-9-3(c)中阴影部分。

第四冲程:排气冲程,如图 1-7-3(d)所示。

排气阀已提前在工作冲程末期打开。燃烧后的气体靠气缸内外压力差经排气阀冲出气缸。当活塞由下死点上行时,废气被活塞强行排出气缸。为了尽可能地将废气排除干净,排气阀在上死点后才关闭,以利用气缸的惯性作用继续排气。图中曲柄转角 ϕ_{4-5} [图 1-7-3(d)中阴影部分]对应排气过程。

柴油机经过以上四个过程,完成了一个工作循环。当活塞继续运行时,另一个新的循环又按同样的顺序重复地进行,周而复始,柴油机就会不断地运转。

通过上述过程明显可以看出如下两点。

1. 四冲程柴油机每完成一个工作循环,曲轴要转两圈,在每次循环的四个冲程中只有一个工作冲程做功,其余三个冲程都是为工作冲程创造条件的,并从工作冲程中获取能量。

2. 在每个工作循环中,进、排气阀的启闭有一定的提前和延迟角度,两者有一个同时开启时间,形成了"气阀重叠角"。

二、四冲程柴油机的定时图

柴油机工作时,进气、排气和喷油都是按照一定的时刻开始和结束的,这些规定的时刻称为柴油机的定时或规时,用曲柄转角位置来表示定时的一种图形,叫柴油机的定时图(图 1-7-4)。

柴油机的定时是在设计中确定的,不同类型的柴油机都有它各自的定时。在柴油机出厂附带的说明书中,都绘有该机的定时图,以供用户在维修保养中检查、调整定时使用。

图 1-7-4 为 135 系列四冲程柴油机的定时图。从图中我们可以看出定时的情况如下。

进气阀开:上死点前 20°;
进气阀关:下死点后 48°;
排气阀开:下死点前 48°;
排气阀关:上死点后 20°;

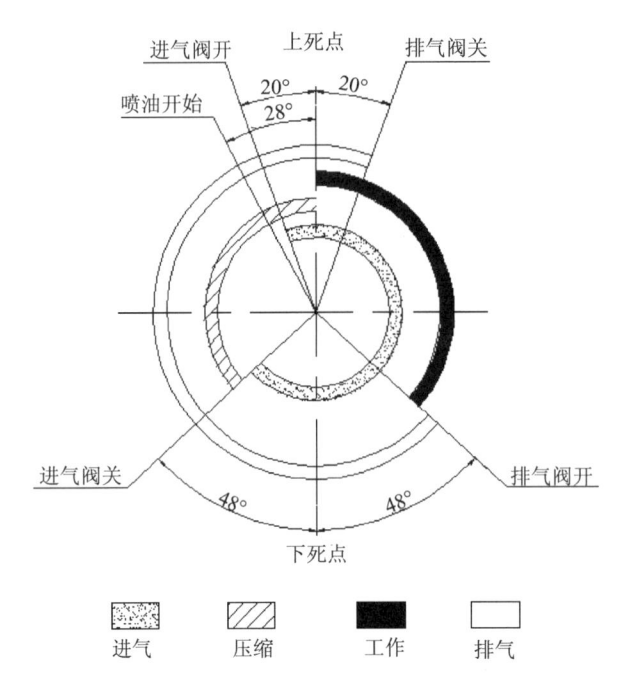

图 1-7-4 四冲程柴油机定时图

喷油开始:上死点 28°~31°。

用空气启动柴油机,除了以上定时外,还有启动空气阀开闭定时。

第三节　柴油机的主要部件

柴油机分固定件和运动件两部分,固定件主要有气缸体、曲轴箱、气缸套、气缸盖等,运动机件主要有活塞、活塞环、连杆、连杆螺栓、连杆轴承、曲轴、曲轴飞轮等。

一、柴油机辅助系统

1. 配气系统:为进、排气服务的设备和管系,统称为配气系统。

2. 燃油系统:为柴油机工作提供燃料的设备和管系,它将柴油以良好的雾化状态适量喷入燃烧室。

3. 润滑系统:润滑系统一般由滑油泵、滑油滤清器、滑油冷却器、调压阀、压力表等组成,它在机体表面加注润滑油,将两个表面用油膜隔开。

4. 冷却系统:柴油机必须装置一套冷却设备,利用冷却介质(空气或水)将受热零件所吸收的热量及时传送出去,使其在允许的条件下正常地工作。但过度冷却也会给柴油机带来不良影响,造成气缸温度过低,燃烧质量下降,热损失加大,燃料消耗增加,润滑油黏度增加,摩擦加剧,柴油机功率减少。因此只有适当地冷却,才能保证柴油机经济而可靠地运转。

柴油机冷却方式有两类,即水冷和风冷。风冷利用空气将热量带走,系统轻便简单,但冷却效果差。水冷利用水在柴油机受热部位流动将热量传送出去,冷却效果好,便于调节冷却温度。水冷根据循环方式不同分为蒸发式、自然循环式和强制循环式三种,按冷却水的使用方式分为开式循环和闭式循环两种。

冷却系统由水泵、散热水箱、风扇、节温器和管系等组成。

二、柴油机的调速装置

柴油机在运行时要求它能在外界负荷变化时保持恒定的转速。当负荷降低时,如果供油量不变,柴油机的转速会因为功率过剩迅速上升,反之,会因为功率不足而转速下降。要使柴油机正常工作,安装一种能根据负荷变化而自动调节供油量的调速装置,保证柴油机在规定的转速下运转,是很有必要的。这种装置叫作调速器。

调速器的种类很多,根据工作原理不同,一般可分为机械式和液压式两种。机械式是利用飞铁所产生的离心力通过传动装置去控制油量调节机构来调整柴油机转速的;液压式是利用飞铁所产生的离心力控制伺服器,通过液压作用去控制油量调节机构来调整柴油机转速,一般小型柴油机都是用机械式调速器。

机械式调速器按其调速范围不同又可分为以下三种。

1. 定速调速器:能在任何负载下直接调整供油量,适用于转速固定不变的柴油机上。
2. 限速调速器:能限制柴油机的最高转速和最低转速,在最高和最低转速间不起作用。
3. 变速调速器:不仅能控制柴油机的最高和最低转速,而且在最高与最低转速之间的所有转速下都起调节作用。

三、柴油机的启动装置

柴油机必须借助外力转起来并达到一定的转速才能启动工作,这种提供外力的设备称为启动装置。

根据柴油机启动的外力来源不同,有多种启动方法。常有以下几种。

1. 人力启动;
2. 电力启动;
3. 压缩空气启动;

4. 辅助发动机启动。

人力启动适用于小功率柴油机,靠人力用手摇柄等直接转动曲轴和飞轮,使柴油机启动。电力启动适用于中、小型柴油机,用装在机体飞轮端的电动机来转动曲轴启动柴油机。

第四节　柴油机的调整

一、气门间隙的调整检查

气门间隙大小,对柴油机工作性能有很大影响,在设计中,每种系列的柴油机都规定了一定的气门间隙。为了避免由于磨损引起气门间隙变化,需按说明书中规定的间隙予以调整,调整时注意以下几点。

1. 在冷车状态下进行。

2. 卸下气缸盖罩,检查摇臂座是否松动,如发现松动必须拧紧,否则气门间隙测量不准。

3. 打开减压阀,将活塞行至冲程上死点,使进、排气门均处于关闭状态。

4. 选用规定气门间隙厚度的塞尺插入气门和摇臂之间进行间隙检查。如发现间隙大于或小于塞尺厚度,须松开摇臂上的螺母和调节螺钉加以调整,调到塞尺通过气门有滞涩感为宜,然后用螺丝刀固定调节螺钉位置,将螺母锁紧,并复查一次,合格为止。

二、配气定时的检查调整

配气定时的检查调整要在气门间隙调整好以后进行。

调整的简单方法是:用右手握住气缸气门顶杆上端,并轻轻地转动顶杆,左手按逆时针方向均匀而缓慢地转动飞轮,当顶杆上端和摇臂上的调节螺丝刚刚接触,顶杆刚好不能转动的瞬间,即表示气门开启时间。这时检查飞轮罩检视窗上指针所指飞轮上的刻度线。再继续缓慢转动飞轮,并继续用手握住顶杆上端做转动动作,当顶杆从不能转动变为刚能转动的瞬间,即表示气门关闭,再一次检查飞轮上的刻度线。

如配气定时与说明书上不符,可以调整气门间隙来补偿,气门间隙减小,可使气门提前开启,间隙增大,可使气门延迟开启。调整后仍出现启闭时间过早或过迟,应检查转动齿轮上的记号是否对正。

三、喷油提前角的检查调整

一般常用调整方法如下。

1. 将喷油泵齿条置于加油位置,并将第一缸高压油管紧座处接头松开。
2. 转动曲轴,使第一缸活塞处于压缩冲程死点,并使出油阀内保持少量可见油面。
3. 将曲轴反转一个大于喷油提前角的角度。
4. 缓慢而均匀地按工作方向转动曲轴,当发现油面刚有波动的瞬间即停止转动曲轴,这时指针所指飞轮上的刻度,就是喷油角度。

喷油角调整的基本原则是改变喷油泵凸轮轴与曲轴之间的相对角度,曲轴(包括传动齿轮)不动,将喷油泵凸轮轴沿工作方向转动,即增加喷油提前角,反之则减小。

四、喷油泵的检查调整

喷油泵检查调整的主要内容有:油泵各柱塞供油始点的间隔均匀性,供油量的均匀度和最大供油量。这些工作一般都要求在试验台上进行。但是在实际工作中,有时会碰到由于喷油泵临时发生失调而影响柴油机正常运转情况。因此,作为操作者应掌握一定的应急手动调整方法。

(一)供油始点间隔的调整

为了保证多缸柴油机各缸工作平稳,必须使多缸喷油提前角一致,即喷油泵各柱塞供油始点间隔必须保持一致,所有柴油机对供油始点时间间隔都有严格要求,如4135型柴油机凸轮轴每转90°柱塞供油一次,误差要求小于30′。

喷油泵供油始点间隔误差过大,会导致机器运转不均匀,必须通过柱塞滚轮挺柱调节螺钉进行调整。调节方法是:用专用扳手将滚轮挺柱上的锁紧螺母松开,旋动调节螺钉。根据需要调整螺钉上下位置:向上使供油时间提早;向下使供油时间推迟。调整合适后,固定调节螺钉位置,用螺母锁紧。

供油始点调整好后,必须检查并保证油泵柱塞与出油阀座底平面之间留有规定的间隙,否则会引起柱塞顶死事故。

(二)供油量均匀度的调整

供油量均匀度,是指喷油泵各柱塞在同一工况下和同一时间内供油量的差别程度。可用下列公式计算:

$$供油量不均匀度 = \frac{供油量最大时柱塞所喷出燃料体积 - 供油量最小时柱塞所喷出燃料体积}{所有柱塞喷出燃料体积平均值} \times 100\%$$

各种柴油机对供油量不均匀度都有一定要求,如4135型柴油机要求最大供油量不均匀度要小于3%,最小供油不均匀度要小于30%。

各柱塞之间供油量不均匀度超过规定要求时会引起机械振动,需要进行调整。由于喷油泵油量控制机构型式不同,调整的方法也不一样,仅将齿轮式油量调节机构的调整方法简述如下。

松开油量控制齿圈上的锁紧螺钉,保持齿圈位置不动,用一根铁钉对准油量调节套筒上的小孔,再用锤子轻轻敲击,使控制套筒转动,同时也带动了柱塞一起转动,改变了供油量。多数柴油机的调整方向是：使套筒向左转动,增加供油量;套筒向右转动,减少供油量。调整合适后,上紧锁紧螺钉。

五、喷油器的检查和试验调整

喷油器的工况好坏,直接影响柴油机的性能,若喷油器有故障,柴油机就会冒黑烟,功率不足,油耗上升。因此,必须对喷油器进行检查调整。

（一）检查方法

将柴油机调至怠速运转,采取"断油法"逐一将喷油器与高压油管松开,停止喷油器喷油,同时,观察排气颜色。有故障的喷油器停止喷油后,就停止冒黑烟,柴油机的转速变化很小或者不变化,如该喷油器正常,则柴油机排气颜色无明显变化,转速会显著下降。通过检查判明有故障的喷油器,应拆下放在喷油器试验台上进行试验。当发现以下现象时说明喷油器工作不良。

1. 针阀压力不到说明书规定值时开启。
2. 喷油不雾化,呈现连续油流流出。
3. 燃油喷射不"干脆",出现断续多次喷射现象。
4. 喷孔喷出的油雾束不均匀,长短不一。
5. 喷油嘴滴油。
6. 喷孔堵塞不喷油,或喷出的油雾束呈分支状态。

具有上述缺陷的喷油器应拆开消除故障。拆卸过程中应特别注意零件不要沾上任何不洁物,零件表面不得压伤或擦伤,针阀体决不允许用虎钳夹住,钳口有铜皮的虎钳也不允许使用。

（二）喷油器的修理

将有故障的喷油器零件拆开,经过彻底清洗之后,应仔细进行检查,缺陷严重的零件应予更换,轻微的可以修复。

针阀、针阀体及喷油器体等零件有下列情形者,可以进行研磨修正。

1. 针阀与针阀体导向配合不够光滑,滑动性不良。
2. 针阀和针阀体密封锥面有轻微损伤。

3. 针阀体大端平面有轻微损伤。

4. 喷油器体与针阀体接合的端面有轻微损伤。

(三)喷油器的试验和调整

喷油器零件经过修理或调换认为合格后,在保持高度清洁的条件下按组装程序进行装配,并将装配好了的喷油器放在喷油器试验台上进行试验和调整,其方法步骤如下。

1. 用手泵将压力表压力泵至低于喷油器规定喷射压力 1.0～1.5 MPa,然后以每分钟 10 次的速度均匀地揿动手泵,使压力表达到喷油器规定的喷射压力值,开始喷油。在这时间内,喷油嘴不得有渗漏现象,喷孔允许有微量潮湿,但不得有滴油现象。如有滴油说明锥面密封不良,应重新清理喷嘴,研磨密封锥面,再进行试验。

2. 上项试验完成后,调整喷油器开启压力为喷射压力。如:135 型柴油机喷油器喷射压力为 (17.5 ± 0.5) MPa;125 型柴油机喷油器喷射压力为 12.5 MPa。

3. 然后以每分钟喷油 40～80 次的速度,进行喷油器的雾化试验。要求油雾细匀,雾束的任一切面油粒分布均匀,没有可见的油滴飞溅现象。多孔针阀式喷油器,其雾束方向的锥角约为 $15°～20°$。燃油切断应及时,切断时伴有清脆的音响声。

(四)喷油器的安装

经过试验和调整,将合乎要求的喷油器用干净的抹布擦拭干净,在喷油器紧帽的端面抹上润滑脂,安上铜垫圈,装到气缸盖的孔中,并均匀地旋紧喷油器紧固螺母,最后接上高压油管。

第五节　柴油机的使用

一、燃油、机油及冷却水

1. 燃油采用轻柴油 0 号或 10 号。燃油在使用前应经过相当的时间(最好七昼夜)的沉淀处理,然后选上层的燃油,再经过严格的过滤,以滤去燃油中的机械杂质。

2. 机油夏季适用高速柴油机机油 14 号,冬季适用 8 或 11 号机油。

上述燃油及机油的特性规格如表 1-7-1 及表 1-7-2 所示,作为使用不同种类油料时的参考。

当周围大气温度低于 5 ℃时,如果柴油机启动困难,则应将机油预热至 80 ℃,然后再加入柴油机内。

表 1-7-1　机油规格

特性	牌号		
	8 号	11 号	14 号
含添剂齐阿吉姆 339 或阿兹尼-齐阿吉姆-1			
运动黏度(100 ℃)	8～9	10.5～12.5	13.5～15.5
恩氏黏度(100℃)	≥1.47	≥1.86	≥2.15
闪点(开口法)	≥200℃	≥190℃	≥210℃

表 1-7-2　燃油规格

特性		牌号	
		0 号	10 号
柴油指数		≥52	≥52
馏程	300 馏出量	≥50%	≥50%
	301 馏出量	≥85%	≥85%
恩氏黏度(20 ℃)		1.25～1.7	1.4～1.7
凝固点		≤0 ℃	≤-10 ℃

机油在使用前应经过过滤,机油加入柴油机油底壳内至油尺指示刻度上限为止,新发动机或停止使用较久的发动机重新使用时,当发动机运转数十分钟后,需重新测量油平面,此时油面会下降,需重新加足机油。

3. 冷却水 气缸内的冷却水应用清洁的软水,以雨水、自来水和清洁的河水为宜,井水经过煮沸沉淀处理后亦可使用。

在严寒冬季,闭式冷却系统中可将防冻剂加入冷却水中以防止结冰。最常用的是乙二醇(甘醇)的水溶液。当周围大气温度低于5℃时,如柴油机启动困难,宜将冷却水加温到80℃以上,然后再投入使用。

二、柴油机的启动

柴油机启动前要进行以下检查工作。

1. 检查冷却水是否已加满,各水管接头有无漏水现象。
2. 检查柴油机各附件连接是否可靠,各运动部件是否转动灵活。
3. 检查柴油机是否已有了足够的机油,各油管接头有无松脱漏油现象。
4. 检查油箱内是否已加满了柴油,各油管接头有无松脱漏油现象。
5. 检查蓄电池是否充足,启动系统各线路接头是否松动。

柴油机进行上述检查后,将发现的不正常现象消除,然后再按以下顺序进行启动。

1. 开启燃油箱开关。

2. 用燃油手泵排除燃油系统中的空气。同时将燃油控制杆固定在相当于空运转(约700转/分)时的油门位置。

3. 将电钥扭开,按下电钮(电力启动),使柴油机启动,如果按下电钮10秒以上机器未能启动,应即释放电钮,待2分钟以后第二次启动,如连续尝试三次以上仍无法启动时,应检查并找出故障原因。

4. 柴油机启动后的初期转速宜为500～700转/分。

5. 柴油机启动后应密切注意各仪表读数,特别是机油压力表,再检查柴油机各部分是否有弊病,若有则消除之。

三、柴油机的运转

1. 柴油机由空载转速500～700转/分,逐渐增加到800～1 000转/分时进行柴油机的预热运转,当出水温度达55 ℃,机油温度达45 ℃时才允许进行负荷运转。

2. 负荷与转速应逐渐而又均匀地增加,除了特殊情况外,是不允许突然增加负荷或卸去负荷的。

3. 在柴油机运转期间,必须随时注意仪表的读数和柴油机的工作情况。

4. 新柴油机不允许一开始就以额定功率工作,必须在50%额定功率以下工作100小时后方能使用额定功率,大修后的柴油机第一次开车时,经过0.5～1小时运转后应停车打开门板检查各主要运动部件的质量。

四、柴油机的停车

1. 柴油机停车前,应逐渐地减少转速至600～700转/分,使柴油机工作温度逐渐下降,待出水温度下降至70 ℃以下时才允许停车,否则易使气缸头发生过热现象。

2. 在周围大气温度低于5 ℃时,停车后应在水温降到30～40 ℃时扭开所有放水阀,放清冷却系统中全部积水,防止冻裂,若用防冻液则不需打开。

第六节　柴油机的技术保养

柴油机的技术保养类别有日常维护(每班工作后)、一级技术保养(累计工作100小时以后)、二级技术保养(累计工作500小时以后)。

一、日常维护

1. 检查曲轴箱内机油平面,不足时应添加到油尺规定标记。
2. 消除柴油机漏油、漏水及漏气现象。
3. 检查柴油机上各附件装置的正确性和稳固程度。
4. 检查柴油机地脚连接的稳固情况及柴油机与从动设备的连接情况。
5. 检查射油泵传动连接器上分度线的相关位置有无变动。
6. 保持柴油机整洁,用干布或稍浸汽油的抹布拭去各部分油、水及尘埃,尤其注意电气设备的清洁。
7. 将水箱及风扇上的尘埃打扫干净或用压缩空气吹净。
8. 消除所发现的故障及不正常现象。

二、一级技术保养

除按照日常维护项目进行维护外,增添下列工作。

1. 检查曲轴与从动设备的中心是否变动,并进行校正。
2. 检查蓄电池的电压及电液比重,电液比重应为 1.28～1.29,一般不低于 1.27。并检查电解液水平面是否在极板上约 12 mm 处,不足时按需要加蒸馏水补充。
3. 检查风扇及发电机传动皮带的松紧程度并进行调整。
4. 拆开机体侧面盖板,扳开机油泵的粗滤网锁紧弹簧片,取出粗滤网清洗,机油管道亦须全部清洗。并每 200 小时将机油全部更换。
5. 检查射油泵机油存量,需要时添注机油。
6. 备有注油嘴的部件应按规定注入润滑脂或润滑油。
7. 清洗空气滤清器并更换机油(湿式空气滤清器)。
8. 清洗燃油滤清器。如使用经过沉淀及滤清的燃油,可每隔 200 小时清洗一次。
9. 清洗机体门板上通气管内的滤芯,清洗后浸上机油复装。
10. 由于进行保养工作而拆卸的零部件,在重新装配时应保证安装位置的正确,然后开动柴油机以检查其运转情况,消除存在的故障和不正常现象。

三、二级技术保养

除按照一级技术保养各项目进行保养外,增添下列工作。

1. 检查喷油器的喷油压力及喷油情况,必要时重新清洗喷油器并重新调整。
2. 检查射油泵的调整情况,必要时重新调整。
3. 检查配气定时及喷油提前角,必要时予以调校正。

4. 检查进气阀的密封情况,不合要求时应予以研磨修正。

5. 检查水泵溢水孔的滴水情况,如滴水成流时应更换密封垫。

6. 拆开门板,从缸套下端检查气缸套封水橡皮圈是否有漏水现象,必要时更换新的封水圈。

7. 检查机油冷却器、热交换器及水箱是否有漏水、漏油现象。

8. 检查连杆螺钉、气缸头螺母及机体螺栓的紧固及保险情况。

9. 检查电气设备上各电线接头,发现烧痕时应予以清除。

10. 清洗油底壳,并拆开机油冷却器,清洗芯子使油道畅通。

11. 清洗油箱及其管道。

12. 清洗冷却系统,清洗溶液由 150 g 苛性钠(NaOH)加 1 L 水构成。清洗时先放出全部冷却液,灌入清洗溶液,停留 8～12 小时,再低速运转柴油机,使水温达到工作温度后停车,立即放出清洗溶液,再用净水清洗冷却系统。

13. 重新紧固气缸头螺帽。

14. 每累计工作 1 000 小时后,将启动机拆开,洗掉机件上旧的轴承润滑油并换新,同时检查启动机的齿轮传动装置。

15. 普遍检视柴油机各个机件并进行必要的修正和调整。

16. 由于进行保养工作而拆下的零部件,在装回时应保证安装位置正确,然后开动柴油机,以检查其运转情况,并消除所有故障及不正常现象。进行该项技术保养时必须有组织有计划地进行,并由有经验工人或技师在场指导。

第七节　柴油机的故障及排除方法

柴油机的故障及排除方法如表 1-7-3 至表 1-7-23 所示。

表 1-7-3　柴油机不能启动故障原因及排除方法

序号	故障的原因和特征	排除方法
1	燃油系统故障 1)油箱阀门未开; 2)油箱中无油; 3)燃油系统漏进空气造成阻塞; 4)燃油管路阻塞; 5)燃油滤清器阻塞; 6)燃油送油泵故障; 7)喷油很少,喷不出油或喷油压力太低	1)将阀门打开; 2)添满燃油; 3)排除空气:检查各油管接头是否有漏油现象,然后旋开燃油滤清器和高压油泵上的放气螺丝再将手泵往复抽动,一直到放气螺丝漏出燃油中没有泡沫为止,然后旋转手柄和放气螺丝,松开高压油管在滤器一端的螺母,转动曲轴,当管口流出的燃油不再含有泡沫时,重新转动曲轴几转,使各喷油器中充满燃油; 4)拆开管路检查并疏通; 5)清洗; 6)检修; 7)检查喷油嘴

续表

序号	故障的原因和特征	排除方法
2	电气设备系统故障 1)电气设备接线未通； 2)蓄电池电力不足； 3)启动电动机时碳刷与整流子接触不良，发生火花过大，并产生烧痕，碳刷磨损，整流子上有积碳等不正常现象； 4)启动电机齿轮不能嵌入飞轮齿圈内	1)重新接通电气设备； 2)采用电力充足的蓄电池或增加蓄电池并联使用； 3)修正或更换碳刷，再用砂布清理整流子表面和吹净灰尘； 4)将曲轴稍稍转过一个角度
3	机油黏度太大或温度过低	冬季启动采用黏度小的机油，加热机油
4	压缩压力不足 1)活塞环过度磨损(其特征是用手转动曲轴时觉得很轻松阻力很小)； 2)气门漏气	1)更换活塞环，视磨损情况更换气缸套； 2)检查气门弹簧、气门导管及气门凡尔线密封情况，若凡尔线不连续，可用凡尔砂研磨至一条光滑连续的线，不得有斑点和不连续现象，再用煤油做渗漏试验

表 1-7-4　柴油机可以启动，但曲轴转动数转后自行停车

序号	故障的原因和特征	排除方法
1	个别气缸工作有间断，燃油系统中有空气进入，排出的气是白色的	将燃油系统中的空气放出
2	燃油供油泵不供油	检修供油泵
3	喷油太少或喷不出油	检修喷油嘴
4	启动电钮过早放掉	按启动电钮 15 s(不要放掉)后柴油机自行运转

表 1-7-5　柴油机机油无压力或压力不足

序号	故障的原因和特征	排除方法
1	油底壳中无机油或机油平面过低	加入机油至规定的油平面
2	机油压力表的油管受阻塞或折断	清理或更换油管
3	机油压力表损坏或压力连接油管阻塞	更换新的压力表或清理油管
4	机油太薄	检查机油牌号及机油是否被燃油或冷却水冲薄
5	曲轴前轴油封处，曲轴法兰端摇臂等处漏油严重	进行检修
6	机油管路中漏油或凸轮轴间隙过大造成漏油	检查润滑系统或凸轮轴承的间隙情况必要时更换凸轮轴轴承
7	机油泵齿轮间隙过大或装配未符合要求而造成工作不正常	试验机油泵性能，更换齿轮，调整间隙或更换新泵
8	机油冷却器或机油滤清器阻塞	清洗
9	机油压力调节弹簧损坏	更换调节器弹簧
10	连杆轴承松动或磨损过大而漏油	更换连杆轴承并检查曲拐磨损情况，必要时更换曲拐

表 1-7-6　机油压力过高

序号	故障的原因和特征	排除方法
1	机油调节器工作不正常或高压弹簧有故障	检修并调整油压

表 1-7-7　柴油机发不出规定的功率

序号	故障的原因和特征	排除方法
1	空气或燃油滤清器阻塞(排出黑色的烟)	清洗
2	气门挺杆或气门弹簧损坏	更换气门挺杆或气门弹簧
3	压缩比不对	用垫片调整活塞顶与气缸头颊间隙在 1.2～1.75 mm间
4	射油泵故障	检修或更换
5	进排气及喷油的定时未校正(喷油提前角不对)	校正喷油提前角,进排气门开关度数
6	燃油系统进空气	排除空气
7	压缩压力未开足	检修射流泵或更换
8	油箱下阀门未开足	开足阀门
9	排气管阻塞	清除积碳
10	进排气门间隙不正确	检查并调节至规定间隙
11	柴油机内积碳太多	拆开气缸头清除积碳并找出积碳原因
12	气缸套橡皮圈在修理时装配不当,气缸套变形过大使活塞与气缸套咬毛	拆开气缸套,检查橡皮圈高出于气缸套 0.3～0.5 mm范围内,视活塞咬毛情况进行修正或更换新活塞
13	高压油泵(总泵)柱塞卡住,出油阀弹簧断裂或阀座面密封不良	拆开总泵,检查更换弹簧、新油泵偶件及出油阀偶件
14	喷油器故障(如在 50%负荷下及 1 000～1 200 转/分时发现故障,一个个逐次停止各缸工作进行检查)	更换喷油器
15	空气滤清器堵塞(排气冒黑烟)	拆开并洗净空气滤清器
16	柴油机过热(冷却水不足,出水温度高于 90℃)	检修冷却系统,除去水管内水垢
17	气缸头喷油器孔漏气 1)喷油器紧帽铜垫圈损坏; 2)喷油器孔平面未清理干净; 3)喷油嘴与喷油器体结合面漏油	1)更换垫圈; 2)清理座孔; 3)拧紧喷油器紧帽或研磨平面
18	喷油气孔高出气缸头平面距离不正确	利用量规测量调整至 2.5～3 mm 范围内
19	气缸头与机体密合处有废气渗出(其特征是在变速时有一股气流向垫片处冲去) 1)气缸头大螺母松动; 2)气缸头垫片损坏	1)拧紧大螺母扭矩不可超过 270 N·m; 2)检查气缸头和机体结合面及更换气缸头垫片(不要勉强修复旧的垫片),必要时可铲刮气缸头和机体的结合面。更换垫片后,当柴油机运转走热后,各螺母应再拧一次,此后必须重新调整气门间隙

表 1-7-8　柴油机冒蓝烟原因及排除方法

序号	故障的原因和特征	排除方法
1	柴油机负荷过重	减少负荷
2	个别射油泵供油过多	调整供油量(有经验的人员调整)
3	喷油嘴喷油时有滴油现象,雾化不良,喷油压力太低	更换新的喷油嘴,或调整喷油压力

续表

序号	故障的原因和特征	排除方法
4	喷油太迟,部分燃油在排气管中燃烧使排气带黑烟及火焰	调整喷油提前角至正确位置
5	气门间隙不正确,气阀杆黏滞或气门密封凡尔线接触不良	检查气门间隙、气阀杆、气阀弹簧和凡尔线情况并消除缺陷
6	空气滤清器阻塞进气不畅	拆下清洗空气滤清器
7	油浴式空气滤清器内机油过多	减少机油至规定平面
8	活塞环磨损过多或弹性不足使机油进入燃烧室	清洗或更换活塞环

注:柴油机冒淡灰烟是允许的,排气冒蓝烟表示气缸内进入机油,冒白烟表示柴油雾滴在气缸内未能着火燃烧,冒黑烟表示柴油过多未能完全燃烧。

表 1-7-9　气门摇臂处无机油故障原因及排除方法

序号	故障的原因和特征	排除方法
1	凸轮轴油孔经机体至气缸头的油管阻塞	检修并消除之

表 1-7-10　柴油机转速激增(飞车)曲柄转速超过 1600 转/分以上

序号	故障的原因和特征	排除方法
1	调速器的工作不正常	立即停车拆下总泵进行检修
2	燃油高压油泵齿条被卡住	立即停车拆下总泵进行检修

表 1-7-11　柴油机运转时有不正常的杂声

序号	故障的原因和特征	排除方法
1	喷油过早造成气缸内发出有节奏的清脆的金属敲击声	重新调整喷油时间
2	喷油时间过迟,造成气缸内产生低沉不清晰的敲击声	重新调整喷油时间
3	燃油系统中漏入空气	排除空气
4	柴油机发出机件的响声 1)活塞与气缸间隙过大的响声:运转时在气缸外壁听到撞击声,转速升高时撞击声加剧; 2)活塞销太松的响声:此种响声轻微而尖锐,在惰性运转时尤其清晰; 3)连杆轴承太松的响声:在柴油机 1500 转/分时突然降低转速,可以听到沉重而有力的撞击声; 4)曲轴滚珠轴承有过紧摩擦响声:此种响声特别刺耳而尖锐,尤其在加大油门时更清晰; 5)曲轴前后推力轴承磨损,间隙过大的声音:在惰转时可以听到曲轴前后动的碰撞声; 6)气门弹簧折断,挺杆弯曲,推杆套筒已磨损,使气门机构发出有节奏的轻微敲击声; 7)活塞碰气阀的响声:在柴油机运行时可以听到沉重而又均匀的敲击声,方法是用螺丝刀接触喷油器来听; 8)其他的响声:如齿轮磨损过多、齿隙过大,在突然降低转速时可听到撞击声	1)更换活塞环,视磨损程度更换气缸套; 2)更换连杆小头轴承,使其保持规定间隙; 3)更换连杆轴承,保持规定间隙; 4)检查有响声的轴承并更换; 5)更换曲轴推力轴承,保持规定的间隙; 6)更换新弹簧、摇杆、推杆套筒并校正气门间隙; 7)用手指轻轻搁在气缸头盖螺丝(紧固摇臂座用)上有活塞碰气阀的感觉与震动,检查并修正活塞顶部,必要时更换气阀及活塞; 8)视严重程度,更换齿轮及机件

表 1-7-12　柴油机运转不正常和不均匀

序号	故障的原因和特征	排除方法
1	个别气缸未着火燃烧或燃烧不良,可在 700~800 转/分时利用倾听各缸爆发的声音来鉴别,把高压油泵的小门板打开,并用螺丝刀于套筒调节螺母下面把各个油泵芯子撬到最上点,观察转速、马力是否变化,如减小则表示该油泵及喷油器在工作,震动增大亦表示油泵在工作	检查油泵喷油器,必须及时更换
2	各缸喷油压力过高	重新校正
3	燃油系统中进入空气	排除空气
4	燃油管漏油	检查燃油管路及燃油内的水分(沉淀试验)
5	气缸漏气、压缩压力不足	检查气缸头螺母紧度,拧紧螺母,若已紧时仍漏气,则需将柴油机停车并更换垫片
6	排气管路淤塞使排气阻力过大	清除排气管路异物
7	空运转时曲轴转数变化在±30转/分以上,调速器的工作不均衡	检查高压油泵调速部分

表 1-7-13　机油耗量大

序号	故障的原因和特征	排除方法
1	管路接头漏油,其他部分漏油	拧紧各接头处或检查漏油处予以消除
2	活塞环被粘住或者磨损过大,气缸套磨损过甚,使机油通过活塞而进入燃烧室中(其特征是排气冒蓝烟)	更换活塞环,必要时更换气缸套
3	使用不适当的机油	采用适当的机油
4	活塞油环回油孔被积碳阻塞	除去积碳或更换油环

表 1-7-14　机油稀释

序号	故障的原因和特征	排除方法
1	活塞环粘住或磨损过甚	更换活塞环
2	采用不合适的机油或燃油	采用适当机油或燃油
3	柴油机温度经常太高	检查冷却系统
4	燃油进入机油内 1)喷油量过多; 2)喷油嘴滴油,喷油压力过低,使燃油不能良好燃烧	1)重新调整; 2)检修或更换新的喷油嘴

注:油底壳中机油稀释,这种故障的现象是机油压力太低,柴油机过热,气缸套及轴承磨损过甚,机油呈乳状化。

表 1-7-15　机油温度过高

序号	故障的原因和特征	排除方法
1	机油不足或机油过多	加入或减少机油至油尺指示高度(上面刻线)
2	柴油机负荷过重	减少负荷
3	机油冷却器污塞	清洗机油冷却器内部

表 1-7-16　油底壳机油平面升高

序号	故障的原因和特征	排除方法
1	气缸套下的封水圈损坏	更换封水圈(约高出缸套 0.5 mm)
2	气缸头裂缝(此时排气中水分增多,并凝聚起来,散热水箱加水口常有气泡冒出)	更换气缸头
3	气缸头垫片损坏	更换垫片或利用石棉线在漏水处填补
4	水冷式机油冷却器芯子损坏,使冷水进入机油内(用盛器取出水是否有油花)	检修或更换冷却器芯子
5	气缸套与机件结合面漏水	检查铜垫是否损坏,必要时换新的,早期生产的柴油机无此垫圈可增加铜垫圈(厚 0.05 mm)
6	气缸套已腐蚀有小气孔,以致漏水	更换气缸套
7	水泵漏水 1)水泵轴与水封处漏水; 2)反白垫密封不良; 3)水泵阻水弹簧封水橡皮圈损坏; 4)水泵回水孔堵塞	1)检修并更换水封; 2)研磨反白垫或更换反白垫; 3)更换封水橡皮圈; 4)消除堵塞

注:油底壳中机油平面升高,这种故障主要是由于冷却水进入机油内,机油呈乳黄色泡沫(可取 200 mL 机油放在玻璃杯静置一小时左右,视杯底部有无沉淀水)。

表 1-7-17　柴油机漏水

序号	故障的原因和特征	排除方法
1	水箱散热器或机油冷却器等部件的散热芯子,由于焊接不良或受震过大引起漏水	进行检修或更换
2	各管接头处漏水	紧固各接头处夹箍

表 1-7-18　出水温度过高

序号	故障的原因和特征	排除方法
1	水量不足或水管中形成气塞	在水箱内加水,开大进水阀,从水管顶部放去蒸气
2	水泵水量不足,形成冷却水循环不良	检查水泵,校正水泵间隙
3	水泵叶轮损坏	更换叶轮及轴
4	冷却系统中有过多水垢	消除水垢
5	水温表不正确	更换新温度计
6	散热水箱的散热片及钢管表面积垢太多	清洗
7	风扇传动皮带松弛,使风扇转速降低,风量减少	调整皮带张力或更换皮带
8	柴油机负荷过重	减少负荷
9	恒温器失灵	检查更换

表 1-7-19　电气系统一般故障和处理方法

序号	故障的原因和特征	排除方法
1	发电机没有充电电流或充电电流很小 1)发电机(或继电器、电流表)蓄电池电路接触点损坏或搭铁； 2)传动皮带打滑,速度太低； 3)发电机产生故障	1)检修,将线路接通或加以绝缘； 2)调整皮带使张力适当或更换新皮带； 3)修理发电机
2	电流 0 表指针跳动过大 1)发电机整流子和电刷沾污和沾油； 2)电刷弹簧的压力不够； 3)继电器故障	1)修正和清理整流子表面； 2)更换电刷并加以磨合或更换弹簧； 3)排除故障
3	发电机的充电电流过大和发热 1)发电机至电枢和磁场接线柱间或发电机和继电器间电线短路； 2)继电器故障	1)检修并消除之； 2)检修并消除之
4	继电器电阻烧坏 1)蓄电池接线反了； 2)柴油机低转速运转,继电器截流器失灵,蓄电池倒流； 3)一只蓄电池充电而继电器继续工作造成电流过大	1)检修继电器或更换并更正接线； 2)检修继电器或更换； 3)用两只蓄电池充电或将磁场线拉掉

表 1-7-20　射油泵一般故障和排除方法

序号	故障的原因和特征	排除方法
1	高压油泵不射油 1)油箱中无油； 2)燃油送油泵故障； 3)燃油滤清器或油管阻塞； 4)燃油系统中进入空气； 5)油泵芯子磨损； 6)出油阀不能紧闭或断裂	1)加入燃油于油箱内； 2)检修； 3)清洗； 4)排除空气； 5)更换； 6)拆开清洗并研磨修正封油垫圈
2	射油不均匀 1)燃油系统进入空气； 2)出油阀弹簧断裂； 3)出油阀平面与外圆磨损； 4)油泵弹簧断裂； 5)杂质使油泵芯子阻塞； 6)进油压力太小； 7)齿轮调节不当	1)排除空气； 2)更换弹簧； 3)研磨修正或更换； 4)更换； 5)清洗； 6)检查燃油送油泵及燃油滤清器； 7)应调整到出厂记号
3	出油量不足 1)出油阀漏油； 2)接头漏油； 3)油泵芯子套筒磨损； 4)装配错误	1)研磨修正或更换； 2)检查各接头并修理； 3)更换； 4)重新装配调整
4	出油量过多 1)油泵各缸未平衡； 2)装配错误	1)重新调整； 2)重新调整

表 1-7-21　调速器的一般故障及排除方法

序号	故障的原因和特征	排除方法
1	调速不稳定 1)各缸供油量不稳定； 2)喷油嘴喷孔积碳塞死和滴油； 3)拉杆销子松动； 4)油泵芯子弹簧断裂； 5)出油阀弹簧断裂	1)调整测量控制套筒； 2)检修畅通喷孔或调换喷油嘴； 3)更换拉杆销子； 4)更换； 5)更换
2	惰转速不能达到 1)手柄未放到底； 2)弹簧挂耳轧死； 3)齿轮齿杆有轻微轧住	1)检修将调速手柄放到底； 2)检修并消除之； 3)检修并消除之
3	游车(转速不稳定) 1)调速主副弹簧久用变形； 2)飞铁滚轮销孔和座架磨损松动； 3)油泵齿轮齿杆配合不当； 4)飞铁张开和收拢距离不一致； 5)油泵盖板孔松动,凸轮轴游动间隙过大； 6)齿杆销孔和拉杆与拉杆销子配合间隙太大	1)调节或更换弹簧； 2)更换飞铁； 3)重新调整装配； 4)检修校正； 5)检修增加铜垫片调到规定间隙； 6)更换拉杆销子
4	飞车 1)转速过高； 2)调速器外壳下部的螺塞松掉,杠杆销子脱落； 3)调速弹簧断裂； 4)齿杆和拉杆连接销子脱落、弹簧销片断裂； 5)杠杆销子脱落	立即停车检修 1)检查各部分如铅封等； 2)检修重新装配； 3)更换弹簧； 4)迅速松去高压油泵出油阀紧座(全部松掉)； 5)检修或更换之

表 1-7-22　送油泵一般故障及排除方法

序号	故障的原因和特征	排除方法
1	燃油送油量不足 1)送油泵止回阀断裂； 2)活塞磨损 3)进油紧帽漏气	1)更换止回阀； 2)更换； 3)扳紧漏油处

表 1-7-23　喷油器一般故障及排除方法

序号	故障的原因和特征	排除方法
1	喷油很少或喷不了油 1)油路有空气； 2)油针与油针体咬住； 3)油针与油针体配合太松； 4)燃油系统漏油严重； 5)射油泵供油不正常； 6)油针体与油针轧刹	1)排除空气； 2)修正或更换； 3)更换新喷油嘴； 4)紧固油路接头或更换零件； 5)检查原因并修正； 6)清洗修理
2	喷油压力低 1)调压螺钉松动； 2)调压弹簧变形而致压力减退	1)调整压力到 1.8 N/cm^2； 2)更换新弹簧

续表

序号	故障的原因和特征	排除方法
3	喷油压力太高 1)调压弹簧压力太大； 2)油针粘住； 3)喷孔塞死	1)调整压力或更换； 2)修正喷油嘴； 3)清洗修理
4	喷油器漏油严重 1)调压弹簧折断； 2)油针体座面损坏； 3)油针咬刹； 4)紧帽久用变形； 5)喷油器外壳平面磨损不平	1)更换新弹簧； 2)更换新喷油嘴； 3)清理更换新的喷油嘴； 4)更换新螺帽； 5)研磨外壳平面或更换
5	燃油雾化不良 1)油针体变形或磨损； 2)油针体座面磨损或烧坏	1)更换新喷油嘴； 2)更换新喷油嘴
6	喷油成线 1)喷孔塞死； 2)油针体座面磨损过度； 3)油针咬刹	1)用直径0.2 mm钢丝通喷油孔(200号汽油灯通针亦可)，操作时要耐心，防止通针断掉使油嘴成废品； 2)更换新喷油嘴； 3)清理或更换
7	喷油嘴表面烧坏呈蓝黑色(柴油机过热)	检修冷却系统，并更换新喷油嘴

思考题

1. 简答柴油机一个工作循环有哪几个过程？
2. 一台柴油机的铭牌型号应能反映出哪些内容？
3. 详细叙述柴油机一个工作循环包括哪几个过程。

第二篇 船闸电气

第一章　电工电子技术基础

第一节　电工技术基础

一、直流电路

（一）电路的基本概念

1. 电路和电路的组成

电路是为了实现和完成人们的某种需要，由电源、导线、开关、负载等电气设备或元器件组成的，能使电流流通的整体。简单地说，电流流通的路径称为电路。电路的基本作用是能实现电能的产生、传输和转换。

一个完整电路一般由电源、负载和中间环节三部分组成。

（1）电源是电路中电能的来源，是供应电能的设备。例如，发电机将机械能转换成电能，干电池将化学能转换成电能等。

（2）负载是电路中的用电设备，是消耗电能的设备。例如，电动机将电能转换成机械能，电灯将电能转换成光能和热能等。

（3）中间环节是连接电源和负载的部分，其主要作用是传输或控制电能，最简单的中间环节包括连接导线和开关等。

一个最简单的电路——手电筒电路如图 2-1-1(a)所示。按国家统一规定的各种电气设备和器件的符号绘制的电路，称为电路图，如图 2-1-1(b)所示。

2. 电路的工作状态

一个电路可以呈现出三种状态。

（1）通路：开关接通，形成闭合回路，电路中有电流。

（2）开路或断路：开关断开或电路中某处断线，电路中无电流。

（3）短路：电路中不应该连接的地方被连接起来了，此时电路中电流往往很大，很容易损坏器件,在实际中应严禁短路现象发生。

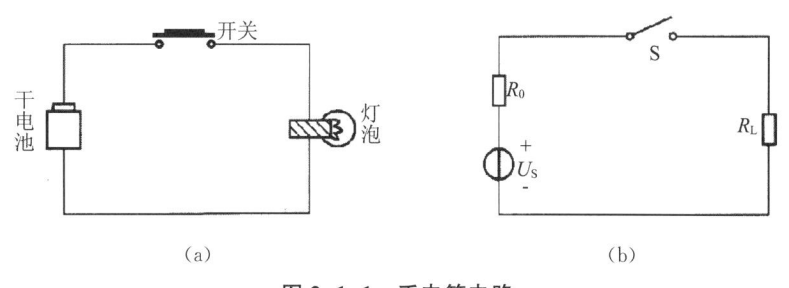

(a)　　　　　　　　　　　　(b)

图 2-1-1　手电筒电路

（二）电路的主要物理量

1. 电流

电荷(电子或离子)在电场力或外力的作用下,做有规律的运动形成电流。电流的大小用电流强度来表征。电流强度简称电流,用符号 I 来表示,其单位为安培,简称安,用字母 A 表示。此外,常用的单位有:毫安(mA)、微安(μA)等。它们的关系是:

$$1 \text{ mA}=1/1\,000 \text{ A}$$
$$1 \text{ }\mu\text{A}=1/1\,000 \text{ mA}$$

大小和方向都不随时间变化的电流称为恒定电流,简称直流,用大写字母 I 表示;大小和方向都随时间变化的电流称为交变电流,简称交流,用小写字母 i 表示。

习惯上,我们把正电荷运动的方向规定为电流的方向。

2. 电压和电位

电压是衡量电场力做功能力的物理量。在电路中,电场力把单位正电荷由 A 点移动到 B 点所做的功,定义为 A、B 两点之间的电压。电压的符号用 U 表示,其单位为伏特,简称伏,用字母 V 表示。此外,常用的单位有:千伏(kV)、毫伏(mV)、微伏(μV)等。它们的关系如下。

$$1 \text{ }\mu\text{V}=1/1\,000 \text{ mV}$$
$$1 \text{ mV}=1/1\,000 \text{ V}$$
$$1 \text{ V}=1/1\,000 \text{ kV}$$

大小和方向都不随时间变化的电压称为直流电压,用大写字母 U 表示;大小和方向随时间变化的电压称为交流电压,用小写字母 u 表示。

我们规定电压降低的方向为电压的实际方向,也就是说电压的实际方向是由高电位点指向低电位点。电路中任意两点间的电压只与起点及终点的位置有关,而与计算时选取的路径无关,即两点间的电压具有唯一性。

电路中任意一点与参考点之间的电压,叫作该点的电位,也就是该点对参考点所具有的电位能。电位的符号用 V 表示,其单位与电压的单位相同。参考点是在电路中选定的零电位点,用符号"⊥"表示。参考点的选择不同,同一点的电位就不同,因此电位具有相对性;但电压与参考点的选择无关,因此电压具有绝对性。

3. 电动势

在闭合电路中,需维持连续不断的电流,必须有电源。电源内有一种外力(非静电力),我们称它为电源力。它能把由"＋"极经负载流回到"－"极的正电荷从电源内部搬运到电源的"＋"极,从而使正电荷沿电路不断地循环流动。

外力克服电场力,把单位正电荷从"－"极搬运到"＋"极所做的功,称为这两极之间的电动势,用 E 表示,其单位为伏特,用字母 V 表示。电动势是衡量外力做功能力的物理量。外力克服电场力所做的功,使正电荷的电位能升高。

电动势的实际方向规定为从低电位点指向高电位点,即由"－"极指向"＋"极。因此沿电动势的实际方向电位是逐点升高的。

4. 电能和电功率

如图 2-1-2 所示的直流电路中,AB 两点的电压为 U,电路中的电流为 I,则负载电阻 R_L 在 t 时间内所消耗(或吸收)的电能为

$$W = UIt \tag{2-1-1}$$

单位时间内消耗的电能称为电功率(简称功率),用 P 表示,即

$$P = \frac{W}{t} = UI \tag{2-1-2}$$

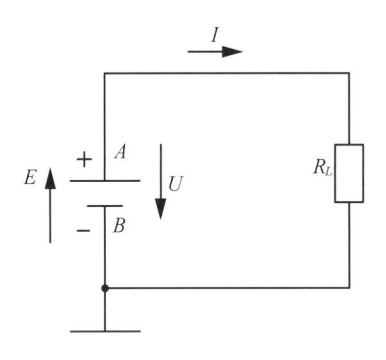

图 2-1-2 电路中电压、电流、电动势的实际方向

在国际单位制中,功率的单位是瓦特,简称瓦(W),电能的单位是焦耳(J)。电能的单位也可用千瓦时(kW·h)表示,1 kW·h 就是 1 kW 功率的设备,使用 1 个小时所消耗的电能。1 kW·h 俗称 1 度电。

$$1\text{ kW·h} = 1\ 000\text{ W} \times 3\ 600\text{ s} = 3.6 \times 10^6\text{ J}$$

5. 电阻

导体对电流的阻碍作用称为电阻,用 R 表示,其单位是欧姆,简称欧,用字母 Ω 表示。

实验证明,同一材料的电阻与导体的长度 l(m)成正比,与其横截面积 A(mm²)成反比,并与导体材料的性质有关,即

$$R = \frac{\rho l}{A} \tag{2-1-3}$$

式中:ρ——导体的电阻率,电阻率的单位是 $\Omega\cdot\text{mm}^2/\text{m}$(或 $\Omega\cdot\text{m}$)。

(三) 电路的基本定律

1. 欧姆定律

(1) 一段电阻电路的欧姆定律

如图 2-1-3 所示电路是闭合电路中的一段,在这一段电路上不含电动势,仅有电阻,因此称为一段电阻电路。

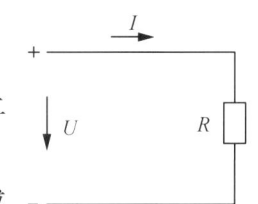

通过实验可以得出:流过电阻的电流跟电阻两端的电压 U 成正比,跟电阻的阻值 R 成反比,即

图 2-1-3　一段电阻电路

$$I = \frac{U}{R} \tag{2-1-4}$$

$$\text{或 } U = RI \tag{2-1-5}$$

(2) 全电路的欧姆定律

全电路是指含有电源的闭合电路,如图 2-1-4 所示,R_L 是负载电阻,一个实际电源可以用一个电动势 E 和一个内阻 R_0 相串联的理想元件来表示。全电路的欧姆定律的内容是:全电路的电流与电源的电动势成正比,与整个电路(包括外路和内电路)的电阻成反比,即

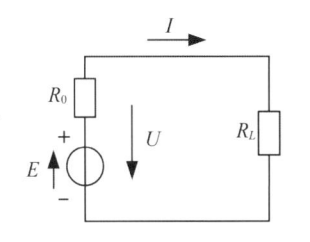

图 2-1-4　最简单的闭合电路

$$I = \frac{E}{R_L + R_0} \tag{2-1-6}$$

当电源开路时,$I = 0$,电源内阻上的电压降为 0,则得

$$E = U \tag{2-1-7}$$

即电源开路时的端电压等于电动势。通常测定电源的电动势就是测量电源的开路电压。

2. 基尔霍夫定律

首先介绍与定律有关的几个电路名词。

支路:无分支的一段电路称为支路。支路中流过的电流叫作支路电流。图 2-1-5 中共有三条支路。I_1、I_2、I_3 分别为这三条支路的支路电流。

节点:三条或三条以上支路的联结点称为节点。在图 2-1-5 中共有两个节点——a 和 b。

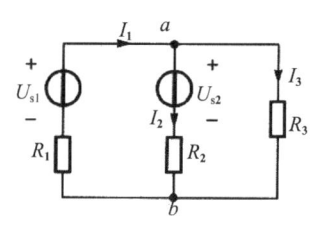

图 2-1-5　电路举例

回路:由支路构成的任一闭合路径称为回路。图 2-1-5 中共有三个回路。

网孔:不含多余支路的单孔回路称为网孔。图 2-1-5 中有两个网孔。

(1) 基尔霍夫电流定律(KCL)

基尔霍夫电流定律是研究节点处电流关系的定律。其内容为:在任意时刻,任意节点处,流出节点的电流和等于流入节点的电流和。

如图 2-1-5 所示电路中,对节点 a 可以写出节点方程:

$$I_1 = I_2 + I_3 \quad \text{或} \quad I_1 - I_2 - I_3 = 0 \tag{2-1-8}$$

若规定流入节点的电流为正,流出节点的电流为负,则可写成一般式:

$$\sum I = 0 \tag{2-1-9}$$

上式说明,在电路的任何节点上,电流的代数和等于零。

基尔霍夫电流定律一般应用于电路中的节点,但也可以将它推广,适用于任意假定的封闭面,该封闭面叫作广义节点。即流入一个封闭面的电流之和等于流出该封闭面的电流之和。

如图 2-1-6 所示三极管的三个电流之间也具有同样的关系,即

$$I_B + I_C = I_E$$
$$\text{或} \quad I_B + I_C - I_E = 0$$

(2) 基尔霍夫电压定律(KVL)

图 2-1-6　基尔霍夫电流定律的推广应用

基尔霍夫电压定律是反映任一回路中电压之间关系的定律。其内容为:在任一瞬间,沿任一回路绕行一周,回路内所有支路或元件电压的代数和恒等于零。即

$$\sum U = 0 \tag{2-1-10}$$

例如,图 2-1-7 显示的闭合回路中,从 a 点出发,沿顺时针方向经过 b、c、d、e 绕行一周又回到 a 点,由 KVL 则有:

$$U_1 + U_2 - E_1 - U_3 + E_2 = 0$$

方程式中的符号是这样确定的:当元件两端电压的参考方向与回路绕行方向相同时取正号,反之取负号。

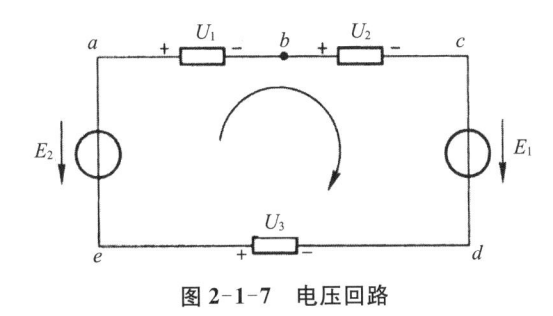

图 2-1-7 电压回路

该定律也可叙述为:在任一瞬间,沿任一回路绕行一周,回路中所有电阻上的电压降的代数和恒等于所有电动势的代数和。即

$$\sum IR = \sum E \qquad (2\text{-}1\text{-}11)$$

这里凡是电流参考方向同绕行方向一致者,它在电阻上的电压取正号,反之取负号。凡是电动势的方向同绕行方向一致者取正号,反之取负号。

二、单相交流电路

(一) 正弦交流电的三要素

按正弦规律变化的电压和电流可以用时间 t 的正弦函数来表示,即

$$\begin{cases} u = U_m \sin(\omega t + \varphi_u) \\ i = I_m \sin(\omega t + \varphi_i) \end{cases} \qquad (2\text{-}1\text{-}12)$$

上式中 u 和 i 表示正弦量在任一时刻的量值,称为瞬时值;U_m、I_m 表示正弦量在变化过程中出现的最大瞬时值,称为最大值;ω 称为角频率;φ_u、φ_i 称为初相位。最大值、角频率、初相位称为正弦量的三要素。如图 2-1-8 所示。

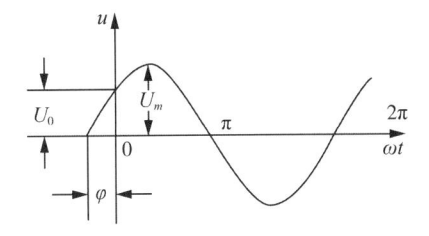

图 2-1-8 正弦交流电

1. 周期、频率和角频率

正弦交流电交变一次所经历的时间称为交流电的周期,用 T 表示,其基本单位为秒(s)。正弦交流电 1 秒内所完成的交变次数称为交流电的频率,用 f 表示,单位为赫兹(Hz),简称赫。由上述定义可知

$$T = \frac{1}{f} \text{ 或 } f = \frac{1}{T} \tag{2-1-13}$$

我国电力工业用的交流电的频率是 50 Hz。这一频率是我国的标准工业频率,所以又称为工频。有些国家(如日本、美国等)则采用 60 Hz 的交流电。在某些技术领域中还使用其他不同的频率,如无线电工程上用的交流电,频率高达 $10^5 \sim 3 \times 10^{10}$ Hz。正弦交流电每秒所经历的电角度称为角频率,用 ω 表示,其单位是弧度/秒(rad/s)。因为交流电变化一个周期的电角度相当于 2π rad,故

$$\omega = \frac{2\pi}{T} = 2\pi f \tag{2-1-14}$$

2. 相位、初相位和相位差

在式(2-1-12)中,$(\omega t + \varphi_u)$、$(\omega t + \varphi_i)$ 都是随时间变化的电角度,称为正弦交流电的相位。相位的单位是弧度,也可用度。在开始计时的瞬间,即 $t = 0$ 时的相位称为初相位。

两个同频率正弦量的相位之差称为相位差。例如式(2-1-12)中的正弦电压 u 和电流 i 之间的相位差 φ 为

$$\varphi = (\omega t + \varphi_u) - (\omega t + \varphi_i) = \varphi_u - \varphi_i \tag{2-1-15}$$

上式表明,两个同频率正弦量之间的相位差并不随时间而变化,而等于两者的初相位之差。相位差是反映两个同频率正弦量相互关系的重要物理量。它表示了两个同频率正弦量随时间变化"步调"上的先后。当 $\varphi = \varphi_u - \varphi_i = 0$ 时,称 u 和 i 同相。当 $\varphi = \varphi_u - \varphi_i > 0$ 时,称 u 超前于 i,或者说 i 滞后于 u。当 $\varphi = 180°$ 时,称 u 与 i 反相。若 $\varphi = 90°$ 时,则称 u 与 i 正交。

3. 瞬时值、最大值和有效值

正弦交流电在某一瞬时的量值,称为瞬时值。正弦交流电在变化过程中出现的最大瞬时值称为最大值。瞬时值和最大值都是表征正弦量大小的,但在应用中通常采用有效值来表示正弦量的大小。

有效值是从电流热效应的角度规定的。设交流电流 i 和直流电流 I 分别通过阻值相同的电阻 R,在一个周期 T 的时间内产生的热量相等,则这一直流电流的数值 I 就称为该交流电流 i 的有效值。按此定义,有

$$I = \frac{I_m}{\sqrt{2}} \tag{2-1-16}$$

同理,对于正弦电压,其有效值为

$$U = \frac{U_m}{\sqrt{2}} \tag{2-1-17}$$

通常所说的交流电压 220 V,交流电流 3 A,都是指有效值。交流电压表和交流电流表的读数,一般也是有效值。

(二) 交流电的功率

1. 瞬时功率

在交流电路中,电流和电压都是随时间变化的,所以电路上消耗的电功率也是随时间变化的,在某一时刻,其瞬时功率等于电压瞬时值 u 与电流瞬时值 i 的乘积,即

$$p = ui \tag{2-1-18}$$

2. 平均功率(有功功率)

在实际应用中,通常电路中的功率不是指瞬时功率,而是指瞬时功率在一周期内的平均值,称为平均功率,也叫有功功率,用大写字母 P 表示,即

$$P = UI\cos\varphi \tag{2-1-19}$$

平均功率反映了电阻实际消耗的功率,我们说电灯泡的功率是 100 W、电阻丝的功率是 1 kW 都是对平均功率而言的。

对于纯电感电路或纯电容电路,只存在电能和磁场能的周期性转换,并不消耗能量,由此在一个周期内其瞬时功率的平均值恒等于零,也就是说,纯电感电路或纯电容电路的平均功率等于零。

3. 无功功率

工程中为了表示储能元件能量交换的强弱,引入了无功功率 Q,并定义

$$Q = UI\sin\varphi \tag{2-1-20}$$

它具有功率的量纲,但为了与电阻上消耗的有功功率相区别,无功功率的基本单位为乏尔,简称乏(var)。无功功率体现了储能元件能量交换的最大速率。

在正弦交流电路中,电阻元件的无功功率为零。电容元件的无功功率(Q_C)取负值,而电感元件的无功功率(Q_L)取正值,也即它们的无功功率相互补偿一部分,不足的再与外电路进行交换。即电路中的无功功率为

$$Q = Q_L - Q_C \tag{2-1-21}$$

4. 视在功率

在交流电路中，我们将正弦交流电路中电压有效值与电流有效值的乘积称为视在功率，用字母 S 表示，单位为伏·安（V·A），即

$$S = UI \tag{2-1-22}$$

视在功率通常用来表示电源设备的容量。

因此，交流电路中的有功功率、无功功率和视在功率三者的关系如下。

$$\begin{cases} P = S\cos\varphi \\ Q = S\sin\varphi \\ S = \sqrt{P^2 + Q^2} \end{cases} \tag{2-1-23}$$

5. 功率因数

我们把 $\lambda = \cos\varphi$ 称为电路的功率因数。功率因数 $\cos\varphi$ 为电路中有功功率与视在功率的比值，即 $\cos\varphi = \dfrac{P}{S}$，其大小表示电源功率被利用的程度。

功率因数越大，表示电源发出的电能转换成热能或机械能越多，而与电感或电容之间相互交换的能量即无功功率越少。对于某一电源设备，其视在功率表示它所能输出的最大有功功率的数值，但负载上能否得到这样大的有功功率还取决于负载的性质。对于纯电阻性负载，如电灯、电炉，则 $\cos\varphi = 1$，负载上得到的有功功率就等于电源输出的视在功率；对于感性负载，如日光灯、异步电动机，则 $0 < \cos\varphi < 1$，这时负载上得到的有功功率只是电源输出的视在功率的一部分，可见电源的容量没有被充分利用，是不经济的。

由于工业上大量的设备均为感性负载，因此常采用并联电容器的方法来提高功率因数。

（三）简单的交流电路

将用电器接到交流电源上所组成的电路叫作交流电路。按在交流电路中的用电器的不同可分为电阻、电容、电感三种基本情况。在交流电路中存在电阻、感抗和容抗三个因素对电流有阻碍作用。在电路中如果只有一个因素阻碍电流流过，这样的电路叫作纯电路。如：只有电阻的交流电路叫作纯电阻电路；只有感抗的电路叫作纯电感电路；只有容抗的电路叫作纯电容电路。

1. 纯电阻电路

置于交流电路中的白炽灯、电炉丝是用高电阻材料制成的，如钨、康铜、锰钢等。在这种电路中电阻起主要作用，而电感和电容的影响很小，可忽略不计，这种电路称为纯电阻电路。图 2-1-9 为纯电阻电路及矢量图。

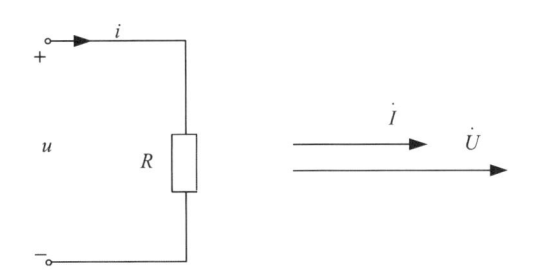

图 2-1-9　纯电阻电路及矢量图

2. 纯电感电路

如图 2-1-10 所示，将线圈接在交流电路中，电路中的感抗起主要作用。因此当线圈或绕组接在交流电路中，如果忽略其电阻的作用就成为纯电感电路。其物理意义是：纯电感线圈在交流电路中不消耗电能，即线圈与电源之间只有能量交换关系。我们用瞬时功率的最大值来衡量这种能量转换的规模，并把它叫作电路的无功功率，其单位是"乏"。

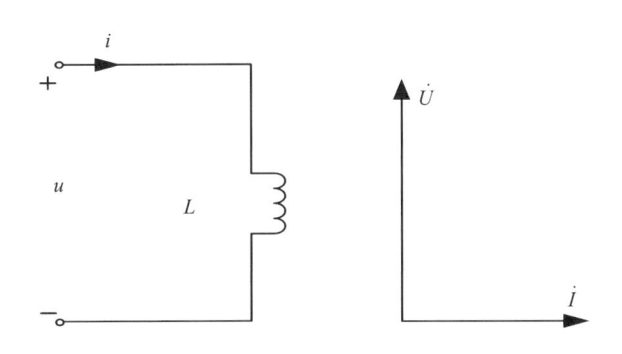

图 2-1-10　纯电感电路及矢量图

无功功率在生产实践中占有很重要的地位。因为很多电气设备都是根据电磁原理工作的。它们都是感性负载并靠磁场传送和转换能量。只有在磁场作用下才起作用，没有磁场这些设备（如工频炉、电磁振荡器）就不能工作。而磁场能量是靠外电源供给的，因此"无功"不能理解为无用，而是具有电感线圈的电气设备（感性负载）正常工作的必要条件。

3. 电阻、电感串联电路

把电阻 R 与线圈 L 串联后接在交流电源上，就组成电阻与电感的串联电路。图 2-1-11 为电阻与电感的串联电路及矢量图。R、L 串联电路实际上就是一个电阻不能忽略的线圈电路。生活中用的荧光灯照明电路以及工业生产中所用的感应加热炉等，都可以认为是 R、L 的串联电路。因此，R、L 串联电路有其重要的实际意义。

电阻与电感串联电路的特点是：流过电阻 R 与线圈 L 的电流大小是相等的，方向相同。但电阻两端的电压与线圈两端的电压的大小是不等的，方向也是不同的，而线圈两端的电压比电阻两端的电压超前 90°。总电压等于两个分电压的平方和的算术平方根，而且在相位上它比电流超前 φ 角。在 R 与 L 的串联电路中，只有电阻消耗能量。

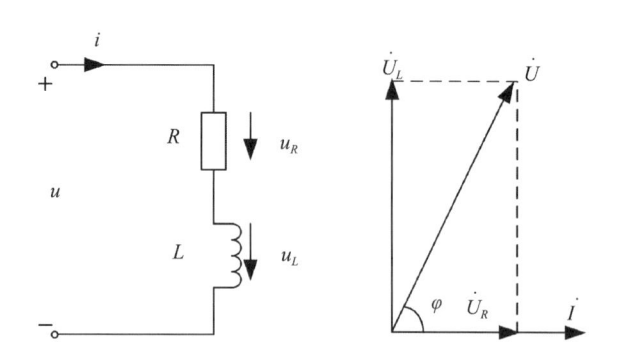

图 2-1-11　电阻与电感的串联电路及矢量图

4. 纯电容电路

若把电容器接到交流电源上，如图 2-1-12 所示，虽然电流不能直接通过电容器的介质，但是由于电容器周期性充放电，所以在电容器的外电路中就会出现电流，这种现象叫作交流电通过电容器。纯电容电路是指把电容器接在交流电源上所组成的电路。此时，阻碍电流的主要因素是容抗，其他因素可忽略不计。电容元件有隔断直流的作用，电压相位滞后电流 90°。电容器也同样不消耗电能，但在电源和电容器之间有能量的交换。

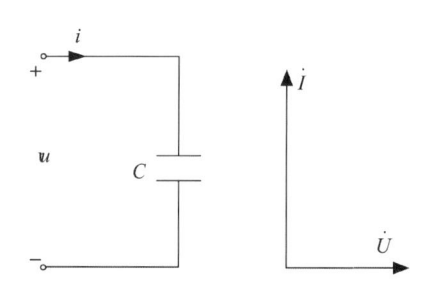

图 2-1-12　纯电容电路及矢量图

5. 电阻、电感、电容串联电路

图 2-1-13 为电阻、电感与电容的串联电路图。在无线电技术中，常用的电压谐振电路就属于这种电路。串联谐振或电压谐振其电流的大小仅取决于电阻而与电感、电容均无关。

当电路发生串联谐振时，电感两端的电压与电容两端的电压大小相等、方向相反，瞬时功率也是大小相等、符号相反。这表明：当电感线圈中的磁场能量增大时，电容中的电场能量便减小；反过来，电场能量增大时，磁场能量则减小。

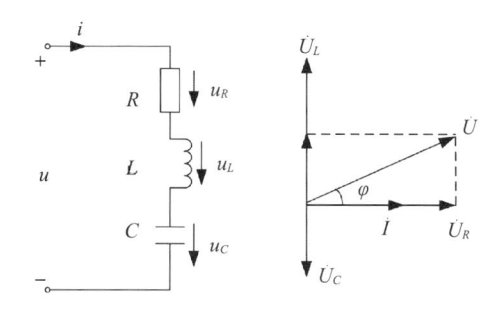

图 2-1-13 电阻、电感、电容串联电路及矢量图

串联谐振在实际中的应用很广泛:如在收音机选择电台时就是改变可变电容器的电容值使谐振频率与电台信号频率一致,电路发生串联谐振,此时电容或电感两端信号电压最大,再经放大、检波就可从喇叭中听到所选电台的广播节目。

三、三相电路

(一)三相电源

对称的三相电源是由三个频率相同、振幅相同、初相依次相差 120°的正弦电源,按一定方式(星形或三角形)联结组成的供电系统。

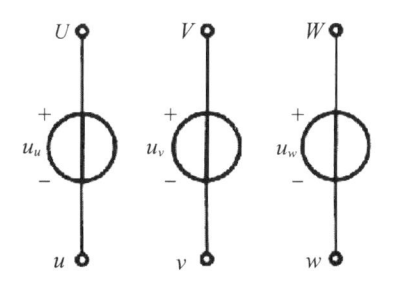

图 2-1-14 三相电源

在图 2-1-14 中,三个正弦电源正极性端记为 U、V、W,负极性端记为 u、v、w,图中每一个电压源称为三相电压源的一相,依次为 U 相、V 相、W 相,三个相电压分别记为 u_U、u_V、u_W。有

$$\begin{cases} u_U = U_m \sin \omega t \\ u_V = U_m \sin(\omega t - 120°) \\ u_W = U_m \sin(\omega t + 120°) \end{cases} \quad (2-1-24)$$

对称三相电源的波形图、矢量图见图 2-1-15。

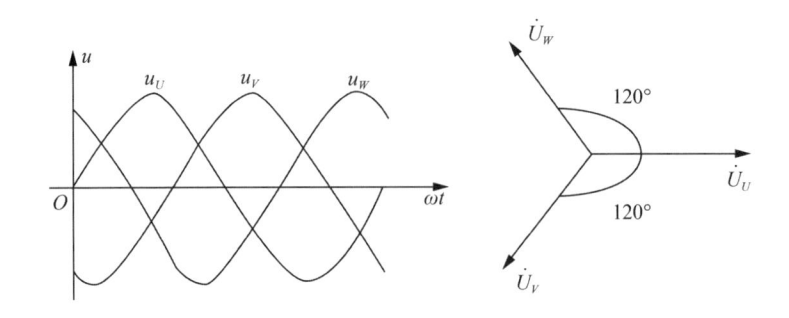

图 2-1-15　对称三相电源的波形图和矢量图

通过三相电源的波形图、矢量图分析得到,在任何瞬时对称三相电源的电压之和为零。

$$\begin{cases} u_U + u_V + u_W = 0 \\ \dot{U}_U + \dot{U}_V + \dot{U}_W = 0 \end{cases} \tag{2-1-25}$$

若 U 相超前 V 相,V 相超前 W 相,U、V、W 相序称为顺序,否则为逆序。在电力系统中一般用黄、绿、红颜色区别 U、V、W 三相。

(二) 三相电路的联结

三相电路通常由三相电源、三相负载、三相输电线路构成。

1. 电源的联结

通常把对称的三相电源,联结成星形(Y)或三角形(△)两种形式。

(1) Y 形联结

若将电源的三相定子绕组末端 U_2、V_2、W_2 连在一起,分别由三个首端 U_1、V_1、W_1 引出三条输电线,称为星形(Y)联结。这三条输电线称为相线或端线,俗称火线,用 U、V、W 表示;U_2、V_2、W_2 的联结点称为中性点,从中性点引出的导线称为中线(或零线),又由于中线常常接地,所以又称为地线,用 N 表示。端线与中线之间的电压 $\dot{U}_U$、$\dot{U}_V$、$\dot{U}_W$ 叫相电压,方向从始端指向末端,有效值用 U_p 表示。端线之间的电压 $\dot{U}_{UV}$、$\dot{U}_{VW}$、$\dot{U}_{WU}$ 称为线电压,有效值用 U_l 表示。

线电压与相电压有如下的关系(见图 2-1-16)。可见相电压对称,线电压同样也对称。

$$\begin{cases} \dot{U}_{UV} = \dot{U}_U - \dot{U}_V \\ \dot{U}_{VW} = \dot{U}_V - \dot{U}_W \\ \dot{U}_{WU} = \dot{U}_W - \dot{U}_U \end{cases} \tag{2-1-26}$$

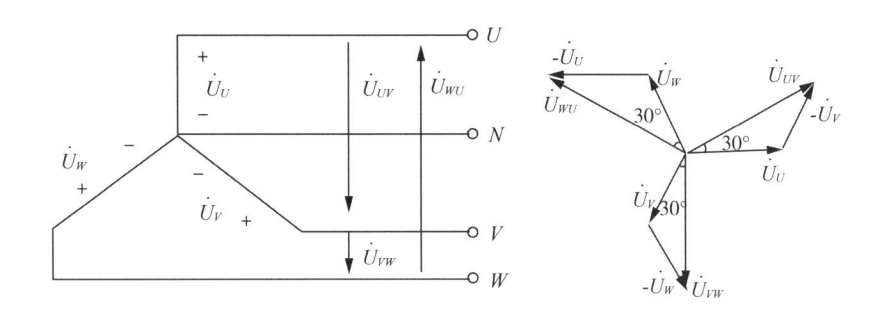

图 2-1-16　三相电源 Y 形联结及矢量图

根据矢量图中三角关系可得对称三相电源联结成星形(Y)时,线电压与相电压的有效值关系为

$$U_l = \sqrt{3}U_p \tag{2-1-27}$$

即在对称三相电源的星形联结中,线电压 U_l 是相电压 U_p 的 $\sqrt{3}$ 倍,线电压超前对应的相电压 30°,线电流 I_l 等于相电流 I_p。一般低压供电的线电压是 380 V,它的相电压是 $380/\sqrt{3}=220$ V。负载可根据额定电压决定其接法:若负载额定电压是 380 V,就接在两根端线之间;若负载额定电压是 220 V,就接在端线和中线之间。注意:不加说明的三相电源和三相负载的额定电压都是指线电压。

(2) △形联结

在图 2-1-17 中,电源的三相绕组还可以将一相的末端与相应的另一相的始端依次联结成三角形,并从联结点引出三条相线 U、V、W 给用户供电。

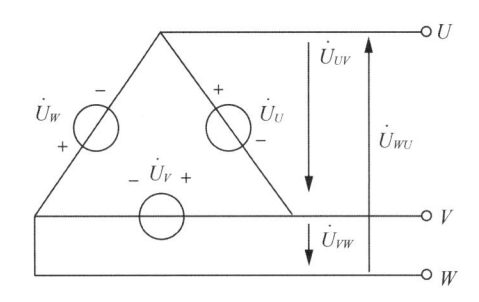

图 2-1-17　三相电源△形联结

注意:每相的正负极不能接错,如果接错,$\dot{U}_{UV}+\dot{U}_{VW}+\dot{U}_{WU} \neq 0$,引起环流会损坏电源。在三角形联结中,电源的线电压等于相电压。

2. 负载的联结

在三相电路中,通常把三相负载联结成星形(Y)或三角形(△)两种形式。

(1) 三相负载的 Y 形联结

假定把三相负载 Z_U、Z_V、Z_W 的一端联结在一起,用 N' 来表示,这点称为负载的中性点;三相负载 Z_U、Z_V、Z_W 的另一端及中性点用导线分别与三相电源的三个端线及中性点 N 相联结,见图 2-1-18,组成的供电系统,叫作三相四线制。不接中性线 NN' 的供电系统,叫作三相三线制。

如果三相负载大小相等,性质相同,就叫作对称的三相负载。如果三相电源对称,三相负载对称,各相连接线的复阻抗相等,由此组成的电路,称为对称的三相电路。

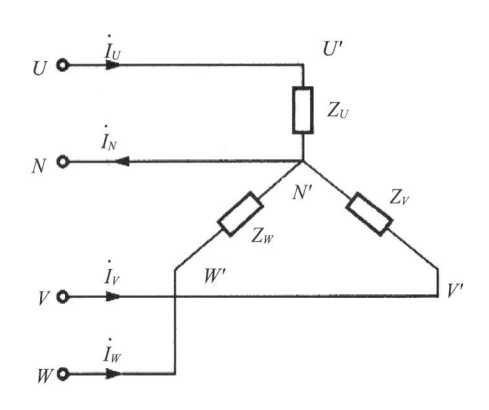

图 2-1-18 三相负载的 Y 形联结

负载 Y 形联结并具有中线时,每相负载两端的电压叫作负载的相电压,当输电线的阻抗被忽略时,负载的相电压等于电源的相电压;负载的线电压等于电源的线电压。负载的相电压与线电压的关系为

$$U_l = \sqrt{3} U_p \tag{2-1-28}$$

且线电压的相位比相应的相电压的相位超前 30°。

通过每相负载的电流称为相电流,用 I_p 表示;通过各端线的电流称为线电流,用 I_l 表示;流经中线的电流称为中线电流,用 I_N 表示。从图 2-1-18 可以看出,Y 形联结的负载,其相电流等于线电流,即

$$I_p = I_l \tag{2-1-29}$$

中线电流等于三个线(相)电流的向量和,即

$$\dot{I}_N = \dot{I}_U + \dot{I}_V + \dot{I}_W \tag{2-1-30}$$

若负载对称,线电流对称,则

$$\dot{I}_N = \dot{I}_U + \dot{I}_V + \dot{I}_W = 0 \tag{2-1-31}$$

(2) 三相负载的△形联结

假定三相负载对称,都等于 Z,联结成三角形,见图 2-1-19。

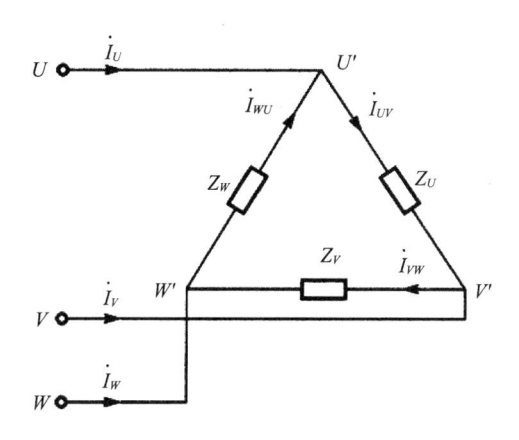

图 2-1-19　三相负载△形联结

在对称三相负载的三角形联结中,线电流 I_l 等于相电流 I_p 的 $\sqrt{3}$ 倍,线电流滞后对应的相电流 $30°$,线电压 U_l 等于相电压 U_p。

综上所述的三相电路中,有如下结论。

在星(Y)形联结的情况下,$U_l = \sqrt{3} U_p$,$I_l = I_p$。

在三角(△)形联结的情况下,$I_l = \sqrt{3} I_p$,$U_l = U_p$。

为了保证每相负载正常工作,中性线是不允许接入开关或保险丝的。

(三) 三相电路的功率

在三相电路中,三相负载总的有功功率等于各相有功功率之和,即

$$P = P_U + P_V + P_W \tag{2-1-32}$$

每相负载的有功功率为

$$P_p = U_p I_p \cos\varphi \tag{2-1-33}$$

如果三相负载对称,每相负载有功功率相同,则

$$P = 3P_p = 3U_p I_p \cos\varphi \tag{2-1-34}$$

φ 角为相电压与相电流的相位差。

在对称三相负载的三角形联结中,$I_l = \sqrt{3} I_p$,$U_l = U_p$。

在对称三相负载的星形联结中,$U_l = \sqrt{3} U_p$,$I_l = I_p$。

从而对称三相负载的有功功率为

$$P = \sqrt{3} U_l I_l \cos\varphi \tag{2-1-35}$$

注意:其中 φ 角仍为相电压与相电流之间的相位差。

同理,对称三相负载的无功功率和视在功率分别为

$$Q = \sqrt{3}U_l I_l \sin\varphi \quad (2\text{-}1\text{-}36)$$

$$S = U_l I_l \quad (2\text{-}1\text{-}37)$$

第二节　电子技术基础

一、半导体器件及应用

(一) 半导体基础知识

物质按导电能力的不同,可分为导体、半导体和绝缘体三类。半导体的导电能力,介于导体和绝缘体之间,在常态下更接近于绝缘体,但在掺杂、受热或光照后,其导电能力明显增强而接近于导体。用于制造电子器件的半导体材料有锗、硅和砷化镓等。

1. 本征半导体

纯净的具有晶体结构的半导体称为本征半导体。在物理学中已经学过,半导体中存在着两种载流子:带负电的自由电子和带正电的空穴。两种载流子同时存在,是半导体区别于导体的重要特点。

在本征半导体中,两种载流子是成对出现的,两者数量相等。但温度对其影响很大,温度越高,载流子的数量越多。

本征半导体中载流子总数很少,导电能力很差,如果渗入微量的其他合适的元素——这种做法被称为掺入杂质(简称掺杂),可以使半导体的导电能力有很大提高。

2. 杂质半导体

掺入杂质的半导体称为杂质半导体。如果所掺杂质带来了很多空穴,使得空穴的总数远大于自由电子,则空穴成为多数载流子,自由电子成为少数载流子,这种半导体主要靠空穴导电,称为空穴型半导体,简称 P 型半导体。

如果所掺杂质使得自由电子的总数远大于空穴,自由电子成为多数载流子,空穴成为少数载流子,这种半导体主要靠自由电子导电,称为电子型半导体,简称 N 型半导体。

杂质半导体中多数载流子的数量主要取决于掺杂的浓度。而少数载流子的数量则与温度有密切关系。温度越高,少数载流子越多。

单独的 P 型或 N 型半导体与本征半导体相比,只是导电能力增强,仅能用来制造电

阻元件，如半导体集成电路中的电阻。但是由它们共同形成的 PN 结却是制造各种半导体器件的基础。

3. PN 结

通过现代工艺，把一块本征半导体的一边形成 P 型半导体，另一边形成 N 型半导体，这两种半导体的交界处就形成了 PN 结。PN 结具有单向导电特性。当 PN 结外加正向电压（外加反向电压的正极接 P 区一侧，负极接 N 区一侧），形成较大的正向电流时，PN 结呈现很小的正向电阻，PN 结导通；当 PN 结外加反向电压（外加反向电压的正极接 N 区一侧，负极接 P 区一侧），反向电流很小时，PN 结呈现很大的反向电阻，PN 结截止。

（二）半导体二极管

1. 基本结构

半导体二极管是在一个 PN 结两侧加上电极引线而做成的，如图 2-1-20 所示，P 区一侧引出的电极称为阳极，N 区一侧引出的电极称为阴极。图 2-1-20 还给出了二极管的图形符号。

按 PN 结的不同，二极管分为点接触型和面接触型两种。点接触型的二极管，PN 结的面积小，结电容也小，只能通过较小的电流，可用于高频电路或小电流整流电路。面接触型的二极管，PN 结的面积大，结电容也大，可以通过较大的电流，可用于低频电路或大电流整流电路。

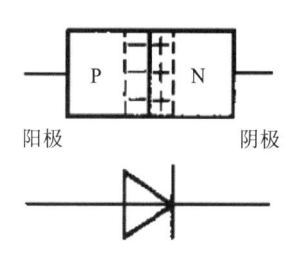

图 2-1-20 半导体二极管

按材料的不同，二极管可分为硅管（一般为面接触型）和锗管（一般为点接触型）两种。

按用途不同，二极管又可分为普通管、整流管、开关管和稳压管等。

2. 伏安特性

二极管的电流与电压之间的关系曲线称为二极管的伏安特性曲线，图 2-1-21 给出了硅管和锗管的伏安特性曲线，它们可以分为正向特性和反向特性两部分。

正向特性反映了二极管外加正向电压时电流与电压的关系。在正向电压很小时，由于外电场不足以克服内电场对多数载流子扩散运动的阻力，使得正向电流几近为零（曲线 OA 段），这时二极管并未真正导通，这一段所对应的电压称为二极管的死区电压或阈值电压，通常硅管约为 0.5 V，锗管约为 0.2 V。当正向电压大于死区电压后，内电场被大大削弱，正向电流迅速增加，这时的二极管才真正导通，由于这一段曲线很陡，在正常工作范围内，二极管两端的电压几乎恒定。硅管约为 0.6～0.8 V，锗管约为 0.2～0.3 V。

温度增加时，在同样的正向电流下，二极管两端的电压 U 下降，伏安特性向左平移。

反向特性反映了二极管外加反向电压时电流与电压的关系。在反向电压不超过一

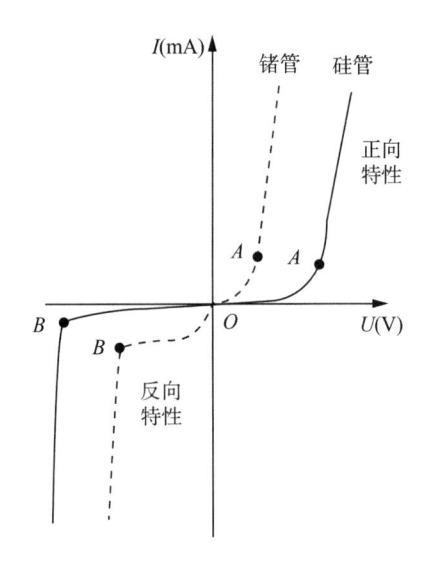

图 2-1-21 半导体二极管的伏安特性曲线

定范围时(曲线 OB 段),少数载流子的漂移运动形成了很小的反向电流。由于该电流几乎恒定,故称为反向饱和电流。一般硅管的反向饱和电流比锗管小,前者在几微安以下,后者则可达数百微安。当外加反向电压过高,超过特性曲线上 B 点对应的电压时,反向电流会突然急剧增加,这种现象称为反向击穿。B 点对应的电压称为反向击穿电压。普通二极管被击穿后,PN 结的温度过高,会失去单向导电性,而且不可能再恢复其原有性能,将造成永久性损坏。

温度增加时,反向饱和电流显著增加,而反向击穿电压则显著下降,尤其是锗管,对温度更为敏感。

3. 主要参数

二极管的参数是正确选择和使用二极管的依据。主要参数如下。

(1) 额定正向平均电流 I_{FM}

有时又称最大整流电流,是二极管长时间使用时,允许通过二极管的最大正向电流的平均值,它由 PN 结的面积和散热条件决定。当实际电流超过该值时,二极管将过热而损坏。

(2) 最高反向工作电压 U_{RM}

指保证二极管不被击穿所允许施加的最大反向电压,为了安全运行,一般手册中规定为反向击穿电压的一半。

(3) 最大反向电流 I_{RM}

指二极管加上最高反向工作电压时的反向电流。反向电流愈小,则其单向导电性愈好。当温度升高时,反向电流会显著增加,使用时应特别注意。

(4)最高工作频率

主要取决于 PN 结电容,超过此值,二极管单向导电性能变坏。

4. 二极管的应用举例(半波整流)

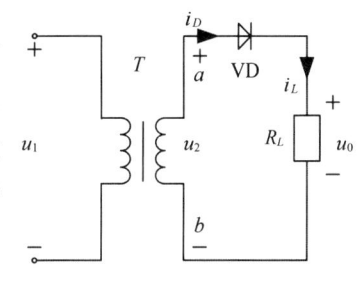

单相半波整流电路如图 2-1-22 所示。其中 u_1、u_2 分别表示变压器的一次侧和二次侧交流电压,R_L 为负载电阻。由于二极管 VD 具有单向导电性,所以当二极管承受正向电压而导通时,有电流通过负载,且电流值和二极管上的电流相等;若二极管承受反向电压,此时二极管截止,负载上无电流通过。

图 2-1-22 单相半波整流电路

(三)稳压二极管

稳压管是一种特殊的面接触型半导体硅二极管。由于它在电路中与适当数值的电阻配合后能起稳定电压的作用,故称为稳压管。

稳压管的伏安特性曲线与普通二极管的类似,如图 2-1-23 所示,其差异是稳压管的反向特性曲线比较陡。稳压管工作于反向击穿区。从反向特性曲线上可以看出,反向电压在一定范围内变化时,反向电流很小。当反向电压增高到击穿电压时,反向电流剧增,反向击穿。此后,电流虽然在很大范围内变化,但稳压管两端的电压变化很小。利用这一特性,稳压管在电路中能起稳压作用。稳压管与一般二极管不一样,它的反向击穿是可逆的。当去掉反向电压之后,稳压管又恢复正常。但是,如果反向电流超过允许范围,稳压管将会发生热击穿而损坏。

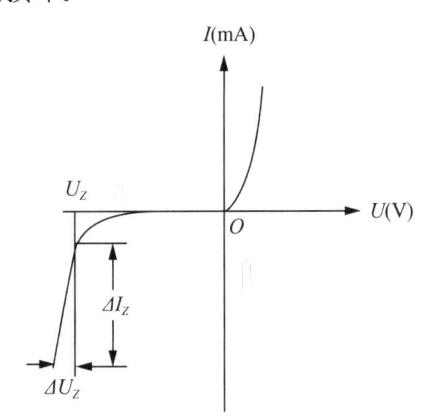

图 2-1-23 稳压管的伏安特性曲线和电路符号

稳压管的主要参数有下面几个。

1. 稳定电流 I_Z

稳定电流是稳压管正常工作时的额定电流。工作电流小于 I_Z 时,稳压效果较差;工作电流大于 I_Z 时,在不超过稳压管额定功率的条件下,工作电流越大,稳压效果越好,只是管子的功耗增加。

2. 稳定电压 U_Z

稳定电压是稳压管工作电流为规定值时稳压管两端的电压，也就是反向击穿电压。因制造工艺不易控制，同型号管子的稳定电压也有少许差别。

3. 动态电阻 r_Z

动态电阻是指稳压管端电压的变化量与相应的电流变化量的比值，即

$$r_Z = \frac{\Delta U_Z}{\Delta I_Z} \tag{2-1-38}$$

稳压管的反向伏安特性曲线愈陡，则动态电阻愈小，稳压性能愈好。

4. 额定功率 P_Z

稳压管不致发生热击穿的最大功率损耗

$$P_Z = U_Z \times I_{ZM} \tag{2-1-39}$$

5. 稳定电压温度系数 α_T

α_T 描述稳定电压对温度的敏感程度。α_T 越小，稳定电压受温度影响越小，管子的性能也越好。

（四）半导体三极管

1. 基本结构

半导体三极管是在一块半导体上制成两个 PN 结，再引出三个电极而构成。

由两种极性的载流子（自由电子和空穴）在其内部做扩散、复合和漂移运动的半导体三极管称为双极型晶体管，简称晶体管。

按 PN 结组合方式的不同，晶体管可分为 PNP 和 NPN 两种。图 2-1-24 是它们的结构示意图和图形符号。每种晶体管都有三个导电区域：发射区、集电区和基区。发射区的作用是发射载流子，掺杂的浓度较高；集电区的作用是收集载流子，掺杂的浓度较低，尺寸较大；基区位处中间，起控制载流子的作用，掺杂浓度很低，而且很薄。位于发射区与基区之间的结称为发射结，位于集电区与基区之间的结称为集电结。从对应的三个区引出的电极分别称为发射极 E，基极 B 和集电极 C。

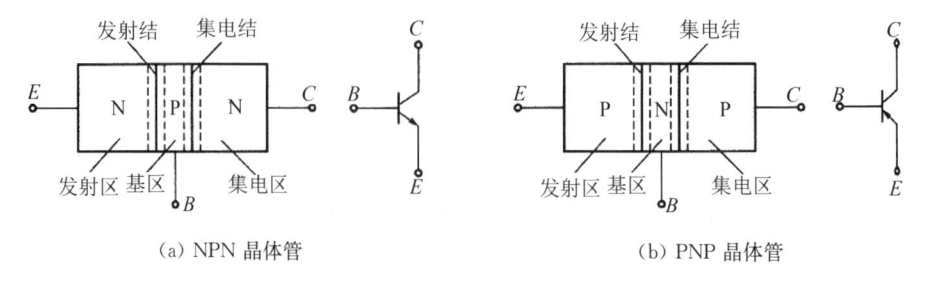

(a) NPN 晶体管　　　　　　　(b) PNP 晶体管

图 2-1-24　晶体管的结构示意图和图形符号

按半导体材料的不同,晶体管也有锗管和硅管之分。目前我国生产的硅晶体管大多数是 NPN 型,锗晶体管大多数是 PNP 型。

2. 晶体管的电流放大作用

用较小的电流去控制较大的电流,称为电流放大。现以 NPN 型晶体管为例说明晶体管的电流放大作用,工作原理如图 2-1-25 所示。电源 E_B 和 E_C 的极性应按图连接,且使 $E_B < E_C$,这时晶体管的发射结上加的是正向电压,集电结上加的是反向电压。产生放大作用的外部条件是:发射结为正向电压偏置,集电结为反向电压偏置。由晶体管的发射极、基极和电源 E_B、电阻 R_B 构成基-射极回路;由晶体管的发射极、集电极和电源 E_C、电阻 R_C 构成集-射极回路。发射极是两个回路的公共端,故把此种形式的电路称为共发射极放大电路。

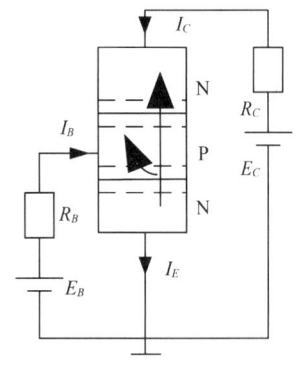

图 2-1-25 共发射极放大电路

(1) 晶体管中的电流

晶体管中的电流是由内部载流子的运动形成的。

①电子从发射区向基区扩散。由于发射结处于正向偏置,发射区的多数载流子——电子就要不断地扩散到基区,并且不断地从电源向发射区补充电子,形成发射极电流 I_E。

②电子在基区的扩散和复合过程。从发射区扩散到基区的自由电子,由于浓度分布上的差别,还要向集电区继续扩散。在扩散过程中,一小部分自由电子与基区的空穴相遇而复合,形成基极电流 I_B。

③集电区收集扩散过来的电子。由于集电结处于反向偏置,使集电结内电场增强,阻挡自由电子从集电区向基区扩散,但发射区扩散到集电结边缘的自由电子很快地越过集电结到达集电区,形成集电极电流 I_C。

(2) 晶体管中的电流分配关系及电流放大作用

根据上面的分析,晶体管各极的电流分配关系可以表示为

$$\bar{\beta} = \frac{I_C}{I_B} \tag{2-1-40}$$

$$I_E = I_C + I_B = (1+\bar{\beta})I_B \tag{2-1-41}$$

$\bar{\beta}$ 称为共发射极直流电流放大系数,通常 $\bar{\beta} = 10 \sim 100$,故有

$$I_E \approx I_C \tag{2-1-42}$$

利用小电流 I_B 实现了对大电流 I_C 的控制,这就是晶体管的电流放大作用。

3. 晶体管的特性曲线

晶体管的性能可以通过各极间的电流与电压的关系来反映。表示这种关系的曲线

称为晶体管的特性曲线,它们可以由实验求得。晶体管的特性曲线常用的有以下两种。

(1) 输入特性曲线

当 U_{CE} ＝常数时,I_B 与 U_{BE} 之间的关系曲线称为晶体管的输入特性曲线。实验测得在不同温度下晶体管的输入特性曲线如图 2-1-26(a)所示。

从图中可以看到:曲线的形状与二极管的伏安特性曲线相似,也有一段死区。只有发射结电压大于死区电压时,晶体管才会导通。硅管死区电压约为 0.5 V,在正常工作时 NPN 型硅管的发射结电压 U_{BE} 约为 0.6～0.7 V,通常取 0.7 V,称之为导通电压。对于 PNP 型锗管的输入特性曲线,U_{BE} 和 U_{CE} 都是负值。锗管的死区电压约为 0.2 V,在正常工作时,PNP 型锗管的 U_{BE} 约为 －0.2～－0.3 V,通常取 －0.2 V。

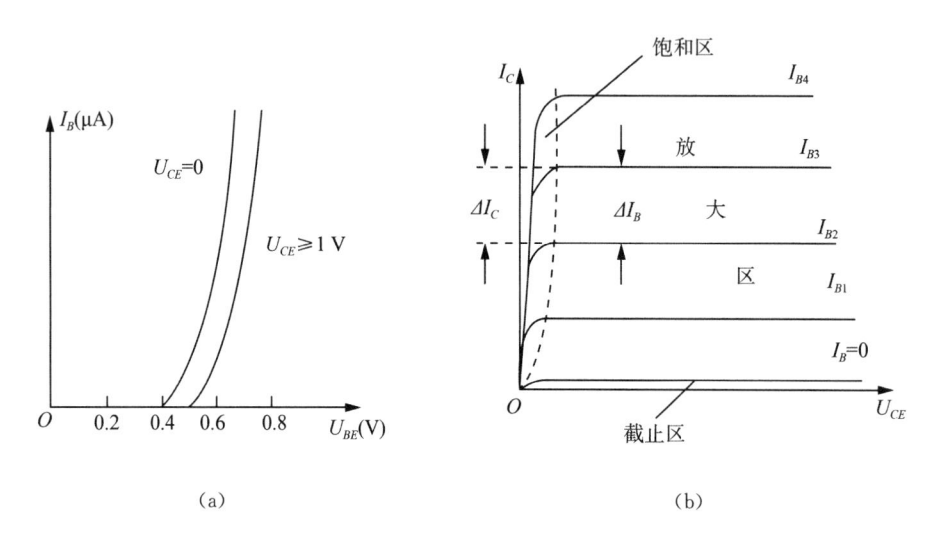

图 2-1-26 某 NPN 型硅管的特性曲线

(2) 输出特性曲线

当 I_B ＝常数时,I_C 与 U_{CE} 之间的关系曲线称为晶体管的输出特性曲线。实验测得晶体管的输出特性曲线如图 2-1-26(b)所示。

从图中可以看到:在不同的 I_B 下,可得出不同的曲线,所以晶体管的输出特性曲线是一组曲线。通常将输出特性曲线分为三个工作区。

① 放大区

特性曲线近似水平的部分是放大区。在这个区域内,晶体管在放大状态工作,发射结处于正偏,集电结处于反偏,I_C 与 I_B 基本上成正比关系。

② 截止区

通常将 $I_B=0$ 曲线以下区域称为截止区。$I_B=0$ 时,I_C 很小,晶体管在截止状态工作,发射结和集电结都处于反向偏置,晶体管相当于一个断开的开关。

③ 饱和区

直线上升和弯曲的部分(虚线左侧部分)称为饱和区。在这个区域内,集电极电位低于基极电位,集电结和发射结都处于正向偏置。晶体管在饱和状态下工作,I_B 变化对 I_C 的影响较小,晶体管相当于一个闭合的开关。

由上面分析可知,晶体管可以工作在三种状态。在模拟电子线路中通常使其工作在放大区;而在脉冲数字电路中要使晶体管工作在截止区和饱和区,成为一个可控制的无触点开关。

4. 主要参数

(1) 电流放大系数 β 和 $\bar{\beta}$

当晶体管接成共发射极电路时,静态(无输入信号时)集电极电流 I_C(输出电流)与基极电流 I_B(输入电流)的比值称为共发射极静态电流(直流)放大系数,即

$$\bar{\beta} = \frac{I_C}{I_B} \tag{2-1-43}$$

在动态(有输入信号)工作时,晶体管集电极电流的变化量 ΔI_C 与基极电流的变化量 ΔI_B 的比值称为动态电流(交流)放大系数,即

$$\beta = \frac{\Delta I_C}{\Delta I_B} \tag{2-1-44}$$

β 和 $\bar{\beta}$ 一般不等,且非常数,但工作在放大状态时,两者数值相近,可近似认为两者相等且为一常数。故今后一律用 β。

(2) 集-基极反向饱和电流 I_{CBO}

它是指发射极开路时,集电极和基极之间的反向饱和电流,其值受温度影响,所以 I_{CBO} 越小,管子的温度稳定性就越好。在常温下,小功率锗管的 I_{CBO} 约为 10 μA,硅管的 I_{CBO} 小于 1 μA,所以硅管的温度稳定性比锗管好。

(3) 穿透电流 I_{CEO}

它是指基极开路时,从集电极流向发射极的电流。由于这个电流从集电区穿过基区流向发射极,所以又称为穿透电流。

常温下,小功率锗管的 I_{CEO} 约为几十至几百 μA,硅管在几 μA 以下,I_{CEO} 也是随温度的增加而增加,而且 I_{CEO} 比 I_{CBO} 变化大。所以,常将 I_{CEO} 作为判断管子质量的重要依据。

(4) 集电极最大允许电流 I_{CM}

当集电极电流 I_C 超过一定值时,晶体管的参数开始变化,特别是电流放大系数 β 将下降。当 β 值下降到正常值的 2/3 时,所对应的集电极电流称为集电极最大允许电流。

(5) 集电极最大允许耗散功率 P_{CM}

晶体管集电结上允许的最大功率损耗称为集电极最大允许耗散功率。晶体管集电

极耗散功率

$$P_C = I_C \times U_{CE} \qquad (2-1-45)$$

P_C 超过 P_{CM}，集电结的温度过高，有烧坏晶体管的危险。

（6）集-射极反向击穿电压 $U_{BR(CEO)}$

基极开路时，集电极与发射极之间的最大允许电压称为反向击穿电压。实际值超过此值将会导致晶体管击穿而损坏。温度升高时 $U_{BR(CEO)}$ 值会降低。

5. 三极管的应用举例（单管共发射极放大电路）

如图 2-1-27 所示是一个简单的共发射极放大电路，它由三极管、电阻、电容等元件组成。图中 VT 是 NPN 型三极管，它是整个电路的核心，起放大作用。直流电源 V_{CC} 为三极管集电极提供反向偏置电压，保证集电结反偏。R_C 是集电极负载电阻，其作用是将三极管集电极电流的变化转变为电压变化，送到输出端。若没有 R_C，则输出的电压始终等于电源电压 V_{CC}，就不会随输入信号变化了。直流电源 V_{CC} 通过基极电阻 R_B 为三极管发射结提供正向偏置电压，并为基极提供所需的电流 I_B（常称为偏置电流）。电容 C_1 和 C_2 称为耦合电容，它们的作用是"隔直流，通交流"，即对直流信号来说，电容的容抗为无穷大，相当于开路；但对交流信号而言，电容呈现的容抗很小，可近似认为短路。由于耦合作用要求 C_1 和 C_2 的容抗值很小，即电容值很大，一般为几 μF 至几百 μF，因而需采用有极性的电解电容器。u_i 为待放大的微弱的电信号。

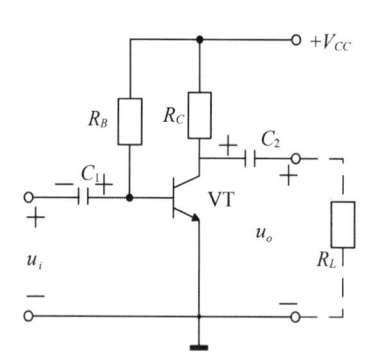

图 2-1-27　单管共发射极放大电路

二、集成运算放大器

集成运算放大器（简称集成运放）是一种电压放大倍数很大的直接耦合的多级放大电路。它工作在放大区时，输入和输出呈线性关系，所以它又被称为线性集成电路。理想的集成运算放大器应该具有电压增益高，输入电阻大，输出电阻小，工作点漂移小等特点。

（一）集成运算放大器的基本组成

集成运算放大器电路形式多样，各具特色。但从电路的组成结构看，一般是由输入级、中间级、输出级和电流源电路四部分组成。组成框图如图 2-1-28 所示。

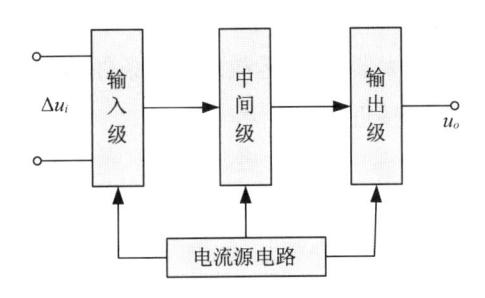

图 2-1-28　集成运算放大器组成框图

输入级：双端输入的差动放大电路，输入阻抗高，减小零漂和抗干扰能力强。
中间级：电压放大，且放大倍数高，由共发射极放大电路构成。
输出级：由互补对称发射极输出器构成，输出电阻小，带负载能力强。
电流源电路：为各级电路提供稳定、合适的偏置电流，由各种恒流源电路组成。

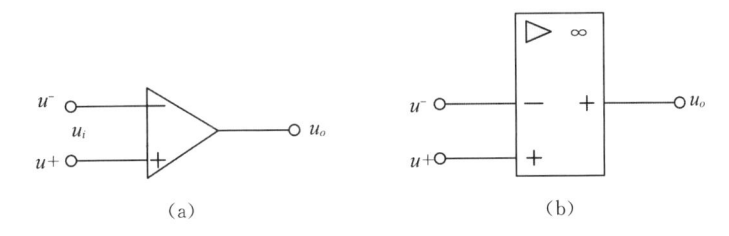

图 2-1-29　集成运放的符号

集成运放的符号如图 2-1-29 所示，其中图 2-1-29(a)为国际通用符号，图 2-1-29(b)为我国标准符号。

图中▷表示放大器，∞表示电压放大倍数，右侧"＋"端为输出端，信号由此端与地之间输出。左侧"－"端为反相输入端，当信号由此端与地之间输入时，输出信号与输入信号相位相反。信号的这种输入方式称为反相输入。

左侧"＋"端为同相输入端，当信号由此端与地之间输入时，输出信号与输入信号相位相同。信号的这种输入方式称为同相输入。

如果将两个输入信号分别从上述两端与地之间输入，则信号的这种输入方式称为差分输入。

反相输入、同相输入和差分输入是运算放大器最基本的信号输入方式。

集成运放成品除上述三个输入和输出接线端（管脚）以外，还有电源和其他用途的接线端。产品型号不同,管脚编号也不相同,使用时可查阅有关手册。

（二）理想运算放大器

集成运放的开环电压放大倍数非常高,输入电阻非常大,输出电阻非常小,这些技术指标已接近理想的程度。因此,在分析集成运放电路时,为了简化分析,可以将实际的运算放大器看成是理想的运算放大器,理想运放的主要条件如下。

1. 开环电压放大倍数 A_O 接近于无穷大,即

$$A_O \to \infty$$

2. 差模输入电阻 r_i 接近于无穷大,即

$$r_i \to \infty$$

3. 开环输出电阻 r_o 接近于零,即

$$r_o \to 0$$

4. 共模抑制比 K_{CMR} 接近于无穷大,即

$$K_{CMRR} \to \infty$$

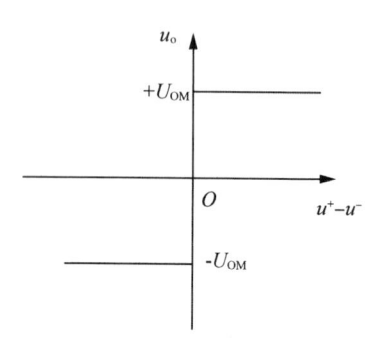

图 2-1-30 理想运放的传输特性

理想运放的电压传输特性如图 2-1-30 所示。其传输特性为

$$u^+ > u^-, \quad u_o = +U_{OM} \approx +U_{CC} \tag{2-1-46}$$

$$u^+ < u^-, \quad u_o = -U_{OM} \approx -U_{EE} \tag{2-1-47}$$

引入深度负反馈后(图 2-1-31),由于 u_o 是个有限值,故可得到以下结论。

1. $u_d = \dfrac{u_o}{A_O} = 0$,即 $u^+ = u^-$,两个输入端之间相当于短路,但又未真正短路,故称为虚短路;

2. $r_d = \dfrac{u_d}{r_i} = 0$,即两个输入端之间相当于断路,但又未真正断路,故称为虚断路;

3. $u_{OL} = \dfrac{R_L}{R_L + r_o} U_{OC} = U_{OC}$,即有载和空载时的输出电压相等,输出电压不受负载大小的影响。

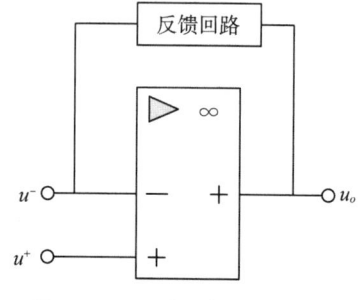

图 2-1-31 引入负反馈后的理想运放电路

以上三点是分析理想运算放大器在线性区工作的基本依据。运用这三点结论会使分析计算工作大为简化。

（三）集成运算放大器的应用

集成运算放大器外接深度负反馈电路后,便可以进行信号的比例、加减、微分和积分等运算。这是它线性应用的一部分。通过这一部分的分析可以看到,理想集成运放外接

负反馈电路后,其输出电压与输入电压之间的关系只与外接电路的参数有关,而与集成运放本身的参数无关。

1. 比例运算电路

电路如图 2-1-32 所示。输入信号 u_i 经电阻 R_1 引到反相输入端,同相输入端接地,输出电压 u_o 又通过反馈电阻 R_f 反馈到反相输入端,构成电压并联负反馈放大电路。

根据运放的理想特性,$r_i \to \infty$,$A_O \to \infty$,而 u_o 又是有限值,则

$$i_1 = 0, u^+ \approx u^-$$

因此,通过 R_f 的电流 i_f 近似等于通过 R_1 的电流 i_1,即

$$i_f + i_1 = i_i \tag{2-1-48}$$

则

$$i_f = i_i \tag{2-1-49}$$

故

$$u_o = -\frac{R_f}{R_1} u_i \tag{2-1-50}$$

可见,输出电压与输入电压成正比,比值与运放本身的参数无关,只取决于外接电阻 R_1 和 R_f 的大小。

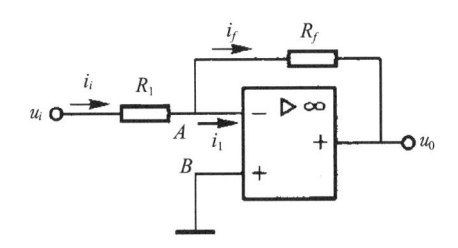

图 2-1-32 反相比例运算电路

反相比例运算电路也就是反相放大电路,该电路的闭环电压放大倍数为

$$A_f = \frac{u_o}{u_i} = -\frac{R_f}{R_1} \tag{2-1-51}$$

2. 电压比较器

电压比较器的基本功能是对两个输入电压的大小进行比较,它是用集成运放不加反馈或加正反馈来实现的,属于集成运放的非线性应用。在测量、通信和波形变换等方面应用广泛。只要将集成运放的反相输入端和同相输入端中的任何一端加上输入信号电压,另一端加上固定的参考电压 U_T,就成了基本电压比较器。这时 u_o 与 u_i 的关系曲线称为电压比较器的电压传输特性。

若取 $u^- = u_i$,$u^+ = U_T$(如图 2-1-33 所示),则

$$u_i > U_T 时, u_o = -u_o$$

$$u_i < U_T 时, u_o = +u_o$$

如果 $U_T = 0$,这种比较器就称为零比较器。

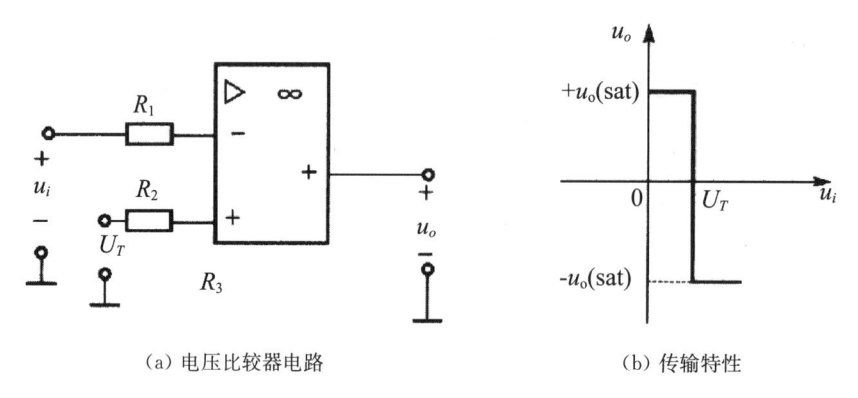

(a) 电压比较器电路　　　　(b) 传输特性

图 2-1-33　基本电压比较器

三、直流稳压电源

前面分析的各种放大器、各种电子设备以及各种自动控制装置都需要由直流稳压电源供电,目前广泛采用的方法是利用具有单向导电性的电子器件将工频正弦交流经整流滤波和稳压而得到。其变换过程如图 2-1-34 所示。

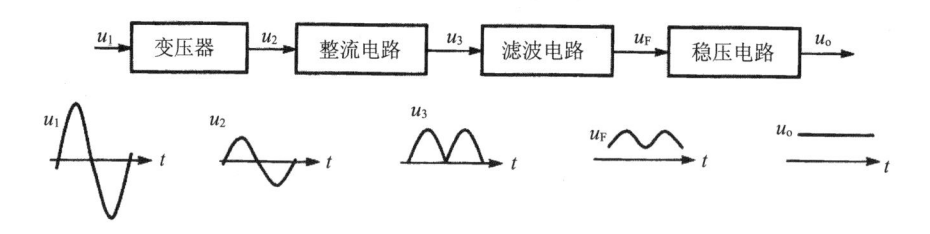

图 2-1-34　直流稳压电源的原理框图

交流电源电压经变压器进行降压后,再经过整流电路变换成单向脉动电压,再由滤波电路滤去其中的交流分量,得到较平滑的直流电压,最后经稳压电路获得稳定的直流电压。下面分别对整流、滤波和稳压电路加以分析。

(一) 整流电路

整流就是将交流电变换成直流电,用来实现这一目的电路就是整流电路。由于二极管具有单向导电的特性,因此用二极管就可构成整流电路。整流电路的种类较多,按交流电源的相数可分为单相和多相整流电路;按流过负载的电流波形可分为半波和全波整流电路。下面介绍目前广泛使用的单相桥式整流电路。

单相桥式整流电路由四个二极管 D1—D4 组成，其电路接成一个电桥形式，故称为桥式整流电路。图 2-1-35 为单相桥式整流电路。

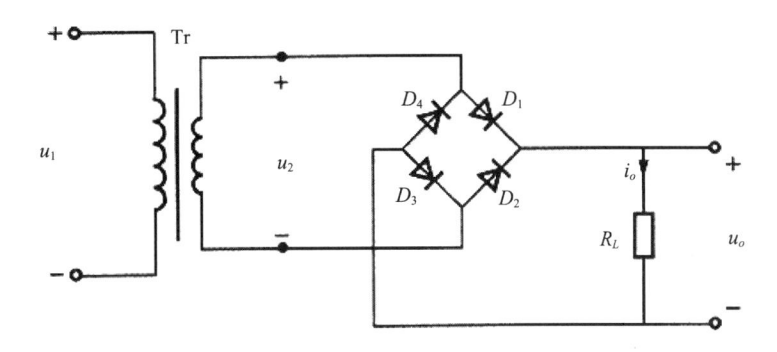

图 2-1-35 单相桥式整流电路

图中的电源变压器将交流电网电压 u_1 变换为整流电路所要求的交流电压 u_2（设 $u_2 = \sqrt{2}U_2\sin\omega t$），$R_L$ 是负载电阻。由图 2-1-35 可知，电源电压 u_2 在正半周时，二极管 D_1、D_3 处于正向偏置而导通，D_2、D_4 处于反向偏置而截止，电流由电源正极经 $D_1 \rightarrow R_L \rightarrow D_3 \rightarrow$ 电源负极形成回路，在负载电阻上得到正弦波的正半周。当 u_2 在负半周时，二极管 D_2、D_4 因正向偏置而导通，D_1、D_3 处于反向偏置而截止，电流由电源负极经 $D_2 \rightarrow R_L \rightarrow D_4 \rightarrow$ 电源正极形成回路，在负载电阻上得到正弦波的负半周。由此可见，尽管 u_2 的方向是交变的，但流过 R_L 的电流方向却始终不变，因此在负载电阻 R_L 上得到的电压 u_o 是大小变化而方向不变的脉动电压。在二极管为理想元件的条件下，u_o 的幅值就等于 u_2 的幅值，即 $U_{OM} = U_2$。整流电路各元件上的电压和电流波形如图 2-1-36 所示。

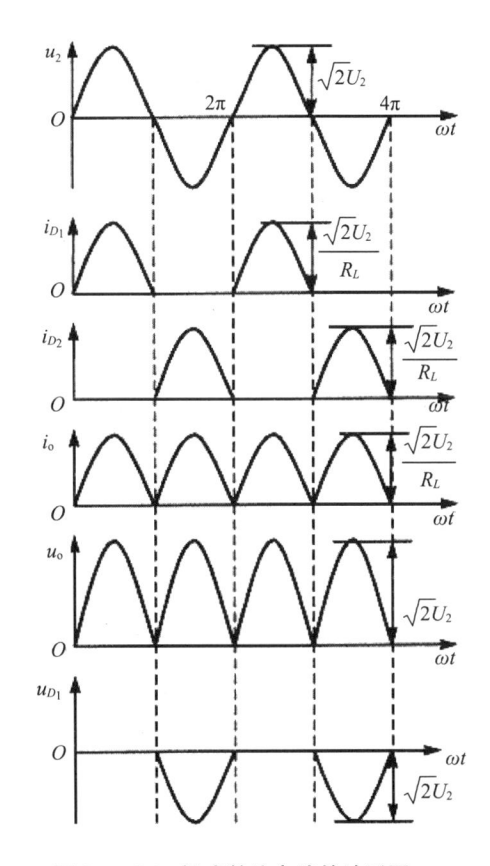

图 2-1-36 桥式整流电路的波形图

从图 2-1-36 可知，负载电阻 R_L 上所得单向脉动电压的平均值为

$$U_o = \frac{1}{\pi}\int_0^\pi \sqrt{2}U_2\sin\omega t \, dt = \frac{2\sqrt{2}}{\pi}U_2 \approx 0.9U_2$$

流过负载电阻 R_L 的电流 i_L 的平均值为

$$I_L = \frac{U_O}{R_L} = \frac{2\sqrt{2}U_2}{\pi R_L} \approx 0.9 \frac{U_2}{R_L}$$

通过每个二极管的电流平均值为负载电流平均值的一半,即

$$I_D = \frac{1}{2}I_L \approx 0.45 \frac{U_2}{R_L}$$

每个整流二极管所承受的最大反向电压为

$$U_{Rmax} = \sqrt{2}U_2$$

(二) 滤波电路

整流电路可以使交流电转换成直流电。但是,从波形图可以看到,整流出来的直流电还不是平稳的,往往包含相当大的交流分量。因此必须采取措施,使用滤波器把交流分量滤掉。滤波电路的作用是将整流后脉动的单方向电压、电流变换为比较平滑的电压、电流。常用的滤波电路有电容滤波电路和电感滤波电路。

1. 电容滤波

电容滤波的基本方法是在整流电路的输出端并联一个容量足够大的电容器,如图 2-1-37 所示。利用电容的充、放电特性,使负载电压趋向平滑。

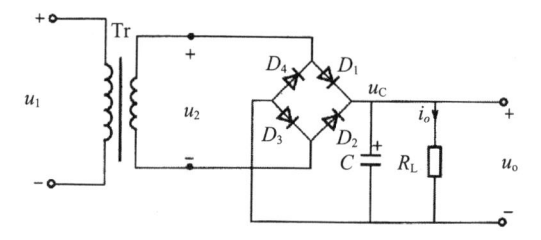

图 2-1-37 电容滤波电路图

当 u_2 为正半周且 $u_2 > u_C$ 时,D_1、D_3 导通,电容 C 被充电,当充电电压达到最大值 u_{2m} 后,u_2 开始下降,电容放电,经过一段时间后,$u_C > u_2$,D_1、D_3 截止,u_C 按指数规律下降。当 u_2 为负半周时,工作情况类似。图 2-1-38 是经电容滤波后的 u_o 和 i_o 波形。

由图可见经电容滤波后,负载电压 u_o 的脉动减小,平均值提高。

电容滤波的优点是电路简单,在轻载时滤波效

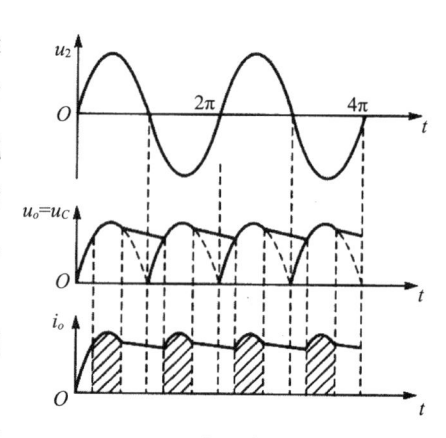

图 2-1-38 电容滤波波形图

果明显。但从分析中也可以看出，电路的输出电压受负载变化影响较大，负载电流增加时输出脉动也增加。

因此电容滤波用于要求输出电压较高、负载电流较小（即 R_L 大）而且负载变化较小的场合。

2. 电感滤波

电感滤波电路即在整流电路和负载之间串入一电感线圈，如图 2-1-39 所示，电感滤波电路利用了电感线圈具有阻止电流变化这一特性进行滤波。

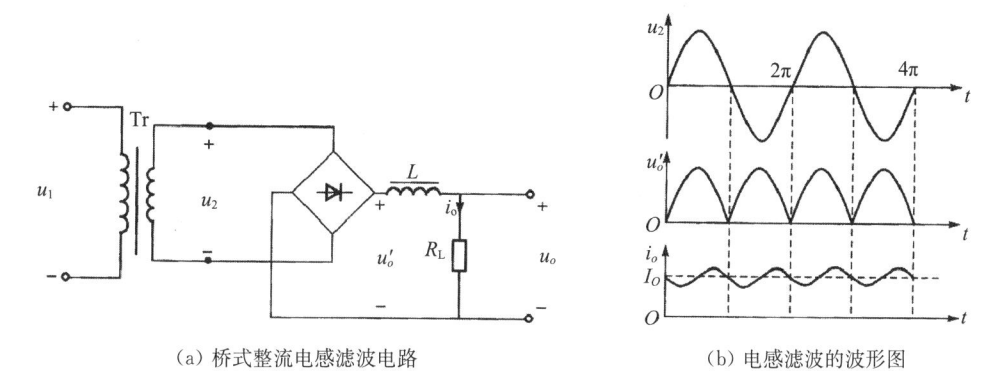

（a）桥式整流电感滤波电路　　（b）电感滤波的波形图

图 2-1-39　电感滤波电路及其波形图

当流过电感的电流变化时，电感线圈中产生的感生电动势将阻止电流的变化。当通过电感线圈的电流增大时，电感线圈产生的自感电动势与电流的方向相反，阻止电流的增加，同时将一部分电能转化为磁场能存储于电感中；当通过电感线圈的电流减小时，电感线圈产生的自感电动势与电流的方向相同，阻止电流的减小，同时释放出存储的能量，以补偿电流的减小。

电感滤波电路的主要优点是带负载能力强，特别适宜于大电流或负载变化大的场合。

整流滤波电路的输出直流电压与电网电压和负载电流有关。当 u_2 和 i_o 变化时，输出电压 u_o 也将跟随变化，为了克服这种影响，在整流滤波后面还需要增加稳压电路。

（三）稳压电路

稳压电路的作用就是使输出直流电压稳定。最简单的稳压电路可由稳压管构成，稳压管稳压电路具有电路简单、安装调试方便等优点，但因输出电流受最大稳定电流的限制，稳压管的稳定电压又不能随意调节，且稳压性能又不太理想，故目前使用最多的是串联型稳压电路。

串联型稳压电路的原理方框图如图 2-1-40 所示，它由调整管、取样电路、基准电压和比较放大电路组成。由于调整管与负载串联，故称为串联型稳压电路。图 2-1-41 所示为串联型稳压电路的原理电路图,图中 V_1 为调整管,它工作在线性放大区,故称为线性稳压电路。R_3 和稳压管 V_2 组成基准电压源,为集成运放 A 的同相输入端提供基准电压。R_1、R_2 和 R_P 组成取样电路,它将稳压电路的输出电压分压后送到集成运放 A 的反相输入端。集成运放 A 构成比较放大电路,用来对取样电压与基准电压的差值进行放大。当输入电压 U_I 增加(或负载电流 I_O 减小)导致输出电压 U_O 增加时,取样电压 U_F 也增加,U_Z 与 U_F 的差值减小,经 A 放大后送至调整管的基极,使调整管的基极电压 U_{B1} 降低,从而使集电极电流 I_{C1} 减小,管压降 U_{CE} 增大,输出电压 U_O 下降,从而使得稳压电路的输出电压上升趋势受到抑制,因此 U_O 可基本上保持恒定。同理,当输入电压 U_I 减小或负载电流 I_O 增大引起 U_O 减小时,电路将产生与上述相反的稳压过程,亦将维持输出电压基本不变。

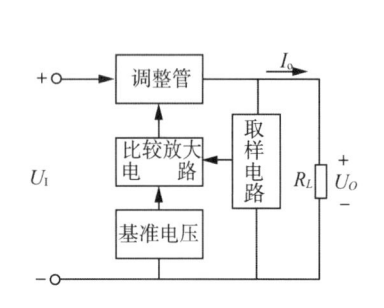

图 2-1-40　串联型稳压电路原理框图 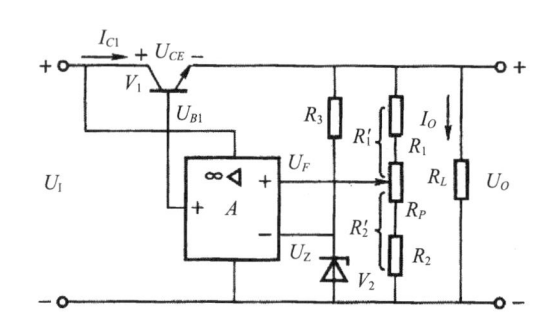　　　图 2-1-41　串联型稳压电路的原理电路图

思考题

一、填空题

1. 电流有大小,而且有方向,习惯上规定以_____在电路中移动的方向为电流的实际方向;电压的实际方向规定为由_____电位点指向_____电位点;电动势的实际方向规定为由_____电位点指向_____电位点。

2. 电路的三种状态有:_____、_____和_____。其中_____时,电路中会有大电流,从而损坏电源和导线,应尽量避免。

3. 我国在日常生活中使用的交流电频率为_____,周期为_____。正弦交流电的最大值是有效值的_____倍。

4. 三相四线制中相电压是指_____与_____之间的电压,线电压是指_____与_____之间的电压。

5. 对于星(Y)形联结的三相负载,线电压为相电压的_____倍,线电流为相电流的_____倍,对于三角形联结的三相对称负载,线电压为相电压的_____倍,线电流为相电流的_____倍。

6. PN结正向偏置时_____区接高电位,_____区接低电位。

7. 半导体三极管(晶体管)有三个电极,分别称为_____、_____和_____。

8. 在正弦交流电路中,电感元件的感抗与频率成_____比,电容元件的容抗与频率成_____比。在直流电路中,电感元件相当于_____状态,电容元件相当于_____状态。

9. 正弦交流电的三个基本要素是_____、_____和_____。交流电压表和电流表所指示的值是交流电的_____值。

10. 物质按导电能力的不同,可分为_____、_____和_____三类。

11. 将交流电变为直流电称为_____,而把直流电变为交流电称为_____。

12. _____之比叫作功率因数。提高感性电路的功率因数的方法是_____。在供电设备输出的视在功率一定时,功率因数越低,有功功率就越_____,无功功率就越_____。

二、问答题

1. 为什么要提高线路的功率因数?怎样提高功率因数?

2. 如果把应作星形联结的三相负载,误接成三角形联结时,会引起什么后果?反之,又会引起什么后果?

3. 异步电动机的额定电压、频率为 380 V、50 Hz,试求其最大值 U_m、有效值 U、周期 T、角频率 ω。

4. 某正弦交流电流为 $i = 100\sqrt{2}\sin\left(6\,280\,t - \dfrac{\pi}{4}\right)$ (A),试求其最大值 I_m、有效值 I、周期 T、角频率 ω。

5. 三极管有哪几种工作状态?每一种状态的条件、特点是什么?

6. 直流稳压电源由哪几部分组成?

第二章 电气控制技术

第一节 磁路及变压器

一、磁路的基本知识

常用的电工设备,例如变压器、电机以及许多电器和电工仪表等都是以电磁感应为工作基础的。因此,在工作时都会产生磁场。为了把磁场聚集在一定的空间范围内,以便加以控制和利用,就必须用高导磁率的铁磁材料做成一定形状的铁芯,使之形成一个磁通的路径,使磁通的绝大部分通过这一路径而闭合。把磁通经过的闭合路径称为磁路。

(一) 磁路的主要物理量

1. 磁感应强度

磁感应强度 B 是表示磁场内某点磁场强弱及方向的物理量,它是一个矢量。通电螺旋线圈中会产生磁场,磁场的大小与线圈的匝数和电流的大小有关,用通过垂直磁场方向单位面积的磁力线数目的多少表示磁感应强度 B 的大小。磁场方向与励磁电流的方向有关,可用右手螺旋定则判定。

磁感应强度的单位是特斯拉(T),简称特。若磁场中各点的磁感应强度大小相等,方向相同,则为均匀磁场。

2. 磁通

均匀磁场中,磁通 Φ 等于磁感应强度 B 与垂直方向的面积 S 的乘积,即

$$\Phi = BS \text{ 或 } B = \frac{\Phi}{S} \tag{2-2-1}$$

故 B 又被称为磁通密度。如果不是均匀磁场,为计算方便,可取 B 的平均值。磁通 Φ 的单位是韦伯(Wb),简称韦。

3. 磁导率

磁导率 μ 是表示物质导磁性能的物理量,它的单位是亨/米(H/m)。实验证明,自然界中大多数物质,如各种气体、非金属材料、铜、铝、高镍不锈钢等对磁场的影响很小,且与真空极为接近,这类物质统称为非磁性物质或非铁磁物质。由实验测出真空的磁导率为

$$\mu_0 = 4\pi \times 10^{-7} \text{H/m}$$

还有一类物质,如铁、钴、镍及其合金等,它们的导磁性能远比真空好,这类物质统称为磁性物质或铁磁物质。

在说明物质的磁性时,一般用相对磁导率 μ_r 来表示,即

$$\mu_r = \frac{\mu}{\mu_0} \tag{2-2-2}$$

非铁磁性物质的导磁能力很差,相对磁导率 μ_r 近似为1。铁磁性物质的导磁能力一般很强,相对磁导率 μ_r 远大于1,其值从几百到几万。铁的相对磁导率 μ_r 在200以上,硅钢片的相对磁导率 μ_r 在10 000以上。

应当指出,真空的磁导率 μ_0 是一个常数,而铁磁性物质的磁导率 μ 不是常数,当励磁电流改变时,磁导率 μ 也随之改变。

4. 磁场强度

由于铁磁性物质的磁导率 μ 不是常数,磁场的计算比较复杂,为了简化计算,引入磁场强度 H 这一辅助物理量。磁场强度只与产生磁场的电流以及这些电流的分布有关,而与磁介质的磁导率无关。磁场强度的单位是安/米(A/m),即

$$H = \frac{B}{\mu} \quad \text{或} \quad B = \mu H \tag{2-2-3}$$

(二)磁路的基本定律

1. 安培环路定律

安培环路定律又称为全电流定律,是分析磁场的基本定律。其内容是:磁场强度矢量在磁场中沿任何闭合回路的线积分,等于穿过该闭合回路所包围面积内电流的代数和,即

$$\sum I = \oint_l H \cdot \mathrm{d}l \tag{2-2-4}$$

计算电流代数和时,绕行方向符合右手螺旋定则的电流取正号,反之取负号。

闭合回路上各点的磁场强度 H 相等且其方向与闭合回路切线方向一致,则安培环路定律可简化为

$$\sum I = Hl \qquad (2\text{-}2\text{-}5)$$

式中：l——回路（磁路）长度。由于电流 I 和闭合回路绕行方向符合右手螺旋定则，线圈有 N 匝，电流就穿过回路 N 次。因此

$$\sum I = NI = F \qquad (2\text{-}2\text{-}6)$$

所以

$$Hl = NI = F \qquad (2\text{-}2\text{-}7)$$

式中：F——磁动势，单位是安(A)。

2. 电磁感应定律

当通过线圈的电流发生变化时，线圈中的磁通也随之变化，并在线圈中出现感应电流，这表明线圈中感应了电动势。电磁感应定律指出，感应电动势为

$$e = -N\frac{d\Phi}{dt} \qquad (2\text{-}2\text{-}8)$$

式中：N——线圈匝数。感应电动势的方向由 $\frac{d\Phi}{dt}$ 的符号与感应电动势的参考方向比较而定。当 $\frac{d\Phi}{dt} > 0$，即穿过线圈的磁通增加时，$e < 0$，这时感应电动势的方向与参考方向相反，表明感应电流产生的磁场要阻止原来磁场的增加；当 $\frac{d\Phi}{dt} < 0$，即穿过线圈的磁通减少时，$e > 0$，这时感应电动势的方向与参考方向相同，表明感应电流产生的磁场要阻止原来磁场的减少。

3. 电磁力定律

磁场对电流的作用是磁场的基本特征之一。实验表明，将长度为 l 的导体置于磁场 B 中，通入电流 i 后，导体会受到力的作用，称为电磁力。其计算公式为

$$F = Bli \qquad (2\text{-}2\text{-}9)$$

这就是通常所说的电磁力定律，也叫毕奥-萨伐电磁力定律。公式中电磁力 F、磁场 B 和载流导体 i 的关系由左手定则（又称电动机定则）确定。

（三）铁磁性材料的特性

铁磁材料是指钢、铁、镍、钴及其合金等材料，它有广泛的用途，是制造变压器、电机和电器铁芯的主要材料。

铁磁材料被放入磁场强度为 H 的磁场内，会受到强烈的磁化。当磁场强度 H 由零逐渐增加时，磁感应强度 B 随之变化的曲线称为磁化曲线，如图 2-2-1 所示。由图可见，

开始时，随着 H 的增加 B 增加较快，后来随着 H 的增加 B 增加缓慢，逐渐出现饱和现象，即具有磁饱和性。在磁化曲线上任一点的 B 和 H 之比就是磁导率 μ，它是表征物质导磁性能的一个物理量。显然，在该磁化曲线上各点的 μ 不是一个常数，它随 H 而变，并在接近饱和时逐渐减小（见图 2-2-1）。也就是说，铁磁材料的磁导率是非线性的。

虽然每一种铁磁材料都有自己的磁化曲线，但它们的 μ 都远大于真空磁导率 μ_0，具有高导磁性。因此，各种变压器、电机和电器的电磁系统几乎都用铁磁材料构成铁芯，在相同的励磁绕组匝数和励磁电流的条件下，采用铁芯后可使磁感应强度增强几百倍甚至几千倍。

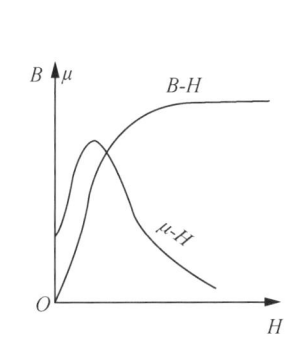

图 2-2-1　磁化曲线和 μ - H 曲线

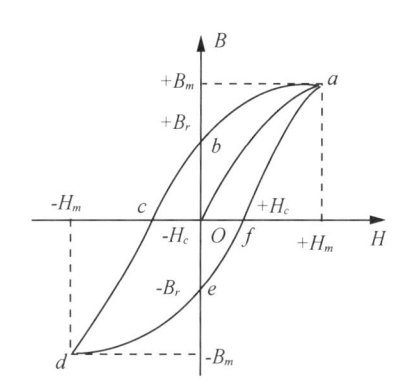

图 2-2-2　磁滞回线

1. 磁滞损耗

铁磁物质在交变磁化过程中 H 和 B 的变化规律如图 2-2-2 所示。当磁场强度 H 由零增加到某个值（$H=H_m$）后，如减少 H，此时 B 并不沿着原来的曲线返回而是沿着位于其上部的另一条轨迹减弱。当 $H=0$ 时 $B=B_r$，B_r 称为剩磁感应强度，简称剩磁。只有当 H 反方向变化到 H_c 时，B 才下降到零，H_c 称为矫顽力。由此可见，磁感应强度 B 的变化滞后于磁场强度 H 的变化，这种现象称为磁滞现象。也就是说，铁磁材料具有磁滞性。

如果继续增大反向磁场强度，到达 $H=-H_m$ 时，把反向磁场强度逐渐减小，到达 $H=0$ 时，再把正向磁场强度逐渐增加到 $+H_m$，如此在 $+H_m$ 和 $-H_m$ 之间进行反复磁化，得到的是一条如图 2-2-2 所示的闭合曲线，这条曲线称为磁滞回线。

不同种类的铁磁材料，磁滞回线的形状不同。纯铁、硅钢、坡莫合金和软磁铁氧体等材料的磁滞回线较狭窄，剩磁感应强度 B_r 低，矫顽力 H_c 小。这一类铁磁材料称为软磁材料，通常用来制造变压器、电机和电器（电磁系统）的铁芯。而碳钢、铝镍铂、稀土和硬磁铁氧体等材料的磁滞回线较宽，具有较高的剩磁感应强度 B_r 和较大的矫顽力 H_c。这类铁磁材料称为硬磁材料或永磁材料，通常用来制造永久磁铁。

磁滞现象使铁磁材料在交变磁化的过程中产生磁滞损耗,它是铁磁物质内分子反复变向所产生的功率损耗。铁磁材料交变磁化一个循环在单位体积内的磁滞损耗与磁滞回线的面积成正比,因此软磁材料的磁滞损耗较小,常用在交变磁化的场合。

2. 涡流损耗

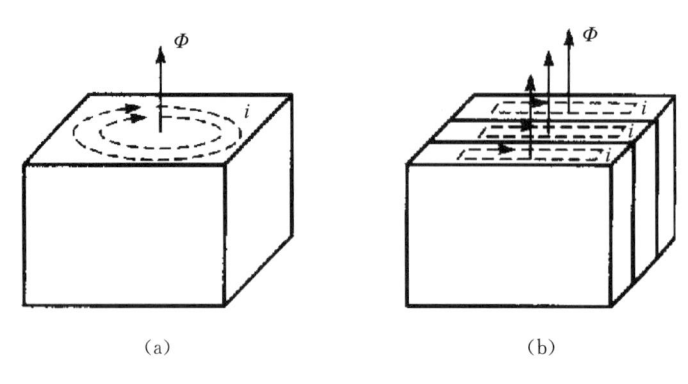

图 2-2-3　涡流

铁磁材料在交变磁化的过程中还有另一种损耗——涡流损耗。当整块铁芯中的磁通发生交变时,铁芯中会产生感应电动势,因而在垂直于磁场方向的平面上产生感应电流,它围绕着磁场成漩涡状流动,故称涡流,如图 2-2-3(a)所示。涡流在铁芯的电阻上引起功率损耗称为涡流损耗。涡流损耗和铁芯厚度的平方成正比。如图 2-2-3(b)所示,沿着垂直于涡流面的方向把整块铁芯分成许多薄片并彼此绝缘,这样就可以减少涡流损耗。因此交流电机和变压器的铁芯都用硅钢片叠成。此外,硅钢中因含有少量的硅,使铁芯中的电阻增大而涡流减小。

磁滞损耗和涡流损耗合称为铁损耗。它使铁芯发热,使交流电机、变压器及其他交流电器的功率损耗增加、温升增加、效率降低。但在某些场合,则可以利用涡流效应来加热或冶炼金属。

二、变压器

(一) 变压器的用途、类型和型号及基本结构

1. 变压器的用途

变压器具有变换电压、变换电流和变换阻抗的作用,在各个领域有着广泛的应用。

电力变压器是电力系统中不可缺少的重要设备。在电厂或电站,用变压器将电压升高后通过输电线路送到各处,再用变压器将电压降低后输送给各用电单位。这种输电方式可以大大降低线路损耗,提高输送效率。目前我国有几条主干线路已采用 500 kV 的高压进行输电。

在其他领域中,也时常用到各种各样的变压器,例如电子电路中用的整流变压器、振

荡变压器、输入变压器、输出变压器、脉冲变压器,控制线路用的控制变压器,调节电压用的自耦变压器,测量用的互感器,另外还有电焊变压器、电炉变压器等。

2. 变压器的类型和型号

变压器根据用途的不同,可分为输配电用电力变压器、冶炼用电炉变压器、电解用整流变压器、焊接用电焊变压器、实验用调压器、控制线路的控制变压器和测量仪用互感器,等等。按相数不同,可分为单相、三相。根据冷却方式不同,可分为油浸自冷、油浸风冷、油浸水冷、强迫油循环风冷和干式等多种。根据线圈所用材料的不同可以分为铜线变压器和铝线变压器等。

船闸变压器考虑用途,主要为输配电用电力变压器,电压等级为 10 kV/0.4 kV;考虑相数,主要为三相(代表符号 S);考虑冷却方式,主要有油浸自冷(无代表符号)和干式环氧树脂浇注绝缘(代表符号 C);考虑线圈材质,主要有铜质(分编铜线和铜箔)和铝质。因船闸大部分处在农村,部分变压器还配备有载调压系统(代表符号 Z)。根据船闸实际用电负荷,船闸变压器容量主要有:400 kVA、315 kVA、63 kVA、50 kVA、30 kVA。部分船闸上、下游远方调度站离闸区较远,采用高压输送电,因此还配升压变压器。

变压器型号组成如下。

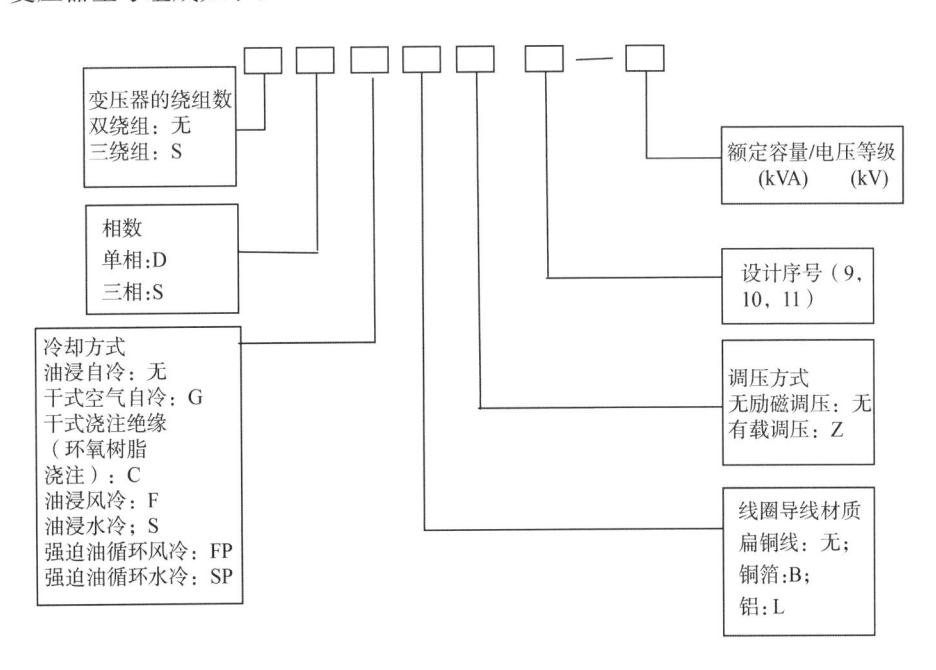

```
┌─────────────┐ □ □ □ □ — □
│ 变压器的绕组数 │                    ┌─────────────┐
│ 双绕组:无     │                    │ 额定容量/电压等级 │
│ 三绕组:S      │                    │  (kVA)  (kV)  │
└─────────────┘                    └─────────────┘
┌─────────────┐
│ 相数         │                    ┌─────────────┐
│ 单相:D       │                    │ 设计序号(9, │
│ 三相:S       │                    │  10, 11)    │
└─────────────┘                    └─────────────┘
┌─────────────┐                    ┌─────────────┐
│ 冷却方式     │                    │ 调压方式     │
│ 油浸自冷:无   │                    │ 无励磁调压:无 │
│ 干式空气自冷:G│                    │ 有载调压:Z   │
│ 干式浇注绝缘  │                    └─────────────┘
│ (环氧树脂    │                    ┌─────────────┐
│  浇注):C    │                    │ 线圈导线材质 │
│ 油浸风冷:F    │                    │ 扁铜线:无;   │
│ 油浸水冷:S    │                    │ 铜箔:B;      │
│ 强迫油循环风冷:FP│                │ 铝:L         │
│ 强迫油循环水冷:SP│                └─────────────┘
└─────────────┘
```

船闸降压变压器常用型号如下。

SZ11—315/10:三相油浸自冷式有载调压变压器,设计序号 11,电压等级 10 kV,容量 315 kVA。

SCB10—400/20(10)/0.4:三相环氧树脂浇注铜箔线圈变压器,设计序号 10,电压等级 10 kV,容量 400 kVA。

SCB10—30 kVA/10/0.4：三相环氧树脂浇注铜箔线圈变压器,设计序号 10,电压等级 10 kV,容量 30 kVA 。

SCZ10—400/10：三相环氧树脂浇注有载调压变压器,设计序号 10,电压等级 10 kV,容量 400 kVA。

船闸升压变压器常用型号如下。

SCB10—63 kVA/0.4/10：三相环氧树脂浇注铜箔线圈升压变压器,设计序号 10,电压等级 0.4/10 kV。

SC—100/0.4/10 kV：三相干式环氧树脂浇注升压变压器,电压等级 0.4/10 kV,容量 100 kVA。

3. 变压器的基本结构

各种用途的变压器的工作原理都是基于电磁感应现象。因此尽管变压器种类繁多,外形和体积有很大的差别,但它们的基本结构都相同,主要由铁芯和绕组两部分组成。

根据铁芯与绕组的结构,变压器可分为芯式变压器和壳式变压器。图 2-2-4(a)为芯式变压器,其特点是绕组包围铁芯,大型单相和三相电力变压器采用该结构。

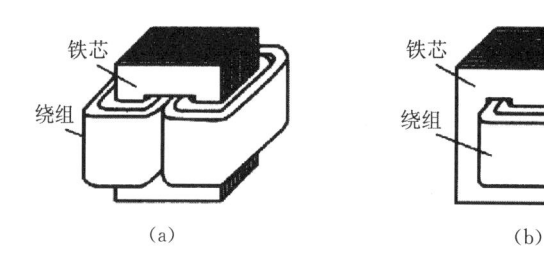

图 2-2-4 变压器结构示意图

图 2-2-4(b)为壳式变压器,这种变压器的部分绕组被铁芯所包围,可以不要专门的变压器外壳,适用于容量较小的变压器。变压器的铁芯通常由表面涂有绝缘漆膜,厚度为 0.35 mm 的硅钢片经冲剪、叠制而成。变压器的绕组有一次绕组和二次绕组,一次绕组和电源连接,二次绕组和负载连接。一次绕组和二次绕组均可以由一个或几个线圈组成。使用时根据需要把它们连接成不同的组态。

(二) 变压器的工作原理

变压器的基本工作原理是电磁感应原理,现以单相双绕组变压器为例说明其基本工作原理。如图 2-2-5 所示,当原边绕组上加上电压 u_1 时,流过电流 i_1,在铁芯中就产生交变磁通,其中绝大部分磁通经铁芯闭合,为主磁通 Φ。此外还有很少一部分磁通经过空气或其他非铁磁性物质闭合,为漏磁通 Φ_σ,这两个磁通分别在线圈中感应主电动势 e 和漏电动势 e_σ。两侧绕组分别感应主电动势 e_1、e_2。e_1 和 e_2 也按照正弦规律变化,它们的

有效值分别为

$$E_1 = 4.44fN_1\Phi_m \tag{2-2-10}$$

$$E_2 = 4.44fN_2\Phi_m \tag{2-2-11}$$

式中：f——频率；

N——匝数；

Φ_m——主磁通最大值。

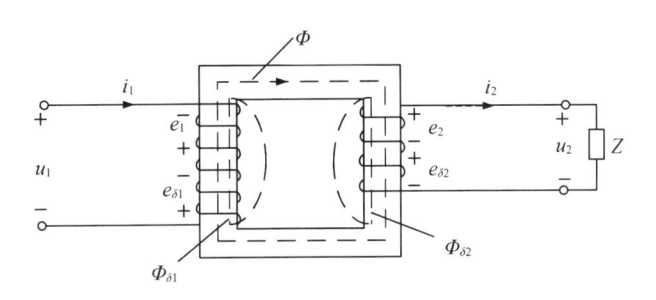

图 2-2-5 变压器的运行

1. 变压器的电压变换作用

当变压器副边空载时（副边开路，其电压设为 U_2），如果忽略漏磁通和原边绕组上的压降（空载电流很小），则原、副绕组的电动势近似等于原、副边电压，即

$$U_1 \approx E_1$$

$$U_2 \approx E_2$$

此时，原、副边电压之比称为变压比或变比，即

$$\frac{U_1}{U_2} \approx \frac{E_1}{E_2} = \frac{4.44fN_1\Phi_m}{4.44fN_2\Phi_m} = \frac{N_1}{N_2} = k \tag{2-2-12}$$

可见，电压比等于原、副边线圈的匝数比。因此，只要改变线圈的匝数比，就可得到不同的输出电压，从而达到变电压的目的。

2. 变压器的电流变换作用

当变压器负载运行时，绕组电阻、铁芯的磁滞和涡流总会产生一定的能量损耗，但与变压器输出的功率相比，其值要小得多，一般情况下可以忽略不计。而将变压器视为理想变压器，此时输入变压器的功率全部输出给所接的负载，即

$$U_1 I_1 = U_2 I_2 \tag{2-2-13}$$

从前面的分析可以得出

$$\frac{I_1}{I_2} = \frac{U_2}{U_1} = \frac{N_2}{N_1} = \frac{1}{k} \qquad (2\text{-}2\text{-}14)$$

这表明变压器负载工作时,原、副边线圈的电流有效值 I_1 和 I_2 近似地与它们的匝数成反比。因此,变压器具有变换电流的作用,它在变换电压的同时也变换了电流。

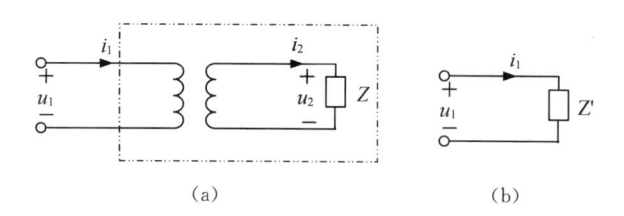

图 2-2-6 变压器的阻抗变换

3. 变压器的阻抗变换作用

设接在变压器绕组的负载阻抗为 Z,如图 2-2-6(a)所示,在忽略变压器漏磁压降及电阻压降的情况下,用阻抗 Z' 代替图 2-2-6(a)中虚线框内的部分,如图 2-2-6(b)所示。等效后原绕组的电流 I_1,电压 U_1 均不改变。得负载阻抗的模为

$$|Z| = \frac{U_2}{I_2} \qquad (2\text{-}2\text{-}15)$$

原绕组的阻抗模 $|Z'|$ 为

$$|Z'| = \frac{U_1}{I_1} = \frac{kU_2}{\dfrac{I_2}{k}} = k^2 \frac{U_2}{I_2} = k^2 |Z| \qquad (2\text{-}2\text{-}16)$$

上式表明,负载 Z 通过变比为 k 的变压器接至电源,与负载 Z' 直接接至电源的效果是一样的,从而实现了阻抗变换作用,因此采用不同的变比,可以把负载阻抗变换为所要求的值。在电子线路中,常用这种方法来实现阻抗的匹配,以提高信号的传输功能。

(三) 变压器的额定值

变压器的额定值是制造厂对变压器正常使用所作的规定,变压器在规定的额定值状态下运行,可以保证长期可靠地工作,并且有良好的性能。重要的额定值标在变压器的铭牌上,故也称为铭牌数据。主要额定值包括以下几个方面。

1. 额定容量 S_N

额定容量即额定视在功率,表示变压器输出电功率的能力。以伏·安(V·A)或千伏·安(kV·A)为单位。对于单相变压器

$$S_N = U_{2N} I_{2N} \qquad (2\text{-}2\text{-}17)$$

对于三相变压器

$$S_N = \sqrt{3}U_{2N}I_{2N} \qquad (2\text{-}2\text{-}18)$$

2. 额定电压 U_{1N}、U_{2N}

额定电压是根据变压器的绝缘强度和容许温升而规定的电压值,以伏(V)或千伏(kV)为单位。额定电压 U_{1N} 是指变压器一次侧(输入端)应加的电压,U_{2N} 是指输入端加上额定电压时二次侧的空载电压。在三相变压器中额定电压都是指线电压。在供电系统中,变压器二次侧的空载电压要略高于负载的额定电压。例如对于额定电压为 380 V 的负载,变压器的二次侧电压为 400 V 左右。

3. 额定电流 I_{1N}、I_{2N}

原、副边额定电流 I_{1N}、I_{2N} 是指变压器在额定容量和允许温升条件下,长时间通过线圈的最大电流,以安(A)或千安(kA)为单位。在三相变压器中都是指线电流。

4. 额定频率 f_N

运行时变压器使用交流电源电压的频率。我国的标准工频为 50 Hz,有些国家的工频为 60 Hz。

(四) 自耦变压器及仪用互感器

1. 自耦变压器

普通变压器至少有两个绕组,原、副绕组是相互绝缘的,只有磁耦合而无直接的电联系,因此称为双绕组变压器。自耦变压器只有一个绕组,如图 2-2-7 所示,其中高压绕组的一部分线圈兼作低压绕组,因此高、低绕组之间不但有磁的联系,也有电的联系。自耦变压器的基本工作原理与单相变压器相同,也可以用来变换电压与电流。用同样的方法分析可知,其电压比、电流比与单相变压器相同。即

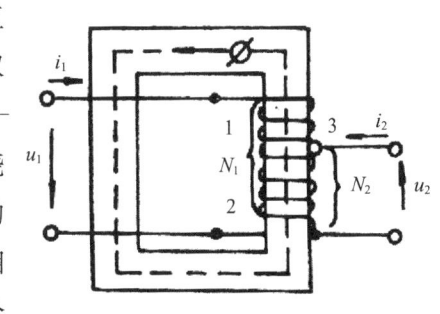

图 2-2-7 自耦变压器

$$\frac{U_1}{U_2} = \frac{N_1}{N_2} = k, \quad \frac{I_1}{I_2} = \frac{N_2}{N_1} = \frac{1}{k} \qquad (2\text{-}2\text{-}19)$$

自耦变压器与普通变压器相比,它的优点是:效率高、省铜线、制造简单,价廉且体积小、重量轻。它的缺点是:原、副边电路有电的直接联系,故原、副边电路的绝缘应采用同一等级,其变压比一般在 1.5~2 之间。又当线路接错,操作人员触及副边电路中的任一端线时,都会发生触电事故,这是十分危险的。因此电气安全操作规程规定:自耦变压器不容许作为安全变压器使用,安全变压器一般要采用原、副绕组相互绝缘的双绕组变压器。

2. 仪用互感器

仪用互感器分为电流互感器和电压互感器,其主要作用是扩大交流仪表的量程和使

仪表与高压电路隔离以保证安全。仪用互感器的工作原理与变压器相同,但由于用途不同,安装地点不同,电压等级不同,在构造和外形上有明显的区别。

(1) 电流互感器

电流互感器的作用是将大电流变换为小电流,以便测量仪表显示或控制、保护设备将其作为检测信号。

电流互感器的原边绕组与被测电路串联,副边绕组接电流表。原边绕组匝数很少,一般只有一匝或几匝,用粗导线绕成。副边绕组的匝数较多,用细导线绕成,与电流表串联,如图 2-2-8(a)所示。根据变压器电流变换的原理,电流互感器原、副绕组之比为

$$\frac{I_1}{I_2} = \frac{N_2}{N_1} = \frac{1}{k} = K_i \qquad (2\text{-}2\text{-}20)$$

$$I_1 = K_i I_2 \qquad (2\text{-}2\text{-}21)$$

式中:K_i——电流互感器的电流比,也称为变换系数。可见,电流互感器可将大电流变为小电流。副边接上电流表,测出的 I_2 乘上变换系数 K_i 即得被测的原线圈大电流的值(通常其电流表表盘刻度上直接标出被测的电流值)。通常电流互感器副线圈额定电流设计成标准值 5 A。

电流互感器的铁芯和副边绕组一端必须接地以确保工作安全。同时,电流互感器在工作时副边绕组不得开路。如果发生开路,将会在副边绕组两端感应出一个数百甚至上千伏的电压,危及工作人员的安全。同时,损耗将会大大增加,铁芯剧烈发热,可能使互感器的绝缘烧毁。

(2) 电压互感器

电压互感器的作用是将高电压变换成低电压,然后送至测量仪表或控制、保护设备,使仪表、设备和工作人员与高压电路隔离。

电压互感器的原绕组匝数很多,并联于待测电路两端,副绕组匝数很少,与电压表及电度表、功率表、继电器的电压线圈并联,如图 2-2-8(b)所示。根据变压器电压变换原理,电压互感器原、副绕组电压之比为

$$\frac{U_1}{U_2} = \frac{N_1}{N_2} = k = K_u \qquad (2\text{-}2\text{-}22)$$

$$U_1 = K_u U_2 \qquad (2\text{-}2\text{-}23)$$

式中:K_u——电压互感器的电压比,也称为变换系数。可见,电压互感器可将大电压变为小电压。副边接上电压表,测出的 U_2 乘上变换系数 K_u 即得被测的原线圈两端大电压的值(通常其电压表表盘刻度上直接标出被测的电压值)。通常电压互感器副线圈的额定电压规定为 100 V。

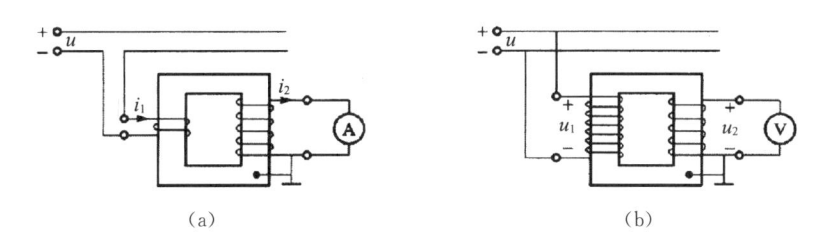

图 2-2-8　电流互感和电压互感器

由于电压互感器原绕组的电压往往比较高，为了工作安全，电压互感器的铁芯、金属外壳及副绕组的一端都必须接地。另外，使用时要防止副绕组短路，因为短路电流很大，会烧坏绕组。因此在原绕组侧装有熔断器作为短路保护。

第二节　三相异步电动机

利用电磁感应进行机械能与电能互换的装置称为电机。把机械能转换成电能的电机，称为发电机。反之，把电能转换成机械能的电机，称为电动机。

电动机按照它所耗用电能种类不同，可分为交流电动机和直流电动机。交流电动机还可分为异步电动机和同步电动机。

异步电动机结构简单，价格便宜，运行可靠，维护方便，是一种应用广泛的交流电动机。本节主要讨论三相异步电动机。

船闸闸阀门用电动机主要为三相交流异步鼠笼式电动机，功率均在 15 kW 以下，大部分为国产，也有部分为进口的。

国产电动机型号如下。

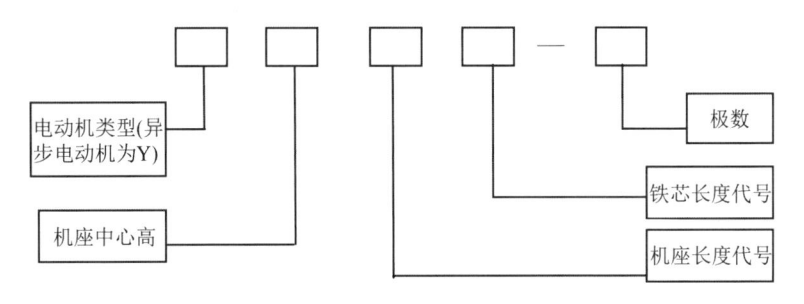

例：Y160M—4 鼠笼全封闭自冷式三相异步电动机，机座中心高 160 mm，机座为中机座，4 极，该电动机功率为 11 kW。

船闸常用国产电动机型号有：Y160M—4(11 kW)；Y132M—4(7.5 kW)；Y132M—

4B5(7.5 kW)河北电机；Y160M—4B5(11 kW)河北电机；Y132S—4(7.5 kW)。

一、三相异步电动机的结构和工作原理

（一）三相异步电动机的结构

异步电动机由定子和转子两个基本部分组成，这两部分之间由气隙隔开。

1. 定子

异步电动机的定子主要由机座、定子铁芯和定子绕组构成。

机座是电动机的支架，一般用铸钢或铸铁制成。定子铁芯由 0.5 mm 厚、两面涂有绝缘漆的硅钢片叠成，并固定在机座中，其内圆周上冲有均匀分布的槽，如图 2-2-9 所示，槽内嵌放三相对称绕组。

定子绕组是电机的电路部分，由绝缘导线绕制而成。三相定子绕组根据需要可接成星形(Y)和三角形(△)。由接线盒的端子引出六个出线端，如图 2-2-10 所示。如果电源线电压等于电动机每相绕组额定电压的 $\sqrt{3}$ 倍，那么三相定子绕组应采用星形联结，如图 2-2-10(a)所示。如果电源线电压等于电动机每相绕组的额定电压，那么三相定子绕组应采用三角形联结，如图 2-2-10(b)所示。电动机在出厂时，铬牌上均标明定子绕组接法。

图 2-2-9　定子铁芯冲片

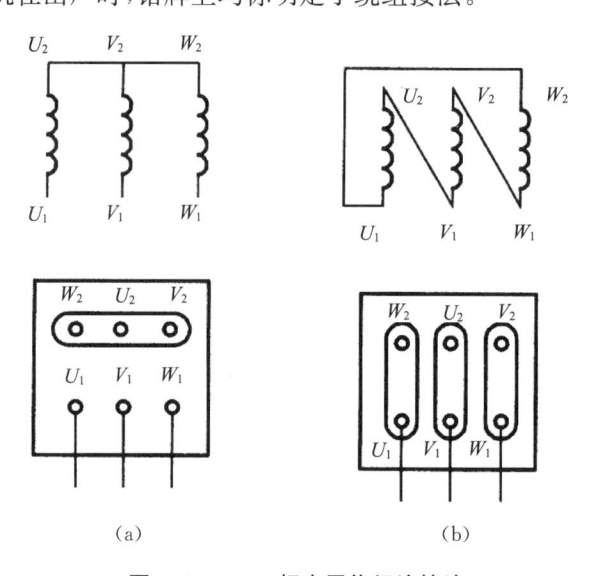

(a)　　　(b)

图 2-2-10　三相定子绕组连接法

2. 转子

异步电动机的转子主要由转轴、转子铁芯和转子绕组构成。

转子铁芯是由 0.5 mm 厚、两面涂有绝缘漆的硅钢片叠成圆柱形,并固定在转轴上。铁芯外圆周上有均匀分布的槽,这些槽放置转子绕组。

异步电动机转子绕组按结构不同可分为绕线型和笼型两种。前者称为绕线型电动机,后者称为笼型电动机。

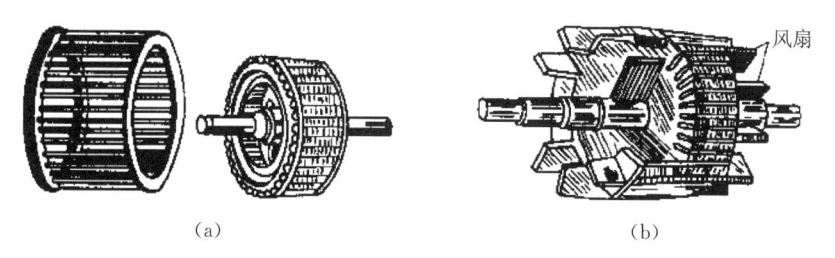

图 2-2-11 笼型转子

笼型转子绕组结构与定子绕组不同,转子铁芯各槽内都嵌放有铸铝导条(个别电机有用铜导条的)。端部有短路环短接,形成一个短接回路。去掉铁芯,形如一笼子,如图 2-2-11(a)所示,所以称为笼型转子。目前中小型笼型电动机的笼型转子绕组普遍采用铸铝制成,并在端环上铸出多片风叶作为冷却用的风扇,如图 2-2-11(b)所示。

绕线型转子绕组结构与定子绕组相似,在槽内嵌放三相绕组,通常为星形联结,绕组的三个端线接到装在轴上一端的三个滑环,再通过一套电刷引出,以便与外电路的可调电阻器相连,用于启动或调速,如图 2-2-12 所示。

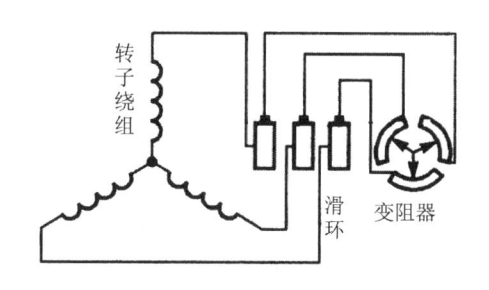

图 2-2-12 绕线型转子

(二)三相异步电动机的工作原理

图 2-2-13 为三相异步电动机工作原理示意图。当三相定子绕组接至三相电源后,三相绕组内将流过三相电流并在电机内建立旋转磁场。设旋转磁场在空间按顺时针方向旋转,因此转子导体相对于磁场按逆时针方向旋转而切割磁感线而产生感应电动势。根据右手定则可知转子上半部分导体中产生的感应电动势的方向是向外的,转子下半部分导体的感应电动势方向是向里的。因为转子绕组是短接的,所以在感应电动势的作用

下,产生感应电流,即转子电流。也就是说,异步电动机的转子电流是由电磁感应而产生的。因此这种电动机又称为感应电动机。根据安培定律,载流导体与磁场会相互作用而产生电磁力 F,其方向按左手定则决定。各个载流导体在旋转磁场作用下受到的电磁力对转子转轴所形成的转矩称为电磁转矩 T,在此作用下,电动机转子转动起来。从图 2-2-13 可见,转子导体所受电磁力形成的电磁转矩与旋转磁场的转向一致,故转子旋转的方向与旋转磁场的方向相同。

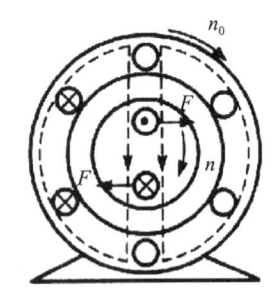

图 2-2-13 三相步电动机工作原理示意图

但是,电动机转子的转速 n 必定低于旋转磁场的同步转速 n_0。如果转子转速达到 n_0,那么转子与旋转磁场之间就没有相对运动,转子导体将不切割磁通,于是转子导体中不会产生感应电动势和转子电流,也不可能产生电磁转矩,所以电动机转子不可能维持在转速 n_0 状态下运行。可见异步电动机只有在转子转速 n 低于同步转速 n_0 的情况下,才能产生电磁转矩并驱动负载,维持稳定运行。因此这种电动机称为异步电动机。

异步电动机的转子转速 n 与旋转磁场的同步转速 n_0 之差是保证异步电动机工作的必要因素。这两个转速之差称为转差,用转差率来表示:

$$s = \frac{n_0 - n}{n_0} \qquad (2\text{-}2\text{-}24)$$

由于异步电动机的转速 $0 < n < n_0$,故转差率在 0 到 1 的范围内,即 $0 < s < 1$。对于常用的异步电动机,在额定负载时的额定转速 n_N 很接近同步转速,所以它的额定转差率 s_N 很小,约为 0.01~0.08。

二、三相异步电动机的特性和额定值

(一) 三相异步电动机的电磁转矩

三相异步电动机的电磁转矩是旋转磁场和转子电流相互作用而形成的。若旋转磁场每极磁通为 Φ_0,转子电路每相绕组电流和功率因数分别为 I_2' 和 $\cos\varphi_2$,可以证明三相异步电动机的电磁转矩为

$$T_{em} = C_T \Phi_0 I_2' \cos\varphi_2 \qquad (2\text{-}2\text{-}25)$$

式中:C_T——决定于电动机结构的常数。电磁转矩 T_{em} 的单位为牛·米(N·m)。

当电动机定子的外加电源电压和频率一定时,Φ_0 也基本保持不变。电磁转矩与转子电流的有功分量 $I_2'\cos\varphi_2$ 成正比,而非与转子电流 I_2' 成正比。当转子电流大,若大的是转子电流的无功分量(并非有功分量),则此时的电磁转矩就不大,启动瞬间就是这个情况。

为了描述电磁转矩 T_{em} 与转差率 s 的关系,可以推导出电磁转矩的另一种表达形式:

$$T_{em} \approx C'_T U_1^2 \frac{sR_2}{R_2^2 + (sX_{20})^2} \tag{2-2-26}$$

式中:R_2——电动机转子绕组的电阻;

X_{20}——电动机刚接通电源而转子尚未转动时转子绕组的感抗;

C'_T——电动机结构的常数。

(二)三相异步电动机的机械特性

在电力拖动中,电动机的机械特性具有更实际的意义。机械特性曲线是表示电动机转速 n 与转矩 T_{em} 之间关系的曲线。图 2-2-14 为三相异步电动机的机械特性曲线。

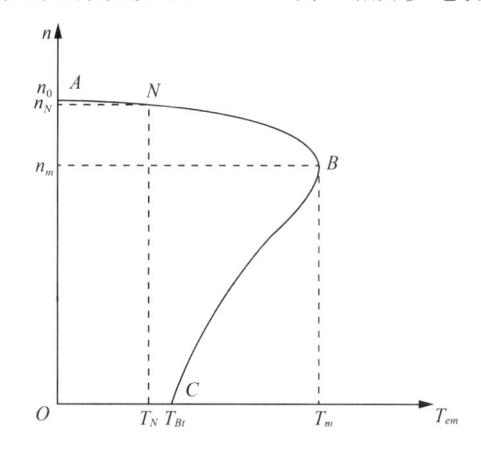

图 2-2-14 三相异步电动机机械特性曲线

通常异步电动机稳定运行在特性曲线 AB 段上。从这段曲线可以看出,当负载转矩有较大变化时,异步电动机的转速变化并不大,因此异步电动机具有硬的机械特性。图 2-2-14 中 T_N 是异步电动机在额定状态工作时的电磁转矩,称为额定转矩。

电动机工作电流超过它所允许的额定值,这种工作状态称为过载。为了避免过热,不允许电动机长期过载运行。在温升允许时,可以短时间过载。但这时的负载转矩不得超过最大转矩,否则就会发生"堵转"而烧毁电动机。所以最大转矩 T_m 反映了异步电动机短时的过载能力,通常将它与额定转矩的比值称为电动机的转矩过载系数或过载能力,用 λ_T 来表示,即

$$\lambda_T = \frac{T_m}{T_N} \tag{2-2-27}$$

一般异步电动机的 λ_T 在 1.8~2.2 之间,特殊用途电动机的 λ_T 可达 3 或更大。

启动转矩 T_{st} 是表示异步电动机在启动瞬时具有的转矩。为了保证电动机的正常启动,电动机的启动转矩必须大于负载转矩。启动转矩越大,启动就越迅速。通常用启动

转矩 $T_{启}$ 和额定转矩 T_N 的比值,称为启动转矩倍数 $K_{启}$,来衡量电动机的启动能力,即

$$K_{启} = \frac{T_{启}}{T_N} \quad (2\text{-}2\text{-}28)$$

对一般的三相异步电动机,$K_{启}$ 在 1.0～2.2 之间。

(三)异步电动机的额定值

1. 额定功率 P_N。在额定运行情况下,电动机轴上输出的机械功率,单位为瓦(W)或千瓦(kW)。

2. 额定电压 U_N。电动机在额定运行时的线电压,单位为伏(V)或千伏(kV)。

我国生产的 Y 系列中小型异步电动机,额定功率在 3 kW 以上的,额定电压为 380 V,绕组为三角形联结;额定功率在 3 kW 及以下的,额定电压为 380/220 V,绕组为 Y 形/△形联结(即电源线电压为 380 V 时,电动机绕组为 Y 形联结;电源线电压为 220 V 时,电动机绕组为△形联结)。

3. 额定电流 I_N。电动机在额定运行时的线电流,单位为安(A)。三相定子绕组有两种接法,就有两个相对应的额定电流值。

4. 额定频率 f_N。电动机在额定运行时交流电源的频率。

5. 额定转速 n_N。电动机在额定运行时的转速,单位为 r/min。

额定转速 n_N、额定功率 P_N 和额定转矩 T_N 之间的关系为

$$T_N = 9550 \frac{P_N}{n_N} \quad (2\text{-}2\text{-}29)$$

式中:P_N 的单位为 kW,n_N 的单位为 r/min,T_N 的单位为 N·m。

三、三相异步电动机的运行方式

三相异步电动机的基本运行方式包括启动、正反转、调速和制动。

(一)三相异步电动机的启动

异步电动机电源接通以后,如果电动机的启动转矩大于负载转矩,则转子从静止开始转动,转速逐渐升高至稳定转速,这个过程称为启动过程。

异步电动机常用的启动方法有下列几种。

1. 直接启动

直接启动是在启动时把电动机的定子绕组直接接入电网,如图 2-2-15 所示。电动机在启动瞬间,由于旋转磁场与转子之间相对速度很大,转子电路中的感应电动势及电流都很大,定

图 2-2-15 直接启动电路

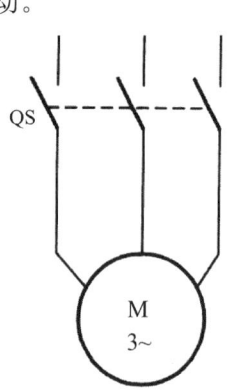

子电流也很大,因此在启动时,定子电流往往比额定值要大 4~7 倍。这样大的启动电流会使供电线路上产生过大的电压降,不仅可能使电动机本身启动时转矩减小,功率较大的电机还会影响接在同一电网上其他负载的正常工作。

直接启动的主要优点是简单、方便、经济、启动过程快,是一种适用于中小型笼型异步电动机的常用方法。当电源容量相对于电动机的功率足够大时,应尽量采用此法。

2. 降压启动

降压启动的目的是为了减小电动机启动时对电网的影响,其方法是在启动时降低电动机的电源电压,待电动机转速接近稳定时,再把电压恢复到正常值。由于电动机的转矩与其电压平方成正比,所以降压启动时转矩亦会相应减小。常用的降压启动有串电阻降压启动、星形-三角形降压启动、自耦变压器降压启动及延边三角形降压启动等,下面主要介绍两种。

(1) 星形-三角形降压启动

这种方法适用于正常运行时定子绕组为三角形联结的笼型电动机。图 2-2-16 为笼型电动机星形-三角形启动的原理电路,启动时,开关 QS_2 向下闭合,使电动机的定子绕组为星形联结,这时每相绕组上的启动电压只有它的额定电压的 $\frac{1}{\sqrt{3}}$。当电动机到达一定转速后,迅速把 QS_2 向上合,定子绕组转换成三角形联结,使电动机在额定电压下运行。

采用这种启动方式,电动机的启动电流和启动转矩都降低到直接启动时的 $\frac{1}{3}$,因此在使用时必须注意启动转矩能否满足要求。

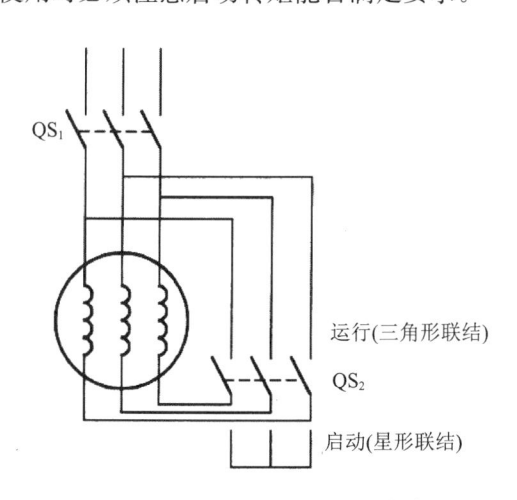

图 2-2-16　星形-三角形降压启动

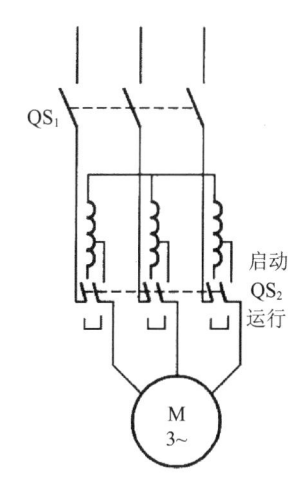

图 2-2-17　自耦变压器降压启动

(2) 自耦变压器降压启动

自耦变压器降压启动一般用于正常运行时定子绕组为星形联结的笼型电动机。图 2-2-17 为自耦变压器降压启动的原理图。启动前先将 QS_2 向上闭合,然后合上电源开关

Q_{S1}，这时自耦变压器的一次绕组加全压，抽头的二次绕组电压加在电动机定子绕组上，电动机便在低电压下启动。待转速上升至一定值，迅速将 Q_{S2} 切换到"运行"侧，切除自耦变压器，电动机就在全电压下运行。

用这种方法启动，电网供给的启动电流是直接启动时的 $\dfrac{1}{K^2}$（K 为自耦变压器的变压比），启动转矩也为直接启动时的 $\dfrac{1}{K^2}$。

（二）三相异步电动机的反转

在异步电动机的工作原理中已指出，异步电动机的转子旋转方向是与旋转磁场的方向一致的。由于旋转磁场的转向取决于产生旋转磁场的三相电流的相序，因此要改变电动机的旋转方向只需改变三相电流的相序。实际上只要把电动机与电源的三根连接线中的任意两根对调，电动机的转向便与原来相反。

（三）三相异步电动机的调速

电动机的调速是指在负载不变的情况下，用人为的方法改变异步电动机的转速。

根据转差率的定义，异步电动机的转速为

$$n = (1-s)\dfrac{60f_1}{p} \tag{2-2-30}$$

上式表明，改变电动机的极对数 p、转差率 s 和电源频率 f_1 均可对电机进行调速。下面分别进行介绍。

1. 变极调速

根据异步电动机的结构，它的磁极对数 p 由定子绕组的布置和连接方法决定。因此可以通过改变每相绕组的连接方法来改变极对数。图 2-2-18 为由三相异步电动机定子绕组两种不同连接方法而得的不同磁极对数原理示意图。为表达清楚，只画出了三相绕组中的一相。图 2-2-18(a)中该相绕组的两组线圈串联连接，通电后产生两对磁极的旋转磁场。当这两组线圈并联时，如图 2-2-18(b)所示，则产生一对磁极的旋转磁场。

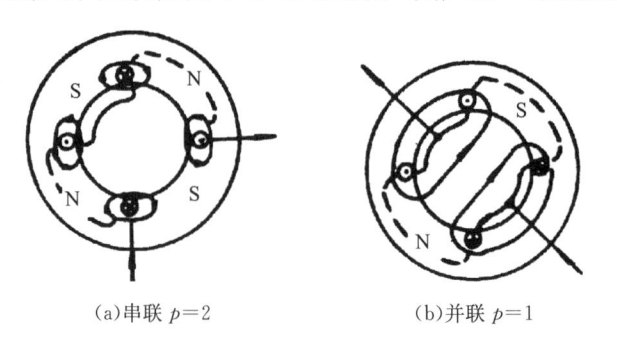

(a)串联 $p=2$ (b)并联 $p=1$

图 2-2-18 改变磁极对数原理示意图

一般异步电动机制造出来后,其磁极对数是不能随意改变的。可以改变磁极对数的笼型电动机是专门制造的,有双速或多速电动机等单独产品系列。

这种调速方法简单,但只能进行级数不多的有级调速。

2. 变频调速

变频调速是目前生产过程中使用最广泛的一种调速方式。图 2-2-19 为笼型异步电动机变频调速的原理图。变频调速主要是通过晶闸管整流器和晶闸管逆变器组成的变频器,把频率为 50 Hz 的三相交流电源变换成频率和电压可调节的三相交流电源,然后供给三相异步电动机,从而使电动机的速度得到调节。

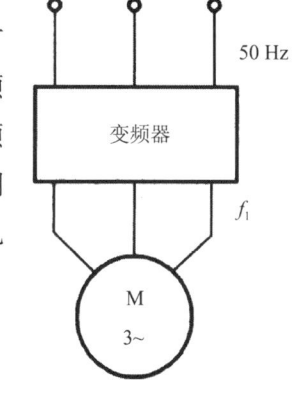

变频调速的基本原理将在第三章介绍。

3. 改变转差率调速

这种方法只适用于绕线式异步电动机,通过改变转子绕组中串接调速电阻值的大小来调整转差率,从而实现平滑调速,又称为变阻调速。

图 2-2-19 变频调速原理图

这种调速方法线路简单,可以在绕线型电动机转子电路中串接外部电阻来实现。这种调速方法的缺点是功率损耗较大。

(四)三相异步电动机的制动

电动机的制动是指电动机受到与转子运动方向相反的转矩作用,从而迅速降低转速,最后停止转动的过程。制动的关键是使电动机产生一个与实际转动方向相反的电磁转矩,这时的电磁转矩称为制动转矩。常用的制动方法有能耗制动、反接制动和回馈制动。

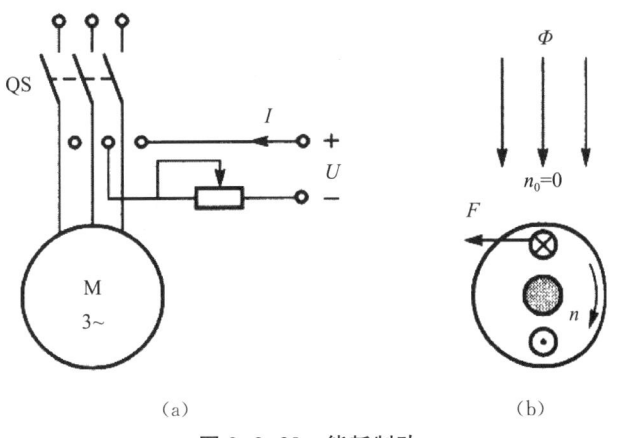

(a)　　　　　　(b)

图 2-2-20　能耗制动

1. 能耗制动

这种制动方法是在电动机切断定子的三相电源以后,迅速在定子绕组中接通直流电源,如图 2-2-20(a)所示。直流电产生的磁场是不随时间变换的固定磁场,而电动机的转子却在惯性的作用下继续转动,根据右手定则和左手定则可以确定,这时转子中感应电流与固定磁场相互作用而产生的电磁转矩的方向与电动机转子方向相反,如图 2-2-20(b)所示,因而起到制动作用。制动转矩的大小同直流电流的大小有关。对笼型异步电动机,可调节直流电流的大小来控制制动转矩的大小;对绕线型异步电动机还可以采用转子串电阻的方法来增大初始制动转矩。

能耗制动能量消耗小,制动平稳,广泛应用于要求平稳准确停车的场合,也可用于起重机一类机械上,用来限制重物下降速度,使重物匀速下降。

2. 反接制动

异步电动机反接制动接线如图 2-2-21(a)所示,制动时将其三相电源中的任意两相对调一下,使电动机电源电压相序改变,所以定子旋转磁场方向改变,而转子由于惯性仍继续按原方向旋转,这时转矩方向与电动机的旋转方向相反,如图 2-2-21(b)所示,成为制动转矩。若制动的目的仅为停车,则在转速接近于零时,可利用某种控制电器将电源自动切除,否则电机将会反转。

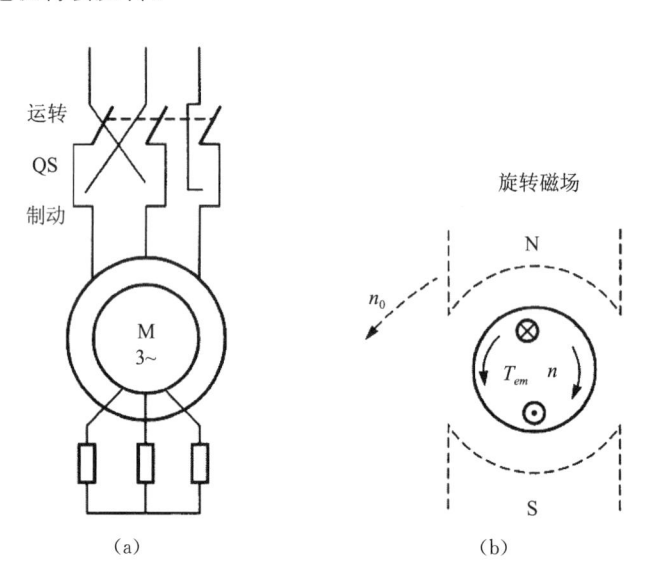

图 2-2-21 反接制动

反接制动时,由于转子的转速相对于反转旋转磁场的转速较大($n+n_0$),因此电流较大。为了限制制动电流,较大容量电动机通常在定子电路(笼型)或转子电路(绕线型)串接限流电阻。

这种制动方法较简单,制动效果较好,在某些中型机床主轴的制动中常被采用,但能耗较大。

3. 回馈制动

回馈制动发生在电动机转速 n 大于定子旋转磁场转速 n_0 的时候,如当起重机下放重物时,重物拖动转子,使转速 $n > n_0$。这时转子绕组切割定子旋转磁场方向与原电动状态相反,则转子绕组的感应电动势和电流方向也随之相反,电磁转矩方向也反向,即由与转向同向变为反向,成为制动转矩,如图 2-2-22 所示,使重物受到制动而匀速下降。实际上这台电动机已转入发电运行状态,它将重物的势能转变为电能而回馈到电网,故称为回馈制动。

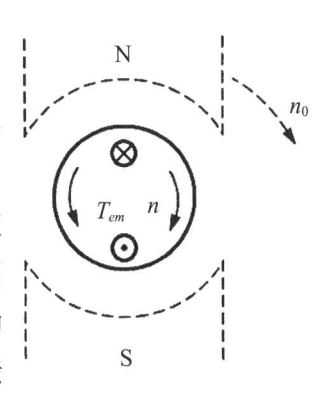

图 2-2-22 回馈制动

第三节 继电-接触器控制

一、常用低压电器

(一)电器的基本知识

1. 电器的定义和分类

凡是自动或手动接通和断开电路,以及能实现对电路或非电对象切换、控制、保护、检测、变换和调节目的的电气元件统称为电器。

电器的用途广泛,功能多样,种类繁多,结构各异。下面是几种常用的电器分类。

(1) 按工作电压等级分类

① 高压电器　用于交流电压 1 200 V、直流电压 1 500 V 及以上电路中的电器。例如高压断路器、高压隔离开关、高压熔断器等。

② 低压电器　用于交流 50 Hz(或 60 Hz),额定电压为 1 200 V 以下,直流额定电压 1 500 V 及以下的电路中的电器。例如接触器、继电器等。

(2)按动作原理分类

① 非自动控制电器　用手或依靠机械力进行操作的电器,如手动开关、控制按钮、行程开关等主令电器。

② 自动控制电器　借助于电磁力或某个物理量的变化自动进行操作的电器,如接触器、各种类型的继电器、电磁阀等。

(3)按用途分类

① 控制电器　用于各种控制电路和控制系统的电器,例如接触器、继电器、电动机启动器等。

② 主令电器　用于自动控制系统中发送动作指令的电器,例如按钮、行程开关、万能转换开关等。

③ 保护电器　用于保护电路及用电设备的电器,如熔断器、热继电器、各种保护继电器、避雷器等。

④ 执行电器　指用于完成某种动作或传动功能的电器,如电磁铁、电磁离合器等。

⑤ 配电电器　用于电能的输送和分配的电器,例如高压断路器、隔离开关、刀开关、自动空气开关等。

(4)按工作原理分类

① 电磁式电器　依据电磁感应原理来工作,如接触器、各种类型的电磁式继电器等。

② 非电量控制电器　依靠外力或某种非电物理量的变化而动作的电器,如刀开关、行程开关、按钮、速度继电器、温度继电器等。

2. 电器的作用

低压电器能够依据操作信号或外界现场信号的要求,自动或手动地改变电路的状态、参数,实现对电路或被控对象的控制、保护、测量、指示、调节。低压电器的作用如下。

(1)控制作用　如电梯的上下移动、快慢速自动切换与自动停层等。

(2)保护作用　能根据设备的特点,对设备、环境,以及人身实行自动保护,如电机的过热保护、电网的短路保护、漏电保护等。

(3)测量作用　利用仪表及与之相适应的电器,对设备、电网或其他非电参数进行测量,如电流、电压、功率、转速、温度、湿度等。

(4)调节作用　低压电器可对一些电量和非电量进行调整,以满足用户的要求,如柴油机油门的调整、房间温湿度的调节、照度的自动调节等。

(5)指示作用　利用低压电器的控制、保护等功能,检测出设备运行状况与电气电路工作情况,如绝缘监测、保护掉牌指示等。

(6)转换作用　在用电设备之间转换或对低压电器、控制电路分时投入运行,以实现功能切换,如励磁装置手动与自动的转换,供电的市电与自备电的切换等。

当然,低压电器作用远不止这些,随着科学技术的发展,新功能、新设备会不断出现,常用低压电器的主要种类和用途如表2-2-1所示。

表 2-2-1　常见的低压电器的主要种类及用途

序号	类别	主要品种	用途
1	断路器	塑料外壳式断路器	主要用于电路的过负荷保护、短路、欠电压、漏电压保护，也可用于不频繁接通和断开的电路
		框架式断路器	
		限流式断路器	
		漏电保护式断路器	
		直流快速断路器	
2	刀开关	开关板用刀开关	主要用于电路的隔离，有时也能分断负荷
		负荷刀开关	
		熔断器式刀开关	
3	转换开关	组合开关	主要用于电源切换，也可用于负荷通断或电路的切换
		换向开关	
4	主令电器	按钮	主要用于发布命令或程序控制
		限位开关	
		微动开关	
		接近开关	
		光电开关	
		万能转换开关	
5	接触器	交流接触器	主要用于远距离频繁控制负荷，切断带负荷电路
		直流接触器	
6	启动器	磁力启动器	主要用于电动机的启动
		星三角启动器	
		自耦减压启动器	
7	控制器	凸轮控制器	主要用于控制回路的切换
		平面控制器	
8	继电器	电流继电器	主要用于控制电路中，将被控量转换成控制电路所需电量或开关信号
		电压继电器	
		时间继电器	
		中间继电器	
		温度继电器	
		速度继电器	
		压力继电器	
9	熔断器	有填料熔断器	主要用于电路短路保护，也用于电路的过载保护
		无填料熔断器	
		半封闭插入式熔断器	
		快速熔断器	
		自复熔断器	

（二）常用非自动控制电器

依靠外力（人工）直接操作来进行接通、分断电路等动作的电器叫非自动控制电器。如各种开关、按钮等。

非自动控制电器广泛应用于配电线路，用于电源的隔离、保护与控制。常用的有刀开关、转换开关等。

1. 刀开关

刀开关又称闸刀开关，是结构最简单、应用最广泛的一种手动电器。在容量不大的低压电路中，作为不频繁接通和分断电路用，或用来将电路与电源隔离，也可以用来对小功率电动机做不频繁直接启动。

刀开关由操作手柄、动触刀、静插座和绝缘底板组成。依靠手动来实现触刀插入插座或脱离插座的控制。按刀数可分为单极、双极和三极。刀开关图形符号和文字符号如图 2-2-23 所示，一般均与熔丝或熔断器组成具有保护作用的开关电器，最常用的是开启式负荷开关（胶盖闸刀开关）。

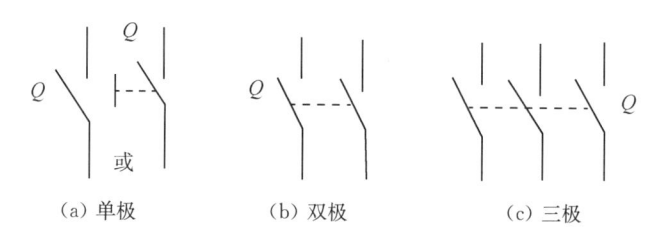

（a）单极　　（b）双极　　（c）三极

图 2-2-23　刀开关的图形符号和文字符号

图 2-2-24 显示了 HK 系列瓷底胶盖闸刀开关结构图、图形符号和文字符号。胶盖闸刀开关由刀开关和熔丝组成。在瓷底板上装有进线座、静插座、熔丝、出线座和刀片式的动触刀，上面罩有两块胶盖。胶盖的作用是防止金属零件落在闸开关上造成极间短路，操作人员不会触及带电部分，并且可以防止在分断电路时产生的电弧造成相间短路，电弧也不会飞出胶盖外面而灼伤操作人员。

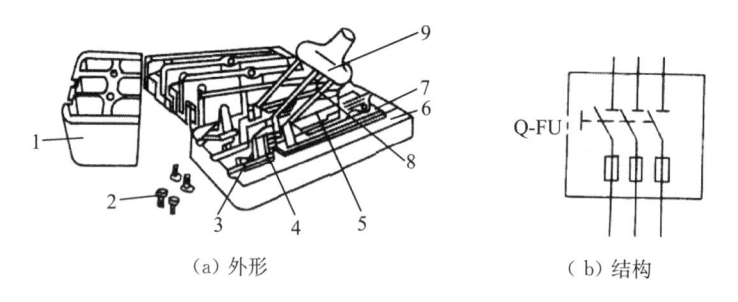

（a）外形　　（b）结构

1—胶盖；2—胶盖固定螺丝；3—进线座；4—静插座；5—熔丝；6—瓷底板；7—出线座；8—动触刀；9—瓷柄。

图 2-2-24　HK 系列瓷底胶盖闸刀开关结构图、图形符号和文字符号

这种开关应用于额定电压为交流 380 V 或直流 440 V、额定电流不超过 60 A 的电器装置中,不频繁地接通或切断负载电路,起短路保护作用。

三极闸刀开关由于没有灭弧装置,因此在适当降低容量使用时,也可用作小容量异步电动机不频繁直接启动和停止的控制开关。在操作过程中,拉闸与合闸的动作要迅速,利于迅速灭弧减少刀片的灼伤。安装时,闸刀开关在合闸状态下手柄应该向上,不能倒装和平装,以防止闸刀松动落下时误合闸。电源进线应接在静插座一边的进线端,用电设备应接在动触刀一边的出线端。这样,当闸刀开关关断时,闸刀和熔丝均不带电,以保证更换熔丝时的安全。

2. 组合开关

组合开关也称为转换开关,是一种转动式的闸刀开关,主要用于接通或切断电路、换接电源,控制小型笼型三相异步电动机的启动、停止、反转和局部照明。

组合开关的外形如图 2-2-25(a)所示,结构如图 2-2-25(b)所示,它有若干个动触片和静触片,分别装于数层绝缘件内,静触片固定在绝缘垫板上,动触片装在转轴上,随转轴旋转与静触片接通或断开。如图 2-2-25(c)为组合开关的电气符号。

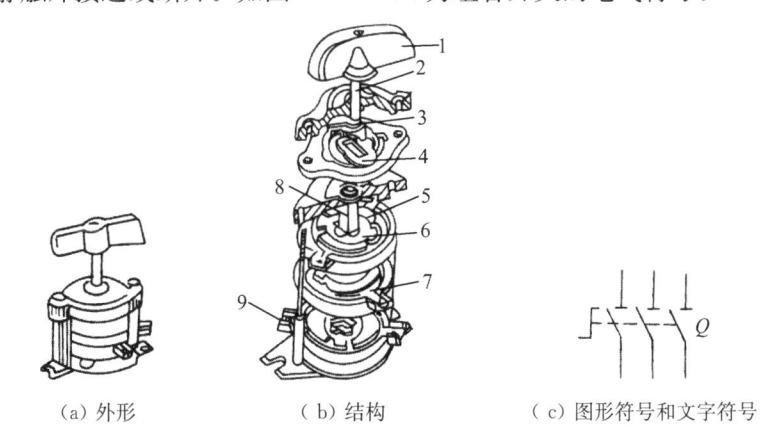

(a) 外形　　　　(b) 结构　　　　(c) 图形符号和文字符号

1—手柄;2—转轴;3—扭簧;4—凸轮;5—绝缘垫板;6—动触片;7—静触片;8—绝缘杆;9—接线柱。

图 2-2-25　HZ10－10/3 型组合开关

图 2-2-26 为组合开关的接线图。由于组合开关没有特定的灭弧装置,绝缘垫板也只能起到隔弧作用,因此操作频率不能过高,最多 300 次/h。如果用来控制电动机,则通断次数最多为 15～20 次/h。在组合开关的使用中,要注意铭牌上标注的结构示意图应与使用者所需的电气要求及动作要求符合。

3. 按钮

按钮是非自动电器中一种结构简单而应用广泛的电器。它主要在控制电路中用于短时间接通或断开小电流电路,用于远距离手动控制各种电磁开关,也可以用于各种信号线路和电气联锁线路转换等。

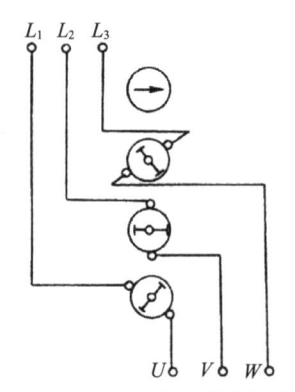

图 2-2-26 组合开关的接线

按钮的结构如图 2-2-27 所示。它的结构由按钮帽、复位弹簧、静触头、桥式动触头和外壳等组成。一般有一对常闭触头和一对常开触头,触头的额定电流为 5 A 以下,当按下按钮时,先断开常闭触头,后闭合常开触头。按钮松开后,由于复位弹簧的作用,触头系统产生相反的断开与关合,按钮复原。有的按钮具有多组常开和常闭触头,有的按钮像积木一样,可以根据需要进行组合。

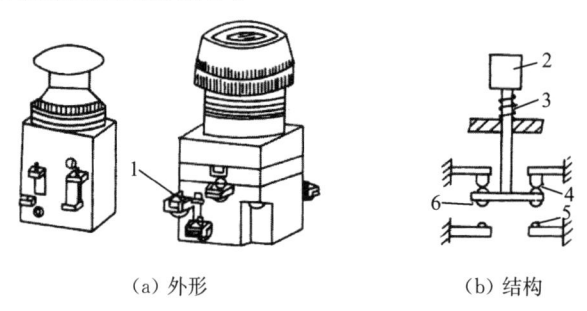

(a) 外形　　　(b) 结构

1—接线柱;2—按钮帽;3—复位弹簧;4—常闭静触头;5—常开静触头;6—动触头。

图 2-2-27 LA9—11 型按钮

为了便于区分各按钮不同的控制作用,通常将按钮帽做成不同的颜色,这样可以避免误操作,"停止"按钮多为红色的,"启动"按钮多为绿色。

按钮要根据所需触点对数、使用场合及作用来选择型号及按钮颜色。

按钮的图形符号和文字符号见图 2-2-28。其中图 2-2-28(a)(b) 两图为单式按钮,图 2-2-28(c) 为复式按钮。

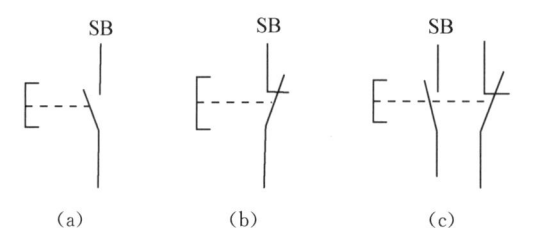

图 2-2-28 按钮的图形符号和文字符号

(三) 常用自动控制电器

1. 接触器

接触器是一种依靠电磁力的作用使触点闭合或分离,从而接通或分断交直流主电路和大容量控制电路,并能实现远距离自动控制和频繁操作,具有欠(零)电压保护,是自动控制系统和电力拖动系统中应用广泛的低压控制电器。

接触器按主触点通过电流的种类不同,可分为交流接触器和直流接触器两大类。

(1) 接触器的结构

接触器主要由电磁系统、触点系统和灭弧装置三部分组成。

① 交流接触器电磁系统

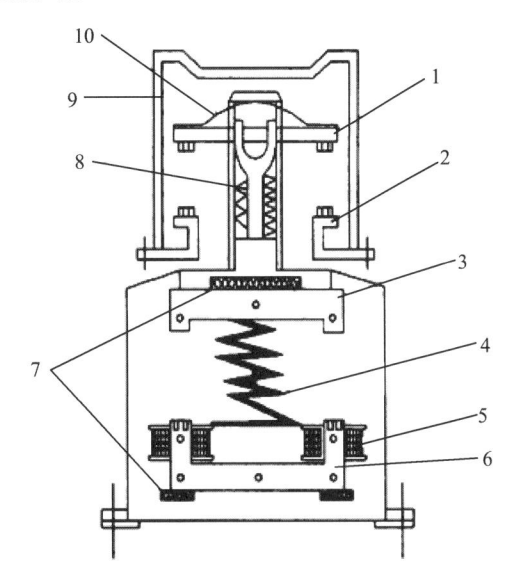

1—动触点;2—静触点;3—衔铁;4—缓冲弹簧;5—电磁线圈;6—静铁芯;7—垫毡;
8—触点弹簧;9—灭弧罩;10—触点压力簧片。

图 2-2-29　CJ20 交流接触器结构示意图

交流接触器电磁系统的作用是实现触点的闭合与分断,包括线圈、动铁芯(衔铁)和静铁芯(铁芯)。线圈由绝缘铜线绕制而成,一般制成粗而短的圆筒形,并与铁芯之间有一定的间隙,以免与铁芯直接接触而受热烧坏。铁芯由硅钢片叠压而成,以减少铁芯中的涡流损耗,避免铁芯过热。在铁芯端部槽内嵌装有用铜、康铜或镍铬合金材料制成的短路环,其目的是减少交流接触器吸合时产生的振动和噪声,故又称减振环或分磁环。

② 触点系统

触点系统包括主触点和辅助触点,用来直接接通和分断交流主电路和控制电路。

主触点用以通断电流较大的主电路,体积较大,一般有三对(三极)动合触点;辅助触点用以通断电流较小的控制电路,起电气联锁作用,体积较小,有常开和常闭两种触点,一般常开、常闭各两对。触点用导电性能较好的紫铜制成,并在接触部分镶上银或银合金块,以减小接触电阻。

③ 灭弧装置

容量在 10 A 以上的接触器都有灭弧装置,是用来迅速熄灭主触点在分断电路时所产生的电弧,保护触点不受电弧灼伤,并使分断时间缩短。对于小容量的接触器,常采用双断口触点灭弧、电动力灭弧、相间弧板隔弧及陶土灭弧罩灭弧。对于大容量的接触器常采用窄缝灭弧罩及栅片灭弧结构。

(2) 接触器的工作原理

当线圈通入电流后,在铁芯中形成强磁场,动铁芯受到电磁力的作用,便吸向静铁芯。但动铁芯的运动受到反作用力弹簧阻力,故只有当电磁力大于弹簧反作用力时,动铁芯才能被静铁芯吸住。动铁芯吸下时,带动动触点与静触点接触,从而使被控电路接通。当线圈断电后,动铁芯在反力弹簧作用下迅速离开静铁芯,从而使动、静触点也分离,断开被控电路。

接触器图形符号如图 2-2-30 所示。

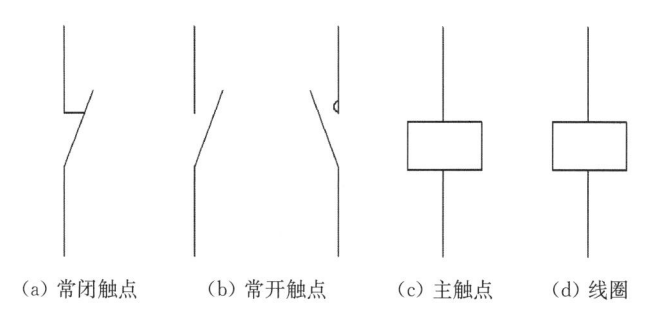

(a) 常闭触点　　(b) 常开触点　　(c) 主触点　　(d) 线圈

图 2-2-30　接触器的图形符号

(3) 接触器的选择与使用

选用交流接触器时,应使主触点电压大于或等于所控制回路电压,主触点电流大于或等于负载额定电流。

使用时要注意定期检查接触器的零件,要求可动部分灵活,紧固件无松动。保持触点表面清洁,无油污、积垢,无烧损。对损坏的零件应及时更换。接触器不允许在去掉灭弧罩的情况下使用,防止触点分断时电弧互相连接而造成相间短路事故。用陶土制成的灭弧罩极易损坏,拆装时要小心。接触器应垂直安装,倾斜度不应超过 5°,否则会影响接触器的动作特性。安装位置应便于日常检查和维修。

2. 继电器

继电器是一种根据电量或非电量的变化来通断小电流电路的自动控制电器。其输入信号可以是电压、电流等电量,也可以是时间、转速、温度、压力等非电量。而输出则以触点的动作或电路参数(如电压或电阻)的变化为形式。

(1) 电磁式继电器

电磁式继电器工作原理及结构和电磁式接触器相似,由电磁机构和触点系统组成。主要区别在于:继电器用于切换小电流的控制电路和保护电路,因而没有灭弧装置,也无主辅触点之分。而接触器用来控制主回路大电流,其主触点上装有相应的灭弧装置,有主辅触头之分。

电磁式继电器的图形符号如图 2-2-31 所示。

(a) 线圈一般符号　(b) 过电流、欠电流继电器线圈　(c) 过电压、欠电压继电器线圈　(d) 常闭、常开触点

图 2-2-31　电磁式继电器的图形符号

① 电流继电器

反映电流变化的继电器叫电流继电器。在使用时,电流继电器的线圈应串在被测量的电路中。为了使电流继电器吸引线圈的串入不影响电路正常工作,其线圈匝数少而线径粗、阻抗小、功耗小。电流继电器的特点是起特定的保护作用,动作电流可根据需要进行整定,适用于电动机启动频繁和经常正反转的场合,在起重设备中经常用到电流继电器。常用的有欠电流继电器和过电流继电器两种。

欠电流继电器在正常工作时,衔铁是吸合的,只有当电流降到某一数值时(一般释放电流为额定电流的 10%～20%),继电器才释放,输出信号,起欠电流保护作用。

过电流继电器在正常工作时不动作,当电流超过某一整定值时继电器吸合动作,对电路起到过电流保护作用。一般交流过流继电器整定电流范围为 110%～400% 的额定电流;直流过流继电器整定电流范围为 70%～300% 的额定电流。

② 电压继电器

根据电压大小而动作的继电器叫作电压继电器。在使用时,电压继电器的线圈与被测电路并联,因而其线圈匝数多而线径细。有过电压、欠电压和零电压继电器之分。过电压继电器在电路电压正常时不吸合,当电路电压增加到额定电压的 105%～120% 时吸合动作;欠电压继电器正常时吸合,当电路电压减小到额定值的 30%～50% 时释放;零电压继电器在电路电压降到额定值的 5%～25% 时释放。它们分别用来作过电压、欠电压和零电压保护。

③ 中间继电器

中间继电器是传递信号和控制多个电路的辅助控制电器。实质上也是一种电压继电器,其特点是触点数量较多,触点容量较大。

对于电动机额定电流不超过 5 A 的电气控制系统,也可以用中间继电器替换接触器来控制,所以,中间继电器也是小容量的接触器。

(2) 时间继电器

从得到输入信号(线圈的通电或断电)开始,经过一定的延迟后才输出信号(触点的闭合或断开)的继电器,称为时间继电器。它主要适用于需要按时间顺序进行控制的电气控制系统,在接收到控制信号后,按要求作一定的延时后使触点动作。

常用的时间继电器有电磁式、空气阻尼式、电动式和电子式等。

时间继电器的图形符号和文字符号见图 2-2-32。

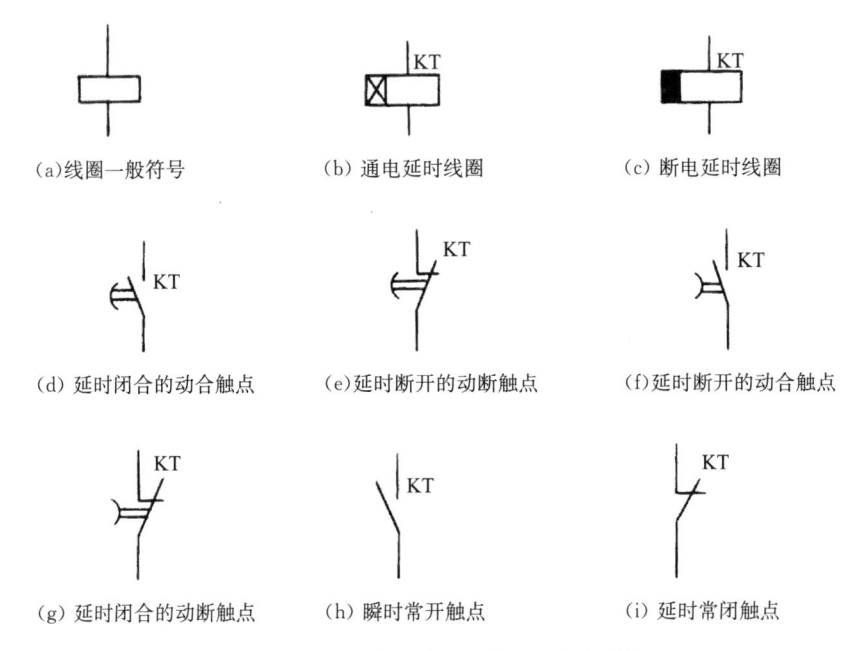

(a) 线圈一般符号　　(b) 通电延时线圈　　(c) 断电延时线圈

(d) 延时闭合的动合触点　(e) 延时断开的动断触点　(f) 延时断开的动合触点

(g) 延时闭合的动断触点　(h) 瞬时常开触点　(i) 延时常闭触点

图 2-2-32　时间继电器的图形符号和文字符号

在具有可编程控制器 PLC 的控制线路中,时间继电器被 PLC 中定时器所取代,其延时精度更高,设置更为方便。

(3) 速度继电器

速度继电器是反映转速和转向变化的信号继电器。主要用于电动机的反接制动控制,也称反接制动继电器,这种继电器运用了电动机原理,由转子、定子和触点三部分组成。其结构原理图如图 2-2-33 所示。转子是一块永久磁铁,固定在轴上,使用时轴与被控电动机的轴相连。定子是由硅钢片冲成的笼型空心圆环,并装上笼型绕组构成,与轴同心。

当被测电动机旋转时,带动永久磁铁的转子一起转动,这相当于一个旋转磁场,定子绕组切割磁场而产生感应电动势和电流,此电流和永久磁铁的磁场作用产生转矩,使定子跟着轴的转动方向偏摆,摆杆拨动触点,使动断触点断开,动合触点闭合。当电动机转速下降到接近零时,转矩减小,摆杆在弹簧力的作用下恢复原位,触点也复原。

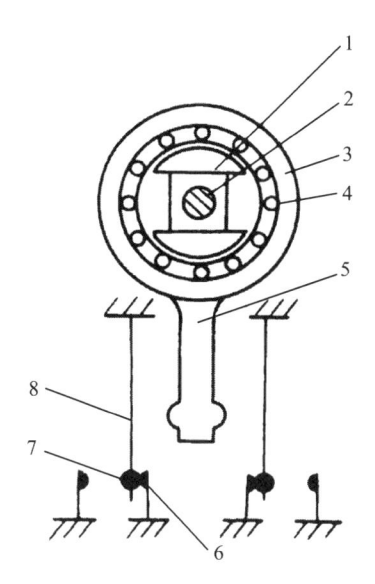

1—转子;2—电动机轴;3—定子;4—绕组;5—定子柄;6—静触点;7—动触点;8—簧片。

图 2-2-33　速度继电器结构原理图

当被测电动机转向相反时,继电器的转子方向也随之改变,产生的转矩方向也改变,摆杆就推动另一侧的触头,使之断开或闭合,从而检测到电动机的转向变化。

速度继电器有两组触点(各有一对常开触点和一对常闭触点),可分别控制电动机正反转时的反接制动。其图形符号及文字符号如图 2-2-34 所示。

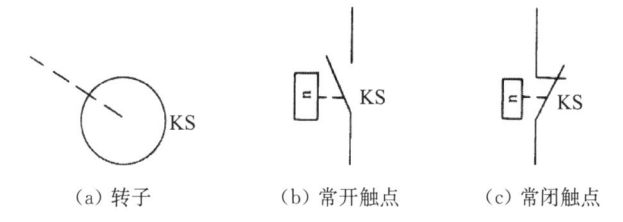

(a) 转子　　(b) 常开触点　　(c) 常闭触点

图 2-2-34　速度继电器图形符号和文字符号

(四)常用保护电器

1. 熔断器

熔断器俗称保险丝,是一种简单而有效的保护电器,被广泛应用于电网保护和电气设备保护,在电路中主要起短路保护作用。

熔断器主要由熔体和安装熔体的熔管(或熔座)组成。熔体用一种熔点低、电阻率较大、截面积较细的金属丝或薄片制成,使用时,将它串接于被保护的电路中。正常使用时,熔体允许通过一定的电流,不会熔断;在电路发生短路或严重过载时,熔体中流过很大的故障电流,当电流产生的热量达到熔体的熔点时,熔体熔化而自动切断电路,从而达到保护目的。熔体在熔化切断电路的过程中,往往会产生较强的电弧,而熔管主要起熄弧作用。三种常用的熔断器的结构如图 2-2-35 所示。

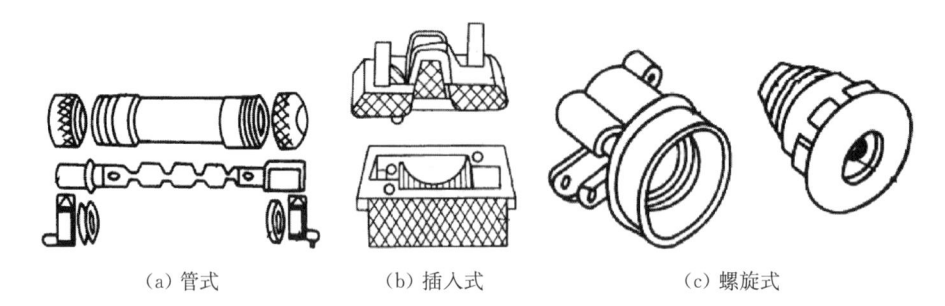

(a) 管式　　　　　　(b) 插入式　　　　　　(c) 螺旋式

图 2-2-35　熔断器的结构

选择熔断器,主要是选择熔体的额定电流。其方法如下。

(1) 照明和电热负载的熔体

$$熔体额定电流 \geqslant 被保护设备的工作电流之和$$

(2) 单台电动机的熔体

因为电动机启动电流较大,为了使电动机正常启动,一般取

$$熔体额定电流 \geqslant \frac{电动机的启动电流}{2.5}$$

如启动频繁,则取

$$熔体额定电流 \geqslant \frac{电动机的启动电流}{1.6 \sim 2}$$

(3) 多台电动机合用的总熔丝

熔体额定电流$\geqslant (1.5 \sim 2.5) \times$最大容量电动机的额定电流$+$其余电动机的额定电流之和

值得注意的是:熔断器在电动机控制线路中,如果电动机处于运转时熔断器熔断,极易造成电动机的烧损。因此,随着电气技术的不断发展,人们现在经常运用电机综合保护器等保护装置来替代熔断器。

熔断器在电气原理图中的符号如图 2-2-36 所示。安装时,熔断器应安装在开关的负载一侧,这样便于在不带电的情况下

图 2-2-36　熔断器的符号

更换熔体。

2. 热继电器

热继电器用来保护电动机使之免受长期过载的危害。热继电器是利用电流的热效应而动作的,它的原理图如图 2-2-37 所示。热元件是一段电阻不大的电阻丝,接在电动机的主电路中。双金属片系由两种具有不同线膨胀系数的金属碾压而成。下层金属的膨胀系数大,上层的小。当主电路中电流超过容许值而使双金属片受热时,它便向上弯曲,因而脱扣,扣板在弹簧的拉力下将动断触点断开。触点是接在电动机的控制电路中的。控制电路断开而使接触器的线圈断电,从而断开电动机的主电路。

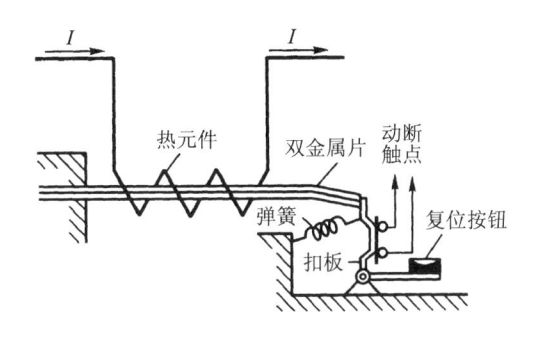

图 2-2-37 热继电器的原理图

由于热惯性,热继电器不能作短路保护。因为发生短路事故时,要求电路立即断开,而热继电器是不能立即动作的。但是这个热惯性也是合乎要求的,在电动机启动或短时过载时,热继电器不会动作,这可避免电动机不必要的停车。

热继电器在电气原理图中的符号如图 2-2-38 所示。热继电器有单相、二相及三相式,其中三相式还分为有断相保护(用于电动机△形接法)和无断相保护的。

热继电器的选择依据是电动机定子绕组的连接方式。在三相异步电动机电路中,对于 Y 形接法的电动机可选两相或三相结构的热继电器,一般都采用两相结构的热继电器,即在两相电路中串接热元件;对于三相感应电动机,定子绕组为△形接法的电动机,必须采用带断相保护的热继电器。

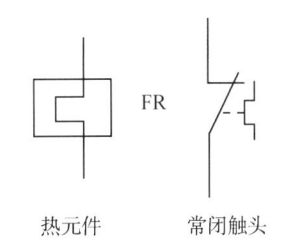

图 2-2-38 热继电器的符号

随着电气技术的发展,热继电器越来越多地被其他性能更好的保护装置所替代。

3. 行程开关

行程开关也称位置开关或限位开关,是用来限制机械运动行程的一种很重要的小电流主令电器。它可将机械位移信号转换成电信号,常用作行程控制、改变运动方向、定位、限位及安全保护之用。

在实际生产中,将行程开关安装在预先安排的位置,当装在生产机械运动部件上的挡块撞击行程开关时,行程开关的触点动作,实现电路的切换。因此,行程开关是一种根据运动部件的行程位置而切换电路的电器,它的作用原理与按钮类似。行程开关广泛用于各类机床、起重机械、船闸闸阀门,用以控制其行程,进行限位保护。

行程开关按其结构可分为直动式、滚轮式和微动式三种。

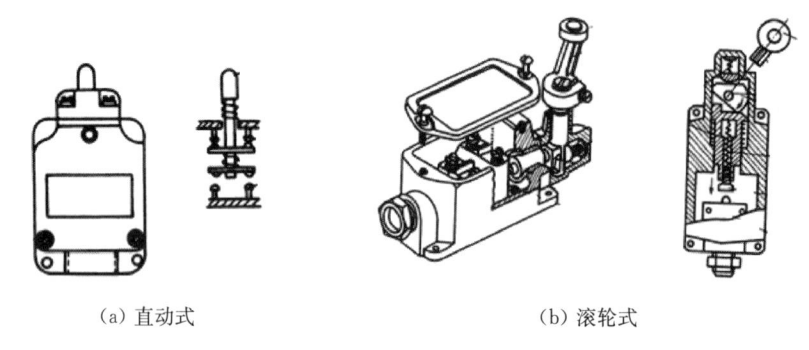

(a) 直动式　　　　　(b) 滚轮式

图 2-2-39　行程开关外形和原理图

直动式行程开关的动作原理与按钮相同。但它的缺点是分合速度取决于生产机械的移动速度,当移动速度低于 0～4 m/min 时,触点分断太慢,易受电弧烧损。此时,应采用有盘形弹簧机构瞬时动作的滚轮式行程开关。当生产机械的行程比较小且作用力也很小时,可采用具有瞬时动作和微小行程的微动式行程开关。

行程开关的主要参数有动作行程、工作电压及触头的电流容量等,在产品说明书中都有详细说明。

行程开关在电气原理图中的符号如图 2-2-40 所示。

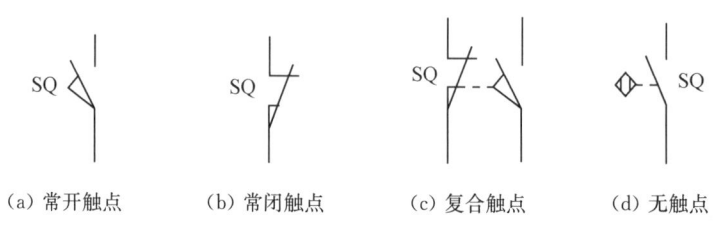

(a) 常开触点　　(b) 常闭触点　　(c) 复合触点　　(d) 无触点

图 2-2-40　行程开关符号

4. 漏电保护开关

根据保护器的工作原理,如图 2-2-41 所示,可分为电压型、电流型和脉冲型三种。电压型保护器接于变压器中性点和大地间,当发生触电时中性点偏移对地产生电压,以此来使保护器动作切断电源,但由于它是对整个配变低压网进行保护,不能分级保护,因此停电范围大,动作频繁,所以已被淘汰。脉冲型电流保护器的工作原理是当发生触电时使三相不平衡漏电流的相位、幅值产生突然变化,并以此为动作信号,但也有死区。目前应用广泛的是电流型漏电保护器,所以下面主要介绍电流型的保护器。

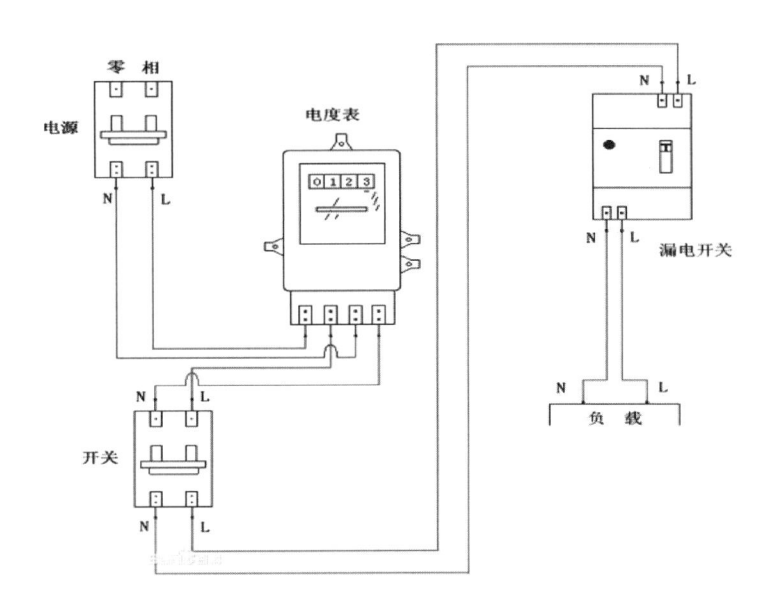

图 2-2-41　漏电保护开关工作原理

电流型的保护器是指不仅它与其他断路器一样可将主电路接通或断开,而且具有对漏电流检测和判断的功能,当主回路中发生漏电或绝缘破坏时,漏电保护开关可根据判断结果将主电路接通或断开。它与熔断器、热继电器配合可构成功能完善的低压开关元件。

目前这种形式的漏电保护装置应用最为广泛,市场上的漏电保护开关根据功能常用的有以下几种类型。

(1) 只具有漏电保护断电功能,使用时必须与熔断器、热继电器、过流继电器等保护元件配合。

(2) 同时具有过载保护功能。

(3) 同时具有过载、短路保护功能。

(4) 同时具有短路保护功能。

(5) 同时具有短路、过负荷、漏电、过压、欠压功能。

5. 电机综合保护器

JES 即"电机综合保护器",如图 2-2-42 所示。主要应用于风机、水泵、电动机等负载的控制与保护,JES 集过载、过流、欠压、过压、欠流、短路、缺相、漏电、相位等综合功能于一身。

图 2-2-42　JES 智能型控制保护开关

JES 系列产品采用模块化的单一产品结构形

式,集成了传统的断路器(熔断器)、接触器、过载(或过流、断相)保护继电器、启动器、隔离器等的主要功能,具有远距离自动控制和就地直接人力控制功能,具有面板指示及机电信号报警功能,具有过压欠压保护功能,具有断相缺相保护功能,具有协调配合的时间-电流保护特性(具有反时限、定时限和瞬时三段保护特性)。根据需要选配功能模块或附件,即可实现对各类电动机负载、配电负载的控制与保护。

JES 系列产品主要用于交流 50 Hz(60 Hz)、额定电压至 690 V、额定电流自 3 A 至 100 A、可调工作电流自 0.12 A 至 100 A 的电力系统中接通、承载和分断正常条件(包括规定的过载条件)下的电流,且能够接通、承载并分断规定的非正常条件(如短路)下的电流。

从其结构和功能上来说,JES 系列产品已不再是接触器或断路器或热继电器等单个产品,而是一套控制保护系统。它的出现从根本上解决了传统的分立元器件(通常是断路器或熔断器+接触器+过载继电器)由于选择不合理而引起的控制和保护配合不合理的种种问题,特别是克服了将不同考核标准的电器产品组合在一起时,保护特性与控制特性配合不协调的现象,极大地提高了控制与保护系统的运行可靠性和连续运行性能。

JES 系列产品是断路器、接触器、热继电器、熔断器等低压电器的最佳替代产品。

6. 不间断电源(UPS)

UPS(Uninterruptible Power System),即不间断电源,如图 2-2-43 所示,是一种含有储能装置,以逆变器为主要组成部分的恒压恒频的不间断电源。主要用于给单台计算机、计算机网络系统或其他电力电子设备提供不间断的电力供应。当市电输入正常时,UPS 将市电稳压后供应给负载使用,此时的 UPS 就是一台交流市电稳压器,同时它还向机内电池充电;当市电中断(事故停电)时,UPS 立即将机内电池的电能,通过逆变转换的方法向负载继续供应 220 V 交流电,使负载维持正常工作并保护负载软、硬件不受损坏。UPS 设备通常在电压过大和电压太低时都提供保护。

图 2-2-43 后备式 UPS 不间断电源

UPS 电源系统由五部分组成：主路、旁路、电池等电源输入电路，进行 AC/DC 变换的整流器（REC），进行 DC/AC 变换的逆变器（INV），逆变和旁路输出切换电路以及蓄能电池。其系统的稳压功能通常是由整流器完成的，整流器件采用可控硅或高频开关整流器，本身具有可根据外电的变化控制输出幅度的功能，从而当外电发生变化时（该变化应满足系统要求），输出幅度基本不变的整流电压。净化功能由储能电池来完成，由于整流器不能消除瞬时脉冲干扰，整流后的电压仍存在干扰脉冲。储能电池除可存储直流直能的功能外，对整流器来说就像接了一只大容量电容器，其等效电容量的大小，与储能电池容量大小成正比。由于电容两端的电压是不能突变的，即利用了电容器对脉冲的平滑特性消除了脉冲干扰，起到了净化功能，也称对干扰的屏蔽。频率的稳定则由变换器来完成，频率稳定度取决于变换器的振荡频率的稳定程度。为方便 UPS 电源系统的日常操作与维护，设计了系统工作开关、主机自检故障后的自动旁路开关、检修旁路开关等开关控制。

二、常用控制线路

任何复杂的电气控制线路都是按照一定的控制原则，由基本的控制线路组成的。基本控制线路是学习电气控制的基础。

电气控制线路的表示方法有：电气原理图、电气接线图、电气布置图。

电气原理图是根据工作原理而绘制的，具有结构简单、层次分明、便于研究和分析电路的工作原理等优点。各种电气控制线路无论在设计部门或生产现场都得到广泛的应用。电气控制线路常用的图形、文字符号必须符合最新的国家标准。

电气控制线路根据电路通过的电流大小可分为主电路和控制电路。主电路包括从电源到电动机的电路，是强电流通过的部分，画在原理图的左边。控制电路是通过弱电流的电路，一般由按钮、电气元件的线圈、接触器的辅助触点、继电器的触点等组成，画在原理图的右边。

电气元件展开图的画法：同一电气元件的各部件可以不画在一起，但需用同一文字符号标出。若有多个同类电气元件，可在文字符号后加上数字序号，如 KM1、KM2 等。

所有按钮、触点均按没有外力作用和没有通电时的原始状态画出。控制电路的分支线路，原则上按照动作先后顺序排列，两线交叉连接时的电气连接点须用黑点标出。

（一）三相笼型电动机直接启动控制

在电源容量足够大时，小容量笼型电动机可直接启动。直接启动的优点是电气设备少，线路简单。缺点是启动电流大，引起供电系统电压波动，干扰其他用电设备的正常工作。

1. 点动控制

如图 2-2-44 所示，主电路由刀开关 QS、熔断器 FU、交流接触器 KM 的主触点和笼型电动机 M 组成;控制电路由启动按钮 SB1 和交流接触器线圈 KM 组成。

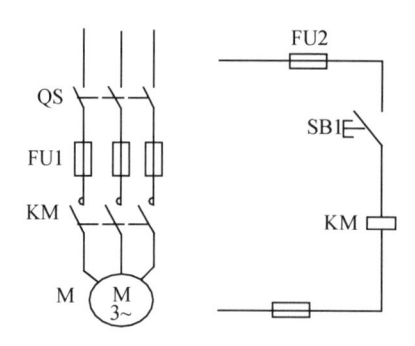

图 2-2-44 点动控制线路

线路的工作过程如下。启动过程:先合上刀开关 QS→按下启动按钮 SB1→接触器 KM 线圈通电→KM 主触点闭合→电动机 M 通电直接启动。

停机过程如下:松开 SB1→KM 线圈断电→KM 主触点断开→M 停电停转。

按下按钮,电动机转动,松开按钮,电动机停转,这种控制就叫点动控制,它能实现电动机短时转动,常用于机床的对刀调整和电动葫芦等。

2. 连续运行控制

在实际生产中往往要求电动机实现长时间连续转动,即所谓长动控制。如图 2-2-45 所示,主电路由刀开关 QS、熔断器 FU1、接触器 KM 的主触点、热继电器 FR 的发热元件和电动机 M 组成,控制电路由停止按钮 SB2、启动按钮 SB1、接触器 KM 的常开辅助触点和线圈、热继电器 FR 的常闭触点组成。

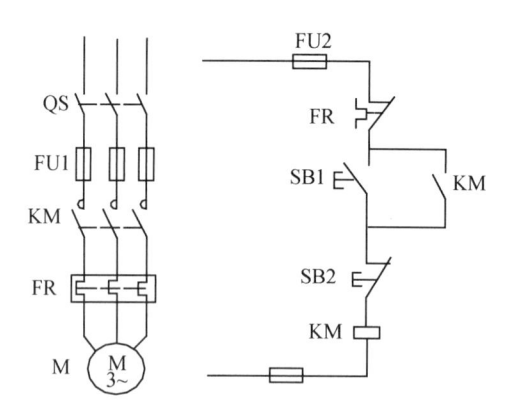

图 2-2-45 连续运行控制线路

工作过程如下。

启动:合上刀开关 QS→按下启动按钮 SB1→接触器 KM 线圈通电→KM 主触点闭合和常开辅助触点闭合→电动机 M 接通电源运转;松开 SB1,利用接通的 KM 常开辅助触点自锁,电动机 M 连续运转。

停机:按下停止按钮 SB2→KM 线圈断电→KM 主触点和辅助常开触点断开→电动机 M 断电停转。

在连续控制中,当启动按钮 SB1 松开后,接触器 KM 的线圈通过其辅助常开触点的闭合仍继续保持通电,从而保证电动机的连续运行。这种依靠接触器自身辅助常开触点的闭合而使线圈保持通电的控制方式,称自锁或自保。起到自锁作用的辅助常开触点称自锁触点。

线路设有以下保护环节。

短路保护:短路时熔断器 FU 的熔体熔断而切断电路起保护作用。

电动机长期过载保护:采用热继电器 FR。由于热继电器的热惯性较大,即使发热元件流过高于额定值几倍的电流,热继电器也不会立即动作。因此在电动机启动时间不太长的情况下,热继电器不会动作,只有在电动机长期过载时,热继电器才会动作,用它的常闭触点断开使控制电路断电。

欠电压、失电压保护:通过接触器 KM 的自锁环节来实现。当电源电压由于某种原因而严重欠电压或失电压(如停电)时,接触器 KM 断电释放,电动机停止转动。当电源电压恢复正常时,接触器线圈不会自行通电,电动机也不会自行启动,只有在操作人员重新按下启动按钮后,电动机才能启动。本控制线路具有如下三点优点:

①防止电源电压严重下降时电动机欠电压运行;

②防止电源电压恢复时,电动机自行启动而造成设备和人身事故;

③避免多台电动机同时启动造成电网电压的严重下降。

3. 点动和长动结合的控制

在生产实践中,需要连续进行工作,则要求电动机既能实现点动又能实现长动。控制线路如图 2-2-46 所示。

图 2-2-46(a)的线路比较简单,采用组合开关 SA 实现控制。点动控制时,先把 SA 打开,断开自锁电路→按动 SB2→KM 线圈通电→电动机 M 点动;长动控制时,把 SA 合上→按动 SB1→KM 线圈通电,自锁触点起作用→电动机 M 实现长动。

图 2-2-46(b)的线路采用复合按钮 SB3 实现控制。点动控制时,按动复合按钮 SB3,断开自锁回路→KM 线圈通电→电动机 M 点动;长动控制时,按动启动按钮 SB1→KM 线圈通电,自锁触点起作用→电动机 M 长动运行。此线路在点动控制时,若接触器 KM 的释放时间大于复合按钮的复位时间,则点动结束,SB3 松开时,SB3 常闭触点已闭合但接触器 KM 的自锁触点尚未打开,会使自锁电路继续通电,则线路不能实现正常的点动控制。

图 2-2-46(c)的线路采用中间继电器 KA 实现控制。点动控制时,按动启动按钮 SB3→KM 线圈通电→电动机 M 点动。长动控制时,按动启动按钮 SB2→中间继电器

KA 线圈通电并自锁→KM 线圈通电→M 实现长动。此线路多用了一个中间继电器，但工作可靠性却提高了。

(a)

(b)

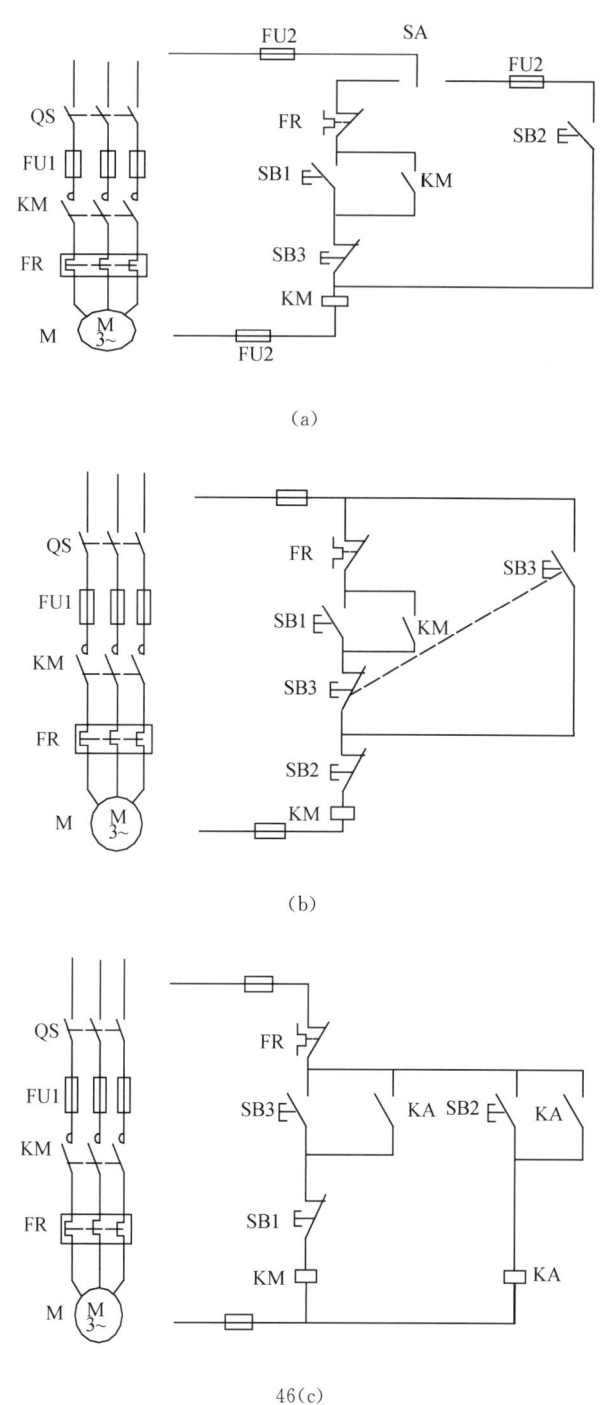

46(c)

图 2-2-46　点动和长动结合的控制线路

（二）顺序连锁控制线路

在生产实践中，有时要求一个拖动系统中多台电动机实现先后顺序工作。例如机床中要求润滑电动机启动后，主轴电动机才能启动。图 2-2-47 为两台电动机顺序启动控制线路。

在图 2-2-47(a)中，接触器 KM1 控制电动机 M1 的启动、停止；接触器 KM2 控制电动机 M2 的启动、停止。现要求电动机 M1 启动后，电动机 M2 才能启动。

工作过程如下：合上开关 QS→按下启动按钮 SB2→接触器 KM1 通电→电动机 M1 启动→KM1 常开辅助触点闭合→按下启动按钮 SB3→接触器 KM2 通电→电动机 M2 启动。

按下停止按钮 SB1，两台电动机同时停止。如改用图 2-2-47(b)线路的接法，可以省去接触器 KM1 的常开触点，使线路得到简化。

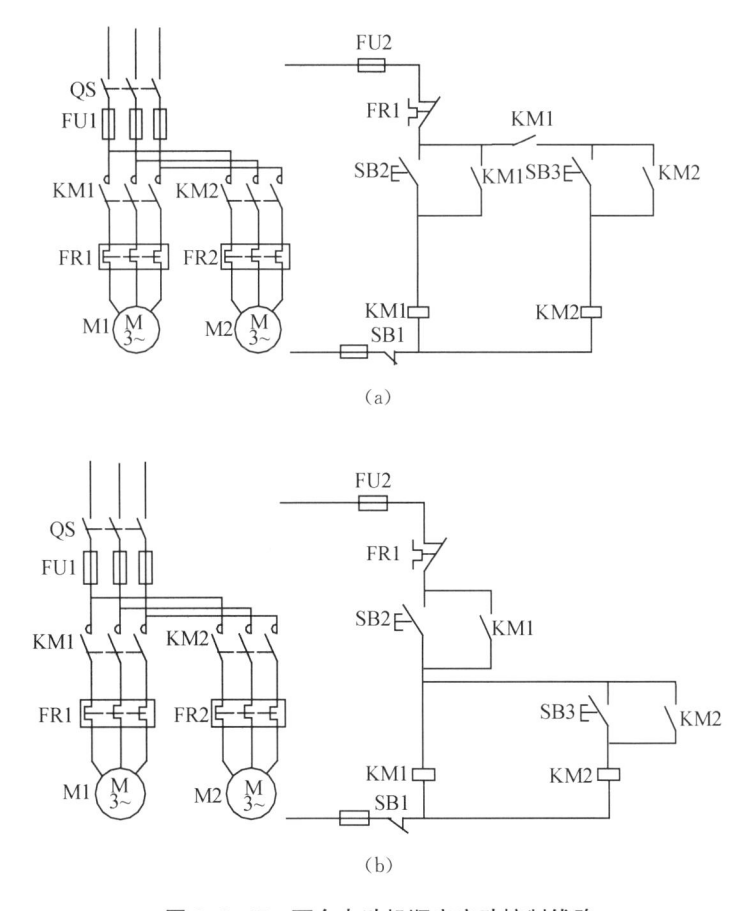

图 2-2-47　两台电动机顺序启动控制线路

电动机顺序控制的接线规律如下。

①要求接触器 KM1 动作后接触器 KM2 才能动作，故将接触器 KM1 的常开触点串

接于接触器 KM2 的线圈电路中。

②要求接触器 KM1 动作后接触器 KM2 不能动作,故将接触器 KM1 的常闭辅助触点串接于接触器 KM2 的线圈电路中。

(三) 互锁控制线路

在实际应用中,往往要求生产机械改变运动方向,如工作台前进、后退;电梯的上升、下降等,这就要求电动机能实现正、反转。对于三相异步电动机来说,可通过两个接触器来改变电动机定子绕组的电源相序来实现。电动机正、反转控制线路如图 2-2-48 所示,接触器 KM1 为正向接触器,控制电动机 M 正转;接触器 KM2 为反向接触器,控制电动机 M 反转。

图 2-2-48(a)为无互锁控制线路,其工作过程如下。

正转控制:合上刀开关 QS→按下正向启动按钮 SB1→正向接触器 KM1 通电→KM1,主触点和自锁触点闭合→电动机 M 正转。

反转控制:合上刀开关 QS→按下反向启动按钮 SB2→反向接触器 KM2 通电→KM2,主触点和自锁触点闭合→电动机 M 反转。

停机:按停止按钮 SB3→KM1(或 KM2)断电→M 停转。

该控制线路缺点是若误操作会使 KM1 与 KM2 都通电,从而引起主电路电源短路,为此要求线路设置必要的联锁环节。

如图 2-2-48(b)所示,将任何一个接触器的辅助常闭触点串入对应另一个接触器线圈电路中,则其中任何一个接触器先通电后,切断了另一个接触器的控制回路,即使按下相反方向的启动按钮,另一个接触器也无法通电,这种利用两个接触器的辅助常闭触点互相控制的方式,叫电气互锁,或叫电气联锁。起互锁作用的常闭触点叫互锁触点。另外,该线路只能实现"正→停→反"或者"反→停→正"控制,即必须按下停止按钮后,再反向或正向启动。这对需要频繁改变电动机运转方向的设备来说,是很不方便的。

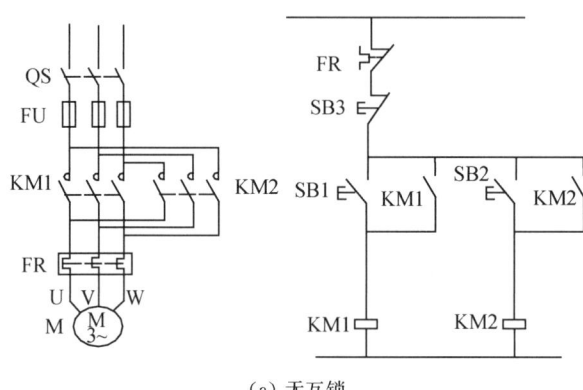

(a) 无互锁

(b) 具有电气互锁

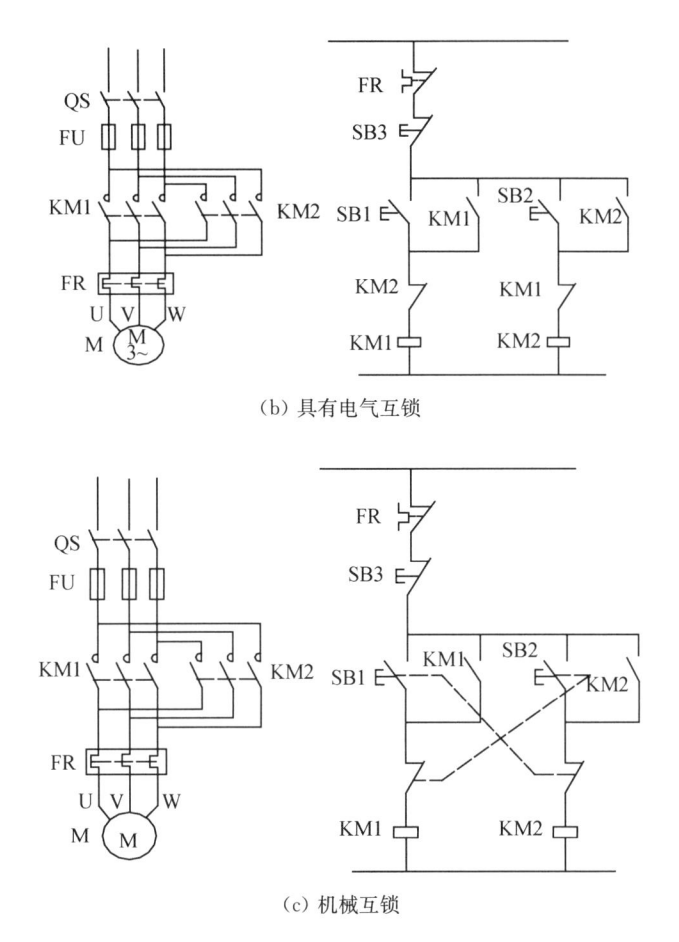

(c) 机械互锁

图 2-2-48　电动机正、反转控制线路

为了提高生产率,直接正、反向操作,利用复合按钮组成"正→反→停"或"反→正→停"的互锁控制。如图 2-2-48(c)所示,复合按钮的常闭触点同样起到互锁的作用,这样的互锁叫机械互锁。如果将图 2-2-48(b)和图 2-2-48(c)互锁同时使用在一个线路中,则该线路既有接触器常闭触点的电气互锁,也有复合按钮常闭触点的机械互锁,即具有双重互锁。

三、安全用电

随着电气化的发展,在船闸的运行和控制中使用了大量的电气设备,给我们的工作带来了很大的好处和方便,但在使用电能的过程中,如果不注意用电安全,可能造成人身触电伤亡事故或电气设备的损坏,甚至影响到船闸的安全运行。因此,在使用电能的同时,必须注意安全用电,防止事故的发生,以保证人身、设备、电力系统三个方面的安全。

（一）触电与安全电压

人体因接触了低压带电体或接近了高压带电体而受到伤害的现象叫触电。人体触电按照伤害的程度不同可分为电伤和电击。电伤主要是指电对人体外部造成的局部伤害，包括电弧灼伤、电烙印、熔化的金属微粒渗入皮肤等伤害，严重时也能致命。电击是指人体接触带电体后，人的内部器官受到电流的伤害。这是最危险的触电事故，是造成触电死亡的主要原因。电击伤害的程度与电流的大小、频率、时间长短、触电部位以及触电者的生理素质等情况有关。通常低频电流对人的伤害胜于高频电流，而电流流过心脏和中枢神经系统则最危险。

1. 常见的触电方式

按照人体触及带电体的方式，触电一般分为单线触电、双线触电。

（1）单线触电

当人体站立地面，身体任一部位接触带电体时，某相电源通过人体与大地形成回路，就形成单线触电，如图2-2-49所示。

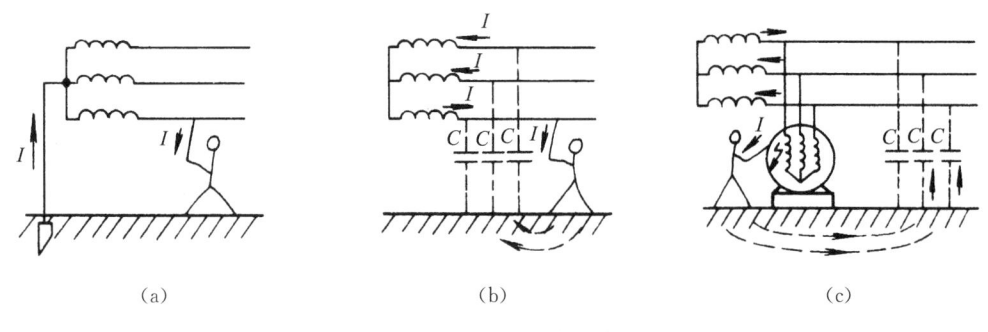

(a)　　　　　　　　　(b)　　　　　　　　　(c)

图 2-2-49　单线触电示意图

其中图2-2-49(a)为中性点直接接地的三相电源，人站在地面上触及一根相线，这时人体处于相电压下，电流将从人体经大地回到电源中性点。如果脚与地面绝缘良好，回路电阻较大，流过人体的电流较小，危险性也就较小。反之如身体出汗或湿脚着地，回路电阻较小而电流较大，就十分危险。图2-2-49(b)为中性点不接地的三相电源，由于输电线与大地之间有电容存在，交流电可经这种分布电容 C 构成通路而流过人体。如果三相电源某一相对地的绝缘性能较差（绝缘电阻较小），则可能通过人体形成一定的电流，也会发生触电。图2-49(c)是人体与正常工作时不带电的金属部分接触。例如电动机、电子仪器等的外壳在正常情况下是不带电的，但由于绝缘损坏，使内部带电部分与外壳相碰，于是人体触及带电的外壳而造成触电。单线触电在触电事故中的比例最高。一般地说，中性点接地电网的触电比不接地电网的危险性大。

(2) 双线触电

双线触电是由于人体同时与两根相线接触，此时人体处于线电压下，触电所造成的后果比单相要严重得多。图 2-2-50 为双线触电的示意图。

发生触电事故时应首先帮助触电者迅速脱离电源（断开附近的电源开关或用绝缘物体帮助触电者和带电体分离）。若触电者昏迷，则应进行急救，例如施行人工呼吸或请医生（送医院）抢救。

图 2-2-50 双线触电示意图

2. 安全电压

当人体通过的工频交流电约为 1 mA 时就会使人有麻的感觉，称为感知电流；而在电流升至 50 mA 时就有生命危险；当流过人体的电流达到 100 mA 时，只要很短时间，就会使人窒息，心脏停止跳动，失去知觉而死亡。触电时间越长，危害越大。

人体的电阻通常在 1～100 kΩ 之间，在出汗及潮湿情况下，人体电阻降为 1 700 Ω 左右。以国家规定的安全电流 30 mA 计，人体所能接触的电压不能高于 50 V。我国规定安全电压的等级为 42 V、36 V、24 V、12 V、6 V。一般机床照明灯的电压为 36 V；移动灯具等电源电压为 24 V；在潮湿、多导电尘埃、金属容器内等环境工作时，安全电压取为 6 V，而在环境不十分恶劣的情况下，则可取 12 V。

（二）保护接地和保护接零

为了防止触电事故的发生，除了工作人员必须严格遵守操作规程，正确安装和使用电气设备或器材之外，还应该采取保护接地、保护接零等安全措施。

1. 保护接地

将电气设备在正常情况下不带电的金属外壳和埋入地下并与其周围土壤良好接触的金属接地体相连接，称为保护接地，如图 2-2-51 所示。图中 R_d 为接地电阻，它等于接地体对地电阻和接地线电阻之和。根据安全规程规定，对 1 000 V 以下的系统，R_d 一般不大于 4 Ω。

当电气设备绝缘损坏或因漏电使电气设备的金属外壳带电时，如果金属外壳没有保护接地，则外壳所带电压为电源的相电压。采取保护接地后，因接地电阻

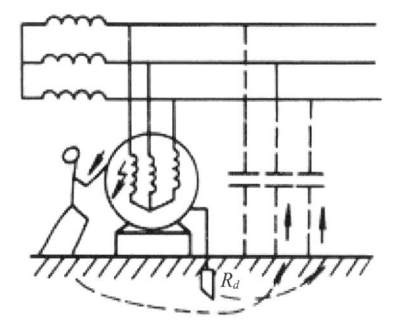

图 2-2-51 保护接地

R_d 很小，故金属外壳的电位接近地电位，漏电电流绝大部分经过接地导体流入大地，通过人体的电流几乎为零，避免了触电的危险。

保护接地适用于中性点不接地的三相供电系统。对于中性点接地的三相供电系统，

如果采用保护接地,则当发生单相碰壳故障时,该相电压 U_p 就会经过保护接地的电阻 R_d 和电网中性点接地的电阻 R'_d 形成故障电流

$$I_d = \frac{U_p}{R'_d + R_d} \qquad (2\text{-}2\text{-}31)$$

如果 $U_p=220$ V,$R_d = R'_d =4$ Ω,则 $I_d=27.5$ A,这个电流不一定能使保护装置动作而把电源切断,从而使故障继续存在。这时设备外壳带电的电位为 $U_p/2=110$ V,此电位值对人体仍然是危险的。因此在三相电源中性点接地的情况下,不宜采用保护接地,而应采用保护接零。

2. 保护接零

保护接零就是将电气设备在正常情况下不带电的金属外壳接到三相四线制电源的零线(中性线)上,如图 2-2-52 所示。当电气设备某一相的绝缘损坏而与外壳相碰时,就形成单相短路,该相保护装置就动作(例如熔断器的熔丝熔断),因而外壳不再带电,达到安全的目的。保护接零导线中不允许安装熔断器。

保护接零适用于中性点接地的三相四线制供电系统。但在三相四线制不平衡负载系统中,由于零线上的电流不为零,因而使零线对地电位不为零。为了使保护更为安全可靠,有时专门从电源中性点引出一条零线用于保护接零。此时应将设备外壳接在这条保护零线上。这种供电系统有 3 条相线、1 条工作零线和 1 条保护零线,称为三相五线制。

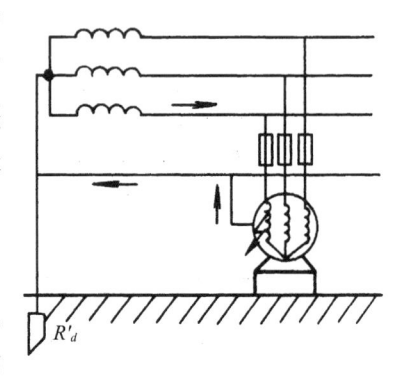

图 2-2-52 保护接零

(三)设备的防雷保护

雷电的产生人类至今无法控制和不能阻止,而船闸建筑物大多位于偏僻的地区,因此船闸建筑物和电气设备更易受到雷击的破坏,随着电子技术的飞速发展,电子信息设备和精密仪器设备大量应用于船闸电气监控系统中,其耐压、过流能力脆弱,这些设备因雷击而造成信息系统瘫痪、设备损坏等事故屡有发生,对船闸安全运行管理造成隐患。因此船闸管理中,做好科学防雷十分重要。

根据《船闸电气设计规范》(JTJ 310—2004)的规定,下列船闸建筑物应设置防雷保护装置:① 配变电所和发电机房;② 中央控制室、调度室和通信设备室;③ 启闭机房和事故检修门架;④ 计算机房等。

1. 雷击的主要形式和防护措施

雷是大气放电的一种特殊自然现象,有时是发生在云层与云层之间,有时出现在云层与大地之间,雷电形成的假说很多,至今没有一种被公认为无懈可击的完整学说。雷

击的主要形式和防护措施如下。

(1) 直击雷

带电的云层与大地上某一点之间发生猛烈的放电现象,称直击雷。雷电直接击在建筑物上,由于电效应、热效应和机械效应的混合作用,直接摧毁物体,并引发设备损坏和人员伤亡。据有关资料介绍,一个直击雷不仅仅影响到被击中的对象,而且对周围半径 1.5 km 范围内都有影响。

直接雷防护措施包含以下三个部分。

①接闪器:接闪器的作用是接取天空中的雷电,并通过引下线将其引入地下释放,根据船闸建筑物的特点和防雷的等级,接闪器可选用避雷网、避雷针、避雷带。

②引下线:引下线有两种,一是利用建筑物混凝土内的对角主钢筋作为引下线;二是在室外单独敷设镀锌金属导体作为引下线。

③接地装置:接地装置是埋设于地下的金属体,接闪器接下的雷电由引下线送至接地装置上进行释放。接地装置的材料可选择镀锌的角钢或钢管,为了保证良好的防雷效果,接地装置必须埋于地面 80 cm 以下的深度。一般保证接地装置的接地电阻值<1Ω,尽量利用建筑物自身的金属构件以达到经济实用的目的。

船闸建筑物防直击雷措施应符合下列规定。

①船闸建筑物防直击雷宜采用避雷带、避雷针或避雷带和避雷针混合组成的接闪器。避雷带应沿屋角、屋脊、屋檐和檐角等易受雷击部位敷设。

②金属屋顶或屋顶有金属结构时应将金属部分接地。

③建筑物宜利用钢筋混凝土屋面板、梁、柱和基础的钢筋作为接闪器、引下线和接地装置,并应符合现行国家标准《建筑物防雷设计规范》(GB 50057—2010)的有关规定。

④接闪器和引下线可直接装在建筑物上,引下线应沿建筑物四周均匀或对称布置。引下线的数量不宜少于两根,间距不应大于 25 m。

⑤引下线的冲击接地电阻不宜大于 10 Ω,接地装置宜与电气设备接地装置共用且宜与埋地金属管道相连。当防雷接地装置和电气设备接地装置不共用时,地下间距不应小于 2 m。接地装置宜敷设成环形接地体。

⑥突出屋面的金属物体可不装接闪器,但应与屋面防雷装置相连。

⑦在相邻防雷装置保护范围内的建筑物可不设置防直击雷的保护装置。

(2) 侧击雷

有的雷电并不是经最短的路径泄放电流,有时绕过避雷针,对建筑物产生侧击或绕击。因此避雷针并不能完全地拦截上空来的雷电,侧方的雷电仍能从侧面击中避雷针下方区域中的各点。因此在避雷针保护范围以内的金属设备如管道、栏杆、金属装饰物等均应与防雷系统相焊接或卡接,构成一个统一的导电系统,防止侧击雷。

(3)感应雷

雷云对地放电过程中在附近的架空线路、埋设线路、金属管线或类似的传导体上将产生感应电压,并通过传导体传输至设备,间接摧毁电子设备。约80%微电子设备和计算机网络雷击损坏都是由感应雷引起的。强大的脉冲电流对周围导线或金属物体产生电磁感应发生高电压,以致发生闪击现象,称为感应雷,也叫二次雷。

建筑物内防感应雷(雷电电磁脉冲)的主要对象是进入建筑物内的电源线、电话线、计算机信号线、视频线和无线通信天馈线及其他信号线。信号传输线路应尽可能地和建筑物或设备的防雷引下线保持间距(至少5 m),因为雷电电磁感应能够引起以上线路产生瞬时过电压而损坏安装在室内的弱电设备。防感应雷措施主要有屏蔽、等电位连接、接地、合理安装避雷器(也称浪涌保护器或过电压保护器)等。

①等电位连接

等电位连接的目的在于减少防雷空间内各种金属部件和各种系统之间的电位差。建筑物防直击雷的避雷设备引入了强大的雷电电流通过引下线入地,在附近的空间产生强大的电磁场变化,在相邻导线上感应出雷电过电压,因此建筑物避雷系统反而可能引入雷电。必须建立等电位连接,采用弱电设备的工作接地、保护接地(包括屏蔽接地和建筑物防雷接地)、电气系统接地共用一组接地体的联合接地方式。当地电位上升时,全系统的电位就会一起上升,不会通过机房接地网对设备形成冲击,为防止地电位反击,机房接地电阻不应大于1Ω,电源的零线和地线之间的直流电压不得大于1 V。

②弱电设备的屏蔽

除了做好船闸建筑物防雷以外,对船闸使用的弱电设备进行屏蔽处理,也是减少雷电干扰的必要措施。根据防雷区和不同设备的要求,宜将重要的电子设备放在建筑物的中心部位或是下层楼层。此外电子设备的连接宜采用屏蔽电缆,并将电缆的屏蔽层与防雷接地做成等电位连接。

③电源系统的防浪涌保护

当雷电发生时,由于感应的作用,会在电路系统中产生浪涌电压和电流,因此船闸的电源设备必须安装浪涌保护器。浪涌保护器的主要作用是限制瞬态过电压和转移浪涌电流。根据船闸电气设备布局的特点,电源浪涌保护器可分为三个等级进行安装。

a. 在船闸配电室内安装一级浪涌保护器。安装位置可选在总电源进线处,如变压器低压侧或总配电柜内,把上万伏的雷电抑制在一定电压以下,以保护线路上的用电设备。

b. 在后续的配电柜、箱中安装二级浪涌保护器。如船闸计算机中心、集中控制室、机房、办公楼的配电分控箱柜内,进一步降低过电压幅值。

c. 船闸使用的计算机网络、微电子设备要安装三级浪涌保护器。安装位置可选在计算机、电子设备的插座箱内。一方面将残压钳制在微电子设备可承受的范围内;另一方面对非供电端入侵的冲击浪涌起保护作用。

2. 防雷装置的种类与型号、接线图和相关规定

防雷装置是外部防雷和内部防雷的统称。外部防雷主要由接闪器（避雷针、避雷带、避雷网）、引下线、接地装置组成，主要用于预防直击雷，内部防雷主要由避雷器[包括保护间隙、管型避雷器、阀型避雷器、氧化锌避雷器、浪涌保护器（SPD）等]与等电位接地体、引下线、接地极组成。

船闸根据所管辖电力设备的范围，目前大部分使用的避雷器为氧化锌避雷器和浪涌保护器。氧化锌避雷器主要用于高压电源进线处，浪涌保护器广泛应用在船闸内部的电力及网络、视频等各类信号线路上。

船闸 10 kV 电源常用氧化锌避雷器的型号：HY5WZ—17/50。

型号的含义：H 表示为复合外套型，Y 为氧化锌避雷器，5 为标称放电电流（单位：kA），W 表示无间隙，S 表示配电型，17 为氧化锌避雷器额定电压（单位：kV），50 为雷电冲击残压（单位：kV）。接线图如图 2-2-53 所示。

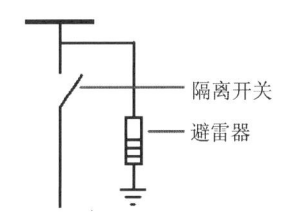

电源浪涌保护器主要接线如图 2-2-54 所示。

图 2-2-53　氧化锌避雷器接线图

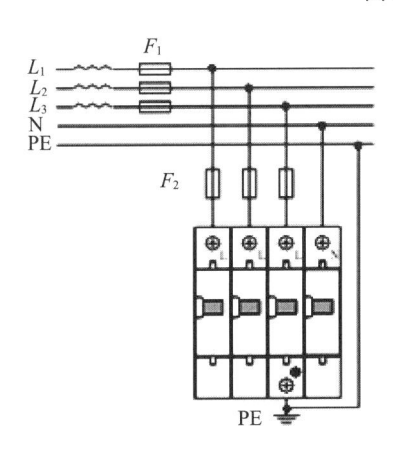

图 2-2-54　电源浪涌保护器接线图

苏北航务管理处下属船闸电源浪涌保护器主要型号：

LAYM—100，LA—MP60S，LAYM—40，ZGG620—20，四川雷安。

信号浪涌保护器接线方式为将信号线串接入浪涌保护器进出线端口即可。

苏北航务管理处下属船闸信号浪涌保护器主要型号：

ZGXH—ZR—5（网络），ZGXM—1B—5（视频），四川中光。

船闸电缆和架空线防雷电波侵入的措施，应符合下列规定。

① 电缆进出线应在进出端将电缆的金属外皮和钢管等与电气设备接地装置相连。

当电缆转换为架空线时,应在转换处装设避雷器,避雷器、电缆金属外皮、绝缘子铁脚和金具等应连在一起接地,冲击接地电阻不宜大于 30 Ω。

② 低压架空进出线应在进出处装设避雷器,并与绝缘子铁脚和金具连在一起接到电气设备接地装置上。多回路架空进出线可在母线或总配电箱处装设一组避雷器或其他型式的过电压保护器。

6～10 kV 柱上断路器和负荷开关应采用阀型避雷器或保护间隙进行保护。经常断路运行且带电的柱上断路器、负荷开关或隔离开关的两侧,应采用阀型避雷器或保护间隙进行保护。接地线应与柱上断路器、负荷开关或隔离开关的外露可导电部分连接,接地电阻不应超过 10 Ω。

严禁在独立避雷针、避雷网、引下线和避雷线支柱上悬挂电话线、广播线和低压架空线等。

(四) 电气防火和防爆

电气设备发生事故时,很容易造成火灾或爆炸。电气线路、开关、熔丝、照明器具、电动机、电炉及电热器具等设备在出现事故或使用不当时,会产生电火花、电弧或发热量大大增加。当这些电气设备与可燃物体接近或接触时,就会引起火灾。电力变压器、互感器、电力电容器等电气设备,除可能引起火灾以外,还可能发生爆炸。

一般来说引起电气火灾或爆炸主要有这样一些原因:电气设备内部出现短路;电气设备严重过载;电路中的触点接触不良;电气设备或线路的绝缘损害或老化;电气设备中的散热部件或通风设施损坏。

对于有火灾或爆炸危险的场所,在选用和安装电气设备时,应选用合理的类型,例如防爆型、密封型、防尘型等。为防止火灾或爆炸,应严格遵守安全操作规程和有关规定,确保电气设备的正常运行。要定期检查设备,排除事故隐患。要保持通风良好,采用耐火材料及良好的保护装置等。

(五) 静电的防护

静止的电荷称为静电。积累的电荷越多电位也就越高。绝缘物体之间相互摩擦会产生静电,日常生活中的静电现象一般不会造成危害。

工业上有不少场合会产生静电,例如石油、塑料、化纤、纸张等在生产过程或运输中,由于固体物质的摩擦、气体和液体的混合及搅拌等都可能产生和积累静电,静电电压有时可达几万伏。高的静电电压不仅会给工作人员带来危害,而且当发生静电放电形成火花时,可能引起火灾和爆炸。

为了防止因静电而发生火灾,基本的方法是限制静电的产生和积累,防止发生静电放电而引起火花。常用的措施如下。

① 限制静电的产生。例如减少摩擦,防止传动皮带打滑,降低气体、粉尘和液体的

流速。

② 给静电提供转移和泄漏路径。尽量采用导电材料制造容易产生静电的零件。在非导电物质（橡胶、塑料、化纤等）中掺入导电物质，适当增加空气的相对湿度。

③ 利用异极性电荷中和静电。

④ 采用防静电接地。

除以上一些措施外，在静电危险场所工作的人员要穿防静电的衣服和鞋，不要穿容易产生静电的（例如用睛纶、尼龙等缝制的）衣裤和鞋袜等。

第四节　测量技术

在船闸的运行和维护中很多参数需要测量，传感技术在船闸自动控制中占有很重要的地位。传感技术的先进程度直接影响船闸自动化控制的先进程度。本节介绍常见的几种传感器及其应用。

一、电量的测量

（一）电流、电压、电阻的测量

掌握电路中电流、电压、电阻测量所使用的仪表及其使用方法是电工电子技术最基本的技能要求。

1. 电流的测量

测量电流所使用的仪器是电流表，又称为安培表，其外形如图 2-2-55 所示。测量时，电流表应串联在电路中，如图 2-2-56 所示。为了使电路工作不因接入电流表而受影响，电流表的内阻一般很小。因此，千万不可把电流表并联在电路两端，或直接接在电源的两极上，否则，电流表将会被烧坏。

使用电流表时，应使电流从正接线柱流入，从负接线柱流出。每个电流表都有一定的量程，如 0～3 A，0～10 A 等。测量时，应先选择大量程（以图 2-2-55 所示型号为例，先连接"－"和"3"两个接线柱）试触，如果指针偏转角度太小（不足 5 个小格），则应换用小量程（连接"－"和"0.6"两个接线柱）；如果指针偏转太严重（超过 3 个大格），则应立即断开电路，换用更大量程的电流表。一般来说，指针指示在满量程的 2/3 左右时，读数的准确度最好。

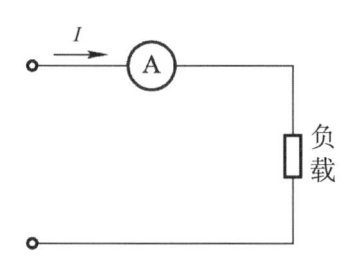

图 2-2-55 电流表的外形　　图 2-2-56 测量电流的电路

2. 电压的测量

测量电压所使用的仪器是电压表,其外形如图 2-2-57 所示。电压表是用来测量电源、负载或某段电路两端电压的,所以必须和它们并联,如图 2-2-58 所示。为了使电路工作不因接入电压表而受影响,电压表的内阻一般很大。电压表不能串联接在电路中,因为这时测出的电压并不是所测器件两端的电压。

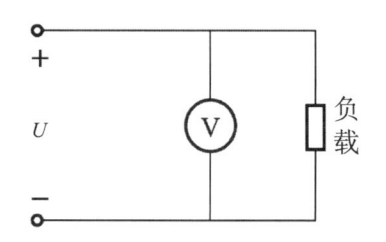

图 2-2-57 电压表的外形　　图 2-2-58 测量电压的电路

使用电压表前必须先进行调零。电压表并联接入电路时,应使电流从正接线柱流入,从负接线柱流出,或正接线柱接高电压端,负接线柱接低电压端。电压表也都有一定的量程,如 0~3 V,0~15 V 等。测量时,应选择适当的量程,选择方法与电流表的量程选择方法类似。

3. 电阻的测量

电阻阻值的大小称为标称电阻值。由于技术原因,实际电阻值与标称电阻值之间难免存在偏差,因此规定了一个允许偏差。常用的电阻允许偏差有±5%、±10%、±20%。

(1) 伏安法测电阻

根据欧姆定律,可先测出电阻元件两端的电压及通过电阻的电流,然后再计算出电阻值,这种方法称为伏安法。

用伏安法测电阻时,由于电压表和电流表本身都具有内阻,接入到电路后会改变被测电阻的电压和电流,给测量结果带来误差,因此,测量电路的连接方式可分为电流表内接法和电流表外接法两种。

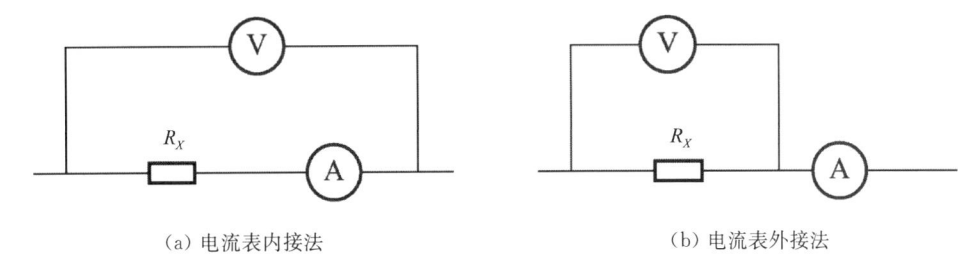

(a) 电流表内接法　　　　　　(b) 电流表外接法

图 2-2-59　伏安法测电阻的两种接法

如图 2-2-59(a)所示,电流表内接时,由于电流表的分压作用,电压表测出的电压值要比电阻 R_X 两端的电压大,所以,计算得出的电阻值要比其真实值大,即 $R_测 > R_真$。

如图 2-2-59(b)所示,电流表外接时,由于电压表的分流作用,电流表测出的电流值要比通过电阻 R_X 的电流大,所以,计算得出的电阻值要比其真实值小,即 $R_测 < R_真$。

(2) 桥式电路测电阻

如图 2-2-60 所示电路称为桥式电路。通常,电流计 G 中会有电流通过。但当满足条件 $R_X = \dfrac{R_1}{R_2} R_3$ 时,电流计就没有电流通过了,此时,称为电桥平衡。

用桥式电路测电阻时,测量电路如图 2-2-61 所示,其中,R_1 和 R_2 为定值电阻,R_3 为可调电阻,R_X 为待测电阻。调节 R_3,使电流计的读数为零,根据电桥平衡条件,可计算出 R_X。

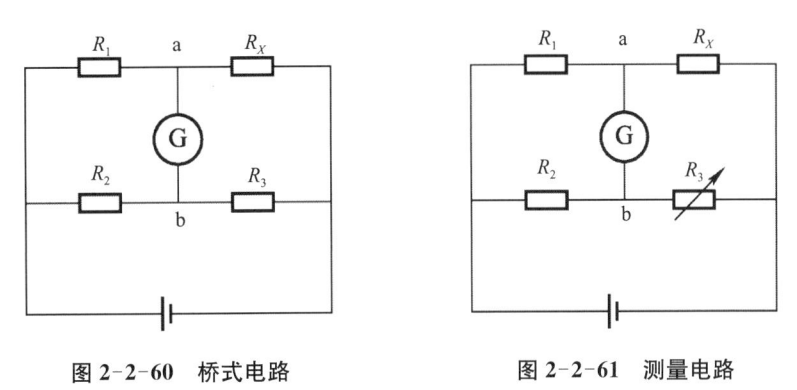

图 2-2-60　桥式电路　　　　　　图 2-2-61　测量电路

(二) 常用测量仪表的使用

1. 万用表

万用表是一种多用途的便携式电工仪表,是电工、电子、电气设备生产和维修等领域最常用的工具,具有测量种类多、测量范围广、价格低廉、操作简单方便等优点。它的应用范围极广,除用于测量交直流电压、电流、电阻等多种电量外;还可用于测量电容、电感以及晶体管的某些特性;同时,它还可用于检测多种电子器件的好坏,以及调试各种电子设备。

万用表的种类很多,根据显示方式的不同,可分为指针式(模拟式)和数字式两大类。指针式万用表是以指针式电流表作为表头,测量结果通过指针在表盘上显示,如图 2-2-62(a)所示;数字式万用表采用数字电路,测量结果可直接由数码管在显示屏上显示出来,如图 2-2-62(b)所示。在电工电子测量中,指针式万用表使用较多,但有些场合也使用数字式万用表。在此主要介绍指针式万用表。

(a)MF—47 指针式万用表　　(b)KJ 9205 数字式万用表

图 2-2-62　万用表

尽管指针式万用表型号很多,但测量原理基本相同,使用方法也相近。下面以最常用的 MF—47 型万用表为例,说明其主要性能指标、面板及使用方法。

(1) MF—47 型万用表的主要技术指标

MF—47 型万用表表头灵敏度为 46.2 μA,表头的内阻为 2 500 Ω,主要技术指标如表 2-2-2 所示。

表 2-2-2　MF—47 型万用表的主要技术指标

测量功能	量程范围	压降或内阻	精确度
直流电流	0～0.05 mA;0～0.5 mA;0～5 mA;0～50 mA; 0～500 mA;0～5 A	0.25 V	2.5
直流电压	0～500 V;0～1 000 V;0～2 500 V	20 kΩ/V	2.5
	0～0.25 V;0～1 V;0～2.5 V;0～10 V; 0～50 V;0～250 V	10 kΩ/V	

续表

测量功能	量程范围	压降或内阻	精确度
交流电压	0～10 V;0～50 V;0～250 V;0～500 V; 0～1 000 V;0～2 500 V	10 kΩ/V	5
直流电阻	$R\times 1$ Ω;$R\times 10$ Ω;$R\times 100$ Ω;$R\times 1$ kΩ;$R\times 10$ kΩ	中心值为 16.5 Ω	2.5
电平指示	-10 dB～$+22$ dB	0 dB=1 mW/600 Ω	—
晶体管	0～300 hFE	$I_B=0.01$ mA	—

（2）MF—47 型万用表的面板

MF—47 型万用表的面板如图 2-2-63 所示,主要包括表头、机械调零螺钉、换挡开关、欧姆调零旋钮和正、负表笔插孔等。

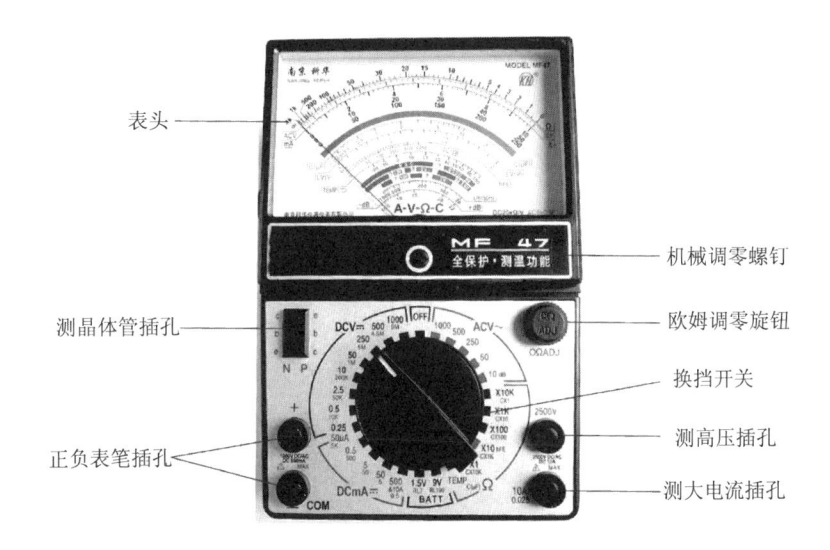

图 2-2-63 MF—47 型万用表的面板及构造

① 表头:万用表的重要组成部分。表头上的表盘印有多条刻度线,其中最上端标有"Ω"的是电阻刻度线,右端表示零,左端表示"∞",刻度值的分布是不均匀的。符号"—"表示直流,"～"表示交流,"≃"表示交流和直流共用的刻度线,"h_{FE}"表示晶体管放大倍数刻度线,"dB"表示电平分贝刻度线。

② 机械调零螺钉:在测量前用来调零。万用表进行任何测量前,其表针应指在表盘刻度线"0"的位置上,如果不在这个位置,可用螺丝刀调整该螺钉使表针复位。

③ 欧姆调零旋钮:测量电阻前,应先让红、黑两表笔短接,此时表针应指在电阻(欧姆)挡的零刻度线上。如果未指在零刻度线上,可调整该旋钮使表针复位。注意:电阻挡的量程每转换一次,都要调整该旋钮,使表针指在零刻度线上,以减小测量误差。

④ 换挡开关:用来选择被测电量的种类和量程(或倍率),是一个多挡位的旋转开关。测量项目包括直流电流、直流电压、交流电压和电阻等,每挡划分为几个不同的量程(或

倍率)以供选择。

⑤ 表笔插孔:每台万用表均配有红、黑两支表笔,使用时应将红表笔插入标有"＋"的插孔中,黑表笔插入标有"－"或"COM"的插孔中。测量大于 500 V 的高压时,应将红表笔插入"2500 V"插孔;测量大于 500 mA 的大电流时,应将红表笔插入"5 A"插孔。

(2) MF—47 型万用表的使用方法

① 在使用万用表之前,首先要进行"机械调零"。将万用表水平放置,视线与表盘垂直,此时万用表指针应指在表盘最左端零刻度线上,若不指零,则应旋转机械调零螺钉。

② 将红、黑表笔插入相应的插孔。

③ 电流的测量。此时的万用表相当于直流电流表。将换挡开关旋到合适的直流电流量程,将万用表串联接入被测电路中进行测量。测量时注意正、负极性必须正确,被测电流应从红表笔流进,从黑表笔流出。

④ 电压的测量。此时的万用表相当于交直流电压表。将换挡开关旋到合适的电压量程,将万用表并联接入被测电路中进行测量。测量直流电压时,正、负极性必须正确,红表笔接被测电压的高电位,黑表笔接被测电压的低电位。测量交流电压时,无须分正、负极性,此时测得的电压值为交流电压的有效值。

⑤ 电阻的测量。用万用表测量电阻时,不得带电测量,故测量电阻时必须将电阻两端的电路断开。测量前应先估算所测的电阻值,然后用换挡开关选择好适当的量程。若无法估算所测的电阻值,可从最大量程开始测量,然后根据指针偏转情况进行调节。将红黑表笔短接,调整欧姆调零旋钮使表针指向电阻挡的零刻度线上;如果调不到零,则说明电池电量不足,需更换新电池。调零后即可用红、黑表笔分别连接电阻的两端进行测量,此时有

$$被测电阻值 = 表盘读数 \times 挡位倍率$$

注意:由于电阻挡刻度不均匀,为了提高测量精度,测量时应使表针指在刻度盘中间偏右的位置。若表针过于偏左,则应适当加大量程;若表针过于偏右,则应适当减小量程。

⑥ 晶体管放大倍数的测量。测量时,应将测量换挡开关置于"h_{FE}"位置,将被测晶体管 NPN 型或 PNP 型的三个极(基极、集电极、发射极)分别插入相应的"B""C""E"插孔中,即可得到"h_{FE}"的值。测量条件为 $U_{CE}=1.5$ V, $I_B=10$ μA,"h_{FE}"的值显示在 0～300 之间。

2. 钳形电流表

电工仪表中测量电流时,如果用电流表测量就必须与被测电路串联,在实际操作时,需断开电路,很不方便。而钳形电流表却是一种不需要断开电路就可以直接测电路电流

的携带式仪表。

(1) 钳形电流表的结构和工作原理

钳形表是一种用于测量正在运行的电气线路的电流大小的仪表,可在不断电的情况下测量电流。其工作部分主要由一只电磁式电流表和穿心式电流互感器组成,如图 2-2-64 所示。

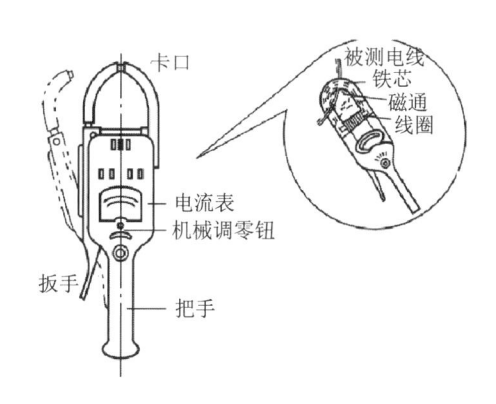

(a) 钳形电流表实物图　　　　(b) 钳形电流表示意图

图 2-2-64　钳形电流表

钳形电流表实质上是由电流互感器、旋钮、钳形扳手和整流式磁电系有反作用力仪表所组成。

根据其结构及用途分为互感器式和电磁系两种。常用的是互感器式钳形电流表,由电流互感器和整流系仪表组成。它只能测量交流电流。电磁系仪表可动部分的偏转与电流的极性无关,因此,它可以交直流两用。按测量结果显示不同分指针式和数字式。

钳形电流表的工作原理如下:握紧钳形电流表的把手时,铁芯张开,将通有被测电流的导线放入钳口中。松开把手后铁芯闭合,被测载流导线相当于电流互感器的一次绕组,绕在钳形表铁芯上的线圈相当于电流互感器的二次绕组。于是二次绕组便感应出电流,送入整流系电流表,使指针偏转,指示出被测电流值(电流表的标度值是按一次侧电流刻度的)。

(2) 钳形电流表使用时的基本操作

① 检查钳形表

使用前,检查钳形电流表有无损坏,指针是否指向零位。如发现没有指向零位,可用小螺丝刀轻轻旋动机械调零旋钮,使指针回到零位上。检查钳口的开合情况以及钳口面上有无污物。如钳口面有污物,可用溶剂洗净并擦干;如有锈斑,应轻轻擦去锈斑。

② 选择合适的量程

将量程选择旋钮置于合适位置,使测量时指针偏转后能停在精确刻度上,以减少测量的误差。转换量程应在退出导线后进行。

③ 测量电流

紧握钳形电流表把手和扳手,按动扳手打开钳口,将被测线路的一根载流电线置于钳口内中心位置,再松开扳手使两钳口表面紧紧贴合。

④ 记录测量结果

将表拿平,然后读数,即测得的电流值。被测电流过小(小于 5 A)时,为了得到较准确的读数,若条件允许,可将被测导线绕几圈后套进钳口进行测量。此时,钳形表读数除以钳口内的导线根数,即为实际电流值。

⑤ 维护保养

使用完毕,退出被测导线。将量程选择旋钮置于高量程挡位上,以免下次使用时不慎损伤仪表。

(3) 注意事项

① 被测线路的电压要低于钳表的额定电压。

② 测高压线路的电流时,要戴绝缘手套,穿绝缘鞋,站在绝缘垫上。

③ 钳口要闭合紧密,不能带电换量程。

(4) 钳形电流表在几种特殊情况下的应用

①测量绕线式异步电动机的转子电流:用钳形电流表测量绕线式异步电动机的转子电流时,必须选用电磁系表头的钳形电流表,如果采用一般常见的磁电系钳形表测量时,指示值与被测量的实际值会有很大的出入,甚至没有指示,其原因是磁电系钳形表的表头与互感器二次线圈连接,表头电压是由二次线圈得到的。根据电磁感应原理可知,互感电动势为 $E_2 = 4.44\, fW\Phi_m$,由公式不难看出,互感电动势的大小与频率成正比。当采用此种钳形表测量转子电流时,由于转子上的频率较低,表头上得到的电压将比测量同样工频电流时的电压小得多(因为这种表头是按交流 50 Hz 的工频设计的)。有时电流很小,甚至不能使表头中的整流元件导通,所以钳形表没有指示,或指示值与实际值有很大出入。

如果选用电磁系的钳形表,由于测量机构没有二次线圈与整流元件,被测电流产生的磁通通过表头,磁化表头的静、动铁片,使表头指针偏转,与被测电流的频率没有关系,所以能够正确指示出转子电流的数值。

②测量三相平衡负载电流:用钳形电流表测量三相平衡负载时,钳口中放入两相导线时的电流指示值与放入一相时电流的指示值相同。这是因为在三相平衡负载的电路中,每相的电流值相等,$I_1 = I_2 = I_3$。若钳口中放入一相导线时,钳形表指示的是该相的电流值,当钳口中放入两相导线时,该表所指示的数值实际上是两相电流的相量之和,按照相量相加的原理,$\dot{I}_1 + \dot{I}_2 = -\dot{I}_3$,因此指示值与放入一相时相同。如果三相同时放入

钳口中,当三相负载平衡时,$\dot{I}_1+\dot{I}_2+\dot{I}_3=0$,即钳形电流表的读数为零。

3. 接地摇表和绝缘摇表

(1) 接地摇表

①接地摇表的原理及分类

测量接地电阻通常使用接地摇表,接地摇表的工作原理采用的是交流电桥,因此摇表的输出是交流电。这主要是因为接地电阻测量过程中,被测接地导线和地之间会形成电池,用直流测量会造成误差,同时直流电通过时也会使接地导体产生极化,增加接触电阻。

接地摇表有两种,如图 2-2-65 所示,一种是 3 个端子,E_1、P_1、C_1,将 E_1 接被测接地体,P_1 接电位探针,C_1 接电流探针。另一种有 4 个端子,C_2、P_2、P_1、C_1,将 C_2、P_2 短接后接到被测接地体,P_1 接电位探针,C_1 接电流探针。

图 2-2-65　接地摇表

②接地摇表的测量

a. 接线:用最短的专用导线将接地体与接地测量仪的接线端"E_1"(三端钮的测量仪)或与"C_2""P_2"(四端钮的测量仪)短接后的公共端相连;用最长的专用导线将距接地体 40 m 的测量探针(电流探针)与测量仪的接线钮"C_1"相连;用余下的长度适中的专用导线将距接地体 20 m 的测量探针(电位探针)与测量仪的接线端"P_1"相连。如图 2-2-66 所示。

b. 将测量仪水平放置后,检查检流计的指针是否指向中心线,否则调节"零位调整器"使测量仪指针指向中心线。

c. 将"倍率标度"(或称粗调旋钮)置于最大倍数,并慢慢地转动发电机转柄(指针开始偏移),同时旋动"测量标度盘"(或称细调旋钮)使检流计指针指向中心线。

d. 当检流计的指针接近于平衡时(指针近于中心线)加快摇动转柄,使其转速达到 120 r/min 以上,同时调整"测量标度盘",使指针指向中心线。

e. 若"测量标度盘"的读数过小(小于 1)不易读准确时,说明倍率标度倍数过大。此时应将"倍率标度"置于较小的倍数,重新调整"测量标度盘"使指针指向中心线上并读出准确读数。

f. 计算测量结果,即 $R_\text{地}$="倍率标度"读数×"测量标度盘"读数。

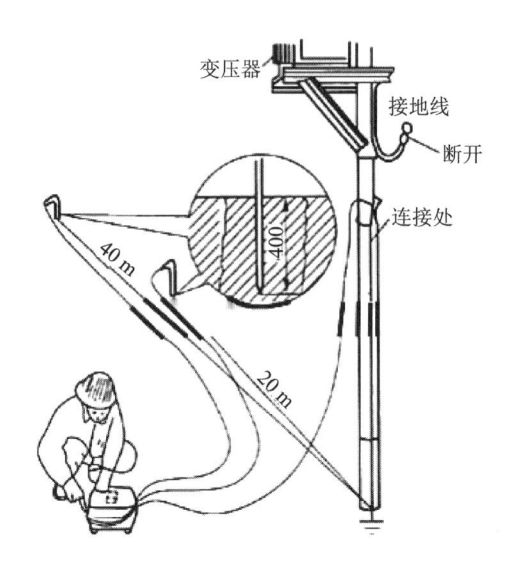

图 2-2-66 接地摇表的接线示意图

(2) 绝缘摇表

① 绝缘摇表原理

测量绝缘电阻通常使用兆欧摇表,如图 2-2-67 所示,兆欧摇表与万用表不同,兆欧表内电源采用能产生数百伏到数千伏电压的手摇发电机,表的电压等级有:500 V、1 000 V、2 500 V、5 000 V。低压电气设备一般采用 500 V 等级的表测量。兆欧摇表内的发电机一般均发出交流电,经过整流后变为直流输出。

与摇表表针相连的有两个线圈,一个同表内的附加电阻串联;另一个和被测电阻串联,然后一起接到手摇发电机上。当手摇动发电机时,两个线圈中同时有电流通过,在两个线圈上产生方向相反的转矩,表针就随着两个转矩的合成转矩的大小而偏转某一角度,这个偏转角度取决于两个电流的比值,附加电阻是不变的,所以电流值仅取决于待测电阻的大小。

② 绝缘摇表的选用原则

a. 额定电压等级的选择。一般情况下,额定电压在 500 V 以下的设备,应选用 500 V 或 1 000 V 的摇表;额定电压在 500 V 以上的设备,选用 1 000～2 500 V 的摇表。

b. 电阻量程范围的选择。摇表的表盘刻度线上有两个小黑点,小黑点之间的区域为准确测量区域。在选表时应使被测设备的绝缘电阻值在准确测量区域内。

③ 绝缘摇表的使用

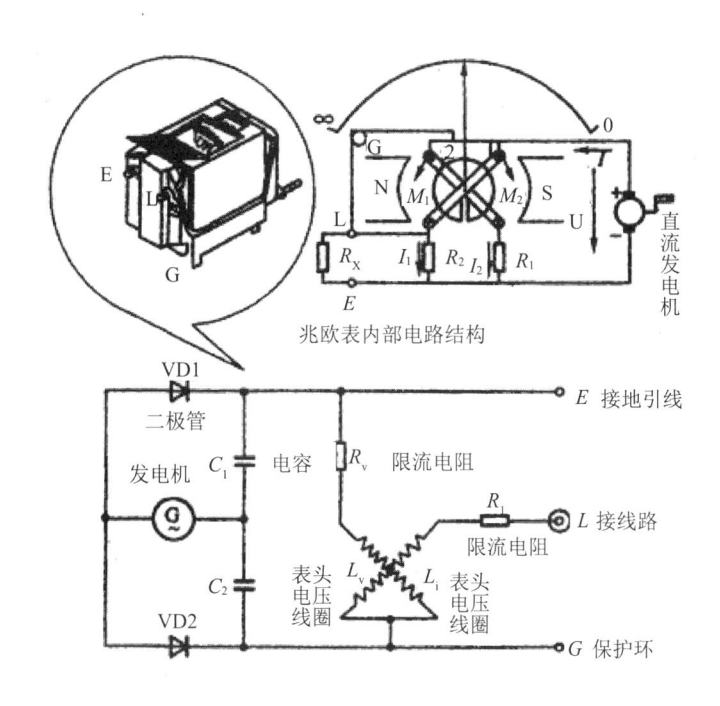

图 2-2-67 绝缘摇表

a. 校表。测量前应将摇表进行一次开路和短路试验,检查摇表是否良好。将两连接线开路,摇动手柄,指针应指在"∞"处,再把两连接线短接一下,指针应指在"0"处,符合上述条件者即良好,否则不能使用。

b. 被测设备与线路断开,对于大电容设备还要进行放电。

c. 选用电压等级符合的摇表。

d. 测量绝缘电阻时,一般只用"L"和"E"端,但在测量电缆对地的绝缘电阻或被测设备的漏电流较严重时,就要使用"G"端,并将"G"端接屏蔽层或外壳。线路接好后,可按顺时针方向转动摇把,摇动的速度应由慢而快,当转速达到每分钟 120 转左右时(ZC—25型),保持匀速转动,1 分钟后读数,并且要边摇边读数,不能停下来读数。

e. 拆线放电。读数完毕,一边慢摇,一边拆线,然后将被测设备放电。放电方法是将测量时使用的地线从摇表上取下来与被测设备短接一下即可(不是摇表放电)。

④ 摇表的注意事项

a. 禁止在雷电时或高压设备附近测绝缘电阻,只能在设备不带电,也没有感应电的情况下测量。

b. 摇测过程中,被测设备上不能有人工作。

c. 摇表线不能绞在一起,要分开。

d. 摇表未停止转动之前或被测设备未放电之前,严禁用手触及。拆线时,也不要触及引线的金属部分。

e. 测量结束时,对于大电容设备要放电。

f. 要定期校验其准确度。

二、常用传感器

(一) 水位传感器

船闸是能调节水位的通航建筑物,所以水位信息在船闸程序控制中起着非常重要的作用。船闸的闸门要打开,唯一的条件是闸室的水位与相应闸室外的水位相平。水位传感器又称水位计。

1. 浮子式水位传感器

浮子式水位传感器由浮子、平衡重锤、绳索、水位轮及编码器等主要部件组成,如图 2-2-68 所示。浮子随水位变化做上下运动,并经绳索带动水位轮产生圆周运动,即将直线位移量转换为角位移量。水位轮带动同轴的角编码器产生数字编码输出。

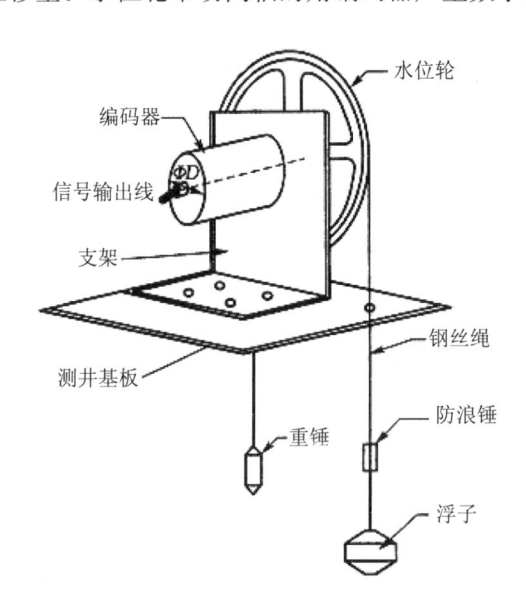

图 2-2-68　浮子式水位传感器安装图

机械编码器由码盘和开关等部件组成,码盘上按码制规则形成导电和绝缘码区,码盘结构也可多样。编码器码轮位数决定其可测量的水位变幅(例如,10 位码轮相应可测的水位变幅为 1 024 cm)。

2. 压阻式水位传感器

单晶硅片受力后电阻率发生显著变化,即压阻效应。将单晶硅膜片和电阻条采用集成电路工艺制作成硅压组芯片。由这种芯片构成的传感器一般称为固态压阻式压力传感器,它被广泛应用于各个生产科研领域。

利用固态压阻式压力传感器来测量静水压力，实现测量水深的目的。传感器零点高程加上被测水深就是该处的水位。压力式水位传感器的现场安装参见图 2-2-69。压阻式传感器工作原理见下文(压力传感器部分)。

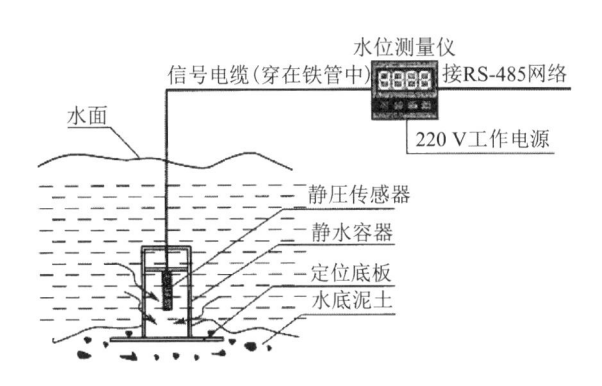

图 2-2-69　压阻式水位传感器现场安装示意图

由于压力式水位传感器探头存在零点漂移、密封漏水等可靠性问题，目前其使用范围没有浮子式水位计使用范围广泛。

3. 超声波水位计

超声波水位计与其他水位计相比，具有与被测介质无关、安装简单、维护方便、可靠性高等诸多优势，在目前水利系统水位测量中被广泛应用。

超声波数字测深是利用超声换能器，发出超声波，而超声波在传播过程中，遇到两相异面反射回来被换能器所接收。根据超声波往返时间的长短就可以测定水位了。当超声波由一种介质向另一种介质传播时，由于两种介质的密度各异，超声波在不同介质的分界面上的传播方向发生变化，大部分被反射，另一部分则折射入相邻的介质中去。例如超声波由液体或固体传播到空气时，或由空气传播到液体或固体时，由于两种介质的密度相差很大，超声波几乎全部被反射。超声波液位计是一种非接触式物位传感器。其工作原理为工作时向液面或物体表面发射一束超声波，被反射后，传感器再接收此反射波。设声速一定，根据超声波往返的时间就可以计算出传感器到水面的距离，即测量出水面高度。其敏感元件有两种：一种由线圈、磁铁和膜构成；另一种由压电式磁性伸缩材料构成。前者产生 10 kHz 超声波；后者产生 20~40 kHz 超声波。超声波频率愈低，随着距离延长其值衰减得愈小，但是反射效率也低。因此，应根据测量范围、物位表面状况和周围环境条件来决定所使用的超声波传感器。

在超声波传播速度 c 已知的情况下：

$$h_b = ct/2 \tag{2-2-32}$$

其中，h_b 为被测物与测距器的距离，t 为声波来回所用时间。

因超声传感器距离渠底的高度 h 为定值,故可计算出液面高度

$$h_a = h - h_b \qquad (2\text{-}2\text{-}33)$$

声速 c 与温度有关,如温度变化不大,则可认为声速是基本不变的。如果测距精度要求很高,则应通过温度补偿的方法加以校正。声速确定后,只要测得超声波往返时间,即可求得距离。

超声波水位计测水位高程的示意图如图 2-2-70 所示。

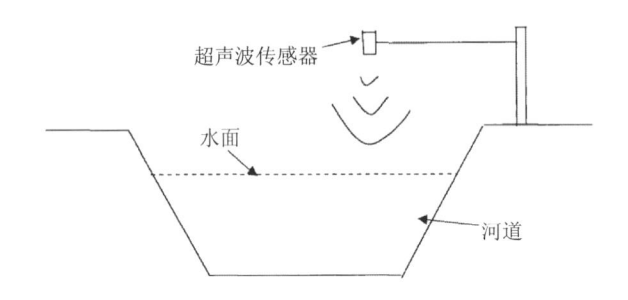

图 2-2-70　超声波水位计测量示意图

超声波数字水位计传感部分结构简单,安装方便,无需传动部分,只需一根射频电缆,调试方便,显示直观,精度较高。但超声波最忌浪花、水泡,所以安装位置要选择在浪花小,无气泡的场合,如无测试井可置于塑料管内。

(二) 闸门开度传感器

闸门开度传感器,又称闸门开度测控仪或闸门开度仪(其原理很大程度上与水位传感器相似),是由绝对值型旋转编码器、自动收缆装置或其他形式的耦合器、显示及控制器、传输电缆、RS 485 数字通信接口等部分组成的,闸门运动通过耦合器带动传感器旋转,即可输出与闸门位置相对应的格雷码编码信号。主要适用于江河、湖泊、水库、船闸、水电站及供、排水工程的闸门开度观测测量。

1. 基本原理

闸门开度传感器是将传感器收到的闸门开、关行程信息,经放大处理后能使闸门管理人员通过显示屏,直观地观察到闸门的实时开度。闸门开度传感器可根据输出信号的类型不同,分为模拟式和数字式闸门开度传感器。

2. 常用闸门开度传感器简介

(1) 模拟式闸门开度传感器

早期的模拟式闸门开度传感器一般以精密线绕多圈电位器作为传感器件,将闸门启闭机滚筒的转动通过传动装置引至电位器的旋转轴,在闸门启闭过程中,电位器旋转轴跟着转动,使得电位器的动臂与某一固定臂之间的阻值随着闸门的开度而变化。当在电

位器的两固定臂施加一电压时,即可从动臂取走一电位值。这种传感器的优点是结构简单、成本低。其不足是电信号有一定的温度漂移,精度不高。

(2) 数字式闸门开度传感器

数字式闸门开度传感器又分为计数式和直接编码式两种。计数式传感器的工作原理是对闸门启闭机某一转动轴的角位移通过计数脉冲进行计数。记录脉冲可由光电器件、干簧管或霍尔器件产生。其中霍尔式闸位传感器的数据记录过程和保存过程都需要由电源支持,一般备有可以充电的电池,其输出的数据格式可以是二进制、BCD 码或格雷码。这种传感器的使用可靠性主要取决于充电电池,一旦电池失效该传感器中的数据将全部丢失,故这种计数式闸门开度传感器应用较少。

直接编码式闸门开度传感器是将启闭机某一转动轴的角位移通过码盘、微动开关、光电器件或黑白条码直接按某一码制进行编码输出,它的数据不需要借助于电源来记录和保存,它的可靠性取决于码盘及其触针的可靠接触寿命、微动开关的机械和电气寿命、阅读黑白条码的光电器件的寿命。

(三) 压力传感器

压力传感器的种类繁多,如电阻应变片压力传感器、半导体应变片压力传感器、压阻式压力传感器、电感式压力传感器、电容式压力传感器、谐振式压力传感器及电容式加速度传感器等。但应用最为广泛的是压阻式压力传感器,它具有极低的价格和较高的精度以及较好的线性特性。下面我们主要介绍这类传感器。

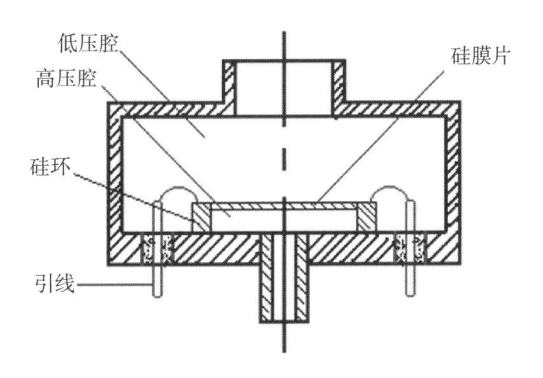

图 2-2-71 压阻式压力传感器

1. 工作原理

压阻式压力传感器是利用单晶硅材料的压阻效应和集成电路技术制成的传感器。压阻式传感器常用于压力、拉力、压力差和可以转变为力的变化的其他物理量(如液位、加速度、重量、应变、流量、真空度)的测量和控制。如图 2-2-71 所示。

当力作用于硅晶体时,晶体的晶格产生变形,使载流子从一个能谷向另一个能谷散射,引起载流子的迁移率发生变化,扰动了载流子纵向和横向的平均量,从而使硅的电阻率发生变化。这种变化随晶体的取向不同而异,因此硅的压阻效应与晶体的取向有关。硅的压阻效应不同于金属应变计,前者电阻随压力的变化主要取决于电阻率的变化,后者电阻的变化则主要取决于几何尺寸的变化(应变),而且前者的灵敏度比后者大50～100倍。

2. 结构

压阻式压力传感器采用集成工艺将电阻条集成在单晶硅膜片上,制成硅压阻芯片,并将此芯片的周边固定封装于外壳之内,引出电极引线。压阻式压力传感器又称为固态压力传感器,它不同于粘贴式应变计需通过弹性敏感元件间接感受外力,而是直接通过硅膜片感受被测压力。硅膜片的一面是与被测压力连通的高压腔,另一面是与大气连通的低压腔。硅膜片一般设计成周边固支的圆形,直径与厚度比约为20～60。在圆形硅膜片(N型)定域扩散4条P杂质电阻条,并接成全桥,其中两条位于压应力区,另两条处于拉应力区,相对于膜片中心对称。硅柱形敏感元件也是在硅柱面某一晶面的一定方向上扩散制作电阻条。两条受拉应力的电阻条与另两条受压应力的电阻条构成全桥。

3. 特点

优点是:

(1) 频率响应高(例如有的产品固有频率达1.5 MHz以上),适用于动态测量;

(2) 体积小(例如有的产品外径可达0.25 mm),适用于微型化;

(3) 精度高,可达0.1%～0.01%;

(4) 灵敏度高,比金属应变计高出很多倍,有些应用场合可不加放大器;

(5) 无活动部件,可靠性高,能工作于振动、冲击、腐蚀、强干扰等恶劣环境。

缺点是:

(1) 温度特性差,由于压阻式压力传感器是用半导体材料制作的,受温度影响较大,因此,在温度变化大的环境中使用时,必须进行温度补偿;

(2) 工艺复杂,对研制条件要求高而严格,尤其是扩散杂质、烧结、封装工艺等比其他传感器要复杂得多,因而成本也相对要高。

第五节 船闸电气设备

船闸电气是一综合系统,由供、配电,照明,通信广播、工业电视,控制及计算机管理系统,防雷及接地等几方面组成。本节重点讲述目前船闸电气设备的基本状况以及日常重点维护注意事项。

一、船闸供配电

船闸供配电是船闸电气系统的基础,控制管理着船闸所有用电状况,是船闸比较重要的一个工作场所。运河三线船闸工程建设推动船闸供配电系统技术进步,出现了新技术应用,干式变压器、电网管理等方面有了长足的进步,改变了船闸供配电一贯的使用模式。同时船闸供配电系统为船闸计划、安全、可靠用电提供了保证。一二级船闸的闸阀门启闭机、通信、生产照明以及检修设备的用电负荷为一级负荷。三四级船闸的闸阀门启闭机、通信、生产照明以及检修设备的用电负荷为二级负荷。一级负荷应由两个电源供电,一个电源发生故障时,另一个电源不应同时损坏。一级负荷容量较大时,由两个高压电源供电,或采用自备发动机组作为第二电源。船闸电气设备正常情况下要求终端电压偏差:电动机为±5%,一般工作场所照明为±5%,要求较高的为±2.5%,信号灯及标志灯为±(5%~10%),事故照明电压为36 V。

(一) 供配电装置中的主要柜体及设备

船闸供配电就是指船闸所需电能的供应和分配以及有效的控制管理用电状况。其由高压柜、计量柜、互感器柜、补偿柜、变压器柜、低压开关柜、柴油发电机组等组成。

1. 高压真空开关柜

高压柜根据主变压器的容量进行选择,当单台变压器的容量在400 kVA以上时,一般选配真空断路器。当单台变压器的容量在400 kVA以下时,一般选择以负荷开关与熔断器相配合的环网柜。其有如下特征。

(1) 使用真空断路器为主开关,少维护、无污染、高寿命。

(2) 加强绝缘。空气电气间隙≥125 mm,瓷绝缘子爬电距离≥210 mm,树脂绝缘子爬电距离≥230 mm,绝缘表面短时出现凝露,不影响其绝缘水平。用于额定电压3~10 kV、频率50 Hz的三相交流电网中,作为接收和分配电能,对电路实行控制、检测和保护的成套配电装置。

2. 升压变压器柜

考虑上下游远调站用电负荷和用电质量,目前苏北运河三线船闸上下游远调站采用高压供电。配电房将低压用干式升压变压器升压后送至上下游远调站。

3. 低压开关柜

船闸低压开关柜包括总控柜、动力、备用动力、照明柜。主要是控制管理船闸用电情况,以确保船闸安全可靠运行。其低压用电网络形式不尽一致。

4. 计量柜

主要用于供电部门对船闸用电度数的计量。有高供高计，也有高供低计。大部分为高供低计。其计量对象包括动力、生产、生活用电度数。

5. 补偿柜

对船闸用电过程中的功率因数进行补偿，提高电能使用效率。

6. 变压器

目前船闸使用的变压器的种类基本为两种类型：油浸自冷式和干式。变压器按其绝缘的种类可分成三类：① 液体绝缘变压器；② 固体绝缘变压器；③ 气体绝缘变压器。目前使用较多的类型是 S11 系列油浸式低损耗变压器和 SC 系列环氧树脂浇注式变压器，选择类型时可以根据变压器设置环境和投资规模综合考虑。

（1）树脂浇注干式变压器主要特点

图 2-2-72　干式变压器

① 防潮性能好，可以在相对湿度 100% 的环境中正常运行，投入运行前一般可不经干燥处理。

② 机械强度和热稳定性好，由于绝缘材料的合理组合，可以获得与铜导体一致的温度膨胀系数，具有明显的抗冲击、抗温度变化和抗裂性能。

③ 能阻燃防爆，即使外界火源引燃变压器，所产生的热量也极小，不会助燃，火源一旦切断，便可自行熄灭，也不会分解有害气体，污染环境，并可以安装在负荷中心，节省低压配电和防火设施费用。

④ 绝缘性能好，耐雷电冲击水平高，承受突发短路能力强。

⑤ 损耗低、散热性好，过负载能力强，采用吹风冷却时，可以使额定容量增加 40%~50%。

⑥ 局部放电量极小，可以保证在工作电压下长期安全运行。

⑦ 噪音低，由于合理的磁路结构设计，以及牢固的绑扎夹紧，绕组端部的弹性支承需要时，还可以在变压器底座与基础之间加设减震器，从而使噪音得以降低。

（2）油浸式变压器主要特点

图 2-2-73　油浸式变压器

① 全密封变压器因温度和负载变化引起油体积的变化完全由波纹油箱的弹性予以调节，油和周围空气不接触，防止了空气和潮气的侵入，避免了绝缘材料的老化，增加了运行的可靠性。

② 全密封变压器中油与空气不接触，不给环境带来污染，不给人体健康带来危害。

③ 全密封变压器保养维护工作量大大减少，它与传统变压器相比，不用对变压器油进行补充、过滤和更换，不用更换吸湿器硅胶，不用监视储油柜油面。

④ 变压器身与油箱采用了新型更可靠的定位方法，确保变压器不吊心就能安全运行。

⑤ 采用复合绝缘变压器套管能解决油浸式电力变压器套管渗漏油和污秽、闪络等问题。

⑥ 采用电缆引出全密封变压器可实现变压器外部全绝缘，可靠保障人身安全。

7. 开关（塑壳断路器）

用途：低压配电保护（分断能力小于 35 kA 的场合）；线路控制（负荷开关）。

特点：沿用 NS 系列独特的双旋转分断结构；简化普通用户不需要的功能与附件；品质高，性能可靠；高性价比。

技术规格：极数 3 极。

安装与连接：固定式，前接线。

图 2-2-74　塑壳断路器

8. ENM 电网管理

PM 500 系列网络电力仪表是高性能电力监测仪表，可以监测电气设备的电压、电流、功率、电度、频率等，还可以控制断路器的合分闸操作，设置故障报警及谐波报警等。

9. 自备电源

船闸设有自备电源，都是采用柴油发电机。功率大小不

图 2-2-75　PM 500

一,型号规格也不一,有进口的,有国产的。发电机有有刷和无刷,励磁方式有相复励和三次谐波等方式。二级船闸配两组柴油发动机组。

(二) 供配电系统的日常维护以及运行注意事项

1. 电力变压器的运行维护

电力变压器是船闸配电系统中十分重要的设备。应根据控制柜或开关柜上的仪表信号来监视变压器的运行情况。变压器应定期进行外部检查。检查变压器的音响是否正常。正常的音响是均匀的嗡嗡声。如音响较平常沉重,说明变压器过负荷。如音响尖锐,说明电源电压过高。检查油温是否超过允许值。变压器上层油温一般不超过 85 ℃,最高不超过 95 ℃。油温过高,可能是变压器过负荷引起,也可能是变压器内部故障。检查油枕及气体继电器的油位和油色,检查各密封处有无渗油和漏油现象。油面过高,可能是冷却装置运行不正常或变压器内部故障等造成的油温过高所引起;油面过低,可能有渗油现象。变压器油正常应为透明略带浅黄色。如油色变深变暗则说明油质变坏。检查瓷套管是否清洁,有无破损裂纹和放电痕迹;高低压接头的螺栓是否紧固,有无接触不良和发热现象。检查接地装置是否完好。

2. 配电装置的运行维护

配电装置担负着受电和配电的任务,是变配电房的重要组成部分。配电装置应定期进行检查,以便及时发现运行中出现的设备缺陷和故障,如导体连接的接头部分发热等,并设法采取措施予以消除。检查母线及接头的外观,接头的温度是否超出允许值,电缆及其终端头有无其他异常现象。检查熔断器的熔体是否熔断,熔管有无破损和放电痕迹。检查各整定电流的情况以及各路开关的运行状态等。配电系统中要注意三相电流平衡的情况,偏差较大时应予对负载进行调整,尽量减少中心点上的电流。检查补偿柜中的电容情况,看有无空鼓、响声等情况,发现问题及时更换。

3. 运行注意事项

(1) 送电操作

送电时,一般应从电源侧的开关合起,依次合到负荷侧开关。按这种程序操作,可使开关的闭合电流减至最小,比较安全,万一某部分存在故障,也容易发现。但是在有高压断路器—隔离开关及有低压断路器—刀开关的电路中,送电时,一定要按照母线侧隔离开关(或刀开关)—负荷侧隔离开关(或刀开关)—断路器的合闸顺序依次操作。

(2) 停电操作

停电时,一般应从负荷侧的开关拉起,依次拉到电源侧开关。按这种程序操作,可使开关的开断电流减至最小,也比较安全。但是在有高压断路器-隔离开关及有低压断路器-刀开关的电路中,停电时,一定要按照断路器—负荷侧隔离开关(或刀开关)—母线侧隔离开关(或刀开关)的拉闸顺序依次操作。对因线路故障或检修而被停电的线路应在配电柜的对应位置上挂牌警视。

(三)供配电系统的能耗和节能措施

1. 能耗

(1)供配电系统的能耗

供配电系统的能耗主要是供配电线路的能耗。电能在输送的过程中,从电网到建筑物要经过一级、二级降压,由高压线或低压线送至用电设备。在电能输送的过程中产生的损耗被称为线变损耗。供配电的线变损耗有:高、低压架空线损耗;各级降压变压器损耗;电缆线路损耗;用电设备线路损耗及其他损耗等。

(2)变压器的能耗

变配电系统中最主要的是变压器,作为一种电压变换设备,不可避免地存在着能耗损失。一般来说,变压器的使用量较大、运行时间较长,其产生的能耗就越大。变压器损耗包括无功损耗和有功损耗两个方面:无功损耗一部分是由空载电流造成的,它与传输线路的铁芯有关,与负荷无关;另一部分是由一、二次绕组产生的漏磁电抗损耗,这部分损耗和负荷电流的平方成正比;变压器的有功损耗分为铁损(空载损耗)和铜损(短路损耗)。

2. 节能措施

(1)选择合理的线路

截面较大的导电线缆可以节能,但同时也增大了投资,然而,截面较小的导线电缆使用寿命较短、可靠性低、存在安全隐患,并潜藏巨大的经济损失。所以在设计线路时要以降低线缆损耗为基本原则。电流在线路输送过程中不可避免要产生功率损耗,当线路本身电阻 R 在输电电流不变时,输送线路越长则线路本身阻值会越大,从而产生的能耗也就越大。为了降低线路带来的电能损耗,要选用电阻率小的导线,这样可以最大程度上降低线路本身电阻值带来的影响。同时也要尽量减少传输线路的导线长度,线路要尽可能地走直线而非弯路,尽量不走或者少走回头路。

(2)选择合理的供电电压等级

一般来说,输电线路的输电容量及距离和输电线路所能承载的电压强度成正比,电压越高,输送电量越大,输送距离也越远。在一定的电压强度下,如果远距离输送的话,只能输送较少的容量,同理,要输送大容量的电能只能近距离输送。需根据供电距离、负荷容量和用电设备等来选择合适的供电电压等级,并合理地设计供配电系统。供电电压强度越大,线路电流则越小,这样一来,输送线路上的电能损耗就越低。变配电所要尽可能地接近负荷中心,通过这样的方法来降低线路损失和缩短供电的半径。在一定的供电电压范围内,一般来说提高供电电压等级便可以实现节能,但与此同时要承担更大的投资风险,因此基于多方面的考虑,要选择合理的供电电压等级。

(3) 合理地选择变压器

变压器参数能直接反映其运行状态和空载中的损耗大小，因此在选择变压器的时候要合理选择变压器各项参数，以保证使用低损耗的变压器实现节能。一般来说，低损耗的变压器首选高导磁优质冷轧晶粒取向硅钢片制造，这类变压器质量轻、抗冲击、低能耗且效率高，在降低运行费用和节电方面具有显著的效果。

(4) 合理地选择电动机

降低电动机能耗的主要方法是提高电动机功率因数和工作效率。一般工业电动机中常见异步电动机，异步电动机的功率因数和工作效率是其最重要的两个经济指标，两者有着密切的关系，因此在改善功率因数的同时也改善了电动机的工作效率。异步电动机的无功功率一般占工厂企业总无功功率70%以上，在其空载或者轻载的时候，其功率因数极低，仅有0.2~0.3，而满载的情况下功率因数则很高，高达0.85~0.89。因此，要选用合适的异步电动机，确保其容量不过大，尽量使其满负荷运行。

(5) 加大供配电系统功率因数

综合供配电和变配电系统的能耗情况，可以得出改善系统功率因数可以有效实现系统节能的结论。前面提到输电线路损耗包括线路无功功率引起的损耗及有功功率引起的损耗两部分。线路传输有功功率是必须的，在供配电的系统中一些设备，比如变压器、电动机以及灯具的镇流器等因其具有的电感性从而会产生一些滞后无功电流，无功电流在高低压线路传输中，无形之中会加大线路功率损耗，因此而产生的损耗可以通过以下两种方法避免。

① 降低用电设备的无功损耗，提高设备的功率因数

尽量选用功率因数较高的用电设备，比如同步电动机，电感性的用电设备则可以选择使用带有补偿电容器的用电设备等。

② 采用静电电容器进行无功补偿

电容器产生的超前无功电流可以抵消用电设备产生的滞后无功电流，从而可以有效地提高功率因数，与此同时，在设计过程中选用低压分散补偿、高压集中补偿或者低压成组补偿等方法降低线路整体的无功电流，具体补偿方法要根据具体情况进行选用。

二、船闸照明

依据《船闸电气设计规范》(JTJ 310—2004)的规定，照明方案应根据供电方式、周围环境、照明方式和照度要求确定。照明应合理选择控制方式，充分利用天然光并根据天然光的照度变化确定电气照明点亮的范围，可采取分区控制灯光和选用节能开关等措施。照明设计应避免运行区的照明光源对控制室操作人员和船员产生视觉眩光，并应限制工作面上的光幕反射和反射眩光。

照明设计应遵循下列原则：

(1) 有利于船舶驾驶和船闸运行安全，正确识别周围环境，正确处理人与光环境的协调性；

(2) 重视空间的清晰度，消除不利的阴影；

(3) 合理确定显色性、亮度分布和照度水平；

(4) 合理选择照明方式和控制照明区域，降低电能消耗指标。

照明方式可分为一般照明、局部照明和混合照明。局部照明宜在下列区域采用：

(1) 需要有较高照度的区域；

(2) 一般照明照射不到的区域；

(3) 需要减少反射眩光的区域；

(4) 需要标示水工建筑物位置的区域。

船闸照明种类按灯源材料不同可分为高压钠灯、LED灯、荧光灯、节能灯、白炽灯等，白炽灯因属高耗能产品，已被国家明文属淘汰产品，目前，船闸闸室和引航道等室外照明大部采用高压钠灯作为灯源。但高压钠灯也存在效率低下的问题，因此作为新一代的节能产品——LED灯开始被船闸引入，目前苏北运河已有部分船闸在闸室安装了LED灯具，相信在不久的将来，LED将是高压钠灯很好的替代光源。荧光灯和节能灯被大量应用在船闸各个建筑物的室内照明。

船闸的照度标准值分级应符合现行国家标准《建筑照明设计标准》(GB 50034—2013)的规定。船闸运行区域内的一般照明照度均匀度不应小于0.7，邻近周围的照明照度均匀度不应小于0.5。船闸的室内照明照度标准值和一般显色指数应符合表2-2-3的规定。

表2-2-3　船闸室内照明照度标准值和显色指数

房间名称	规定照度所在平面	照度标准值(lx)	一般显色指数
启闭机房	地面	100	60
水泵房	地面	100	60
控制室	离地0.75m平面	500	80
高低压配电装置室	离地0.75m平面	200	60
变压器室	地面	100	20
发电机室	地面	200	60
通信设备室	离地0.75m平面	500	80
电缆廊道	地面	50	20
办公室	离地0.75m平面	300	80
通道、楼梯间、厕所	地面	100	60

船闸的室外照明照度标准值应符合表2-2-4的规定。

表 2-2-4　船闸的室外照明照度标准值

名称	规定照度所在平面	照度标准值(lx)
闸室	下游最低通航水位平面	15
闸面	地面	20
引航道	最低通航水位平面	15
管理区道路	地面	20

（一）船闸照明系统

图 2-2-76 为宝应船闸闸室和引航道照明系统图,采用钠灯和 5 m 的灯杆,闸室照明灯呈单侧布置。当然有的三级船闸闸室照明为双侧布置,二级船闸闸室照明灯一般为双侧布置。

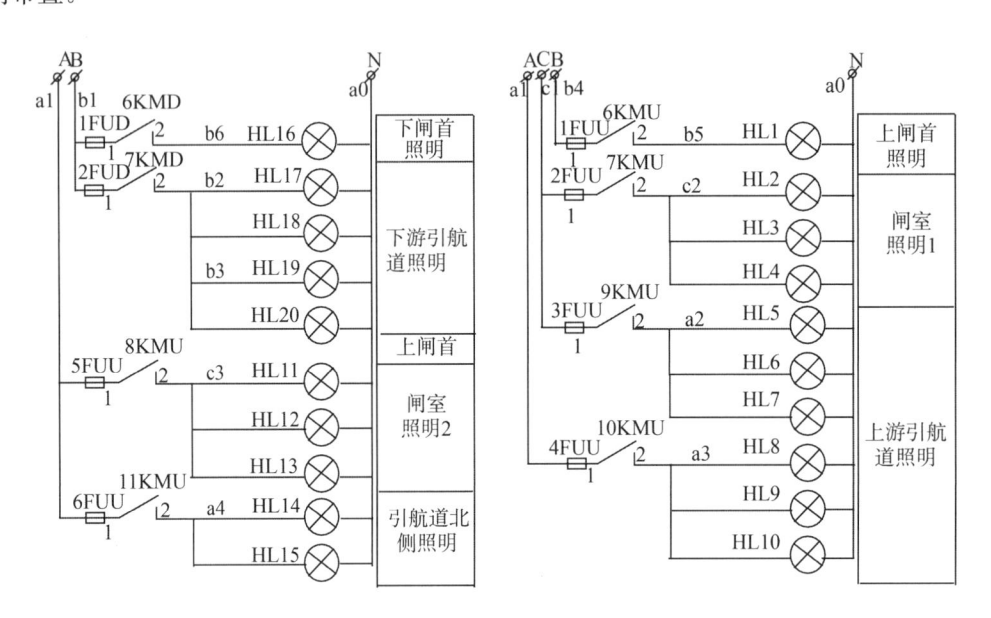

图 2-2-76　宝应船闸闸室和引航道照明系统图

（二）船闸照明系统的维护

三相照明线路各相负荷的分配应尽量保持平衡,特别是办公区和船闸职工住宅区的照明更应注意这一点。

照明系统中的每一单项回路终支电流值不宜超过 16 A,灯具为单独回路时数量不宜超过 25 个。插座宜由单独的回路配电,并且一个房间内的插座宜由同一回路配电。

船闸闸室和引航道的照明灯杆高度大部分在 5 m 以上,且船闸地形特殊,在灯具修理时,无法像公路灯具那样用升降机,因此船闸灯杆宜设计为活动可放置水平的结构,以便于灯具维护。船闸闸室和引航道照明灯杆、引航桥金属穿线管必须可靠接地,接地电阻不大于 4 Ω。每年至少对接地电阻检测一次。

高压钠灯长期使用,会因高温让灯罩内形成负压,易吸附大量的灰尘和虫子,所以高压钠灯每年至少清洗保养一次,以保证照明效果。

为了保证发生火灾时运行人员安全疏散,船闸内中控室、配电室及主要通道设置事故照明,事故照明灯、疏散指示标志平时采用交流供电,一旦交流电源消失,自动装置将迅速切换到直流电源,其连续供电时间不小于 30 分钟,疏散事故照明最低照度不低于 0.5 lx。

(三)船闸照明系统的能耗和节能措施

1. 能耗

据资料统计,在有空调设备的民用建筑内,照明能耗达到 30%,如果民用建筑内没有空调设备,则照明能耗高达 70%。照明系统的能耗主要来源于电光源及控制,同时受到环境反射系数以及灯具光效比的影响。

2. 节能措施

照明的节能理念是绿色照明,绿色照明不单可以满足照明节能,同时还可以在人们生活、生产以及学习过程中起到保护身心健康、节约能源、保护环境的作用。照明的节能要求在确保照明质量和视觉效果的前提下,最大可能地降低照明中光能损失,从而充分利用光能。常见的照明节能措施有:

(1)充分利用自然光,使其与人工照明相结合,这样可以尽可能地实现人工照明的节能;

(2)《建筑照明设计标准》(GB 50034—2013)中对不同场所的照度标准、照明功率以及视觉要求等都有明确的规定,要严格遵守《建筑照明设计标准》(GB 50034—2013)进行照明设计;

(3)要加大推广使用性能优良、低损耗的光源,如 LED 灯、太阳能灯,各类室内照明使用节能灯或 LED 灯代替普通灯具;荧光灯使用电子镇流器等;

(4)采用适当的节能型装置或者智能开关也是有效的节能方法之一,根据照明特点可以使用分区控制、适当增加开关点等。

三、船闸报警

1. 船闸越限报警系统

船闸作为重要的水运通航设施,保障其安全运行显得尤为重要。在闸室靠近闸门的位置标示有一条安全警戒线。然而在船闸实际运行过程中,存在以下三方面问题:船闸安全警戒线大多仅仅依靠界限灯和标识线,船舶无法有效识别;船舶距离闸门过近,在水流波动较大时容易出现碰撞闸门的情况;船舶重载下行,在泄水时会出现搁浅闸台的情况。其中,为了避免泄水时因船舶在闸台违规停留,导致船舶倾翻事故发生,需要在危险时间窗口内对船舶的违规停留行为进行检测。

目前采用"激光越线检测+视频辅助验证分析"的复合检测方式,完成对潜在船舶危险行为的智能预警。通过激光扫描仪,对越过安全警戒线的船舶进行检测,当激光扫描仪检测到有船舶越过警戒线时,通过系统与船闸控制系统的联动功能,监控中心与闸室警戒灯将自动报警,并通过广播、显示屏信息发布等方式,提醒该船只立刻停船。同时,监控中心会向闸口值班员发出警戒信息,值班员现场指挥该船只停船。过程中系统自动调用监控摄像机进行拍摄取证。

2. 船闸超高报警装置

由于船闸运行过程中,水位差变动大,且部分船舶外轮廓高度超限,极易造成船舶高度超限部位与船闸设施发生碰擦,既造成了船闸设施的损坏,也容易造成安全事故,需要对船舶超高情况进行检测和报警。

船闸超高报警系统由超高检测控制器、三光束红外传感装置、报警器等部分组成,系统首先由安装在机房两侧超高检测器通过船闸机房内的服务器向主控 PLC 获取闸口适时水位数据,然后超高检测控制器依据水位信息,控制红外传感装置自动运行到相应高度。船舶在进闸时,三光束红外传感装置发射激光到接收器,当船只遮挡激光(超高),立即触发报警信号(该系统能避免飞鸟等触发误报情况),从而提醒值班员和船员船舶超高,必须采取减速慢行、压仓注水等措施降低高度,避免船舶碰撞工作桥等助航设施。

船闸超高报警装置结合运河船闸特点,能有效避免水位变化较大时船舶碰撞助航设施的安全隐患,提高了船闸运行安全系数。

四、船闸电气设备的维护

(一)水位计

水位计在船闸中主要用来自动测量水位,是影响船闸安全可靠运行的重要传感器之一。水位计信号不仅可以作为显示信号,而且可以作为闸门启闭的控制信号使用,其准确发布将直接影响闸门的安全开启。通过 PLC 判断闸室内外水位差情况,如果水位差大于 20 cm,则要继续涨水或者泄水;如果水位差小于 20 cm,则可以开启闸门。目前,盐灌船闸采用的是英国 DRUCK 的高精度产品 PTX1930 水位计,其基本原理是将水压力作用在一根电桥的桥臂上,产生对应的 4~20 mA 电流信号,传至 PLC 转换处理后,在上位软件中即可显示水位情况。

水位计故障检测可以采用相邻水位计之间的信号比较,包括同一闸室中两支水位计值比较、闸门开终后同闸首两支水位计信号检测以及上下级闸室中所有水位计的数值比较等。船闸涨泄水的速度是有一定规律的,各水位计自身信号检测包括水位值是否在有效范围之内、PLC 上下不同扫描周期的水位采集值变化是否正常(水位变化率检测),从

而来检测水位计故障和水平信号的准确性。其水位检测公式为

$$h = k(i - i_1) + H_1 = k(20x/x_1 - i_1) + H_1 \qquad (2\text{-}2\text{-}34)$$

式中：h 为水位值；k 为水位计线性斜率；i 为水位计实测电流；i_1 为水位计零点电流；H_1 为水位计安装海拔高度；x 为 PLC 读数；x_1 为 PLC 满量程读数。

水位计由于一直受到水流、泥沙等的冲击，一般每季度需要进行修正 1 次，一般有手动校正和自动校正 2 种方法。

1. 手动校正：通过水位计校准仪（每季度校准 1 次），对水位计的零点及斜率进行校正，再通过现地计算机或集控上位机对水位计的零点值、斜率、海拔高度进行设置。

2. 自动校正：可参照始终处于闸室内同一水平面的另一支水位计的零点值、斜率、海拔高度，进行自动校正。整个自动校正过程必须保证相关水位计的准确性，自动校正过程必须经过上游闸门开终到下游闸门开终的整个时间段。

由于灌河属于潮汐性河流，随潮水而来的浮淤比较多，水位计会有积淤，故每 2~3 个月需将水位计拿上来清洗一下，将会保证水位计的精度并延长使用寿命。

（二）继电器

盐灌船闸主要继电器采用的是施耐德 CA2—DN40M5C 型号，其性能较好，但是在船闸运行过程中，继电器需要经常性吸合、松开。在检测过程中，首先根据开关的类型是常闭型还是常开型来区分，用表来检测其通与不通的状态，其状态与正常器件状态相反，则说明该器件坏了，需要更换。同时，应分清常开型继电器主要用于开关类线路，常闭型继电器主要用于保护类线路，其接通状态是不一样的，而在盐灌船闸的控制电路中，采用的都是常开型继电器，用来人工控制或自动控制电流的接通与断开。

（三）限位开关

限位开关的作用是闸门和阀门开到位、关到位时自动触发开关，以产生输入信号至 PLC 输入模块，通过程序的运转实现液压泵站的开启和停机运行，实现船闸控制的自动化。船闸每开关一次，限位开关就得撞击一次，长期的磨损和碰撞，暴露的空气环境，不同的季节温度，会导致触点接触不好或机构动作不灵敏。为此，对限位开关要经常进行校核，确保闸门开门时完全入库，关门时中缝、边缝不漏水；阀门关门到位，顶、底止水密封好。

盐灌船闸闸门的限位开关（图 2-2-77）触发是通过附属在启闭机活塞杆上的导杆，在推拉过程中导杆端的蘑菇头碰撞摇臂触发。限位开关的型号是 XCE—118。但在使用过程中发现，蘑菇头在导杆开出的槽中滑行，如遇雨雪天气，导杆槽内积雪会阻碍蘑菇头随活塞杆的推拉，造成开关门不到位。为此，对限位开关进行改进，利用三角闸门的旋转模式，在开门和关门的转角上，采用光电式限位开关进行触发，安装示意图见图 2-2-78。三

角闸门在启闭旋转过程中,感应铁片随着闸门顶枢支座同时旋转,而光电限位开关导槽支架焊接固定在顶枢甲乙拉杆上,通过调节光电限位开关的位置,在闸门启闭点自动触发,实现闸门启闭的自动控制。此处限位开关位于工作桥下,可挡住风雪,且行程较短,避免了原有导杆机械式限位开关遇风雪受阻及远距离易晃动的问题。

图 2-2-77　船闸导杆机械触发式限位开关

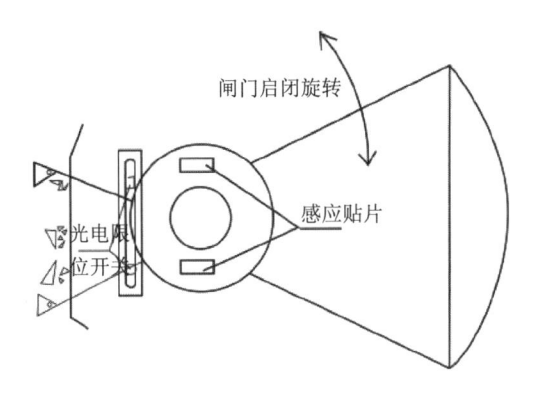

图 2-2-78　闸门光电式限位开关安装示意图

(四) 开度仪

闸阀门开闭门在比例泵的控制下要求同步,通过左右两侧闸阀门的开度仪读数变化速度及稳定性一致与否,则可以判断开度仪是否处于故障状态。闸阀门开度仪设置在各自的油缸内,但控制线暴露在室外,需要用专业线管套好,避免锈蚀和断裂。

(五) UPS 电源

船闸为自动控制系统配设 UPS 不间断电源,目的是保障 PLC 通信、计算机网络、收费系统等关键设备不间断运行。科学的保养和维护才会延长 UPS 的使用寿命,主要做法有:不接电感性负载,不满载或过度轻载,定期 3 个月人为中断供电,使 UPS 带负载放电至报警状态,并把 UPS 设备放置在通风散热良好的地方。

(六)电动机

1. 保持电动机外壳上无灰尘污物,以利散热。

2. 检查接线盒压线螺栓是否松动、烧伤。

3. 检查轴承润滑油脂,使之保持填满轴承空腔的 1/2~2/3,脏了要换。

4. 拆下一边端盖,检查定子与转子之间的间隙是否均匀合格,以判断轴承磨损情况,若不均匀,要拆下轴承进行检查,磨损严重的要更换。

5. 每年必须用摇表测量电动机相间以及绕组相对铁芯的绝缘电阻的情况(如在温度较高而通风条件不良的地区,间隔停用时间较长,在每次使用前,还须测量绝缘情况),如果少于 0.5 MΩ,说明线圈受潮,则要进行烘干处理。一般烘干温度约为 100 ℃,烘干时间约为 24 h。

6. 若绕组绝缘老化(老化后颜色变为深棕色),则需刷浸绝缘漆。

(七)指示仪表

1. 电气装置的各种指示仪表,如电流表、电压表、相序表、功率表及压力表等,应按照有关规定进行检验,保证指示正确。

2. 仪表的接线相序必须正确,以防因相序接错反转而造成故障。

(八)输电线路

输电线的维护应遵守下列规定。

1. 各种电力线路、电缆线路、照明线路均应防止发生漏电、短路、断路、虚连等现象。

2. 线路接头应连接良好,并注意防止铜铝接头锈蚀。

3. 经常清除架空线路上的树障,保持线路畅通。架空线路交叉或接近建筑物的最小距离应符合规定。

4. 定期测量导线绝缘电阻值,一次回路、二次回路及导线间的绝缘电阻值都不应小于 0.5 MΩ。

(九)避雷设施及接地装置

1. 避雷针(线、带)及下引线如锈蚀量超过截面 30% 以上时,应予更换。

2. 导电部件的焊接点或螺栓接头如脱焊、松动应予补焊或旋紧。

3. 接地装置的接地电阻值应不大于 10 Ω,如超过规定值 20% 时,应增设补充接地极。

4. 防雷设施的构架上,严禁架设低压线、广播线及通信线等。

5. 接地装置是安全用电的重要措施,应采用电阻小、经久耐用的材料,规格大小随设计的板网截面而定。

6. 为确保接地装置的长期可靠性,在有腐蚀性的土壤中,应采用镀铜或镀锌等措施来提高接地材料的防锈能力。裸铝导线埋入地下,极易腐蚀,使用寿命短,成本高,因而不得使用。

7. 接地线与建筑物伸缩缝交叉处,应增设 Ω 形补偿器,引出线应标色保护。

8. 接地线的连接应符合下列要求:

(1) 宜采用焊接,圆钢的搭接长度为直径的 6 倍,扁钢为宽度的 2 倍;

(2) 有振动的接地线,应采用螺栓连接,并加设弹簧垫圈,防止松动;

(3) 钢管接地与电气设备间应有金属连接,如接地线与钢管不能焊接时,应用卡箍连接。

(十) 变压器

1. 变压器等设备外表应保持清洁,不得有杂物、灰尘。

2. 变压器油位要正常,应经常检查不得有漏油、渗油现象。油质应符合要求。运行中的变压器应每两年进行一次简化的油样实验,大修的变压器应滤油或更换合格的新油。

3. 变压器应每年进行一次线圈绝缘电阻测量。测量时最好选择在气温 5 ℃ 以上,湿度在 70% 以下的天气。一般当油温为 30 ℃ 时绝缘阻值不应小于 150 MΩ。如果变压器的阻值降至新变压器或大修后绝缘阻值的 50% 以下时,应请电业部门进行更详细的实验和检修处理。

(十一) 柴油发电机组

1. 柴油发电机组应经常维护清扫,使其保持整齐清洁。

2. 油、气、水、电路应经常检查,保持畅通、不渗漏。

3. 要不定时检查并试运行,特别是汛前、汛后检查时必须进行试运行,要保证随时能启动发电,使周波、电压和输出功率能达到额定值。

4. 柴油机、发电机及有关表、盘应按照有关规定定期维护、检修和校验。

5. 电网联网的发电机组,应按照供电部门的规定要求执行。

思考题

一、填空题

1. 铁磁材料具有:磁饱和性、_____ 性和 _____ 性。

2. 在电动机控制线路中用 _____ 作短路保护,用 _____ 作过载保护,用 _____ 作欠压和(或)失压保护。

3. 按照人体触及带电体的方式,触电方式一般分为:_____ 和 _____。为了防止触电事故的发生,应注意开关一定要接在 _____ 上,除了工作人员必须严格遵守操作规程,正确安装和使用电气设备或器材之外,还应该采取保护接地、_____ 等安全措施。

4. 用万用表测量电路的电流时必须先断开电路，然后按照电流从正到负的方向，将万用表直流电流挡_____联到被测电路中。电压表的内阻越_____越好，电流表的内阻越_____越好；测量电路的功率时可以用功率表直接测量，那么在安装功率表时，必须保证电流线圈与负载相_____，而电压线圈与负载相_____。

5. 安全电压照明变压器使用_____，不可用自耦变压器。

6. 电压互感器的二次绕组绝对不允许_____，电流互感器的二次绕组绝对不允许_____。

7. 变压器具有_____、_____和_____作用。

8. 三相笼型异步电动机的降压启动方法有：_____、_____和_____。

9. 三相异步电动机的调速方法有：_____、_____和_____。其中，_____调速只适用于笼型异步电动机。

10. 三相异步电动机电气制动方法有：_____、_____和_____。

二、简答题

1. 简述三相异步电动机的工作原理。

2. 三相异步电动机的启动方法有哪些？试分别对笼型异步电动机和绕线转子异步电动机进行分析。

3. 简述三相异步电动机"异步"的由来。

4. 熔断器主要分为哪几类，各适用于什么场合？

5. 叙述接触器的主要结构和工作原理。

6. 简述热继电器的工作原理。热继电器能不能用来作短路保护，为什么？

7. 为了防止因静电而发生火灾，常采用哪些措施？

8. 发生触电时应采取哪些救护措施？

9. 三相异步电动机控制电路中一般有几种保护措施？分别由哪种电器保护？

10. 在三相异步电动机控制电路中何为自锁？何为互锁？分别起什么作用？

三、分析题

1. 试分析下面电机控制电路的工作原理。

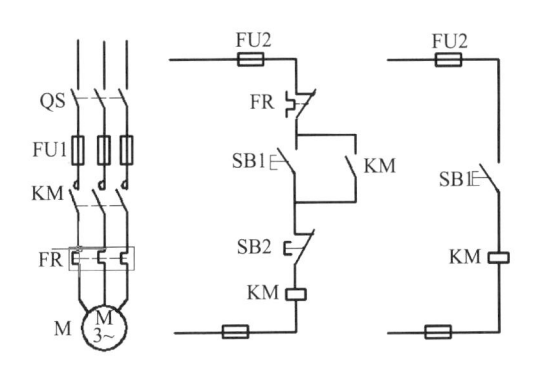

2. 试分析下面电机控制电路的工作原理。

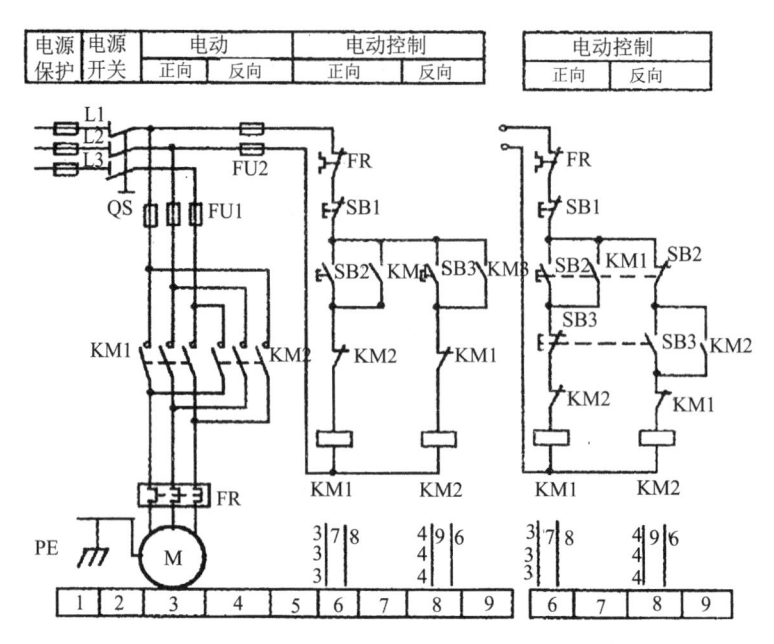

3. 试分析如下电路图的工作原理,要求:

① 说出各控制电器的名称;

② 叙述启动过程;

③ 叙述停车过程。

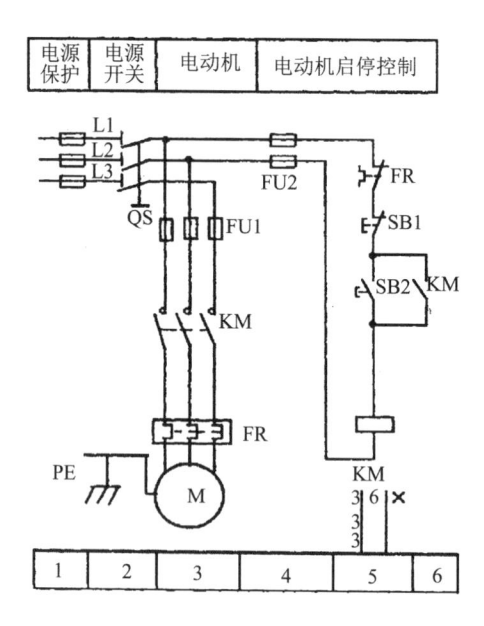

第三章　现代控制技术

第一节　变频技术

在工业生产及国计民生中电机的使用十分广泛,电机的传动方式一般分为直流电机传动及交流电机传动。过去由于交流电机实现调速较困难或某些调速方式低效不够理想,因而长期以来在调速领域大多采用直流电机,而交流电机的优点在调速领域中未能得到发挥。交流电机的调速方式一般有以下三种。

1. 变极调速通过改变电动机定子绕组的接线方式以改变电机极数实现调速,这种调速方法是有级调速,不能平滑调速,而且只适用于鼠笼电动机。

2. 改变电机转差率调速。其中有通过改变电机转子回路的电阻进行调速,此种调速方式效率不高,且不经济;也有用滑差调速电机进行调速,此种调速范围宽且能平滑调速,但调速装置结构复杂(一般由异步电机、滑差离合器和控制装置三部分组成),滑差调速电机是在主电机转速恒定不变的情况下调节励磁实现调速的,即便输出转速很低,而主电机仍运行在额定转速,因此耗电较多,另外励磁和滑差部分也有效率问题和消耗问题。较好的转差率调速方式是串级调速。

3. 变频调速通过改变电机定子的供电频率,以改变电机的同步转速达到调速的目的,其调速性能优越,调速范围宽,能实现无级调速。

目前我国生产现场所使用的交流电动机大多为非调速型,其耗能十分惊人。如采用变频调速,则可节约大量能源。这对提高经济效益具有十分重要的意义。

一、变频调速技术的发展

20世纪50年代末,由于晶闸管(SCR)的研究成功,电力电子器件开始运用于工业生产,可控整流直流调速便成了调速系统中的主力军。但由于直流电机结构复杂,造价比交流电机高,直流电动机在运行中,碳刷接触产生碳粉而易引起环火,须经常维护,而且直流调速系统线路复杂,维修十分不便。因而便促进了世界各国对交流调速技术的开发和研制。

20世纪80年代中期,随着第三代电力电子器件,如门极可关断晶闸管(GTO)、大功率晶体管(GTR)、绝缘栅双极型晶体管(IGBT)等全控型电力电子器件的研制成功,以及电力电子器件从电流驱动型到电压驱动型全控器件等的发展,日本等国已先后研制开发出了功率等级不同的把控制、驱动、检测、保护及功率输出集于一体的变频调速产品。从而使交流变频调速的关键装置——逆变器性能优良,主电路简单,驱动方便,工作可靠。同时随着控制理论、微电子技术和计算机技术的发展,交流电机变频调速技术取得了突破性进展,并以其优越的调速性能和良好的节能效果逐渐取代了直流调速系统和其他的调速方式,如变极调速、串级调速、滑差电机调速、整流子电机调速等。

随着全球能源短缺趋势的加剧以及交流变频技术及变频器产品的性能和功能日趋完善,交流变频技术越来越广泛地应用在工业生产的各个领域中。据有关资料介绍,日本在2007年底生产的中小功率变频器达到12亿kW,在中国占有较大的市场份额(约为35%),达到3 000万kW左右。除日本外,欧美等发达国家目前已形成了较完整的变频器技术产业体系。

二、变频调速技术及特点

变频调速技术的原理是把工频50 Hz的交流电转换成三相频率和电压可调的交流电,通过改变交流电动机定子绕组的供电频率,在改变频率的同时也改变电压,从而达到调节电动机转速的目的(即VVVF技术)。目前的变频器系统还采用微机控制技术,它可根据电动机负载的变化实现自动、平滑地增速或减速。

交流变频调速系统一般由三相交流异步电动机、变频器及控制器组成,它与直流调速系统相比具有以下显著优点:

① 异步电动机比直流电动机结构简单,重量轻,价格低,它没有换向器,运行可靠;

② 控制电路比直流调速系统简单,易于维护;

③ 变频调速系统调速范围宽,能平滑调速,其调速静态精度及动态品质好,而且节能显著,是目前世界公认的交流电动机的最理想、最有前途的调速技术,因而在国际上获得了广泛的应用。

三、通用变频器的工作原理及控制方式

变频器的英文译名是VFD(Variable-frequency Drive),是现代科技中由中文反向译为英文的为数不多的实例之一。变频器是应用变频技术与电力电子技术,通过改变电机工作电源的频率和幅度的方式来控制交流电动机的电力传动元件;利用电力半导体器件

的通断作用将工频电源变换为另一频率的电能控制装置。

(一) 脉冲宽度调制(PWM)原理

1. 脉冲宽度调制技术的概念

(1) 脉冲宽度调制(缩写为 PWM)是按照一定的规则和要求对一系列脉冲宽度进行调制,从而得到所需要的等效波形。

(2) 以变频调速常用的电路结构为例来说明 PWM 含义:一般异步电动机需要的是正弦交流电,而逆变电路输出的往往是脉冲。PWM 控制的目的就是通过对逆变电路输出脉冲的宽度进行调制,使之与正弦波等效。这样,虽然电动机的输入信号仍为脉冲,但它是与正弦波等效的调制波,那么电动机的输入信号也就等效为正弦交流电了。

2. PWM 技术的基本原理

(1) PWM 技术的理论基础:采样控制理论中的一个重要结论——面积等效控制原理。

(2) SPWM 原理:将一个正弦半波电压分为 N 等分,并把正弦曲线每一等分通过所包围的面积都用一个与其面积相等的等幅矩形脉冲来代替,且矩形脉冲的中点与相应正弦等分的中点重合,得到脉冲列,这就是 PWM 波。正弦波的另外半波也用同样的办法来等效,就可以得到与正弦波等效的脉宽调制波,又称其为 SPWM。SPWM 波在变频电路中被广泛采用。

根据采样控制理论,N 值越高(即脉冲频率越高),SPWM 越接近正弦波,但脉冲频率一方面受变频器中开关器件工作频率的限制,另一方面频率太高,电磁干扰增大,会带来一些新的问题。

(3) 实际应用中 SPWM 波调制方法:调制波 u_r,所希望生成的正弦波;载波 u_T,等腰三角波或锯齿波。利用载波和调制波相的比较方式来确定脉宽和间隔。

(4) 按照调制脉冲的极性关系,PWM 逆变电路的控制方式分为:单极性控制、双极性控制。

(二) 变频器的组成

如图 2-3-1 所示,其中 R、S、T 为变频器输入端,U、V、W 为变频器输出端。

1. 整流及滤波电路

如图 2-3-1 所示,整流由三相整流电路完成,C_1、C_2 组成滤波电路,R_1、R_2 为滤波电路能量释放通道。

功能:将工频交流电整为直流,并滤波。

限流电阻的作用:R_0 减少了整流电路输出电流对逆变电路的冲击,起到限制电流保护逆变电路的作用。

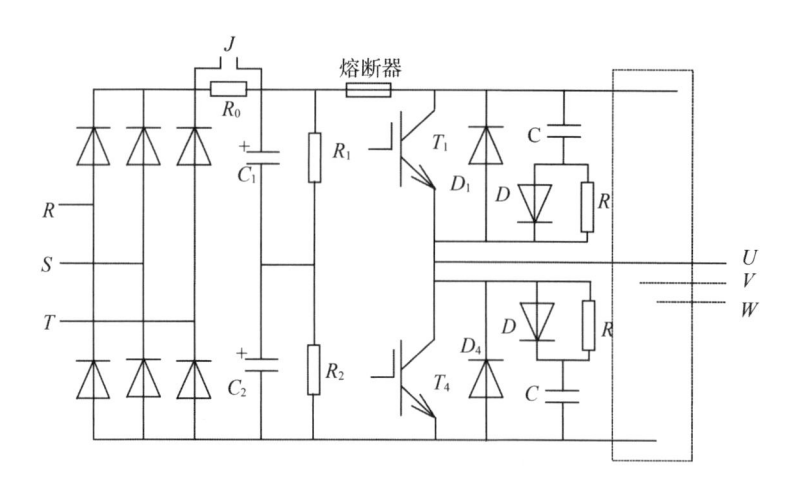

图 2-3-1 通用变频器主电路

2. 逆变电路

如图 2-3-1 所示,逆变电路由 T_1、T_4、D_1、D_4 组成。

功能:将直流逆变为频率和电压可调的三相交流电,即 SPWM 原理。

3. 制动电阻和制动单元

制动电阻的工作原理就是从能量守恒的角度,将机械能通过电动机转化成的电能最终转化为热能,实现电动机快速制动,是变频器使用过程中必不可少的单元。J 即为制动单元部分。

(三) 变频器的控制方式

1. 恒压频比控制方式

简称为恒 V/f 控制,如图 2-3-2 所示。

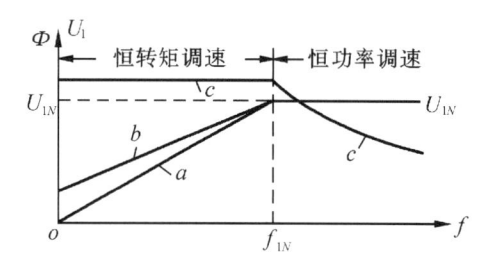

图 2-3-2 恒压频比控制方式

特点:在变频调速过程中,使电机供电电源电压 U_1 与频率 f_1 的比值保持恒定。采用恒 V/f 控制方式的变频电路(见图 2-3-3)成本较低,但控制精度较差。

$$\dot{U}_1 = \dot{I}_0(R_1 + jX_1) + E_1 \tag{2-3-1}$$

$$E_1 = 4.44 K_1 f_1 N_1 \Phi \tag{2-3-2}$$

$$U_1 \approx E_1 = 4.44 K_1 f_1 N_1 \Phi \qquad (2\text{-}3\text{-}3)$$

变频 f_1 的同时应适当改变 U_1。在改变频率 f_1 的同时保持压频比恒定也就是保持主磁通量 Φ 基本恒定,通常这种调速又称恒磁通调速。

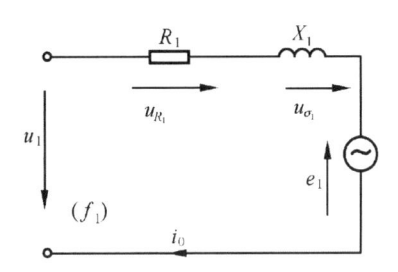

图 2-3-3 恒 V/f 控制方式电路模型

(1) 增加 f_1 而 U_1 不变,主磁通 Φ 减小,电机欠励磁,电磁转矩 T_{em} 将减小,磁路利用不充分,效率低。

(2) 减小 f_1 而 U_1 不变,主磁通 Φ 将增大,电机过励磁,励磁电流增加且有可能畸变。

恒 V/f 控制存在问题:

(1) 在增加电源频率时,V/f 控制要求电压 U_1 也增加,可是因为电机绕组绝缘条件所限,定子电压 U_1 不得高于额定电压 U_{1N},所以,变频调速中当频率高于基频(即额定供电频率 f_{1N},又称基本频率或基底频率)时,不允许恒磁通调速,也就是说不允许使用恒 V/f 方式。

(2) 当电源频率 f_1 调至较小时,电机低速运行,感生电动势 E_1 也较小,电机定子绕组压降 (R_1+jX_1) 相对 E_1 较大,不可以忽略,于是再保持 U_1/f_1 恒定,已不能使主磁通 Φ 恒定。

保持磁通恒定在实际中的意义:从电动机电磁转矩的表达式 $T_{em} = C_T \Phi_0 I_2' \cos\varphi_2$ 可知,调速过程中如果转子回路参数保持不变,恒磁通调速实际就是恒转矩调速,也就是说恒 V/f 控制方式是针对恒转矩负载提出的。

2. 恒电压平方与频率比控制

特点:在变频输出的同时保持电压的平方 U_1^2 与频率 f_1 之比恒定,又简称恒 U_1^2/f_1 控制。采用这种控制方式可以实现恒功率调速。

3. 平方转矩控制方式

平方降转矩负载要求电机输出的转矩 T 要与电机转速 n 的平方成正比,即 T/n^2 恒定。

由于电机转速 n 与旋转磁场转速 n_0 相差不多,

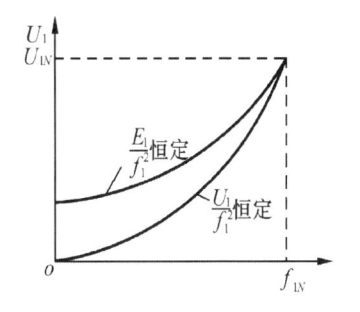

图 2-3-4 平方转矩控制方式压频曲线

也可以看成 T/n_0^2 恒定。

而 $n_0 \propto f_1$，于是又可以等价为要求 T/f_1^2 恒为常数的控制方式。

$$\frac{T}{f_1^2} = K \cdot \left(\frac{E_1}{f_1^2}\right)^2 \cdot \frac{R_2/f_2}{(R_2/f_2)^2 + (2\pi L_{\sigma 2})^2} \tag{2-3-4}$$

4. 转差频率控制

$$T = K_T \left(\frac{E_1}{4.44 K_1 f_1 N_1}\right)^2 \frac{4.44 K_2 f_2 N_2 R_2}{R_2^2 + (2\pi f_2 L_{\sigma 2})^2} = K(E_1/f_1)^2 \frac{R_2/f_2}{(R_2/f_2)^2 + (2\pi f_2 L_{\sigma 2})^2} \tag{2-3-5}$$

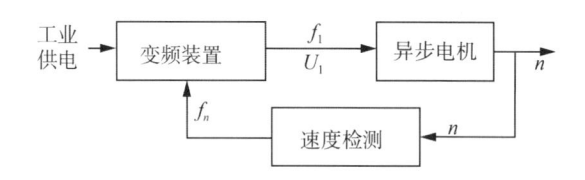

图 2-3-5　转差频率反馈示意图

由式(2-3-5)，在进行 E_1/f_1 控制的基础上，对电动机转子回路的频率 f_2 进行控制，达到控制电机输出转矩的目的，而 f_2 又与转差成正比，因此又叫转差频率，这就是转差频率控制的含义及出发点。

5. 矢量控制方式

矢量控制方式的基本思想是认为异步电动机和直流电动机具有相同的转矩产生机理，即电动机的转矩为磁场和与其相垂直的电流矢量的乘积。

异步电动机空载时，定子励磁电流很小，如果给异步电动机施加负载，则其定子励磁电流将会增加，而且负载所需转矩越大，励磁电流就越大。这是因为电机空载时励磁电流主要用于产生磁通，有载时励磁电流既要维持主磁通基本恒定，同时又要提供产生转矩所需的能量。

将定子电流分解为产生磁场的电流分量和产生转矩的电流分量之和。通过控制电动机定子电流的大小和相位，也就是定子电流相量，就可以分别对电动机的励磁电流和转矩电流进行控制，从而达到控制电动机转矩的目的。矢量控制方式主要有基于转差频率控制的矢量控制方式和无速度检测器矢量控制方式。

四、通用变频器的应用

三菱变频器 FR - E 700 经济型高性能通用变频器，通用性好，操作简单，价格便宜，应用范围比较广泛。本书以此为例讲解通用变频器的运行调试应用。

（一）变频器 FR - E700 结构

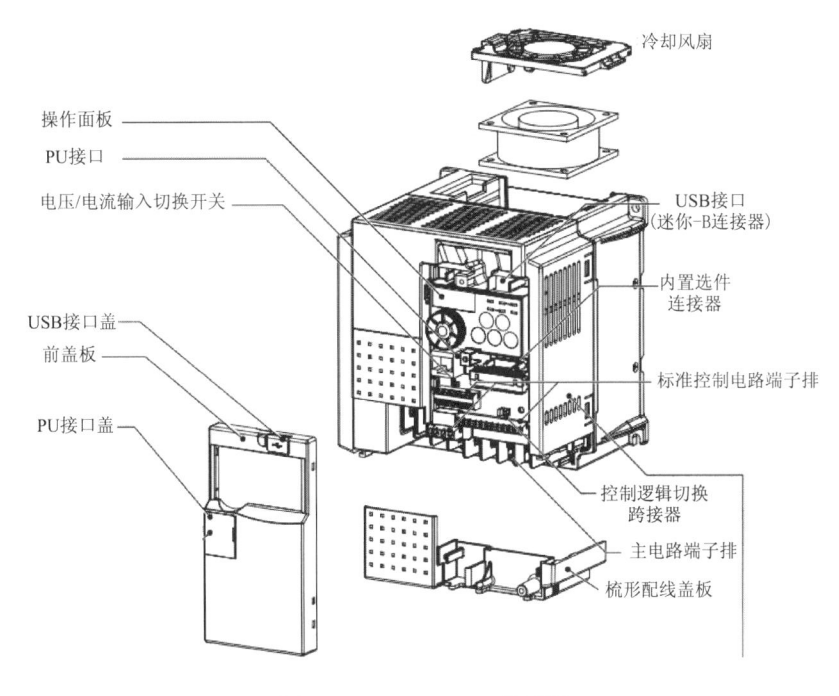

图 2-3-6　FR - E700 外观图

1. 操作面板，是人机交互的最简洁方式，可以实现变频器内部参数的修改、设定和控制，同时还可以对变频器的输出进行控制和设定。如图 2-3-7 所示。

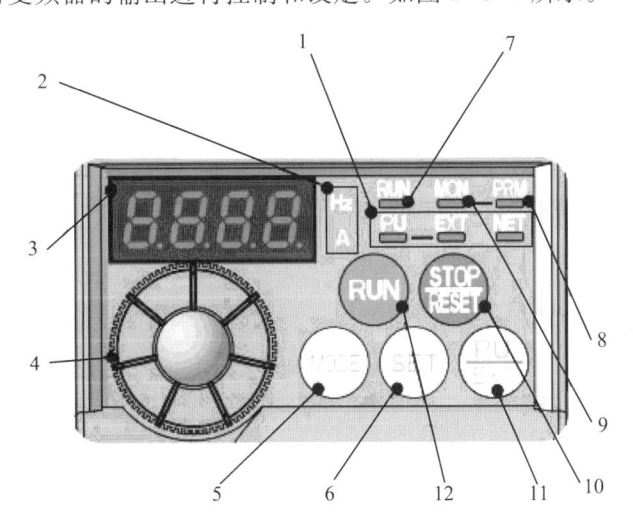

1—运行模式显示；2—单位显示；3—监视器；4—M 旋钮；5—模式切换；6—设定确定；7—运行状态显示；
8—参数设定模式显示；9—监视器显示；10—停止运行；11—运行模式切换；12—启动指令。

图 2-3-7　操作面板

（1）运行模式显示。PU：运行模式时亮灯。EXT：外部运行模式时亮灯。NET：网络运行模式时亮灯。

(2) 单位显示。Hz:显示频率时亮灯。A:显示电流时亮灯。(显示电压时熄灯,显示设定频率监视时闪烁。)

(3) 监视器(4 位 LED)显示频率、参数编号等。

(4) M 旋钮,用于变更频率和参数的设定值。按该旋钮可显示以下内容:监视模式时的设定频率;校正时的当前设定值;报警历史模式时的顺序。

(5) 模式切换,用于切换各设定模式,和 $\dfrac{PU}{EXT}$ 同时按下也可以用来切换运行模式。长按此键(2 s)可以锁定操作。

(6) 各设定的确定。

(7) 运行状态显示,变频器动作中亮灯/闪烁。亮灯:正转运行中;缓慢闪烁(1.4 s 循环):反转运行中;快速闪烁(0.2 s 循环):按键或输入启动指令都无法运行时,有启动指令、频率指令在启动频率以下时,输入了 MRS 信号时。

(8) 参数设定模式显示,参数设定模式时亮灯。

(9) 监视器显示,监视模式时亮灯。

(10) 停止运行,停止运转指令。保护功能(严重故障)生效时,也可以进行报警复位。

(11) 运行模式切换,用于切换 PU/外部运行模式。使用外部运行模式(通过另接的频率设定电位器和启动信号启动的运行)时按此键,使表示运行模式的 EXT 处于亮灯状态。(切换至组合模式时,可同时按 MODE 0.5 s。)

(12) 启动指令。

2. PU 接口

使用 PU 接口可以通过 FR‑PU07 运行或与电脑等进行通信。

3. USB 接口

将变频器和个人电脑用 USB 电缆连接后,通过使用 FR Configurator,便可简单地实行变频器的设定,包括变频器的参数设定和输入输出状态的设定等都可以通过 USB 通信实现。USB 通信设定如表 2-3-1 所示。

表 2-3-1　USB 通信设定

参数编号	名称	初始值	设定范围	内容
547	USB 通信站号	0	0~31	变频器站号指定
548	USB 通信检查时间间隔	9 999	0	可进行 USB 通信,设为 PU 运行模式会报警并停止
			0.1~999.8 s	设定通信检查时间的间隔,如果无通信状态持续超过允许时间,变频器会发生报警并停止
			9 999	不进行通信检测

变频器和个人 PC 的连接如图 2-3-8 所示。

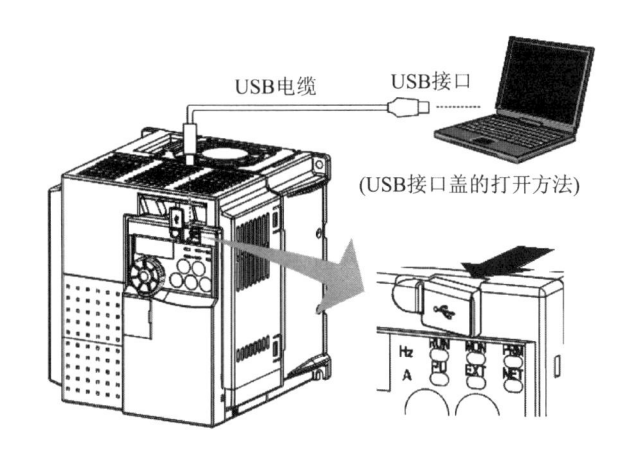

图 2-3-8 USB 通信接线

(二) 变频器的接线

变频的接线包括主电路、控制电路、保护电路和制动电路。

1. 主电路

主电路是动力回路,包括三相交流电源的输入和可调压调频电源的输出,如图 2-3-9 所示。

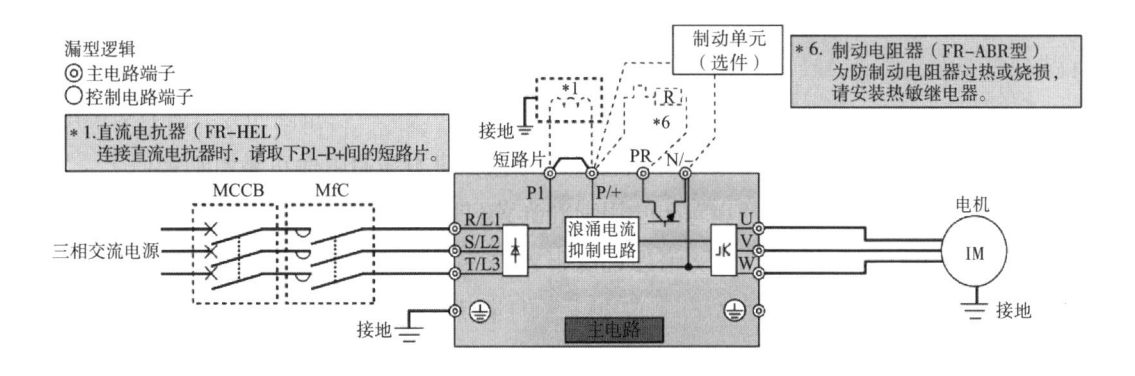

图 2-3-9 变频器主电路接线

2. 控制电路

控制电路是变频器的输入给定电路,变频器的频率给定有四种方式:控制面板给定,固定端子给定,模拟信号给定,通信给定。控制面板给定方式在工程机械中使用很少,大多数使用的是固定端子给定、模拟信号给定和通信给定方式。固定端子给定方式接线如图2-3-10所示。

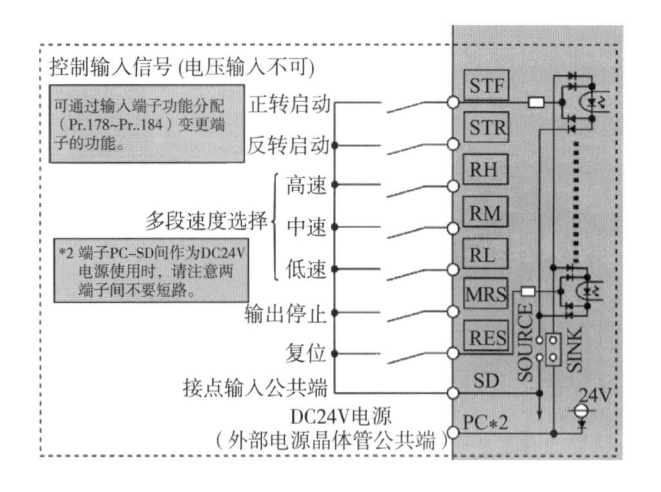

图 2-3-10　固定端子给定方式接线

模拟信号给定方式接线如图 2-3-11 所示。

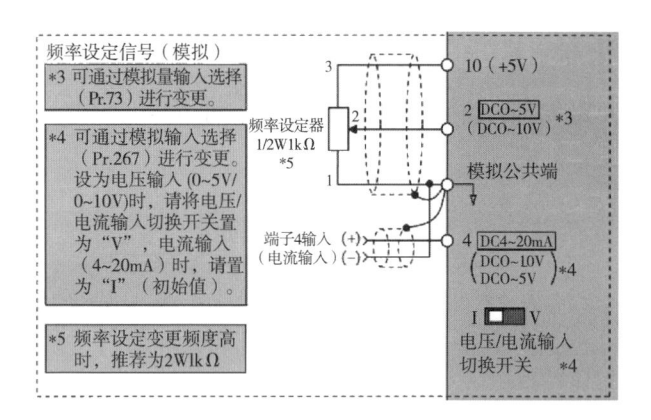

图 2-3-11　模拟信号给定方式接线

通信给定方式就是通过 USB 通信方式或 PU 口通信方式实现变频器和智能控制器如 PLC、单片机、工控机等，通过通信的方式将变频器参数直接传送至变频器内部寄存器，进行相应的参数设定和控制。

3. 保护电路

变频器的保护电路（见图 2-3-12）是在变频器运行过程中异常信号的输出，是变频器自检的一部分，输出信号可以被像 PLC 等智能控制器采集处理，实现对变频器的检测和保护。保护电路包括继电器输出、集电极开路输出和模拟电压输出。同时内部信号的检测和保护也可以通过 USB 和 PU 口通信的方式对外进行通信，传递参数数据。

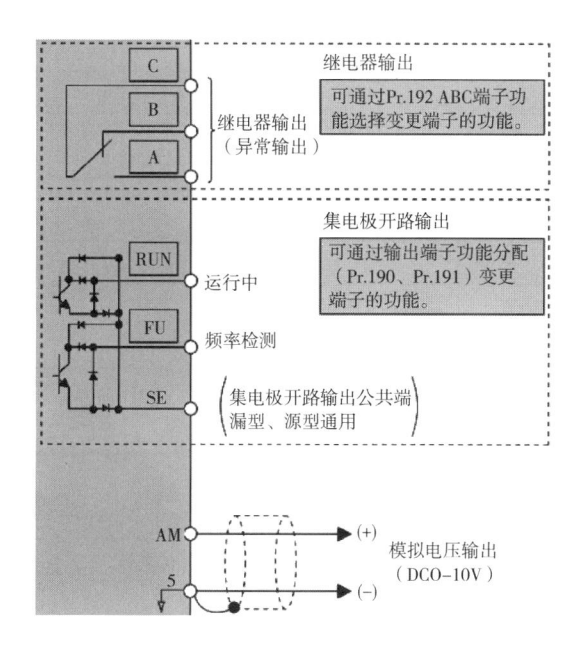

图 2-3-12　变频器输出端子接线

（三）变频器参数

变频的参数很多，设置方式有两种，通信参数设置和面板参数设置。通信参数设置方式在变频器系统调试过程应用，在工程机械维修和维护现场一般使用面板参数设置的方式，这种方式简单易行，不受环境和设备的限制即可进行。表 2-3-2 为常用参数及功能。

表 2-3-2　变频器常用参数及功能表

功能	参数	名称	设定范围
基本功能	0	转矩提升	0~30%
	1	上限频率	0~120 Hz
	2	下限频率	0~120 Hz
	3	基准频率	0~400 Hz
	4	多段速设定(高速)	0~400 Hz
	5	多段速设定(中速)	0~400 Hz
	6	多段速设定(低速)	0~400 Hz
	7	加速时间	0~3 600/360 s
	8	减速时间	0~3 600/360 s
	9	电子过电流保护	0~500 A
直流制动	10	直流制动动作频率	0~120 Hz
	11	直流制动动作时间	0~10 s
	12	直流制动动作电压	0~30%

续表

功能	参数	名称	设定范围
—	13	启动频率	0～60 Hz
—	14	适用负载选择	0～3
JOG 运行	15	点动频率	0～400 Hz
JOG 运行	16	点动加减速时间	0～3 600/360 s
—	17	MRS 输入选择	0、2、4
—	18	高速上限频率	120～400 Hz
—	19	基准频率电压	0～1 000 V、8 888、9 999
加减速时间	20	加减速基准频率	1～400 Hz
加减速时间	21	加减速时间单位	0、1
失速防止	22	失速防止动作水平	0～200%
失速防止	23	倍速时失速防止动作水平补偿系数	0～200%、9 999
多段速度设定	24	4 速	0～400 Hz、9 999
多段速度设定	25	5 速	0～400 Hz、9 999
多段速度设定	26	6 速	0～400 Hz、9 999
多段速度设定	27	7 速	0～400 Hz、9 999
—	29	加减速曲线选择	0、1、2
—	30	再生制动功能选择	0、1、2
频率跳变	31	频率跳变 1A	0～400 Hz、9 999
频率跳变	32	频率跳变 1B	0～400 Hz、9 999
频率跳变	33	频率跳变 2A	0～400 Hz、9 999
频率跳变	34	频率跳变 2B	0～400 Hz、9 999
频率跳变	35	频率跳变 3A	0～400 Hz、9 999
频率跳变	36	频率跳变 3B	0～400 Hz、9 999
—	37	转速显示	0、0.01～9 998
—	40	RUN 键旋转方向选择	0、1

五、变频器的干扰问题

变频器作为电力电子设备,主要包含有电子元器件、计算机芯片等,易受到外界的一些电气干扰,同时,变频器本身输入侧是一个非线性整流电路,使电源的波形畸变,出现高次谐波;变频器输出侧电压、电流非正弦波或非完全正弦波也含有丰富的谐波,对输出电路也有影响。这就是说变频器投入运行后会产生高次谐波,它对与其相接的电网和用电设备会产生干扰,即通常所说的电磁兼容 EMC(Electro - Magnetic Compatibility)。

(一)变频器干扰产生机理及危害

实际上不限于通用变频器,晶闸管供电的直流电动机、无换向器电动机等凡是在电源侧有整流回路的,都将产生因其非线性引起的高次谐波。

1. 输入端谐波产生机理

变频器的主电路一般由交-直-交组成,外部输入 380 V/50 Hz 的工频电源经三相桥式不可控整流电路变成直流电压,经电容滤波及大功率晶体管开关元件逆变为频率可变的交流电压。在整流回路中,输入电流的波形为不规则的矩形波,波形按傅立叶级数分解为基波和各次谐波,谐波次数通常为 $6n±1$ 次高次谐波,其中的高次谐波将干扰输入侧供电系统。如果电源侧电抗充分小、换流重叠角 u 可以忽略,那么 n 次高次谐波为基波电流的 $1/n$。

2. 输出端谐波产生机理

在逆变输出回路中,输出电流信号是受 PWM 载波信号调制的脉冲波形。对于 GTR 大功率逆变元件,其 PWM 的载波频率为 2~3 kHz,而 IGBT 大功率逆变元件的 PWM 最高载频可达 15 kHz。同样,输出回路电流信号也可分解为只含基波和其他各次谐波。

3. 高次谐波危害

与一般无线电电磁干扰一样,变频器产生的高次谐波通过传导、电磁辐射和感应耦合三种方式对电源及邻近用电设备产生谐波污染。传导是指高次谐波按着各自的阻抗分流到电源系统和并联的负载,对并联的电气设备产生干扰;感应耦合是指在传导的过程中,与变频器输出线平行敷设的导线又会产生电磁耦合形成感应干扰;电磁辐射是指变频器输出端的高次谐波还会产生辐射作用,对邻近的无线电及电子设备产生干扰。其干扰途径如图 2-3-13 所示。

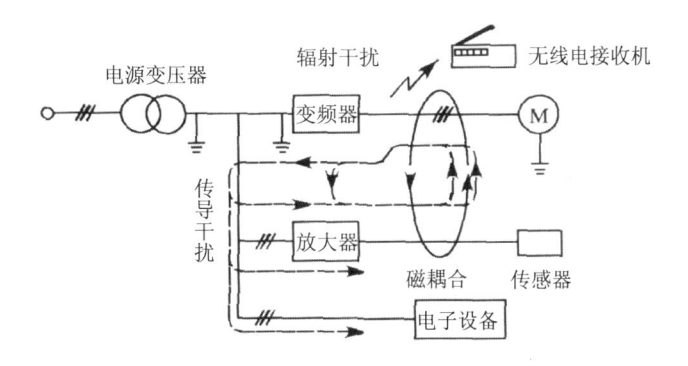

图 2-3-13 变频器输出侧高次谐波干扰途径

变频器产生的高次谐波的危害主要有以下几个方面:(1) 将增加变压器铜损和铁损,结果使变压器温度上升,影响绝缘能力,造成容量裕度减小;谐波还能产生共振及噪声。(2) 使电动机铜损和铁损增加,温度上升;同时谐波电流会改变电磁转矩,产生振动力矩,使电动机发生周期性转速变动,影响输出效率,并发出噪声。(3) 高次谐波产生时由于频率增大,电容器阻抗瞬间减小,涌入大量电流,因而导致过热、甚至损坏电容器。(4) 由于谐波电流使开关设备在启动瞬间产生很高的电流变化率，使暂态恢复峰值电压增大，破坏绝缘，还会引起开关跳脱、引起误动作。（5）计量仪表因为谐波会造成感应盘产生额外转矩，引起误差，降低精度，甚至烧毁线圈。（6）电力电子设备通常靠精确电源零交叉原理或电压波形的形态来控制和操作，若电压有谐波成分时，零交叉移动、波形改变，以致造成许多误动作。（7）此外，高次谐波还会对电脑、通信设备、电视及音响设备、载波遥控设备等产生干扰，使通信中断，产生杂讯，甚至发生误动作，另外还会对照明设备产生影响。

（二）船闸实际应用中抗干扰措施的应用

防止变频器高次谐波干扰对策接线图如图 2-3-14 所示。

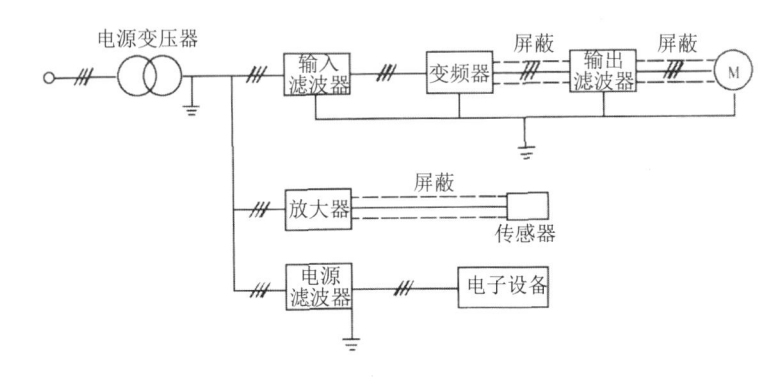

图 2-3-14　防止变频器高次谐波干扰对策接线图

1. 隔离措施。隔离技术是与电磁兼容性相关的重要技术之一。所谓干扰的隔离，是指从电路上把干扰源和易受干扰的部分隔离开来，使它们不发生电的联系。电磁兼容的隔离技术分为磁电、光电、机电和声电等几种隔离方式。

（1）在变频调速传动系统中，通常是在电源和放大器电路之间电源线上采用隔离变压器以消除传导干扰。

（2）使所有的信号线很好地绝缘，使其不可能漏电，这样，防止由于接触引入的干扰。

（3）将不同种类的信号线隔离铺设（在同一电缆槽中，或在电缆桥架中用隔板隔开），可根据信号不同类型将其按抗噪声干扰的能力分成几等。模拟量信号、低电平开关信号用的数据通信线路建议用屏蔽双绞线连接，模拟量信号、低电平开关信号、数据通信线路尽量单独走线，不可和动力线、大负载信号线在一起平行走线。高电平的开关量的输入输出以及其他继电器输入输出信号建议用双绞线连接。

（4）在 PLC 控制系统中对开关量信号可以采用光电耦合器件进行隔离输入，必要时信号也可以选用光缆进行传输。

（5）机电隔离一般采用有触点电磁继电器来实现，从而阻止了电路耦合产生的电磁干扰的传输，但是继电器的线圈工作频率较低，不适用于工作频率较高的场合；另外为解决在触点通断时的火花干扰还需加装 RC 熄火花电路。

2. 屏蔽技术。屏蔽是提高电子系统和电子设备电磁兼容性的重要措施之一,它能有效地抑制通过空间传播的各种干扰,既可阻止或减少电子设备内部的辐射电磁能对外的传输,又可阻止或减少外部辐射电磁能对电子设备的影响。

屏蔽按机理可以分为电场屏蔽、磁场屏蔽和电磁场屏蔽,对于变频器应用而言最常见的是电场屏蔽,即用金属导体把被屏蔽的元件、组合件和信号线包围起来。这种方法对电容性耦合噪声抑制效果很好。

(1) 用双绞线代替两根平行导线是抑制磁场干扰的有效办法。

(2) 屏蔽干扰源是抑制干扰的最有效方法。通常变频器本身用铁壳屏蔽,不让其电磁干扰泄漏;输出线最好采用专用的屏蔽电缆或用钢管屏蔽,特别是以外部信号控制变频器时,要求信号线尽可能短(一般为 20 m 以内),且信号线采用对绞屏蔽,并与主电路的输入和输出线及控制线完全分离,决不能放于同一配管或线槽内,周围电子仪表、变送器等敏感装置的线路也要求屏蔽。为使屏蔽有效,屏蔽罩必须可靠接地。

3. 滤波技术。滤波器既可抑制从电子设备引出的传导干扰,又能抑制从电网引入的传导干扰。干扰滤波器安装在电源线与电子设备之间。它可使工频电源通过,而阻止高频噪声通过,对提高设备的可靠性有重要作用。

(1) 当系统的抗干扰能力要求较高时,为减少变频器高次谐波对电源的污染,可在电源输入端并联电源滤波器。

(2) 为抑制变频器输入侧的谐波电流,改善功率因素,可在变频器输入端串联交流电抗器。

(3) 为改善变频器输出电流,减少电动机噪声,可在变频器输出端串联交流电抗器。

(4) 为减少电磁噪声和损耗,在变频器输出侧可设置输出滤波器;为减少对电源干扰,可在变频器输入侧设置输入滤波器;应把滤波器外壳与变频器外壳牢固可靠地固定在一起,否则会增大接触电阻,降低滤波性能;尽量避免滤波器的输入导线与输出导线存在耦合,以免降低滤波器对干扰信号的抑制能力,最有效的解决办法是将滤波器安装在变频器机壳的进线处。(一般变频器都有与之相配套的输入、输出滤波器,部分型号变频器内置滤波器。)

4. 接地措施。接地是抑制电磁干扰、提高电子设备电磁兼容性的重要手段之一。正确的接地既可以使系统有效地抑制外来干扰,又能降低设备本身对外界的干扰。

为了使变频控制系统以及与之相连的仪表均能可靠运行并保证测量和控制精度,必须为变频器设立可靠工作接地。它分为电源地、信号地、模拟地(屏蔽地)。在石化和其他防爆系统中还有本安地。按其接地点方式又分为单点地、多点地、混合地和浮地。

(1) 变频器系统接地

变频器系统的正确接地是提高变频器抑制噪声能力和减小变频器干扰的重要手段,因此在实际应用中一定要非常重视。从抑制干扰的角度来看,将电力系统地和变频器系统的所有地分开是很有好处的,因为一般电力系统的地线是不太干净的。但从工程角度来看,在有些场合下单设变频器系统地并保证其与供电系统地隔开一定距离是很困难的,这时可以考虑能否将变频控制系统地和供电地共用,还要考虑几个因素:

① 系统地上是否干扰较小,有无大功率、大电流设备启停频繁;

② 供电系统地的接地电阻是否很小,而且整个接地网各个部分的电位差是否很小;

③ 变频控制系统的抗干扰能力以及所用到的传输信号的抗干扰能力是否够大,如有无小信号(水位传感器,电流电压变送器,温度、压力传感器等)的直接传输等。

假如上述均成立则共地成立,否则不能共地。具体做法是各种变频器系统地在机柜内部自己分别接地,汇于变频器机柜内的汇流排,然后用较粗的导体(铜)将各汇地点连起来,接到一个公共的接地体上,禁止将变频器系统地接到避雷地上。另外,变频器的各种接地在没汇到接地汇流排前,彼此之间应保证绝缘,避免接地干扰。

(2) 屏蔽接地

在通信速率低于 1 MHz 时,选用一点接地效果较好,对于采用 Profibus, Modbus 总线控制的高速率(>30 MHz),通信控制电缆的屏蔽层应该选用多点接地,即在该电路系统中,用一块接地平板代替电路中每部分各自的接地回路。因为接地引线的感抗与频率和长度成正比,工作频率高时将增加共地阻抗,从而影响屏蔽接地效果,所以要求地线的长度尽量短。采用多点接地时,尽量找最接近的低阻值接地面接地,并最好也应该两端接地,并且在通信线路较长时采取在网络的终端加终端匹配电阻等抗干扰措施。对于电缆的多点接地,一个附加的好处是可以减少屏蔽层的静电耦合。

对于抗干扰要求非常高的场合,可采用双重静电屏蔽的电缆,此时,外屏蔽层接至屏蔽地线,内屏蔽层接至系统地线。对于共模干扰严重的场合,可通过添加共模电感来消除共模干扰,对于多点地电位浮动的场合,可采用 DC/DC 隔离模块来实现电气隔离,杜绝干扰。

(3) 信号接地

在采用外部传感器的闭环控制系统中,距离较远时,一定要保证外部设备和变频器可靠独立接地,或者选用传感器外壳不与控制屏蔽层连接的传感器,在变频器侧实施一点接地;距离较近时,可采用公共接地母排接地,保证传感器与控制设备接地点之间电位差近似为零,从而消除地环流形成的干扰。但在有些场合,现场端必须接地,这时,必须注意原信号的输入端子绝对不能和变频控制系统的接地线有任何电气连接,而变频控制系统在处理这类信号时,必须在前端采用有效的隔离措施。

第二节　可编程控制器

一、可编程序控制器(PLC)概述

(一) 什么是 PLC

PLC 的全称是：可编程序逻辑控制器(Programmable Logical Controller)；PLC 取自其英文名称的三个单词的字头。

PLC 是电子计算机技术发展的产物。从本质上讲，PLC 就是一种为工业自动控制应用而专门设计的电子计算机系统。它可以用其内部的软件逻辑来取代传统的复杂而笨重的机械式继电器系统；并且因为 PLC 的本质是电子计算机，所以它还可以提供许多传统继电器系统所不能或很难实现的功能，如：高速的数学运算、数据传送、网络通信、信息显示，等等。

由于 PLC 是一种专门用于工业控制的计算机，常常用于环境恶劣的工业现场，所以它在某些方面有所加强，如：可靠性、体积、输入输出能力等；而另外一些不是必须的部件被省略掉了，如：键盘、显示器等；因此，PLC 在外观上看起来与一般的计算机不太一样。

(二) 常用的 PLC 产品

我国市场上流行有如下几类 PLC 产品：

1. Quantum、Premium、Momentum 等产品；
2. SLC、Micro Logix、Control Logix 等产品；
3. SIMATIC S7-400/300/200 系列产品；
4. GE-Micro、GE-9030、GE-9070 等产品。

二、PLC 的特点及性能指标

(一) PLC 的特点

1. 可靠性高，抗干扰能力强

高可靠性是电气控制设备的关键指标之一。由于 PLC 采用现代大规模集成电路技术，严格的生产制造工艺，而且内部电路采取了先进的抗干扰技术，因此 PLC 具有很高的可靠性。从 PLC 的机外电路来说，使用 PLC 构成控制系统，和同等规模的继电接触器系统相比，电气接线及开关接点已减少到数百甚至数千分之一，故障也就大大减少了。此外，PLC 带有硬件故障自我检测功能，出现故障时可及时发出警报信息。在应用软件中，

应用者还可以编入外围器件的故障自诊断程序,使系统中除 PLC 以外的电路及设备也获得故障自诊断保护。

2. 配套齐全,功能完善,适用性强

PLC 发展到今天,已经形成了大、中、小各种规模的系列化产品。可以用于各种规模的工业控制场合。除了逻辑处理功能以外,现代 PLC 大多具有完善的数据运算能力,可用于各种数字控制领域。近年来 PLC 的功能单元大量涌现,使 PLC 渗透到了位置控制、温度控制、计算机数字控制等各种工业控制中。加上 PLC 通信能力的增强及人机界面技术的发展,使应用 PLC 组成各种控制系统变得非常容易。

3. 易学易用,深受工程技术人员欢迎

PLC 作为通用工业控制计算机,是面向工矿企业的工控设备。它的编程语言易于被工程技术人员接受,梯形图语言的图形符号与表达方式和继电器电路图相当接近,只用 PLC 的少量开关量逻辑控制指令就可以方便地实现继电器电路的功能。为不熟悉电子电路、不懂计算机原理和汇编语言的人使用计算机从事工业控制打开了方便之门。

4. 系统的设计、建造工作量小,维护方便,容易改造

PLC 用存储逻辑代替接线逻辑,大大减少了控制设备外部的接线,使控制系统设计及建造的周期大为缩短,同时维护也变得容易起来。更重要的是使同一设备经过改变程序来改变生产过程成为可能。这很适合多品种、小批量的生产场合。

5. 体积小,重量轻,能耗低

PLC 体积小,重量轻,便于安装。PLC 的结构紧凑,它与被控制对象的硬件连接方式简单、接线少,便于维护。以超小型 PLC 为例,新近生产的品种底部尺寸小于 100 mm,重量小于 150 g。由于体积小很容易装入机器内部,是实现机电一体化的理想控制设备。

(二) PLC 的主要功能

随着微电子技术的快速发展,PLC 的制造成本不断下降,而其功能却大大增强。目前在先进工业国家中 PLC 已成为工业控制的标准设备,应用面几乎覆盖了所有工业企业,诸如钢铁、冶金、采矿、水泥、石油、化工、轻工、电力、机械制造、汽车、装卸、造纸、纺织、环保、交通、建筑、食品、娱乐等各行各业。特别是在轻工行业中,因生产门类多、加工方式多变,产品更新换代快,所以 PLC 广泛应用在组合机床自动线、专用机床、塑料机械、包装机械、灌装机械、电镀自动线、电梯等电气设备中。PLC 在现代工业自动化三大支柱(PLC、ROBOT、CAD/CAM)中处于主导地位。它的应用可大致归纳为如下几类。

1. 开关量的逻辑控制

这是 PLC 最基本、最广泛的应用领域,它取代传统的继电器电路,实现逻辑控制、顺

序控制,既可用于单台设备的控制,也可用于多机群控及自动化流水线。如注塑机、印刷机、订书机械、组合机床、磨床、包装生产线、电镀流水线等。

2. 模拟量控制

在工业生产过程当中,有许多连续变化的量,如温度、压力、流量、液位和速度等都是模拟量。为了使可编程序控制器处理模拟量,必须实现模拟量(Analog)和数字量(Digital)之间的 A/D 转换及 D/A 转换。PLC 厂家都生产配套的 A/D 和 D/A 转换模块,使可编程序控制器用于模拟量控制。

3. 运动控制

PLC 可以用于圆周运动或直线运动的控制。从控制机构配置来说,早期直接用开关量 I/O 模块连接位置传感器和执行机构,现在一般使用专用的运动控制模块,如可驱动步进电机或伺服电机的单轴或多轴位置控制模块。

4. 过程控制

过程控制是指对温度、压力、流量等模拟量的闭环控制。作为工业控制计算机,PLC能编制各种各样的控制算法程序,完成闭环控制。PID 调节是一般闭环控制系统中使用较多的调节方法。大中型 PLC 都有 PID 模块,目前许多小型 PLC 也具有此功能模块。其中,PID 处理一般是运行专用的 PID 子程序。过程控制在冶金、化工、热处理、锅炉控制等场合有非常广泛的应用。

5. 数据处理

现代 PLC 具有数学运算(含矩阵运算、函数运算、逻辑运算)、数据传送、数据转换、排序、查表、位操作等功能,可以完成数据的采集、分析及处理。这些数据可以与存储在存储器中的参考值进行比较,完成一定的控制操作,也可以利用通信功能传送到别的智能装置,或将它们打印制表。数据处理一般用于大型控制系统,如无人控制的柔性制造系统;也可用于过程控制系统,如造纸、冶金、食品工业中的一些大型控制系统。

6. 通信及联网

PLC 通信含 PLC 间的通信及 PLC 与其他智能设备间的通信。随着计算机控制的发展,工厂自动化网络发展得很快,各 PLC 厂商都十分重视 PLC 的通信功能,纷纷推出各自的网络系统。新近生产的 PLC 都具有通信接口,通信非常方便。

(三) PLC 的主要性能指标

PLC 的性能指标较多,现介绍常用的几种。

(1) 存储容量

存储容量指的是用户程序存储器的容量,它决定了用户程序的长短,通常以字为单位,用 K 表示。中小型 PLC 的存储容量一般在 8 K 以下,大型的在 256 K~2 M。

(2) 输入/输出(I/O)点数

I/O点数是PLC控制面板上连接输入输出信号用的端子的个数,称为"点数"。I/O点数越多,可接入的输入和输出器件就越多,控制规模就越大。因此,I/O点数是衡量PLC性能的重要指标之一。

(3) 扫描速度

扫描速度是指PLC执行程序的速度,是衡量PLC性能的重要指标。一般以执行1 K所用的时间来衡量扫描速度。扫描速度比较慢的是 2.2 ms/K 逻辑运算程序,60 ms/K 数字运算程序;较快的是 1 ms/K 逻辑运算程序,10 ms/K 数字运算程序。

(4) 编程指令的种类和数量

这是衡量PLC能力强弱的主要指标,编程指令种类及条数越多,其功能就越强,即处理能力、控制能力就越强。

(5) 编程语言及编程手段

编程语言一般分为梯形图、助记符语句表、控制系统流程图等几类,编程语言类型有所不同,语句也各异。编程手段主要是指用何种编程装置,编程装置分为手持编程器和带有相应编程软件的计算机两种。

(6) 高级模块

高级模块也叫智能模块,PLC除了主模块外还可以配接各种高级模块。主模块实现基本控制功能,高级模块则可实现特殊功能。高级模块的种类及其功能的强弱常用来衡量该PLC产品的水平如何。目前各厂家开发的高级模块种类很多,主要有以下这些:A/D、D/A、高速计数、高速脉冲输出、PID控制、模糊控制、位置控制、网络通信以及物理量转换模块等。这些高级模块使PLC不但能进行开关量顺序控制,而且能进行模拟量控制,以及精确的速度和定位控制。特别是网络通信模块的迅速发展,使得PLC可以充分使用计算机和互联网的资源实现远程监控。近年来出现的网络机床、虚拟制造等就是建立在网络通信技术基础上的。

另外,PLC的可扩展性、可靠性、易操作性及经济性等性能指标也受用户的关注。

三、PLC的分类

1. 按I/O点数分类

PLC在20世纪90年代,按I/O点数已经形成微、小、中、大、巨型等多种类别,这种分类界限不是固定不变的,它将会随PLC技术的发展而变更,分类如下:

(1) 微型PLC:32 I/O;(即拥有32个开关量输入、输出接口,以下同。)

(2) 小型PLC:256 I/O;

(3) 中型PLC:1 024 I/O;

(4) 大型 PLC：4 096 I/O；

(5) 巨型 PLC：8 195 I/O。

2. 按结构形式分类

接结构形式可分为整体式和模块式两类。

(1) 整体式 PLC

整体式 PLC 又称为单元式或箱体式。整体式 PLC 是将电源、CPU、I/O 部件都集中在一个机箱内，其结构紧凑、体积小、价格低。一般小型 PLC 采用这种结构。整体式 PLC 由不同 I/O 点数的基本单元和扩展单元组成。基本单元内有 CPU、I/O 和电源，扩展单元内只有 I/O 和电源，基本单元和扩展单元之间一般用扁平电缆连接。整体式 PLC 一般配备有特殊功能单元，如模拟量单元、位置控制单元等，使 PLC 功能得以扩展。

(2) 模块式 PLC

模块式 PLC 是将 PLC 各部分分成若干单独的模块，如 CPU 模块、I/O 模块、电源模块(有的包含在 CPU 模块中)和各种功能模块。模块式 PLC 由框架和各种模块组成。模块插在插座上。有的 PLC 没有框架，各种模块安装在底板上。模块式结构 PLC 配置灵活，装配方便，便于扩展和维修。一般大、中型 PLC 宜采用模块式结构，有的小型 PLC 也采用这种结构。

有时 PLC 根据需要将整体式和模块式结合起来，称为叠装式 PLC。它除基本单元和扩展单元外，还有扩展模块和特殊功能模块，配置比较合理。以西门子 PLC 为例，图 2-3-15 和图 2-3-16 分别表示整体式和模块式 PLC。

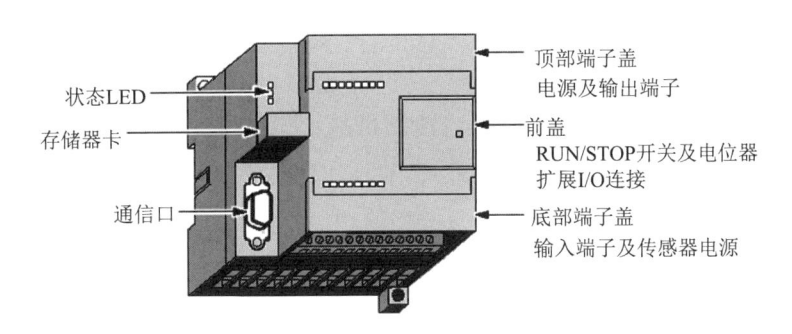

图 2-3-15　S7-200 整体式 PLC

3. 按功能分类

PLC 按功能不同可分为低档、中档、高档机三类。

低档机具有逻辑运算、定时、计数、移位以及自诊断、监控等基本功能，还可增设少量模拟量输入/输出、算术运算、远程 I/O、通信等功能。

中档机除具有低档机的功能外，还具有较强的模拟量输入/输出、算术运算、数据传

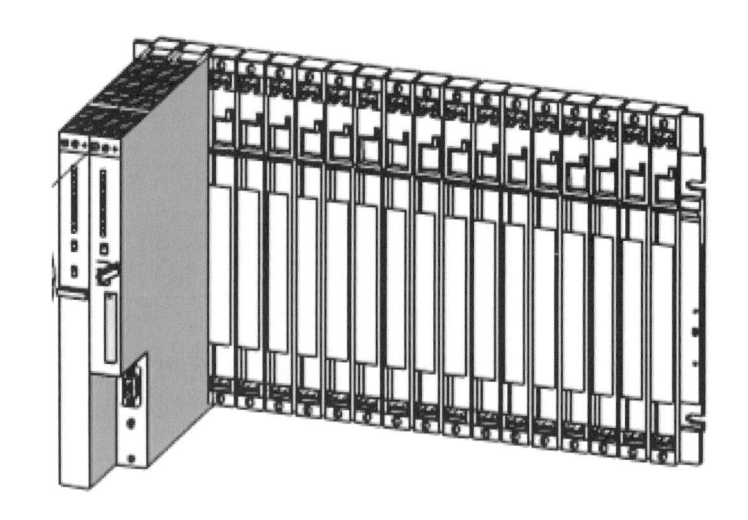

图 2-3-16　S7-400 模块式 PLC

送和比较、远程 I/O、通信等功能。

高档机除具有中档机的功能外,还有符号算术运算、位逻辑运算、矩阵运算、平方根运算及其他特殊功能函数运算、表格等功能,高档机具有更强的通信联网功能,可用于大规模过程控制系统。

四、PLC 的基本结构

PLC 是专为工业生产过程控制而设计的控制器,实质上就是一种工业控制专用计算机。因此,一个完整的 PLC 也包括硬件和软件两大部分,这一节主要阐述硬件部分,下一节阐述软件部分。

PLC 的基本结构如图 2-3-17 所示,由图可见 PLC 的硬件包括主机部分、I/O 扩展部分和外部设备部分。主机部分即 PLC 本体,是以中央处理器(CPU)为核心的一台专用计算机,包括中央处理器、存储器、输入/输出接口、电源等。

下面具体介绍 PLC 基本结构的各组成部分及其作用。

(一)中央处理器

中央处理器又称微处理器,包括运算器和控制器两部分,是整个 PLC 系统的核心,完成以下主要功能。

1. 接收从编程器、上位机或其他外围设备输入的用户程序、数据等信息。

2. 用扫描方式接收输入设备的状态或数据,并存入指定存储单元或数据寄存器中。

3. 诊断电源、PLC 内部电路故障和编程过程中存在的语法错误。

4. 在 PLC 进入运行状态后,从存储器中逐条读取用户程序,经指令解释后执行,最终完成用户程序中规定的逻辑运算或算术运算等任务。

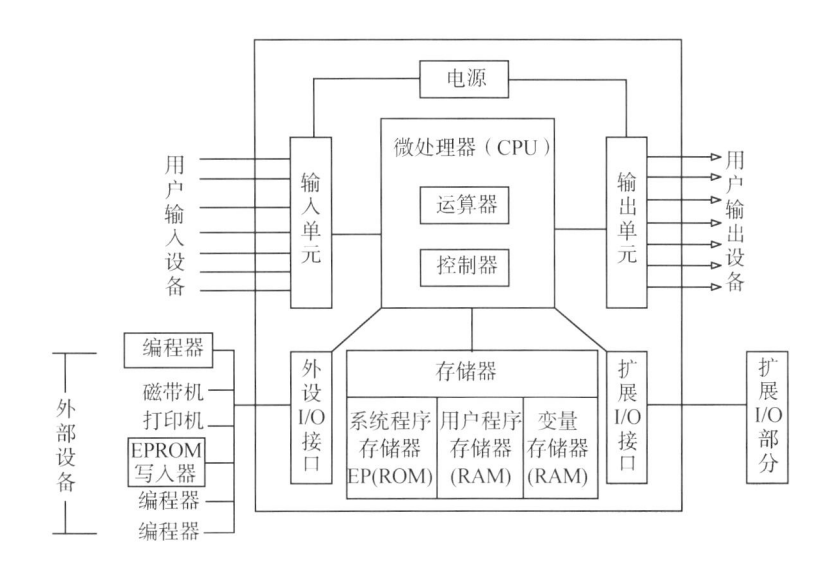

图 2-3-17　PLC 的硬件组成框图

（二）存储器

PLC 内部配有系统存储器和用户存储器两部分,系统存储器用来存放由 PLC 生产厂家编写的系统程序,并固化在只读存储器(ROM)中,用户不能更改。它使 PLC 具有基本的智能,完成 PLC 规定的各项任务。用户存储器包括用户程序存储器(程序区)和功能存储器(数据区)两部分。用户程序存储器用来存放用户针对控制任务编写的程序,其内容可以由用户任意修改。用户功能存储器用来存放用户程序中使用的"软元件"的状态、数值数据等。用户存储器容量的大小是反映 PLC 性能的重要指标之一。

（三）输入/输出模块

输入/输出模块即 I/O 模块,是 PLC 与现场 I/O 设备或其他外部设备之间的连接部件。PLC 通过输入模块把工业设备或生产过程的状态或信息读入主机,通过用户程序的运算与操作,把结果通过输出模块输出给执行机构。输入模块用于调理输入信号,对输入信号进行滤波、隔离、电平转换等,把输入信号的逻辑值安全可靠地传递到 PLC 内部。输出模块用于把用户程序的逻辑运算结果输出到 PLC 外部,输出模块具有隔离 PLC 内部电路和外部执行元件的作用,还具有功率放大的作用。PLC 种类很多,每种 PLC 可使用多种型号的输入/输出模块,但各种输入/输出模块的基本原理是相似的。在此,我们仅介绍几种常用的输入/输出模块,说明其工作原理。

常用的开关量输入模块有直流输入模块和交流输入模块。直流开关量输入模块原理如图 2-3-18 所示,由 PLC 内部结构可知,直流输入模块的外接直流电源极性任意。交流输入模块内部原理图与直流输入的不同,但用法上是相似的。

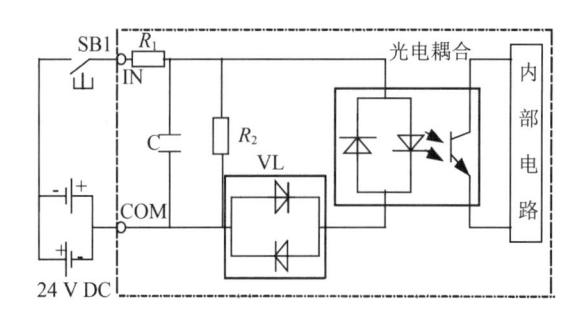

图 2-3-18 直流开关量输入模块原理图

常用的开关量输出模块可分为晶体管输出模块、晶闸管输出模块和继电器输出模块。图 2-3-19 为直流开关量输出模块原理图,图中虚线框中的电路是 PLC 的内部电路,框外是 PLC 输出点的驱动负载电路。三种输出电路的主要区别是采用的输出器件不同,晶体管输出电路中控制器件为晶体管,晶闸管输出电路中控制器件为晶闸管,而继电器输出电路中控制器件为继电器。

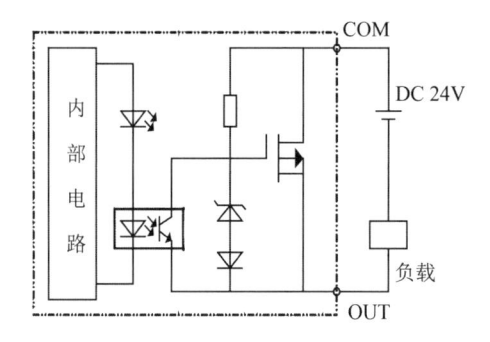

图 2-3-19 直流开关量输出模块原理图

PLC 的输入输出电路有共点式、分组式、隔离式几种。回路只有一个公共点(即图中的 COM)的输入模块,称为共点式;各回路分成若干组,每组共用一个公共点,称为分组式;各个回路相互独立的模块,称为隔离式。有的模块不需要外接电源,称为无源式,无源式模块的电源采用的是 PLC 内部电源。

(四)电源

PLC 内部配有开关式稳压电源,电源的交流输入端一般接有尖峰脉冲吸收电路,以提高抗干扰能力。此电源一方面可为 CPU 板、I/O 板及扩展单元提供工作电源,另一方面可为外部输入元件提供 24 V 直流电源。

(五)扩展接口

扩展接口用于将扩展单元与基本单元相连,使 PLC 的配置更加灵活。

（六）通信模块

PLC 配置多种通信接口，通过这些接口可以实现与监视器、打印机以及其他 PLC 或计算机的连接。上位机通信模块用于构成计算机与 PLC 之间的网络，一台计算机可与多台 PLC 构成网络，组成分布式控制系统。PLC 通信模块用于在多台 PLC 间构成 PLC 网络。

（七）其他智能模块

除开关量输入/输出外，PLC 的其他输入/输出功能由功能模块来实现。一个功能模块占用多个输入/输出通道，因此在组合式 PLC 中对功能模块的使用数量存在限制，而对开关量输入/输出模块的数量不加限制。一般地，除编程器以外的外部设备需经功能模块才能与主机总线连接。因此，对应于各种外设以及 PLC 要完成的特殊输入/输出功能，有各种功能模块。较常用的功能模块如下。

模拟量输入模块（即 A/D 模块）：该模块用于将模拟量转换为数字量，将数字量输入到 PLC 内部。

模拟量输出模块（即 D/A 模块）：该模块用于将 PLC 内部的数字量转换为模拟量，将模拟量输出到 PLC 外部。

高速计数模块：该模块用于处理高频开关量信号，可接旋转编码器等，广泛应用于速度控制系统。

五、PLC 的软件及编程语言

PLC 的软件含系统软件和用户程序。系统软件由 PLC 制造商固化在 PLC 内，用于控制 PLC 本身的运作；用户程序由 PLC 的使用者编制并输入，用于控制外部对象的运行。

（一）系统软件

系统软件包含系统的管理程序，用户指令的解释程序，和一些供系统调用的专用标准程序块等。整个系统软件是一个整体，其质量的好坏在很大程度上影响 PLC 的性能。很多情况下，通过改进系统软件就可以在不增加任何设备的情况下大大改善 PLC 的性能，例如西门子公司不断地将其系统软件进行改进完善，使其功能越来越强。

1. 系统管理程序　系统管理程序是系统软件中的最重要部分，控制 PLC 的运作，使整个 PLC 按部就班地工作。其作用包括运行管理、存储空间管理和系统自检三方面。

2. 用户指令解释程序　用户指令解释程序将 PLC 的编程语言变为机器语言指令，再由 CPU 执行这些指令。因为任何计算机最终都是执行机器语言指令的，但用机器语言编程却是非常复杂的事情，PLC 有自己直观易懂的编程语言，例如梯形图语言。解释程序将 PLC 的编程语言逐条解释，翻译成相应的机器语言指令，再由 CPU 执行这些指令。

3. 标准程序模块　标准程序模块由许多独立的程序块组成,各程序块具有不同的功能,如完成输入、输出及特殊运算等的子程序,这部分程序的多少决定了可编程序控制器功能的强弱。

(二) 用户程序

用户程序也叫应用程序,是用户为达到某种控制目的,采用 PLC 厂家提供的编程语言自主编制的程序。

参与 PLC 应用程序编制的是 PLC 中代表编程器件的存储单元,俗称"软继电器",或称编程"软元件"。PLC 中设有大量的编程"软元件",依据编程功能分为输入继电器、输出继电器、定时器、计数器等。由于"软继电器"实质为存储单元,取用它们的常开及常闭触点实质上为读取存储单元的状态。

同一台 PLC 用于不同控制目的时,需要编制不同的应用软件。用户软件存入 PLC 后如需改变控制目的可多次改写。用户程序的编制需使用 PLC 生产厂家提供的编程语言。至今为止还没有一种能适合于各种可编程序控制器的通用编程语言。但由于各国可编程序控制器的发展过程有类似之处,可编程序控制器的编程语言及编程工具都大体差不多。常见的编程语言有如下几种。

1. 梯形图编程(LAD)

梯形图在形式上类似于继电器控制电路图,简单、直观、易读、好懂,是 PLC 中普遍采用、应用最多的一种编程方式。梯形图中沿用了继电器线路的一些图形符号,这些图形符号被称为编程元件,每一个编程元件对应有一个编号。不同厂家的 PLC,其编程元件的多少及编号方法不尽相同,但基本的元件及功能相差不大。PLC 的许多图形符号与继电器控制系统电路图有对应关系,如表 2-3-3 所示。

表 2-3-3　符号对照表

符号名称	继电器电路图符号	梯形图符号
常开触点	─╲─	─┤├─
常闭触点	─╲─	─┤╱├─
线圈	─□─	─( )─

这两种图相似的原因非常简单,一是梯形图是为熟悉继电器线路图的工程技术人员设计的,所以使用了类似的符号;二是两种图所表达的逻辑含义是一样的。因而,将可编程序控制器中参与逻辑组合的元件看成和继电器一样的器件,具有常开、常闭触点及线圈;且线圈的得电及失电将导致触点的相应动作。再用母线代替电源线;用能量流概念

来代替继电器线路中的电流概念,使用绘制继电器线路图类似的思路绘出梯形图。引入"能流"的概念,仅仅是为了和继电接触器控制系统相比较,来对梯形图有一个深入的认识,其实"能流"在梯形图中是不存在的。例如某一继电器控制电路如图 2-3-20 所示。如果用 PLC 完成其控制动作,则梯形图程序如图 2-3-21 所示。

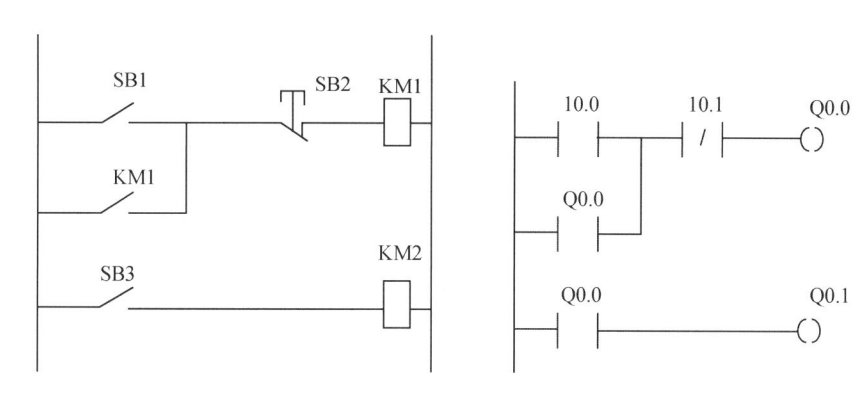

图 2-3-20 继电器控制电路　　**图 2-3-21 梯形图**

梯形图有如下特点。

(1) 梯形图按自上而下、从左到右的顺序编写。每一个继电器线圈为一个逻辑行,称为一个梯形。每一个逻辑行起始于左母线,然后是触点的各种连接,最后是线圈与右母线相连,整个图形呈阶梯形。有的 PLC 梯形图没有右母线。

(2) 梯形图中的继电器不是继电器控制线路中的物理继电器,它实质上是机内存储器中的存储单元,因此称为"软继电器"。它的存储单元置1,表示该继电器线圈通电,其动合触点闭合、动断触点打开。

梯形图中继电器的线圈是广义的,除输出继电器、内部继电器线圈外还包括定时器、计数器、移位寄存器以及各种比较运算的结果。

(3) 梯形图中,一般情况下(除有跳转指令和步进指令的程序段外),某个编号的继电器线圈只能出现一次,而继电器触点则可无限引用,既可是动合触点又可是动断触点。

(4) 梯形图是 PLC 形象化的编程方式,其左右两侧母线并不接任何电源,因而图中各支路也没有真实的电流流过。但为了方便,常用"有电流"或"得电"等来形象地描述用户程序满足输出线圈的动作条件。

(5) 输入继电器用于接收 PLC 的外部输入信号,而不能由内部其他继电器的触点驱动。因此,梯形图中只出现输入继电器的触点而不出现输入继电器的线圈。输入继电器的触点表示相应的外部输入信号的状态。

(6) 输出继电器供 PLC 作输出控制,但它只是输出状态寄存表的相应位,不能直接驱动现场执行部件,而是通过开关量输出模块相应的功率开关去驱动现场执行部件。当梯形图中的输出继电器得电接通时,相应模块上的功率开关闭合。

（7）PLC的内部继电器不能作输出控制用，它们能存放逻辑运算的中间状态，其触点可供PLC内部使用。

（8）PLC在解算用户逻辑时就是按照梯形图从上到下、从左到右的先后顺序逐行进行处理，即按扫描方式顺序执行程序，因此不存在几条并列支路的同时动作，这在设计梯形图时可以减少许多有约束关系的联锁电路，从而使电路设计大大简化。

2. 指令表编程（STL）

指令表也叫作语句表，是程序的另一种表示方法。它和计算机汇编语言有点类似，由语句指令依一定的顺序排列而成。一条指令一般可分为两部分，一为助记符，二为操作数。也有只有助记符没有操作数的指令，称为无操作数指令。指令表程序和梯形图程序有严格的对应关系。对指令表编程不熟悉的人可先画出梯形图，再转换为语句表。应说明的是程序编制完毕输入机内运行时，对简易的编程设备，不具有直接读取图形的功能，梯形图程序只有改写成指令表才能送入可编程控制器运行。图2-3-21梯形图对应的语句表如下。

LD I0.0
O   Q0.0
AN I0.1
=   Q0.0
LD Q0.0
=   Q0.1

3. 顺序功能流程图编程（FBD）

顺序功能流程图常用来编制顺序控制类程序。它包含步、动作、转换三个要素。顺序功能编程法可将一个复杂的控制过程分解成一些小的工作状态，对这些小的工作状态的功能分别处理后再依一定的顺序控制要求连接组合成整体的控制程序。顺序功能流程图体现了一种编程思想，在程序的编制中有很重要的意义。图2-3-22是顺序功能流程图的示意图。

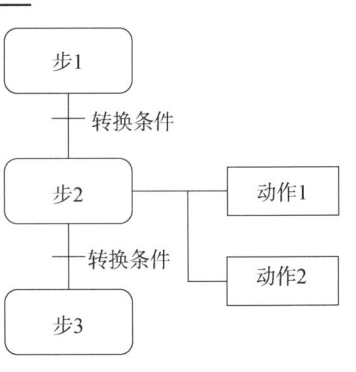

图2-3-22　顺序功能流程图

（三）编程工具

1. 编程器

编程器是用来输入和编辑程序的专门装置，也可用来监视PLC运行时各编程元件的工作状态。一般由键盘、显示器、工作方式开关以及与PLC的通信接口等几部分组成。一般情况下只在程序输入、调试阶段和检修时使用，所以一台编程器可供多台PLC使用。编程器可分为简易型和智能型两种。简易型编程器是袖珍型的，显示功能差，只能用指令表方式输入程序；智能型编程器实际是装有全部所需软件的工业现场用便携式计算机，可以用图形方式输入程序，管理功能强大，但是价格高。图 2-3-23 所示为一种手持编程器。

图 2-3-23　手持编程器

2. 编程软件包

编程软件包是在个人计算机上运行的一个工具软件包，它可以实现编程器的全部功能，既可离线编程又可在线编程，可直接使用梯形图进行编程和监控，使用灵活方便。通常情况下，计算机和 PLC 通过通信电缆连接，具体编程时要先在计算机上安装该软件包，打开这一软件，就可录入用户程序。图 2-3-24 为 S7-200 与计算机的通信示意图。

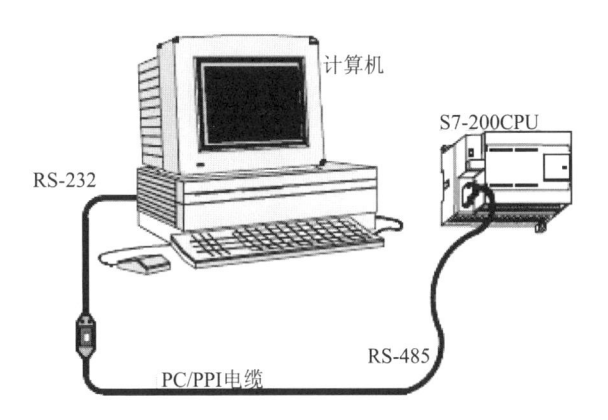

图 2-3-24　S7-200 与计算机通信

六、PLC 的工作原理

（一）PLC 的工作方式

继电器控制系统是一种"硬件逻辑系统"，如图 2-3-25(a)所示，它的三条支路是并行工作的。当按下按钮 SB1，中间继电器 KA 得电，KA 的触点闭合，接触器 KM1、KM2 同时得电并产生动作。所以继电器控制系统采用的是并行工作方式。

PLC 是一种工业控制计算机，所以它的工作原理建立在计算机工作原理基础之上，即通过执行反映控制要求的用户程序来实现。如图 2-3-25(b)所示，图中方框表示 PLC，方框中的梯形图代表装在 PLC 中的用户程序，和图 2-3-25(a)的功能是一样的。CPU 是以分时操作方式来处理各项任务的，计算机在每一瞬间只能做一件事，所以程序的执行是按程序顺序依次完成相应各电器的动作，所以它属于串行工作方式。由于运算速度高，因此各电器动作在时间上的先后执行，几乎是看不出来的。

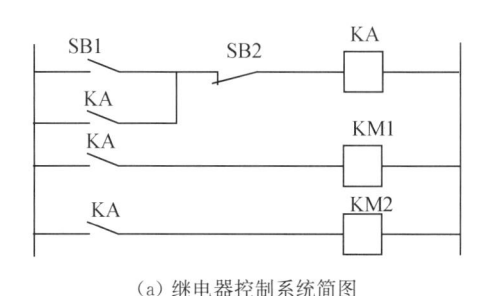

(a) 继电器控制系统简图

(b) 用 PLC 实现控制功能的接线示意图

图 2-3-25 PLC 控制系统与继电器控制系统的比较

概括而言，PLC 是按集中输入、集中输出，周期性循环扫描的方式进行工作的。每一次扫描所用的时间称为扫描周期或工作周期。CPU从执行第一条指令开始,按顺序逐条地执行用户程序直到用户程序结束,然后返回第一条指令开始新的一轮扫描。PLC就是这样周而复始地重复上述循环扫描的,其整个过程可分为三部分。

第一部分是上电处理。机器上电后对PLC系统进行一次初始化,包括硬件初始化、I/O模块配置检查、停电保持范围设定及其他初始化处理等。

第二部分是扫描过程。PLC上电处理完成以后进入扫描工作过程。先完成输入处理,其次完成与其他外设的通信处理,再次进行时钟、特殊寄存器更新。当CPU处于STOP方式时,转入执行自诊断检查。当CPU处于RUN方式时,还要完成用户程序的执行和输出处理,再转入执行自诊断检查。

第三部分是出错处理。PLC每扫描一次,执行一次自诊断检查,确定PLC自身的动作是否正常,如电池电压、程序存储器、I/O、通信等是否正常。如检查出异常时,CPU面板上的LED及异常继电器会接通,在特殊寄存器中会存入出错代码。当出现致命错误时,CPU被强制为STOP方式,所有的扫描停止。

PLC运行正常时,扫描周期的长短与CPU的运算速度、I/O点的情况、用户应用程序的长短及编程情况等有关。通常用PLC执行1K指令所需时间来说明其扫描速度(一般1～10 ms/K)。值得注意的是,不同指令其执行时间是不同的,从零点几微秒到上百微秒不等。若用于高速系统要缩短扫描周期时,可从软硬件两方面同时考虑。

(二) PLC的工作过程

PLC的程序执行过程一般可分为:输入采样、程序执行和输出刷新三个主要阶段,如图2-3-26所示。

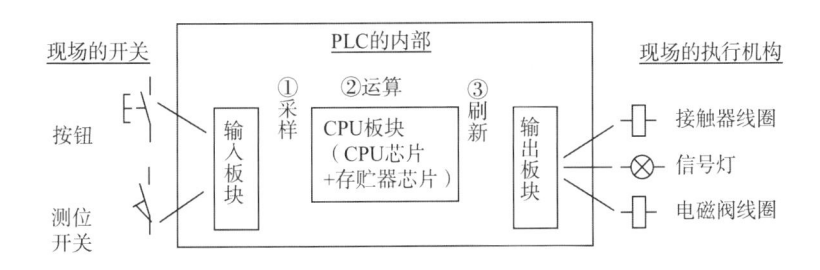

图2-3-26　PLC的执行过程图

1. 输入采样阶段　PLC在输入采样阶段,首先扫描所有输入端子,并将各输入状态存入相对应的输入映像寄存器中。此时,输入映像寄存器被刷新。接着,进入程序执行阶段,在此阶段和输出刷新阶段,输入映像寄存器与外界隔离,无论输入信号如何变化,其内容保持不变,直到下一个扫描周期的输入采样阶段,才重新写入输入端的新内容。所以一般来说,输入信号的宽度要大于一个扫描周期,否则很可能造成信号的丢失。

2. 程序执行阶段 根据 PLC 梯形图程序扫描原则，一般来说，PLC 按从左到右、从上到下的步骤顺序执行程序。当指令中涉及输入、输出状态时，PLC 就从输入和输出映像寄存器中读取状态。然后，进行相应的运算，运算结果再存入元件映像寄存器中。即对于每个元件来说，元件映像寄存器的内容会随着程序执行过程而变化。

3. 输出刷新阶段 这个阶段是在执行完用户所有程序后，PLC 将输出映像寄存器中的内容送到输出锁存器中，再通过一定的方式去驱动用户设备的过程。

以上三个阶段是 PLC 的程序执行的过程。对于中、低档 PLC，扫描周期一般为 20～40 ms。

七、船闸 PLC 的维护

（一）盐灌船闸 PLC 概况

盐灌船闸由 2 套 Scheider 的 PLC 分别实现现地对上、下闸首闸、阀门等机械设备的现地控制，每套 PLC 系统由一个主站和一个远程站组成。其中，主站采用 Schneider TSX Quantum 平台 PLC，远程站采用 Schneider TSX Quantum 平台 RIO，两者之间通过专用电缆相连。其主要模块有：PLC 电源模块 140CPS11420、CPU 模块 140CPU43412A、RIO 通信模块 140CRP93X00、Ethernet 通信模块 140NOE77101、模拟量输入 A_I 模块 140ACI04000、开关量输出模块 140DDO35300、开关量输入模块 140DDI35300、模拟量 A_I/A_O 模块 140AMM09000。

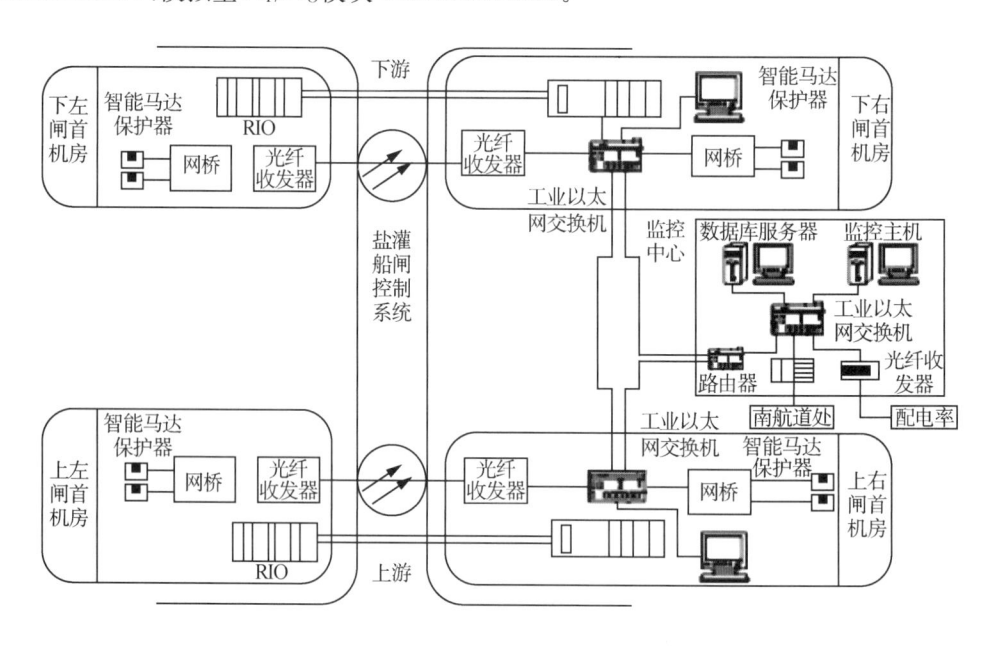

图 2-3-27 盐灌船闸自动控制系统网络结构

(二) PLC 运行环境

船闸作为 24 小时运营的单位，必然要求其自动控制系统能长时间不间断运行。因为 PLC 是精密电子产品，船闸给 PLC 提供了极好的防尘、防火、防水、防高温、防雷电的运行环境，将 PLC 安装在 1 m×2.2 m×0.6 m 的带锁前面板为玻璃门的电气控制柜中，电气控制柜上部安装有防尘罩的抽风系统，进行柜内降温，同时在上、下闸首机房内安装有专门空调，把温度控制在 26 ℃左右以保证设备良好运行。

(三) PLC 日常养护

定期对 PLC 电源电压进行检测，正常情况下为 24 V，对构成 PLC 系统的相关设备进行点检和维护，每日对 PLC 的运行指示灯进行观察，掌握 PLC 的实际运行状况，以便出现故障时进行对比。对 PLC 程序人工备份，定期检查 PLC 电池，必要时进行更换，利用停机时机，对电气控制柜进行人工除尘、降温，对松动的线路用螺丝刀轻轻拧紧、整理。

(四) PLC 故障查找与排除

1. 故障判断方法

对于 PLC 软件，它的正常运行与否可以通过模块的 RUN 灯状态来观察，如果灯显示为绿色或闪烁状，则表明运行正常；否则，需要重新上传程序。

对 PLC 硬件总结出一套故障检测法：一摸、二看、三闻、四听、五按迹寻踪法、六替换法。一摸：用手感受 CPU 的温度高不高，CPU 正常运行温度不会超过 60 ℃，手感为宜；二看：看各模块指示灯是否正常，正常信号显示为绿色；三闻：闻有没有异味，电子元件或线缆若短路烧毁会产生焦味；四听：听有无异常响声，继电器的正常吸合比较清脆，同时听取现场工作人员的反映情况；五按迹寻踪法：若出现故障则根据图纸和工艺流程来寻找故障所在地；六替换法：对不确定的部位，采用备件替换法来确定故障。

2. 主要故障查找

PLC 的技术优势在于它既能通过组态实现复杂逻辑、融合数字通信、有完善的信号采集，又能有较为稳定的 I/O 端口输出功能，但 PLC 最大的薄弱环节也是在 I/O 端口。在主机系统的技术水平相差无几的情况下，I/O 模块是体现 PLC 性能的关键部件，因此它也是 PLC 损坏中的突出环节。船闸控制中所有输出 I/O 端点通过增加继电器进行有效隔离，同时 Quantum PLC 有 LED 指示灯可以帮助检查故障是否由外部设备引起。在船闸自动控制系统中，若闸阀门在启闭操作时不能按照要求动作，首先应检查 PLC 输入开关电接触点是否可靠（一般可通过查看输入 LED 指示灯或直接测量输入端确定），若输入信号未能传到 PLC，则应去检查输入对应的外部回路；若输入信号已经采集到，则再看 PLC 是否有相应输出指示，若没有，则是内部程序问题或输出 LED 指示灯问题；若输出信号已确信发出，则应去检查外部输出回路（从 PLC 输出往后检查）。输入、输出故障检查流程图，见图 2-3-28 和图 2-3-29。

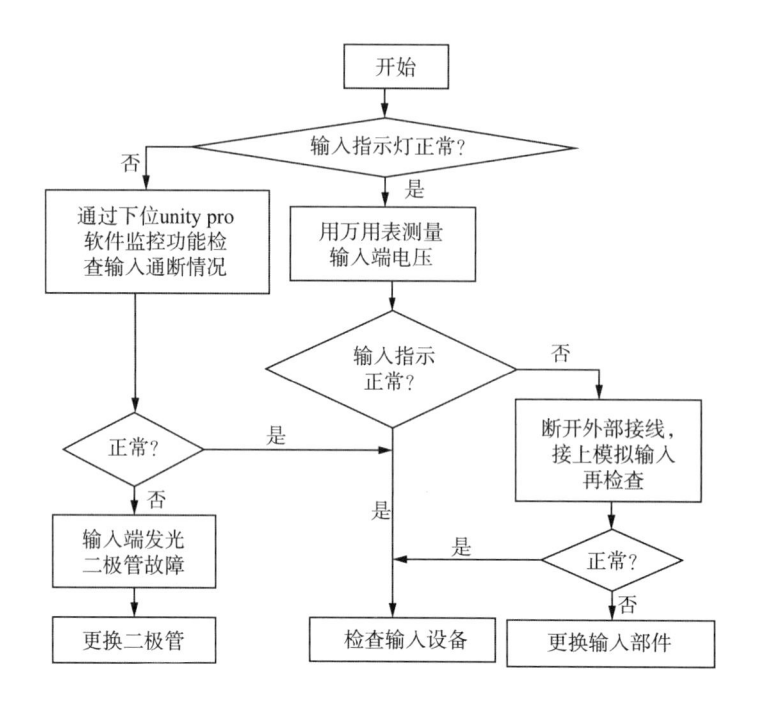

图 2-3-28　输入故障检查

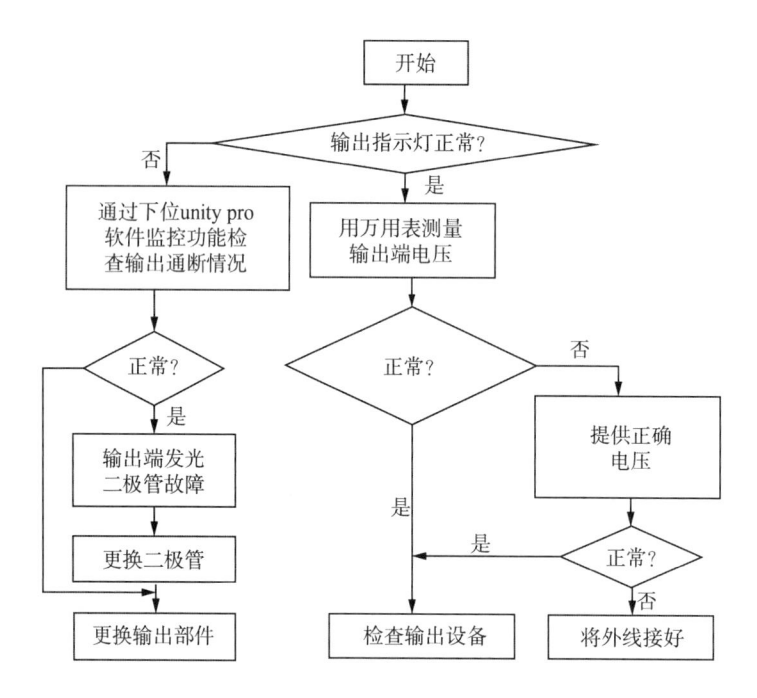

图 2-3-29　输出故障检查

3. PLC 的接地保护

接地是提高电子设备电磁兼容性的有效手段之一。正确的接地既能抑制电磁干扰的影响，又能抑制设备向外发出错误的干扰；而错误的接地则会引入严重的干扰信号，使 PLC 系统无法正常工作。盐灌船闸 PLC 充分考虑了屏蔽接地，对电缆的屏蔽层多处接入同一个可靠的参考地，避免感应电流通过接地线和大地构成闭合回路，产生干扰信号。严格要求动力线和控制线分开布置，采用了专用接地极，由于有独立接地体，接地电阻小于 4 Ω，若共用接地体则要求小于 1 Ω，同时接地极选择了 PLC 最近的接入点。考虑到 PLC 必须避免强干扰源，闸首机房内禁止使用电焊机和大功率的可控硅等。

第三节　计算机控制及网络技术

现在，随着计算机的微型化、网络化，以及性价比的提升和软件功能的日益强大，计算机控制系统不再是一种昂贵的系统，它几乎可以出现在任何场合：实时控制、监控、数据采集、信息处理、数据库，等等。

一、计算机控制系统的概念

计算机控制系统由控制计算机本体（包括硬件、软件和网络结构）和受控对象两大部分组成。工业生产中的自动控制系统随控制对象、控制算法和采用的控制器结构的不同而有所差别。从常规来看，控制系统为了获得控制信号，要将被控量 y 和给定值 w 相比较，得到偏差信号 $e=w-y$。然后直接利用 e 来进行控制，使系统的偏差减小直到消除偏差，被控量等于给定值。这种控制，由于控制量是控制系统的输出，被控制量的变化值又反馈到控制系统的输入端，与作为系统输入量的给定值相减，所以称为闭环负反馈系统，其结构如图 2-3-30(a)所示。

从图 2-3-30(a)可知，该系统通过测量传感器对被控对象的被控参数（如温度、压力、流量、速度等物理量）进行测量，再由变送单元将这些量变换成一定形式的电信号，反馈给控制器。控制器将反馈信号对应的工程量与系统给定的设定值工程量比较。如有误差，控制器自然产生控制信号来驱动执行机构进行工作，使被控参数的值与给定值保持一致。此类负反馈控制是自动控制的基本形式，也是大多数控制系统具备的结构。

图 2-3-30(b)是另一种控制结构，即开环控制系统。它与闭环控制系统的区别在于它不需要控制对象的反馈信号。它的控制是直接根据给定信号去控制被控对象工作的。这种系统本质上不会自动消除由被控参数偏差给定值带来的误差，控制系统中产生的误

差全部反映在被控参数上。它与闭环控制系统相比,控制结构简单,但性能较差,常用在一些特殊的控制场合。

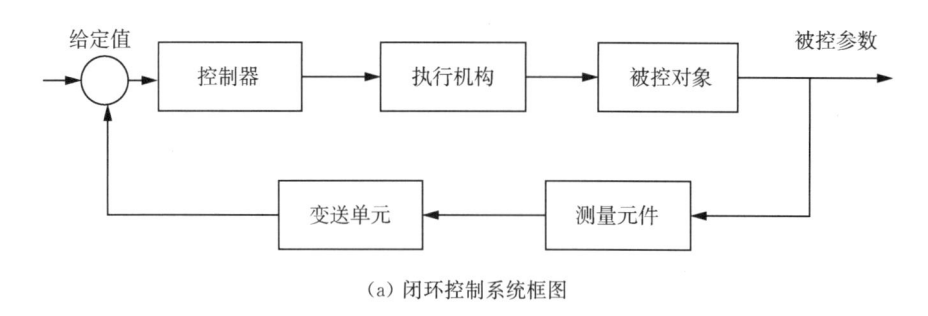

(a) 闭环控制系统框图

(b) 开环控制系统框图

图 2-3-30　控制系统的一般组成

从图 2-3-30 可以看出,自动控制系统的基本功能是信号的传递、加工和比较。这些功能是由传感器的检测、变送装置、控制器和执行装置来完成的。控制器是控制系统中最重要的部分,它从质和量的方面决定了控制系统的性能和应用范围。

如果把图 2-3-30 中的控制器用计算机系统来代替,这样就可以构成计算机控制系统,其基本框图如图 2-3-31 所示。计算机控制系统在结构上也可分为开环系统和闭环系统两种。

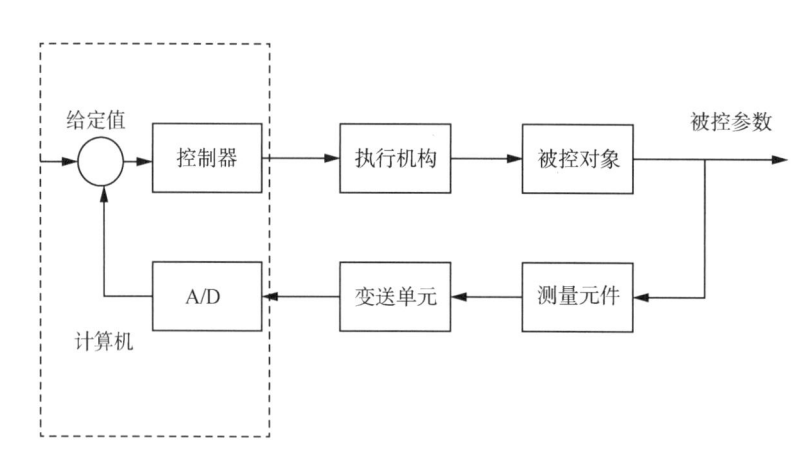

图 2-3-31　计算机控制系统基本框图

控制系统中引进计算机,就可以充分运用计算机强大的计算、逻辑判断和记忆等信息加工能力。只要运用微处理器的各种指令,就能编出符合某种控制规律的程序。微处理器执行该程序,就能实现对被控参数的控制。

在计算机控制系统中,计算机处理的输入和输出信号都是数字化量。因此,在这样的控制系统中,需要有将模拟信号转换为数字信号的模/数(A/D)转换器,以及将数字控制信号转换为模拟输出信号的数/模(D/A)转换器。

计算机控制系统执行控制程序的过程如下。

① 实时数据采集 对被控参数在一定的采样间隔进行检测,并将采样结果输入计算机。

② 实时计算 对采集到的被控参数进行处理后,按一定的预先规定的控制规律进行控制率的计算,或称决策,决定当前的控制量。

③ 实时控制 根据实时计算结果,将控制信号作用到控制的执行机构。

④ 信息管理 随着网络技术和控制策略的发展,信息共享和管理也介入到控制系统中。

上述测、控、算、管的过程不断重复,使整个系统能够按照一定的动态品质指标进行工作,并且对被控参数或控制设备出现的异常状态及时监督并作出迅速处理。

上面所讲的计算机控制系统的一般概念中,计算机直接连接着工业设备,不通过其他介质来间接进行控制决策。这种生产设备直接与计算机控制系统连接的方式,称为"联机"或"在线"控制。如生产设备不直接与计算机控制系统连接,则称为"脱机"或"离线"控制。

如果计算机能够在工艺要求的时间范围内及时对被控参数进行测量、计算和控制输出,则称为实时控制。实时控制的概念与工艺要求紧密相连,如快速变化的压力对象控制的实时控制时间要比缓慢变化的温度对象的实时控制时间少。实时控制的性能通常受仪表的传输延迟、控制算法的复杂程度、微处理器的运算速度和控制量输出的延迟等影响。

(一) 计算机控制系统的组成

计算机控制系统包括计算机硬件设备、控制软件和计算机通信网络3个部分。

1. 计算机控制系统硬件

一台基本的计算机控制系统的硬件主要包括:微处理器(CPU)、存储器(RAM/ROM)、数字I/O接口通道、A/D和D/A转换器接口通道、人机联系设备(如键盘和显示器)、通信网络接口和电源等。它们通过微处理器的系统总线(地址总线、数据总线和控制总线)构成一个完整的系统。其框图如图2-3-32所示。下面对各部分作简要说明。

(1) 计算机主机

主机由CPU和存储器构成。它通过由过程输入通道发送来的工业对象的生产工况参数,按照人们预先安排的程序,自动地进行信息的处理、分析和计算,并做出相应的控

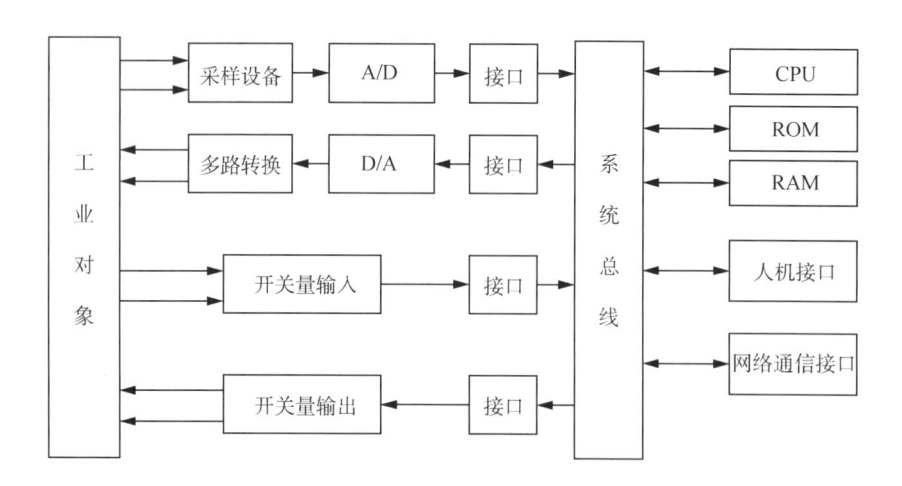

图 2-3-32　计算机控制系统硬件的一般组成框图

制决策或调节,以信息的形式通过输出通道,及时发出控制命令。主机中的程序和控制数据是人们预先根据控制对象的特征编制的控制算法。计算机控制系统执行控制程序和系统程序,完成事先确定的控制任务。

(2) 常规外部设备

常规外部设备可分为输入设备、输出设备和存储设备,并根据控制系统的规模和要求来配置。

常用的输入设备有:键盘、鼠标、数字化仪等,主要用来输入程序和数据等。

常用的输出设备有:显示器、打印机、记录仪等。输出设备将各种数据和信息提供给操作人员,使其能够了解过程控制的情况。

存储设备用来存储数据库和备份重要的数据,主要有磁盘及其驱动器、光盘及其驱动、刻录机等。

(3) 输入输出通道

计算机的输入输出通道,又称过程通道。工业对象的过程参数一般是非电物理量,必须经过传感器(又称一次仪表)变换为等效的电信号。为了实现计算机对生产过程的控制,必须在计算机和生产过程之间设置信息的传递和变换的连接通道,这就是过程输入输出通道。它是生产过程控制特殊要求的。

过程通道一般可分为:模拟量输入通道、模拟量输出通道、开关量输入通道、开关量输出通道,详细情况将在后文专门重点介绍。

检测变送单元、电动和气动的执行单元以及电力拖动的交流和直流驱动装置也是计算机控制系统设计人员应该掌握和熟悉的领域。

(4) 接口电路

过程通道是不能直接由主机控制的,必须由"接口"来传送相应的信息和命令。计算机控制系统的接口,根据应用不同,有各种不同的接口电路。从广义上讲,过程通道属于过程参数和主机之间的作用接口。这里讲的接口是指通用接口电路,一般有并行接口、串行接口和管理接口(包括中断管理、直接存取 DMA 管理、计数/定时等)。

对计算机控制系统的设计人员来说,应能在众多的集成化、标准化可编程接口电路中,熟练选用接口电路和配置相应的硬件,组成完整的符合要求的接口。

(5) 运行操作台

每个计算机的标准人机接口是用来直接与 CPU 对话的。程序员使用该人机设备(运行操作台)来检查程序。当主机硬件发生故障时,维修人员可以利用此设备判断故障。生产过程中操作人员与计算机控制系统进行"对话"以了解生产过程状态,有时还要进行参数修改和系统维护,在发生事故时还要进行人工干预等。显然,操作人员必须了解控制台的使用细节,否则会引起严重后果。当然该控制台的软保护也是很重要的。

计算机控制系统的运行操作台应该具备如下功能:

① 要有屏幕或数字显示器,以显示过程参数、状态、画面和报警;

② 要有一组简单功能键进行控制操作;

③ 要有一组数字键进行数据操作;

④ 采用硬保护和软保护措施,保证键盘的误操作不致引起严重的后果。

2. 计算机控制系统软件

计算机控制系统的硬件是完成控制任务的设备基础,而计算机的操作系统和各种应用程序是履行控制系统任务的关键,通称为软件。软件的质量关系到计算机运行和控制效果的好坏、硬件功能的充分发挥和推广应用。软件主要分系统软件和应用软件:系统软件提供计算机运行和管理的基本环境,如 DOS、Windows、WinNT、UNIX 等以及网络平台;应用软件有语言加工软件,如汇编、编译软件和控制系统的编程组态软件,如罗克韦尔公司的 RS view32,RS Logix 等,由于属于专业化的软件,它们非常方便用户的二次开发,同时也保证了软件的安全性。当然也有用户根据自己系统的要求开发特殊控制软件。软件一般对计算机控制系统的依赖性较大。

不同的控制对象和不同的控制任务在软件组成上有很大的区别。平衡系统硬件和软件的性能和功能,只有当确定系统硬件后,才能确定如何配置软件。在计算机控制系统中,每个控制对象或控制任务都配有相应的控制软件。这些应用软件采用何种语言和技术,也是各不相同的,不过现在的主流语言是面向对象的 VC 和 VB 等,采用的主要技术有 OLE、DDE、ActiveX、OPC,等等。在控制系统中,应用软件是一个直接的控制程序,而其他的程序是为它服务的。所以,应用程序的质量会给系统的精度和效率带来很大的影响。

从系统功能角度来分,除作为核心的监控程序外,可分为前处理程序、服务程序和后处理程序。前处理程序是指那些直接与生产过程有关的处理程序,即这些程序直接参与系统的控制过程,提供系统工作的基本服务;服务程序是指计算机控制系统对所有外设和人机联系等工作的程序,这些程序有时也称为监控程序,它与控制过程没有直接的联系,但它承担的工作是系统所不可少的;后处理程序是指那些与系统控制过程完全无关的部分,如对硬件和软件的诊断程序等,它保证系统本身的可靠性。一个典型的控制系统的软件至少包括初级监控程序和前处理程序。

3. 计算机控制系统的网络结构

网络技术在计算机控制系统中的比重越来越大。计算机控制系统的网络结构可以分为两大类:一类称为对等式网络结构(peer-to-peer);另一类称为客户机/服务器结构(Client/Sever)。这种分类主要是按照网络各节点之间的关系确定的。

首先我们需要将网络上各个节点的功能分为若干层次,从硬件开始一层层向上,越往上越靠近具体的应用。层次划分后,就可以定义低层(靠近硬件的层次)的功能是其上一层的Sever,而上层的功能是其下一层功能的Client。如果我们以一个图形处理的功能为例,可以按如下的功能层次进行划分:

屏幕图形定义文件	高　层
图形处理软件	↑
图形功能调用	
图形卡驱动	
图形卡	低　层

如果在一个网络中有两个节点,这两个节点中都具有从低层到高层的所有功能,那么这两个节点是对等的,它们组成了一个 peer-to-peer 结构的网络。如果这两个节点在功能层次上不同,例如节点 A 具有从图形卡到图形功能调用等层次的功能,而节点 B 则有上两层功能,那么要完成一个图形的显示,必须由节点 B 先行处理,然后将处理结果通过网络传送到节点 A,再由节点 A 完成最终的图形显示。这样,节点 A 是 Sever 的节点,节点 B 是 Client 的节点,它们组成了一个 Client/Sever 结构的网络。

另一种在微型计算机之间交互信息的标准是微软的对象链接和嵌入 OLE(Object Linking and Embedding)。这种标准允许两台微型计算机之间交换文档、图形等对象。而在底层支持 OLE 网络通信的则是动态数据交换 DDE(Dynamic Data Exchange),它是由 IBM 和微软共同发展起来的在应用软件之间相互传递信息的标准。

(二) 计算机在工业控制中的典型应用

工业用计算机控制系统与所控制的生产过程的复杂程度密切相关,不同的控制对象和不同的控制要求,应该具有不同的控制方案。现从应用特点、控制目的出发,介绍几种典型的应用。

1. 数据采集和监视系统

计算机在数据采集和处理时,主要是对大量的过程参数进行巡回检测、数据记录、数据计算、数据统计和处理、参数的越限报警及对大量数据进行积累和实时分析。这种应用方式,计算机不直接参与过程控制,对生产过程不直接产生影响,图 2-3-33 是这种应用的典型框图。

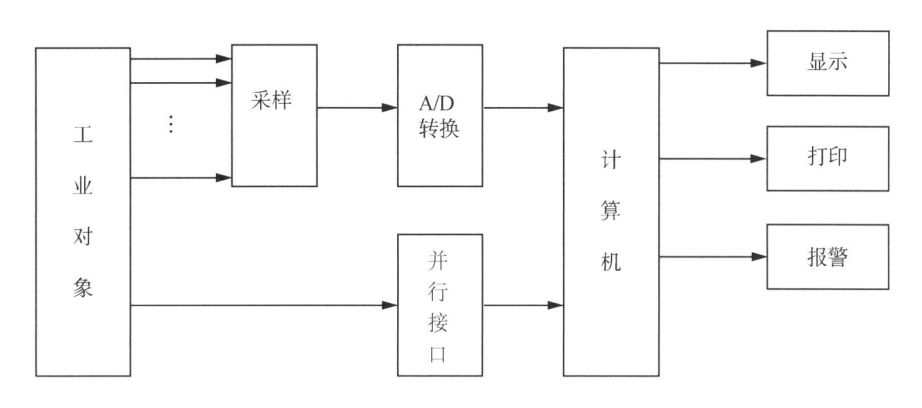

图 2-3-33 数据采集、数据处理组成框图

在这种应用方式中,计算机虽然不直接参与生产过程的控制,但其作用还是很明显的。首先,由于计算机具有速度快等特点,故在过程参数的测量和记录中可以代替大量的常规显示和记录仪表,对整个生产过程进行集中监视。同时,由于微处理器具有运算、逻辑判断能力,可以对大量的输入数据进行必要的集中、加工和处理,并且能以有利于指导生产过程控制的方式表示出来,故对指导生产过程有一定的作用。另外,计算机有存储大量数据的能力,可以预先存入各种工艺参数,在数据处理过程中进行参数的越限报警等工作。

此外,这种应用方式可以得到大量的统计数据,利于建立理想的数学模型。闭环控制有时为建立较复杂的数学模型,需通过具体生产实践,从大量积累的数据中抽象出来。

2. 监督控制系统

监督控制 SCC(Supervisory Computer Control)系统中,计算机根据工艺信息和其他参数,按照描述生产过程的数学模型或其他方法,自动地改变模拟调节器或采用直接数字控制方式工作的计算机中的给定值,从而使生产过程始终处于最优工况(如高质量、高效率、低能耗、低成本和低污染等)。从这个角度上说,它的作用是改变给定值,所以又称给定值控制 SPC(Set Point Control)。

监督控制方式的控制效果,主要取决于数学模型的精度。这个数学模型一般是针对某一目标函数设计的。如果这一数学模型能使某一目标函数达到最优状态,那么这种控制方式就能实现最优控制。如数学模型不理想,控制效果也会变差。监督控制系统也可以实现自适应控制。监督控制系统有两种典型的结构形式,如图 2-3-34 所示。

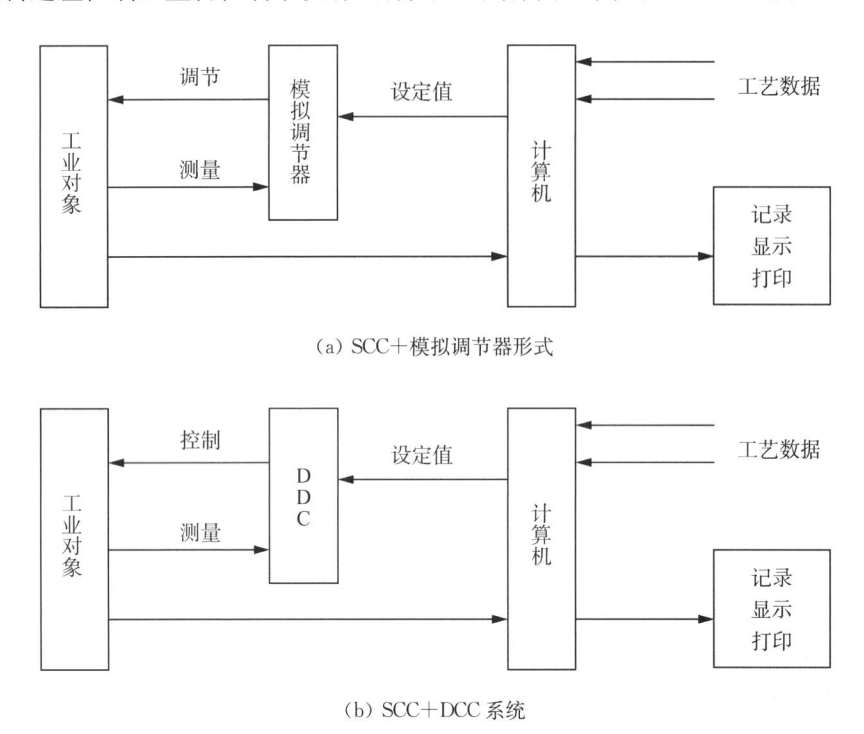

(a) SCC+模拟调节器形式

(b) SCC+DCC 系统

图 2-3-34 监督控制系统的两种结构形式

(1) SCC+模拟调节器的控制系统

该系统由计算机对各物理量进行巡回检测,并按一定的数学模型对生产过程进行分析。计算后,得出控制对象各参数最优的给定值送调节器,使工况保持在最优状态。当 SCC 计算机出现故障时,可由模拟调节器独立完成操作。

(2) SCC+DDC 的分级控制系统

这实际上是一个分级控制系统,SCC 可采用高档微型计算机,它与 DDC 之间通过接口进行信息联系。SCC 微型计算机完成高一级的最优化分析和计算,并给出最优给定值,送给 DDC 级执行过程控制。当 DDC 级计算机出现故障时,可由 SCC 计算机完成 DDC 的控制功能。它显然提高了控制系统的可靠性。

二、计算机控制接口技术

根据界面情况,一个完整的计算机控制系统由计算机系统与前向通道、后向通道、人机对话通道及计算机相互通道组成,如图 2-3-35 所示。

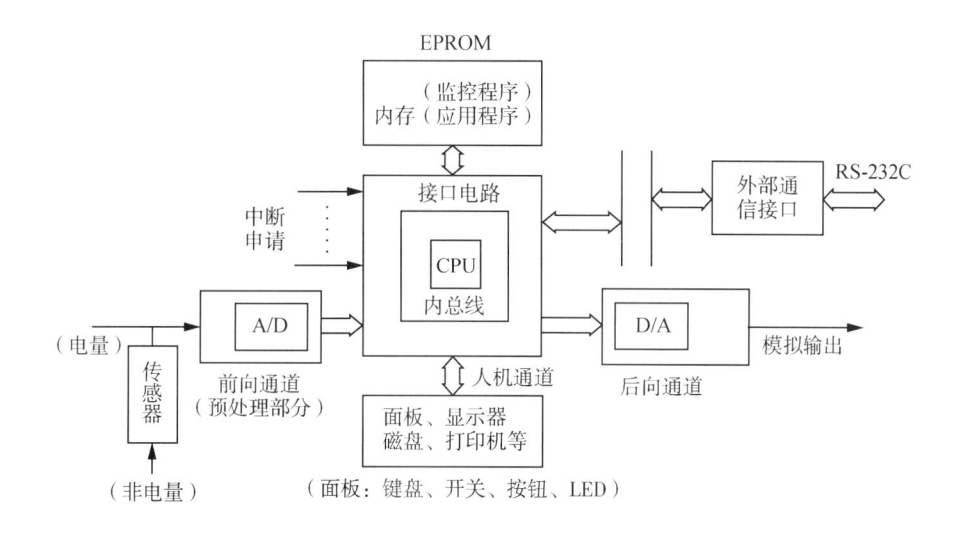

图 2-3-35 控制计算机的结构图

(一)计算机系统

计算机系统为最小微机系统,通常由单片机芯片配以必要的外部器件就能构成单片机最小系统。单片机具有较强的外部扩展、通信能力,能方便地扩展至应用系统所要求的规模。单片机应用系统中,单片机系统设计内容有:(1)最小系统设计;(2)系统扩展设计。

(二)前向通道及其特点

前向通道是计算机系统与采集对象相连接的部分,是应用系统的输入通道,有以下特点:(1)与现场采集对象相连,是现场干扰进入的主要通道,是整个系统抗干扰设计的重点部位。(2)由于所采集的对象不同,有开关量、模拟量、频率量等,而这些都是由安放在测量现场的传感、变换装置产生的,许多参量信号不能满足计算机输入的要求,故有大量的、形式多样的信号变换、调节电路,如测量放大器、I/F 变换、V/F 变换、A/D 转换、放大、整形电路等。(3)是一个模拟、数字混合电路系统,其电路功耗小,一般没有功率驱动要求。

(三)后向通道及其特点

后向通道是应用系统的伺服驱动控制通道,具有以下特点:(1)是应用系统的输出通道,大多数需要功率驱动。(2)靠近伺服驱动现场,伺服控制系统的大功率负荷易从后向通道进入计算机系统,故后向通道的隔离对系统的可靠性影响极大。(3)根据输出控制的不同要求,后向通道电路多种多样,有模拟电路、数字电路、开关电路等,有电流输出、电压输出、开关量输出及数字量输出等。

(四)人机对话通道及其特点

计算机系统中的人机对话通道是用户为了对应用系统进行干预以及了解应用系统运行状态所设置的通道。主要有键盘、显示器、打印机等通道接口,其特点有:(1)由于通常的计算机控制系统大多是专门系统,因此,应用系统中的人机对话通道以及人机对话设备的配置都是小规模的。如微型打印机、功能键、拨盘、LED/LCD显示器等。若需要配置高水平的人机对话设备,如宽行打印机、CRT、磁盘、标准键盘等,则往往使用工业控制用通用计算机或与上位计算机共享外围人机对话资源。(2)计算机控制系统中,人机对话通道及接口大多数采用内总线形式,与计算机系统扩展密切相关。(3)人机通道接口一般都是数字电路,电路结构简单,可靠性好。

(五)相互通道接口及特点

计算机系统的相互通道是解决计算机系统间相互通信的接口。要组成较大的测、控系统,相互通道接口是不可少的。(1)中、高档单片机大多设有串行口,为构成应用系统的相互通道提供了方便条件。(2)单片机本身的串行口只给相互通道提供了硬件结构及基本的通信工作方式,并没有提供标准的通信规程。故利用单片机串行口构成相互通道时,要配置较复杂的通信软件。(3)在很多情况下,采用扩展标准通信控制芯片来组成相互通道。例如,用扩展8250、8251、SIO、8273、MC6850等通信控制芯片来构成相互通道接口。(4)相互通道接口都是数字电路系统,抗干扰能力强,但大多数都须长线传输,故要解决长线传输驱动、匹配、隔离等问题。

三、计算机控制系统

(一)集散控制系统

集散型计算机控制系统又名分布式计算机控制系统,简称集散控制系统(DCS)。目前它尚无确切的定义,其实质是利用计算机技术对生产过程进行集中监视、操作、管理和分散控制的一种新型控制技术。它是由计算机技术、信号处理技术、测量控制技术、通信网络技术和人机接口技术相互发展、渗透而产生的,既不同于分散的仪表控制系统,又不同于集中式计算机控制系统,它是吸收了两者的优点,在它们的基础上发展起来的一门系统工程技术,具有很强的生命力和显著的优越性。自20世纪70年代中期第一套集散控制系统问世以来,集散控制系统已经在工业控制领域得到了广泛的应用。

集散型计算机控制系统的结构是一个分布式系统,从整体逻辑结构上讲,是一个分支树结构,这与工业生产过程的行政管理结构相一致,如图2-3-36所示。按系统结构进行垂直分解,它分为过程控制级、控制管理级和生产管理级。各级既相互独立又相互联系,每一级又可按水平分解成若干子集。从功能分散看,纵向分散意味着不同级的设备有不同的功能,如实时控制、实时监视和生产过程管理等。横向分散则意味着在同级上的设备有类似的功能。按照这种思想来设计集散型控制系统的硬件和软件,就是要贯彻既集中又分散的原则。

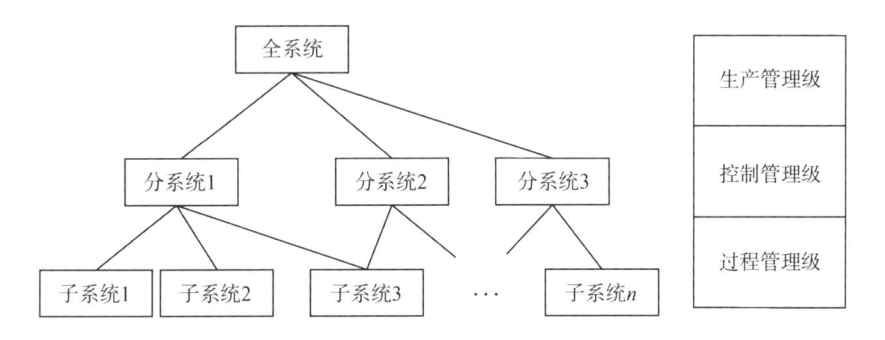

图 2-3-36 多层树状结构

集散型控制系统概括起来由集中操作管理部分、分散过程控制部分和通信部分组成。集中操作管理部分又可分为工程师站、操作员站和管理计算机,工程师站主要用于组态和维护,操作员站则用于监视和操作。管理计算机用于全系统的信息管理和优化控制。分散过程控制部分按功能可分为控制站、监测站或现场控制站,它用于控制和监测。通信部分连接集散型控制系统的各个分布部分,完成数据指令及其他信息的传递。集散型控制系统软件是由实时多任务操作系统、数据库管理系统、数据通信软件、组态软件和各种应用软件所组成。使用组态软件这一工具,就可生成用户所要求的实用系统。

(二) 现场总线

1. 概述

早期的计算机控制系统采用集中控制的方式。集中式计算机控制有如下缺点。

① 集中控制降低了系统的可靠性,使风险高度集中。

② 模拟信号数字化的工作在计算机端,使得太多太长的现场连线通过各类干扰环境到达现场,这些连线各自传递着不同性质的信号,有微弱电流、电压信号,也有大功率的脉冲、开关信号,加上环境干扰,使系统干扰的设计和实现都十分困难。

③ 开发大范围的系统比较困难。

到了 20 世纪 80 年代,由于微处理器被嵌入到各种仪器设备,从而产生了集散控制系统。在这种系统中,多台微处理器分散在现场,它们之间利用高速数据通道(DHW)连接在一起构成集散控制系统(DCS)。

控制系统的多个基本控制器是以微型计算机为核心加上扩展 I/O 接口电路而组成的,担负着系统的基本控制任务。由于多台微型计算机分散在现场进行控制,避免了集中式控制系统风险高度集中的缺点。另外,基本控制器可以靠近现场,使得现场连线大大缩短,便于实现大范围的系统控制。数据通信、CRT 显示、监控计算机及其他外设的加入使得系统成为一个整体,可实现集中操作、管理、显示以及报警,克服了常规仪表控制过于分散、人机交互困难的问题。这就是人们常说的"分散控制、集中管理"的集散控制系统的特点。然而分布式控制系统仍然存在如下问题。

① 以微处理器为核心的控制器硬性地被指定一组特定的任务,在绝大多数情况下,通信由一个具有"网关"的专用网络来完成,而且网关的大部分程序是由用户编写的,所以开发技术相当复杂。

② 有着特定任务的基本控制器使得组网手段及网络结构不灵活、开发系统费用也相当高。

③ 对于通信网络中的控制站或输入输出单元,它们与现场仪表之间的通信仍采用模拟信号。其中的一个原因是,工业生产现场环境十分恶劣,既有各种电磁场干扰,又有各种酸、碱、盐等腐蚀性有害物质,还有高温、低温、高湿度以及各种粉尘,仅采用一般的通信网络很难克服恶劣环境对网络系统的影响。

有人曾尝试把成熟的 LAN 技术用于集散控制系统的联网,实验证明,它存在性能不匹配的问题,而且以传递大量数据、文件为目的的 LAN 并不适合用作以传递控制信息为目的的中、低传输速率的控制网。另外还有一点是它不能适应恶劣的工作环境。所以可以说,DCS 结构仍然有许多不尽人意的地方。比如各公司都有各自的标准,不能互联,所谓分散控制也不是完全彻底的,而所谓的数字化也仅是半数字化而已,等等。尽管这些年来,人们在 DCS 的框架内做了很多使系统开放的努力,最终只能取得有限的改良效果,因此迫切需要有更佳的控制系统以实现真正意义上的全数字、开放、互联以及高可靠性。

任何新技术的实现无不是建立在相关的技术发展之上的。正是伴随着微电子技术的不断发展,特别是微处理器技术和网络技术的快速发展以及智能化仪表的发展和广泛应用,DCS 快速地向着两个方向发展:一是向计算机控制系统的高层次发展,使面向管理和调度的集成度提高;二是向计算机控制系统的低层次渗透,使传统的控制站功能下沉到工作现场,实现控制系统的全分布性和全数字化。

上述目标的实现需要解决一个关键的问题,即一直困扰传统 DCS 的最低层的网络通信的问题。现场总线就是根据这种实际需要发展起来的新技术。目前,许多厂家出于各自利益的顾虑,都在研究并开发出各种各样的现场总线产品,期望能占领这个市场。这就使得现场总线产品五花八门,失去统一的标准。先后有多种现场总线的企业标准、集团标准以及国家标准,比较流行的主要有 CAN(控制局域网络)、PROFIBUS(过程现场总线)、HART(Highway Addressable Remote Transducer,可寻址远程传感器高速公路)、FF(基金会现场总线)和 LonWorks 技术(局部操作网络)。现状是现场总线技术已在许多厂家的生产集散控制系统中得到应用,但 2000 年 1 月通过的 IEC61158 现场总线国际标准也使我们认识到把现有的集散控制系统换代为全数字、全分散、全开放的新一代控制系统——现场总线控制系统(FCS)还需要一个较长的发展阶段。

2. 现场总线控制系统

(1) 现场总线的定义

根据国际电工委员会 IEC 标准和基金会现场总线 FF 的定义：现场总线是连接智能现场设备的自动化系统的数字式、双向传输、多分支结构的通信网络，现场总线的本质含义表现在以下 6 个方面。

① 现场通信网络：用于过程以及制造自动化的现场设备或现场仪表互连的通信网络。

② 现场设备互连：现场设备或现场仪表是指传感器、变送器和执行器等，这些设备通过一对传输线互连，传输线可以使用双绞线、同轴电缆、光纤和电源线等，并可根据需要因地制宜地选择不同类型的传输介质。

③ 互操作性：现场设备或现场仪表种类繁多，没有任何一家制造商可以提供一个工厂所需的全部现场设备，所以，互相连接不同制造商的产品是不可避免的。用户不希望为选用不同的产品而在硬件或软件上花很大气力，而希望选用各制造商性能价格比最优的产品，并将其集成在一起，实现"即接即用"；用户希望对不同品牌的现场设备统一组态，构成所需要的控制回路。这些就是现场总线设备互操作性的含义。现场设备互连是基本的要求，只有实现互操作性，用户才能自由地集成 FCS。

④ 分散功能块：FCS 废弃了 DCS 的输入/输出单元和控制站，把 DCS 控制站的功能块分散地分配给现场仪表，从而构成虚拟控制站。例如，流量变送器不仅具有流量信号变换、补偿和累加输入模块，而且有 PID 控制和运算模块，甚至有阀门特性自检验和自诊断功能。由于功能块分散在多台现场仪表中，并可统一组态，供用户灵活选用各种功能块，构成所需的控制系统，实现彻底的分散控制。

⑤ 通信线供电：通信线供电方式允许现场仪表直接从通信线上摄取能量，对于要求本征安全的低功耗现场仪表，可采用这种供电方式。众所周知，化工、炼油等企业的生产现场有可燃性物质，所有现场设备都必须严格遵循安全防爆标准。现场总线设备也不例外。

⑥ 开放式互联网络：现场总线为开放式互联网络，它既可与同层网络互联，也可与不同层网络互联，还可以实现网络数据库的共享。不同制造商的网络互联十分简便，用户不必在硬件或软件上花太多气力。通过网络对现场设备和功能块统一组态，把不同厂商的网络及设备融为一体，构成统一的 FCS。

(2) 现场总线的协议

因为没有统一的标准，目前各种现场总线采用的通信协议不尽相同。各厂家制定其产品协议的依据是国际标准化组织(ISO)的开放系统互联(OSI)协议。OSI 协议是为计算机联网而制定的 7 层参考模型,只要网络中所有要处理的要素都是通过共同的路径进行通信的,那么,不管它是不是计算机网都可以使用该协议。

当然,各厂家在实际制定自己的通信协议时,并非都在产品中实现了这 7 层协议,而往往依据侧重点的不同,仅仅实现该 7 层协议的子集。比如:侧重通信的数据链路的产品,它们的通信协议标准中实现了 OSI 的物理层、数据链路层以及应用层等。而对注重网络功能的产品,在其通信标准中除实现了 OSI 的物理层、数据链路层和应用层外,还实现了网络层甚至更多层。

(3) 系统组成

从物理结构来看,现场总线系统有两个主要组成部分(见图 2-3-37):一是现场设备;二是形成系统的传输介质。现场设备由现场微处理芯片以及外围电路构成。现场总线系统使用最多的传输介质是双绞线。

现场总线系统的拓扑结构有很多种,如总线型、环型、树型、星型以及混合型等,这里不再赘述。

图 2-3-37 现场总线系统图

(4) 现场总线的优点

① 一对 N 结构:一对传输线,N 台仪表,双向传输多个信号。这种一对 N 结构使得接线简单,工程周期短,安装费用低,维护容易。如果增加现场设备或现场仪表,只需并行挂接到电缆上,无需架设新的电缆。

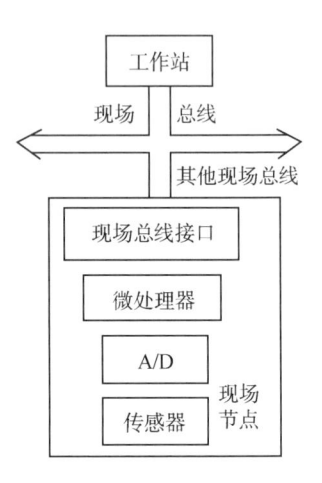

② 可靠性:数字信号传输抗干扰性能强、精度高,无需采用抗干扰和提高精度的措施,从而降低了成本。

③ 状态可控:操作员在控制室既可了解现场设备或现场仪表的工作状况,也能对其进行多次调整,还可预测或寻找故障,使设备和仪表始终处于操作员的远程监视与可控状态下,提高了系统的可靠性、可控性和可维护性。

④ 互换性:用户可以自由选择不同制造商所提供的性能价格比最优的现场设备或现场仪表,并将不同品牌的仪表互连。即使某台仪表故障,换上其他品牌的同类仪表可照常工作,实现"即接即用"。

⑤ 互操作性:用户把不同制造商的各种品牌的仪表集成在一起,进行统一组态,构成所需的控制回路。用户不必绞尽脑汁,为集成不同品牌的产品而在硬件或软件上花费力气或增加额外投资。

⑥ 综合功能:现场仪表既有检测、变换和补偿功能,又有控制和运算功能,实现一表多用,不仅方便了用户,也节省了成本。

⑦ 分散控制:控制站功能分散在现场仪表中,通过现场仪表可构成控制回路,实现了

彻底的分散控制，提高了系统的可靠性、自治性和灵活性。

⑧ 统一组态：由于现场设备或现场仪表都引入了功能块的概念，所有制造商都使用相同的功能块，并统一组态方法，这样，使组态变得非常简单。现场设备或现场仪表种类不同不会带来组态方法不同，用户不需要培训或学习组态方法及编程语言。

⑨ 开放式系统：现场总线为开放式互联网络，所有技术和标准全是公开的，所有制造商都必须遵循。这样，用户可以自由集成不同制造商的通信网络，即可与同层网络互联，也可与不同层网络互联。另外，用户可极其方便地共享网络数据库。

总之现场总线是高可靠性、低成本、组态简单、可互换、可互操作、分散控制、方便运行、数据库一致的开放式系统。

（5）现场控制系统

综上所述，现场总线给当今的自动化带来以下 7 个方面的变革：

① 用一对通信线连接多台数字仪表代替原来一对信号线只能连接一台模拟仪表的情况；

② 用多变量、双向、数字通信方式代替单变量、单向、模拟传输方式；

③ 用多功能的现场数字仪表代替单功能的现场模拟仪表；

④ 用分散式的虚拟控制站代替集中式的控制站；

⑤ 用现场控制系统 FCS 代替集散控制系统 DCS；

⑥ 变革传统的信号标准、通信标准和系统标准；

⑦ 变革传统的自动化系统的体系结构、设计方法和安装调试方法。

随着智能现场仪表功能的不断加强和标准统一过程的加快，现场总线技术最终将创造一个相比传统 DCS 有质的提高的新一代控制系统 FCS。传统的 DCS 与 FCS 的区别如图 2-3-38 所示。

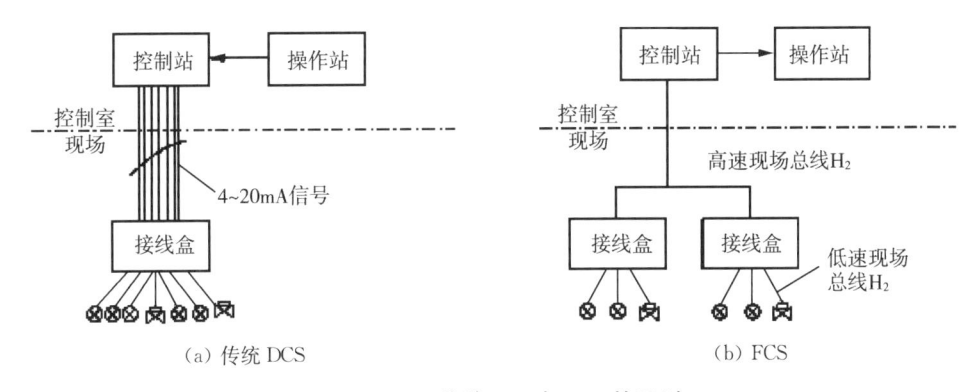

图 2-3-38 传统 DCS 与 FCS 的区别

在传统的 DCS 系统中，每个现场仪表到控制站的通信都需要一对专用的双绞线，以传递 4～20 mA 模拟信号。在 FCS 中，每个现场仪表到现场接线盒仍各用一对双绞线，低速传递数字信号,但从接线盒到控制室则仅用一对双绞线完成数字通信。数字通信比模拟通信方式有以下优点。

① 简化了控制装置的硬件结构,提高了装置精度。

② 提高了信号传输精度。数字信号抗干扰能力强,它能传输分辨率高的信息,并能对被传输数据的正确性进行检验、纠错,传输中基本不降低精度。

③ 传输的信息更加丰富。不但能传输测量值,还能传输状态信息和控制信息。

④ 大大减少了布线的复杂性和费用。模拟信号传输时,一对电缆上只能传输单一信息,构成较复杂系统时现场布线复杂、使用的电缆量大。数字通信可使许多现场仪表和控制室设备在同一总线上进行双向多信息的串行数字通信。

思考题

1. 叙述交流调速技术相对于其他调速技术的优缺点。
2. 什么是 PLC？PLC 有什么特点？
3. PLC 与继电接触器式控制系统相比有哪些异同？
4. 构成 PLC 的主要部件有哪些？各部分的主要作用是什么？
5. PLC 按照什么样的工作方式进行工作？它的中心工作过程分为哪几个阶段？在每个阶段要完成哪些控制任务？
6. PLC 常用的编程语言有哪几种？各有什么特点？
7. 可编程控制器有哪几项主要的性能指标？
8. 简述计算机控制系统的组成。
9. 简述前向通道概念及其特点。

第四章　船闸控制系统

船闸电气是一综合系统,由供、配电,照明,通信广播、工业电视,控制及计算机管理系统,防雷及接地等几方面组成。船闸是水路运输的重要咽喉,直接影响到水上运输和经济的发展。船闸电气的发展过程顺应电气发展的潮流,其过程可以看出有明显的三个或四个阶段。20世纪60至70年代采用由主令电器直接组成的船闸启闭电路;80年代普遍使用继电器控制系统,有强电和弱电操作之分,其间的发展势头也比较令人欣慰,如曾出现的吕四船闸程控系统,其中应用了一些当时先进的光电技术,施桥船闸的无触点矩阵步进系统等;90年代至今船闸电气的发展是历史上最为活跃的阶段,发展势头比较迅猛强烈。PLC的普遍运用和计算机管理的介入掀开了船闸电气系统历史的新篇章。

第一节　船闸自动控制系统

每个船闸的控制基本可以分为两部分:一是集中控制,二是单机控制,每台设备都具备两种功能,自动控制和手动控制(即单机操作)。随着信息技术的日新月异,计算机监控技术已被广泛应用于我国的水运事业之中,这其中就包括船闸闸阀门自动控制系统。船闸自动控制系统能根据控制要求,实现启闭闸阀门、监测闸室内外水位、监测各闸阀门开启状态和监测系统设备状态等功能,具有可靠性高、使用操作方便等特点。本节以江苏境内使用较多的人字门船闸闸阀门的自动控制为例进行介绍。

一、船闸自动控制系统工艺流程及要求

(一)船闸运行控制工艺流程

船舶在通过船闸的过程中,从船舶进闸到出闸,船闸闸阀门主要有八个运行步骤(从上行船舶出闸开始):①开上游闸门;②关上游闸门;③落上游阀门;④开下游阀门;⑤开下游闸门;⑥关下游闸门;⑦落下游阀门;⑧开上游阀门。通过上述八个步骤的循环,完成船闸的不间断运行。船闸闸阀门自动控制系统工艺流程就根据这个八个步骤进行制

订(如图2-4-1所示)。该工艺流程图从上行船舶进闸开始,此时的状态是上游闸阀门关闭,下游闸门开启,阀门关闭,下游闸室对内是绿灯,其他均为红灯。为指挥船舶进闸,下游闸室对外红灯需变为绿灯,闸室对内绿灯变为红灯,当船舶完全进闸,关闭下游闸门(此时下游对外绿灯自动变为红灯),上游开启阀门进行涨水,上游闸室内外水位相平,开启上游闸门(此时闸室对外红灯变黄灯,待闸门开到边时,黄灯变绿灯),闸门完全打开后船舶出闸,船舶出完后人工将上游对外红灯变为绿灯,闸室对内绿灯变红灯,船舶进闸(此间可以关闭上游阀门),船舶完全进闸后,关闭上游闸门,关到位后下游开启阀门进行泄水,待下游闸室内外水位相平后,开启下游闸门(此时下游闸室对内红灯变黄灯),闸门完全打开后,闸室对内黄灯变绿灯,船舶出闸(此间可以关闭下游阀门),船舶出完后,人工将下游对外红灯变绿灯,闸室对内绿灯转红灯,船舶进闸,至此,船闸完成上述八个步骤。这八个步骤是相互联系的,每个步骤必须满足一定的条件才能运行,否则就不能保证船闸的安全运行。

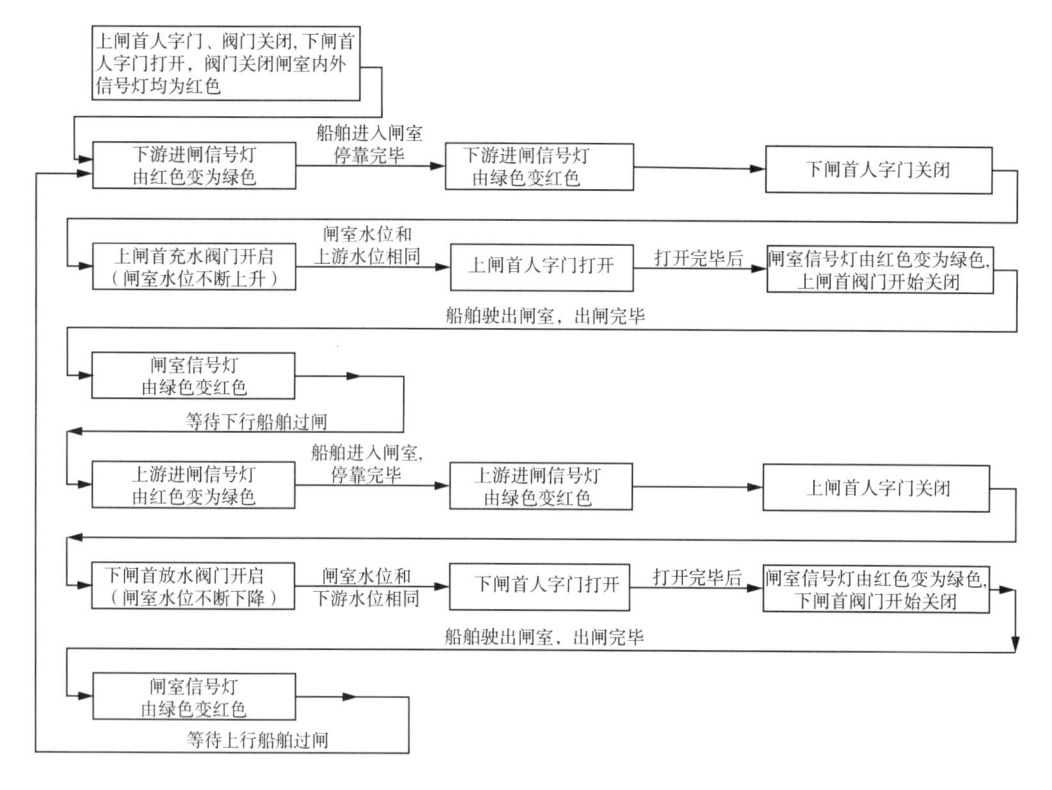

图 2-4-1 人字门船闸闸阀门自动控制工艺流程图

(二) 船闸运行控制要求

船闸的运行有着严格的规程,生产工艺要求较高,稍有差错,将会产生严重后果。为确保船闸安全、可靠运行,船闸控制应满足以下要求。

（1）上游的闸门和阀门未关到位，下游的阀门和闸门不能开启；同样，下游的闸门和阀门未关到位，上游的闸门和阀门亦不能开启。

（2）要有集中控制与现地控制的转换功能。

（3）关闭闸门时，对外显示交通灯应立即由绿灯变为红灯，禁止船舶再进闸；在船舶出完闸时，要具有人工转换信号灯的功能。

（4）船闸一旦发生各种意外，要有紧急切断电源（急停）、暂停闸阀门运行或强制阀门关闭（强落）的应急措施；急停与强落功能对上下游同时有效，暂停只对本闸首有效。

（5）船闸运行程序要有自锁功能。阀门开启后，只有闸室内外水位相平，同时两侧阀门至少有一侧阀门完全开启才可以开启闸门；两侧阀门均关闭时，闸门无法开启等。

（6）船闸上下游运行程序要有互锁功能，即上游在运行时，下游无法操作（急停与强落功能除外），同样，下游运行时，上游无法操作（急停与强落功能除外）。

二、船闸闸阀门自动控制系统的设计

（一）系统设计的要求

1. 合适性

合适性指系统的结构是否适合于系统功能性需求和非功能性需求，它是评估体系结构好不好的第一个重要指标。因此，在方案设计中要特别强调系统的合适性，采用成熟的自动控制技术、计算机技术、安全防范技术。

2. 可靠性

体系结构是系统设计的第一要素，详细设计阶段的工作如用户界面设计、数据库设计、模块设计、数据结构设计，等等，都是在体系结构确定之后开展的，而编程和测试是最后面的工作。根据《船闸总体设计规范》（JTJ 305—2001）、《船闸输水系统设计规范》（JTJ 306—2001）、《船闸水工建筑物设计规范》（JTJ 307—2001）、《船闸闸阀门设计规范》（JTJ 308—2003）、《船闸电气设计规范》（JTJ 310—2004）等规范要求，我们设计高可靠性的系统，使船闸的控制更安全可靠。

3. 延伸性

在满足系统设计要求的前提下，选用性价比高的传感器设备、监控设备及通信设备。另一方面，系统所采用的设备要考虑其更新速度。设备的更新、变化，必将导致对系统的扩展需求。因此，我们要在升级时要最大限度地保护原有的硬件设备和软件投资。

（二）船闸自动控制系统网络结构

船闸闸阀门自动控制系统主要有集中控制模式和集散型控制模式两种。集中控制模式整个船闸只有1套PLC，通过它完成船闸八个步骤的控制运行，集控室配有一台上位机作为控制服务器，上、下游闸首上位机直接与集控室服务器联系。集中控制模式同时也配有现地控制方式。集散型控制模式整个船闸有 3 套 PLC 系统,3 套系统通过网络相互联系完成八个步骤的控制运行,同时也配有 3 台上位机,有集中控制和现地控制,在现地控制时,可以关闭集中控制 PLC。

本节主要以集散型船闸控制系统为例。集散型船闸自动控制系统网络结构如图 2-4-2 所示。此图以苏北运河淮安三号船闸电气控制系统为模板。该控制系统中,集控室、上游主机房、下游主机房通过以太网进行通信,闸首另一侧机房安装分布式 RIO 系统,通过 MB+网络(法国施耐德公司 Quantum 系列 PLC 的一种通信方式)与主机房 PLC 进行联系。

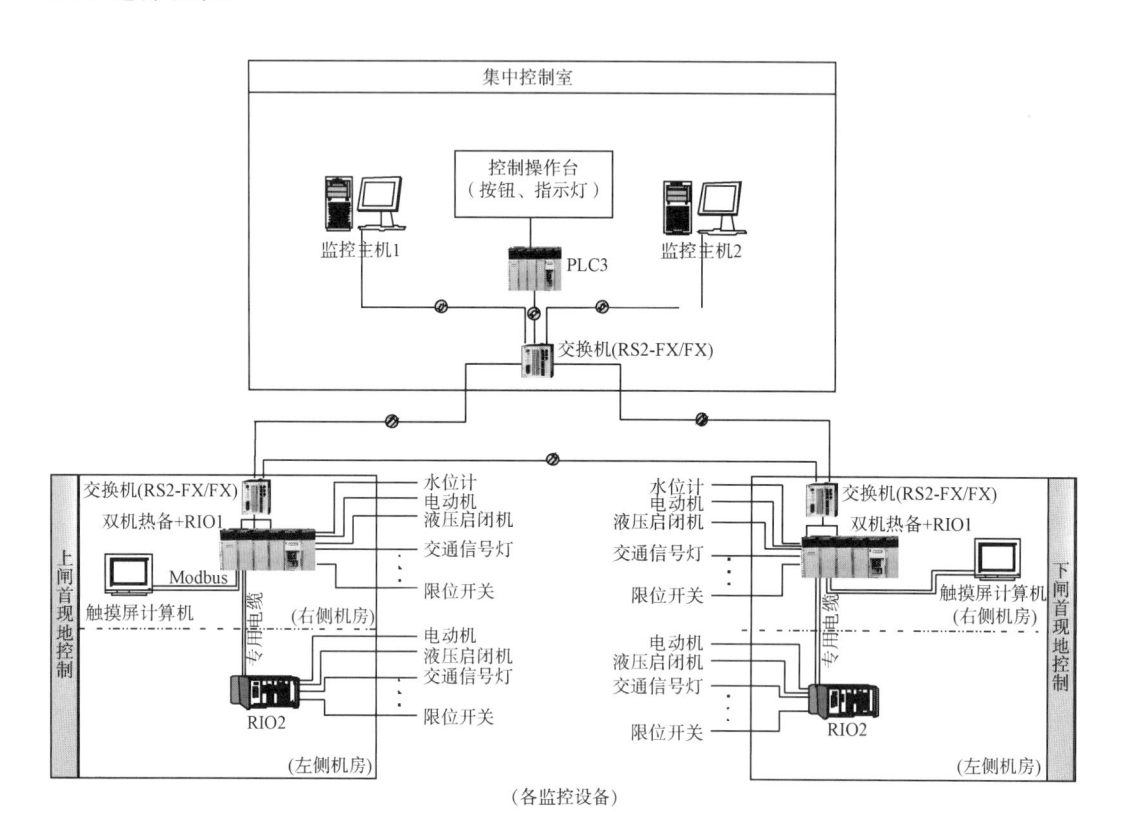

图 2-4-2 集散型船闸自动控制系统网络结构图

(三) 船闸自动控制系统 PLC 典型配置

船闸自动控制系统 PLC 配置之前,设计人员首先要对船闸的控制需求进行分析研究,确定 PLC 的选型、模块的配置种类以及 I/O 口的点数。目前大部分船闸根据控制要求,均选用中型 PLC,以满足船闸控制系统不断增加控制需求。下面仍以苏北运河淮安三号船闸控制系统 PLC 配置情况进行介绍。该闸 PLC 选用的是施耐德公司 Quantum 140 系列。

1. 现地 PLC 配置(图 2-4-3)

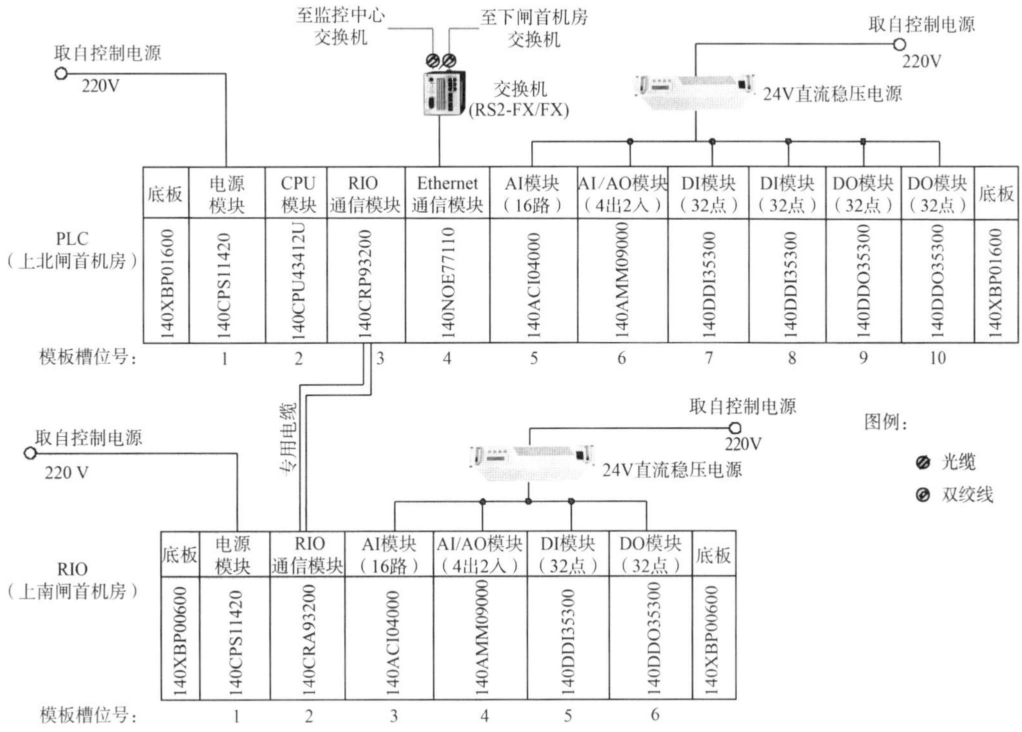

图 2-4-3 现地 PLC 配置图

主机房 PLC：1 块电源模块(140CPS11420)、1 块 CPU 模块(140CPU43412U)、1 块 RIO 模块(140CRP93200)、1 块以太网模块(140NOE77110)、1 块 16 路模拟量输入模块(140ACI04000)、1 块 AI/AO 模块(140AMM09000)、2 块 32 路开关量输入模块(140DDI35300)、2 块 32 路开关量输出模块(140DDO35300)、2 块底板(140XBP01600)。为方便现地 PLC 与上位机、集控台等通信，机柜内还配有 1 只以太网交换机(RS2-FX/FX)。

另一侧机房 PLC：1 块电源模块(140CPS11420)、1 块 RIO 模块(140CRA93200)、1 块 16 路模拟量输入模块(140ACI04000)、1 块 AI/AO 模块(140AMM09000)、1 块 32 路开关量输入模块(140DDI35300)、1 块 32 路开关量输出模块(140DDO35300)、2 块底板(140XBP00600)。

2. 集中 PLC 配置(图 2-4-4)

包括 1 块电源模块(140CPS11420)、1 块 CPU 模块(140CPU11303)、1 块以太网模块(140NOE77111)、1 块 32 路开关量输入模块(140DDI35300)、1 块 32 路开关量输出模块(140DDO35300)、2 块底板(140XBP00600)。

图例：
- ⊘ 光缆
- ⊘ 双绞线
- ⚡ 防雷保护器

至上闸首机房交换机
至下闸首机房交换机

交换机
(RS2-FX/FX)

底板	电源模块	CPU模块	Ethernet通信模块	DI模块（32点）	DO模块（32点）		底板
140XBP00600	140CPS11420	140CPU11303	140NOE77111	140DDI35300	140DDO35300		140XBP00600

PLC 3

220V 取自控制电源（集中控制室配电箱）
UPS
24V直流稳压电源

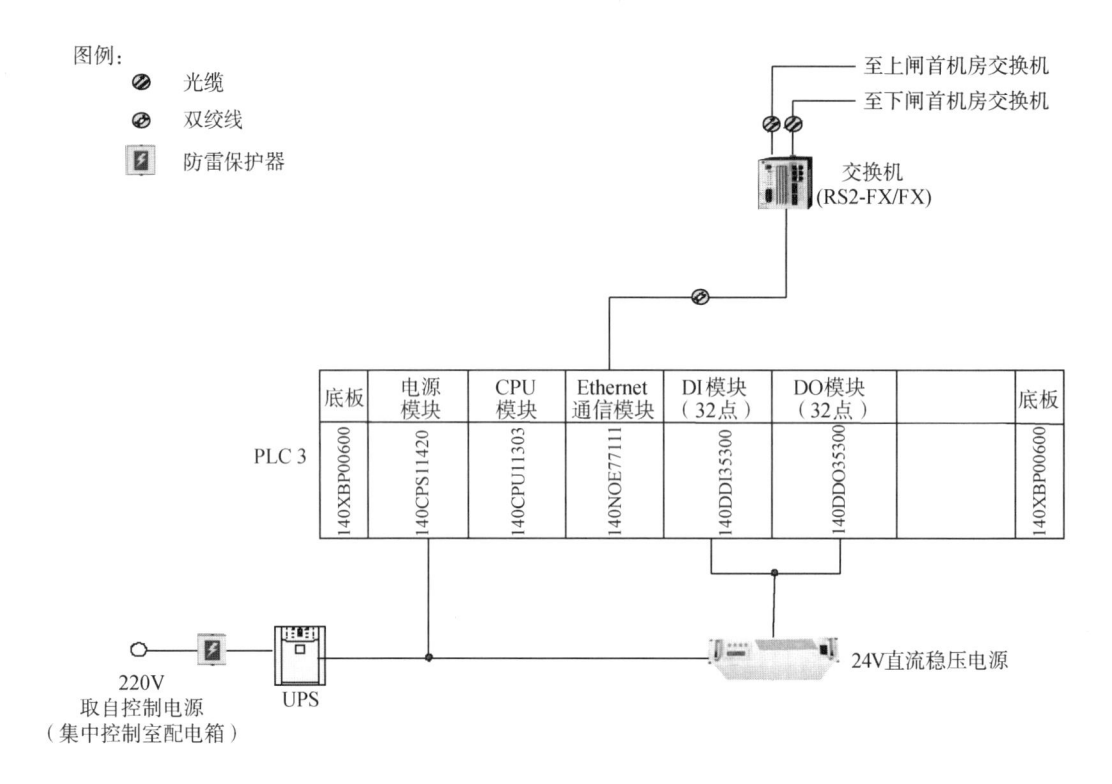

图 2-4-4　集中控制 PLC 配置图

（四）控制程序

1. PLC 程序

各个 PLC 厂家都开发有针对本厂 PLC 使用的编程应用软件，施耐德公司 PLC 编程软件就有 Concep 和 Unity 两种。但不管哪一种编程软件，都有梯形图、指令语句表、功能模块等编程方式，大部分 PLC 编程都需上述三种方式进行结合使用。

PLC 编程首先要根据硬件配置和船闸控制的接口需求对输入输出 I/O 口的名称和用途进行设置，只有明确了接口的名称与用途，才能很好地进行程序编制。因程序设计者爱好、技术水平不同，所编制的程序也不同，但不管如何变化，最终的控制目标都是设计出性能可靠、安全、实用的船闸运行控制程序。

2. 组态程序

组态程序主要功能是实现 PLC 与人进行对话。友好的组态程序界面可以显示闸阀门的实时运行状况、电机电流、系统电压、闸室水位变化、系统故障以及液压、机械系统的工作实况，等等，同时还具有对闸阀门、照明灯等进行控制的功能以及各类应急保护的操作功能，还可以实现对闸阀门速度参数的设置。其不仅能够对闸阀门的运行操作情况、故障报警、运行数据进行实时记录，还支持日志查看、检索，运行报表生成、打印等功能。

组态应用软件主要有 i-Fix、组态王、shiplock、WEBACCESS 等。目前在江苏境内船闸使用较多是组态王和 WEBACCESS。这两个软件既可以进行单机组态程序设计，也可以进行客户端和服务器(C/S)形式组态程序设计。

组态王为国产第一大组态软件，全中文化操作界面，更符合国内用户的使用和操作习惯。组态王 6.5 的 Internet 版本采用最新的 JAVA 2 核心技术，功能更丰富，操作更简单。整个船闸的自动化监控将以一个门户网站的形式呈现给船闸运行操作及管理人员，并且不同工作职责的使用者使用各自的授权口令完成各自的操作，这包括集控室的操作者可以完成设备的起停、系统维护人员可以完成船闸运行工艺参数的整定、船闸运行管理人员可以实时监控船闸运行状态等。通过 IE 浏览器，可以轻松浏览船闸的监控画面、过程数据、趋势曲线、数据报表、操作记录和报警等。

此外，组态王在画面组态上有以下一些特点。

① 支持大画面、导航图：用户可以制作任意大小的画面，利用滚动条和导航图控制画面显示内容；绘制、移动、选择图素时，画面自动跟踪滚动。

② 方便的变量替换：可以单独替换某个画面中的变量，也可以在画面中任意选中的图素范围内进行变量替换。

③ 自定义菜单：支持二级子菜单。

④ 丰富的提示文本：系统提供丰富的图素提示条文本，包括简单图素和组合图素。

⑤ 任意选择画面中的图素：在画面中使用键盘和鼠标结合可以任意选择多个图素进行组合、排列等操作。

组态王在变量定义上有以下一些特点。

① 定义结构成员时可以定义基本属性，例如变量属性、报警属性和记录属性等。

② 定义结构变量时自动继承结构成员的属性。

③ 结构变量可整体赋值。

④ 结构变量可作为自定义函数的参数。

⑤ 在数据词典中可以任意选择多个变量集中修改变量共有属性。

组态程序的设计必须首先掌握 PLC 程序的各类接口的配置，与 PLC 程序相结合才能进行编制。组态程序的编制同样受设计者的爱好、技术水平等影响，所以每个设计者编制的组态程序不可能完全一样，有的组态界面设计简洁，有的组态界面设计的功能较多。

本书重点在于船闸闸阀门自动控制系统使用与维护，因此本节不具体介绍 PLC 程序和组态程序的编制方法。

（五）集控模式下的安全保障措施

集控模式下，对船闸的主要控制是由监控调度中心内专职操作员完成。闸口值班员主要职责是安全巡视、船舶停靠引导、宣传等,兼顾船闸操作,但是仅能在闸首岗亭或机房内对船闸进行操作,十分不便。特别是在紧急情况下,值班员人员必须从现场赶回岗亭进行船闸闸门的急停操作,延误应急反应时间,容易造成重大损失。

1. 远程手持终端

手持终端由闸口值班员随身携带,在紧急状态下可以进行应急操作。

实现方式:在闸首机房安装天线,用于覆盖船闸区域并接收无线手持终端信号,发送至手持终端服务器,终端服务器与主控组态服务器进行信息互换,以对闸阀门进行应急控制。应急控制指令是暂停、急停、强落。辅助功能有闸室照明开关、广播宣传、无线对讲等。

2. 集控应急按键

集控模式下,监控中心专职操作员通过网络对闸阀门进行远程操作。当网络故障或网络卡顿时候,可以通过桌面上的硬件按钮进行应急操作。

实现方式:在船闸主控 PLC 机柜内另装一台简易 PLC,监控中心安装一台简易 PLC,两台简易 PLC 相互通信。操作员的硬件应急按钮给监控中心的简易 PLC 信号,用来控制主控机柜内的简易 PLC 信号输出。并将简易 PLC 输出信号关联至主控 PLC 的输入端口,以控制船闸的暂停、急停、强落。此两套 PLC 系统采用硬件连接,不影响互相的网络信号,保证主控 PLC 网络安全。

第二节　船闸远程集中控制系统

船闸设备点位分散,且对安全可靠性要求高,故存在本地和远程设备监视、控制、管理、调度、通信等需求。随着船闸运行管理逐渐趋于"无人值班,少人值守"化,船闸集中监控被广泛运用于船闸日常运行中,逐渐实现了对船闸的监视与控制,为船闸安全可靠地运行提供了技术保障。

扬州市航道管理处下属六座船闸均属于扬州处统一管理,因此具备集中控制的有利条件。为了实现六座船闸的远程集中控制,实时记录船闸水位、闸位、液压系统状态、电气量、操作记录、设备故障记录等数据,保证实时监测船闸运行调度、主体设备状态、安全风险防控等运行安全,运行人员必须能在运调中心对全部船闸进行远程实时监测、监视和控制,实现在运调中心对各船闸相关设备的远程集中控制,对于船闸非正常情况可直接实施人工干预、船闸本地投入控制及检查等,真正实现多座船闸的远程集中控制,实现船闸现场的无人值班,少人值守,提高管理水平与经营效益。

一、船闸集中控制系统

船闸的远程集中控制系统能够迅速可靠、准确有效地完成对各个船闸的设备运行数据的监测和对闸阀门等设备的控制,以及对整个系统的运行管理,包括历史数据存档、查询,运行报表生成与打印,对外通信管理等。

（一）系统组成与结构

1. 系统组成

运调中心远程集中控制系统主要由数据服务器、应用服务器、通信服务器、磁盘阵列、操作员工作站、工程师工作站等硬件设备及集控应用软件共同组成,实现控制权限处理、数据采集与处理、控制命令下发、图形显示、数据记录与存储,及向管理区单向传输运行数据等功能,完成对整个扬州处下辖 6 座船闸的远程集控。

各船闸层由数据服务器、操作员工作站、现地控制单元及上位机控制软件与现地 PLC 软件共同组成,部署对应船闸本地控制等业务,实现控制权限处理、数据采集与处理、控制命令下发、图形显示、本地数据记录与存储、与运调中心集控数据交互等应用,实现各船闸管理所对各自船闸进行本地控制。

2. 系统结构

集控监控系统采用分层分布式结构,从下到上分为船闸层和运调中心层。考虑到今后以运调中心远程集控为主,因此需提高各船闸接入运调中心远程集控系统在软硬件及网络通道层的可靠性。分别从网络通道和数据通信程序两个方面来提高集控系统的可靠性。

在控制网络通道方面,考虑在计算机网络方面建立双通道,租用 2 条运营商专用数字链路,通过出口路由器自动切换主备网络通道,做到双网热备,一条通道的运营商网络、线路通信中断,系统自动切换到备用通道。其中因运调中心建设在芒稻船闸内,芒稻船闸与运调中心间通过自建光缆组网。

在集控系统与船闸本地控制系统通信机制方面,考虑运调中心集控系统分别开发与现地上位机通信和现地 PLC 直接通信两种通信驱动程序来获取数据,与现地上位机通信作为主用通信机制,便于集控与现地的数据同步,在主用通道上位机设备故障的情况下自动切换到备用通信机制,由集控系统与船闸本地 PLC 进行直接通信,采集数据。

同时采用分层分布式结构,在运调中心集控系统主机宕机或掉线的情况下,船闸本地控制系统仍可对本地闸阀门设备进行操作,存储船闸本地控制系统数据,在集控系统设备或网络恢复后,将数据同步至集控系统。

控制系统的软件通信机制如图 2-4-5 所示,控制系统总体网络结构如图 2-4-6 所示。

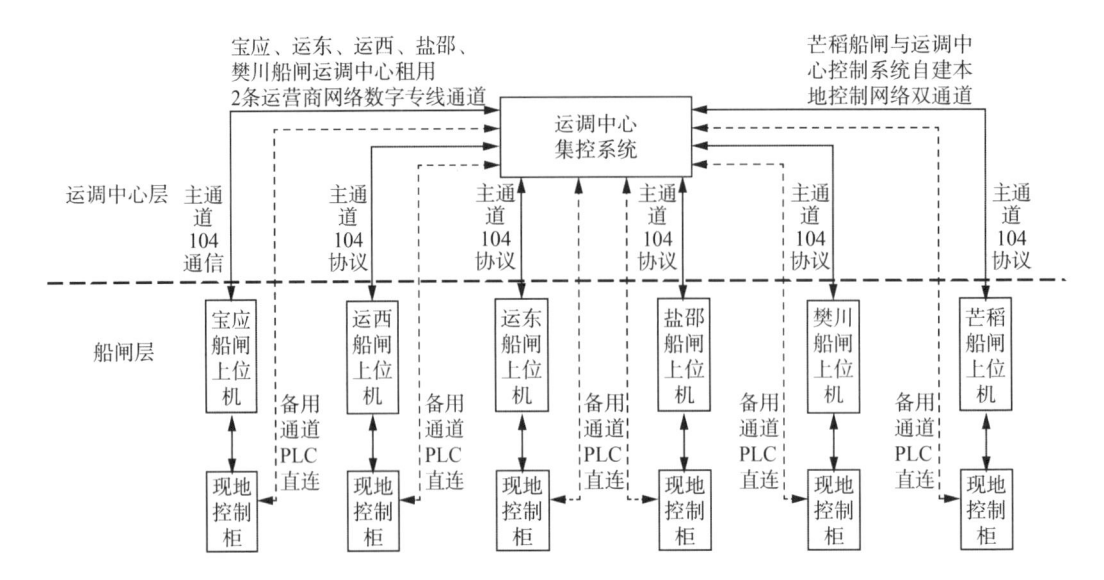

图 2-4-5 控制系统的软件通信机制示意图

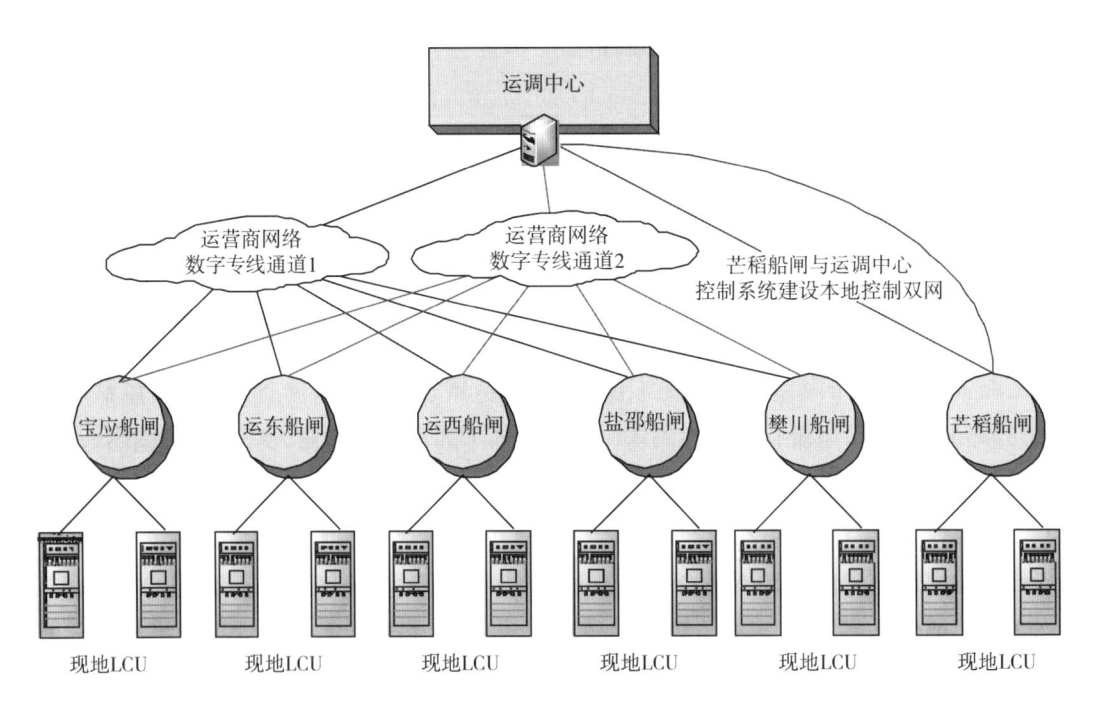

图 2-4-6 控制系统结构图

(二) 运行方式

按分层分布式建设高效完善的船闸控制系统是运行管理系统安全可靠运行的重要基础。船闸集中控制系统包含运调中心、船闸及现地三层控制。通过在现地控制单元中设置"远方/现地"及"自动/手动"切换把手,在船闸层控制系统上设置"集控/站控"权限切换功能,将整个系统控制权限分为三级,各级控制权限相互闭锁。正常运行时控制权限设置在运调中心,当运调中心异常退出或管理需要时,可把控制权限切换到船闸上位机,或船闸本地控制单元。具体切换方式如下。

(1) 现地手动控制:"自动/手动"切换把手位于"手动"位置,操作人员直接在设备现场通过现地控制柜面板上的按钮或者开关启动、停止设备。

(2) 现地自动控制:"自动/手动"切换把手位于"自动"位置且"远方/现地"切换把手位于"现地"位置,操作人员通过设置在现地控制单元内的人机接口(触摸屏)启动、停止设备,并能监视设备启动或者停止的过程。

(3) 站控层控制:"自动/手动"切换把手位于"自动"位置、"远方/现地"切换把手位于"远方"位置且船闸层上位机"集控/站控"权限切换处于"站控"位置,操作人员在各船闸管理所控制室内通过控制系统上位机进行闸阀门设备控制操作。操作员可通过控制画面监视设备的运行状态。

(4) 运调中心层控制:"自动/手动"切换把手位于"自动"位置、"远方/现地"切换把手位于"远方"位置且船闸层上位机"集控/站控"权限切换处于"集控"位置,操作人员在运调中心通过集控系统进行船闸闸阀门设备控制操作。操作员可通过集控画面监视设备的运行状态。

(三) 系统主要功能

1. 数据采集与处理

(1) 电量监测:包括各船闸电气设备及高低压母线的电流、电压、功率、频率。

(2) 液位监测:包括各船闸水位与油位。水位包括闸室内水位及上下游水位等。油位包括启闭机液压系统油缸油位等。

(3) 压力监测:包括各船闸启闭机液压系统压力(有杆腔压力、无杆腔压力)等。

(4) 温度监测:包括各船闸液压系统油温,变压器绕组温度、环境温度等。

(5) 开度监测:包括各船闸闸门与阀门开度等。

(6) 设备状态:包括各船闸闸门、阀门、断路器、隔离开关、交通信号灯、闸室照明灯等设备的工作状态。

2. 数据记录与存储

(1) 控制系统对采集及处理过的实时数据进行记录,实现对系统中任何一个实时模拟量数据(原始输入信号或中间计算值)进行连续记录。记录的时间间隔(分辨率)可以根据需要设置,最小时间间隔可达到 1 s。记录的数据应支持实时趋势曲线显示,能够在实时趋势曲线上选择显示任何一个点的数值和时间标签。

(2) 控制系统建立历史数据库,能够存储系统中主要的输入信号(模拟量和开关量)

以及重要的中间计算数据。记录的时间间隔(分辨率)可以根据需要设置,最小时间间隔可达到 1 s。若以 1 s 的采样周期存储,系统最少应能够存储 30 天的历史数据,作为整个监控的公用数据库。

(3) 历史数据库的数据记录与存储满足用户对历史数据的多种检索方式,如历史趋势曲线、日报表、月报表、事件查询等。

(4) 历史数据库实现自动清理、备份等功能。包括可通过程序设置完成过期数据的自动清理;能够定期或在存储介质空间占用率大于一定值时,以一定的方式提醒运行人员将数据转存至外部存储介质,或可自动转存到外部存储介质上。

3. 报表功能

控制系统具备通用、灵活、开放的报表服务系统,用于生成所需要的历史数据及实时数据报表。

4. 控制与调节

控制与调节的对象包括闸门(人字门)、阀门(输水廊道门)、交通信号灯、通航照明灯、广播、高低压供配电设备等。

操作员通过运行人员操作台上的显示器、标准键盘和鼠标等,对各船闸层控制对象进行下列控制。

(1) 船闸闸门、阀门、交通信号灯及广播设备的自动控制实现船闸上行及下行逻辑配合,实现联动控制和调节,完成流程的暂停、继续、停止及事故紧急停止控制。

(2) 实现对闸门的远程单步控制与调节,包括:闸门开启、关闭与停止操作;按照时间及左右侧同步性自动完成闸门启闭操作;闸门限位与卡滞保护(10 s 内闸阀门开度变化小于设定值)等。

(3) 交通信号灯及照明灯的控制与调节,包括:交通信号灯的切换运行控制;通航照明灯的远程手动开启/关闭。

5. 监视与报警

(1) 状变监视:电源断路器事故跳闸,运行接触器失电,保护动作等状态变化、显示与打印。

(2) 过程监视:在操作员工作站显示器上,模拟显示闸门、阀门开启/关闭过程,并标定开度;模拟显示水位变化过程。

(3) 监控系统异常监视:监控系统中硬件和软件发生事故时立即发出报警信号,并在显示器及打印机上显示记录,指示报警部位。

6. 人机接口

人机接口需满足现场运行监视和控制操作的要求。运调中心人机接口作为运行人员监视、控制和调节运行的主要手段,同时也应为维护人员提供系统故障诊断、系统运行参数设定或修改、数据库建立和维护、监控画面编辑和修改、报表定义或修改等管理和维护工作的接口。

控制系统的人机接口遵守如下基本原则：

（1）人机接口应具有画面显示、控制命令输入、历史数据查询、打印等功能；

（2）人机接口采用汉字显示和打印功能，汉字应符合国家一级汉字库标准；

（3）给不同职责的运行管理人员提供不同安全等级操作权限，每种权限有其特定的应用范围；

（4）人机联系操作方法简便、灵活、可靠，对话提示说明应清楚准确，整个系统的画面组织形式和对话方式应保持一致；

（5）画面调用方式满足灵活可靠、响应速度快的原则，调用任何一幅画面不应超过三次击键，设计一定数量的快捷键，重要画面或功能可一次按键调出；

（6）根据运行和操作要求设计多种显示操作画面，满足运行人员对系统所有设备和工作过程的监视和操作要求。

7. 系统自诊断与恢复

（1）控制系统实现对自身的硬件及软件故障自检和自诊断功能。在发生故障时，能保证故障不扩大，且能在一定程度上实现自恢复。控制系统自身的故障不影响被控对象的安全。

（2）站控层具有计算机硬件设备、软件进程、通信接口、与现地控制单元的通信、与其他系统的通信等故障的自检能力。当诊断出故障时，采用语音、事件简报、模拟光字等方式自动报警。

（3）控制系统在进行在线自诊断时不影响系统的正常监控功能。

（4）对于冗余设备，当主用设备出现故障时，系统自动、无扰动地切换到备用设备。对于冗余的通信系统，自动切换到备用通道。

（5）硬件系统在失电故障恢复后，能自恢复运行；软件系统在硬件及接口故障排除后，能自恢复运行。

8. 视频监控系统联动控制

船闸集中控制系统需实现与视频监控系统的联动控制。

（1）视频监控系统与船闸集中控制系统连接后，需实现自动推出图像的功能。

（2）当进行某个闸门/阀门或者配电设备开关操作时，视频处理机自动控制和切换摄像机以取得操作位置的图像，实现遥视与船闸控制系统的联动。

（3）船闸控制系统现地发生报警时，视频处理机自动控制和切换摄像机以取得报警点的图像，监控主机立即发出声音信号，同时启动硬盘录像机记录报警事件。

9. 广播系统联动控制

船闸集中控制系统需实现与广播系统联动控制,根据船闸运行流程对各个阶段自动进行广播播报,包括:进闸、充水、泄水、出闸等,同时需预留软按钮实现远程人工点播。

(四)船闸层系统升级完善

目前各船闸控制系统的上位机组态软件均采用 Web Access,但版本不同,个别船闸的软件版本较老,不支持在新版本操作系统上安装;下位机采用的 PLC 种类较多,有施耐德 M580 系列、Quantum 系列和 Premium 系列,欧姆龙的 CS 系列,且由不同时期、不同厂家进行新建或改造,程序编程思路、模式及开放性不同,直接接入难度较大。另外 2018 年 12 月 31 日起施耐德厂家正式停止对 Quantum 系列和 Premium 系列 PLC 的正常销售,2 座船闸现场采用的欧姆龙 CS1G 系列 PLC 运行时间较长,备件也很难采购,因此对系统运行过程中的维护工作有非常大的影响。

现地控制系统运行是否稳定可靠将直接影响到远程集中控制,在控制过程中闸室内外水位信号、闸门开度及全开全关位置信号、视频图像等辅助手段将更为重要,而运行过程中,多个船闸的水位信号不准确,尤其对上下游水位差较大的船闸影响较大。

另外盐邵船闸、樊川船闸、运西船闸的闸室运行时间长,闸室两侧还是固定式系船钩,因系船钩不会同系船柱随水位升降而变化高度,需船员人为更换缆绳所系位置,所以存在安全隐患,尤其盐邵船闸上下游水位落差较大,一旦船员疏忽,则容易发生事故,上下游水位落差小的船闸暂无此隐患。要从根本上改善该情况,则需对闸室进行改造,增加浮式系船柱。但在非涉及主体工程改造的情况下,不能根本性解决该问题,可考虑在盐邵船闸运行充泄水过程中,将广播与控制系统联动,充泄水过程中,播放提示语音,并在过程中由运行人员通过视频、现场安全巡视人员现场提醒、现场预备消防斧等方式,暂采用折中方式来避免发生严重事故。

根据调研情况,各船闸的软硬件设备均需进行不同程度的更新升级。进行升级改造的原则如下。

(1)统一规划设计,分步开展实施。

(2)软件配置统一,规范程序格式,便于与集控系统软件的统一协调及后期维护,各船闸上位机监控系统软件尽量采用与集控中心一致的软件。

(3)系统核心设备,采用国产化设备,做到安全自主可控,符合国家战略,避免系统被"卡脖子"或出现网络信息安全问题。随着国家对网络信息安全的重视及核心设备国产化进程的推进,运调中心及船闸现场控制系统上位机操作系统、数据库软件及现地 PLC 考虑采用国产化产品。可结合各船闸的系统实际情况、通航量和改造的急迫程度,逐步实施,先期选择接入集控改造对软硬件设备改造工作量大且通航量相对较小的樊川船闸进行国产化试点，后期逐步改造实施。其余船闸可暂通过编写升级 PLC 程序，改造船闸上位机软件，增加权限切换等功能后接入集中控制系统，以满足分级控制的要求。

（4）投入运行时间长的，设备运行情况不良的船闸设备先进行改造接入运调中心；时间不长的，运行情况良好的，先通过修改升级软件的方式接入运调中心。

二、视频监控系统

随着船闸运行管理逐渐趋于"无人值班，少人值守"化，对于视频监控将有更多的需求。通过专用通信通道连接各船闸视频系统网络，根据各船闸视频点位布置现状，增加船闸从上游引航道至下游引航道之间的视频点位，尤其是对闸门状态、闸室船舶停放位置、机电设备运行状态及船闸所周边环境等进行全方位的视频监控。各船闸图像汇聚至船闸机房管理区交换机后，通过专用传输通道及计算机网络系统将视频图像传送至运调中心，在运调中心实现新增视频点及已建各站的视频图像的监控。

在已建系统的基础上，要建设具有可管理性，方便用户使用的共享式视频监视系统，要求要充分考虑整个视频系统的扩容，在增加视频监视点的情况下，只需增加前端设备和少许后端管理设备就可以轻易集成到整个视频监视系统中来。并且运调中心需要远程监视现地船闸的运行情况，所以远程监视的图像必须清晰稳定。

（一）系统组成与结构

视频监视系统采用全数字 IP 视频监控的方式，由前端网络摄像机、接入点交换机、运调中心核心交换机组成统一的整体，各站点间的交换机通过光纤通信传输通道实现网络连接。网络结构采用星形和总线式相结合方式。

系统总体上既要满足各相关部门的使用要求、注重实效，又要做到稳定、可靠，操作简单，维护方便。根据系统的实际管理情况，构成两级结构：运调中心层（运调中心、航道管理处部署客户端）、船闸层。

现地船闸站层由网络摄像机及线缆、安装杆件等前端设备、视频客户端工作站、现有的大屏幕等设备组成，实现所管理范围内的视频图像的存储与显示。在管理站既可在视频客户端工作站进行图像监控，也可将客户端工作站的视频输出接口接至大屏幕，在液晶电视上进行视频图像显示。

运调中心层实现所有图像的实时监视，主要由视频管理服务器、流媒体服务器、解码器/矩阵、视频客户端等设备组成，其中因视频存储占用网络带宽较大，在运调中心可暂不设置存储设备，今后根据需要存储重要的视频信息或带宽足够时增加存储设备。在运调中心既可在视频客户端工作站进行图像监控，还可通过解码器/矩阵将视频信号输出至大屏幕，在大屏上进行显示。

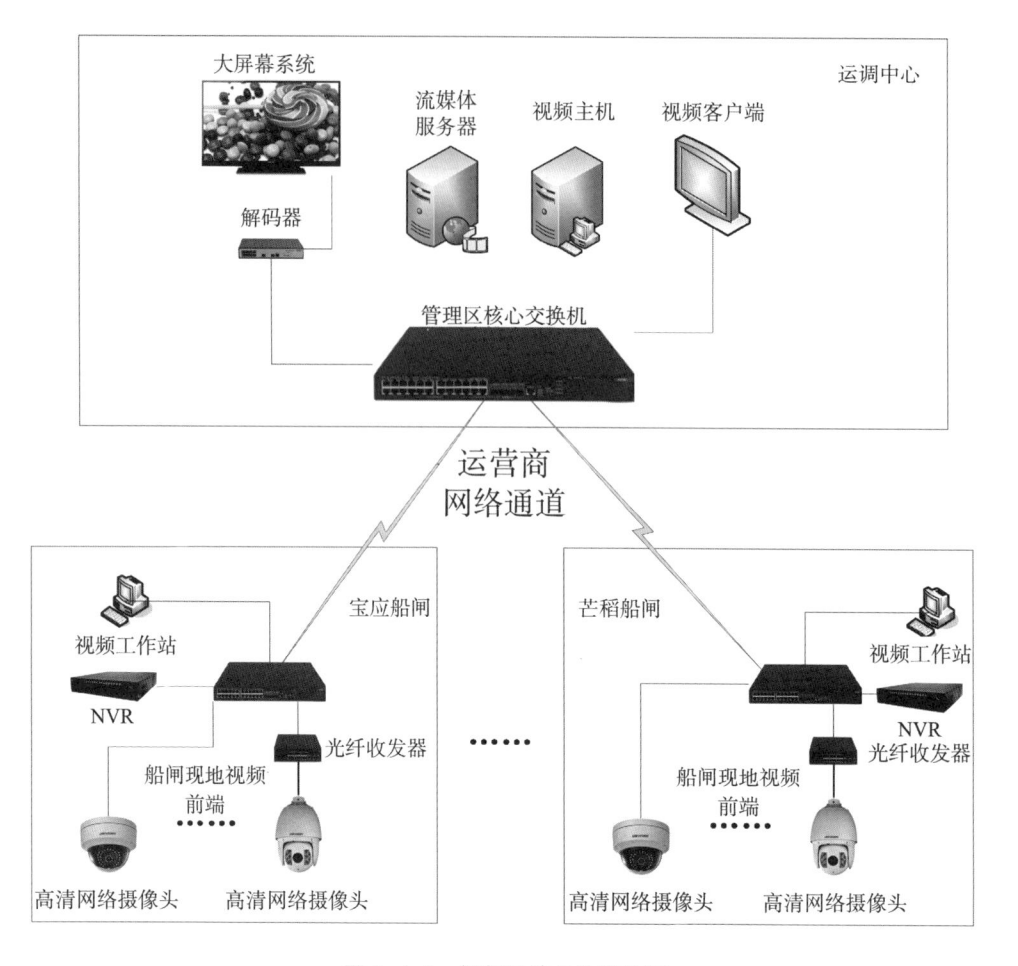

图 2-4-7　视频系统总体结构图

（二）系统的主要功能

1. 图像监视

（1）远程图像监视：任意一个监控终端经授权，都可监视来自前端摄像机的图像，不受距离限制，只要有通信网络和以太网相连。

（2）多点监视一点：多个监控终端可同时监视同一前端，控制权自动协商。采用组播方式，该路视频码流在网络中只占用1路视频的带宽。

（3）一点监控多点：一个监控终端可同时监控多个前端，即在计算机屏幕上多画面分割显示，且每个画面的图像实时活动。

（4）摄像机预置：可采用带预置功能的摄像机，对于每个要监视的目标，可预先将其方位、聚焦、变焦等参数存入预置位，从而可方便地监视这些目标，也可用这些预置点进行自动扫描巡视。

（5）图像抓拍：可抓拍屏幕上显示的活动图像，存入磁盘或通过打印机输出。

(6)自动巡视:在监控终端上,可选择加入自动巡视的前端、前端摄像机、摄像机预置点,并设定巡视时间,进行自动图像巡视。用户可自由使用单画面、四画面、九画面、十六画面进行端站远程图像监控/安防监控;可进行上下翻页;可针对每个画面分别选择不同端站/同一端站的不同的摄像机。

(7)当前画面可在满屏和正常显示两种方式之间任意切换,可实现一用户同时多点遥视、多用户同时一点遥视、多用户同时多点遥视。用户可选择执行轮巡方案;可以制定各种完全满足自己工作需要的多个摄像机之间的自动轮巡方案;可设定切换时间;轮巡方案中的摄像机可以是多个端站的。

(8)在自动轮巡过程中,若用户需要关注某个画面,可以对该摄像机进行通道锁定,锁定的通道不参与轮巡,便于用户监视和控制;也可以进行画面锁定,实现图像定格。

2. 系统管理

(1)用户管理:用户的增减,用户的授权,用户优先级设置,等等,均由系统管理员完成。

(2)系统网管:系统服务器自动进行管理,包括设备在线监测、连接管理、自我诊断、网络诊断等。

(3)系统日志:对于系统中的操作,如系统报警、用户登录和退出、报警布防和撤防、系统运行情况,等等,都由系统日志记录。

(4)控制权协商:当多个用户同时监视一个前端或同一画面时,为了避免控制混乱,只能有一个用户对前端设备进行控制,这可通过网上自动协商完成或根据用户权限的优先级由高到低实现;若在多个用户监视同一前端时,要改变画面分割方式,也可通过网上自动协商完成。

(5)信息查询:登录用户可查询系统的使用和运行情况,如在线用户名单、前端运行状态、报警信息,等等。

(6)电视墙功能

电视墙是监控中心常用的监控设备,由多个大屏幕液晶电视机组成,能够放大监控画面,便于监控人员观看。系统支持将监控画面上传到电视墙上播放。

电视墙功能:可以在客户端进行电视墙的布局配置,并将电视墙和解码器进行绑定,布局中窗口数和解码器播放窗口一致。

支持同时播放多个监控视频:系统支持在电视墙上同时播放不同监控点视频,每台电视机可以对应一个监控点。

支持电视墙手动切换及轮询切换。

支持告警窗格设置,可指定某窗格为告警窗格,用于显示告警联动画面。

(7) 平台录像

平台事件录像属于告警联动的一种处理方式。当发生告警事件时,系统根据联动策略启动发生告警的前端设备或其他设备的录像任务,并将录像文件保存到存储设备上,录像时长可由用户自行配置,录像时长结束后便停止事件录像。

(8) 视频联动

船闸视频联动系统的运行控制指令自动调用运行区域的相关摄像机视频监控信号,如:当视频联动服务器读取到控制系统开闸状态时,软件自动调用闸门内、闸门外、闸室画面;当视频联动服务器读取到控制系统进闸绿灯状态时,软件自动调用引航道、进出闸、闸室全景画面等。这样可以以最快的速度了解现场的运行情况,及时确保通航系统的设备安全可靠,船舶顺利过闸。

实现方式:视频联动服务器从船闸主控 PLC 系统获取信号,读取船闸运行状态,通过软件从监控系统的硬盘录像机调用视频信号,展示在视频联动专用电脑上。这样可以让视频系统网络与船闸控制系统网络完全隔离,能有效地保证船闸控制系统网络安全。

(三) 船闸层系统升级完善

目前各船闸视频系统均采用海康威视品牌设备,且均采用了网络摄像机。但还不能满足全方位覆盖上下游远调站附近航道、引航道至闸室等船闸全线。各船闸视频系统的软硬件设备需进行不同程度的更新升级。根据各船闸运行情况完善视频点位、更新高清摄像头和增加夜间视频功能,以统一规划设计、分步开展实施的原则进行升级改造。更新设备时,需严格要求所用设备满足高清网络视频及编码、解码和传输的标准要求。

视频系统接入运调中心平台接口主要利用现地视频主机接入,而视频监控系统目前主流均为高清网络摄像头及相关后端设备,行业发展已非常成熟,在视频编码、解码及传输技术等方面已有标准规范,后续升级改造相关设备接口技术要求参照《公共安全视频监控联网系统信息传输、交换、控制技术要求》(GB/T 28181—2016)。

三、广播通信系统

船闸监控系统运行过程中,除了常规的机电设备控制外,还涉及过闸船只及船民管理,因此为了实现远程集中控制,需在各船闸层设置广播系统、甚高频系统,完善运调中心与船民的沟通渠道,实现运调中心与船民之间的便捷沟通及互动。同时通过对接已建微信公众号或手机 APP 等信息发布平台,及时发布船闸调度情况,引导船员有序、安全过闸。

船闸集中监控系统需实现与广播系统联动控制,根据船闸运行流程对各个阶段自动进行广播播报,包括:进闸、充水、泄水、出闸等,同时需预留软按钮实现远程人工点播。对于非自动流程信息或通知等,可由人工进行广播通知。

目前广泛采用数字 IP 网络广播系统,该系统是基于 IP 数据网络,将音频信号经过数字编码以数据包形式按 TCP\IP 协议在局域网或广域网上传送,再由终端解码的纯数字化单向、双向及多向音频扩声系统。

船闸使用数字 IP 网络广播系统可以在船闸区域内实现全覆盖,同时考虑分区广播的功能,不同区域可实现不同的广播内容,同时将广播系统与船闸控制系统、船闸智能调度系统进行一体化集成,达到根据调度状况和闸室运行状态进行自动语音播报目标。

正常一道船闸的基本配置如下:集控室网络广播服务器 1 台,上下游闸口安装网络功放各 1 台,上游引航道及上闸室、下游引航道及下闸室 2 个区域,每个区域 4 个扬声器,2 个区可以自由组合广播。

思考题

1. 请简要说明船舶在通过船闸的过程中,从船舶进闸到出闸,船闸闸阀门的八个运行步骤。
2. 请简要分析智慧船闸的概念。
3. 智慧船闸的特点有哪些?
4. 请简要分析智慧船闸系统的总体架构。
5. 简要说明船闸的远程集中控制系统的组成及结构。

第三篇 船闸安全运行管理

第一章　运调管理

船闸是航道的咽喉,加强船闸过闸调度管理,提高船闸通过能力,使过闸船舶安全、有序、快速地通过,是船闸管理的中心任务。因此船闸工作人员必须具备一定的业务(技术)素质,才能充分发挥船闸的经济和社会效益。

第一节　船舶登记

一、航行证件的查验

航行证件的查验是船舶进入待闸区停靠后进行过闸登记的必要手续。

(一) 船舶航行证书

船舶航行证书是船舶航行的必备文书,由船舶所有人向船籍港海事管理机构申请核发。船舶航行应持有相关航行证书。

(二) 对船舶的要求

船舶应满足四方面要求,方可航行:

1. 必须持有船舶检验机构依法检验合格的船舶检验证书;
2. 依法登记并持有船舶国籍证书和船舶所有权登记证书;
3. 配备符合交通主管部门规定的船员;
4. 配备必要的航行资料。

(三) 对船员的要求

船员经水上交通安全专业培训,并经海事管理机构考试合格,取得适任证书或其他适任证件,方可担任船员职务。

（四）船舶航行证书的主要种类和作用

1. 船舶所有权登记证书

目的是通过船舶主管机关登记在法律上确认所有人对船舶享有的占有、使用、收益和处分的权力。

2. 船舶国籍证书

船舶登记机关签发的用以证明船舶的国籍、船籍港、船舶所有权的一种证书。

3. 船舶抵押权登记证书

它是以船舶作为担保物，在法律上确定船舶所有人与债权人之间的权益关系。

4. 船舶检验证书

船舶检验证书是验船机构对船舶进行技术检验后签发的证明文件。主要包括：

（1）内河船舶适航证书；

（2）内河船舶吨位证书；

（3）内河船舶载重线证书；

（4）内河船舶防止油污染证书；

（5）内河船舶防止生活污水污染证书；

（6）内河船舶防止垃圾污染证书；

（7）内河船舶防止空气污染证书；

（8）内河船舶装运危险货物适装/推或拖证书；

（9）内河船舶散装运输危险化学品适装证书；

（10）内河船舶散装运输液化气体适装证书；

（11）内河船舶乘客定额证书；

（12）临时证书（适用于附加检验需要发证时）。

船舶过闸主要对船舶适航证书、载重线证书、吨位证书的有效性进行检查。近来全国推行内河船舶"多证合一"改革，将内河船舶证书信息簿替代内河船舶检验证书簿、船舶所有权登记证书、船舶国籍证书、船舶最低安全配员证书、国内水路运输经营许可证、船舶营业运输证及船舶核查合格证。

二、货物分类

经水路运输的货物品种繁杂，批量不一，物理、化学性质和包装形式各异，在运输过程中，对积载、运输装卸和保管的要求也各不相同。水运货物大致的分类如下。

1. 干货

指成件的或散装的固态货物。干货可用各种类型的干货船运输。若干少量的桶装液体货用干货船运输时，不视为干货，习惯上称这种货物为液体件杂货。

2. 散装货物

又称散货,指不加包装的块状、颗粒状、粉末状货物。如矿石、矿粉、煤炭、砂石,散运的粮谷、盐、糖等。散装货物一般批量较大。

3. 普通货物

除了散装货物、特种货物和其他因本身性质而在装卸和积载方面有特殊要求的货物外,一般货物的总称为普通货物,亦统称杂货。它品种繁杂,性质各异,包装形式不一,批量较小,多按件托运和承运。常和"件货"并称,通称件杂货。

4. 危险品货物

凡具有爆炸、易燃、毒害、腐蚀、放射性等性质,在运输、装卸和贮存保管过程中,容易造成人身伤亡和财产损毁的物资均属危险货物。危险货物的分类,在国际上及各个国家的有关规定中并不完全相同。在我国《水路危险货物运输规则》中把危险货物分为以下八类。

第一类:爆炸品。如起爆物品、点火物品、爆炸物质及其制品。

第二类:压缩气体和液化气体。如液化氮、压缩氧、乙炔、压缩氯、硫化氰等。

第三类:易燃液体。如汽油、煤油、松节油、酒精等。

第四类:易燃固体、自燃物品和遇湿易燃物品。如镁、铝粉、黄磷、锌粉、金属钠、电石等。

第五类:氧化剂和有机氧化物。如过氧化钠、硫化钠等。

第六类:毒害品和感染性物品。

第七类:放射性物品。如铀、镭、锶、钍等。

第八类:腐蚀品。如强酸、强碱等。

三、船舶复核

为规范征收稽查行为,确保船舶过闸规费应收尽收,营造公平公正的船舶过闸秩序,特制定苏北运河过闸船舶计费基数复核管理规定。

第一条　过闸船舶复核范围

1. 首次进入苏北运河的船舶;

2. 苏北运河航闸智能运行系统船舶信息资料中无图片信息或图片信息不齐全的船舶;

3. 苏北运河航闸智能运行系统中连续 3 个月以上(含 3 个月)无航行轨迹的船舶;

4. 苏北运河船舶过闸诚信管理办法规定需进行复核的船舶;

5. 现场发现实船信息与苏北运河航闸智能运行系统中信息不符的船舶;

6. 船队在船闸登记时增加的驳船；

7. 超过一年未经计费基数复核的船舶；

8. 各管理处或船闸按计划进行计费基数复核的船舶；

9. 其他需要进行计费基数复核的情况。

第二条 船舶复核信息核查

10. 对复核船舶相关证件的有效性进行核查，船员应提供以下材料：

(1) 内河船舶检验证书；

(2) 船舶国籍证书；

(3) 船舶所有人或实际经营人身份证原件，营业执照复印件或传真件。

11. 对复核船舶进行现场核查，必须符合以下要求：

(1) 船名号、船舶灯箱、船籍港等标志标识齐全规范；

(2) 船名号必须唯一且与船舶证书一致。

第三条 船舶复核现场丈量

12. 对复核船舶进行现场丈量，填写货轮信息采集登记卡、驳船信息采集登记卡、轮头信息采集登记卡，由船舶现场丈量人员、船员分别签字确认，加盖计费基数复核专用章，并将回执单交于船员。现场丈量以下数据：

(1) 船舶总长、最大船宽、型深和量吨甲板长、船宽；

(2) 驾驶室长度、宽度和高度；

(3) 船员休息室长度、宽度和高度；

(4) 主甲板上载货仓口长度、宽度和高度。

第四条 船舶复核信息采集

13. 对复核船舶进行拍照：

(1) 船舶侧面全景；

(2) 含有船名号且拍摄约为 $9 m^2$ 的局部特征；

(3) 拖(推)轮、货轮灯箱、驳船船籍港。

14. 对所复核船舶相关证件进行扫描：

(1) 船舶所有人或实际经营人身份证原件，营业执照复印件或传真件；

(2) 内河船舶检验证书内"船舶主要项目"页；

(3) 内河船舶适航证书；

(4) 内河船舶吨位证书；

(5) 船舶所有权证书或船舶国籍证书。

15. 对货轮、驳船、轮头信息采集登记卡进行扫描。

第五条　船舶复核资料审核

16. 船舶信息录入人员对已采集的信息、照片等相关信息进行审核。对采集不符合要求的,一律退回重新采集。

17. 因客观原因不能提供齐全有效的船舶证件的,由船员填写"船舶相关证件缺失说明",并应在两个月内将船舶缺失证件向受理单位重新提交上传,逾期未提交的,由受理单位录入船舶违章库,不再安排其登记过闸。

第六条　船舶复核吨位核定

18. 船舶计费基数核定人员使用"船舶计费基数计算器"核算出该船舶实际计费基数,计费基数的认定标准为:

（1）如证书载明总吨位大于核定计费基数的,以证书载明总吨位为准;

（2）如核定计费基数大于证书载明总吨或苏北运河航闸智能运行系统中船舶原计费基数 20 总吨以上的,以核定计费基数为准。

第七条　船舶复核规费补征

19. 船舶计费基数增加的,船舶计费基数核定人员出具"船舶过闸费补征通知书",补征自 2018 年 6 月 1 日起已通过交通船闸的所有差额过闸费。

第八条　船舶复核信息修改

20. 经复核的船舶计费基数及主尺度与苏北运河航闸智能运行系统不符的,复核单位应及时在苏北运河航闸智能运行系统中变更船舶尺度、照片等信息,并在 24 小时内将船舶复核数据录入苏北处船舶复核管理系统,录入信息要确保准确无误,避免错录、漏录、重录。

21. 处运调中心从苏北处船舶复核管理系统获取船舶变更信息,及时报送省厅港航事业发展中心修改。

第九条　船舶复核档案收集

22. 船舶信息录入人员按照"一船一档"的要求收存归档船舶资料。

（1）纸质档案

①船舶信息采集登记卡;

②船舶过闸费补征通知书。

（2）电子档案

① 船舶侧面全景照片;

② 船舶局部特征照片;

③ 拖（推）轮、货轮灯箱照片,驳船船籍港照片;

④ 船舶所有人或实际经营人身份证原件,营业执照复印件或传真件照片;

⑤内河船舶检验证书内"船舶主要项目"页照片；

⑥内河船舶适航证书照片；

⑦内河船舶吨位证书照片；

⑧船舶信息采集登记卡照片；

⑨船舶所有权证书或船舶国籍证书照片。

23. 档案编码

××(复核船闸汉字简称)+(×)(根据录入船舶类别,选择录入拖轮、货轮、驳船首个汉字)+××××(录入年份)+××××(年初从 0001 起首录同类船舶流水号)。

例如:施桥(拖)20190001:施桥——施桥船闸,拖(或货、驳)——拖轮(或货轮、驳船),2019——2019 年录入,0001——自年初累计录入第 1 艘同类船舶。

24. 装订编码

根据装订复核船舶档案的数量,在封面标注"档案起讫号、档案份数、年度流水号"。

25. 电子档案

船舶信息复核应保存与"纸质档案"相对应的电子档案,按"船舶信息复核档案/录入年度/录入月度/档案编码"的保存路径,建立船舶信息复核电子档案。

第十条　船舶复核工作要求

26. 各单位应成立船舶计费基数复核队伍,每次参加信息采集、实船丈量不少于 3 人,计费基数核定、过闸费补征和信息录入应指定专人负责,确保分工明确、各负其责。

27. 参加信息采集、实船丈量人员应着救生衣,确保自身安全。

28. 禁止扩大或减小船舶查验、数据采集范围。

29. 在规定场所、工作时限内完成船舶信息首录受理、材料审核、计费基数计算、信息录入。

30. 开展船舶计费基数丈量复核工作应当严格遵守廉政和行风建设规定,不得徇私舞弊、滥用职权。

四、船舶登记

过闸登记是船舶过闸必须的程序。目前江苏省交通所属船闸统一使用"江苏省航道联网收费系统"对过闸船舶实施登记。登记内容主要包括:船舶名称、船舶类型、起讫点、总吨位、准载吨位、主要尺度、货物种类等。随着新技术的不断运用,部分船闸探索实施了更加科学便捷的登记模式,如:苏北运河各船闸推行的"零间隔"登记,"水上 ETC"登记调度模式在部分船闸投入试运行等,在这些调度模式下,船舶登记的方式发生了变化。下面仅介绍基于江苏省航道联网收费系统模式下的船舶登记。

（一）远方调度站管理

远方调度站是在距船闸上下游闸首一定距离设置的，为过闸船舶提供登记、购票、调度、待闸船舶秩序管理、过闸事务咨询等服务的场所。

据有关规定，"京杭运河船闸上下游一千五百米为引航道，其他船闸上下游八百米为引航道"，远方调度站一般设置在船闸引航道外侧。

1. 工作流程

（1）待闸停泊。

（2）登记受理。

（3）过闸费征收。

（4）预备调度。

（5）正式调度。

2. 停泊区管理

为保证过闸船舶的有序停靠和航道的安全畅通，有条件的船闸都设立了远方停泊区。远方停泊区主要包括待闸停泊区和预调度停泊区，各停泊区通常包含船队停泊区、危险品停泊区和货轮停泊区。各停泊区的长度，按照过闸船舶数量多少而定。危险品停泊区要远离各类容易发生火灾的场所，离开密集的建筑群体，一般应设置在常年风向的下风向。

船闸管理单位应与辖区海事管理机构建立工作联动机制，加强停泊区管理，对无序停靠、不听劝阻或拒绝纠正严重影响航道畅通或航行安全的行为等做法，依法进行处理。

（1）待闸停泊区设置

船闸管理单位根据航道条件和维护运行调度秩序需要，须设置各类船舶停泊区域和标定船舶停泊数量及停靠要求，绘制《各类船舶停泊区示意图》，加强公示宣传，引导待闸船舶有序停靠。

（2）预调度停泊区设置

船闸管理单位应根据运行调度条件或在船闸大修、抢修、恶劣气象、航道不畅等特殊运行条件下，设置预调度船舶停泊区域及标定船舶停泊数量和停靠要求，加强公示宣传，引导待闸船舶有序停靠，保证调度衔接和船闸正常运行。

（3）停泊区标志标牌设置

船闸管理单位应在各类停泊区设置标志标牌，标示停泊区域、停泊方式、限靠帮数等提示信息，引导各类船舶有序停泊。

(二)登记流程图

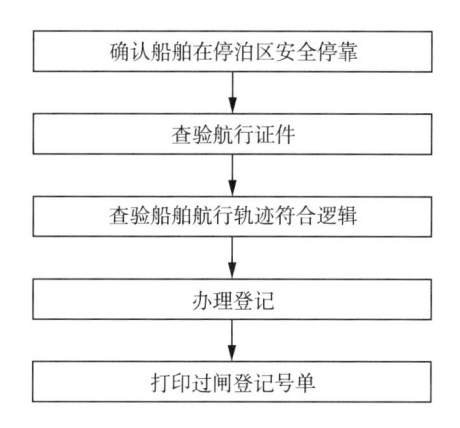

```
确认船舶在停泊区安全停靠
          ↓
      查验航行证件
          ↓
   查验船舶航行轨迹符合逻辑
          ↓
        办理登记
          ↓
     打印过闸登记号单
```

图 3-1-1　船舶登记流程图

(三)登记操作

1. 确认登记的船舶已到停泊区方可进行过闸登记。
2. 船员如实申报填写过闸船舶信息申报单(见表 3-1-1、表 3-1-2)。

表 3-1-1　过闸船舶信息申报单(货轮)

申报日期:　　年　　月　　日　　　　　　　　　　×××闸上(下)第00001号

以下由申报人填写					
申报人郑重申明,以下申报内容保证真实,与实际情况一致 申报人〔船长(驾驶员)或受船长(驾驶员)委托的其他船员〕　　　　(签名):＿＿＿＿＿					
货轮船名		型深		实际吃水	实载吨位　空□ 重□　　吨
总长		最大宽度		是否超载	不超□　半超□　全超□
总吨		货种		标志标识灯箱是否齐全规范	是□ 否□
起始港		目的港		适航证书或临时证书是否有效	是□ 否□
是否装有GPS系统	是□　否□		申报人(或随船)联系电话	

表 3-1-2　过闸船舶信息申报单(船队)

申报日期：　年　月　日　　　　　　　　　　　　　　　　　　　××闸上(下)第 00001 号

以下由申报人填写											
申报人郑重申明,以下申报内容保证真实,与实际情况一致 申报人〔船长(驾驶员)或受船长(驾驶员)委托的其他船员〕　　　　　(签名):_____											
船队 名称		拖带 条数		驳		载货 名称		实载 吨位	空□　重□　　　吨		
驳船 总吨		起讫港		至		是否 超载		不超□　半超□　全超□		
船队 总长		米	是否 GPS	是□　否□		申报人(或随船) 联系电话					
拖轮、驳船:总吨、总长、最大宽度、吃水深度											
长	宽	深	长	宽	深	长	宽	深	长	宽	深
拖轮			驳1船名:			驳2船名:			驳3船名:		
驳4船名:			驳5船名:			驳6船名:			驳7船名:		
驳8船名:			驳9船名:			驳10船名:			驳11船名:		
拖轮、驳船,标志标识是否规范齐全,拖轮是否装有灯箱											
拖轮		驳1		驳2		驳3		驳4		驳5	
是□　否□		是□　否□		是□　否□		是□　否□		是□　否□		是□　否□	
驳6		驳7		驳8		驳9		驳10		驳11	
是□　否□		是□　否□		是□　否□		是□　否□		是□　否□		是□　否□	

3. 根据申报信息进行系统登记

(1) 货轮登记

① 输入船名船号,如:江苏货 3001。

② 选择所属队列,如:重载货轮。

③ 选择货物种类,如:煤炭。

④ 选择航次起点,如:扬州。

⑤ 选择航次讫点,如:徐州。

⑥ 输入实际载货,如:300 t。

⑦ 选择超载级别,如:半超。

⑧ 选择是否危险品,如:否。

⑨ 其他基础信息均由系统在数据库中自动读取生成。

⑩ 选择确定,完成登记。

(2) 船队登记

① 输入船名船号,如:江苏拖876。

② 选择所属队列,如:船队。

③ 选择货物种类,如:煤炭。

④ 选择航次起点,如:扬州。

⑤ 选择航次讫点,如:徐州。

⑥ 输入实际载货,如:5 000 t。

⑦ 输入驳船船名船号,如江苏驳001、江苏驳002……江苏驳010。

⑧ 选择超载级别,如:半超,在每艘驳船后选择。

⑨ 选择是否危险品,如:否。

⑩ 其他基础信息均由系统在数据库中自动读取生成。

⑪ 选择确定,完成登记。

(3) 其他船舶(工程船舶、单放拖轮、集装箱等)登记参考货轮、船队登记,并按系统提示选择相关信息。

(4) 船舶提放

① 提出申请。

② 资格审查(各类船舶提出提放过闸申请,由船闸管理单位根据《江苏省船舶过闸费征收和使用办法》确定的提放船舶范围,经集体研究批准。若标准化顶推大铁驳、危险品、军用船在登记时提出申请可直接给予办理)。

③ 登记时在系统内选择"申请提放"。

④ 登记后在系统内选择"提放申请登记",输入船舶登记号,在系统内选择"提放审放"。

⑤ 选择确定,完成提放办理。

(四) 登记规范

禁止登记船舶范围:

(1) 轨迹停滞异常、已在其他船闸登记、轨迹不连续等航行轨迹不符合逻辑的。

(2) 船舶证件无效或船证不符的。

(3) 船舶无标志或者标志不能识别的。

(4) 船舶尺度超过航道等级限制的。

(5) 船舶实际吃水超过航道部门发布的准许通过最大吃水的。

(6) 船舶动力、舵机操纵设备等发生故障,或者船体损坏漏水,影响航行安全的。

(7) 损坏航道设施未做处理的。

(8) 发现违章行为,未做处理的。

(9) 不具备夜航能力夜间过闸的。

(10) 根据有关规定和管理需要应禁止登记的。

第二节　船舶调度

调度是船闸运行管理中的重要环节,调度工作做得好坏,直接影响到船舶的安全和进出闸速度,影响到一定范围内的航道状况。只有科学调度,才能充分发挥船闸的经济和社会效益,才能保证过闸船舶和船闸设施的安全。根据待闸船舶数量,可设置一级远方调度站、二级远方调度站,分别实施一级调度、二级调度。

一、一级调度

目前设置一级远方调度站的基本上都是中型以上的船闸(如苏北运河上的各船闸),正常情况下,京杭运河船闸远方调度站设置在距船闸上、下闸首 1 500 m,其他船闸为 800 m 处。有些小型船闸,如徐州的沙集船闸、扬州的中港船闸等,因为长年通过船舶较少,船舶基本上随到随放,过闸船舶一般都直接在引航道停靠,无需设立远方调度站。较为繁忙的船闸,为了保证待闸船舶快速、安全、有序进出船闸,通常设立一级远方调度站,由一级远方调度站实施的调度称之为一级调度。

(一) 一级调度的船舶种类及其要求

1. 一级调度按船舶的种类可以分为货轮、船队及其他船舶的调度。

(1) 货轮的调度。当待闸船舶很多时,如京杭运河苏北段各船闸,可以按照船舶的尺寸进行编组,这样可以提高闸室利用率,加快船舶过闸速度。

(2) 船队的调度。现行的船舶吨位愈来愈大,一些山东船队最大吨位接近一万吨,而且船型很不规则。这一类船舶在调度过程中很难具体掌握,因此在调度前需要做好以下几个方面的工作:一是向船员详细询问每一艘船的具体尺寸及船队组合状况;二是向船员讲明安全的重要性及过闸的注意事项;三是在必要时到现场了解船舶情况。对于定型船队,在调度时只要按照标准程序调度即可。在调度一些特大型非标准船舶时,还应掌握船闸的有关技术数据(如船闸上的桥梁标高),以防对船闸的建筑物或通航设施造成损害。

(3) 其他船舶的调度。危险品船舶,是指装载易燃易爆或化学物品的船舶。在不太繁忙的船闸或小型船闸,危险品船舶应单独放行。在繁忙的船闸也应做到隔离放行,隔离的安全距离应符合相关规定。对装运鲜活货的船舶和客班船应做到及时调度、及时放行。

2. 船舶调度方式。

船舶的调度按照调度的方式可以分为闸向调度和闸次调度。

(1) 闸向调度

闸向，系指开闸的方向。闸向调度即根据船闸的闸、阀门所处的位置，水级状况，待闸船舶情况，确定一个最经济、合理的闸向。

当船闸的上游闸门敞开，阀门已落到底时，应放下行船舶；反之，应放上行船舶。当船闸的上、下游闸、阀门都处于关闭位置时，应开启水位差较小的一侧，以缩短过闸时间。

对一些小型船闸或通过量不大的船闸，一般情况下可根据引航道内待闸船舶的数量，放行待闸船舶较多的一侧，以便疏通航道，防止堵塞。

对装有危险品的船舶，或有军事、抢险等特殊任务的船舶，在闸向调度时，更应充分考虑。对过闸的客班船，应尽量及时放行。

闸向调度以缩短船待闸时间和引航道内不受阻塞为原则。一般是上、下行交替进行，可减少过闸时间，又可节约用水，特殊情况时，也可以采用单向放闸。

(2) 闸次调度

闸次调度是根据闸室容积，安排船舶过闸。闸室的有效停船面积是一个常量，而过闸船舶是动态的变化的量。合理的闸次调度，就是要符合船舶过闸次序，充分利用闸室的有效面积，缩短过闸时间。因此，需要掌握以下几点。

按船舶过闸顺序号进闸。调度人员按顺序号调度，并提前向船员宣传，以便做好启航准备。进闸时，船舶应按先后顺序有秩序地进入闸室，不得抢档超越，防止闸口阻塞。

适当调配，充分利用闸室容量。进闸的船舶，由于尺度不一，一般情况下不可能达到满闸的要求。应根据实际情况，统筹兼顾，尽可能在保证安全的前提下，充分利用闸室容量。

装运危险品的船舶，应安排单独放行或隔离放行。

判断准确，果断调度，指挥得当。调度人员充分了解进闸船舶的尺度、吨位后，该进哪些船舶，判断要准确。船舶进闸后应按指定位置停靠。

(二) 一级远方调度站船舶调度的一般原则

1. 在正常情况下，危险品船舶白天放行。
2. 提放的船舶优先放行。
3. 货轮按编定的闸次放行，一般情况下不得和船队混放。
4. 危险品船舶实行单独放行或隔离放行。

(三) 一级远方调度站船舶调度应注意的事项

1. 调度员在调度船舶时应及时和闸口值班员联系，同时还应加强对引航道内船舶的观察和瞭望，尽量掌握第一手资料。要注意向过往船员宣传船舶停靠的秩序要求，保证船舶在引航道内不发生漂移。禁止非调度过闸船舶在引航道违章作业和停靠，以防堵塞航道和不便于船舶交会。

2. 按规定适时准确调度过闸船舶进入预调区和闸口靠船墩，不得多调船舶进入引航道。常规运行条件下，引航道靠船墩区域单闸单向待闸船队最多不超过2个、货轮保持一闸次过闸船舶容量。

3. 进入预调区的船队应要求完成进闸编组作业后再调入靠船墩等待过闸。

4. 在三线或复线船闸调度过程中，对货轮、大(异)型船等机动性能较差的船舶原则上安排与其停泊位置同侧船闸通过。

5. 船闸在正常运行过程中，船舶进闸后，即可调度下一闸次过闸船舶进入闸口靠船墩。

6. 提高闸次利用率和通航率。

二、二级调度

在过闸船舶较多的船闸，为合理分布待闸船舶停靠区域，减轻一级远方调度站调度压力，保证航道安全畅通，临时设置二级远方调度站。如京杭运河苏北段各船闸，遇有船舶大量积压时通常设置二级远方调度站。二级远方调度站的设置可以根据各船闸的特点，结合当地的水文、航道断面情况而定。

(一) 二级远方调度站的设置

设立二级远方调度站的基本原则如下。

1. 一般情况下，宜距一级远方调度站5～8 km。

2. 宜设立在航道断面开阔、水流流速小、无弯道处。有利于船舶停靠、工作人员及船员瞭望，便于工作人员对船舶停靠秩序进行管理。

(二) 二级远方调度站的功能

二级远方调度站的设立一般都是在待闸船舶特别多的情况下所采取的特殊措施。一般情况下分两次调船，主要是控制船舶调度节奏，保证航道畅通。因此，在管理上除将一级远方调度站调度的部分工作重心前移外，还需在一级调度的基础上增设一些临时性的管理机构，以保证船舶快速、安全过闸。

1. 计划调度室。根据待闸船舶的多少，及时下达各种调度指令，全面负责协调航道秩序管理，船舶提放的审批，船舶航行证件的管理，过闸计划表的编排、登记，船舶违章处理等工作。计划调度室的负责人一般由单位分管运行生产部门的负责人担任。

2. 航道排档组。因待闸船舶超过一定的数量，而航道的里程及有效面积是有限的，待闸船舶管理稍有不慎，就会造成航道的堵塞、交档困难等。航道排档组的设立主要是为了加强待闸船舶的管理,保持良好的待闸秩序,保证航道的畅通。一般情况下,航道排档组可由6～7人组成,设立一名航道排档组负责人。航道排档组工作职责有:

(1) 加强责任区内航道秩序管理,保证航道畅通;

(2) 负责对航道内船舶违章的纠正,提出初步处理意见,并上报单位相关职能部门;

(3) 负责审查、核实未经允许进入一级停泊区的船舶,并报单位职能部门。

3. 计划编排室。根据所长室审定的提放船舶、计划调度室的调度指令、单位船闸船舶通过能力的实际状况编排当日闸次运行计划表。负责公示运行调度计划、闸次计划表和违章船舶的处理情况,并做好运行计划和闸次计划表的宣传、解释工作。

(三) 各类船舶的预调度及注意事项

一般情况下,各类待闸船舶应严格执行各船闸的各项管理,切实遵守船闸的有关规定,要严格按照调度指令及运行计划表依次调度船舶。

1. 货轮的预调度。在距二级远方调度站上游面或下游面以外一定的距离找一段断面开阔处,标上停靠牌,供所有的货轮停靠,实行集中管控。在此类船舶调度上,由航道组工作人员根据调度指令及运行计划表,利用排档艇上航直接指挥调度。根据闸次计划表提前将需要安排放行的货轮调至一级远方调度站附近的待闸区域待闸。

2. 船队的预调度。在二级远方调度站以外一定的区域选择船队的停靠点,做好停靠标牌,并由航道组排档员对船队停靠进行管理。在待闸船舶较多的情况下,许多船闸在普通船队的预调度上,基本上都是由航道组排档员根据当天的运行计划表将当天需要放行的船队调度到一级远方调度站至二级远方调度站的航道区域里待闸。

顶推船和大型吊拖船体积大、装载吨位大,对这类船舶的调度移泊,尽量安排在白天进行。在放行时,要将上下行错开,避免同一时间双向放行,在引航道交档造成航道堵塞。

3. 危险品船舶的预调度。对危险品船舶按照一级调度的管理模式执行,原则上不安排在二级远方调度站以外的航道区域待闸。

第三节　船舶进闸

一、进闸船舶预告

(一) 进闸船舶预告的概念

是指船闸现场值班人员在严格遵守船闸安全操作规程的前提下,按照船闸运行管理规定的要求并结合进入引航道待闸船舶的登记、到达的顺序,科学、合理地对船闸当前闸次即将放行的船舶进行提前安排所发出的调度指令或信号。

(二)进闸船舶预告的方式

主要有广播、LED电子显示屏(在上述两种预告系统出现突发故障时,可由闸口值班员采取人工方式进行预告)。引航道待闸船舶通过广播发出的预告调度指令和LED电子显示屏显示的预告调度信息可以及时、准确地了解和掌握船舶放行的情况和动态。

(三)进闸船舶预告的内容

过闸船舶预告通常包括闸向、闸号、闸次、船舶名称、船队解缆编组、货轮停靠次序、进闸时机、停靠要求、安全注意事项等。

二、指挥调度进闸

根据不同船闸的运行管理模式,指挥调度进闸是由操作员、总控室值班人员、闸口值班人员根据预告船舶进闸的指令和信息,在确认船闸符合运行安全和船舶符合过闸安全的条件下,通知并指挥已经预告的引航道内的待闸船舶进闸的工作流程。

指挥调度船舶进闸可分为船队进闸的指挥调度、配闸时船舶进闸的指挥调度和货轮进闸的指挥调度。

(一)进闸时机

1. 闸室有船出闸时,以出闸船舶尾档与进闸船舶首档不在引航道(辅导航墙"八字墙"区域)交会进行控制。

2. 闸室无船出闸时,闸门开启至入库后,指挥船舶进闸。

3. 进闸指挥口令发出后,应密切关注船舶和闸门运行状况,发现异常情况,立即指挥进闸船舶减速或停止进闸。

(二)指挥口令

进闸口令:符合"进闸时机"时,及时转换进闸信号灯,并发出进闸口令。

1. 货轮进闸:停靠在×号闸×游引航道内的×行货轮请注意,现在动车进闸,进闸时请控制好进闸节奏,依次跟艄进闸,加强值班,按照指定的档位在闸室内停靠,上足档位,注意安全。

2. 船队进闸:停靠在×号闸×游引航道内的×行××(船队名称)请注意,现在动车进闸,请控制好进闸节奏,加强值班,上足档位,注意安全。

(三)进闸监管

1. 监管责任区:以闸室中点为基准,向上、下游一侧延伸至引航道靠船墩区域为上、下游闸口值班员责任区。

2. 指挥位置:进闸一侧闸口值班员应选择室外能够有效观察船舶动态的位置现场指

挥;相对一侧闸口值班员应选择室外能够有效观察船舶动态的位置协助指挥。

(四)闸室排档

1. 船舶进闸时,进闸一侧闸口值班员应核对进闸船舶艘数、船名号。

2. 船队进闸时,进闸相对一侧闸口值班员应靠前指挥,引导拖轮进至安全警戒线内停靠。

3. 货轮进闸时,进闸相对一侧闸口值班员应靠前指挥,引导首排货轮进至安全警戒线内停靠后,跟进排档至闸室中部;进闸一侧闸口值班员根据闸室档位情况,进行排档。

4. 危化品船舶过闸监管:可以混合放行的危化品船舶,相互间及与其他船舶安全隔离距离不小于 20 m;易燃易爆危化品船舶严格监管不发生使用明火或可能引起火花的作业。

5. 关闭闸门:闸次调度的船舶全部进闸,符合安全停靠要求及时关闭闸门。闸门运行过程中,应随时观察运行状态,发现异常应立即停车并报告。

6. 过闸确认:船舶过闸确认,通常在船舶进闸完毕至闸门关闭期间进行,也可根据管理需要选择其他时间进行确认。

(五)灌(泄)水监管

闸室灌(泄)水时,闸口值班员均应选择室外能够有效观察船舶动态的位置,加强船舶动态监管。闸室内船舶在安全警戒线区域内安全停靠后,应及时灌(泄)水。

1. 灌(泄)水宣传:停靠在上(下)游引航道内的待闸船舶和闸室内停靠的船舶请注意,现在闸室开始灌(泄)水,请看好缆绳,加强值班,保证灌(泄)时船舶安全。谢谢配合。

2. 灌(泄)水监管

闸室灌(泄)水时,闸口值班员均应观察闸室内、外船舶动态。

3. 阀门运行监管

阀门运行过程中,应随时观察阀门、船舶动态,发现异常应立即停车并报告。

第四节　船舶出闸

一、出闸船舶预告

(一)出闸船舶预告概念

是指船闸现场值班人员在严格遵守船闸运行管理规定并结合闸室内船舶的类型和停靠位置,对当前闸室内的船舶发出的出闸调度指令或信号。

（二）出闸船舶预告的方式

主要有广播、LED电子显示屏（在上述两种预告系统出现突发故障时，可由闸口值班员采用人工的方式进行预告）。闸室内的船舶可以通过广播发出的出闸预告调度指令和LED电子显示屏显示的出闸预告调度信息，及时、准确地了解和掌握船舶出闸的顺序和有关管理要求。

（三）出闸船舶预告的内容

操作员、总控室值班人员、闸口值班人员根据闸室内船舶类型和停靠的位置，通过广播、LED电子显示屏等方式预告当前闸次即将出闸船舶的调度指令和出闸信息。

二、船舶出闸指挥

根据不同船闸的运行管理模式，船舶出闸指挥是由操作员、总控室值班人员、闸口值班人员根据预告船舶出闸的指令和信息，在确认船闸符合运行安全和出闸船舶所通过的引航道过闸安全条件的前提下，通知并指挥已经预告的闸室内的船舶安全、有序出闸的工作流程。

船舶出闸指挥可分为船队出闸的指挥、配闸时船舶出闸的指挥和货轮出闸的指挥。

（一）出闸时机

1. 出闸一侧闸门开启入库后，及时指挥闸室内船舶出闸。

2. 出闸指挥口令发出后，应密切关注出闸船舶和引航道靠船墩区域船舶动态，发现异常情况，迅速指挥出闸船舶减速或停止出闸。

（二）指挥口令

符合"出闸时机"时，发出出闸口令。

1. 货轮出闸：停靠在闸室内的货轮请注意，现在动车依次跟艄出闸，请控制好出闸节奏，加强值班，注意安全。祝船员朋友们航程愉快，下一航次再见。

2. 船队出闸：停靠在闸室内的××（船队名称）请注意，现在动车出闸，请控制好出闸节奏，加强值班，注意安全。祝船员朋友们航程愉快，下一航次再见。

（三）出闸监管

1. 监管责任区：以闸室中点为基准，向上、下游一侧延伸至引航道靠船墩区域为上、下游闸口值班员责任区。

2. 指挥位置：出闸一侧闸口值班员应选择室外能够有效观察船舶动态的位置现场指挥；相对一侧闸口值班员也应选择室外能够有效观察船舶动态的位置协助指挥。

3. 出闸排档：货轮出闸时，出闸一侧闸口值班员应视出闸货轮跟进情况加强现场管理，跟进催出至闸室中部；相对一侧闸口值班员应视船舶跟进情况加强现场管理，从闸室中部向后依次催出。

第五节　船舶停靠秩序管理

一、一级停泊区(包括预调区)停靠秩序管理

为保持引航道船舶交会不受影响,需要加强一级停泊区的待闸船舶停靠秩序的管理。

一级停泊区,主要指一级远方调度站外侧至临时设置的二级远方调度站之间航道内划定的船舶停泊区域。

1. 根据航道状况,设置各类船舶的停泊区。如船队、货轮、危险品船舶停泊区。一般情况下,将待闸货轮的停泊区域尽量控制在一级远方调度站附近,便于远方调度站值班人员的调度和管理。普通船队的停泊区一般选择在离远方调度站外 1 km 以外的区域,船队停靠时要限定停靠的帮数和停靠方式。因船队在调度过程中,一般要执行预调度,所以要做好移泊时的管理。对于危险品船舶停泊区要远离各类易发生火灾的场所,离开密集的建筑群体,要布置在常年风向的下风面,并设置明显的标牌。各类停泊区域按照待闸船舶的常规待闸数量确定。

2. 在停靠标牌上,注明停靠方式和停靠帮数。一级停泊区,除供停船外,还要保持一定的船舶交会航行通道。

3. 航道管理人员要加强航道巡航管理,维持船舶停靠秩序,保障航道畅通有序。

二、二级停泊区停靠秩序管理

二级停泊区,主要指设立在二级远方调度站登记船以外的停泊区,正常情况下,船舶停靠位置就是管理的位置。

1. 在航道顺直且断面开阔处分段设立各类船舶停泊区。分货轮、船队停泊区。危险品船舶的停泊区设置在一级远方调度站区域附近。管理模式同一级停泊区。在停泊区需要设置明显停靠指示牌。

2. 货轮实行单独停靠,由专人负责管理,一般要求顶头依次停靠。

3. 航道管理人员要加强航道巡航管理,维持船舶停靠秩序,保障航道畅通有序。

三、靠船墩停靠秩序管理

靠近闸首的一段引航道为进闸待闸船舶停泊区。缩短过闸时间,是船闸管理的目标之一,使部分待闸船舶靠近闸首,以便船舶进闸时减少航行距离,是加快船舶过闸速度的

有效措施。

1. 限定船舶停泊区的界线和有效长度,竖立界线标牌。为便于出闸船舶航行,船舶停泊区一般设在离开闸首翼墙20～30 m处。有效长度即一船舶所需的停泊长度,一般为300 m左右。在这一段引航道内,禁止未经调度的船舶停靠,以便保持进出闸船舶航行畅通。

2. 指明船舶停靠方式及次序。当确定停泊区界限及有效长度后,为了保持交会船舶航行畅通,要明确船舶停靠方式。

3. 现场值班人员要加强对这一区域的巡查和管理。对于货轮,对每一个闸次的船都要亲临现场管理,利用广播设施进行宣传,严格船舶停靠的帮数。对于船队要注意让船队按秩序停靠,并做好船队的解缆编组工作。

第六节　通闸运行调度管理

一、通闸的概念

通闸是指位于感潮河段的船闸,由于受潮汐的影响,使船闸上下游水位每日有四次相同,此时可同步打开船闸上下游闸门,让待闸船舶直接通过船闸的一种运行方式(在一些水差较小的船闸,上、下游出现平水位时也可通闸运行)。在感潮河段上利用通闸放行船舶,简化了船舶过闸的程序,减少了船舶过闸时间,提高了船闸的通过能力。下文以与长江相连的口门船闸为例进行介绍。

二、通闸运行调度管理的概念

通闸运行调度管理是指船闸运行现场的工作人员在严格遵守船闸安全操作规程的前提下,按照船闸运行管理的有关规定并根据船闸的结构、尺度、船舶的类型、气候、风向、水文以及船舶待闸数量等实际因素而采取科学、规范、有序调度,放行船舶的一种运行管理方式。船舶通闸调度管理方式实施的好坏与否,对于确保船闸的安全畅通,进一步提高船闸运行速度,充分发挥船闸的社会效益和经济效益等方面都有着直接的影响。

三、上、下游水位观测与控制

1. 利用观察水位标尺来确定上、下游航道的水位和落差情况;通过潮汐周期表来推算每日的潮水涨落时间和规律。

2. 开放通闸的水位差标准,顺水控制在20～30 cm以内,逆水控制在30～40 cm以内。严禁超越标准放行通闸。

3. 当待闸船舶数量过多且受潮汐的周期影响，一般情况下通闸放行时间满足不了实际需求时，可以协调地方水利部门利用节制闸进行水位调节，延长通闸的放行时间，从而缓解船舶积压给航道管理带来的难度和压力。

四、放行条件与航向选择

（一）放行条件及工作要求

1. 管理人员齐备。

开放通闸时下列人员必须到场并按照"通闸组织及功能表"（表3-1-3）要求进行落实。要求值班所长一名、现场值班工作人员五名、机电值班员一名、管理艇二艘。（附：通闸组织及功能表。）

表3-1-3 通闸组织及功能表

序号	岗位名称	位置	岗位职责	备注
1	值班所长	上、下游机房	掌握水文、船舶及设备状况，负责通闸的组织和指挥工作	
2	上游管理艇	上游航道	1. 负责通闸期间的宣传工作；2. 维护航道秩序，保障航道畅通；3. 按照指令调度船舶进出闸；4. 随时向值班所长报告航道及船舶等情况；5. 遇有险情或事故时主动救援	
3	下游管理艇	下游航道	1. 负责通闸期间的宣传工作；2. 维护航道秩序，保障航道畅通；3. 按照指令调度船舶进出闸；4. 随时向值班所长报告航道及船舶等情况；5. 遇有险情或事故时主动救援	
4	值班班长	值班室	1. 负责闸口值班人员的协调工作；2. 按照值班所长的指示做好组织开放通闸和对违章船舶的处理工作；3. 遇有险情和事故时，积极配合值班所长做好援救工作	
5	售票员	值班室	1. 按规定征收过闸费并保管过闸单据和现金；2. 认真填写值班记录；3. 负责电话联系	
6	登记员	值班室	1. 负责进闸船舶登记（发放航行证件和号牌）；2. 检查并收回过闸费；3. 遇有险情或事故时，应主动使用消防、救生设备进行营救	
7	闸口值班员（上）	上游机房	1. 负责通闸期间的安全宣传工作；2. 密切注意引航道情况和闸室水流情况，遇有堵塞、不畅或水的流速过大时应立即报告值班所长；3. 按照指令指挥船舶进闸；4. 制止船舶抢档进闸；5. 操纵通航信号灯（旗）；6. 按照指令开（关）闸阀门；7. 负责电话联系；8. 遇有险情或事故时，应主动使用消防、救生设备进行营救	
8	闸口值班员（下）	下游机房	1. 负责通闸期间的安全宣传工作；2. 密切注意引航道情况和闸室水流情况，遇有堵塞、不畅或水的流速过大时应立即报告值班所长；3. 按照指令指挥船舶进闸；4. 制止船舶抢档进闸；5. 操纵通航信号灯（旗）；6. 按照指令开（关）闸阀门；7. 负责电话联系；8. 遇有险情或事故时，应主动使用消防、救生设备进行营救	
9	值班机电工	上游机房	1. 保证船闸供电；2. 按照指令收放导航架；3. 掌握节制闸开闸进水情况并及时向值班所长报告；4. 负责机电、通信设备故障的抢修；5. 遇有险情或事故时，应主动使用消防、救生设备进行营救	

2. 船闸设备运行正常。

闸阀门启闭正常，导航架收放可靠，通航指示准确，各种指挥和维修工具齐备。机电值班人员应提前半小时到达船闸运行现场。

3. 水位符合通闸标准。

一般情况下，上、下游水位差顺水控制在 20～30 cm 以内，逆水控制在 30～40 cm 以内。在大潮或汛期可根据实际情况在水平后开放通闸。

4. 船舶具备安全条件。

小型重载货轮或重载船队应在闸室水流接近水平时（大约 10 cm 的水位落差），安排过闸。

（二）航向选择

1. 一般情况下停靠在不畅或逆水（一般为空载船舶）航道内的船舶优先安排放行；停靠在航道条件较好或在顺水航道内的船舶安排后放行。

2. 待闸船舶较多的一侧航道，应尽可能延长放行时间，以缓解船舶给航道管理带来的压力。

3. 在船闸上、下游航道待闸船舶数量基本等同的情况下，应优先放行往下游方向（长江方向）的船舶，往上游方向（内河方向）的船舶后放行。在航道条件较好、天气情况正常、水位落差很小的时候可以灵活安排通闸船舶放行的航向。

五、通闸运行时停泊区船舶调度管理

加强通闸运行时停泊区船舶调度管理，与航道的畅通和船闸的运行安全有着直接的关系。在通闸期间停泊区船舶的调度管理应遵循以下原则：分类登记、分区停泊、分段管理、分批调度。

1. 下游停泊区的船舶调度管理：沿江船闸的下游航道都较短，一般在 1.2 km 至 3.5 km 之间且两岸都有港口，可容纳船舶停靠的水域十分有限。如果忽视对上行船舶的管理，航道就会发生堵塞或者不畅，从而导致船闸不能正常运行。因此提前加强对上行船舶的管理显得尤为重要。

(1) 小型货轮在经船闸工作人员登记后直接进入下游引航道停泊区停靠。

(2) 船队和大型货轮在长江锚地停泊。

2. 上游停泊区的船舶调度管理：沿江船闸的上游航道都很狭窄，引航道也比较短。因此，必须提前加强对船舶停靠秩序的管理。

(1) 小型货轮在经船闸工作人员登记后直接进入上游引航道指定的停泊区停靠。

(2) 大型货轮和铁驳船队登记后在指定的引航道以外的停泊区停泊。

3. 通闸运行时停泊区的船舶调度管理：通闸放行时，航政管理艇工作人员按照船闸

管理所当日制定的通闸运行调度计划,分批、分时、分类调度船舶进入待闸区,船舶在办理过闸手续后根据船闸调度指令,安全通过船闸。原则上小型货轮不安排通闸放行。

六、通闸运行时船舶进出闸秩序管理

准确地掌握潮汐的规律,利用平潮时的有利时机开放通闸放行船舶,是提高船闸通过能力的有效措施,但在通闸放行时不安全因素较多,因此必须给予高度的重视并提前做好相应的准备工作。

1. 通闸前的准备

(1) 掌握水情,熟练掌握潮汐规律,掌握风力和风向。严格掌握水位差,准确预测通闸起止时间。

(2) 了解闸情。船闸机电设施应运转正常,特别是闸阀门的启闭装置。

(3) 知晓船情、航道情况。根据待闸船舶的实际情况,确定通闸的放行方法,密切注意航道内船舶的动向,制定通闸的安全运行预案,对不经常通过放行通闸船闸的船舶应予以高度的关注。

(4) 加强宣传,提醒船舶应注意的安全事项。并注意采取科学、合理的预防措施。

(5) 小型货轮和装运危险品的船舶以及执行公务的公安、交通等船艇应在船闸套闸运行时予以安排放行。水泥船舶禁止放行。

2. 通闸运行(分单线船闸和复线船闸)

(1) 水位差控制在标准范围内。

(2) 开放通闸时,两头闸门必须完全打开后,方可通知船舶通过。

(3) 通闸放行应严格按照制定的运行调度计划实施并加强通闸运行过程的监控和管理。复线船闸通闸运行时,一、二号船闸的闸门必须同时启闭,以减缓水流。正常情况下,禁止一座船闸开启而另一座船闸关闭。

(4) 船舶的调度必须坚持科学、合理、安全、有序的原则,如因水流或航道等特殊原因致使已经进入待闸区准备过闸的船舶不能及时放行时,应提前通知船闸上、下游的管理站点或航政管理艇工作人员,做好船舶停止调度的相关工作。

(5) 密切注意船舶过闸时的动态,上下行船舶须服从调度不可同时进闸,提醒船舶安全航行,确保船舶顺利通过船闸。当因突发的天气、水文变化、船舶故障、船舶违章而导致航道堵塞或不畅时,应迅速采取有效的应对措施,以避免事故或重大事故的发生。

3. 通闸结束

(1) 通闸结束前应提前发出预告,闸口五十米内不准有船舶停靠。

(2) 及时关闭闸门,检查设施是否完好。

(3) 及时转入正常的套闸运行状态。

4. 保障措施

(1) 四勤：勤瞭望、勤宣传、勤联系、勤检查。

(2) 四准：来船信息准、观察水位准、指挥指令准、把握时机准。

(3) 四不：不违反操作规程、不擅离职守、不盲目自信、不留有隐患。

七、动水(开启)关闭闸阀门的控制程序与注意事项

(一) 动水开启闸阀门的控制程序

1. 观察闸室内、外水位，确保水位差处于允许开放通闸的安全范围以内。

2. 上、下游均应显示红灯(旗)。

3. 打开下游控制台上的电子锁。

4. 上、下游控制台上"通套"旋钮同时旋置"通"位。

5. 分别提升上、下游阀门。

6. 阀门提升到位后，分别开启上、下游闸门。

7. 两端闸门开到位后，先放行船舶的闸向显示绿灯(旗)。

8. 中途调整船舶放行航向时，上下游红绿灯(旗)的使用应分别按照"绿"改"红"和"红"改"绿"的原则进行转换。

(二) 动水关闭闸阀门的控制程序

1. 上、下游同时转换为红灯(旗)。

2. 视水流情况启用闸门导航架。

3. 分别关闭上、下游闸门。

4. 闸门关到位后，收回闸门导航架。

5. 按照套闸门向的需要，落下一侧闸首的阀门。

6. 上、下游控制台上的"通套"旋钮同时旋置于"套"位。

7. 关闭下游控制台上的电子锁。

8. 按照套闸的运行操作程序进行操作。

(三) 禁止开放通闸

1. 遇有大雪、大雾、暴雨或其他恶劣天气，能见度达不到安全放行通闸要求的。

2. 上、下游引航道发生堵塞或不畅的。

3. 闸室或引航道内发生船舶故障、沉没、人员死亡等事故危及通航安全的。

4. 节制闸对进水把握不准确的。

5. 船闸发生机械、电气设备异常不能及时修复的。

6. 未经值班所长同意或没有与管理艇工作人员取得联系的。

(四)注意事项

1. 从严控制潮头通闸,避免因涨潮过快致使闸门不能关闭而引起事故。
2. 在顺水、顺风时开放通闸,要严格控制每批的发牌数量和船舶之间的间距。
3. 顺水通闸放行船队时,操作员应提前通知船队的尾档驳船及时下好倒锚。船队之间要保持一定的安全距离。
4. 枯水期通闸要严格控制船舶的型深,以防止船舶在上游闸台上搁浅。
5. 高水位期间通闸放行空载船舶时应加强宣传和指挥,通知船舶慢速通过,以防止船舶碰撞船闸设备(设施)。
6. 在通闸期间,严禁人员从闸室上、下船舶。
7. 值班人员必须服从值班班组长的指挥管理,不得擅自开放通闸。

第七节　科学的调度方式及模式

一、运行调度模式

江苏省航道系统船闸均为事业性收费船闸,收取的船舶过闸费是航道和船闸建设、养护、运行与管理的主要经费来源。苏北航务管理处管辖京杭运河苏北段 404 km 航道,有十个梯级船闸,船舶每通过一道船闸都要经过一个报到、登记、缴费、调度的程序。

(一)联网收费调度平台

江苏省航道联网收费系统自 2005 年 12 月 1 日启用,集规费征收与船闸运行管理于一体。过闸船舶在船闸远方调度站服务大厅实行"一站式"登记报到、缴费,按先后顺序进行过闸调度并确认过闸,未缴费船舶无法调度过闸。

(二)"零间隔"登记

船舶过闸"零间隔"登记的内涵:相对于以往的登记模式而言,是一种更便捷的登记方式,即依托全省航道联网收费系统中登记、收费、调度的功能,航行营运的船舶通过了某道船闸并被联网收费系统"过闸确认"后,下一道船闸依据已过船闸"过闸确认"的船名以及先后时间顺序,直接进行登记,船员只需在规定的时间内购票即可,购票时间的设定视航行距离而定。上一道船闸船舶过闸的先后顺序就是即将通过船闸的进闸先后顺序。

由来:京杭运河在中华民族的发展史上,作为南北交通大动脉,曾起到"半天下之财赋,悉由此路而进"的巨大作用。船闸的修建,给水源匮乏的运河带来了较为稳定的航行条件,但是,船舶过闸必须登记,船舶多时排队等候更是家常便饭。从船舶待闸停泊区到

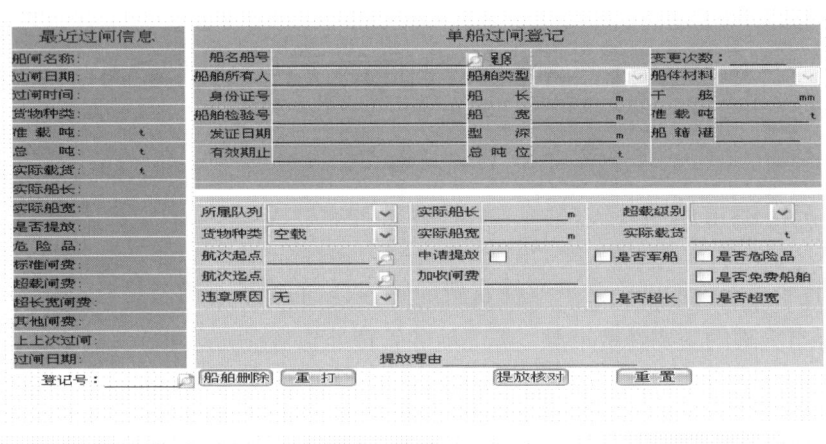

图 3-1-2 江苏省航道联网收费系统

船闸的远方调度站,船员来回跑几趟是常事,由此不但增加了船舶运行成本,而且产生了一些不正之风:如有的船舶还在上一道船闸待闸,却提前到下一道闸登记了,还有一些社会人员专门做起为船舶提前登记、倒弄船舶过闸号的"黄牛"。如何从根本上杜绝"不正之风",给水上运输一个公平竞争的环境,减少船舶运输成本,一直是个难题。2008年,江苏省泗阳船闸管理所迎难而上,创造性地实施船舶过闸"零间隔登记"制度,较好地解决了这一难题。

"零间隔"登记的具体运作:苏北运河部分船闸利用全省航道收费网络系统,从2008年4月起,对船舶登记一律以上下游船闸过闸的顺序为主。在船舶通过相邻船闸被确认过闸后,当前船闸依据电脑联网数据立即予以登记,并依此顺序编排过闸序号。"零间隔"登记示例如图3-1-3所示。"零间隔"登记的实施,方便了船舶登记、报到,简化了过闸手续,铲除了"提前登记""黄牛倒号"等不正之风土壤,有力地维护了待闸秩序,最大限度地体现了公平公正的原则,受到了上级的好评和过往船员的欢迎。

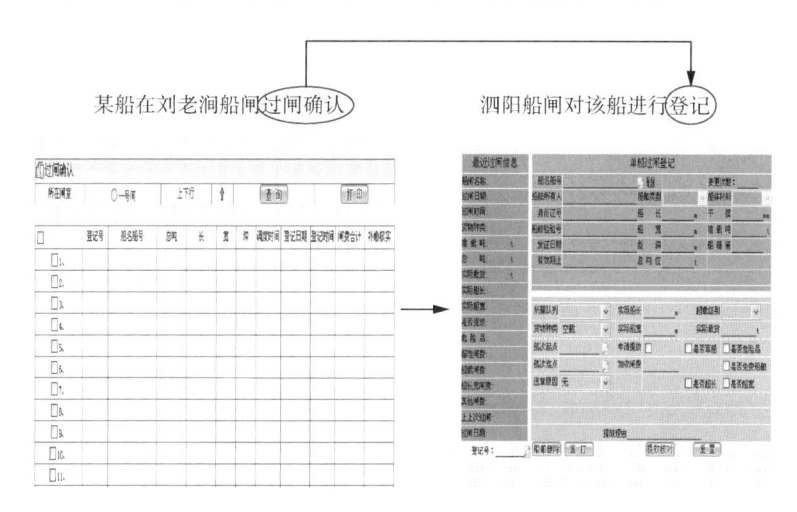

图 3-1-3 "零间隔"登记示例

相对于以往的登记模式而言,"零间隔"登记是一种更便捷的登记方式。

"零间隔"登记制度实行后,以泗阳船闸为例,船员算了一笔账:以往船队从停靠区提放轮头到远方调度站登记,来回耗时约1小时,按轮头普遍使用的6160柴油机组计算,每小时耗油12 kg,折款约60元。以2008年4月泗阳船闸实行"零间隔"登记制度开始到12月末通过船队数量18 311个队次计算,就能为船队节约成本100万元(18 311×60=1 099 860元)!货轮登记过闸,每艘货轮都派出一人,利用最快的交通工具(95%以上都是"打的"),以最短的时间赶到下一道船闸登记。泗阳船闸与上游刘老涧船闸、下游淮阴船闸相距各32.5 km,"打的"费用在50至100元之间。2008年4月至12月通过泗阳船闸货轮数量62 274艘,按"打的"最低费用50元计算,货轮登记报到成本应在300万元以上(62 274×50=3 113 700元)。实行了"零间隔"登记制度后,仅泗阳船闸一道闸2008年9个月的时间就为船民节约登记报到成本400万元以上!船民的受益是显而易见的。

(三) GPS 船舶辅助调度

2009年,苏北航务管理处又实施了船舶GPS辅助调度。过闸船舶进入苏北运河后,通过实施过闸"零间隔"登记制度,在首闸办理全程过闸手续,船舶到达次闸及以下各个梯级船闸无需再到远方调度站服务大厅,船闸通过GPS定位和短信等登记、调度船舶,并进行全程预缴费。

图 3-1-4　船舶 GPS 辅助调度系统

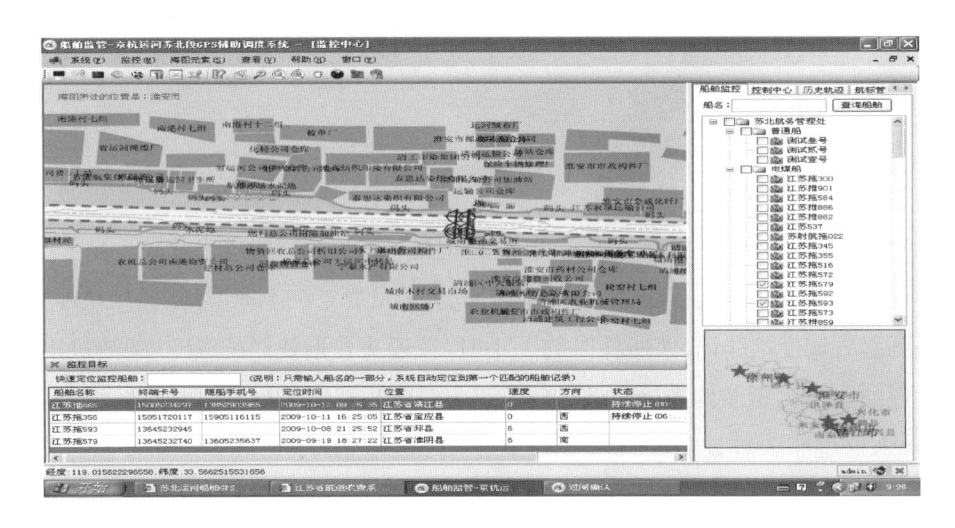

图 3-1-5　GPS 辅助调度海图系统

1. 过闸收费"一票通"的简介

为了进一步提升船闸的服务效能,苏北航务管理处针对不断优化的过闸服务流程,认真梳理在过闸服务过程中出现的新情况,延伸"一站式"服务的内涵,提出了过闸收费"一票通"的设想。

所谓过闸收费"一票通",就是装有GPS辅助调度系统的船舶,进入苏北运河后,在首闸办理全程过闸手续和交费手续,在首闸取得全部票据,船舶到达次闸及以下船闸无需上岸到远方调度站服务大厅,船闸通过GPS定位和短信等登记、调度船舶,实现梯级间连续服务。

此外,还编印了《苏北运河船舶航行图册》和苏北运河电子海图等,极大地方便了进入苏北运河航行的船舶。根据苏北航务管理处提出的需求,经过科研单位近半年时间的软件编程与收费网的改进,"一票通"服务在2010年7月正式投入运行,开始为船员服务。

图 3-1-6　苏北运河船舶航行图册　　　　图 3-1-7　苏北运河电子海图

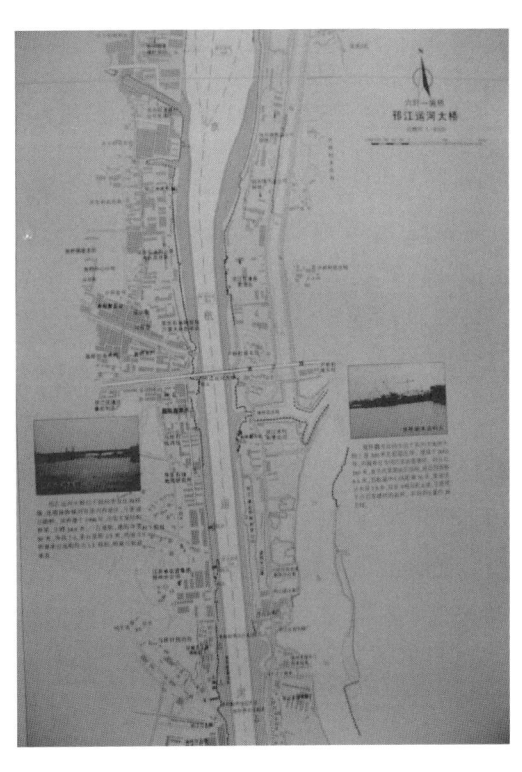

2."一票通"服务实施后的主要成效

(1)为船舶方便快捷地过闸提供了更加周到的服务。

2005年12月1日实施联网收费以前,进入苏北运河航行的船舶,一个单向过闸流程,无论白天黑夜或春夏秋冬,在远方调度站、引航桥和闸区这三个点上船员至少往返两次,为办理手续耗费一个多小时,增加劳动强度;在引航桥和闸室的直立式爬梯上反复上、下各两次,稍有不慎就会受伤,给船闸、船舶带来安全隐患;按载重吨计费缴款时,闸船双方要为实际载重吨的多少进行讨价还价,引起争议。

实施"一站式"服务,船员通过一座船闸,可以集中在远方调度站服务大厅办理所有

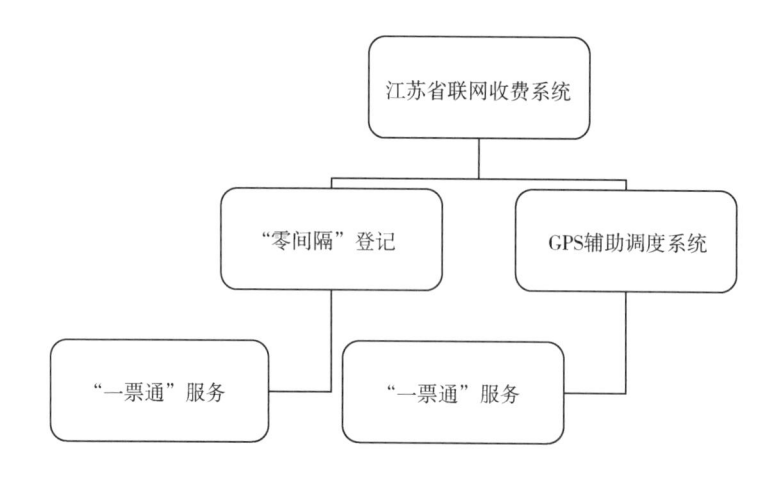

```
                ┌─────────────────┐
                │ 江苏省联网收费系统 │
                └─────────────────┘
                   ╱           ╲
        ┌──────────────┐   ┌──────────────────┐
        │ "零间隔"登记  │   │ GPS辅助调度系统  │
        └──────────────┘   └──────────────────┘
              │                     │
        ┌──────────────┐   ┌──────────────┐
        │ "一票通"服务 │   │ "一票通"服务 │
        └──────────────┘   └──────────────┘
```

图 3-1-8 "一票通"服务与其他运行调度模式直接关系图

过闸手续,但每道船闸都要重复上岸。

实施"一票通"服务,是集中了"一站式"服务和 GPS 辅助调度服务的优点,克服了存在的问题。最佳成效有两个方面,一是船员在首闸可以办完全程的过闸手续,二是通过 GPS 辅助调度系统实现过闸服务,实现连续过闸一票通,服务船员零距离。

（2）为营运船舶节约成本和节能减排提供了有效途径。

过闸船舶在首闸进行登记、报到、缴费,结合 GPS 辅助调度系统的功能,到报到区后进行确认,一连贯的过闸流程在一道船闸实现,除了方便快捷之外,同时也为营运船舶节约了燃料成本。

如果以一个拖带能力为 185 马力[①]的船队为例,原有的船闸运行模式,过每道船闸去远方调度站报到、登记一次,来回一次需要一个半小时左右,至少需 50 kg 柴油,全程需 500 kg 柴油,实现连续过闸一票通,可以节约燃料成本 3 000 元,可以减少 1 550 kg 二氧化碳的排放量。如果是一艘日常的 80 马力小型机动船去登记、报到,全程可以节约 200 kg 柴油,节约燃料成本 1 200 元,可以减少 620 kg 二氧化碳的排放量。

二、货轮过闸档位图管理

（一）传统货轮过闸管理存在的问题

1. 货轮过闸效率较低

货轮网上登记的数据与实际尺度不完全相符,因而进入闸室货轮的船型以及数量是否最大利用了闸室安全容积,基本上是未知数。调少了,浪费了闸室有效容积;调多了,一闸进不下,既降低了船舶通过船闸的效率,又存在安全隐患。

[①] 1 马力≈735.5 W

2. 安全性差

部分船舶为了能先进闸,不惜抢档、超越,从而造成挤、夹、碰、撞等不安全情况的发生。

3. 管理难度大

部分船舶不按先后顺序进闸,如果出现经调度本闸次的货轮一闸进不下的情况,会出现登记号在前面的船未能进闸,登记号在后面的船却进了闸。这样登记号在前的船员对倒船出闸会有很大抵触情绪,管理协调难度大,所引起的矛盾也最尖锐。另外,对于调一闸货轮只占了闸室一半容积的情况,船员也很有意见,说:"船闸不会放闸,有那么多船待闸,你一闸只放一半,很不经济。"

(二)"货轮过闸档位图"操作流程

1. "货轮过闸档位图"操作办法

(1) 货轮调度前,由船闸调度员用甚高频、电话等有效方式与待闸每一艘货轮船员联系,收集好每一艘货轮实际尺度(长×宽×型深),根据船闸尺度、水位进行档位编排。

(2) 对无法联系上的待闸货轮船员,参考网上船舶信息编排。

(3) 编制货轮过闸档位图,应本着按登记顺序与有利船舶进出船闸和有效使用闸室有效水面相结合的原则。

双排状态下,按船舶尺度大小区分,编排档位号,一般情况下大船靠里档,小船靠外档,进闸时按档位号顺序进闸(特大船舶安排最后进闸)。

单排状态下,按船舶尺度大小依小大顺次编排。

为充分利用闸室容积需配闸调度的,依次顺延登记号编排档位一般不超过 10 个。对依次被顺延的情况要做好值班记录和船员解释工作。

(4) 调度员制作"货轮过闸档位图",发送远方调度站、闸口执行。

(5) 调度员、闸口值班员应按照"货轮过闸档位图"向过闸船舶宣传档位编排情况。

(6) 货轮进闸严格遵守"货轮过闸档位图"位次先后顺序,不得越位超档。双排停靠的货轮,外档货轮先进,里档货轮随后跟进。进闸后按档位图位置停靠。单排停靠的货轮,按停靠的顺次进闸。

(7) 闸口值班人员按照本闸次"货轮过闸档位图"位次进行现场指挥,对不按指定泊位停靠且拒不纠正的船舶及时上报处理。

(8) 货轮出闸按照进闸的顺次指挥,单帮出闸。

(9) 因不按指定泊位停靠或不按指定泊位次序进闸,造成本闸次调度船舶进不下或严重拖延放闸时间的依法给予行政处罚。

2. "货轮过闸档位图"操作流程图

操作流程如图 3-1-9 所示。

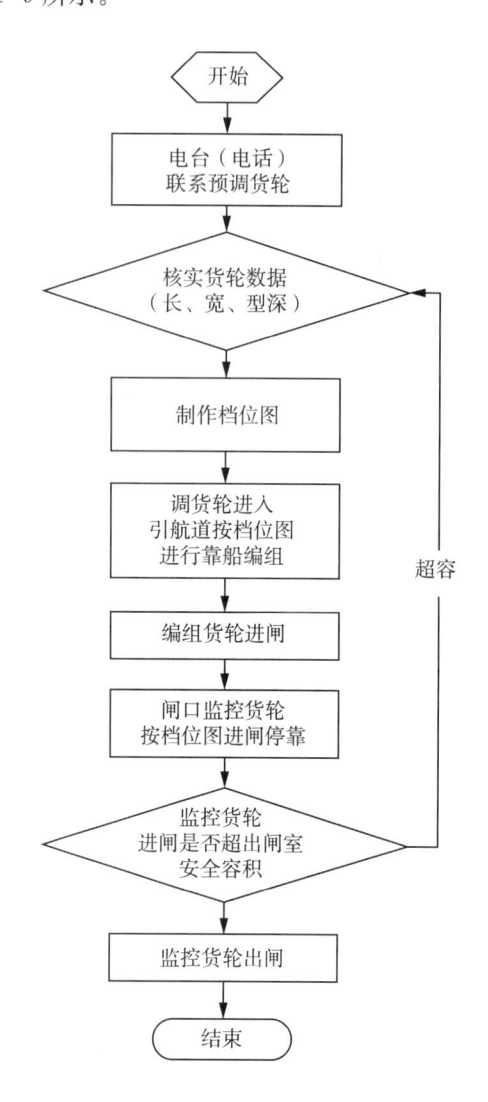

```
开始
  ↓
电台（电话）
联系预调货轮
  ↓
核实货轮数据 ──超容──→
（长、宽、型深）          │
  ↓                      │
制作档位图                │
  ↓                      │
调货轮进入                │
引航道按档位图            │
进行靠船编组              │
  ↓                      │
编组货轮进闸              │
  ↓                      │
闸口监控货轮              │
按档位图进闸停靠          │
  ↓                      │
监控货轮 ─────────────────┘
进闸是否超出闸室
安全容积
  ↓
监控货轮出闸
  ↓
结束
```

图 3-1-9 "货轮过闸档位图"操作流程图

(三) "货轮过闸档位图"优越性

1. 可提高货轮过闸时闸室水面的有效利用率。

根据每艘货轮的实际尺度以及所调入闸号的水面有效容积，调度员提前合理地对所调入的一闸货轮进行引航道定位编组，最大限度利用闸室有效水面。

2. 可减少货轮排档工作量。

一闸货轮在引航道完成编组，等于给每艘船定了个座位号，在引航道待闸时该船停靠什么位置，则进闸后就停靠在相应位置，可以保证货轮进闸时按序进闸，减少现场值班员的现场排档工作量。

3. 可提高货轮进闸速度。

每艘船都知道自己在闸室内应停靠的位置，进闸时直接进入自己的船位，节约放行货轮闸次的运行时间。

4. 可降低货轮进出闸时产生的不安全因素。

提前了解本闸次货轮的实际尺度，并认真进行编组定位停泊，保证本闸船能进得下，让船员放心，无需争抢，避免了可能因一闸进不下而产生的不安全（挤、夹、碰、撞）情况发生。

5. 可缩短船舶待闸时间。

通过提高船闸运行速度和船闸效率，加快船舶运转速度，进一步提升船闸的经济效益和社会效益。

6. 可增强调度科学性和合理性。

通过对货轮过闸进行预排，减少了调度员调度货轮的随意性。

三、船舶便捷过闸系统（"水上 ETC"）

ETC 电子自动收费系统近年来应用于公路收费之后，大大提高了公路通行能力。由江苏省交通运输厅组织立项，在口岸船闸试点的"水上 ETC"工程（内河船舶智能过闸系统）是一种综合运用物联网技术、移动互联网技术、电子支付技术的新型船舶过闸管理系统，采用过闸费预存分扣模式实现过闸费的自动支付，其核心过程为三步：船舶身份自动识别、船舶过闸远程申报、过闸费电子支付。其逻辑结构如图 3-1-10 所示。

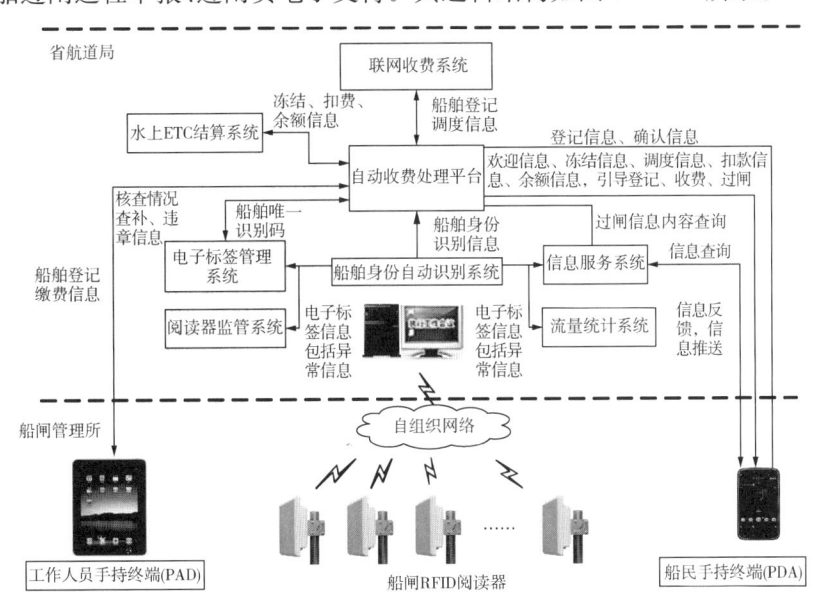

图 3-1-10　内河船舶智能过闸系统逻辑结构图

(一) 船舶身份自动识别

实现内河船舶智能过闸的关键技术之一是实现船舶身份的自动识别。船舶身份自动识别主要是依靠 2.45 GHz RFID 有源电子标签，管理部门在电子标签中写入船舶识别号、船舶名称、总吨位、船舶类型等信息，并将电子标签安装在船舶生活舱顶部。同时在船闸报到区、待闸区、闸室等区域安装 RFID 阅读器，用于对进入该区域的电子标签进行身份识别。电子标签内置电池，具备防拆卸功能，低功耗，射频距离远，符合国家标准《信息技术 射频识别 2.45 GHz 空中接口协议》(GB/T 28925—2012)，并集成了国家 ITS 中心 ESAM 密钥芯片，用于存储船舶数据和密钥文件，在 RFID 阅读器读取船舶数据时必须先通过密钥系统进行设备鉴别，以防止标签伪造。任何伪造标签、已拆卸标签、挂失标签、注销标签均无法正常使用，以确保船舶身份的唯一性，防止产生一船多证、多船一证问题。

(二) 船舶过闸远程申报与自动扣费

移动互联网技术是移动通信和互联网技术的深度融合，随着移动通信系统的普及，人们用数字功能更强的智能手机(PDA)、平板电脑(PAD)等从事大量的数据处理和显示，真正实现移动信息交互方面的应用需要。在智能手机上安装"水上 ETC"APP 软件包，通过移动互联网实现过闸船舶远程申报，登记调度信息、扣费信息实时推送、预存账户明细查询等信息交互功能，同时兼顾航道通航信息、海事安全管理信息、政务信息推送及查询服务等功能。

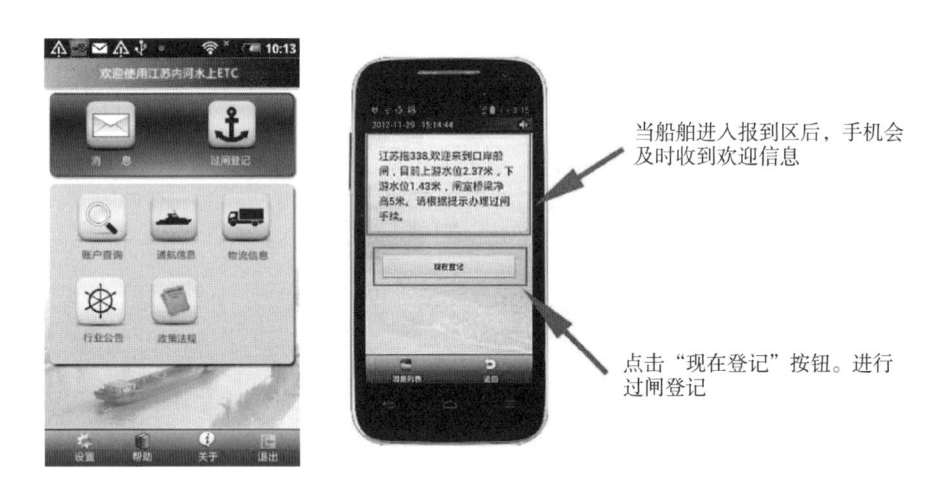

图 3-1-11 "水上 ETC"APP 软件界面

内河船舶智能过闸系统采用功能被动触发方式启动过闸船舶远程申报、过闸费自动扣费等过程，装有电子标签的船舶只有在被船闸报到区 RFID 阅读器扫描到并通过标签身份合法性检查后才能接收到系统自动发出的远程申报引导消息，才能开始进行过闸申报和过闸费冻结,其他时间"水上ETC"APP软件远程申报功能均处于休眠状态,无法使用,这主要是防止船舶进行提前登记,扰乱船舶过闸秩序。同样船舶只有在进入船闸闸室时被安装在闸室的RFID阅读器扫描到系统才会进行自动扣费。

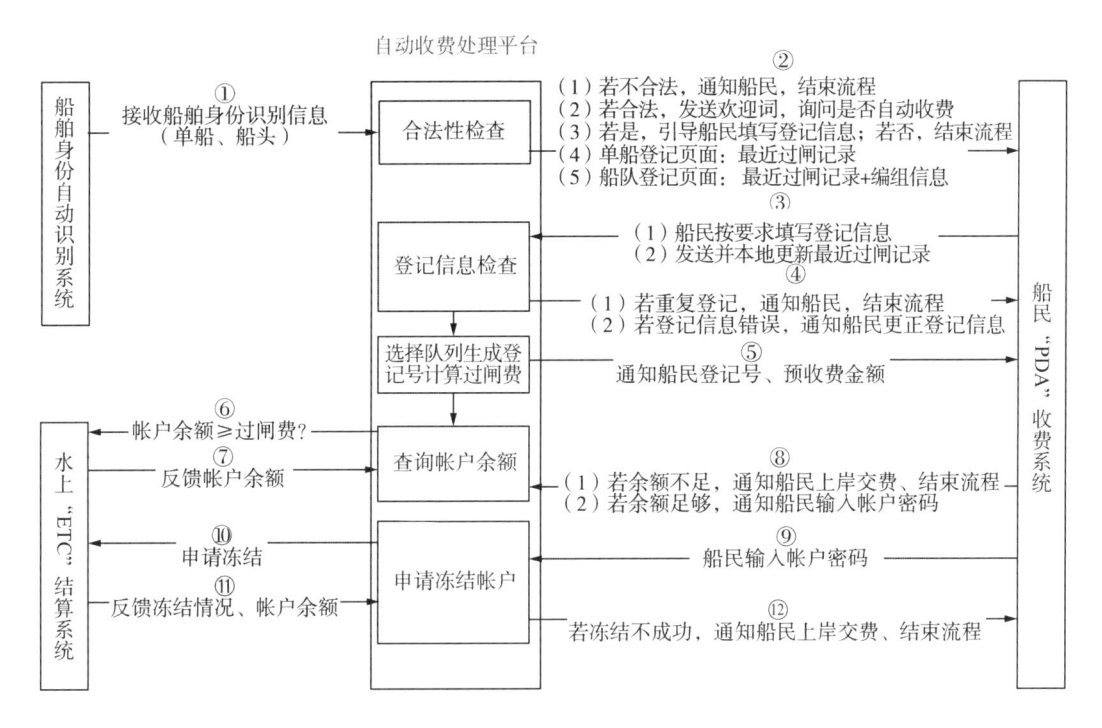

图 3-1-12　船舶远程申报与闸费冻结流程图

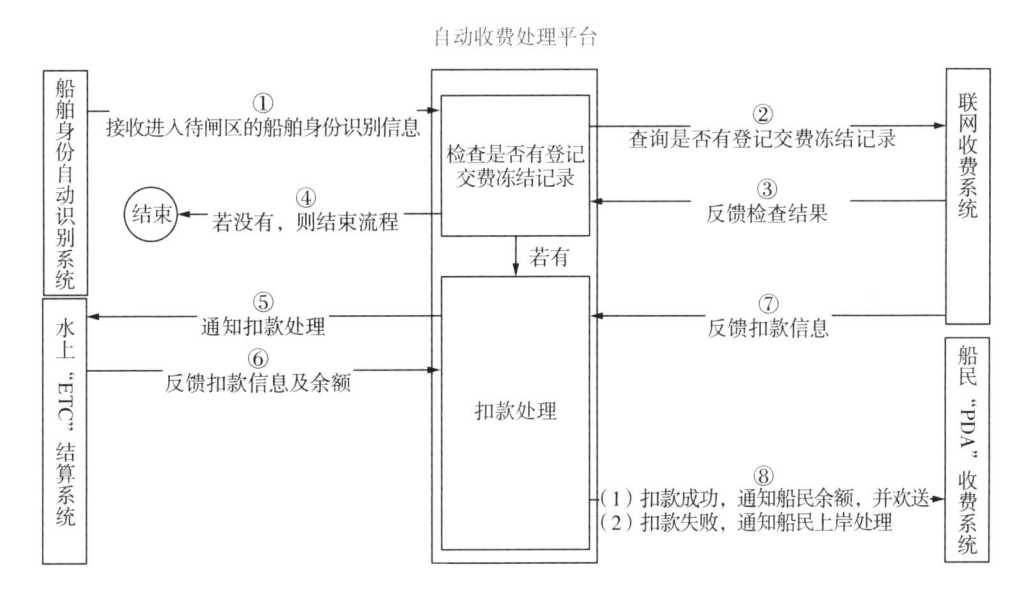

图 3-1-13　船舶自动扣费流程

(三) 船舶进闸管理

船舶进闸管理与查补流程涉及自动收费处理平台与联网收费系统、船舶身份自动识别系统、工作人员 PAD 系统、船民 PDA 收费系统之间的联动交互。装有电子标签的船舶在进入闸室时,系统会根据联网收费系统的调度闸次信息进行身份自动比对,工作人员可利用平板电脑查看系统对每条进闸船舶的检查信息,包括是否正常扣款、是否为本闸次调度船舶、远程申报信息是否属实等,如若出现抢档进闸、超载瞒报等违章现象,系统将自动把该船舶列为违章船舶,并通过 APP 软件推送违章消息到船员手机,通知其过闸后上岸接受处理。船舶进闸管理流程如图 3-1-14 所示。

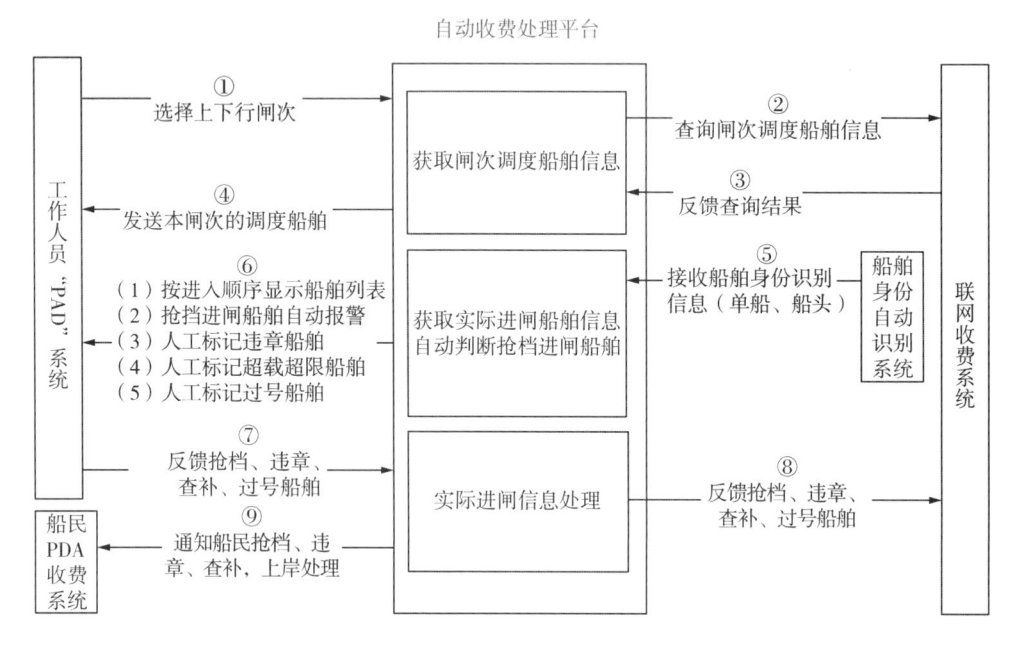

图 3-1-14 船舶进闸管理流程图

"水上 ETC"项目建设于 2012 年 3 月,在泰州口岸船闸率先启动,在船舶过闸登记、船闸运行调度、系统结算等方面展开研究,改进船闸原有的调度方式,实现船闸管理的转型升级,2012 年底项目建设初见成效,12 月 18 日完成第一条试点船舶安装,19 日第一条试点船舶成功通过口岸船闸,给船舶出行带来很大便利。船舶过闸船民再也不需要上岸办理过闸手续,船舶过闸从原来的上岸、登记、征收、调度等八个程序减至 ETC 简单的识别、调度、过闸三个步骤,应用实效明显。一是提升了船舶出行安全度。二是船舶过闸做到了简单便捷。避免了船员来回两次往返办理过闸手续,每次过闸可节省船民约 10 km 的路程,至少 40 min 的时间。三是提升了船闸运行效能。船民办理过闸手续程序繁琐,有时会出现闸等船的现象发生。以口岸船闸为例,每闸放船速度平均为 23 min,2012 年放闸最多的一天共放 53 闸次。如全部以 ETC 过闸方式运行,最多一天可放闸 62 次,相比原调度模式放船速度提高18%。四是降低了船舶运输成本。五是提升了船闸管理水平。六是规范了船闸内部管理。

四、区域集中调度

江苏省扬州市航道管理处对扬州市智慧船闸——区域统一调度和远程集中控制进行了研究和实施。

"智慧船闸"是以智能化设施设备为基础，以大数据、物联网、移动互联网、智能控制等新一代信息技术与船闸业务深度融合为核心，以船舶过闸组织服务创新为动力，以完善的体制机制、标准规范为保障，具有智慧运营、智慧运维、智慧服务等鲜明特征的现代船闸管理新业态。"智慧船闸"基本特征体现主要包括船闸设施设备的智能化、新一代信息技术与船闸业务的深度融合化、船闸运营调度的智能自动化、船闸运行维护的预警精细化、船闸公众服务的便捷全面化、船闸管理决策的客观智慧化。

1. 区域内其他相关船闸情况

苏北处与扬州处相关的施桥船闸、邵伯船闸与淮安船闸三座船闸中，施桥船闸共三线船闸，是苏北运河过长江向北十个梯级过船枢纽的第一道船闸，素有苏北运河"南大门"之称。船闸位于古城扬州市南郊的施桥镇。施桥船闸与芒稻船闸同为长江口门船闸，分担京杭运河与长江航道出入口的船舶通行压力。

邵伯船闸共三线船闸，地处扬州市江都邵伯镇，是京杭运河过长江向北的第二个过船梯级。邵伯船闸在施桥船闸上游23 km，之间无支线航道，是直接的梯级关系。

淮安船闸共三线船闸，位于淮安市楚州区南郊4 km，京杭运河与苏北灌溉总渠交会处下游2 km处，是京杭运河苏北段由南向北第三个梯级。淮安船闸在邵伯船闸上游113 km，之间的宝应船闸、运西船闸、运东船闸、盐邵船闸和邵仙套闸均是进出京杭运河本段航道的相关出入口。

江都水利枢纽邵仙套闸是一线船闸，该船闸在芒稻船闸上游，距离较近，与芒稻船闸为直接梯级关系，同作为京杭运河苏北段进出长江航道的通道。

为充分发挥扬州市区域内航运的社会效益，提高船闸的运行和调度效率，实现船闸集中控制和调度管理的智能化，在《扬州智慧船闸总体框架研究》的报告基础上，提出以扬州航道管理处下辖的六座船闸为主，打造区域性的多船闸的远程集中控制和统一调度管理系统，实现"远程集控、统一报到、统一收费、统一调度、统一信息发布"，以达到船闸现场"无人值班、少人值守"、区域运调中心"远程集控、统一调度"的运行管理模式，同时兼顾区域内紧密相关的京杭运河施桥船闸、邵伯船闸、淮安船闸及邵仙套闸的信息共享，逐步向全省推广，实现更大范围的区域性多船闸的协同运行、统一调度管理，为建成"智慧船闸"打下坚实基础。

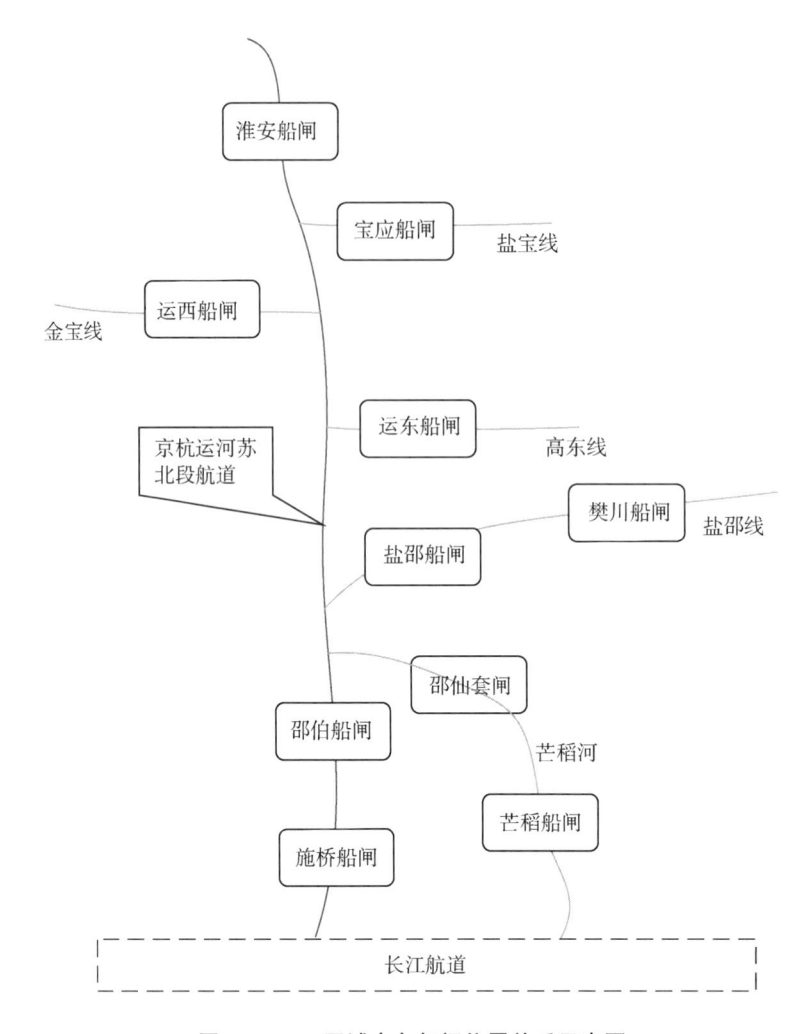

图 3-1-15 区域内各船闸位置关系示意图

为实现上述运行管理模式,扬州处将在芒稻船闸管理所范围内建设区域运行调度中心,对下属六座船闸实现远程集中控制和统一调度管理,并对区域内京杭运河三座船闸、邵仙套闸提供数据交互接口,协同运行,这对扬州处整体运调管理的信息化水平必然有更高的要求。即要求为运行调度管理提供相应的软硬件支持,以提升区域性多船闸的通航能力和管理水平。

2. 船闸远程集中控制

在实现扬州市航道管理处运调中心对下辖六座船闸的远程集中控制操作和视频监视基础上,研究通过建设运调中心远程集中控制系统,升级完善各船闸层本地控制系统和视频监视系统,实时掌握现地机电设备运行状态、水位数据、视频图像等,以实现多船闸"集中控制",船闸本地"无人值班、少人值守"的目标。

船闸监控系统运行过程中,除了常规的机电设备控制外,还涉及过闸船只及船民管理,因此为了实现远程集中控制,除了解决集中控制的技术及系统建设问题,还需要有配套的保障技术手段,如船舶过闸的全程跟踪,实时、直观了解现场船舶情况,与船民之间便捷的沟通及互动手段。

3. 船闸的远程集中控制系统

其能够迅速可靠、准确有效地完成对各个船闸设备运行数据的监测和对闸阀门等设备的控制,以及对整个系统的运行管理,包括历史数据存档、查询;运行报表生成与打印;对外通信管理等。

系统组成:运调中心远程集中控制系统主要由数据服务器、应用服务器、通信服务器、磁盘阵列、操作员工作站、工程师工作站等硬件设备及集控应用软件共同组成,完成控制权限处理、数据采集与处理、控制命令下发、图形显示、数据记录与存储及与管理区单向传输运行数据等功能。实现对整个扬州处下辖六座船闸的远程集控功能。

各船闸层由数据服务器、操作员工作站、现地控制单元及上位机控制软件与现地PLC软件共同组成,部署对应船闸本地控制等业务,实现控制权限处理、数据采集与处理、控制命令下发、图形显示、本地数据记录与存储、与运调中心集控数据交互等应用,实现各船闸管理所对各自船闸的本地控制功能。

4. 区域集中调度的优点

(1) 统一平台,资源共享

采用一体化平台的设计,建立统一数据中心和一体化管控平台,集成各类信息化系统,打通信息孤岛;提供统一的访问机制,实现不同权限用户的数据访问和业务应用,达到信息资源共享和业务协同的目标;采用开放的架构,可集成不同厂家产品,灵活扩展业务应用。基于平台,高效整合信息资源,进行已建与待建业务应用整合,构建各类智慧应用,提升系统效率。

(2) 分层分区的网络结构

根据船闸工程布置、机构设置情况及网络安全,系统总体遵循集中部署、安全分区原则,横向分为工业控制区和信息管理区,纵向按业务管理模式分为船闸层和运调中心层,保证系统安全、稳定、可靠,同时减少系统部署层级、简化系统部署及维护工作量。

(3) 集中部署和应用

通过集中部署和应用的方式,将信息化的核心业务服务器、数据库等设备统一在运调中心进行集中部署,而各级人员或系统的使用者,可通过访问中心站信息获取自己关注的数据信息,这样集中部署的方式将维护工作集中到一个地点,提高运维工作的效率。

(4) 智能化统一排档调度

采用船舶与船闸同比例缩放的图形化技术,研究基于 Web 浏览器的图形化人工排档,提供与实际一致的所见即所得的排档计划图,研究基于图形化排档的自动化排档算法模型，提供兼顾长度、宽度、吃水、排序等多种因素，以过闸效率、闸室利用率、公正性等多个目标权衡优化的调度模型，将各船闸多年的调度过程经验融入算法模型中，实现需人工确认的半自动调度和无需人工确认的全自动调度模式，将人员从繁重的重复工作中解放出来。

(5) 基于应用场景化的调度与控制、视频、广播智能化协同

目前控制系统、视频系统、广播系统和甚高频系统均能够提供基于网络的通信接口，调度系统通过数据接口与各系统实现数据交换，具备基本的业务协同能力。重点通过研究船闸管理的业务全流程，按照业务管理流程各个阶段的顺序、目标、关注点、关联系统和参与方将船闸调度管理划分为不同的业务场景，根据不同的场景提供该场景下满足使用者的背景效果和前景数据，减少业务工作人员低效的切换操作，通过逐步业务场景的自动切换，逐步达到少人值守的运行管理模式。

(6) 大数据技术在船闸管理的运用

大数据技术是目前非常流行的数据分析和挖掘的技术，是数据获取、存储、处理分析或可视化的有效手段，常见的大数据技术如 Hadoop、Spark、Flink 等数据运算软件框架。大数据技术近几年的实践，证明其能够将大规模数据中隐藏的信息和知识挖掘出来，为人类社会经济活动提供依据，提高各个领域的运行效率，甚至整个社会经济的集约化程度。

在船闸管理中，同样有大量的数据分析的需求，如设备运行、预防检修、船闸的运行效率、特殊船舶管理、船闸业务的趋势分析等，为提升船闸的管理和决策能力提供重要的数据支撑，目前需要通过人工或半自动的统计方式获得，效率低且准确性差。通过引入大数据分析的技术，将船闸管理的数据统计和分析采用自动化的方式处理，提升船闸管理数据统计的效率，可以为船闸管理和决策提供更多的数据支持。

思考题

1. 船舶过闸主要对船舶的哪些检验证书进行检查？
2. 请简述水运货物的分类。其中危险品货物分哪几类？
3. 请简述船舶复核范围和信息核查内容。船舶复核现场丈量哪些数据？
4. 有关规定中京杭运河船闸引航道和远方调度站设置要求是什么？一级远方调度站的设置原则是什么？二级远方调度站的设置原则是什么？
5. 简述远方调度站的工作流程。
6. 远方停泊区主要包括哪些停泊区？分别应如何设置？

7. 请简述禁止登记的船舶范围。

8. 请简述一级调度的船舶种类。简述船舶调度的方式。

9. 请简述一级远方调度站船舶调度的一般原则。

10. 请简述一级远方调度站船舶调度应注意的事项。

11. 请简述二级远方调度站如何进行分类船舶预调度及其注意事项。

12. 请简述指挥调度进闸时的进闸时机、指挥口令、进闸监管、闸室排档、灌（泄）水监管。

13. 请简述指挥调度出闸时的出闸时机、指挥口令、出闸监管。

14. 请简述一级停泊区停靠秩序管理的内容；请简述二级停泊区停靠秩序管理的内容；请简述靠船墩停靠秩序管理的内容。

15. 开放通闸的水位差标准是什么？通闸时航向如何选择？

16. 请简述上、下游停泊区的船舶调度管理和通闸运行时停泊区的船舶调度管理。

17. 请简述通闸运行时船舶进出闸秩序管理。

18. 请简述什么情况下禁止通闸；请简述通闸运行的注意事项。

19. 请简述船闸"零间隔"登记的内涵。

20. 请简述过闸收费"一票通"的内涵。

21. 请简述传统"货轮过闸档位图"管理的操作流程。请简述"货轮过闸档位图"优越性。

22. 请简述何为内河船舶智能过闸系统；并简述其核心过程。

23. 请简述内河船舶智能过闸系统的优越性。

第二章 规费征稽

第一节 过闸费征收

一、过闸费的概念

船舶过闸费是指通过船闸的各类船舶、排筏、浮运物体的所有者或经营者按照国家规定标准向船闸管理机构交纳的用于船闸及其附属设施维修养护、船闸管理机构正常管理所需的费用。它是国家航道规费的一个重要组成部分。

过闸费征收是船闸管理机构根据交通主管部门的授权依法向通过船闸的船舶所有者或经营者收取过闸费并解缴入库的过程。

二、过闸费征收的目的、原则、用途

船舶过闸费是船闸及其附属设施、设备养护、维修和正常管理最主要的资金来源。它用于改善船闸及航道通航条件,确保船闸正常运行和船舶安全航行。它取之于船,用之于船闸、航道,服务于全社会。

船舶过闸费的征收应贯彻两个基本原则:(一)依法征收原则;(二)应征不漏,应免不征原则。它们分别包含两个含义:依法征收一方面是指征收管理机构和征收人员必须依照法律、法规的规定征收过闸费;另一方面是指船舶所有者或经营者必须依法缴纳过闸费。应征不漏,是指对政策规定范围内船舶的过闸费要全部收缴,坚决杜绝漏征、减征或免征现象;应免不征,是对政策规定免征过闸费的船舶(如军用、抢险救灾等船舶)坚决不征,不能超越范围乱征收过闸费。

作为征收管理机构和征收工作人员应以法律、法规为准绳来规范和指导过闸费及其他国家规费的征收行为,严格遵守征收政策,认真执行征收标准,切实堵塞规费流失的各种漏洞,收足收好过闸费,从而推动航道事业健康有序发展。

过闸费的使用,必须贯彻"统收统支、专款专用"的原则,全部用于船闸的养护管理,任何地方和部门不得平调和挪用。年终如有结余,转入下年继续使用。

过闸费的使用范围包括:船闸修理,保养维护,动力照明,通信广播,防汛破冰,引航道管理及护坡维护修理,疏浚、清障,闸区绿化,检查观测,革新改造,技术研究,专业培训,备品配件,机具设备购置,房屋修建及生产工人和管理机构经费等。

三、船舶过闸费征收标准

(一)船舶过闸费的收费依据

国家以法律法规的形式对船舶过闸费征收行为做了明确的规定,交通行政主管部门对法律法规进行了细化,制定了具体的征收政策、管理制度等,涉及过闸费的有关规定和具体条款如下。

1991年3月江苏省物价局、江苏省交通厅发布了《关于调整船舶过闸费征收标准的通知》(苏交航〔1991〕1号)。

1991年4月江苏省交通厅发布《江苏省船闸管理实施细则》(苏交航〔1991〕4号)。

1991年8月交通部发布《中华人民共和国航道管理条例实施细则》(交工〔1991〕字609号)。

1994年7月江苏省人民政府发布了《江苏省船舶过闸费征收和使用办法》(省政府第50号令)。

1997年12月江苏省人民政府发布了《江苏省人民政府关于修改〈江苏省船舶过闸费征收和使用办法〉的决定》(省政府第124号令)。

2005年8月江苏省物价局、江苏省财政厅、江苏省交通厅分别印发了《关于调整交通部门所属船闸过闸费征收方式的通知》(苏价服〔2005〕188号、苏财综〔2005〕44号、苏交航〔2005〕10号)。

2005年江苏省交通厅印发了《江苏省内河航道规费联网征收管理暂行规定》(交航征〔2005〕301号)。

2010年7月江苏省物价局、江苏省财政厅发布《关于调整淮安、淮阴船闸过闸费收费标准的复函》(苏价服函〔2010〕33号)。

2012年7月省物价局、省财政厅《关于调整淮安、淮阴船闸船舶过闸费征收标准问题的通知》将试行标准转为正式标准(苏价服函〔2012〕219号)。

2012年4月省物价局、省财政厅发布了《关于调整谏壁船闸船舶过闸费征收标准的复函》(苏价服函〔2012〕18号)。

2012年11月省物价局、省财政厅发布了《关于调整施桥、邵伯船闸船舶过闸费征收标准的复函》(苏价服函〔2012〕79号)。

2013年4月,省物价局、省财政厅发布了《关于调整解台、刘山船闸船舶过闸费征收标准的复函》(苏价服函〔2013〕25号)。

2013年7月省物价局、省财政厅发布了《关于调整皂河、宿迁、刘老涧、泗阳船闸船舶过闸费征收标准的复函》(苏价服函〔2013〕68号)。

2018年12月省发展改革委、省财政厅发布了《关于核定九圩港船闸船舶过闸费收费标准的通知》(苏发改服价发〔2018〕1346号)。

2019年4月省发展改革委、省财政厅发布了《关于核定谏壁船闸船舶过闸费征收标准的通知》(苏发改服价发〔2019〕364号)。

2019年8月省发展改革委、省财政厅发布了《关于核定周山河船闸船舶过闸费征收标准的通知》(苏发改收费发〔2019〕706号)。

2019年12月省发展改革委、省财政厅发布了《关于核定施桥船闸、邵伯船闸、刘庄船闸船舶过闸费征收标准的通知》(苏发改收费发〔2019〕1116号)。

2020年4月省发展改革委、省财政厅发布了《关于核定解台、刘山船闸船舶过闸费征收标准的通知》(苏发改收费发〔2020〕381号)。

2020年7月省发展改革委、省财政厅发布了《关于核定淮安、淮阴、泗阳、刘老涧、宿迁、皂河船闸船舶过闸费征收标准的通知》(苏发改收费发〔2020〕810号)。

2020年12月省发展改革委、省财政厅发布了《关于核定海安、杨家湾、秦淮河、蔺家坝船闸船舶过闸费征收标准的通知》(苏发改收费发〔2020〕1416号)。

2020年11月省发展改革委、省交通运输厅发布了《江苏省关于进一步降低物流成本的实施方案》(苏发改经贸发〔2020〕1227号)。交通船闸船舶过闸费在现有征收基础上给予20%的优惠,水利船闸船舶过闸费给予10%的优惠。

(二)过闸费的征收标准

江苏省船舶过闸费收费方式及标准如下。

1. 各类船舶不分空载和重载,均按照证书中核定的总吨位收费;排筏和其他浮运物体,仍按立方米收费。对无证船舶或者船证不符的,参照同类船舶的总吨收费。具体标准如下。

(1)京杭运河全线船闸(宿迁境内除外):拖轮、货轮及其他机动船1.0元/(次·总吨);驳船及其他非机动船0.8元/(次·总吨);排筏及其他浮运物体0.4元/(次·立方米)。

(2)宿迁境内的京杭运河皂河、宿迁、刘老涧、泗阳4座船闸和大柳巷船闸:拖轮、货轮及其他机动船暂按0.8元/(次·总吨);驳船及其他非机动船暂按0.6元/(次·总吨);排筏及其他浮运物体0.4元/(次·立方米)。

(3)江苏省交通主管部门管辖其他船闸:拖轮、货轮及其他机动船0.7元/(次·总吨);驳船及其他非机动船 0.5 元/(次·总吨);排筏及其他浮运物体 0.4 元/(次·立方米)。

2. 定性确认船舶超载、超长、超宽,对超载船舶不再核定超载量。对装载货物后船舶吃水超过核定载重线,或者装载货物超过船舶长度、宽度的,根据超载、超长、超宽的程度,在正常收费基础上加收幅度不得高于 50%。

具体某个船闸收费标准请查阅江苏省交通运输厅网站。

(三) 主要类型船舶过闸费计算方法

1. 凡有下列情形者,应按以下标准收取过闸费。

(1) 除客运及参加防汛抢险救灾的船舶外,按规定准予优先放行的船舶由船方或货主提出申请,经船闸管理机构查验后可准予提放,其过闸费按收费标准的 2 倍计征。

(2) 装载危险品及其他易燃品的船舶,为确保安全,经船闸管理机构查验后,应与装载非危险品的船舶分开闸次放行,其过闸费按重载船舶收费标准的 3 倍计征。

(3) 实载吨位超过准载吨位的船舶,其超载部分过闸费,按收费标准的 2 倍计征。

(4) 所装货物超宽、超长的船舶,其过闸费按核定总吨位应交费额的 2 倍计征。

(5) 计费吨位不满半吨的不计费,满半吨按 1 吨计费。过闸费不满 1 角不计。

(6) 客运船舶空船以每 10 总吨为一级,不满 10 总吨按一级计费。

(7) 拖轮(船)、挖泥机船拖带的泥驳、排筏(浮运物)、工作船、货驳等,应分别按规定费率另行计费。

(8) 排筏按每立方米折合 1 吨,在排筏上装运其他货物,应另行计费。

2. 按规定补收或加收过闸费的情形。

各类船舶、排筏和浮运物体过闸,必须交验航行证件、全部货物运单,并按规定缴纳过闸费,凡有下列行为者,按规定补收或加收过闸费。

(1) 购票时不出验全部货物运单,少报总吨位,除按章补缴不足总吨位应缴过闸费外,视情节轻重加收应交费额 3 倍以下的过闸费。

(2) 无票进闸、抢档进闸,除按提放船舶计征过闸费外,加收应交费额 3 倍的过闸费。

(3) 私自买卖过闸凭证,使用回笼过闸票据,抗拒检查,伪造、涂改闸票和过闸证件以及其他不法行为者,按船舶应交费额的 5 倍以下计征过闸费,情节严重的,报公安或司法机关处理。

(4) 过闸船舶、排筏和浮运物体,缺少本航次已过船闸的过闸费票据,由检查的船闸管理机构补征其应交过闸费。

按章补缴和加收的过闸费应给予过闸费定额票据。

3. 免征过闸费的船舶。

下列船舶免征过闸费。

（1）执行公安、消防、救生、港航监督、水政监察和运输管理任务的各种专用船艇。

（2）持有县以上防汛指挥部证明，参加防汛抢险、抗旱、运输救灾物资的船舶。

（3）直接从事国防军事物资运输，并持有军队驻省航务军代处证明的军队自有专用船舶（不包括其所属企业和有收入的船舶）。

（4）本省航道管理机构专门在航道上从事航道管理和工程的各类专用船舶以及水利部门从事水利工程施测的专用船舶。

（5）农船及在内河从事捕捞的渔船（仅限3总吨位以下者）。

以上船舶如果改变了使用性质则不再享有免缴过闸费的权利，应按规定缴纳过闸费。

四、过闸违章管理

为了合理开发利用和保护水运资源，维护水路交通运输秩序，保障水路交通运输安全，促进水路交通运输事业发展，根据《中华人民共和国航道法》《中华人民共和国港口法》《中华人民共和国内河交通安全管理条例》和国务院《国内水路运输管理条例》等法律、行政法规，结合本省实际，制定《江苏省水路交通运输条例》，于2019年3月29日江苏省第十三届人民代表大会常务委员会第八次会议通过。

第二十九条　禁止下列危害航道通航安全的行为：

（一）在航道内设置渔具，种植水生植物，或者围河养殖；

（二）在航道内非法设置拦河设施；

（三）向航道和航道保护范围内倾倒砂石、泥土、垃圾以及其他废弃物；

（四）危害、损坏航标、标志标牌和整治建筑物等航道设施；

（五）在航标周围二十米范围内设置非交通、水利标志标牌；

（六）在通航建筑物及其引航道和船舶调度区内从事货物装卸、水上加油（气）、船舶维修、捕鱼等影响通航建筑物正常运行的活动；

（七）在引航道内设置码头、装卸设施、加油（气）站和履行公共管理事务以外的趸船；

（八）法律、法规规定的危害航道通航安全的其他行为。

违反本规定，危害航道通航安全的，责令限期改正，对单位处以五千元以上五万元以下罚款，对个人处以五百元以上二千元以下罚款。

第三十条　船舶过闸应当遵守有关过闸船舶管理规定，服从调度指挥，办理过闸登记手续，如实申报船舶实际吃水深度和货种，按照规定缴纳船舶过闸费。

船舶过闸时，禁止下列行为：

（一）未经登记、调度强行进闸，或者冒名登记过闸；

（二）装运危险品的船舶不按照指定水域停靠；

（三）进出船闸时抢档、超越其他船舶；

（四）进出闸室时抛锚、拖锚；

（五）擅自在闸室、闸口或者引航道内滞留；

（六）不在指定的靠船墩或者闸室档位停靠。

违反本条例第三十条第二款规定，责令限期改正，对水路运输经营人处以五千元以上三万元以下罚款，对责任船员处以二百元以上一千元以下罚款。

第三十一条　有下列情形之一的船舶不得通过船闸：

（一）动力、舵机操纵设备等发生故障，或者船体损坏漏水影响航行安全的；

（二）不具有夜航能力夜间过闸的；

（三）船舶尺度、吃水深度超过船闸公示最大实际通过能力的。

第四十九条　禁止下列影响内河交通安全的行为：

（一）船舶超载运输；

（二）船舶超过核定的航区航行；

（三）船舶擅自超过船舶安全通航尺度航行；

（四）船舶航行时，船员不适任或者不满足最低配员标准；

（五）非载客船舶载运旅客；

（六）载运旅客的客船、渡船，同时装运危险货物航行；

（七）在引航道内擅自打捞沉船、沉物；

（八）在引航道内从事水上货物交易；

（九）法律、法规规定的影响内河交通安全的其他行为。

违反条例第四十九条第七项规定，在引航道内擅自打捞沉船、沉物的，责令限期改正，处以二千元以上一万元以下罚款；情节严重的，处以一万元以上五万元以下罚款。

违反条例第四十九条第八项规定，在引航道内从事水上货物交易的，责令限期改正，可以处以二百元以上一千元以下罚款；情节严重的，处以一千元以上五千元以下罚款。

违反本条例规定的其他违法行为，有关法律、法规已有处罚规定的，按照有关法律、法规的规定进行处罚。

第二节 船闸联网收费系统

2002年5月开始建设江苏省航道收费系统,通过试点单位的试用、培训、交流等环节,于2005年12月1日全省交通运输系统所属船闸正式投入使用。

目前的收费系统主要包括基础参数设置、船舶管理、航养费征收、船闸运行调度、过闸费征收、票据管理、系统管理等内容。

一、计算机收费系统的模块划分、功能、特点

(一)系统设置

系统分为基础设置、船舶管理、运行调度、过闸费征收、票据管理、统计报表、系统管理、移动稽查等子系统。系统结构如表3-2-1和表3-2-2所示。

表3-2-1 计算机收费系统基础设置表

基础设置	船舶管理	运行调度	过闸费征收	
船闸参数及调度规则	船舶登记	过闸登记	单船	征收
收费标准设置	属性变更		船队	退款
船闸收费类型	报废		无证船	违章加收
用户口令修改	转让	调度		查询
收费员初始票号设置	查询	提放登记		
远方调度站登记位置设定		打档船登记		
工班定义		待闸信息		
收费标准		调度信息		
船舶排队类型设置		验票		
调度规则设置		换证		
		查补		
		违章	登记	
			处理	
			查询	

表 3-2-2　票据管理表

票据管理	统计报表	系统管理	移动稽查
领用申请与核定	船闸日报表	系统代码维护	票据查询
票据登记	船闸月报表	船籍代码维护	航行轨迹查询
票据发放	船闸年报表	部门管理	船舶流量统计
收费员领退	财务月统计	用户管理	货物统计
作废/遗失	财务年统计	权限管理	收费统计
结报查询			票据登记表
票据领用查询			票据使用明细（汇总）
单位结报			航养费缴讫明细（汇总）
个人结报			闸次汇总
重打票据			用户工作量统计
			航养费汇总
			过闸费汇总
			票据使用、结报情况表
			航养费、规费征收统计表

（二）系统功能

1. 基础设置

（1）船闸参数设置

① 设置船闸的收费方式，按总吨或准载吨征收过闸费（具体收费方式由省厅航道局统一设置）。

② 设置该船闸共有几个闸室，每个闸室的参数、闸室尺寸、单船和船队的冗余系数。

③ 设置该船闸在过闸时是否检查航养费缴纳情况（目前已不再使用）。

④ 设置船闸所在航区。大部分是 C 航区。

⑤ 设置船闸工作模式，先收费后调度或者先调度后收费。

⑥ 设置船闸是否是单一登记点，还是有上下游远方调度站登记站。

（2）船舶类型队列设置

① 从系统设定的船舶类型队列中选择本单位需要的队列船舶类型。

② 设置队列时，空重是否分开。

（3）调度规则设置

① 设置船闸是否只放行船队。

② 设定上下行各类型船舶的混放规则，上下行可以不一致，也可以一致。

③ 设置船队是否一次性过闸。

④ 设置重复登记时间间隔。

⑤ 设置危险品单船单独放行还是隔离放行。

(4) 禁调规则设置

① 设定单船/船队可通行的时间段。

② 闸室大修时设置整个闸室的封锁。

(5) 工班定义

定义本船闸的工班设置情况。

(6) 收费标准设置

设置各类型船舶的收费标准,仅限省局系统管理员使用该功能。

(7) 收费员初始票号设置

设置收费员工作初始的最小票据号码。

(8) 远方调度站登记位置设定

设置远方调度站登记员所在的调度站位置,设置了单一登记点的船闸不需要设置。

(9) 用户口令修改

修改自己的操作口令。该功能是为安全考虑,系统给每个账号赋予一个初始口令,用户应定期更改。

2. 船舶管理

(1) 船舶登记

根据船检簿和航行簿,输入船舶的基础数据并保存到船舶数据库中。

(2) 属性变更

进入属性变更页面,输入船名船号,输入正确的船舶信息并保存。原信息自动进入船舶台账后备表,后备原因为属性变更。

(3) 船舶报废

用于船舶的报废登记。

(4) 船舶转让

船舶转让登记,输入转让后的船舶信息,原信息自动转移到后备数据库中,并且记载转让后的船名船号。

3. 票据管理

(1) 票据入库

票据印刷好以后,由省局票据管理员登记入库。登记内容为:起讫号段、张数、登记人、登记日期。

(2) 票据领用计划核定

各单位将需要领取的票据数量上报给上级单位后,由上级单位的票据管理员核定票据数量。核定时需要参考当时票据库存情况。

(3) 票据发放

上级单位票据管理员通过该操作发放票据给下级票据管理员。发放以核定计划为依据,发放数量应不大于核定领取数量。

(4) 下属单位票据结报

下级单位票据管理员将一段时间内使用过的票据和应收金额上交给上级单位财务。

结报时统计出使用的票据数量、票面收费金额、作废票据数、遗失票据数、核销票据数等。

结报的票据来自下属单位的票据管理员和本单位收费员的结报票据。

(5) 票据核销

省局票据管理员将某一个版本的票据停止使用,需要将各收费单位的票据全部封存起来。各收费员将不再可用封存的票据,一起结报给本单位的票据管理员,然后逐级结报到省局。

(6) 票据库存查询

票据管理员查询本单位以及下级单位的票据的库存情况。

(7) 票据发放情况查询

查询指定时间范围内本单位及下级单位票据发放情况。

(8) 票局结报情况查询

查询指定时间范围内本单位以及下级单位的票据结报情况。

(9) 票据领用计划查询

查询指定时间范围内本单位及下级单位票据领用计划申请情况与核定情况。

(10) 票据领用计划申请

航道站、船闸管理所票据管理员向处级票据管理员申请票据领用数量,处级票据管理员向省级票据管理员申请票据领用数量。

(11) 票据遗失/作废登记

收费员将票据遗失和作废情况到本单位的票据管理员处进行登记。

(12) 收费员票据结报

收费员对指定时间段使用的票据和收费金额到本单位票据管理员处进行结报。结报时需要统计出票据数量、票面收费金额、退款票据数、退款金额、扎账票据数、扎账金额、作废票据数、遗失票据数、核销票据数。

4. 运行调度

(1) 过闸登记

对需要过闸的船舶进行过闸登记,主要登记本次过闸的基本信息,包括货物种类、吨位、航次信息,等等。对于船队,提供一次性输入的功能。登记后打印过闸登记单。对于无证船,系统自动生产临时编号,供下面的各环节使用。

(2) 预排闸次

通常对于繁忙船闸的移动登记点,登记完后需要将统一队列的船舶排定在同一个闸次,便于计划和调度执行。

(3) 调度

调度是远方调度站登记员进行调度操作的过程。各船闸的实际情况不同,调度模式也不尽相同。

对于人工调度:

根据调度规则和运调股的指令,将指定队列的一定数量的船舶调度进闸。

对于自动调度:

根据计算机计算的指定队列的一定数量的船舶调度进闸。

对于计划调度:

根据闸口和运调股的指令,将计划中的闸次按顺序执行调度。

(4) 插入空闸次

根据运调股或闸口的指令,当船闸一端没有船舶时,插入一个空闸次,以便统计。

(5) 提放登记

将已经登记并且通过提放审批的船舶进行登记,打印提放费通知单。如果是苏北处管辖的船闸,提放的依据是苏北处的提放审批库。

(6) 打档船登记

将已经登记并且通过打档审批的船舶进行登记,打印打档船缴费通知单。

(7) 提放审批

对于申请提放的船舶,经过审核后符合提放条件的,在已经登记的船舶列表中进行审批操作,同时打印提放审批单。如果是苏北处管辖的船闸,系统自动返填登记时间到苏北处的提放船舶库。

(8) 制定调度计划

根据远方调度站上报的单船和船队的登记情况,决定当天应该放行的单船和船队的数量。

单船已经实现预排闸次,需要确定已经预排闸次号。

对于船队,一般一个闸次只能放一个船队,所以只限定一天放多少数量的船队。

(9) 违章处理

对于已经登记的违章记录,根据违章情况具体处理,填写处理结论和处理金额,必要时可以开具处罚文书。

（10）配闸

一般在计划调度的船闸，当有已经调度过的单船在待闸区等待过闸时，闸口调度员发现当前闸次还能容纳待闸区的单船时，将待闸区的单船调度到本闸次的过程。

（11）合闸

一般在计划调度的船闸，当放行的船队都是小船队时，并且闸口调度员发现两个船队能够全部进入统一闸室过闸时，将两个船队一起调入闸室的过程。

（12）查补吨位

当船舶进入待闸区或闸室后，稽征人员见船稽查船舶的实际吨位，根据过闸登记单的吨位开具瞒报吨位和超载吨位通知书。

（13）违章登记

登记违章船舶的违章记录，违章信息包括：时间、地点、原因等。

（14）收费

收费员根据已经开具的缴费通知收取各项费用，并打印发票。对于挂账的船舶，需要注明是挂账，以便结报。

（15）验票

验票员检查船民是否缴纳了全部的费用，需要同时对照系统中的缴费通知、收费记录和船民的缴费票据。验票全部通过后才能通知闸口进行关闭闸门操作。

（16）换证

用排档号牌换回船检簿，换证时间作为该船舶离开船闸的时间，最后的换证时间记载为本闸次的结束时间。

（17）苏北处提放审批

苏北处审批人员检查申请提放船舶是否符合条件，根据航次登记该船舶的提放船闸列表。

（18）苏北处提放船舶查询

查询指定条件的提放，查补审批船舶的过闸情况。

5. 移动稽查

（1）系统初始化

系统初始化是在移动稽查安装完毕后需要完成的工作，其作用是从省局服务器下载系统数据，如船舶台账、航养费台账，以便移动稽查能够正常工作。系统初始化未结束时不能登录进行使用。

（2）船舶管理

当稽查时遇到未登记的船舶时，需要将该船舶的船检簿的资料输入到系统中，或者船舶信息和实际船检簿的信息不一致时，需要将系统中的信息更正过来。

(3) 移动稽查

主要功能是检查船舶的航养费,如有欠缴,则征收航养费。征收分为本省船舶和外省船舶两种情况。征收完毕后需要打印票据给船民,并及时上传到省局服务器,以便过闸时检查。

(4) 数据更新

稽查人员在航道站,将笔记本接入航道站局域网后,将本次的工作数据上传到省局服务器,然后将省局的数据下载到本地数据库。

(5) 票据重打

对于打印失败的票据,可以重新打印票据,老的票据号打印在新票据上,老的票据自动作为作废的票据。

6. 系统维护

(1) 信息发布

省局系统管理员具备在系统内发布通知的功能,其他用户登录系统后能自动弹出通知。通知可修改和删除,内容为纯文本格式。

(2) 系统代码维护

在维护页面左侧选择代码类型,然后在右侧维护该类型相应的代码。系统代码主要为系统服务,如船舶类型、货物种类,等等,维护时应慎重。此功能一般只有省局系统管理员才有。

(3) 征收单位维护

增加、删除或修改征收单位的代码、名称、级别、简称。此功能一般只有省局系统管理员才有。

(4) 船籍代码维护

增加、删除或修改船籍代码和名称,江苏省内分省、市、县(区)三级,外省的只到省一级。此功能一般只有省局系统管理员才有。

(5) 权限管理

省局和处级单位,权限管理主要是维护本单位用户及权限,对于下级单位,维护系统管理员的权限和可授权限,以便实现分级权限管理。

站、闸级系统管理员,只有维护本单位用户及权限的功能。

(三) 系统特点

系统采用基于 J2EE 架构的三层体系结构,采用数据集中存储模式。全省各单位的用户统一使用 IE 浏览器访问省局的应用服务器,由应用服务器访问省局的 Oracle 数据库。三层体系结构的特点是:业务逻辑分布到应用服务器上,数据库负责基础业务数据的管理,主要的计算任务由应用服务器完成。当业务过于繁重时,可以对应用服务器做集群的配置,统一应用管理多台应用服务器对外部请求的分配和并行处理。具备良好的可扩展性和伸缩性,合理利用硬件资源。

二、计算机收费系统的工作流程及用户角色

收费系统的主流程如图 3-2-1 所示。

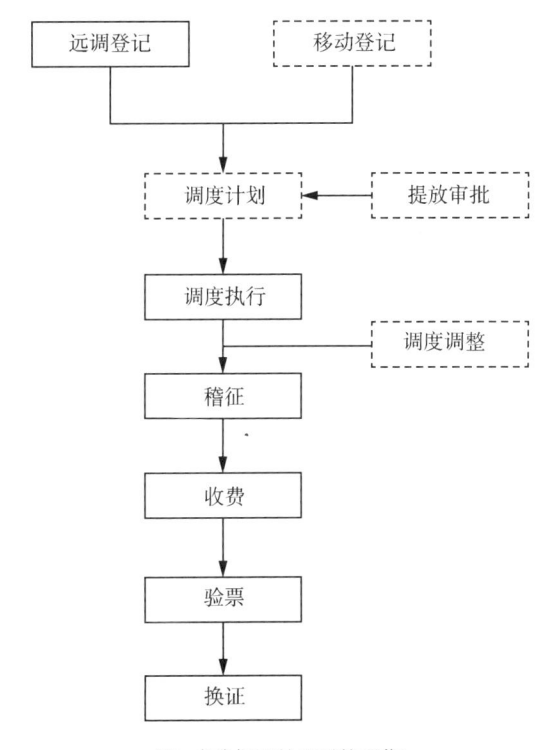

```
远调登记        移动登记
    ↓             ↓
    →  调度计划  ←  提放审批
           ↓
        调度执行
           ↓      ←  调度调整
         稽征
           ↓
         收费
           ↓
         验票
           ↓
         换证
```

(注:虚线框不是必要的环节)

图 3-2-1　收费系统的主流程图

系统中角色分为:系统管理员、远方调度站登记员、运调股、值班所长、闸口调度员、稽征组、收费员、验票换证员、移动稽查员、票据管理员。

系统管理员主要负责系统管理功能。省局系统管理员包括用户维护、权限维护、代码维护、基础数据维护等功能;处级单位系统管理员负责本单位的用户维护和权限维护,以及负责下属站闸系统管理员的权限和可授权限的维护;站闸级系统管理员负责本单位的用户维护和权限维护,闸室参数维护。

远方调度站登记员主要职责是远方调度站登记,部分单位可以见船登记的也负责查补工作,然后开具登记单。计划调度的船闸,远方调度站登记员根据指令,负责调度计划的执行。人工调度的船闸,根据调度参数,负责船舶的调度。

移动登记站的登记员一般还负责船舶预排闸次的工作。将规定数量的船舶编排在同一个闸次,以便制定调度计划和执行调度工作。

运调股的职责是提放审批和制定调度计划。对于苏北处管辖的单位,提放审批的权限在处里,各单位的运调股完全根据处的审批单进行提放审批。

值班所长的主要工作是各项审批工作,包括退款审批、延时调度审批,等等。还负责调度后未能进闸的问题船舶的处理、过号或延时再调。

闸口调度员的主要职责是现场调度指挥,发送调度指令给远方调度站,合闸、配闸操作。

稽征组的主要职责是根据船舶实际的载货量和登记单上的情况,查补瞒报吨位和超载吨位。

收费员的职责是根据收费通知单收取过闸费,打印票据。定期向本单位票据管理员进行票据结报。

验票换证员的职责是对每笔收费通知单和收费记录进行审核,同时换取过闸号牌,船舶进闸后换回船检簿。将换证的时间作为该船舶离开闸室的时间,最后一条船的换证时间作为该闸次的结束时间。

移动稽查员的职责是对航道内船舶进行航养费稽查工作,包括移动稽查系统的全部功能,船舶管理、移动稽查、票据重打和数据上传。

票据管理员的主要职责是管理票据和财务。包括票据领用申请、领用审批、票据入库、票据领用、票据发放/收回、票据作废/遗失登记、票据本级结报、票据单位结报。

三、计算机收费系统用法

启动系统并登录后,进入如图 3-2-2 所示主页面。

图 3-2-2 计算机收费系统主页面

系统主要有个人参数设置、基础设置、船舶管理、运行调度、过闸费管理、票据管理、系统维护、统计报表等功能模块,每个功能模块包含若干子功能。

(一)个人参数设置

1. 个人参数设置

【个人参数设置】设置界面如图 3-2-3 所示。

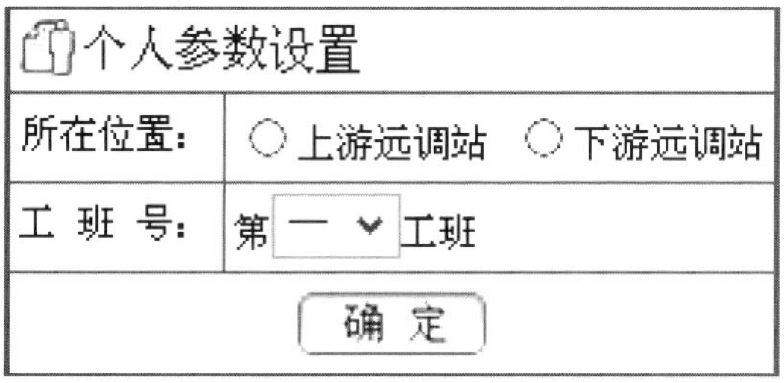

图 3-2-3　个人参数设置界面

每日进入岗位后,修改页面的参数后按【确定】保存数据。

2. 修改口令

图 3-2-4　用户 PIN 码修改界面

如需修改个人口令,请进入【用户 PIN 码修改】界面(图 3-2-4),输入用户名后,输入原有口令,再连续输入两次新口令,点击【确认修改】。

(二)基础设置

1. 船闸参数设置

【基础设置】【船闸参数设置】根据本闸具体情况设置本单位相关参数后,按【确定】完成,如图 3-2-5 所示。

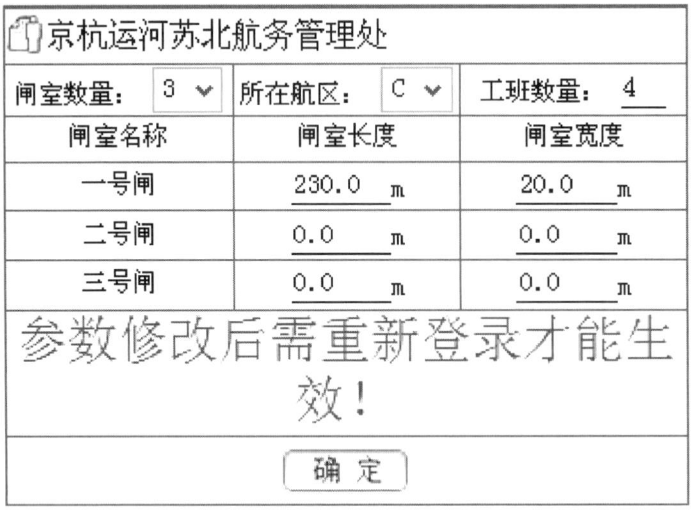

图 3-2-5 船闸参数设置界面

2. 调度规则设置

【基础设置】【调度规则设置】根据本闸具体情况设置本单位相关参数后,按【确定】完成,如图 3-2-6 所示。

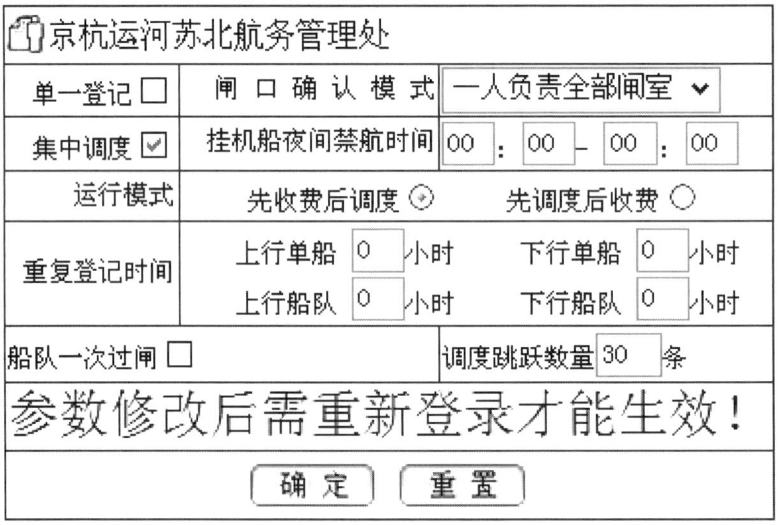

图 3-2-6 调度规则设置界面

3. 队列定义

【基础设置】【队列定义】根据本闸具体情况设置本单位相关参数后,按【确定】完成,如图 3-2-7 所示。

注："队列名称"不能重名！

京杭运河苏北航务管理处队列定义

序号	队列名称	是否船队	简称	冗余系数	最大登记号	上行当前登记号	下行当前登记号	序号	队列名称	是否船队	简称	冗余系数	最大登记号	上行当前登记号	下行当前登记号
01	船队	☑	cd	1.1	9999	1	1	16		☐					
02	货轮	☐	dj	1.1	9999	1	1	17		☐					
03	危险品船	☐	wx	1.1	999	1	1	18		☐					
04		☐						19		☐					
05		☐						20		☐					
06		☐						21		☐					
07		☐						22		☐					
08		☐						23		☐					
09		☐						24		☐					
10		☐						25		☐					
11		☐						26		☐					
12		☐						27		☐					
13		☐						28		☐					
14		☐						29		☐					
15		☐						30		☐					

确 定

图 3-2-7　队列定义界面

4. 船舶编组定义

【基础设置】【船闸编组定义】界面如图 3-2-8 所示。

船舶编组定义

○ 上游　○ 下游　◉ 上下游相同

	船队	货轮	危险品船
船队			
货轮	☑		
危险品船	☑	☑	

确 定　重 置

图 3-2-8　船舶编组定义

5. 调度模式切换

界面如图 3-2-9 所示。

京杭运河苏北航务管理处

上行调度模式	计划调度 ◉ 人工调度 ○	下行调度模式	计划调度 ◉ 人工调度 ○
闸室封锁	一号闸 ☐	二号闸 ☐	三号闸 ☐

确 定

图 3-2-9　调度模式切换界面

(三) 船舶管理

1. 登记

【船舶管理】【登记】打开登记页面,依次填写船舶信息,点击【保存】,如图 3-2-10 所示。

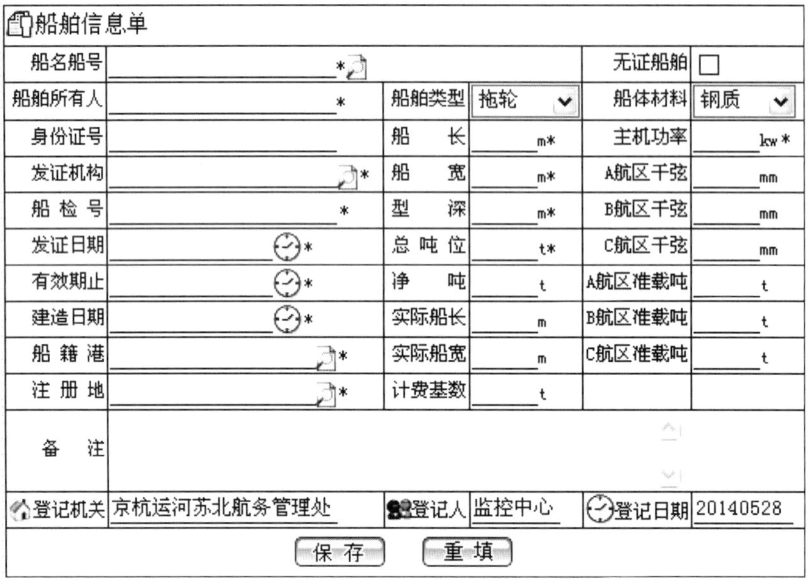

图 3-2-10　登记界面

2. 船舶信息查询

【船舶管理】【船舶信息查询】打开船舶信息查询页面,输入船名船号或其他关键字进行船舶信息查询,如图 3-2-11 所示。

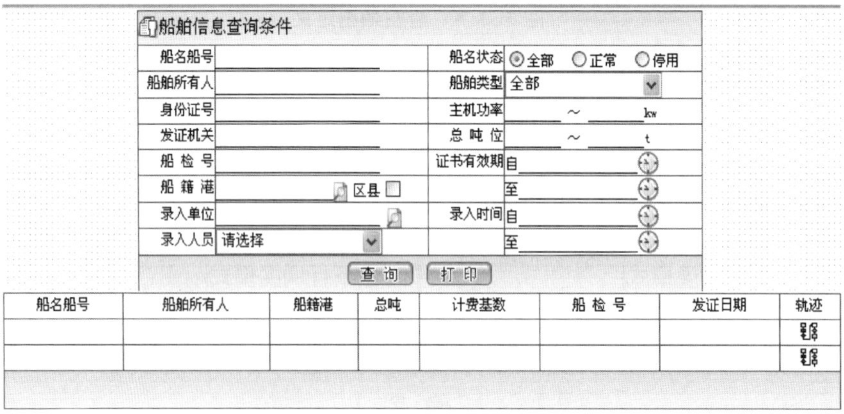

图 3-2-11　船舶信息查询界面

3. 船舶变更查询

【船舶管理】【船舶变更查询】打开如图 3-2-12 所示界面,输入船名船号或其他关键字,点击【查询】进入属性变更查询,点选查询到的船名船号查询船舶变更信息。

图 3-2-12　船舶变更界面

3. 船舶 GPS 查询

【船舶管理】【船舶 GPS 查询】打开船舶 GPS 查询窗口,输入船名船号后点击【查询】,如图 3-2-13 所示。

图 3-2-13　船舶 GPS 查询界面

4. 船舶 GPS 属性查询

【船舶管理】【船舶 GPS 属性查询】打开船舶 GPS 属性查询窗口,输入船名船号后点击放大镜图标,查询该船舶是否已经安装 GPS,如图 3-2-14 所示。

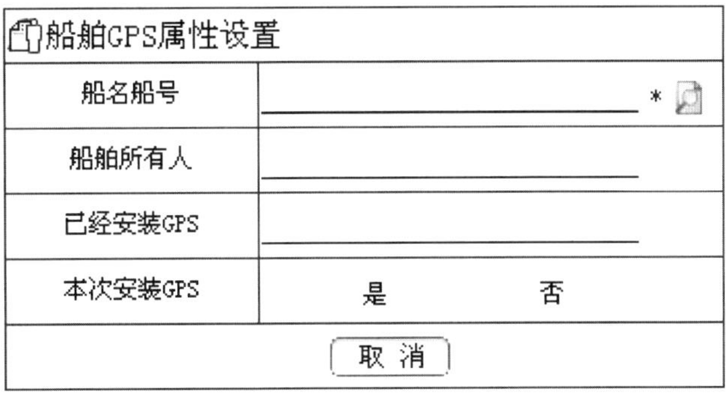

图 3-2-14　船舶 GPS 属性查询界面

显示该船舶是否已经安装 GPS，如图 3-2-15 所示，并对该船舶进行 GPS 属性的开通和关闭，勾选"是"或"否"点击【确定】进行操作。

图 3-2-15　船舶 GPS 属性操作界面

（四）运行调度

1. 单船登记

【运行调度】【单船登记】显示单船登记页面，输入船名船号点击放大镜图标查询显示如图 3-2-16 所示。

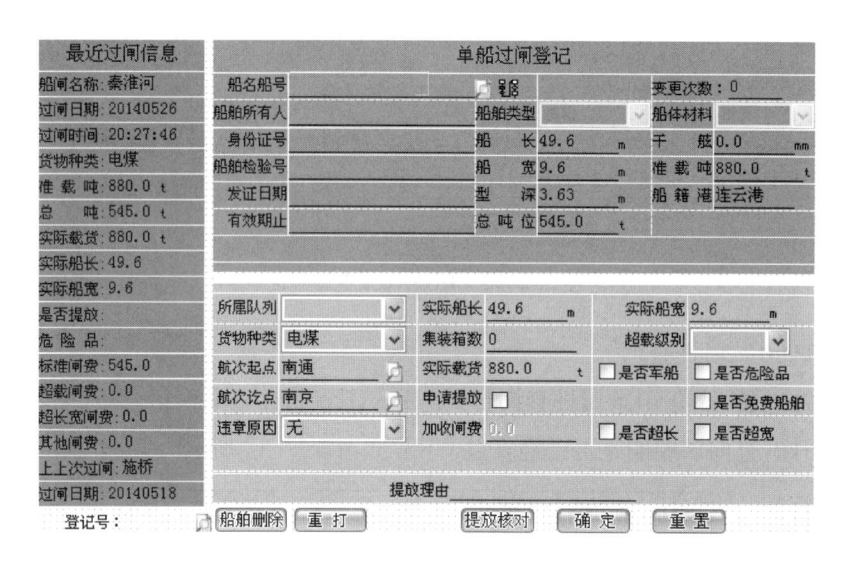

图 3-2-16　单船登记界面

输入本次过闸信息，如所属队列、货物种类、航次起讫点等，按【确定】，保存并打印过闸登记单，完成本次单船过闸登记业务。

2. 船队登记

【运行调度】【船队登记】显示船队登记页面，输入拖轮船名船号后按【确认】，显示如图 3-2-17 所示。

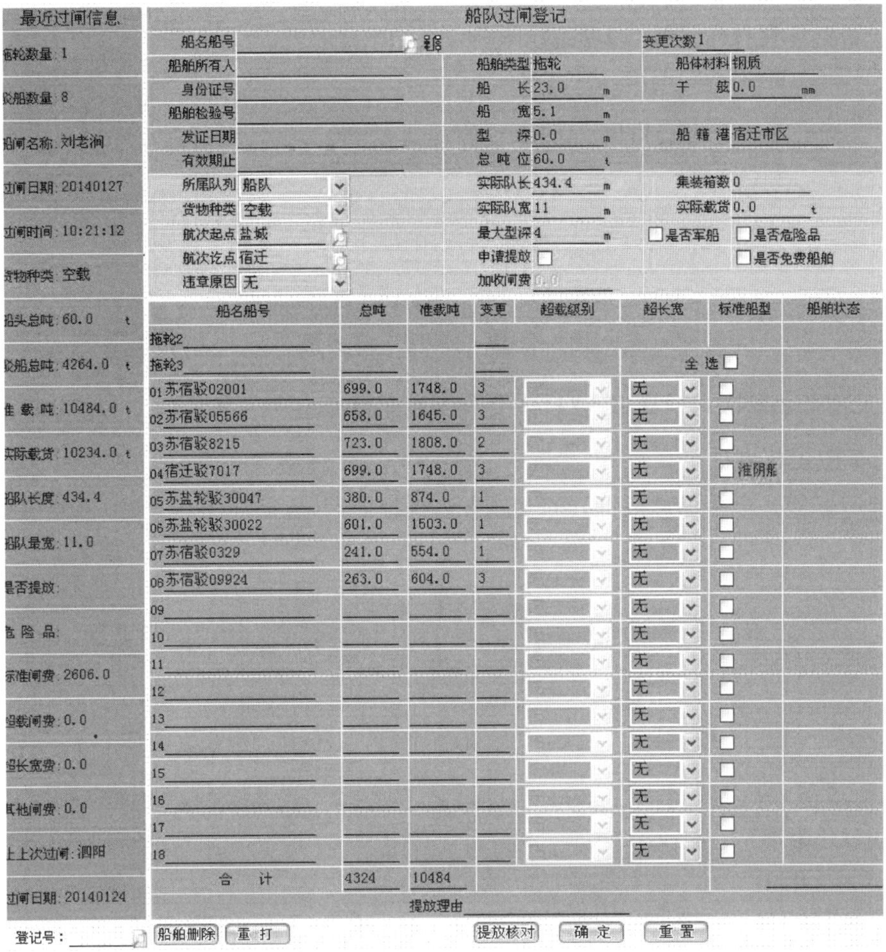

图 3-2-17　船队登记界面

根据实际情况调整船队组队情况,输入船舶过闸信息,如所属队列、货物种类、航次起讫点等,按【确定】按钮保存并打印船队的过闸登记单,完成本次登记业务。

3. 提放审批

【运行调度】【提放审批】界面如图 3-2-18 所示。

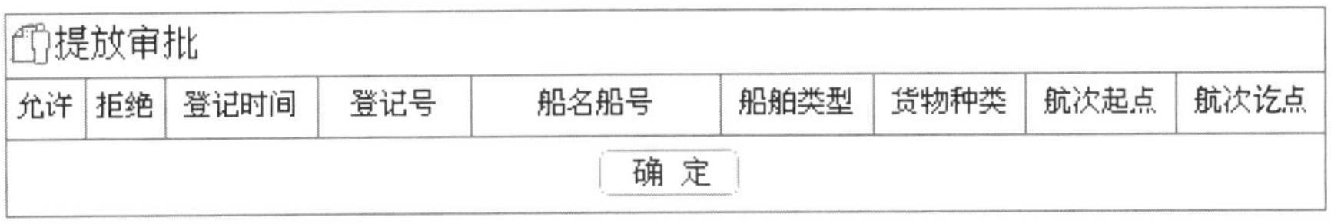

图 3-2-18　提放审批界面

对申请提放的船舶在此页面查询显示并进行审批。

4. 打印提放单

【运行调度】【打印提放单】界面如图 3-2-19 所示。

图 3-2-19　打印提放单界面

输入提放船舶的登记号点击【打印】,打印船舶提放单。

5. 集中提放审批

【运行调度】【集中提放审批】(苏北航务管理处使用)界面如图 3-2-20 所示。

图 3-2-20　集中提放审批界面

由苏北航务管理处运调中心集中对船舶进行提放审批,输入船名船号,勾选所要办理提放的船闸上、下行,核实确认后点击【保存】。

6. 调度执行

【运行调度】【调度执行】界面如图 3-2-21 所示。

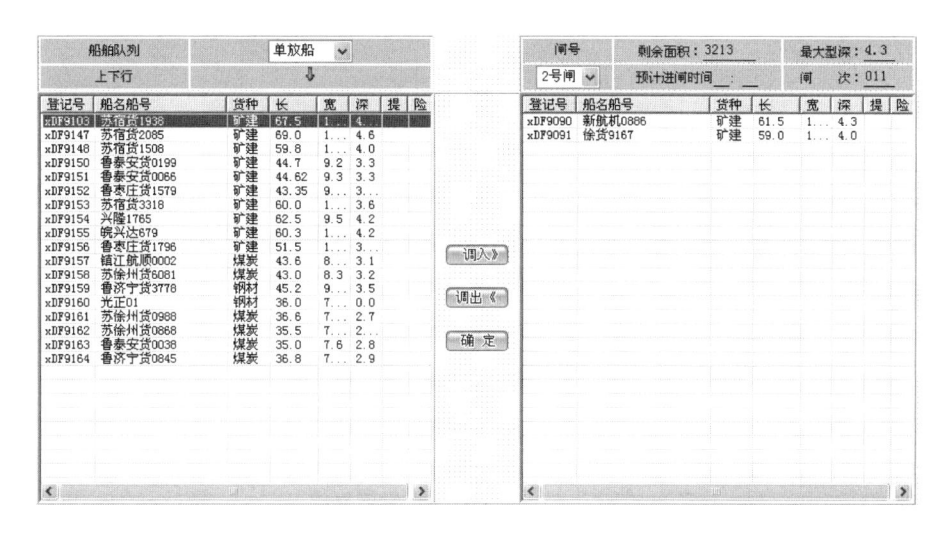

图 3-2-21　调度执行界面

先选择闸号后,批量选中左边需要调度的船舶,按【调入】将该批船舶调入本闸次,按【确认】保存数据,完成本次调度业务。

7. 过闸确认

【运行调度】【过闸确认】界面如图 3-2-22 所示。

图 3-2-22　过闸确认界面

先选择闸号后,批量选中左边需要调度的船舶,按【确认】保存数据,完成本次确认业务。

8. 待处理船舶处理

【运行调度】【待处理船舶处理】界面如图 3-2-23 所示。

待处理船舶列表

	原因	船名船号	登记号	登记日期	船舶类型	货物种类	总吨	航次起点	航次终点	收款	调度	GPS船舶
1、	延时	江苏挂1660	sGJ0167	20051213	挂机船	空载	334	镇江	山东			
2、	延时	皖淮北挂0556	sGJ1880	20060429	挂机船	空载	185	扬州	山东	是		
3、	延时	苏盐货10338	sDF2696	20060725	货轮	空载	470	淮安	宿迁			
4、	延时	苏盐货20360	xDF8190	20070817	货轮	矿建	70	宿迁	淮安	是		
5、	延时	苏盐货47944	xDF4752	20080127	货轮	矿建	150	宿迁	淮安	是		
6、	延时	苏宿货406	xSJ1645	20080901	货轮	矿建	185	宿迁	淮安	是		
7、	延时	航政234	sDF5591	20081109	货轮	空载	10	扬州	徐州	是		
8、	延时	皖宣城货5171	sDF3049	20090412	货轮	空载	198	安徽	淮安	是		
9、	延时	皖淮北货01327	xDJ1376	20090430	货轮	矿建	220	淮安	盐城	是		
10、	延时	皖淮北货1598	xSJ5850	20091206	货轮	矿建	96	淮安	淮安	是		
11、	过号	苏宿货2057	sDF7968	20140527	货轮	空载	1829	淮安	宿迁	是	是	是

恢复　删除

图 3-2-23　待处理船舶处理界面

选中左边需要处理的船舶，按【恢复】保存数据，完成本次操作。

9. 调度查询

【运行调度】【调度查询】显示已调度的船舶信息，点击每一行可查询闸次信息明细列表，如图 3-2-24 所示。

调度查询条件

船闸：淮阴　上下行：上行 ○ 下行 ○ 全部 ⊙　查询

闸次信息列表

航向	闸号	闸次	调度日期	调度时间	过闸时间	通闸	空闸	船队	货轮	挂机	其他	吨位
下	1	013	20140528	10:26:56		否	否	0	3	0	0	6433
上	1	013	20140528	10:20:52		否	否	0	9	0	0	6930
下	1	012	20140528	10:20:25	10:20:25	否	是	0	0	0	0	0
上	1	012	20140528	10:10:00	10:17:43	否	否	0	0	0	0	0
下	1	011	20140528	09:55:39	10:16:48	否	否	0	3	0	0	9728
上	1	011	20140528	09:09:17	09:53:20	否	否	0	3	0	0	7200
下	1	010	20140528	09:05:02	09:29:09	否	否	0	1	0	0	547
上	1	010	20140528	08:04:48	09:08:41	否	否	0	5	0	0	5210
下	1	009	20140528	07:49:44	08:37:51	否	否	0	7	0	0	6417

闸次信息明细列表

航向	登记号	船名船号	长/宽/深	总吨	准载吨	登记日期	起点	终点	提放	危险	轮/拖	闸费
下	xDF9138	苏淮货17099	76.0/15.76/4.9	1790.0	3200.0	20140527	宿迁	淮安	否	否		1790.0
下	xDF9140	苏宿货4088	67.0/13.9/0.0	1170.0	2500.0	20140527	宿迁	淮安	否	否		1170.0
下	xDF9143	同舟256	63.3/11.28/4.3	931.0	2100.0	20140527	宿迁	扬州	否	否		931.0
			单船合计：	3891.0	7800.0						合计：	3891.0

图 3-2-24　调度查询界面

10. 提放船舶查询

【运行调度】【提放船舶查询】可查询已办理的提放船舶，如图 3-2-25 所示。

```
┌─────────────────────────────────────────────────────────┐
│ 提放查询                                                 │
│  船  闸: 淮阴 ▼    上下行:  上行◉ 下行○ 全部○   查 询   │
│  提放起止日期:   20140528  至  20140528         打 印   │
└─────────────────────────────────────────────────────────┘
```

上下行	登记号	船名船号	登记日期	航次起点	航次终点	是否过闸
上	sCD1908	鲁济宁驳9225	20140528	宜兴	徐州	否
上	sCD1908	响水驳863	20140528	宜兴	徐州	否
上	sCD1908	鲁济宁驳9250	20140528	宜兴	徐州	否
上	sCD1908	鲁枣庄驳2907	20140528	宜兴	徐州	否
上	sCD1908	江苏驳30298	20140528	宜兴	徐州	否
上	sCD1908	鲁济宁驳5231	20140528	宜兴	徐州	否
上	sCD1908	丰轮驳337	20140528	宜兴	徐州	否
上	sCD1908	建航驳16888	20140528	宜兴	徐州	否
上	sCD1908	江苏驳93138	20140528	宜兴	徐州	否
上	sCD1908	鲁枣庄驳2317	20140528	宜兴	徐州	否
上	sCD1908	江苏拖335	20140528	宜兴	徐州	是

图 3-2-25　提放船舶查询页面

11. 提放申请登记

【运行调度】【提放申请】可办理船舶提放申请。输入登记号后，查询出现船舶信息，按【保存】完成提放申请，如图 3-2-26 所示。

船舶登记单				
登记号	sCD1912			
船名船号	建运拖598			
船舶所有人	徐州新运航有限公司	船舶类型	拖轮	货物种类	其他
航次起点	安徽	航次讫点	淮安	船　长	385.1m
船　宽	10.15m	总　吨	3304t	准载吨	7090t
超载级别		是否危险品	否	是否军船	否
是否无证船	否	是否超长	否	是否超宽	否
保　存				

图 3-2-26　提放申请登记页面

12. 延时调度

【运行调度】【延时调度】可办理船舶延时申请。输入登记号后，查询出现船舶信息，按【确认】完成延时申请，如图 3-2-27 所示。

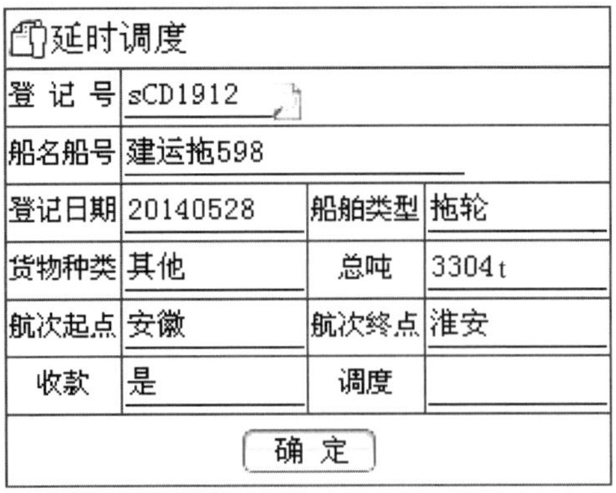

图 3-2-27　延时调度页面

13. 违章处理

【运行调度】【违章处理】是对违章船舶进行违章添加,如图 3-2-28 所示。

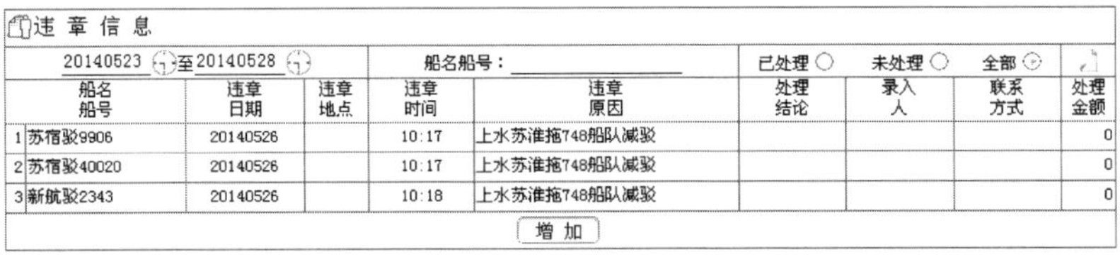

图 3-2-28　违章处理页面

按每一行出现如图 3-2-29 所示船舶信息。

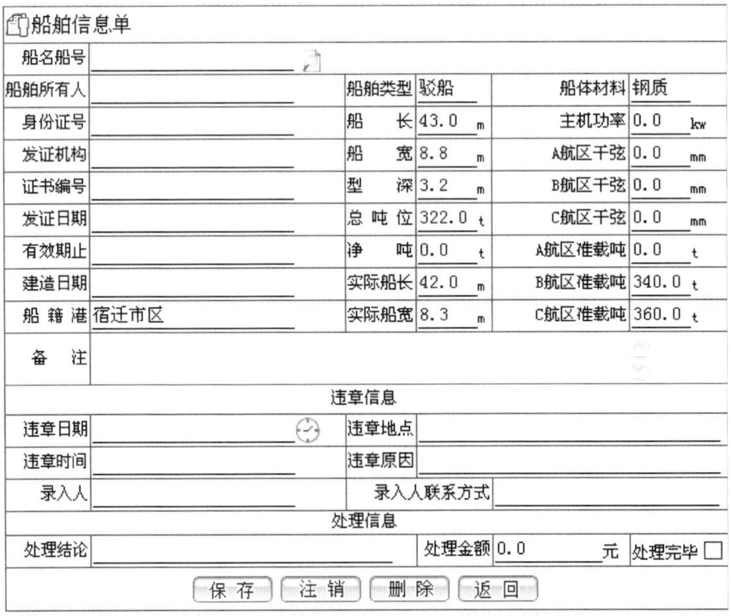

图 3-2-29　船舶信息

按【增加】出现如图 3-2-30 所示界面。

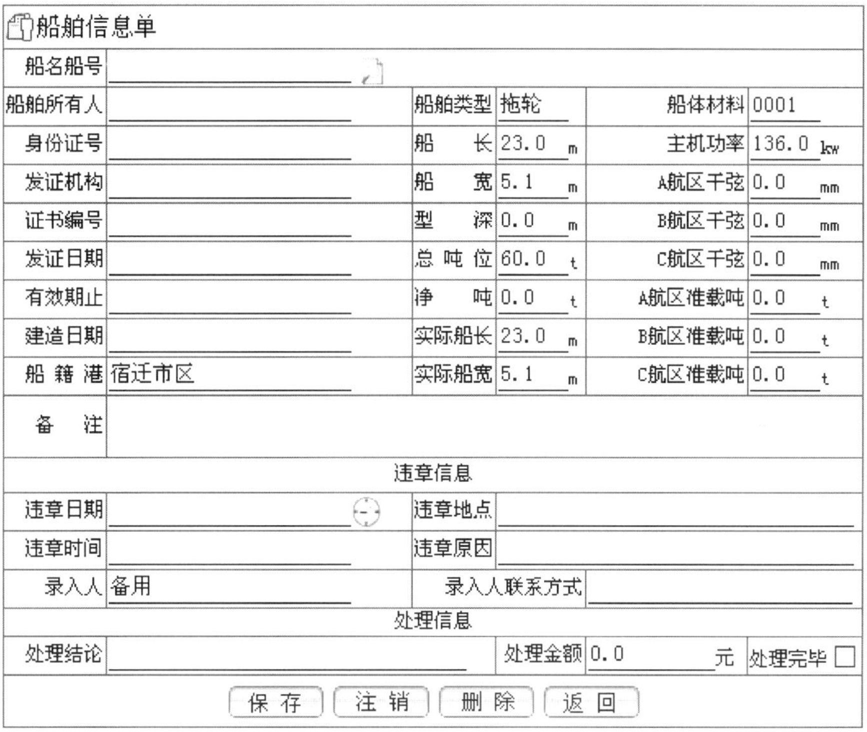

船舶信息单						
船名船号						
船舶所有人		船舶类型	拖轮	船体材料	0001	
身份证号		船　　长	23.0 m	主机功率	136.0 kw	
发证机构		船　　宽	5.1 m	A航区干弦	0.0 mm	
证书编号		型　　深	0.0 m	B航区干弦	0.0 mm	
发证日期		总 吨 位	60.0 t	C航区干弦	0.0 mm	
有效期止		净　　吨	0.0 t	A航区准载吨	0.0 t	
建造日期		实际船长	23.0 m	B航区准载吨	0.0 t	
船 籍 港	宿迁市区	实际船宽	5.1 m	C航区准载吨	0.0 t	
备　注						
违章信息						
违章日期		违章地点				
违章时间		违章原因				
录入人	备用	录入人联系方式				
处理信息						
处理结论		处理金额	0.0 元	处理完毕 □		

[保存] [注销] [删除] [返回]

图 3-2-30　违章处理船舶信息画面

按【保存】,将船舶添加进入违章库。

14. 违章船舶查询

【运行调度】【违章船舶查询】是对违章船舶进行查询,输入船名船号查询违章信息,如图 3-2-31 所示。

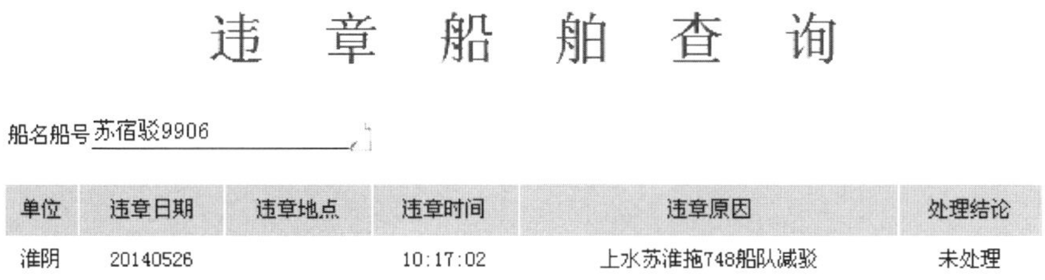

违 章 船 舶 查 询

船名船号 苏宿驳9906

单位	违章日期	违章地点	违章时间	违章原因	处理结论
淮阴	20140526		10:17:02	上水苏淮拖748船队减驳	未处理

图 3-2-31　违章船舶查询页面

（五）过闸费管理

1. 过闸费征收

【过闸费管理】【过闸费征收】将船舶登记号输入登记号栏,按 出现如图 3-2-32 所示界面,按【保存】后可完成征收,打印出票据。

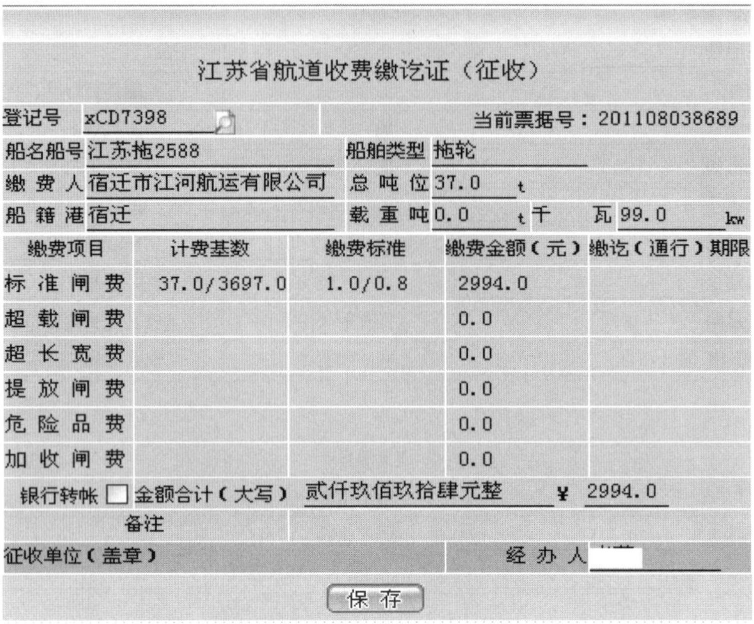

图 3-2-32　过闸费征收界面

2. 票据作废

【过闸费管理】【票据作废】将票据号输入票据号栏,按 出现如图 3-2-33 所示界面,按【确定】后可完成作废,打印作废的票据。

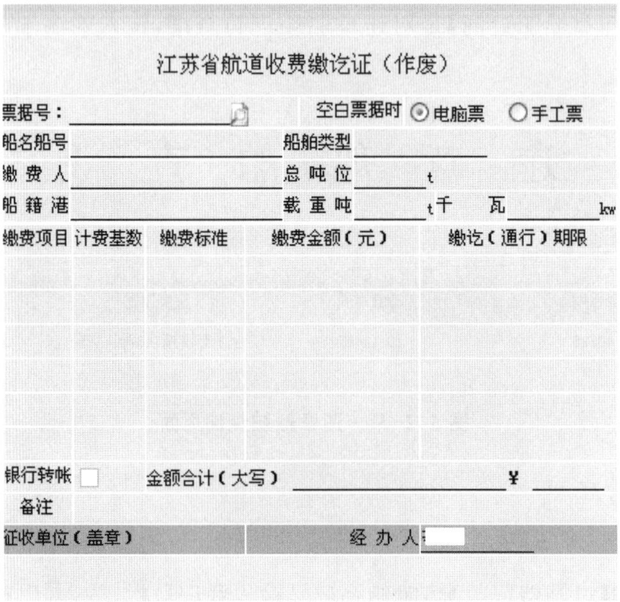

图 3-2-33　票据作废界面

3. 过闸费退款

【过闸费管理】【过闸费退款】将票据号输入票据号栏,按 出现如图 3-2-34 所示界面,按【确定】后可完成退款,打印退款的票据。

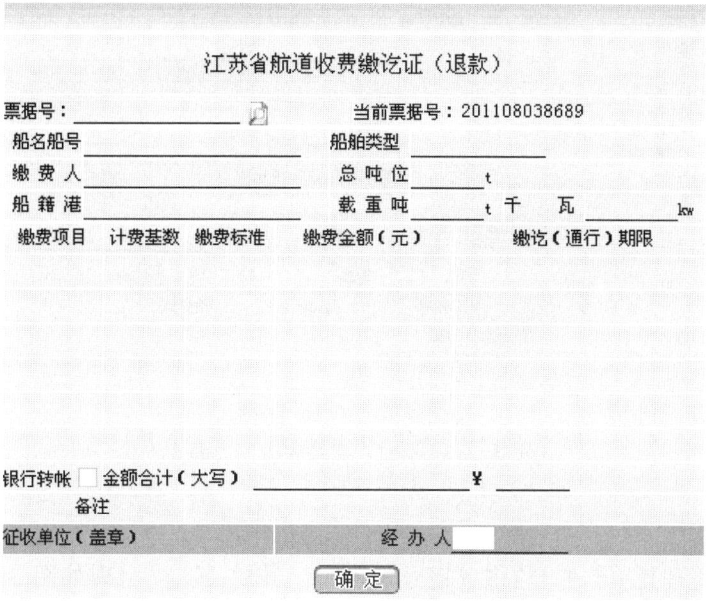

图 3-2-34　过闸费退款界面

4. 过闸费征收查询

【过闸费管理】【过闸费征收查询】将票据号输入票据号栏,按【查询】出现如图 3-2-35 所示界面。

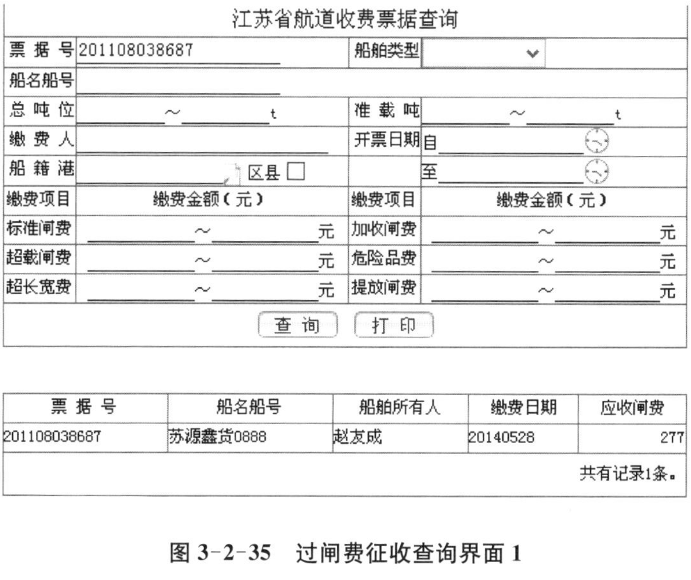

图 3-2-35　过闸费征收查询界面 1

按票据号一栏出现如图 3-2-36 所示界面，可以查询船舶的征收票据。

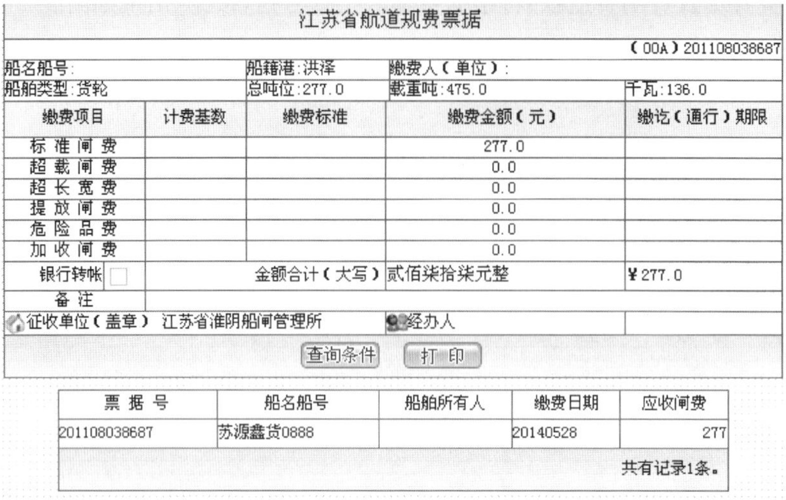

江苏省航道规费票据

（00A）201108038687

船名船号:	船籍港:洪泽	缴费人（单位）:	
船舶类型:货轮	总吨位:277.0	载重吨:475.0	千瓦:136.0

缴费项目	计费基数	缴费标准	缴费金额（元）	缴讫（通行）期限
标准闸费			277.0	
超载闸费			0.0	
超长宽费			0.0	
提放闸费			0.0	
危险品费			0.0	
加收闸费			0.0	
银行转帐		金额合计（大写）	贰佰柒拾柒元整	¥277.0
备注				
征收单位（盖章）	江苏省淮阴船闸管理所		经办人	

查询条件　打印

票据号	船名船号	船舶所有人	缴费日期	应收闸费
201108038687	苏源鑫货0888		20140528	277

共有记录1条。

图 3-2-36　过闸费征收查询界面 2

5. 单船查补

【过闸费管理】【单船查补】将登记号输入登记号栏，按出现如图 3-2-37 所示界面，再选择缴费项目，输入缴费金额，选择查补类型，按【保存】后打印出票据。

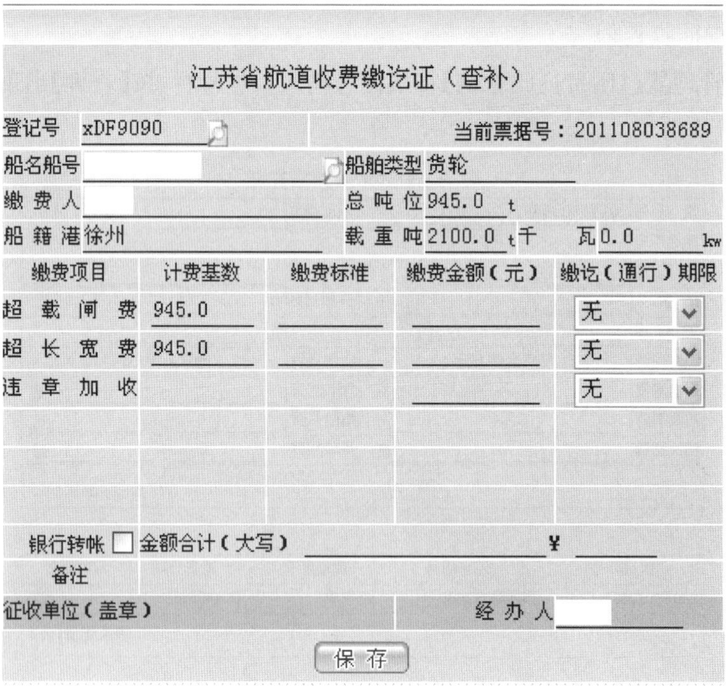

江苏省航道收费缴讫证（查补）

登记号	xDF9090	当前票据号：201108038689	
船名船号		船舶类型	货轮
缴费人		总吨位	945.0 t
船籍港	徐州	载重吨	2100.0 t　千瓦 0.0 kw

缴费项目	计费基数	缴费标准	缴费金额（元）	缴讫（通行）期限
超载闸费	945.0			无
超长宽费	945.0			无
违章加收				无

银行转帐　金额合计（大写）　¥

备注

征收单位（盖章）　经办人

保存

图 3-2-37　单船查补界面

6. 船队查补

【过闸费管理】【船队查补】将登记号输入登记号栏，按 出现如图 3-2-38 所示界面，再选择缴费项目，输入缴费金额，选择查补类型，按【保存】后打印出票据。

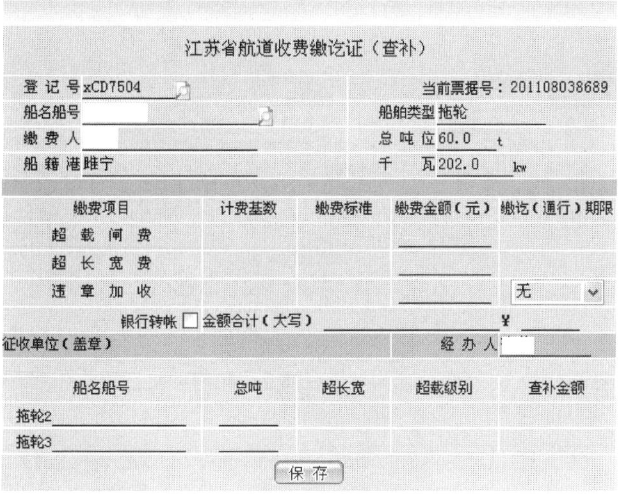

图 3-2-38　船队查补界面

7. 票据重打

【过闸费管理】【票据重打】将票据号输入票据号栏，按 出现如图 3-2-39 所示界面，按【确定】后可打印票据。

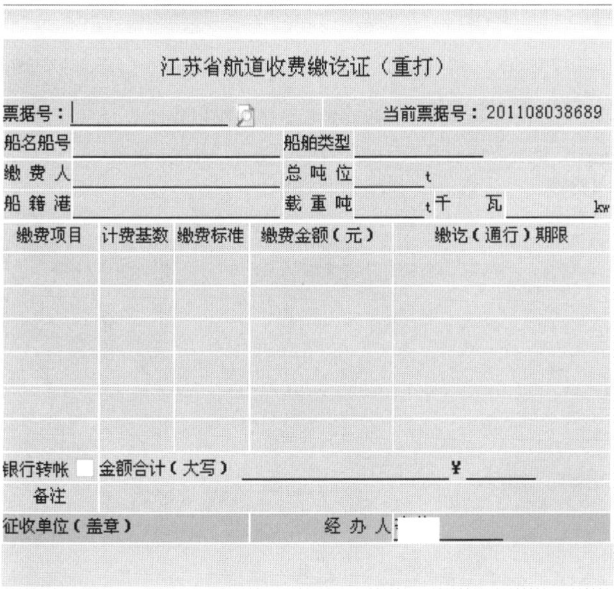

图 3-2-39　票据重打界面

8. GPS 船舶退款

【过闸费管理】【GPS 船舶退款】将票据号输入票据号栏,按 ![] 出现如图 3-2-40 所示界面,按【确定】后可打印退款票据。

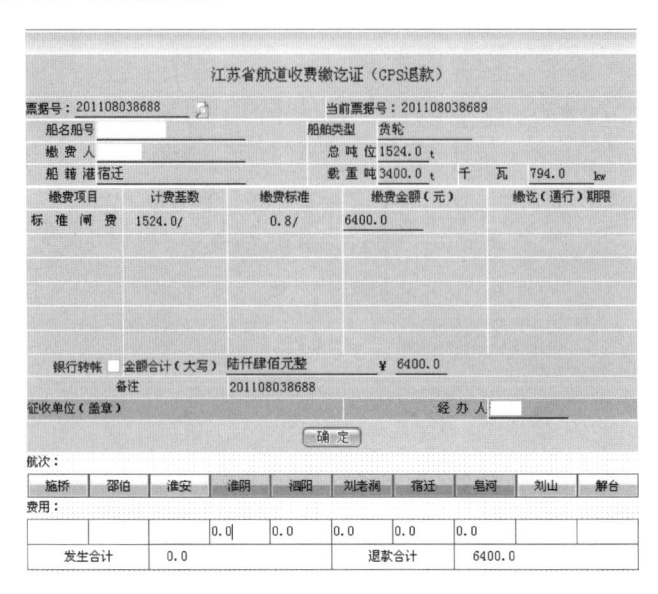

图 3-2-40　GPS 船舶退款界面

9. GPS 过闸票据打印

【过闸费管理】【GPS 过闸票据打印】将票据号输入票据号栏,按 ![] 出现如图 3-2-41 所示界面,按【确定】后打印票据。

图 3-2-41　GPS 过闸票据打印界面

10. GPS航次查询

【过闸费管理】【GPS航次查询】输入船名船号按【查询】，可查询该船舶的GPS过闸状况，如图3-2-42所示。

GPS船舶航次信息查询条件

船名船号 ________ 查 询

序号	单位	状态	日期	时间	预缴金额	发生金额	退款金额
1	解台						
2	刘山						
3	皂河	应过			201		
4	宿迁	已登记	2014/05/27	11:58	201		
5	刘老涧	已过闸	2014/05/27	11:50		201	
6	泗阳	已过闸	2014/05/24	12:55		201	
7	淮阴	已过闸	2014/05/22	06:03		252	
8	淮安						
9	邵伯						
10	施桥						
	预缴金额	804	过闸情况	3/5	未发生金额	402	未结束

图3-2-42　GPS航次查询界面

（六）系统维护

1. 用户管理

【系统维护】【用户管理】打开如图3-2-43所示界面，选择单位，选择人员后，可根据需要，给相应人员赋予相关权限，灰色权限不能赋予。

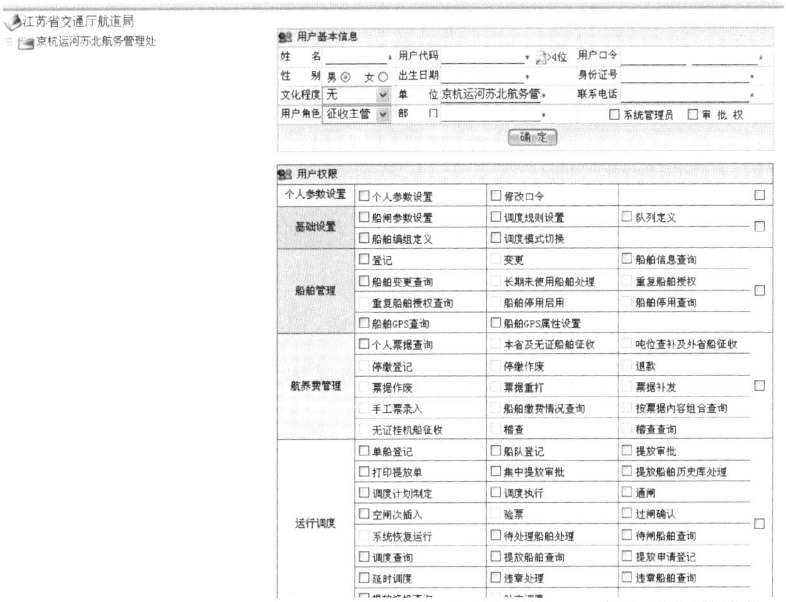

图3-2-43　用户管理界面

2. 可授权限管理

【系统维护】【可授权限管理】是对各单位二级管理员可授权限进行一次分配,主要由各单位一级管理员操作。界面如图 3-2-44 所示。

选择人员后,在相应权限后打钩,则此人员具有给予职权范围内相关人员授权的权力。授权后,按【确定】即可。

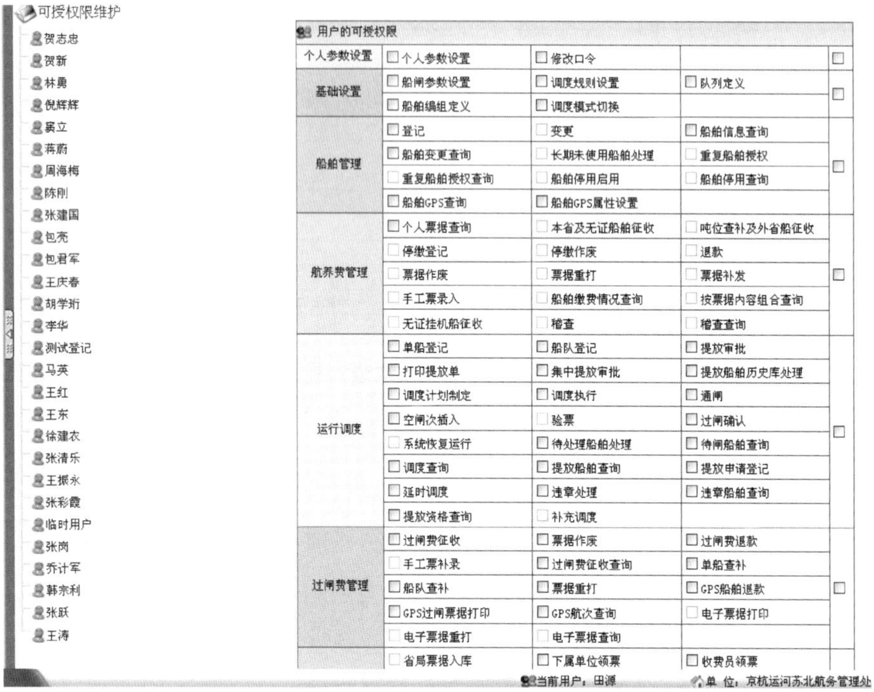

图 3-2-44 可授权限管理界面

江苏省内河船舶便捷过闸("水上 ETC")自 2012 年 12 月份在泰州口岸船闸开通以来,取得了明显的社会效益,广大船员得到了实实在在的便利。按照江苏省政务"一张网"建设的要求,船舶过闸费被列入 2017 年与省公共支付平台对接的试点项目,要求船舶过闸费利用省公共支付平台实现与支付宝、微信、银联等第三方支付平台的对接。

江苏省交通运输厅航道局从方便船员使用角度出发,致力实施内河航道公共信息服务一体化建设,对省内现有的多款船舶过闸 APP 系统进行整合,成功开发了全新的便捷过闸 APP 系统,实现船舶在江苏省内过闸申报、电子支付的统一化。

2017 年 10 月 16 日,新版便捷过闸 APP 系统首先在口岸船闸、周山河船闸开通试运行,试运行期间,船员热情高涨、积极参与新系统的试用。船员经身份核定后,只需下载新版 APP 软件,即可方便地进行过闸申报,并在 APP 中通过支付宝等第三方支付平台完成过闸费支付,真正做到了方便、快捷、安全、节省。新系统与原"水上 ETC"系统进行了技术融合，原"水上 ETC"用户在使用新系统时可以选择继续通过原过闸费预充值账户进行过闸费支付。

思考题

1. 请简述船舶过闸费征收的目的、原则和用途。

2. 请根据"船舶过闸费的收费依据"思考：某船装载电煤在苏北运河某船闸远调下行登记总吨位为 600 总吨，保留干弦 6 厘米，缴纳过闸费 600 元，提放费 600 元，共计 1200 元，接到举报说该船大船小证，船闸配合海事部门对该船进行实船测量，复核总吨位为 700 总吨，根据过闸费征收相关规定，该船补足相关过闸费用应补交多少元？

3. 根据《江苏省水路交通运输条例》说说禁止哪些危害航道通航安全的行为？船舶过闸时，禁止哪些行为？禁止哪些影响内河交通安全的行为？

4. 请简述"船闸联网收费系统"的组成。

第三章　安全管理

第一节　安全管理理论基础知识

一、安全生产管理基本理论

搞好安全生产管理,是全面落实科学发展观的必然要求,是建设和谐社会的迫切需要,是各级政府和生产经营单位做好安全生产工作的基础。安全生产管理不仅具有一般管理的规律和特点,还有自身的特殊范畴和方法。

（一）安全生产、安全生产管理

1. 安全生产

《辞海》将"安全生产"解释为:为预防生产过程中发生人身、设备事故,形成良好劳动环境和工作秩序而采取的一系列措施和活动。《中国大百科全书》将"安全生产"解释为:旨在保护劳动者在生产过程中安全的一项方针,也是企业管理必须遵循的一项原则,要求最大限度地减少劳动者的工伤和职业病,保障劳动者在生产过程中的生命安全和身体健康。后者将安全生产解释为企业生产的一项方针、原则和要求,前者则解释为企业生产的一系列措施和活动。根据现代系统安全工程的观点,安全生产,一般意义上讲,是指在社会生产活动中,通过人、机、物料、环境的和谐运作,使生产过程中潜在的各种事故风险和伤害因素始终处于有效控制状态,切实保护劳动者的生命安全和身体健康。

2. 安全生产管理

安全生产管理是管理的重要组成部分,是安全科学的一个分支。所谓安全生产管理,就是针对人们在生产过程中的安全问题,运用有效的资源,发挥人们的智慧,通过人们的努力,进行有关决策、计划、组织和控制等活动,实现生产过程中人与机器设备、物料、环境的和谐,达到安全生产的目标。

安全生产管理的目标是:减少和控制危害,减少和控制事故,尽量避免生产过程中由于事故所造成的人身伤害、财产损失、环境污染以及其他损失。安全生产管理包括安全生产法制管理、行政管理、监督检查、工艺技术管理、设备设施管理、作业环境和条件管理等方面。

安全生产管理的基本对象是企业的员工,涉及企业中的所有人员、设备设施、物料、环境、财务、信息等各个方面。安全生产管理的内容包括:安全生产管理机构和安全生产管理人员、安全生产责任制、安全生产管理规章制度、安全生产策划、安全培训教育、安全生产档案等。

(二) 事故、事故隐患、危险、危险源与重大危险源

1. 事故

《现代汉语词典》对"事故"的解释是:多指生产、工作上发生的意外损失或灾祸。

在国际劳工组织制定的一些指导性文件,如《职业事故和职业病记录与通报实用规程》中,将职业事故定义为:"由工作引起或者在工作过程中发生的事件,并导致致命或非致命的职业伤害。"我国事故的分类方法有多种。

《企业职工伤亡事故分类》(GB 6441—1986),综合考虑起因物、引起事故的诱导性原因、致害物、伤害方式等,将企业伤亡事故分为20类,分别为物体打击、车辆伤害、机械伤害、起重伤害、触电、淹溺、灼烫、火灾、高处坠落、坍塌、冒顶片帮、透水、放炮、火药爆炸、瓦斯爆炸、锅炉爆炸、容器爆炸、其他爆炸、中毒和窒息及其他伤害等。

《生产安全事故报告和调查处理条例》(国务院令第493号)将"生产安全事故"定义为:生产经营活动中发生的造成人身伤亡或者直接经济损失的事件。根据生产安全事故造成的人员伤亡或者直接经济损失,事故一般分为以下等级:

(1) 特别重大事故,是指造成30人以上死亡,或者100人以上重伤(包括急性工业中毒,下同),或者1亿元以上直接经济损失的事故;

(2) 重大事故,是指造成10人以上30人以下死亡,或者50人以上100人以下重伤,或者5 000万元以上1亿元以下直接经济损失的事故;

(3) 较大事故,是指造成3人以上10人以下死亡,或者10人以上50人以下重伤,或者1 000万元以上5 000万元以下直接经济损失的事故;

(4) 一般事故,是指造成3人以下死亡,或者10人以下重伤,或者1 000万元以下直接经济损失的事故。

该等级标准中所称的"以上"包括本数,所称的"以下"不包括本数。

2. 事故隐患

国家安全生产监督管理总局颁布的第16号令《安全生产事故隐患排查治理暂行规定》,将"安全生产事故隐患"定义为:"生产经营单位违反安全生产法律、法规、规章、标准、规程和安全生产管理制度的规定,或者因其他因素在生产经营活动中存在可能导致

事故发生的物的危险状态、人的不安全行为和管理上的缺陷。"

事故隐患分为一般事故隐患和重大事故隐患。一般事故隐患是指危害和整改难度较小,发现后能够立即整改排除的隐患。重大事故隐患是指危害和整改难度较大,应当全部或者局部停产停业,并经过一定时间整改治理方能排除的隐患,或者因外部因素影响致使生产经营单位自身难以排除的隐患。

企业、政府和公众等多方综合性地开展隐患辨识、评价、消除、整改、监控等活动和措施,使生产安全系统的事故风险处于可接受水平的过程即为隐患治理。

3. 危险

根据系统安全工程的观点,危险是指系统中存在导致发生不期望后果的可能性超过了人们的承受程度。从危险的概念可以看出,危险是人们对事物的具体认识,必须指明具体对象,如危险环境、危险条件、危险状态、危险物质、危险场所、危险人员、危险因素等。

一般用风险度来表示危险的程度。在安全生产管理中,风险用生产系统中事故发生的可能性与严重性结合给出,即

$$R = f(F, C)$$

式中:R——风险;

F——发生事故的可能性;

C——发生事故的严重性。

从广义来说,风险可分为自然风险、社会风险、经济风险、技术风险和健康风险等五类。而对于安全生产的日常管理来说,可分为人、机、环境、管理等四类风险。

4. 海因里希法则

这个法则是 1941 年美国的海因里希统计许多灾害而得出的。当时,海因里希统计了 55 万件机械事故,其中死亡、重伤事故 1 666 件,轻伤 48 334 件,其余则为无伤害事故。从而得出一个重要结论,即在机械事故中,伤亡、轻伤、不安全行为的比例为 1∶29∶300,国际上把这一法则叫事故法则,见图 3-3-1。这个法则说明,在机械生产过程中,每发生 330 起意外事件,有 300 件未产生人员伤害,29 件造成人员轻伤,1 件导致重伤或死亡。

对于不同的生产过程,不同类型的事故,上述比例关系不一定完全相同,但这个统计规律说明了在进行同一项活动中,无数次意外事件,必然导致重大伤亡事故的发生。国际油气生产者协会(International Association of Oil & Gas Producers,简称 IOGP)第 391 号 2007 年安全绩效指标报告中事故三角见图 3-3-2。图中表明 IOGP 组织中所有成员以及石油公司和承包商的死亡、损工伤害和可记录伤害事故统计数据比例关系。

IOGP 是石油行业的一个国际化机构,其会员包括各国最主要的国际化的私营、国有石油和天然气公司,以及工业协会和主要的上游服务公司。IOGP 成员生产的石油占世界总产量的 50%以上,天然气占世界总产量的三分之一以上。事故法则说明,要防止重大事故的发生必须减少和消除无伤害事故,要重视事故的苗头和未遂事故,否则终会酿成大祸。例如,某机械师企图用手把皮带挂到正在旋转的皮带轮上,因未使用拨皮带的杆,且站在摇晃的梯板上,又穿了一件宽大的长袖工作服,结果被皮带轮绞入,导致死亡。事故调查结果表明,他这种上皮带的方法使用已有数年之久,手下工人均佩服他手段高明。查阅前四年病志资料,发现他有 33 次手臂擦伤后治疗处理记录。这一事例说明,事故的后果虽有偶然性,但是不安全因素或动作在事故发生之前已暴露过许多次,如果在事故发生之前,抓住时机,及时消除不安全因素,许多重大伤亡事故是完全可以避免的。

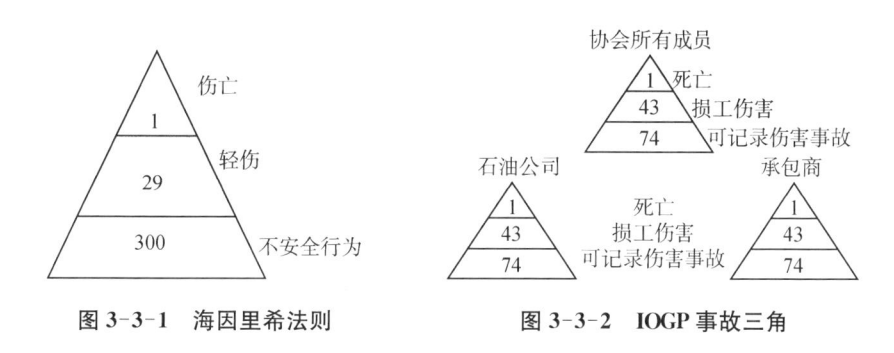

图 3-3-1　海因里希法则　　　　图 3-3-2　IOGP 事故三角

5. 危险源

从安全生产角度解释,危险源是指可能造成人员伤害和疾病、财产损失、作业环境破坏或其他损失的根源或状态。

根据危险源在事故发生、发展中的作用,一般把危险源划分为两大类,即第一类危险源和第二类危险源。

第一类危险源是指生产过程中存在的、可能发生意外释放的能量,包括生产过程中各种能量源、能量载体或危险物质。第一类危险源决定了事故后果的严重程度,它具有的能量越多,发生事故后果越严重。

第二类危险源是指导致能量或危险物质约束或限制措施破坏或失效的各种因素。广义上包括物的故障、人的失误、环境不良以及管理缺陷等因素。第二类危险源决定了事故发生的可能性,它出现越频繁,发生事故的可能性越大。

在企业安全管理工作中,第一类危险源客观上已经存在并且在设计、建设时已经采取了必要的控制措施,因此,企业安全工作重点是第二类危险源的控制问题。

从上述意义上讲,危险源可以是一次事故、一种环境、一种状态的载体,也可以是可能产生不期望后果的人或物。液化石油气在生产、储存、运输和使用过程中,可能发生泄漏,引起中毒、火灾或爆炸事故,因此充装了液化石油气的储罐是危险源;原油储罐的呼吸阀已经损坏,当储罐储存了原油后,有可能因呼吸阀损坏而发生事故,因此损坏的原油储罐呼吸阀是危险源;一个携带了SARS病毒的人,可能造成与其有过接触的人感染SARS,因此携带SARS的人是危险源;操作过程中,没有完善的操作标准,可能使员工出现不安全行为,因此没有操作标准是危险源。

6. 重大危险源

为了对危险源进行分级管理,防止重大事故发生,提出了重大危险源的概念。广义上说,可能导致重大事故发生的危险源就是重大危险源。

我国颁布的标准《危险化学品重大危险源辨识》(GB 18218—2018)和《中华人民共和国安全生产法》(以下简称《安全生产法》)对重大危险源作出了明确的规定。《安全生产法》定义重大危险源为长期地或者临时地生产、搬运、使用或者储存危险物品,且危险物品的数量等于或者超过临界量的单元(包括场所和设施)。当单元中有多种物质时,如果各类物质的量满足下式,就是重大危险源:

$$\sum_{i=1}^{N} \frac{q_i}{Q_i} \geqslant 1$$

式中:q_i——单元中物质i的实际存在量;

Q_i——物质i的临界量;

N——单元中物质的种类数。

危险化学品应依据其危险特性及数量进行重大危险源识别。《危险化学品重大危险源辨识》中列出了85种危险化学品及其临界量。不同国家和地区的政府部门对重大危险源的定义、规定的临界量是不同的。无论是重大危险源的范围,还是重大危险源临界量,都是为了防止重大事故发生,在综合考虑了国家的经济实力、人们对安全与健康的承受水平和安全监督管理的需要给出的。

(三)安全、本质安全

安全与危险是相对的概念,它们是人们对生产、生活中是否可能遭受健康损害和人身伤亡的综合认识。按照系统安全工程的认识论,无论是安全还是危险都是相对的。

1. 安全

安全,泛指没有危险、不出事故的状态。汉语中有"无危则安,无缺则全";安全的英文为safety,指健康与平安之意;梵文为sarva,意为无伤害或完整无损;《韦氏大词典》对安全定义为"没有伤害、损伤或危险,不遭受危害或损害的威胁,或免除了危害、伤害或损失的威胁"。

生产过程中的安全,即安全生产,指的是"不发生工伤事故、职业病、设备或财产损失"。

工程上的安全性,是用概率表示的近似客观量,用以衡量安全的程度。

系统工程中的安全概念,认为世界上没有绝对安全的事物,任何事物中都包含有不安全因素,具有一定的危险性。安全是一个相对的概念,危险性是对安全性的隶属度;当危险性低于某种程度时,人们就认为是安全的。安全工作贯穿于系统整个寿命期间。

2. 本质安全

本质安全是指通过设计等手段使生产设备或生产系统本身具有安全性,即使在误操作或发生故障的情况下也不会造成事故。具体包括两方面的内容。

(1) 失误——安全功能

指操作者即使操作失误,也不会发生事故或伤害,或者说设备、设施和技术工艺本身具有自动防止人的不安全行为的功能。

(2) 故障——安全功能

指设备、设施或生产工艺发生故障或损坏时,还能暂时维持正常工作或自动转变为安全状态。

上述两种安全功能应该是设备、设施和技术工艺本身固有的,即在它们的规划设计阶段就被纳入其中,而不是事后补偿的。

本质安全是生产中"预防为主"的根本体现,也是安全生产的最高境界。实际上,由于技术、资金和人们对事故的认识等原因,目前还很难做到本质安全,只能作为追求的目标。

3. 安全许可

国家对矿山企业、建筑施工企业和危险化学品、烟花爆竹、民用爆破器材生产企业实行安全许可制度。企业未取得安全生产许可证的,不得从事生产活动。

(四) 安全生产方针

《安全生产法》在总结我国安全生产管理经验的基础上,将"安全第一、预防为主"规定作为我国安全生产工作的基本方针。党和国家坚持以科学发展观为指导,从经济和社会发展的全局出发,不断深化对安全生产规律的认识,在十六届五中全会上,提出了"安全第一、预防为主、综合治理"的安全生产方针。同时,在《国务院关于进一步加强企业安全生产工作的通知》(国发〔2010〕23号)中强调,坚持"安全第一、预防为主、综合治理"的方针,全面加强企业安全管理,健全规章制度,完善安全标准,提高企业技术水平,夯实安全生产基础。

"安全第一",就是在生产经营活动中,在处理保证安全与生产经营活动的关系上,要始终把安全放在首要位置,优先考虑从业人员和其他人员的人身安全,实行"安全优先"的原则。在确保安全的前提下,努力实现生产的其他目标。

"预防为主",就是按照系统化、科学化的管理思想,按照事故发生的规律和特点,千方百计预防事故的发生,做到防患于未然,将事故消灭在萌芽状态。虽然人类在生产活动中还不可能完全杜绝事故的发生,但只要思想重视,预防措施得当,事故是可以减少的。

"综合治理",就是标本兼治,重在治本,在采取断然措施遏制重特大事故,实现治标的同时,积极探索和实施治本之策,综合运用科技手段、法律手段、经济手段和必要的行政手段,从发展规划、行业管理、安全投入、科技进步、经济政策、教育培训、安全立法、激励约束、企业管理、监管体制、社会监督以及追究事故责任、查处违法违纪等方面着手,解决影响制约我国安全生产的历史性、深层次问题,做到思想认识上警钟长鸣,制度保证上严密有效,技术支撑上坚强有力,监督检查上严格细致,事故处理上严肃认真。

(五)安全生产法律法规体系

在我国,以《安全生产法》为龙头,以相关法律、行政法规、部门规章、地方性法规、地方行政规章和其他规范性文件以及安全生产国家标准、行业标准为主体的安全生产法律法规体系已经初步形成,而且还在日趋健全和完善,促进了安全生产管理工作的规范化、制度化和科学化。

加强安全生产法制建设,依法加强安全管理,是安全生产领域贯彻落实依法治国基本方略,建立依法、科学、长效的安全生产管理体制机制,推动实现安全生产长治久安的必然要求和根本举措。特别是在党的十一届三中全会以后,随着我国改革开放事业的不断发展,经济结构和生产方式不断变化,市场主体和利益主体日益多样化、多元化。按照依法治国,建设社会主义法治国家的要求,安全生产秩序除了要采用经济手段和必要的行政手段外,更重要的是要依靠法律的手段来维护。在新形势下,我国大大加快了有关安全生产的立法步伐,中央和地方各有关部门陆续颁布实施了一系列与安全生产有关的法律、法规、部门规章、地方性法规、地方行政规章和其他规范性文件,经过多年来的持续努力,基本建立了以《安全生产法》为主体,由国家相关法律法规和标准规程、部门规章、规范性文件等所构成的安全生产法律法规体系,安全生产各方面工作大致上都可以做到有法可依,有章可循。

据统计,目前,全国人大、国务院和相关主管部门已经颁布实施并仍然有效的有关安全生产主要法律法规约有130部。其中,包括全国人大常委会制定的《安全生产法》《劳动法》《煤炭法》《矿山安全法》《突发事件应对法》《职业病防治法》《海上交通安全法》《道路交通安全法》《消防法》《铁路法》《民用航空法》《电力法》《建筑法》等20多部法律;国务院制定的《国务院关于特大安全生产事故行政责任追究的规定》《安全生产许可证条例》《煤矿安全监察条例》《国务院关于预防煤矿生产安全事故的特别规定》《生产安全事故报告和调查处理条例》《危险化学品安全管理条例》《道路交通安全法实施条例》《建设工程安全生产管理条例》等20多部行政法规;国家安全生产监督管理总局、国家煤矿安全监察局、原国家经贸委、原煤炭部、交通运输部等部门和机构制定的《安全生产违法行为行政处罚办法》《安全生产监督罚款管理暂行办法》《安全生产领域违法违纪行为政纪处分暂行规定》《煤矿矿用产品安全标志管理暂行办法》《煤矿安全监察行政处罚办法》《危险化学品登记管理办法》《〈生产安全事故报告和调查处理条例〉罚款处罚暂行规定》等 80 多部部门规章,最高人民法院、最高人民检察院制定出台了《关于办理危害矿山生产安全刑事案件具体应用法律若干问题的解释》,各地人大和政府也陆续出台了不少地方性法规和地方政府规章。到目前为止,各省(区、市)都基本上制定出台了安全生产条例。

需要指出的是,中华人民共和国成立 70 多年来,我国安全生产标准化工作发展迅速,据不完全统计,国家及各行业颁布了涉及安全的国家标准上千项,各类行业标准几千项。我国安全生产方面的国家标准或者行业标准,均属于法定安全生产标准,或者说属于强制性安全生产标准,《安全生产法》有关条款明确要求生产经营单位必须执行安全生产国家标准或者行业标准,通过法律的规定赋予国家标准和行业标准强制执行的效力。此外,我国许多安全生产立法直接将一些重要的安全生产标准规定在法律法规中,使之上升为安全生产法律法规中的条款。因此,我国安全生产国家标准和行业标准,虽然和安全生产立法不无区别,但在一定意义上说,也可以被视为我国安全生产法律法规体系的一个重要组成部分。

近年来,随着我国经济社会的快速发展,我国已经进入了事故易发的工业经济中级发展阶段,安全事故频发,已有的安全生产立法与我国安全生产形势的迫切需要产生了一定的差距,与一些发达国家相比,在立法上的某些环节和方面稍显落后,亟待加强立法,进一步健全完善我国安全生产法律法规体系,将安全生产工作全面纳入法治轨道,促进安全生产形势的持续稳定好转。

二、安全生产管理内容

(一)安全生产标准化

1. 安全标准化建设的意义

2004 年,国务院颁布实施了《国务院关于进一步加强安全生产工作的决定》(国发〔2004〕2 号),提出了"强化管理,落实生产经营单位安全生产主体责任",要求在重点行业和领域内开展安全标准化活动。同年 5 月,国家安全监管总局下发了《关于开展安全质量标准化活动的指导意见》。在《企业安全生产标准化基本规范》(GB/T 33000—2016)中规定了企业安全生产标准化管理体系建立、保持与评定的原则和一般要求,以及目标职责、制度化管理、教育培训、现场管理、安全风险管控、隐患排查治理、应急管理、事故管理和持续改进 8 个体系的核心技术要求。

安全生产标准化是指通过建立安全生产责任制,制定安全管理制度和操作规程,排查治理隐患和监控重大危险源,建立预防机制,规范生产行为,使各生产环节符合有关安全生产法律法规和标准规范的要求,人(人员)、机(机械)、料(材料)、法(工法)、环(环境)、测(测量)处于良好的生产状态,并持续改进,不断加强企业安全生产规范化建设。

所谓安全生产标准化建设,就是用科学的方法和手段,提高人的安全意识,创造人的安全环境,规范人的安全行为,使人-机-环境达到最佳统一,从而实现最大限度地防止和减少伤亡事故的目的。安全生产标准化建设的核心是人——企业的每个员工。因此,它涉及的面很广,既涉及人的思想,又涉及人的行为,还涉及人所从事活动的环境,所管理的机械设备、物体材料等方面的内容。

开展安全生产标准化工作,要遵循"安全第一、预防为主、综合治理"的方针,以隐患排查治理为基础,提高安全生产水平,减少事故发生,保障人身安全健康,保证生产经营活动的顺利进行。

生产经营单位安全生产标准化工作采用"策划、实施、检查、改进"动态循环的模式,结合自身的特点,建立并保持安全生产标准化系统;通过自我检查、自我纠正和自我完善,建立安全绩效持续改进的安全生产长效机制。

安全生产标准化工作实行自主评定、外部评审的方式。生产经营单位根据有关评分细则,对本单位安全生产标准化工作情况进行评定;自主评定后申请外部评审定级。安全生产标准化评审分为一级、二级、三级,一级为最高。

2. 开展安全标准化建设的重点内容

(1) 确定目标

生产经营单位根据自身安全生产实际,制定总体和年度安全生产目标。按照所辖部门在生产经营中的职能,制定安全生产指标和考核办法。

(2) 设置组织机构,确定相关岗位职责

生产经营单位按规定设立安全管理机构,配备安全生产管理人员。生产经营单位主要负责人按照法律法规赋予的职责,全面负责安全生产工作,并履行安全生产义务。

生产经营单位应建立安全生产责任制,明确各级单位、部门和人员的安全生产职责。

(3) 安全生产投入保证

生产经营单位应建立安全生产投入保障制度,完善和改进安全生产条件,按规定提取安全费用,专项用于安全生产,并建立安全费用台账。

(4) 法律法规的执行与完善安全管理制度

生产经营单位应建立识别和获取适用的安全生产法律法规、标准规范的制度,明确主管部门,确定获取的渠道、方式,及时识别和获取适用的安全生产法律法规、标准规范。生产经营单位各职能部门应及时识别和获取本部门适用的安全生产法律法规、标准规范,并跟踪、掌握有关法律法规、标准规范的修订情况,及时提供给本单位内负责识别和获取适用的安全生产法律法规工作的主管部门汇总。

生产经营单位应将适用的安全生产法律法规、标准规范及其他要求传达给从业人员。生产经营单位应遵守安全生产法律法规、标准规范,并将相关要求及时转化为本单位的规章制度,贯彻到各项工作中。

(5)教育培训

生产经营单位应确定安全教育培训主管部门,按规定及岗位需要,定期根据安全教育培训需求,制定、实施安全教育培训计划,提供相应的资源保证。应做好安全教育培训记录,建立安全教育培训档案,实施分级管理,并对培训效果进行评估和改进。

生产经营单位应对操作岗位人员进行安全教育和生产技能培训,使其熟悉有关的安全生产规章制度和安全操作规程,并确认其能力符合岗位要求。未经安全教育培训,或培训考核不合格的从业人员,不得上岗作业。

(6)生产设备设施管理

生产经营单位建设项目的所有设备设施应符合有关法律法规、标准规范的要求;安全设备设施应与建设项目主体工程同时设计、同时施工、同时投入生产和使用。生产设备设施变更应执行变更管理制度,履行变更程序,并对变更的全过程进行隐患控制。

生产经营单位应对设备设施进行规范化管理,保证其安全运行。应有专人负责管理各种安全设施,建立台账,定期检维修。对安全设备设施应制定检维修计划。设备设施检维修前应制定方案,检维修方案应包含作业行为分析和控制措施,检维修过程应执行隐患控制措施并进行监督检查。安全设备设施不得随意拆除、挪用或弃置不用;确因检维修拆除的,应采取临时安全措施,检维修完毕后立即复原。

设备的设计、制造、安装、使用、检测、维修、改造、拆除和报废,应符合有关法律法规、标准规范的要求。执行生产设备设施到货验收和报废管理制度,应使用质量合格、设计符合要求的生产设备设施。拆除的设备设施应按规定进行处置。拆除的生产设备设施涉及危险物品的,须制定危险物品处置方案和应急措施,并严格按照规定组织实施。

(7)作业安全

① 生产现场管理和生产过程控制

生产经营单位应加强生产现场安全管理和生产过程的控制。对生产过程及物料、设备设施、器材、通道、作业环境等存在的隐患,应进行分析和控制。对动火作业、起重作业、受限空间作业、临时用电作业、高处作业等危险性较高的作业活动实施作业许可管理,严格履行审批手续。作业许可证应包含危害因素分析和安全措施等内容。

对于吊装、爆破等危险作业,应当安排专人进行现场安全管理,确保安全规程的遵守和安全措施的落实。

② 作业行为管理

生产经营单位应加强生产作业行为的安全管理。对作业行为隐患、设备设施使用隐患、工艺技术隐患等进行分析，采取控制措施，实现人、机、环的和谐统一。

③ 安全警示标志

根据作业场所的实际情况，在有较大危险因素的作业场所和设备设施上，设置明显的安全警示标志，进行危险提示、警示，告知危险的种类、后果及应急措施等。

在进行设备设施检维修、施工、吊装等作业现场设置警戒区域和警示标志，在检维修现场的坑、井、洼、沟、陡坡等场所设置围栏和警示标志。

④ 相关方管理

生产经营单位应执行承包商、供应商等相关方管理制度，对其资格预审、选择、服务前准备、作业过程、提供的产品、技术服务、表现评估、续用等进行管理。

建立合格相关方的名录和档案，根据服务作业行为定期识别服务行为风险，并采取行之有效的控制措施。对进入同一作业区的相关方进行统一安全管理。不得将项目委托给不具备相应资质或条件的相关方。生产经营单位和相关方的项目协议应明确规定双方的安全生产责任和义务，或签订专门的安全协议，明确双方的安全责任。

⑤ 变更管理

生产经营单位应执行变更管理制度，对机构、人员、工艺、技术、设备设施、作业过程及环境等永久性或暂时性的变化进行有计划的控制。变更的实施应履行审批及验收程序，并对变更过程及变更所产生的隐患进行分析和控制。

（8）隐患排查和治理

生产经营单位应组织事故隐患排查工作，对隐患进行分析评估，确定隐患等级，登记建档，及时采取措施治理。

① 排查前提及依据

法律法规、标准规范发生变更或有新的公布，以及操作条件或工艺改变，新建、改建、扩建项目实施，相关方进入、撤出或改变，对事故、事件或其他信息有新的认识，组织机构发生大的调整的，应及时组织隐患排查。

② 排查范围与方法

隐患排查的范围应包括所有与生产经营相关的场所、环境、人员、设备设施和活动。生产经营单位应根据安全生产的需要和特点，采用综合检查、专业检查、季节性检查、节假日检查、日常检查、专项检查等方式进行隐患排查。

③ 隐患治理

根据隐患排查的结果，制定隐患治理方案，对隐患及时进行治理。隐患治理方案应包括目标和任务、方法和措施、经费和物资、机构和人员、时限和要求。重大事故隐患在治理前应采取临时控制措施并制定应急预案。

隐患治理措施包括:工程技术措施、管理措施、教育措施、防护措施和应急措施。

治理完成后,应对治理情况进行验证和效果评估。

④ 预测预警

生产经营单位应根据生产经营状况及隐患排查治理情况,运用定量的安全生产预测预警技术,建立体现本单位安全生产状况及发展趋势的预警指数系统。

(9)重大危险源监控

生产经营单位应根据国家重大危险源有关标准对本单位的危险设施或场所进行重大危险源辨识与安全评估。对构成国家规定的重大危险源应及时登记建档,并按规定向政府有关部门备案。生产经营单位应建立健全重大危险源安全管理制度,制定重大危险源安全管理技术措施。

(10)职业健康

① 职业健康管理

生产经营单位应按照法律法规、标准规范的要求,为从业人员提供符合职业健康要求的工作环境和条件,配备与职业健康保护相适应的设施、工具。

定期对作业场所职业危害进行检测,在检测点设置标识牌予以告知,并将检测结果录入职业健康档案。

对可能发生急性职业危害的有毒、有害工作场所,应设置报警装置,制定应急预案,配置现场急救用品、设备,设置应急撤离通道和必要的泄险区。

各种防护器具应定点存放在安全、便于取用的地方,并有专人负责保管,定期校验和维护。应对现场急救用品、设备和防护用品进行经常性的检维修,定期检测其性能,确保其处于正常状态。

② 职业危害告知和警示

生产经营单位与从业人员订立劳动合同时,应将工作过程中可能产生的职业危害及其后果和防护措施如实告知从业人员,并在劳动合同中写明。

生产经营单位应采用有效的方式对从业人员及相关方进行宣传,使其了解生产过程中的职业危害、预防和应急处理措施,降低或消除危害后果。对存在严重职业危害的作业岗位,应设置警示标识和警示说明。警示说明应载明职业危害的种类、后果、预防和应急救治措施。

③ 职业危害申报

生产经营单位应按规定及时、如实向当地主管部门申报生产过程存在的职业危害因素,并依法接受监督。

(11) 应急救援

① 应急机构和队伍

生产经营单位应建立安全生产应急管理机构,或指定专人负责安全生产应急管理工作。建立与本单位生产特点相适应的专(兼)职应急救援队伍,或指定专(兼)职应急救援人员,并组织训练;无需建立应急救援队伍的,可与附近具备专业资质的应急救援队伍签订服务协议。

② 应急预案

生产经营单位应按规定制定生产安全事故应急预案,并针对重点作业岗位制定应急处置方案或措施,形成安全生产应急预案体系。应急预案应根据规定报当地主管部门备案,并通报有关应急协作单位。应急预案应定期评审,并根据评审结果或实际情况的变化进行修订和完善。

③ 应急设施、装备、物资

生产经营单位应按规定建立应急设施,配备应急装备,储备应急物资,并进行经常性检查、维护、保养,确保其完好、可靠。

④ 应急演练

生产经营单位应组织生产安全事故应急演练,并对演练效果进行评估。根据评估结果,修订、完善应急预案,改进应急管理工作。

⑤ 事故救援

发生事故后,应立即启动相关应急预案,积极开展事故救援。

(12) 事故管理

① 事故报告

生产经营单位发生事故后,应按规定及时向上级单位、政府有关部门报告,并妥善保护事故现场及有关证据,必要时向相关单位和人员通报。

② 事故调查和处理

发生事故后,应按规定成立事故调查组,明确其职责与权限,进行事故调查或配合上级部门的事故调查。

事故调查应查明事故发生的时间、经过、原因和人员伤亡情况及直接经济损失等。事故调查组应根据有关证据、资料,分析事故的直接、间接原因和事故责任,提出整改措施和处理建议,编制事故调查报告。

(13) 绩效评定和持续改进

生产经营单位每年至少对本单位安全生产标准化的实施情况进行一次评定,验证各项安全生产制度措施的适宜性、充分性和有效性,检查安全生产工作目标、指标的完成情况。主要负责人应对绩效评定工作全面负责。评定工作应形成正式文件,并将结果向所属部门、所属单位和从业人员通报,作为年度考评的重要依据。生产经营单位发生死亡事故应重新进行评定。

生产经营单位应根据安全生产标准化评定结果和安全生产预警指数系统所反映的趋势,对安全生产目标、指标、规章制度、操作规程等进行修改完善,持续改进,不断提高安全生产管理水平。

(二)企业安全文化

文化是一种无形的力量,影响着人的思维方法和行为方式。相对于提高设备设施安全标准和强制性安全制度规程来讲,安全文化建设是事故预防的一种"软"力量,是一种人性化管理手段。安全文化建设通过创造一种良好的安全人文氛围和协调的人机环境,对人的观念、意识、态度、行为等形成从无形到有形的影响,从而对人的不安全行为产生控制作用,以达到减少人为事故的效果。利用文化的力量,可以发挥文化的导向、凝聚、辐射和同化等功能,引导全体员工采用科学的方法从事安全生产活动。利用文化的约束功能,一方面形成有效的规章制度的约束,引导员工遵守安全规章制度;另一方面,通过道德规范的约束,创造一种团结友爱、相互信任,工作中相互提醒、相互发现不安全因素,共同保障安全的和睦气氛,形成凝聚力和信任力。利用文化的激励功能,使每个人能明白自己的存在和行为的价值,体现出自我价值的实现。持之以恒地坚持企业安全文化建设,在企业形成尊重生命的价值观,形成统一的思维方式和行为方式,进而提升企业安全目标、政策、制度的贯彻执行力。

1. 安全文化的定义与内涵

(1) 安全文化的定义

安全文化有广义和狭义之分。广义的安全文化是指在人类生存、繁衍和发展历程中,在其从事生产、生活乃至生存实践的一切领域内,为保障人类身心安全并使其能安全、舒适、高效地从事一切活动,预防、避免、控制和消除意外事故和灾害,为建立起安全、可靠、和谐、协调的环境和匹配运行的安全体系,为使人类变得更加安全、康乐、长寿,使世界变得友爱、和平、繁荣而创造的物质财富和精神财富的总和。

狭义的安全文化是指企业安全文化。关于狭义的安全文化,比较全面的是英国安全健康委员会下的定义:一个单位的安全文化是个人和集体的价值观、态度、能力和行为方式的综合产物。安全文化分为三个层次:

① 直观的表层文化,如企业的安全文明生产环境与秩序;

② 企业安全管理体制的中层文化,它包括企业内部的组织机构、管理网络、部门分工和安全生产法规与制度建设;

③ 安全意识形态的深层文化。

而国内普遍认可的定义是,企业安全文化是企业在长期安全生产和经营活动中,逐步形成的,或有意识塑造的为全体员工所接受、遵循的,具有企业特色的安全价值观、安全思想和意识、安全作风和态度、安全管理机制及行为规范、安全生产和奋斗目标,为保护员工身心安全与健康而创造的安全、舒适的生产和生活环境和条件,是企业安全物质因素和安全精神因素的总和。由此可见,安全文化的内容十分丰富,主要包括:一是处于深层的安全观念文化;二是处于中间层的安全制度文化;三是处于表层的安全行为文化和安全物质文化。

《企业安全文化建设导则》(AQ/T 9004—2008)给出了企业安全文化的定义:被企业组织的员工群体所共享的安全价值观、态度、道德和行为规范的统一体。

(2) 安全文化的内涵

一个企业的安全文化是企业在长期安全生产和经营活动中逐步培育形成的、具有本企业特点、为全体员工认可遵循并不断创新的观念、行为、环境、物态条件的总和。企业安全文化包括保护员工在从事生产经营活动中的身心安全与健康,既包括无损、无害、不伤、不亡的物质条件和作业环境,也包括员工对安全的意识、信念、价值观、经营思想、道德规范、企业安全激励进取精神等安全的精神因素。企业安全文化是"以人为本"多层次的复合体,由安全物质文化、安全行为文化、安全制度文化、安全精神文化组成。企业文化是"以人为本",提倡对人的"爱"与"护",以"灵性管理"为中心,以员工安全文化素质为基础所形成的,群体和企业的安全价值观和安全行为规范,表现于员工在受到激励后的安全生产的态度和敬业精神。企业安全文化是尊重人权、保护人的安全健康的实用性文化,也是人类生存、繁衍和发展的高雅文化。要使企业员工建起自护、互爱、互救,心和人安,以企业为家,以企业安全为荣的企业形象和风貌,要在员工的心灵深处树立起安全、健康、高效的个人和群体的共同奋斗意识。安全文化教育,从法制、制度上保障员工受教育的权利,不断创造和保证提高员工安全技能和安全文化素质的机会。

(3) 企业安全文化的基本特征与主要功能

① 安全文化是指企业生产经营过程中,为保障企业安全生产,保护员工身心安全与健康所涉及的种种文化实践及活动。

② 企业安全文化与企业文化目标是基本一致的,即"以人为本",以人的"灵性管理"为基础。

③ 企业安全文化更强调企业的安全形象、安全奋斗目标、安全激励精神、安全价值观和安全生产及产品安全质量、企业安全风貌及"商誉"效应等,是企业凝聚力的体现,对员工有很强的吸引力和无形的约束作用,能激发员工产生强烈的责任感。

④ 企业安全文化对员工有很强的潜移默化的作用,能影响人的思维,改善人们的心智模式,改变人的行为。

⑤ 导向功能。企业安全文化所提出的价值观为企业的安全管理决策活动提供了为

企业大多数职工所认同的价值取向,他们能将价值观内化为个人的价值观,将企业目标内化为自己的行为目标,使个体的目标、价值观、理想与企业的目标、价值观、理想有了高度一致性和同一性。

⑥ 凝聚功能。当企业安全文化所提出的价值观被企业职工内化为个体的价值观和目标后就会产生一种积极而强大的群体意识,将每个职工紧密地联系在一起。这样就形成了一种强大的凝聚力和向心力。

⑦ 激励功能。企业安全文化所提出的价值观向员工展示了工作的意义,员工在理解工作的意义后,会产生更大的工作动力,这一点已为大量的心理学研究所证实。一方面用企业的宏观理想和目标激励职工奋发向上;另一方面它也为职工个体指明了成功的标准与标志,使其有了具体的奋斗目标。还可用典型、仪式等行为方式不断强化职工追求目标的行为。

⑧ 辐射和同化功能。企业安全文化一旦在一定的群体中形成,便会对周围群体产生强大的影响作用,迅速向周边辐射。而且,企业安全文化还会保持一个企业稳定的、独特的风格和活力,同化一批又一批新来者,使他们接受这种文化并继续保持与传播,使企业安全文化的生命力得以持久。

2. 安全文化建设的基本内容

(1) 企业安全文化建设的总体要求

企业在安全文化建设过程中,应充分考虑自身内部的和外部的文化特征,引导全体员工的安全态度和安全行为,实现在法律和政府监管要求基础上的安全自我约束,通过全员参与实现企业安全生产水平持续提高。

(2) 企业安全文化建设基本要素

① 安全承诺

企业应建立包括安全价值观、安全愿景、安全使命和安全目标等在内的安全承诺。安全承诺应做到:切合企业特点和实际,反映共同安全志向;明确安全问题在组织内部具有最高优先权;声明所有与企业安全有关的重要活动都追求卓越;含义清晰明了,并被全体员工和相关方所知晓和理解。

领导者应做到:提供安全工作的领导力,坚持保守决策,以有形的方式表达对安全的关注;在安全生产上真正投入时间和资源;制定安全发展的战略规划,以推动安全承诺的实施;接受培训,在与企业相关的安全事务上具有必要的能力;授权组织的各级管理者和员工参与安全生产工作,积极质疑安全问题;安排对安全实践或实施过程的定期审查;与相关方进行沟通和合作。

各级管理者应做到:清晰界定全体员工的岗位安全责任;确保所有与安全相关的活动均采用了安全的工作方法;确保全体员工充分理解并胜任所承担的工作;鼓励和肯定

在安全方面的良好态度,注重从差错中学习和获益;在追求卓越的安全绩效、质疑安全问题方面以身作则;接受培训,在推进和辅导员工改进安全绩效上具有必要的能力;保持与相关方的交流合作,促进组织部门之间的沟通与协作。

每个员工应做到:在本职工作上始终采取安全的方法;对任何与安全相关的工作保持质疑的态度;对任何安全异常和事件保持警觉并主动报告;接受培训,在岗位工作中具有改进安全绩效的能力;与管理者和其他员工进行必要的沟通。

企业应将自己的安全承诺传达到相关方。必要时应要求供应商、承包商等相关方提供相应的安全承诺。

② 行为规范与程序

企业内部的行为规范是企业安全承诺的具体体现和安全文化建设的基础要求。企业应确保拥有能够达到和维持安全绩效的管理系统,建立清晰界定的组织结构和安全职责体系,有效控制全体员工的行为。行为规范的建立和执行应做到:体现企业的安全承诺;明确各级各岗位人员在安全生产工作中的职责与权限;细化有关安全生产的各项规章制度和操作程序;行为规范的执行者参与规范系统的建立,熟知自己在组织中的安全角色和责任;由正式文件予以发布;引导员工理解和接受建立行为规范的必要性,知晓由于不遵守规范所引发的潜在不利后果;通过各级管理者或被授权者观测员工行为,实施有效监控和缺陷纠正;广泛听取员工意见,建立持续改进机制。

程序是行为规范的重要组成部分。企业应建立必要的程序,以实现对与安全相关的所有活动进行有效控制的目的。程序的建立和执行应做到:识别并说明主要的风险,简单易懂,便于操作;程序的使用者(必要时包括承包商)参与程序的制定和改进过程,并应清楚理解不遵守程序可导致的潜在不利后果;由正式文件予以发布;通过强化培训,向员工阐明在程序中给出特殊要求的原因;对程序的有效执行保持警觉,即使在生产经营压力很大时,也不能容忍走捷径和违反程序;鼓励员工对程序的执行保持质疑的安全态度,必要时采取更加保守的行动并寻求帮助。

③ 安全行为激励

企业在审查和评估自身安全绩效时,除使用事故发生率等消极指标外,还应使用旨在对安全绩效给予直接认可的积极指标。员工应该受到鼓励,在任何时间和地点,挑战所遇到的潜在不安全实践,并识别所存在的安全缺陷。对员工所识别的安全缺陷,企业应给予及时处理和反馈。

企业应建立员工安全绩效评估系统,建立将安全绩效与工作业绩相结合的奖励制度。审慎对待员工的差错,应避免过多关注错误本身,而应以吸取经验教训为目的。应仔细权衡惩罚措施,避免因处罚而导致员工隐瞒错误。企业宜在组织内部树立安全榜样或典范,发挥安全行为和安全态度的示范作用。

④ 安全信息传播与沟通

企业应建立安全信息传播系统，综合利用各种传播途径和方式，提高传播效果。企业应优化安全信息的传播内容，将组织内部有关安全的经验、实践和概念作为传播内容的组成部分。企业应就安全事项建立良好的沟通程序，确保企业与政府监管机构和相关方、各级管理者与员工、员工相互之间的沟通。沟通应满足：确认有关安全事项的信息已经发送，并被接受方所接收和理解；涉及安全事件的沟通信息应真实、开放；每个员工都应认识到沟通对安全的重要性，从他人处获取信息和向他人传递信息。

⑤ 自主学习与改进

企业应建立有效的安全学习模式，实现动态发展的安全学习过程，保证安全绩效的持续改进。企业应建立正式的岗位适任资格评估和培训系统，确保全体员工充分胜任所承担的工作。应制定人员聘任和选拔程序，保证员工具有岗位适任要求的初始条件；安排必要的培训及定期复训，评估培训效果；培训内容除有关安全知识和技能外，还应包括对严格遵守安全规范的理解，以及个人安全职责的重要意义和因理解偏差或缺乏严谨而产生失误的后果；除借助外部培训机构外，应选拔、训练和聘任内部培训教师，使其成为企业安全文化建设过程的知识和信息传播者。

企业应将与安全相关的任何事件，尤其是人员失误或组织错误事件，当作能够从中汲取经验教训的宝贵机会，从而改进行为规范和程序，获得新的知识和能力。应鼓励员工对安全问题予以关注，进行团队协作，利用既有知识和能力，辨识和分析可供改进的机会，对改进措施提出建议，并在可控条件下授权员工自主改进。经验教训、改进机会和改进过程的信息宜编写到企业内部培训课程或宣传教育活动的内容中，使员工广泛知晓。

⑥ 安全事务参与

全体员工都应认识到自己负有对自身和同事安全做出贡献的重要责任。员工对安全事务的参与是落实这种责任的最佳途径。企业组织应根据自身的特点和需要确定员工参与的形式。员工参与的方式可包括但不局限于以下类型：建立在信任和免责备基础上的微小差错员工报告机制；成立员工安全改进小组，给予必要的授权、辅导和交流；定期召开有员工代表参加的安全会议，讨论安全绩效和改进行动；开展岗位风险预见性分析和不安全行为或不安全状态的自查自评活动。

所有承包商对企业的安全绩效改进均可做出贡献。企业应建立让承包商参与安全事务和改进过程的机制，将与承包商有关的政策纳入安全文化建设的范畴；应加强与承包商的沟通和交流，必要时给予培训，使承包商清楚企业的要求和标准；应让承包商参与工作准备、风险分析和经验反馈等活动；倾听承包商对企业生产经营过程中所存在的安全改进机会的意见。

⑦ 审核与评估

企业应对自身安全文化建设情况进行定期的全面审核,审核内容包括:领导者应定期组织各级管理者评审企业安全文化建设过程的有效性和安全绩效结果;领导者应根据审核结果确定不安全实践和安全缺陷的优先次序并落实整改,识别新的改进机会;必要时,应鼓励相关方根据这些优先次序和改进机会实施整改,以确保其安全绩效与企业协调一致。在安全文化建设过程中及审核时,应采用有效的安全文化评估方法,关注安全绩效下滑的前兆,给予及时的控制和改进。

(3) 推进与保障

① 规划与计划

企业应充分认识安全文化建设的阶段性、复杂性和持续改进性,由企业最高领导人组织制定推动本企业安全文化建设的长期规划和阶段性计划。

② 保障条件

企业应充分提供安全文化建设的保障条件,包括:明确安全文化建设的领导职能,建立领导机制;确定负责推动安全文化建设的组织机构与人员,落实其职能;保证必需的建设资金投入;配置适用的安全文化信息传播系统。

③ 推动骨干的选拔和培养

企业宜在管理者和普通员工中选拔和培养一批能够有效推动安全文化发展的骨干。这些骨干扮演员工、团队和各级管理者指导老师的角色,承担辅导和鼓励全体员工向良好的安全态度和行为转变的职责。

3. 安全文化建设的操作步骤

(1) 建立机构

领导机构可以定为"安全文化建设委员会",必须由生产经营单位主要负责人亲自担任委员会主任,同时要确定一名生产经营单位高层领导人担任委员会的常务副主任。

其他高层领导可以任副主任,有关管理部门负责人任委员。其下还必须建立一个安全文化办公室,办公室可以由生产(经营)、宣传、党群、团委、安全管理等部门的人员组成,负责日常工作。

(2) 制定规划

① 对本单位的安全生产观念、状态进行初始评估。

② 对本单位的安全文化理念进行定格设计。

③ 制定出科学的时间表及推进计划。

(3) 培训骨干

培养骨干是推动企业安全文化建设不断更新、发展,非做不可的事情。培训内容可包括理论、事例、经验和本企业实施安全文化建设的方法等。

(4) 宣传教育

宣传、教育、激励、感化是传播安全文化，促进精神文明的重要手段。规章制度那些刚性的东西固然必要，但安全文化这种柔性的东西往往能起到制度和纪律起不到的作用。

(5) 努力实践

安全文化建设是安全管理中高层次的工作，是实现零事故目标的必由之路，是超越传统安全管理来解决安全生产问题的根本途径。安全文化要在生产经营单位安全工作中真正发挥作用，必须让所倡导的安全文化理念深入到员工头脑里，落实到员工的行动上。在安全文化建设过程中，紧紧围绕"安全-健康-文明-环保"的理念，通过采取管理控制、精神激励、环境感召、心理调适、习惯培养等一系列方法，既推进安全文化建设的深入发展，又丰富安全文化的内涵。

4. 企业安全文化建设评价

安全文化评价是为了解企业安全文化现状或企业安全文化建设效果而采取的系统化测评行为，并得出定性或定量的分析结论。《企业安全文化建设评价准则》(AQ/T 9005—2008)给出了企业安全文化评价的要素、指标、减分指标、计算方法等。

(1) 评价指标

① 基础特征：企业状态特征、企业文化特征、企业形象特征、企业员工特征、企业技术特征、监管环境、经营环境、文化环境。

② 安全承诺：安全承诺内容、安全承诺表述、安全承诺传播、安全承诺认同。

③ 安全管理：安全权责、管理机构、制度执行、管理效果。

④ 安全环境：安全指引、安全防护、环境感受。

⑤ 安全培训与学习：重要性体现、充分性体现、有效性体现。

⑥ 安全信息传播：信息资源、信息系统、效能体现。

⑦ 安全行为激励：激励机制、激励方式、激励效果。

⑧ 安全事务参与：安全会议与活动、安全报告、安全建议、沟通交流。

⑨ 决策层行为：公开承诺、责任履行、自我完善。

⑩ 管理层行为：责任履行、指导下属、自我完善

⑪ 员工层行为：安全态度、知识技能、行为习惯、团队合作。

(2) 减分指标

死亡事故、重伤事故、违章记录。

(3) 评价程序

① 建立评价组织机构与评价实施机构

企业开展安全文化评价工作时，首先应成立评价组织机构，并由其确定评价工作的

实施机构。

企业实施评价时,由评价组织机构负责确定评价工作人员并成立评价工作组。必要时可选聘有关咨询专家或咨询专家组。咨询专家(组)的工作任务和工作要求由评价组织机构明确。

评价工作人员应具备以下基本条件:熟悉企业安全文化评价相关业务,有较强的综合分析判断能力与沟通能力,具有较丰富的企业安全文化建设与实施专业知识,坚持原则、秉公办事,评价项目负责人应有丰富的企业安全文化建设经验,熟悉评价指标及评价模型。

② 制定评价工作实施方案

评价实施机构应参照《企业安全文化建设评价准则》制定《评价工作实施方案》。方案中应包括所用评价方法、评价样本、访谈提纲、测评问卷、实施计划等内容,并应报送评价组织机构批准。

③ 下达《评价通知书》

在实施评价前,由评价组织机构向选定的样本单位下达《评价通知书》。《评价通知书》中应当明确:评价的目的、用途、要求,应提供的资料及对所提供资料应负的责任,以及其他需要在《评价通知书》中明确的事项。

④ 调研、收集与核实基础资料

根据《企业安全文化建设评价准则》设计评价的调研问卷,根据《评价工作方案》收集整理评价基础数据和基础资料。资料收集可以采取访谈、问卷调查、召开座谈会、专家现场观测、查阅有关资料和档案等形式进行。评价人员要对评价基础数据和基础资料进行认真检查、整理,确保评价基础资料的系统性和完整性。评价工作人员应对接触的资料内容履行保密义务。

⑤ 数据统计分析

对调研结构和基础数据核实无误后,可借助 EXCEL、SPSS、SAS 等统计软件进行数据统计,然后根据本标准建立的数学模型和实际选用的调研分析方法,对统计数据进行分析。

⑥ 撰写评价报告

统计分析完成后,评价工作组应该按照规范的格式,撰写《企业安全文化建设评价报告》,报告评价结果。

⑦ 反馈企业征求意见

评价报告提出后,应反馈企业征求意见并作必要修改。

⑧ 提交评价报告

评价工作组修改完成评价报告后,经评价项目负责人签字,报送评价组织机构审核确认。

⑨ 进行评价工作总结

评价项目完成后,评价工作组要进行评价工作总结,将工作背景、实施过程、存在的问题和建议等形成书面报告,报送评价组织机构,同时建立好评价工作档案。

(三)安全生产检查与隐患排查治理

1. 安全生产检查

安全生产检查是生产经营单位安全生产管理的重要内容,其工作重点是辨识安全生产管理工作存在的漏洞和死角,检查生产现场安全防护设施、作业环境是否存在不安全状态,现场作业人员的行为是否符合安全规范,以及设备、系统运行状况是否符合现场规程的要求等。通过安全检查,不断堵塞管理漏洞,改善劳动作业环境,规范作业人员的行为,保证设备系统的安全、可靠运行,实现安全生产的目的。

(1)安全生产检查的类型

安全生产检查分类方法有很多,习惯上分为以下六种类型。

① 定期安全生产检查

定期安全生产检查一般是通过有计划、有组织、有目的的形式来实现,一般由生产经营单位统一组织实施。检查周期的确定,应根据生产经营单位的规模、性质以及地区气候、地理环境等确定。定期安全检查一般具有组织规模大、检查范围广、有深度,能及时发现并解决问题等特点。定期安全检查一般和重大危险源评估、现状安全评价等工作结合开展。

② 经常性安全生产检查

经常性安全生产检查是由生产经营单位的安全生产管理部门、车间、班组或岗位组织进行的日常检查。一般来讲,包括交接班检查、班中检查、特殊检查等几种形式。

交接班检查是指在交接班前,岗位人员对岗位作业环境、管辖的设备及系统安全运行状况进行检查,交班人员要向接班人员说清楚,接班人员根据自己检查的情况和交班人员的交代,做好工作中可能发生问题及应急处置措施的预想。

班中检查包括岗位作业人员在工作过程中的安全检查,以及生产经营单位领导、安全生产管理部门和车间班组的领导或安全监督人员对作业情况的巡视或抽查等。

特殊检查是针对设备、系统存在的异常情况,所采取的加强监视运行的措施。一般来讲,措施由工程技术人员制定,岗位作业人员执行。

交接班检查和班中岗位的自行检查,一般应制定检查路线、检查项目、检查标准,并设置专用的检查记录本。

岗位经常性检查发现的问题记录在记录本上,并及时通过信息系统和电话逐级上报。一般来讲,对危及人身和设备安全的情况,岗位作业人员应根据操作规程、应急处置措施的规定,及时采取紧急处置措施,不需请示,处置后则立即汇报。有些生产经营单位如化工单位等习惯做法是,岗位作业人员发现危及人身、设备安全的情况,只需紧急报告,而不要求就地处置。

③ 季节性及节假日前后安全生产检查

由生产经营单位统一组织,检查内容和范围则根据季节变化,按事故发生的规律对易发的潜在危险,突出重点进行检查,如冬季防冻保温、防火、防煤气中毒,夏季防暑降温、防汛、防雷电等检查。

由于节假日(特别是重大节日,如元旦、春节、劳动节、国庆节)前后容易发生事故,因而应在节假日前后进行有针对性的安全检查。

④ 专业(项)安全生产检查

专业(项)安全生产检查是对某个专业(项)问题或在施工(生产)中存在的普遍性安全问题进行的单项定性或定量检查。

如对危险性较大的在用设备、设施,作业场所环境条件的管理性或监督性定量检测检验则属专业(项)安全检查。专业(项)检查具有较强的针对性和专业要求,用于检查难度较大的项目。

⑤ 综合性安全生产检查

综合性安全生产检查一般是由上级主管部门或地方政府中负有安全生产监督管理职责的部门,组织对生产单位进行的安全检查。

⑥ 职工代表不定期对安全生产的巡查

根据《工会法》及《安全生产法》的有关规定,生产经营单位的工会应定期或不定期组织职工代表进行安全检查。重点查国家安全生产方针、法规的贯彻执行情况,各级人员安全生产责任制和规章制度的落实情况,从业人员安全生产权利的保障情况,生产现场的安全状况等。

(2) 安全生产检查的内容

安全生产检查的内容包括:软件系统和硬件系统。软件系统主要是查思想、查意识、查制度、查管理、查事故处理、查隐患、查整改。硬件系统主要是查生产设备、查辅助设施、查安全设施、查作业环境。

安全生产检查具体内容应本着突出重点的原则进行确定。对于危险性大、易发事故、事故危害大的生产系统、部位、装置、设备等应加强检查。一般应重点检查:易造成重大损失的易燃易爆危险物品、剧毒品、锅炉、压力容器、起重设备、运输设备、冶炼设备、电气设备、冲压机械、高处作业和本企业易发生工伤、火灾、爆炸等事故的设备、工种、场所及其作业人员;易造成职业中毒或职业病的尘毒产生点及其岗位作业人员;直接管理重要危险点和有害点的部门及其负责人。

(3) 安全生产检查的方法

① 常规检查

常规检查是常见的一种检查方法。通常是由安全管理人员作为检查工作的主体,到作业场所现场,通过感观或辅助一定的简单工具、仪表等,对作业人员的行为、作业场所的环境条件、生产设备设施等进行的定性检查。安全检查人员通过这一手段,及时发现现场存在的安全隐患并采取措施予以消除,纠正施工人员的不安全行为。

常规检查主要依靠安全检查人员的经验和能力,检查的结果直接受安全检查人员个人素质的影响。

② 安全检查表法

为使安全检查工作更加规范,将个人的行为对检查结果的影响减少到最小,常采用安全检查表法。安全检查表一般由工作小组讨论制定。安全检查表一般包括检查项目、检查内容、检查标准、检查结果及评价等内容。

编制安全检查表应依据国家有关法律法规,生产经营单位现行有效的有关标准、规程、管理制度,有关事故教训,生产经营单位安全管理文化、理念,反事故技术措施和安全措施计划,季节性、地理、气候特点,等等。我国许多行业都编制并实施了适合行业特点的安全检查标准,如建筑、电力、机械、煤炭等。

③ 仪器检查及数据分析法

有些生产经营单位的设备、系统具有在线监视和记录运行数据的设计,设备、系统的运行状况可通过对数据的变化趋势分析得出。对没有在线数据检测系统的机器、设备、系统,只能通过仪器检查法来进行定量化的检验与测量。

(4) 安全生产检查的工作程序

① 安全检查准备

a. 确定检查对象、目的、任务。

b. 查阅、掌握有关法规、标准、规程的要求。

c. 了解检查对象的工艺流程、生产情况、可能出现危险和危害的情况。

d. 制定检查计划,安排检查内容、方法、步骤。

e. 编写安全检查表或检查提纲。

f. 准备必要的检测工具、仪器、书写表格或记录本。

g. 挑选和训练检查人员并进行必要的分工等。

② 实施安全检查

实施安全检查就是通过访谈、查阅文件和记录、现场观察、仪器测量的方式获取信息。

a. 访谈。通过与有关人员谈话来检查安全意识和规章制度执行情况等。

b. 查阅文件和记录。检查设计文件、作业规程、安全措施、责任制度、操作规程等是否齐全，是否有效；查阅相应记录，判断上述文件是否被执行。

c. 现场观察。对作业现场的生产设备、安全防护设施、作业环境、人员操作等进行观察，寻找不安全因素、事故隐患、事故征兆等。

d. 仪器测量。利用一定的检测检验仪器设备，对在用的设施、设备、器材状况及作业环境条件等进行测量，以发现隐患。

③ 综合分析

经现场检查和数据分析后，检查人员应对检查情况进行综合分析，提出检查的结论和意见。一般来讲，生产经营单位自行组织的各类安全检查，应有安全管理部门会同有关部门对检查结果进行综合分析；上级主管部门或地方政府负有安全生产监督管理职责的部门组织的安全检查，统一研究得出检查意见或结论。

(5) 提出整改要求

针对检查发现的问题，应根据问题性质的不同，提出立即整改、限期整改等措施要求。生产经营单位自行组织的安全检查，由安全管理部门会同有关部门，共同制定整改措施计划并组织实施。上级主管部门或地方政府负有安全生产监督管理职责的部门组织的安全检查，检查组应提出书面的整改要求，生产经营单位制定整改措施计划。

(6) 整改落实

对安全检查发现的问题和隐患，生产经营单位应从管理的高度，举一反三，制定整改计划并积极落实整改。

(7) 信息反馈及持续改进

生产经营单位自行组织的安全检查，在整改措施计划完成后，安全管理部门应组织有关人员进行验收。对于上级主管部门或地方政府负有安全生产监督管理职责的部门组织的安全检查，在整改措施完成后，应及时上报整改完成情况，申请复查或验收。

对安全检查中经常发现的问题或反复发现的问题，生产经营单位应从规章制度的健全和完善、从业人员的安全教育培训、设备系统的更新改造、加强现场检查和监督等环节入手，做到持续改进，不断提高安全生产管理水平，防范生产安全事故的发生。

2. 隐患排查治理

(1) 定义及分类

《安全生产事故隐患排查治理暂行规定》(国家安监总局令第16号)指出，安全生产事故隐患(以下简称事故隐患)，是指生产经营单位违反安全生产法律、法规、规章、标准、规程和安全生产管理制度的规定，或者因其他因素在生产经营活动中存在可能导致事故发生的物的危险状态、人的不安全行为和管理上的缺陷。

事故隐患分为一般事故隐患和重大事故隐患。一般事故隐患，是指危害和整改难度较小,发现后能够立即整改排除的隐患。重大事故隐患,是指危害和整改难度较大,应当全部或者局部停产停业,并经过一定时间整改治理方能排除的隐患,或者因外部因素影响致使生产经营单位自身难以排除的隐患。

(2) 生产经营单位的主要职责

① 生产经营单位应当依照法律、法规、规章、标准和规程的要求从事生产经营活动。严禁非法从事生产经营活动。

② 生产经营单位是事故隐患排查、治理和防控的责任主体。

③ 生产经营单位应当建立健全事故隐患排查治理和建档监控等制度,逐级建立并落实从主要负责人到每个从业人员的隐患排查治理和监控责任制。

④ 生产经营单位应当保证事故隐患排查治理所需的资金,建立资金使用专项制度。

⑤ 生产经营单位应当定期组织安全生产管理人员、工程技术人员和其他相关人员排查本单位的事故隐患。对排查出的事故隐患,应当按照事故隐患的等级进行登记,建立事故隐患信息档案,并按照职责分工实施监控治理。

⑥ 生产经营单位应当建立事故隐患报告和举报奖励制度,鼓励、发动职工发现和排除事故隐患,鼓励社会公众举报。对发现、排除和举报事故隐患的有功人员,应当给予物质奖励和表彰。

⑦ 生产经营单位将生产经营项目、场所、设备发包、出租的,应当与承包、承租单位签订安全生产管理协议,并在协议中明确各方对事故隐患排查、治理和防控的管理职责。生产经营单位对承包、承租单位的事故隐患排查治理负有统一协调和监督管理的职责。

⑧ 安全监管监察部门和有关部门的监督检查人员依法履行事故隐患监督检查职责时,生产经营单位应当积极配合,不得拒绝和阻挠。

⑨ 生产经营单位应当每季、每年对本单位事故隐患排查治理情况进行统计分析,并分别于下一季度 15 日前和下一年 1 月 31 日前向安全监管监察部门和有关部门报送书面统计分析表。统计分析表应当由生产经营单位主要负责人签字。

对于重大事故隐患,生产经营单位除依照前款规定报送外,应当及时向安全监管监察部门和有关部门报告。重大事故隐患报告内容应当包括:

a. 隐患的现状及其产生原因;

b. 隐患的危害程度和整改难易程度分析;

c. 隐患的治理方案。

⑩ 对于一般事故隐患,由生产经营单位(车间、分厂、区队等)负责人或者有关人员立即组织整改。

对于重大事故隐患,由生产经营单位主要负责人组织制定并实施事故隐患治理方案。重大事故隐患治理方案应当包括以下内容:治理的目标和任务;采取的方法和措施;

经费和物资的落实；负责治理的机构和人员；治理的时限和要求；安全措施和应急预案。

⑪ 生产经营单位在事故隐患治理过程中，应当采取相应的安全防范措施，防止事故发生。事故隐患排除前或者排除过程中无法保证安全的，应当从危险区域内撤出作业人员，并疏散可能危及的其他人员，设置警戒标志，暂时停产停业或者停止使用；对暂时难以停产或者停止使用的相关生产储存装置、设施、设备，应当加强维护和保养，防止事故发生。

⑫ 生产经营单位应当加强对自然灾害的预防。对于因自然灾害可能导致事故灾难的隐患，应当按照有关法律、法规、标准和《安全生产事故隐患排查治理暂行规定》的要求排查治理，采取可靠的预防措施，制定应急预案。在接到有关自然灾害预报时，应当及时向下属单位发出预警通知；发生自然灾害可能危及生产经营单位和人员安全的情况时，应当采取撤离人员、停止作业、加强监测等安全措施，并及时向当地人民政府及其有关部门报告。

⑬ 地方人民政府或者安全监管监察部门及有关部门挂牌督办并责令全部或者局部停产停业治理的重大事故隐患，治理工作结束后，有条件的生产经营单位应当组织本单位的技术人员和专家对重大事故隐患的治理情况进行评估；其他生产经营单位应当委托具备相应资质的安全评价机构对重大事故隐患的治理情况进行评估。

经治理后符合安全生产条件的，生产经营单位应当向安全监管监察部门和有关部门提出恢复生产的书面申请，经安全监管监察部门和有关部门审查同意后，方可恢复生产经营。申请报告应当包括治理方案的内容、项目和安全评价机构出具的评价报告等。

（3）监督管理

各级安全监管监察部门按照职责对所辖区域内生产经营单位排查治理事故隐患工作依法实施综合监督管理；各级人民政府有关部门在各自职责范围内对生产经营单位排查治理事故隐患工作依法实施监督管理。任何单位和个人发现事故隐患，均有权向安全监管监察部门和有关部门报告。安全监管监察部门接到事故隐患报告后，应当按照职责分工立即组织核实并予以查处；发现所报告事故隐患应当由其他有关部门处理的，应当立即移送有关部门并记录备查。

安全监管监察部门应当指导、监督生产经营单位按照有关法律、法规、规章、标准和规程的要求，建立健全事故隐患排查治理等各项制度，定期组织对生产经营单位事故隐患排查治理情况开展监督检查。对检查过程中发现的重大事故隐患，应当下达整改指令书，并建立信息管理台账。必要时，报告同级人民政府并对重大事故隐患实行挂牌督办。

安全监管监察部门应当配合有关部门做好对生产经营单位事故隐患排查治理情况开展的监督检查，依法查处事故隐患排查治理的非法和违法行为及其责任者。

安全监管监察部门发现属于其他有关部门职责范围内的重大事故隐患的，应该及时将有关资料移送有管辖权的有关部门，并记录备查。

已经取得安全生产许可证的生产经营单位,在其被挂牌督办的重大事故隐患治理结束前,安全监管监察部门应当加强监督检查。必要时,可以提请原许可证颁发机关依法暂扣其安全生产许可证。

对挂牌督办并采取全部或者局部停产停业治理的重大事故隐患,安全监管监察部门收到生产经营单位恢复生产的申请报告后,应当在10日内进行现场审查。审查合格的,对事故隐患进行核销,同意恢复生产经营;审查不合格的,依法责令改正或者下达停产整改指令。对整改无望或者生产经营单位拒不执行整改指令的,依法实施行政处罚;不具备安全生产条件的,依法提请县级以上人民政府按照国务院规定的权限予以关闭。

三、安全评价

(一)安全评价的分类

2007年,经国家安全生产监督管理总局批准颁发了《安全评价通则》(AQ 8001—2007)、《安全预评价导则》(AQ 8002—2007)、《安全验收评价导则》(AQ 8003—2007)。根据上述标准,安全评价是指以实现安全为目的,应用安全系统工程原理和方法,辨识与分析工程、系统、生产经营活动中的危险、有害因素,预测发生事故或造成职业危害的可能性及其严重程度,提出科学、合理、可行的安全对策措施建议,作出评价结论的活动。安全评价可针对一个特定的对象,也可针对一定区域范围。

安全评价按照实施阶段不同分为三类:安全预评价、安全验收评价、安全现状评价。

1. 安全预评价

安全预评价是在项目建设前,根据建设项目可行性研究报告的内容,分析和预测该建设项目可能存在的危险、有害因素的种类和程度,提出合理可行的安全对策措施和建议,用以指导建设项目的初步设计。

安全预评价内容主要包括危险及有害因素识别、危险度评价和安全对策措施及建议等。它是以拟建建设项目为研究对象,根据建设项目可行性研究报告提供的生产工艺过程、使用和产出的物质、主要设备和操作条件等,研究系统固有的危险及有害因素,应用系统安全工程的方法,对系统的危险性和危害性进行定性、定量分析,确定系统的危险、有害因素及其危险、危害程度;针对主要危险、有害因素及其可能产生的危险、危害后果提出消除、预防和减轻的对策措施;评价采取措施后的系统是否能满足规定的安全要求,从而得出建设项目应如何设计、管理才能达到安全要求的结论。

2. 安全验收评价

在建设项目竣工后、正式生产运行前或工业园区建设完成后,通过检查建设项目安全设施与主体工程同时设计、同时施工、同时投入生产和使用的情况或工业园区内的安全设施、设备、装置投入生产和使用的情况,检查安全生产管理措施到位情况,检查安全生产规章制度健全情况,检查事故应急救援预案建立情况,审查确定建设项目、工业园区建设与安全生产法律法规、标准、规范要求的符合性,从整体上确定建设项目、工业园区的运行状况和安全管理情况,得出安全验收评价结论。

安全验收评价程序主要包括:前期准备;危险、有害因素辨识;划分评价单元;选择评价方法;定性、定量评价;提出安全管理对策措施及建议;得出安全验收评价结论;编制安全验收评价报告等。

3. 安全现状评价

针对生产经营活动、工业园区的事故风险、安全管理等情况,辨识与分析其存在的危险、有害因素,审查确定其与安全生产法律法规、规章、标准、规范要求的符合性,预测发生事故或造成职业危害的可能性及其严重程度,提出科学、合理、可行的安全对策措施建议,得出安全现状评价结论。安全现状评价既适用于对一个生产经营单位或一个工业园区的评价,也适用于对某一特定的生产方式、生产工艺、生产装置或作业场所的评价。

(二)安全评价的程序

安全评价程序主要包括:前期准备,辨识与分析危险、有害因素,划分评价单元,定性、定量评价,提出安全对策措施建议,得出安全评价结论,编制安全评价报告。具体程序如图 3-3-3 所示。

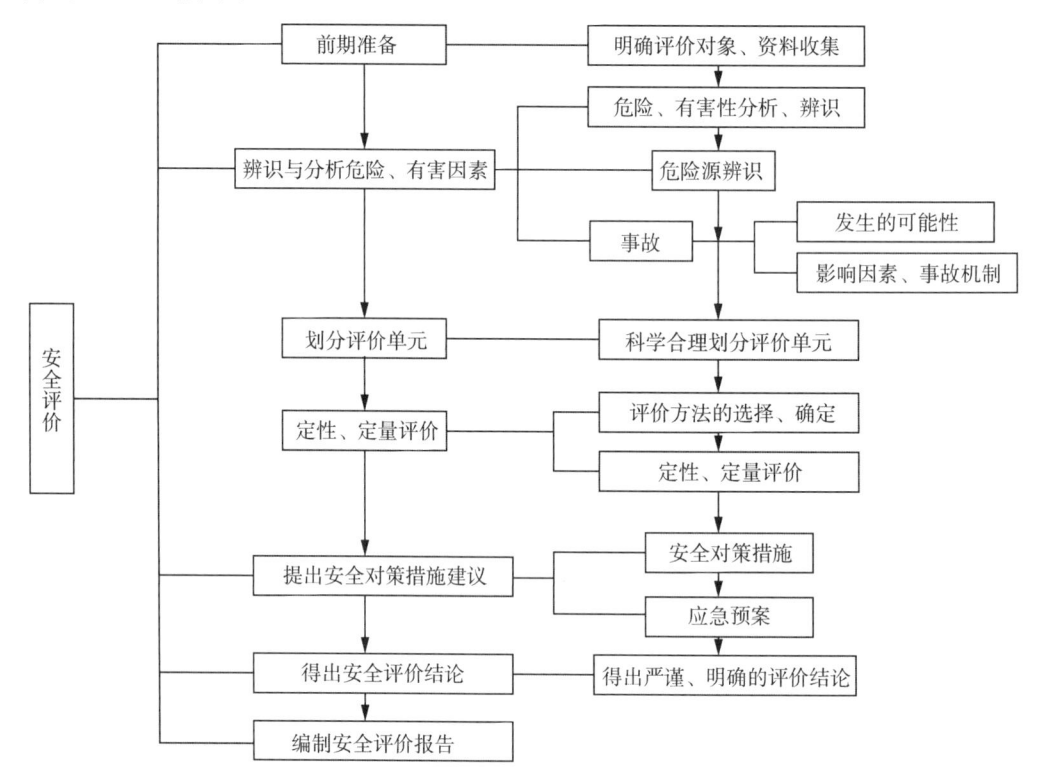

图 3-3-3 安全评价的基本程序

(三)安全评价的内容

安全评价主要内容包括:高度概括评价结果;从风险管理角度给出评价对象在评价时与国家有关安全生产的法律法规、标准、规范的符合性结论;给出事故发生的可能性和严重程度的预测性结论以及采取安全对策措施后的安全状态等。

1. 安全预评价内容

(1)前期准备工作应包括:明确评价对象和评价范围;组建评价组;收集国内外相关法律法规、标准、行政规章、规范;收集并分析评价对象的基础资料、相关事故案例;对类比工程进行实地调查等。

(2)辨识和分析评价对象可能存在的各种危险、有害因素;分析危险、有害因素发生作用的途径及其变化规律。

(3)评价单元划分应考虑安全预评价的特点,以自然条件、基本工艺条件、危险和有害因素分布及状况,便于实施评价为划分原则。

(4)根据评价的目的、要求和评价对象的特点、工艺、功能或活动分布,选择科学、合理、适用的定性、定量评价方法对危险、有害因素导致事故发生的可能性及其严重程度进行评价。

对于不同的评价单元,可根据评价的需要和单元特征选择不同的评价方法。

(5)为保障评价对象建成或实施后能安全运行,应从评价对象的总图布置、功能分布、工艺流程、设施、设备、装置等方面提出安全技术对策措施;从评价对象的组织机构设置、人员管理、物料管理、应急救援管理等方面提出安全管理对策措施;其他安全对策措施。

(6)评价结论

应概括评价结果,给出评价对象在评价时的条件下与国家有关法律法规、标准、行政规章、规范的符合性结论,给出危险、有害因素引发各类事故的可能性及其严重程度的预测性结论,明确评价对象建成或实施后能否安全运行的结论。

2. 安全验收评价内容

安全验收评价内容主要包括:危险、有害因素的辨识与分析;符合性评价和危险危害程度的评价;安全对策措施建议;安全验收评价结论等。

安全验收评价主要从以下方面进行:评价对象前期(安全预评价、可行性研究报告、初步设计中安全卫生专篇等)对安全生产保障等内容的实施情况和相关对策措施建议的落实情况;评价对象的安全对策措施的具体设计、安装施工情况有效保障程度;评价对象的安全对策措施在试投产中的合理有效性和安全措施的实际运行情况;评价对象的安全管理制度和事故应急预案的建立与实际开展和演练有效性。

(1)前期准备工作包括:明确评价对象及其评价范围;组建评价组;收集国内外相关

法律法规、标准、行政规章、规范;安全预评价报告、初步设计文件、施工图、工程监理报告、工业园区规划设计文件,各项安全设施、设备、装置检测报告和交工报告,现场勘察记录、检测记录,查验特种设备使用、特种作业和从业等许可证件,典型事故案例、事故应急预案及演练报告、安全管理制度台账、各级各类从业人员安全培训落实情况等实地调查收集到的基础资料。

(2) 参考安全预评价报告,根据周边环境、平立面布局、生产工艺流程、辅助生产设施、公用工程、作业环境、场所特点或功能分布,分析并列出危险、有害因素及其存在部位和重大危险源的分布、监控情况。

(3) 划分评价单元应符合科学、合理的原则。评价单元可按以下内容划分:法律、法规等方面的符合性;设施、设备、装置及工艺方面的安全性;物料、产品安全性能;公用工程、辅助设施配套性;周边环境适应性和应急救援有效性;人员管理和安全培训方面充分性等。

评价单元的划分应能够保证安全验收评价的顺利实施。

(4) 根据建设项目或工业园区建设的实际情况选择适用的评价方法。同时,要进行符合性评价以及事故发生的可能性及其严重程度的预测。

符合性评价:检查各类安全生产相关证照是否齐全,审查、确认主体工程建设、工业园区建设是否满足安全生产法律法规、标准、行政规章、规范的要求,检查安全设施、设备、装饰是否已与主体工程同时设计、同时施工、同时投入生产和使用,检查安全生产管理措施是否到位,安全生产规章制度是否健全,是否建立了事故应急救援预案。

事故发生的可能性及其严重程度的预测:采用科学、合理、适用的评价方法对建设项目、工业园区实际存在的危险、有害因素引发事故的可能性及其严重程度进行预测性评价。

(5) 安全对策措施建议

根据评价结果,依照国家有关安全生产的法律法规、标准、行政规章、规范的要求,提出安全对策措施建议。安全对策措施建议应具有针对性、可操作性和经济合理性。

(6) 安全验收评价结论

安全验收评价结论应包括:符合性评价的综合结果;评价对象运行后存在的危险、有害因素及其危险危害程度;明确给出评价对象是否具备安全验收的条件,对达不到安全验收要求的评价对象明确提出整改措施建议。

(四) 安全评价方法

安全评价方法的分类方法很多,常用的有按评价结果的量化程度分类法、按评价的推理过程分类法、按安全评价要达到的目的分类法等。

1. 安全评价方法分类

(1) 按照安全评价结果的量化程度,安全评价方法可分为定性安全评价方法和定量安全评价方法。

① 定性安全评价方法

定性安全评价方法主要是根据经验和直观判断能力对生产系统的工艺、设备、设施、环境、人员和管理等方面的状况进行定性分析,评价结果是一些定性的指标,如是否达到了某项安全指标、事故类别和导致事故发生的因素等。属于定性安全评价方法的有安全检查表、专家现场询问观察法、因素图分析法、事故引发和发展分析、作业条件危险性评价法(格雷厄姆-金尼法或 LEC 法)、故障类型和影响分析、危险可操作性研究等。

② 定量安全评价方法

定量安全评价方法是根据在大量分析实验结果和事故统计资料基础上获得的指标或规律(数学模型),对生产系统的工艺、设备、设施、环境、人员和管理等方面的状况进行定量计算,评价结果是一些定量的指标,如事故发生的概率、事故的伤害(或破坏)范围、定量的危险性、事故致因因素的事故关联度或重要度等。

按照安全评价给出的定量结果的类别不同,定量安全评价方法还可以分为概率风险评价法、伤害(或破坏)范围评价法和危险指数评价法。

(2) 按照安全评价的逻辑推理过程,安全评价方法可分为归纳推理评价法和演绎推理评价法。归纳推理评价法是从事故原因推论结果的评价方法,即从最基本的危险、有害因素开始,逐渐分析导致事故发生的直接因素,最终分析到可能的事故。演绎推理评价法是从结果推论原因的评价方法,即从事故开始,推论导致事故发生的直接因素,再分析与直接因素相关的间接因素,最终分析和查找出致使事故发生的最基本危险、有害因素。

(3) 按照安全评价要达到的目的,安全评价方法可分为事故致因因素安全评价方法、危险性分级安全评价方法和事故后果安全评价方法。事故致因因素安全评价方法是采用逻辑推理的方法,由事故推论最基本的危险、有害因素或由最基本的危险、有害因素推论事故的评价法。该类方法适用于识别系统的危险、有害因素和分析事故,属于定性安全评价法。危险性分级安全评价方法是通过定性或定量分析给出系统危险性的安全评价方法。该类方法适应于系统的危险性分级。该类方法可以是定性安全评价法,也可以是定量安全评价法。事故后果安全评价方法可以直接给出定量的事故后果,给出的事故后果可以是系统事故发生的概率、事故的伤害(或破坏)范围、事故的损失或定量的系统危险性等。

此外,按照评价对象的不同,安全评价方法可分为设备(设施或工艺)故障率评价法、人员失误率评价法、物质系数评价法、系统危险性评价法等。

2. 常用的安全评价方法有安全检查表方法、危险指数方法、预先危险分析方法、故障假设分析方法、危险和可操作性研究、故障类型和影响分析、故障树分析、事件树分析、定量风险评价方法等。

（五）安全评价报告

1. 安全评价报告

安全评价报告是安全评价工作过程形成的成果。安全评价报告一般采用文本形式，为适应信息处理、交流和资料存档的需要，报告可采用多媒体电子载体。电子版本中能容纳大量评价现场的照片、录音、录像及文件扫描，可增强安全评价工作的可追溯性。

安全预评价报告应全面、概括地反映安全预评价过程的全部工作，文字应简洁、准确，提出的资料清楚可靠，论点明确，利于阅读和审查。

安全预评价报告的格式应符合《安全评价通则》（AQ 8001—2007）标准要求。

2. 安全验收评价报告

安全验收评价报告是安全验收评价工作过程形成的成果。安全验收评价报告应全面、概括地反映验收评价的全部工作，文字简洁、精确，可同时采用图表和照片，以使评价过程和结论清楚、明确，利于阅读和审查。符合性评价的数据、资料和可预测性计算过程等可编入附录。

3. 安全现状评价报告

安全现状评价报告要比安全预评价报告更详尽、更具体，特别是对危险分析要全面、具体，因此整个评价报告的编制，要由懂工艺和操作的专家参与完成。

（六）安全评价管理

为加强对安全评价工作的管理，原国家安全生产监督管理总局颁布了《安全评价机构管理规定》、原劳动和社会保障部制定了《安全评价师国家职业标准（试行）》等规章和标准，对安全评价机构实行资质许可制度，对安全评价师实行职业资格管理。

四、安全生产事故调查与分析

国务院 2007 年 4 月 9 日颁布的《生产安全事故报告和调查处理条例》（以下简称《条例》），自 2007 年 6 月 1 日起施行。《条例》出台的目的是规范生产安全事故的报告和调查处理、落实生产安全事故责任追究制度、防止和减少生产安全事故。《条例》适用于生产经营活动中发生的造成人身伤亡或者直接经济损失的生产安全事故的报告和调查处理。对环境污染事故、核设施事故、国防科研生产事故的报告和调查处理另有相关法规规定，这三类事故的报告和调查不适用于该条例。《条例》规定，事故报告应当及时、准确、完整，任何单位和个人对事故不得迟报、漏报、谎报或者瞒报。事故调查处理应当坚持实事求是、尊重科学的原则，及时、准确地查清事故经过、事故原因和事故损失，查明事故性质,认定事故责任,总结事故教训,提出整改措施,并对事故责任者依法追究责任。

(一) 生产安全事故等级和分类

1. 生产安全事故的分级

根据生产安全事故(以下简称事故)造成的人员伤亡或者直接经济损失,事故一般分为以下等级。

(1) 特别重大事故,是指造成 30 人以上(含 30 人)死亡,或者 100 人以上(含 100 人)重伤(包括急性工业中毒,下同),或者 1 亿元以上(含 1 亿元)直接经济损失的事故。

(2) 重大事故,是指造成 10 人以上(含 10 人)30 人以下死亡,或者 50 人以上(含 50 人)100 人以下重伤,或者 5 000 万元以上(含 5 000 万元)1 亿元以下直接经济损失的事故。

(3) 较大事故,是指造成 3 人以上(含 3 人)10 人以下死亡,或者 10 人以上(含 10 人)50 人以下重伤,或者 1 000 万元以上(含 1 000 万元)5 000 万元以下直接经济损失的事故。

(4) 一般事故,是指造成 3 人以下死亡,或者 10 人以下重伤,或者 1 000 万元以下直接经济损失的事故。

2. 事故的分类

伤亡事故的分类,分别从不同方面描述了事故的不同特点。根据 1986 年 5 月 31 日发布的国家标准《企业职工伤亡事故分类》(GB 6441—1986),伤亡事故是指企业职工在生产劳动过程中,发生的人身伤害和急性中毒。事故的类别包括:物体打击、车辆伤害、机械伤害、起重伤害、触电、淹溺、灼烫、火灾、高处坠落、坍塌、冒顶片帮、透水、放炮、火药爆炸、瓦斯爆炸、锅炉爆炸、容器爆炸、其他爆炸、中毒和窒息、其他伤害。对事故造成的伤害分析要考虑的因素有受伤部位、受伤性质(人体受伤的类型)、起因物、致害物、伤害方式、不安全状态、不安全行为。按照事故造成的伤害程度又可把伤害事故分为轻伤事故、重伤事故和死亡事故。

(二) 生产安全事故的报告

1. 事故上报的时限和部门

生产安全事故发生后,事故现场有关人员应当立即向本单位负责人报告;单位负责人接到报告后,应当于 1 小时内向事故发生地县级以上人民政府安全生产监督管理部门和负有安全生产监督管理职责的有关部门报告。情况紧急时,事故现场有关人员可以直接向事故发生地县级以上人民政府安全生产监督管理部门和负有安全生产监督管理职责的有关部门报告。如果事故现场条件特别复杂,难以准确判定事故等级,情况十分危急,上一级部门没有足够能力开展应急救援工作,或者事故性质特殊、社会影响特别重大时,就应当允许越级上报事故。

发生事故后及时向单位负责人和有关主管部门报告,对于及时采取应急救援措施,防止事故扩大,减少人员伤亡和财产损失起着至关重要的作用。安全生产监督管理部门和负有安全生产监督管理职责的有关部门接到事故报告后,应当依照下列规定上报事故情况,并通知公安机关、劳动保障行政部门、工会和人民检察院。

(1) 特别重大事故、重大事故逐级上报至国务院安全生产监督管理部门和负有安全生产监督管理职责的有关部门。

(2) 较大事故逐级上报至省、自治区、直辖市人民政府安全生产监督管理部门和负有安全生产监督管理职责的有关部门。

(3) 一般事故上报至设区的市级人民政府安全生产监督管理部门和负有安全生产监督管理职责的有关部门。

安全生产监督管理部门和负有安全生产监督管理职责的有关部门逐级上报事故情况,每级上报的时间不得超过 2 小时。事故报告后出现新情况的,应当及时补报。自事故发生之日起 30 日内,事故造成的伤亡人数发生变化的,应当及时补报。道路交通事故、火灾事故自发生之日起 7 日内,事故造成的伤亡人数发生变化的,应当及时补报。

上报事故的首要原则是及时。所谓"2 小时"起点是指接到下级部门报告的时间,以特别重大事故的报告为例,按照报告时限要求的最大值计算,从单位负责人报告县级管理部门,再由县级管理部门报告市级管理部门、市级管理部门报告省级管理部门、省级管理部门报告国务院管理部门,直至最后报至国务院,总共所需时间为 7 小时。之所以对上报事故作出这样限制性的时间规定,主要是基于以下原因。

快速上报事故,有利于上级部门及时掌握情况,迅速开展应急救援工作。上级安全管理部门可以及时调集应急救援力量,发挥更多的人力、物力等资源优势,协调各方面的关系,尽快组织实施有效救援。

2. 事故报告的内容

报告事故应当包括事故发生单位概况,事故发生的时间、地点以及事故现场情况,事故的简要经过,事故已经造成或者可能造成的伤亡人数(包括下落不明的人数)和初步估计的直接经济损失,已经采取的措施和其他应当报告的情况。事故报告应当遵照完整性的原则,尽量能够全面地反映事故情况。

(1) 事故发生单位概况

事故发生单位概况应当包括单位的全称、所处地理位置、所有制形式和隶属关系、生产经营范围和规模、持有各类证照的情况、单位负责人的基本情况以及近期的生产经营状况等。

(2) 事故发生的时间、地点以及事故现场情况

报告事故发生的时间应当具体,并尽量精确到分钟。报告事故发生的地点要准确,

除事故发生的中心地点外,还应当报告事故所波及的区域。报告事故现场总体情况、现场的人员伤亡情况、设备设施的毁损情况以及事故发生前的现场情况。

(3) 事故的简要经过

事故的简要经过是对事故全过程的简要叙述。描述要前后衔接、脉络清晰、因果相连。

(4) 人员伤亡和经济损失情况

对于人员伤亡情况的报告,应当遵循实事求是的原则,不做无根据的猜测,更不能隐瞒实际伤亡人数。对直接经济损失的初步估算,主要指事故所导致的建筑物的毁损、生产设备设施和仪器仪表的损坏等。由于人员伤亡情况和经济损失情况直接影响事故等级的划分,并因此决定事故的调查处理等后续重大问题,在报告这方面情况时应当谨慎细致,力求准确。

(5) 已经采取的措施

已经采取的措施主要是指事故现场有关人员、事故单位负责人、已经接到事故报告的安全生产管理部门为减少损失、防止事故扩大和便于事故调查所采取的应急救援和现场保护等具体措施。

3. 事故的应急处置

事故发生单位负责人接到事故报告后,应当立即启动事故相应应急预案,或者采取有效措施,组织抢救,防止事故扩大,减少人员伤亡和财产损失。

事故发生地有关地方人民政府、安全生产监督管理部门和负有安全生产监督管理职责的有关部门接到事故报告后,其负责人应当立即赶赴事故现场,组织事故救援。

事故发生后,有关单位和人员应当妥善保护事故现场以及相关证据,任何单位和个人不得破坏事故现场、毁灭相关证据。

因抢救人员、防止事故扩大以及疏通交通等原因,需要移动事故现场物件的,应当做出标志,绘制现场简图并做出书面记录,妥善保存现场重要痕迹、物证。

事故发生地公安机关根据事故的情况,对涉嫌犯罪的,应当依法立案侦查,采取强制措施和侦查措施。犯罪嫌疑人逃匿的,公安机关应当迅速追捕归案。

(三) 生产安全事故的调查

事故调查处理应当坚持实事求是、尊重科学的原则,及时、准确地查清事故经过、事故原因和事故损失,查明事故性质,认定事故责任,总结事故教训,提出整改措施,并对事故责任者依法追究责任。

1. 事故调查的组织

特别重大事故由国务院或者国务院授权有关部门组织事故调查组进行调查。重大事故、较大事故、一般事故分别由事故发生地省级人民政府、设区的市级人民政府、县级人民政府负责调查。省级人民政府、设区的市级人民政府、县级人民政府可以直接组织事故调查组进行调查,也可以授权或者委托有关部门组织事故调查组进行调查。未造成人员伤亡的一般事故,县级人民政府也可以委托事故发生单位组织事故调查组进行调查。

对于事故性质恶劣、社会影响较大的,同一地区连续频繁发生同类事故的,事故发生地不重视安全生产工作、不能真正吸取事故教训的,社会和群众对下级政府调查的事故反响十分强烈的,事故调查难以做到客观、公正的等事故调查工作,上级人民政府可以调查由下级人民政府负责调查的事故。

事故调查工作实行"政府领导、分级负责"的原则,不管哪级事故,其事故调查工作都是由政府负责的;不管是政府直接组织事故调查还是授权或者委托有关部门组织事故调查,都是在政府的领导下,都是以政府的名义进行的,都是政府的调查行为,不是部门的调查行为。

自事故发生之日起30日内(道路交通事故、火灾事故自发生之日起7日内),因事故伤亡人数变化导致事故等级发生变化,应当由上级人民政府负责调查的,上级人民政府可以另行组织事故调查组进行调查。

特别重大事故以下等级事故,事故发生地与事故发生单位不在同一个县级以上行政区域的,由事故发生地人民政府负责调查,事故发生单位所在地人民政府应当派人参加。

2. 事故调查组的组成和职责

事故调查组的组成应当遵循精简、效能的原则。根据事故的具体情况,事故调查组由有关人民政府、安全生产监督管理部门、负有安全生产监督管理职责的有关部门、监察机关、公安机关以及工会派人组成,并应当邀请人民检察院派人参加。事故调查组可以聘请有关专家参与调查。

事故调查组的成员履行事故调查的行为是职务行为,代表其所属部门、单位进行事故调查工作;事故调查组成员都要接受事故调查组的领导;事故调查组聘请的专家参与事故调查,也是事故调查组的成员。事故调查组成员应当具有事故调查所需要的知识和专长,并与所调查的事故没有直接利害关系。

事故调查组组长由负责事故调查的人民政府指定。事故调查组组长主持事故调查组的工作。由政府直接组织事故调查组进行事故调查的,其事故调查组组长由负责组织事故调查的人民政府指定;由政府委托有关部门组织事故调查组进行事故调查的,其事故调查组组长也由负责组织事故调查的人民政府指定。由政府授权有关部门组织事故调查组进行事故调查的,其事故调查组组长可以在授权时一并确定,也就是说事故调查组组长可以由有关人民政府指定,也可以由授权组织事故调查组的有关部门指定。

事故调查组履行的职责包括:查明事故发生的经过、原因、人员伤亡情况及直接经济损失;认定事故的性质和事故责任;提出对事故责任者的处理建议;总结事故教训,提出防范和整改措施;提交事故调查报告。

(1) 查明事故发生的经过

包括事故发生前,事故发生单位生产作业状况;事故发生的具体时间、地点;事故现场状况及事故现场保护情况;事故发生后采取的应急处置措施情况;事故报告经过;事故抢救及事故救援情况;事故的善后处理情况;其他与事故发生经过有关的情况。

(2) 查明事故发生的原因

包括事故发生的直接原因;事故发生的间接原因;事故发生的其他原因。

(3) 人员伤亡情况

包括事故发生前,事故发生单位生产作业人员分布情况;事故发生时人员涉险情况;事故当场人员伤亡情况及人员失踪情况;事故抢救过程中人员伤亡情况;最终伤亡情况;其他与事故发生有关的人员伤亡情况。

(4) 事故的直接经济损失

包括人员伤亡后所支出的费用,如医疗费用、丧葬及抚恤费用、补助及救济费用、歇工工资等;事故善后处理费用,如处理事故的事务性费用、现场抢救费用、现场清理费用、事故罚款和赔偿费用等;事故造成的财产损失费用,如固定资产损失价值、流动资产损失价值等。

(5) 认定事故性质和事故责任

通过事故调查分析,对事故的性质要有明确结论。其中对认定为自然事故(非责任事故或者不可抗拒的事故)的可不再认定或者追究事故责任人;对认定为责任事故的,要按照责任大小和承担责任的不同分别认定直接责任者、主要责任者、领导责任者。

(6) 对事故责任者的处理建议

通过事故调查分析,在认定事故性质和事故责任的基础上,对事故责任者提出行政处分、纪律处分、行政处罚、追究刑事责任、追究民事责任等建议。

(7) 总结事故教训

通过事故调查分析,在认定事故的性质和事故责任者的基础上,要认真总结事故教训,主要是在安全生产管理、安全生产投入、安全生产条件等方面存在哪些薄弱环节、漏洞和隐患,要认真对照问题查找根源、吸取教训。

(8) 提出防范和整改措施

防范和整改措施是在事故调查分析的基础上针对事故发生单位在安全生产方面的薄弱环节、漏洞、隐患等提出的,要具备针对性、可操作性、普遍适用性和时效性。

(9) 提交事故调查报告

事故调查报告在事故调查组全面履行职责的前提下由事故调查组完成,是事故调查工作成果的集中体现。事故调查报告在事故调查组组长的主持下完成;事故调查报告的内容应当符合《条例》的规定,并在规定的提交事故调查报告的时限内提出。事故调查报告应当附具有关证据材料,事故调查组成员应当在事故调查报告上签名。事故调查报告应当包括事故发生单位概况、事故发生经过和事故救援情况、事故造成的人员伤亡和直接经济损失、事故发生的原因和事故性质、事故责任的认定以及对事故责任者的处理建议、事故防范和整改措施。事故调查报告报送负责事故调查的人民政府后,事故调查工作即告结束。事故调查的有关资料应当归档保存。

3. 事故调查组的职权和事故发生单位的义务

事故调查组有权向有关单位和个人了解与事故有关的情况,并要求其提供相关文件、资料,有关单位和个人不得拒绝。事故发生单位的负责人和有关人员在事故调查期间不得擅离职守,并应当随时接受事故调查组的询问,如实提供有关情况。事故调查中发现涉嫌犯罪的,事故调查组应当及时将有关材料或者其复印件移交司法机关处理。

事故调查中需要进行技术鉴定的,事故调查组应当委托具有国家规定资质的单位进行技术鉴定。必要时,事故调查组可以直接组织专家进行技术鉴定。技术鉴定所需时间不计入事故调查期限。

4. 事故调查的纪律和期限

事故调查组成员在事故调查工作中应当诚信公正、恪尽职守,遵守事故调查组的纪律,保守事故调查的秘密。未经事故调查组组长允许,事故调查组成员不得擅自发布有关事故的信息。

事故调查组应当自事故发生之日起60日内提交事故调查报告;特殊情况下,经负责事故调查的人民政府批准,提交事故调查报告的期限可以适当延长,但延长的期限最长不超过60日。需要技术鉴定的,技术鉴定所需时间不计入该时限,其提交事故调查报告的时限可以顺延。

(四)事故处理

事故调查组向负责组织事故调查的有关人民政府提交事故调查报告后,事故调查工作即告结束。有关人民政府按照《生产安全事故报告和调查处理条例》规定的期限,及时作出批复,并督促有关机关、单位落实批复,包括对生产经营单位的行政处罚,对事故责任人行政责任的追究以及整改措施的落实等。

1. 事故调查报告的批复

事故调查组是为了调查某一特定事故而临时组成的,不管是有关人民政府直接组织的事故调查组,还是授权或者委托有关部门组织的事故调查组,其形成的事故调查报告只有经过有关人民政府批复后,才具有效力,才能被执行和落实。事故调查报告批复的主体是负责事故调查的人民政府。特别重大事故的调查报告由国务院批复;重大事故、较大事故、一般事故的事故调查报告分别由负责事故调查的有关省级人民政府、设区的市级人民政府、县级人民政府批复。

对于重大事故、较大事故、一般事故,负责事故调查的人民政府应当自收到事故调查报告之日起 15 日内作出批复;特别重大事故,30 日内作出批复,特殊情况下,批复时间可以适当延长,但延长的时间最长不超过 30 日。

有关机关应当按照人民政府的批复,依照法律、行政法规规定的权限和程序,对事故发生单位和有关人员进行行政处罚,对负有事故责任的国家工作人员进行处分。事故发生单位应当按照负责事故调查的人民政府的批复,对本单位负有事故责任的人员进行处理。负有事故责任的人员涉嫌犯罪的,依法追究刑事责任。

2. 事故调查报告中防范和整改措施的落实及其监督

事故调查处理的最终目的是预防和减少事故。事故调查组在调查事故中要查清事故经过,查明事故原因和事故性质,总结事故教训,并在事故调查报告中提出防范和整改措施。事故发生单位应当认真吸取事故教训,落实防范和整改措施,防止事故再次发生。防范和整改措施的落实情况应当接受工会和职工的监督。

安全生产监督管理部门和负有安全生产监督管理职责的有关部门,应当对事故发生单位负责落实防范和整改措施的情况进行监督检查。事故处理的情况由负责事故调查的人民政府或者其授权的有关部门、机构向社会公布,依法应当保密的除外。

第二节　船闸安全操作规程

船闸是水路运输的重要咽喉,同时也是国家交通水利枢纽的重要组成部分,船闸是否能够安全可靠运行将直接影响到国家重点物资的运输和工农业生产的发展。

操作规程是在制造、修理、使用或养护过程中必须严格遵守的规则。它包括操作程序、操作方法和操作时应注意的有关事项。船闸操作规程,是根据船闸客观存在的事物发展规律制定出来的。其中有些规定是经过事故教训以后才逐步完善的,是经验教训的结晶。违反了操作规程,就必然要出人为责任事故。因此每个操作员、值班员都应以严肃认真的态度,一丝不苟的精神,严格遵守操作规程。

一、船闸运行程序

船闸的门型、机型和电气控制设备的种类很多,就门型讲,有横拉门、三角门、人字门、一字门等;就启闭机械讲,有绳鼓式、齿轮齿条式、液压四连杆式、螺杆式、液压直推式、滚珠丝杆等。随着自动化、信息化技术在船闸控制系统中的广泛应用，船闸电气控制系统的自动化程度也愈来愈高，船闸的运行控制系统先后经历了顺序控制器—PLC控制系统—集散控制系统—现场总线控制系统四次有代表性的技术革新，很大程度提高了船闸的运行效率和安全系数。尽管不同的门型、启闭机械和控制设备有各自的操作规程，但是船闸运行控制系统的基本操作程序大体是相同的，在本节中，均以人字门液压直推式启闭货轮闸为例，介绍船闸运行的操作程序。

（一）上行程序

上行程序即下游过闸船舶从船闸下游通过闸室向船闸上游运行的程序。船闸运行上行程序前的状态为：下闸首左右两侧的闸门处于开终位，上闸首左右两侧闸门处于关终位，上、下闸首阀门均处于关终位。

1. 上行船舶进闸：当闸室无船舶并且上行船舶可以进闸时，下游闸首值班员按"进闸绿灯"提示上行船舶可以进闸，此时对内通航信号指示灯绿灯灭、红灯亮，对外通航信号指示灯黄灯灭、绿灯亮，表示下游上行船舶可以进闸。船舶进闸完毕，下游闸首对外通航信号指示灯绿灯灭、红灯亮，禁止其他船舶再进闸。

2. 关下游闸门：上行船舶进闸完毕，闸门开始关闭，闸门关到位后自动停止，这时上、下游通航信号指示灯均为红灯亮。

3. 开上游阀门：下游闸门关到位后，上游两侧阀门同时开启，闸室开始涨水，阀门开到位后自动停止。

4. 开上游闸门：当闸室水位与上游水位相平后，开上游闸门，闸门开到位后，自动停止。闸门开始开启时，上游闸首对内通航信号指示灯红灯灭、黄灯亮。闸门开启到位时，上游闸首对内通航信号指示灯黄灯灭、绿灯亮，上游闸首对外通航信号指示灯红灯灭、黄灯亮。上游闸首值班员指挥上行船舶出闸。待闸室船舶出尽后，下行船舶可以进闸时，上游闸首值班员按"进闸绿灯"提示下行船舶可以进闸，此时对内通航信号指示灯绿灯灭、红灯亮，对外通航信号指示灯黄灯灭、绿灯亮。上行程序结束，进入下行程序。

（二）下行程序

下行程序即上游过闸船舶从船闸上游通过闸室向船闸下游运行的程序。船闸运行下行程序前的状态为：上闸首左右两侧的闸门处于开终位，下闸首左右两侧闸门处于关终位，上、下闸首阀门均处于关终位。

1. 下行船舶进闸：当闸室无船舶并且下行船舶可以进闸时，上游闸首值班员按"进闸绿灯"提示下行船舶可以进闸，此时对内通航信号指示灯绿灯灭、红灯亮，对外通航信号指示灯黄灯灭、绿灯亮，表示上游下行船舶可以进闸。船舶进闸完毕，使上游闸首对外通航信号指示灯绿灯灭、红灯亮，禁止其他船舶再进闸。

2. 关上游闸门：下行船舶进闸完毕，闸门开始关闭，闸门关到位后自动停止，这时上、下游通航信号指示灯均为红灯亮。

3. 开下游阀门：上游闸门关到位后，下游两侧阀门同时开启，闸室开始泄水，阀门开到位后自动停止。

4. 开下游闸门：当闸室水位与下游水位相平后，开下游闸门，闸门开到位后，自动停止。闸门开始开启时，下游闸首对内通航信号指示灯红灯灭、黄灯亮。闸门开启到位时，下游闸首对内通航信号指示灯黄灯灭、绿灯亮，下游闸首对外通航信号指示灯红灯灭、黄灯亮。指挥员指挥下行船舶出闸。闸室船舶出尽后，上行船舶可以进闸时，下游闸首值班员按"进闸绿灯"提示上行船舶可以进闸，此时对内通航信号指示灯绿灯灭、红灯亮，对外通航信号指示灯黄灯灭、绿灯亮。下行程序结束，再次进入上行程序。

二、可编程控制系统操作规程

（一）可编程控制系统简介

1. 可编程控制器

可编程控制器（Programmable Controller），简称 PC。因早期主要应用于开关量的逻辑控制，因此也称为 PLC（Programmable Logic Controller），即可编程逻辑控制器。由于 PC 已成为个人计算机的代名词，为了不与之相混淆，一般将可编程控制器简称为 PLC。现代的可编程控制器是以微处理器为基础的、高度集成化的新型工业控制装置，是计算机技术与工业控制技术相结合的产品。

2. 船闸可编程控制系统的构成

参见本书中第二篇船闸电气部分内容。

（二）PLC 控制系统操作要领

PLC 控制系统的操作要领与继电器顺序控制系统的操作要领基本相同，但由于 PLC 控制系统较继电器顺序控制系统的功能更加先进，保护措施更加全面，实现了继电器顺序控制器难以或者无法实现的功能。下面以苏北运河人字门船闸早期使用的 PLC 控制系统为例说明其操作要领，闸阀门采用液压直推式启闭机传动。

PLC 控制系统设置集中程序控制和现地手动控制 2 种控制方式。

1. 集中程序控制

集中程序控制的操作和继电器顺序控制系统的半自动程序控制的操作基本相同。不同的是，系统的保护、互锁、闸门错位检测等功能得到很大程度的增强。

现以一次双向过闸为例，并假设上游闸阀门关闭，下游阀门关闭，闸门开启，上行船舶进闸后停泊在闸室内，则其操作程序如下。

① 控制室内的控制台通电，集中控制台的"程控/现地"转换开关打在"程控"位置上。

② 关下游闸门：下游闸首值班员在指挥上行船舶进闸完毕后，给出关闸信号后，集控

室值班员按集中控制台上的"关闸"按钮,系统运行下游"关闸"程序,下游闸门运行指示灯亮,闸门渐关。下游对外通航信号指示灯绿灯灭、红灯亮。若无灯光指示,则下游闸首值班员挥动红旗,阻止船舶再进闸。闸门关到位后自动停止,系统自动切断下游动力电源,送上游动力电源。

③ 开上游阀门:下游左右两扇闸门关到位后且闸门错位值在设计允许范围内,系统自动提上游左右两扇阀门,上游两侧阀门自动开启,上游阀门运行指示灯亮,阀门开到位后,自动停止。因各船闸上下游水位差大小不同,部分船闸要求一侧阀门提到位,部分船闸要求两侧阀门均提到位。闸室开始涨水。

④ 开上游闸门:当闸室水位与上游水位相平后,水位计自动发出声光信号,引起值班人员注意。延时一定时间后(这个时间是设计时设定的),上游闸门自动开启,闸门运行指示灯亮,闸门渐开,上游对内通航信号指示灯由红灯自动转换为黄灯。闸门开到位后,自动停止。上游对内通航信号指示灯由黄灯自动转换为绿灯,对外通航信号指示灯由红灯自动转为黄灯。

⑤ 关上游阀门:闸门开到位后,上游两侧阀门自动关闭,上游阀门运行指示灯亮,关到位后自动停止。

⑥ 闸门开到位后,上游闸首值班员指挥上行船舶出闸,闸室船舶出尽后,集控室值班员按下集中控制台"进闸"通航信号指示灯转换按钮,使上游对内通航信号指示灯绿灯灭、红灯亮,对外通航信号指示灯黄灯灭、绿灯亮。

⑦ 关上游闸门:上游闸首值班员在指挥下行船舶进闸完毕后,给出关闸信号后,集控室值班员按下集中控制台上"关闸"按钮,上游闸门运行指示灯亮,闸门渐关。上游对外通航信号指示灯绿灯灭、红灯亮。闸门关到位后自动停止。同时系统自动切断上游动力电源,送下游动力电源。

⑧ 开下游阀门:上游左右两扇闸门关到位后且闸门错位值在设计允许范围内,系统自动提下游左右两扇阀门,下游两侧阀门自动开启,下游阀门运行指示灯亮,阀门开到位后,自动停止。因各船闸上下游水位差大小不同,部分船闸要求一侧阀门提到位,部分船闸要求两侧阀门均提到位。闸室开始泄水。

⑨ 开下游闸门:当闸室水位与下游水位相平后,水位计自动发出声光信号,引起值班人员注意。延时一定时间后(这个时间是设计时设定的),下游闸门自动开启,下游闸门运行指示灯亮,闸门渐开,下游对内通航信号指示灯由红灯自动转换为黄灯。闸门开到位后,自动停止。下游对内通航信号指示灯由黄灯自动转换为绿灯,对外通航信号指示灯由红灯自动转为黄灯。

⑩ 关下游阀门:闸门开到位后,下游两侧阀门自动关闭,下游阀门运行指示灯亮,关到位后自动停止。

⑪闸门开到位后,下游闸首值班员指挥下行船舶出闸,闸室船舶出尽后,集控室值班员按下集中控制台"进闸"通航信号指示灯转换按钮,使下游对内通航信号指示灯绿灯灭、红灯亮,对外通航信号指示灯黄灯灭、绿灯亮。

这样,就完成一次船舶的双向过闸,船闸运行如此周而复始。

2. 现地手动控制

PLC控制系统的现地手动控制操作方法与继电器顺序控制系统的手动控制操作方法相同,这里不再赘述。

3. 集中控制台操作说明

以苏北运河某船闸为例,操作台面板如图3-3-4所示。

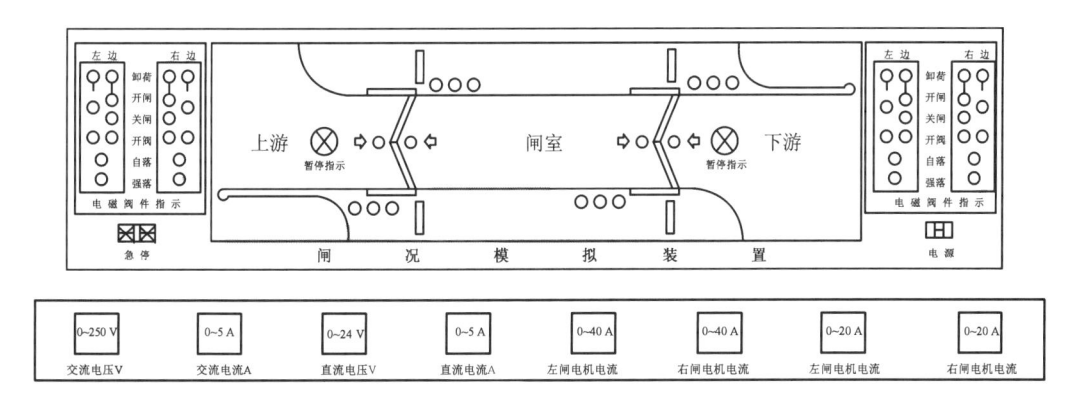

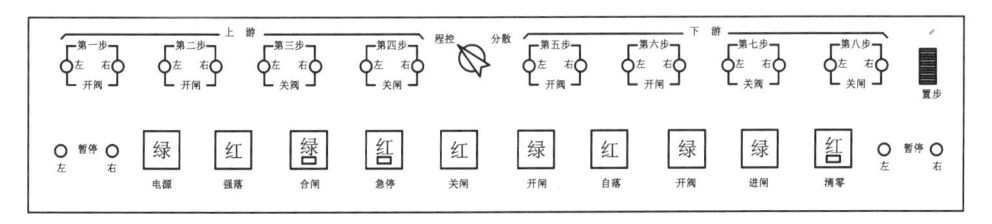

图 3-3-4　集中控制台面板布置图

图3-3-4中,集中控制台面板分为三部分:第一部分为模拟显示部分,第二部分为仪表部分,第三部分为控制按钮部分。

第一部分为模拟显示部分,见图3-3-5,显示船闸闸阀门、电磁阀、通航信号指示灯的工作状况。左上角和右上角各指示灯为"电磁阀件指示灯",主要有"卸荷""开闸""关闸""开阀""自落""强落"等电磁阀件。当相关电磁阀件"得电"时,相应的电磁阀件指示灯"亮";当电磁阀件"失电"时,相应的电磁阀指示灯"灭"。如:当开上游闸门时,上游左岸和上游右岸"卸荷"两个电磁阀得电,相应的"卸荷"指示灯亮,3秒后(视各闸情况而定),"开闸"电磁阀得电,"开闸"指示灯亮,此时闸门逐渐开启,当闸门开启到位或停止开门时,相应的电磁阀件"失电",同时"卸荷""开闸"指示灯将熄灭。

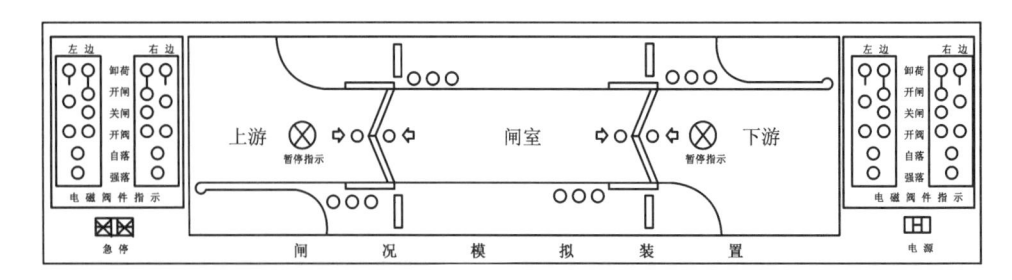

图 3-3-5 模拟显示屏布置图

中间部分为船闸闸阀门和通航信号指示灯工作状况指示灯,模拟船闸闸阀门状态和船闸通航信号指示灯工作状态。当闸门开到位时,相应的闸门"开终位"指示灯亮;当闸门关到位时,相应的闸门"关终位"指示灯亮。当阀门开到位时,相应的阀门指示灯显示为"绿色";当阀门关到位时,相应的阀门指示灯显示为"红色"(指示灯的颜色及显示方式视各船闸的具体情况改变)。

模拟显示屏面板上设置四组船闸通航信号指示灯,模拟船闸上下游闸室内外四组进闸、出闸通航信号指示灯的工作状况,与现场通航信号指示灯工作状态一致,值班员可以根据模拟显示屏上的通航信号指示灯的工作状况掌握现场通航信号指示灯的工作状况(现场通航信号指示灯本身故障除外)。现场通航信号指示灯上下垂直排列,上部为红色灯光,中部为黄色灯光,下部为绿色灯光。设置在船舶航行方向右侧的上下闸首附近。上闸首对外的信号灯为指挥下行船舶进闸或禁止进闸的信号,对内的信号灯为指挥上行船舶出闸或禁止出闸的信号;下闸首对外的信号灯为指挥上行船舶进闸或禁止进闸的信号,对内的信号灯为指挥下行船舶出闸或禁止出闸的信号。

红色灯光表示禁止通行信号,黄色灯光表示预告信号,绿色灯光表示允许通行信号。具体来讲:当上游闸室对外红灯亮时,表示禁止船舶进闸;当上游闸室对外绿灯亮时,表示在上游引航道待闸的船舶可以进闸;当上游闸室对外黄灯亮时,表示船闸正在开闸门或进行其他动作,船舶此时不得进闸,待两侧闸门全开到位且绿色出闸信号灯亮时,船舶即可进闸,起到预告进闸的作用。当上游闸室对内红灯亮时,表示禁止船舶出闸;当上游对内绿灯亮时,表示在闸室的船舶可以出闸;当上游对内黄灯亮时,表示船闸正在开闸门,此时禁止船舶出闸,待两侧闸门全开到位且绿色出闸信号灯亮时,船舶即可出闸,起到预告船舶出闸的作用。下游闸室内外通航信号指示灯作用与上游通航信号指示灯作用相同。

第二部分为船闸控制电压电流显示仪表部分(图 3-3-6)。主要放置测量船闸运行时主要设备电流电压值。主要包括交流控制电源电压表(0~250 V)、交流控制电源电流表(0~5 A)、直流控制电源电压表(0~24 V)、直流控制电源电流表(0~5 A)、左右闸门电机运行时电机电流表(0~40 A)、左右阀门电机运行时电机电流表(0~20 A)。

| 0~250 V | 0~5 A | 0~24 V | 0~5 A | 0~40 A | 0~40 A | 0~20 A | 0~20 A |
| 交流电压V | 交流电流A | 直流电压V | 直流电流A | 左闸电机电流 | 右闸电机电流 | 左闸电机电流 | 右闸电机电流 |

图 3-3-6　电压电流表布置图

第三部分为操作控制开关及按钮部分(图 3-3-7)。布置"程控/分散""急停""合闸""电源""暂停""关闸""进闸""强落""清零""启动""高压""置步"等按钮或开关。在本部分还布置了船闸当前运行状况的指示灯。下面对这些按钮开关操作要领逐一进行介绍。

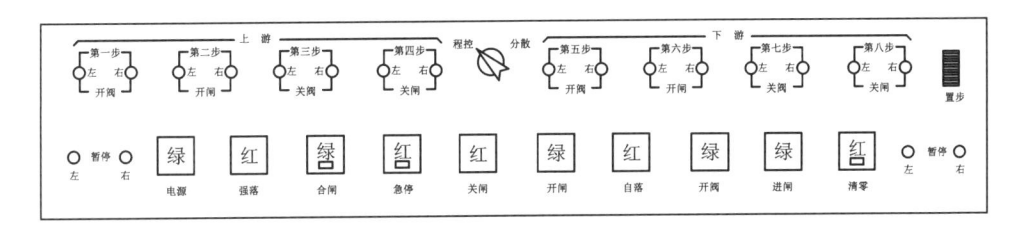

图 3-3-7　操作按钮布置图

"程控/分散"开关。用于切换船闸程控集中程序运行和分散现地手动运行的开关。

当开关打向"程控"位置时,船闸控制系统进入程控运行状态,由 PLC 按既定的程序自动运行。

"急停"按钮。当船闸在运行过程中遇到紧急情况时,集控室操作员确定需紧急断掉动力电源时,按此"急停"按钮,系统立即停掉所有程序,断开总动力电源,包括电机及电磁阀件电源,程序全部清零,船闸立即停止运行。

"合闸"按钮。在近年进行电气改造的船闸中,安装了自动合闸空气开关,可以进行遥控合闸,代替以往的人工推闸刀,既方便了操作也提高了操作的安全性。当操作员按"急停"按钮或其他原因导致总动力开关断开时,如需合上总动力开关,在程控运行状态下,只需按"合闸"按钮,自动合闸空气开关的电动操作机构将工作,将开关合上(按此按钮需慎重,确定系统故障或危险已排除)。船闸动力系统将恢复供电,但系统程序已清零,操作员在确认所需进行的操作后,按相应的按钮,船闸即可立即恢复运行。程控状态运行时,上下游手动操作箱上的"合闸"按钮无效。

"电源"按钮。"电源"按钮为自锁按钮,其上带有指示灯。一般作为交流 220 V 控制电源和直流 24 V 控制电源的开关。按下时,开关自锁,其上的指示灯亮,此时控制电源(交流 220 V 和直流 24 V)得电,PLC 系统得电,程序运行。再次按下时,开关弹起,其上的指示灯灭,此时控制电源(交流 220 V 和直流 24 V)失电,PLC 系统失电,程序停止运行。

"暂停"按钮。"暂停"按钮为自锁按钮,其上带有指示灯。当船闸在运行中遇到特殊情况或进行调试时,需暂停正在进行的动作,按"暂停"按钮可立即暂停船闸正在进行的操作。一般情况暂停正在进行的开关闸阀门等动作。

在程控状况下,暂停正在进行的开关闸阀门等动作时,系统停止开关闸阀门,当"暂停"按钮复位时,系统继续进行暂停前的动作。如:系统正在程控运行开上游闸门,按下"暂停"按钮后,按钮自锁,其上的指示灯亮,系统断开上游闸门的交流接触器,相应的开闸电磁阀失电,闸门停止开启。当再次按下"暂停"按钮时,"暂停"按钮复位弹起,"暂停"按钮上的指示灯灭,系统继续运行开闸程序,相应的开闸电磁阀及闸门电机交流接触器得电,闸门继续开启。本功能对强落阀门不适用。

在分散状况下,暂停正在进行的开关闸阀门等动作时,系统停止开关闸阀门,当"暂停"按钮复位时,系统不再继续进行暂停前的动作。如:系统正在分散运行开上游闸门,按下"暂停"按钮后,按钮自锁,其上的指示灯亮,系统断开上游闸门的交流接触器,相应的开闸电磁阀失电,闸门停止开启。当再次按下"暂停"按钮时,"暂停"按钮复位弹起,"暂停"按钮上的指示灯灭,系统不再运行开闸程序,相应的开闸电磁阀及闸门电机交流接触器不再得电,闸门不再开启。此时如需开启闸门,必须在船闸满足开闸的条件下,由上游闸首操作员按下闸首的"开闸"按钮或集控室操作员按下集中控制台上的"开闸"按钮,系统才能再次开启闸门。

"关闸"按钮。当系统处于程控运行时,按"关闸"按钮,在系统满足关闸的条件下,系统关闭相应要关闭的闸门,对于具体关上游闸门还是关下游闸门,由系统根据船闸当前上下游闸阀具体情况自动确定。即在上游闸阀门全部关终位,下游阀门关到位后,上行船舶进闸完毕后需关闭下游闸门时,按"关闸"按钮后,系统立即关闭下游闸门。在下游闸阀门全部关终位,上游阀门关到位后,下行船舶进闸完毕后需关闭上游闸门时,按"关闸"按钮后,系统立即关闭上游闸门。系统处于分散运行时,该按钮无效。

"进闸"按钮。"进闸"按钮用于转换进闸信号灯。当上游船舶出闸结束后,位于上游引航道的待闸船舶满足进闸条件时,操作员按"进闸"按钮后,上游闸室外通航信号指示灯由黄灯转换为绿灯,上游闸室内通航信号指示灯由绿灯转换为红灯。此时下游闸室内外通航信号指示灯状况不改变。当下游船舶出闸结束后,位于下游引航道的待闸船舶满足进闸条件时,操作员按"进闸"按钮后,下游闸室外通航信号指示灯由黄灯转换为绿灯,下游闸室内通航信号指示灯由绿灯转换为红灯。此时上游闸室内外通航信号指示灯状况不改变。

"强落"按钮。"强落"按钮用于在紧急或特殊情况下强落阀门,"强落"按钮作用于船闸所有四扇阀门。即系统对船闸四扇阀门中任何未关到位的阀门进行强落,相应的电磁阀件、电机得电,直至关到位。需注意的是,部分船闸的"强落"按钮受集控室"暂停",阀门所在闸首机房的"暂停""货轮停车"开关的控制,即在强落阀门的过程中,按集控室"暂停"按钮,则停止正在进行的强落阀门操作,拨动各闸首的"暂停""货轮停车"开关则停止相应机房的强落操作。所以在需强落阀门前必须确定集控室和相应需强落阀门所在机房的"暂停""货轮停车"开关均已复位。船闸各闸首机房、闸首值班亭也均有"强落"按钮,其作用与集控室操作台、电控柜上的"强落"按钮作用相同。

举例说明:闸首值班亭和闸首值班员位于上游左侧闸首,当船闸上游两扇阀门处于未关到位的状态时,现需紧急强落阀门,按集中操作室、闸首控制箱或值班岗亭内任一"强落"按钮后,系统立即启动强落程序,相应的电机、电磁阀件得电,阀门进行强落,正常情况下当阀门落到位时,阀门关终位的限位开关动作,阀门停止强落程序。如遇特殊情况需终止强落程序或阀门实际已落到位而因限位开关未动作导致阀门继续强落时,按集控室操作台上的"暂停"按钮或转动各闸首控制箱、值班岗亭内的"暂停""货轮停车"开关可停止系统的强落,具体操作如下:(1)按集控室的"暂停"按钮,系统暂停上游两侧阀门的强落阀门动作,"暂停"按钮复位后,系统不再继续运行上游两侧阀门的强落程序;(2)当转动上游左岸的"暂停"开关,系统暂停上游两侧阀门的强落阀动作,"暂停"开关复位后,系统不再继续运行上游两侧阀门的强落程序;(3)当转动上游右岸的"暂停"开关,系统暂停上游右侧阀门的强落阀门动作,"暂停"开关复位后,系统不再继续运行上游右侧阀门的强落程序,上游右侧的"暂停"开关不影响上游左岸的阀门强落动作;(4)当转动上游左岸的"货轮停车"开关,系统停止上游左岸阀门的强落阀门动作,"货轮停车"开关复位后,系统不再继续运行上游左岸阀门的强落程序,上游左侧的"货轮停车"开关不影响上游右岸阀门的强落动作;(5)当转动上游右岸的"货轮停车"开关,系统停止上游右岸阀门的强落阀门动作,"货轮停车"开关复位后,系统不再继续运行上游右岸阀门的强落程序,上游右侧的"货轮停车"开关不影响上游左岸阀门的强落动作。

"清零"按钮。当系统程控运行时,按"清零"按钮后,系统结束当前运行的程序,不再继续按照程序设定的步骤进行开关闸阀门等操作。如要程序继续运行,需对程序进行置步,置相应的步数后,按"启动"按钮后,程序进行相应的操作。

"置步"开关。"置步"开关为"0~9"拨码开关,按上面的"＋""－"可使数字在 0~9 之间相互转换,其作用为置程序于相应的步数,数字 1~8 分别对应于船闸的"开上阀""开上闸""关上阀""关上闸""开下阀""开下闸""关下阀""关下闸"等程序。

"启动"按钮。当船闸程控运行状况下,系统被清零或需要运行指定的操作,先拨"置步"开关于相应的步数后,按"启动"按钮,系统在进行检测后,如满足相应的条件,系统则运行操作员所指定的操作。

该部分的上面还布置了运行状态指示灯和暂停指示灯。运行指示灯指示船闸当前的运行状态,"左""右"分别代表左岸、右岸的闸阀门的运行状态,即上游进行开阀时,

"左"侧指示灯亮表示左侧阀门正在开启过程中,"右"侧指示灯亮表示右侧阀门正在开启过程中。四只暂停指示灯对应于上下游四个闸首"暂停"开关的状态,某机房"暂停"开关置位则相应的暂停指示灯亮,复位则暂停指示灯灭,操作员可以清楚了解各机房"暂停"开关的状态。

在上下游闸首各机房和值班岗亭内还设有手动控制箱,主要布置常用的指示灯和控制按钮开关,如图 3-3-8 所示。

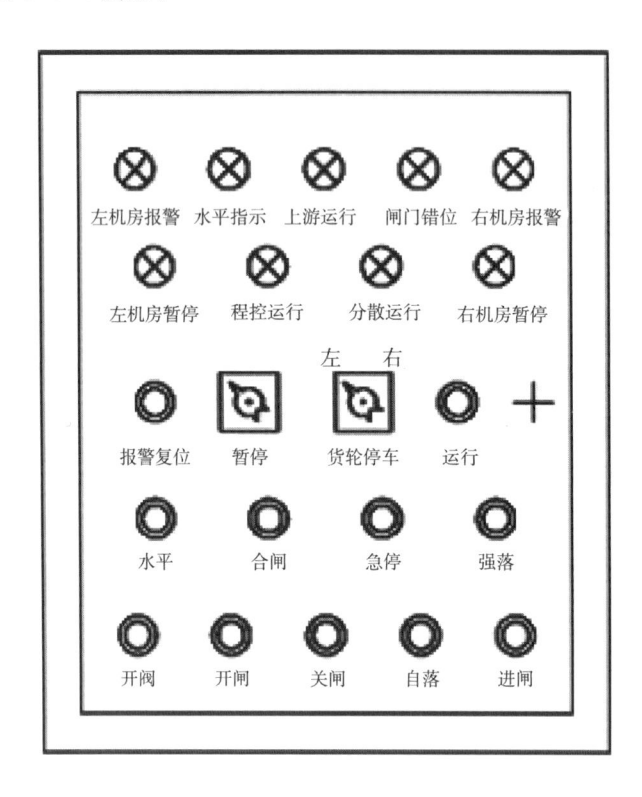

图 3-3-8　上游闸首手动操作箱布置图

下面分别介绍各指示灯及按钮的功能和操作要领。

"左机房报警""右机房报警"指示灯为报警指示灯,当左机房或右机房在运行过程中出现故障时(系统一般具有过压力保护、过电流保护、限位开关状态自动检测及主要元器件故障自动检测等保护功能),系统自动检测并做出相应的保护动作,同时故障所在机房的报警指示灯亮,便于操作人员、维护人员尽快查找并排除故障。

"水平指示"指示灯。当船闸上游阀门开启,闸室涨水结束后,控制系统的水位计或其他水位检测装置检测到闸室水位与上游水位相平时,上游"水平指示"信号灯亮,表示此时闸室水位与上游闸室外水位相平,提示操作员可以进行开上游闸门等操作。当船闸下游阀门开启,闸室泄水结束后,控制系统的水位计或其他水位检测装置检测到闸室水位与下游水位相平时,下游"水平指示"信号灯亮,表示此时闸室水位与下游闸室外水位相平,提示操作员可以进行开下游闸门等操作。

"上游运行""下游运行"指示灯。控制系统一般均具有上、下游运行自动检测和自动转换等功能。当下游所有闸阀门全部关到位后,系统自动转换到上游运行程序,此时,"上游运行"指示灯亮,在不违反操作规程的情况下,可以进行开关上游闸阀门等操作,在上游闸阀门没有全部处于关终位的情况下,"下游运行"指示灯不亮,不论操作员进行何种操作,系统均禁止进行开下游闸阀门等操作。同样,当上游所有闸阀门全部关到位后,系统自动转换到下游运行程序,此时,"下游运行"指示灯亮,在不违反操作规程的情况下,可以进行开关下游闸阀门等操作,在下游闸阀门没有处于全部关终位的情况下,"上游运行"指示灯不亮,不论操作员进行何种操作,系统均禁止进行开上游闸阀门等操作。当系统重新启动或清零而上、下游闸阀门全部处于关终位时,"上游运行"和"下游运行"灯均不亮时,如果要对上游的闸阀门进行操作,需先按上游的"运行"按钮,"上游运行"指示灯亮后,即可进行开上游闸阀门的操作;如果要对下游的闸阀门进行操作,需先按下游的"运行"按钮,"下游运行"指示灯亮后,即可进行开下游闸阀门的操作。"上游运行"和"下游运行"指示灯不得同时亮,即系统绝对不允许同时对上、下游闸阀门同时进行操作。

"闸门错位"指示灯。人字门船闸控制系统中安装有闸门错位自动检测装置,即要求左右闸门在关终位时必须较好对中,两闸门错位值必须小于允许值(一般不大于 3 cm),如闸门错位大于允许值,会给船闸运行带来较大的安全隐患。当上游左右闸门关闭后,正常情况下系统自动提下游阀门,如果在提阀门的过程中或阀门已提到位,系统检测到上游左右闸门错位超过允许值,"闸门错位"指示灯会立即给出错位指示信号,同时系统会自动强落下游左右两侧阀门,避免安全事故的发生。下游闸门错位检测原理与上游相同。当上游闸门错位指示灯亮或闪烁时,操作员必须在确定下游闸阀门全部关到位后,将上游闸门开启一部分后再关门,观察闸门错位现象是否消除,如果仍然存在,需通知船闸机电维护人员调整闸门限位开关等,确保闸门错位在允许的范围之内,在确定上游闸门错位在允许范围之内后才可进行提下游阀门等操作。下游闸门错位处理方法与上游相同。

"左机房暂停""右机房暂停"指示灯。上游左右机房暂停指示灯分别表示上游左右机房暂停开关的状态,下游左右机房暂停指示灯分别表示下游左右机房暂停开关的状态,当某一暂停开关动作时,相应的暂停指示灯亮,暂停开关复位时,相应的暂停指示灯熄灭。

"程控运行""分散运行"指示灯。"程控运行""分散运行"指示灯分别指示系统当前运行方式,当系统处于集中程控运行时,"程控运行"指示灯亮,当系统处于分散现地运行时,"分散运行"指示灯亮。

在上下游闸首手动控制箱和值班岗亭内的手动控制箱上一般放置"报警复位""暂

停""货轮停车""运行""水平""合闸""急停""强落""开阀""开闸""自落""关闸""进闸"等按钮、开关。

"报警复位"按钮。当船闸某闸首在运行过程中发生故障时,系统自动检测故障并做出相应的保护动作,同时相应闸首机房的报警指示灯点亮或闪烁,提示船闸操作人员故障所在的区域。当操作员或船闸机电养护人员排除故障后,确定船闸可以继续运行时,按"报警复位"按钮后,报警指示灯熄灭,船闸即可继续正常运行。

"暂停"开关。当系统在运行过程中(开关闸、阀门),因特殊情况需暂停正在进行的操作时,拨动"暂停"开关可暂停系统正在进行的动作。暂停开关对开关所在的上游或下游两侧机房有效,即上游暂停开关对上游两侧机房进行的开关闸阀门动作有效,而对下游进行的开关闸阀门动作无效;下游暂停开关对下游两侧机房进行的开关闸阀门动作有效,而对上游进行的开关闸阀门动作无效(部分船闸会有所不同)。在程控运行状态下,拨动"暂停"开关暂停当前正在进行的动作,"暂停"开关复位后,系统继续进行"暂停"开关动作前的动作。在分散运行状态下,拨动"暂停"开关暂停当前正在进行的动作,"暂停"开关复位后,系统不再运行"暂停"开关动作前的动作。

"货轮停车"开关。"货轮停车"开关用于停止单侧进行的开关闸阀门动作,一般在系统调试检修时使用,平时置于中间位置,拨向左则停止左侧闸阀门的运行,拨向右则停止右侧闸阀门的运行。同"暂停"开关相同的是,在程控运行状态下,拨动"货轮停车"开关暂停当前正在进行的动作,"货轮停车"开关复位后,系统继续进行开关动作前的动作。在分散运行状态下,拨动"货轮停车"开关暂停当前正在进行的动作,"货轮停车"开关复位后,系统不再运行开关动作前的动作。

"运行"按钮。当船闸上游或下游具备运行条件而所在闸首运行信号灯不亮时,按"运行"按钮后,"上游运行"或"下游运行"信号灯亮后,即可开关上下游闸阀门。

"水平"按钮。"水平"按钮也可称"人工水平"按钮,用于闸首操作员人工确定闸室内外水位相平。部分船闸虽安装了自动水平检测装置,但由于船闸安全运行的需要或自动水平检测装置有时不能正常准确运行,要求操作员对水平信号进行人工确认后进行开闸门等操作,所以安装此"水平"按钮供操作员操作使用。

"合闸"按钮。"合闸"按钮用于在系统急停断开总动力电源后远程遥控合上动力开关。在分散运行状态下,按上游或者下游手动操作箱的"合闸"按钮实现电源合闸,此时集中操作室的"合闸"按钮无效。

"急停"按钮。当船闸在运行过程中遇到紧急情况时,操作员确定需紧急断掉动力电源时,按上下游各机房或值班岗亭的"急停"按钮,系统立即停掉所有程序,断开总动力电源,包括电机及电磁阀件电源,程序全部清零,船闸立即停止运行。

"强落"按钮。"强落"按钮用于在紧急或特殊情况下强落阀门,"强落"按钮作用于船闸所有四扇阀门。即系统对船闸四扇阀门中任何未关到位的阀门进行强落,相应的电磁阀件、电机得电,直至关到位。船闸各闸首机房、闸首值班亭的"强落"按钮,其作用与集控室操作台、电控柜上的"强落"按钮作用相同。

"开阀""开闸""自落""关闸""进闸"按钮。船闸在分散运行状态下,船闸的开阀、开闸、自落、关闸等每一步动作都需操作员进行手动操作:当上游下行船舶进闸完毕上游闸阀门全部关到位后,系统自动转到下游运行程序,位于下游闸首的操作员按"开阀"按钮,系统提下游阀门,下游阀门提到位后,停止提阀,闸室泄水,等闸室水位与下游水位相平后,操作员按"开闸"按钮,系统开下游闸门,下游左右两扇闸门开到位后,闸室船舶可以出闸,闸室船舶出闸结束后,操作员按"进闸"按钮,下游进闸信号灯由黄色转换为绿色,提示下游引航道上行船舶可以进闸,上行船舶进闸结束后,操作员确定可以关闸时,按"关闸"按钮,系统关闭下游闸门,下游左右闸门处于关终位后,系统自动转换到上游运行程序,其操作方法与下游运行方法相同。

三、集散控制系统操作规程

(一)集散控制系统简介

1. 简介

DCS 是分散控制系统(Distributed Control System)的简称,国内一般习惯称为集散控制系统。它是一个由过程控制级和过程监控级组成的以通信网络为纽带的多级计算机系统,综合了计算机(Computer)、通信(Communication)、显示(CRT)和控制(Control)等 4C 技术,其基本思想是分散控制、集中操作、分级管理、灵活配置、方便组态,目前已成为江苏省船闸电气控制系统的主要形式。

2. 船闸集散控制系统概述

参见本书第二篇船闸电气部分内容。

3. 集中控制系统。

参见本书第二篇船闸电气部分内容。

4. 现地控制系统

参见本书第二篇船闸电气部分内容。

(二)控制系统控制功能。

为确保船闸的安全运行,控制系统具有以下几个基本功能。

(1)正常控制方式下,上、下闸首闸阀门相互连锁,即本闸首阀门开启的前提条件是另一闸首阀门全部关闭到位。

(2)本闸首闸门开启的前提条件是另一闸首阀门全部关闭到位,且本闸首阀门开启到位,本闸首闸室内外水位相平。出于对船闸运行的安全考虑,为摆脱对水位计的过分依赖,即使在水平的情况下开闸门前也必须先提升阀门至开终位才能开启闸门。

(3) 各种操作方式之间必须互锁。除各操作台、柜上"停机"按钮、"急停"按钮("急停"按钮在任何控制方式下均有效,在紧急情况下能切断动力电源)以及上位机、触摸屏中的"停机""强落"按钮外,其他控制按钮都存在各操作方式间的互锁。即在集控室进行操作时,所有现地控制手动按钮(包括触摸屏)无效。在现地进行操作时,集中控制台按钮(包括上位机)无效。

(4) 各操作台上"停机"按钮、"急停"按钮以及上位机、触摸屏中的"停机""强落"按钮在任何操作方式下都是有效的。例如在集控室进行开阀门操作时,操作员在现地机房发现本闸首阀门需要立即关闭,可在现地按下现地控制台上的"强落"按钮,阀门由开启状态转为强落状态,进行紧急关阀操作。

(5) 进行手动控制时,所有关闸、阀门的按钮都是随时有效的(没有进行其他操作的情况下),不存在闸阀门间的互锁关系(集控、现地间的操作互锁关系还存在)。

(6) 无论在何种控制方式下,要改变当前正在进行的动作,都要先按下"停机"按钮,停止当前的操作再进行下一步操作(提阀、关阀转换为强落阀门时除外)。

(7) 在现地操作台进行操作时,只能对本闸首进行控制,不能控制另一闸首。触摸屏中状态显示画面可显示全闸的水位、闸阀门状态、信号灯。其他信号均显示本闸首状态。

(三) 集散控制系统操作规程

1. 控制系统的控制方式

船闸集散控制系统设置以下 4 种控制方式:

(1) 程序控制;
(2) 集中手动控制;
(3) 现地手动控制;
(4) 维修手动控制。

在集控室进行集中控制时可使用程序控制、集中手动控制,在现地的上、下闸首北侧机房可通过现地操作台上的触摸屏终端与控制按钮完成本闸首现地手动控制和维修手动控制(触摸屏操作)。集中或手动控制由集控室进行选择,集控室 PLC 上位机未上电时自动转为现地手动控制有效。其中程序控制和手动控制可用于船闸的正常运行操作中;要进行正常的操作,必须将四个现地机房电机控制柜上的"程控/手动"选择开关全部打到程控位置。在集控室操作台和现地机房控制柜上都设有"急停"按钮。操作员按下集控室"急停"按钮能立即切断上、下游北侧机房控制柜中动力电源主断路器的电源;按上游机房电机控制柜上的"急停"按钮能切断上游北侧机房控制柜中动力电源主断路器的电源;按下游机房电机控制柜上的"急停"按钮能切断下游北侧机房控制柜中动力电源主断路器的电源,确保人身和设备的安全。在程序控制、集中手动控制、现地手动控制、维修手动控制情况下,按下集中控制台、现地控制台上的"停机"按钮和四个现地控制柜上的"急停"按钮(切断动力电源)可使所有的电机接触器和电磁阀继电器断开,使电机和电磁阀失电,同时中断当前进行的动作。

2. 程序控制

程序控制通过集控室操作台上的上位机或控制按钮开关完成。在上位机或控制柜上的控制方式选择开关中选择"集控"即可进行程序控制。程序控制方式不能随意进入,只有当上行或下行过闸过程符合下述条件后,才能由别的控制方式转入程序控制方式。

上行程序控制的进入条件为:下闸首左右两侧的闸门处于开终位,上闸首闸门处于关终位,上、下闸首阀门处于关终位。

下行程序控制的进入条件为:上闸首左右两侧的闸门处于开终位,下闸首闸门处于关终位,上、下闸首阀门处于关终位。

3. 手动控制

手动控制分为集中手动控制和现地手动控制,是指操作人员通过上位机、下位机、触摸屏终端或现地操作台上对应的按钮,完成一次闸门或阀门的开启或关闭控制。在集中控制时可对四个机房闸阀门进行手动控制,在现地控制时只能对本闸首两侧的闸阀门进行控制。集控室手动控制对应的上位机和集中控制台按钮有"开闸门""关闸门""开上游阀门""开下游阀门""自落阀门"(其中"开上游阀门""开下游阀门"在操作台上统一为"开阀门",由程序根据当前的过闸状态自动选择要开的阀门,当前的过闸状态由上位机中的过闸方向箭头指示。如果要开启的阀门与当前的过闸状态不符合,则只能通过上位机中的"开上游阀门"或"开下游阀门"进行操作)。现地控制时在下位机、现地触摸屏终端和操作台上对应的按钮有"进闸信号灯转换"(只存在于操作台上)"开闸门""关闸门""开阀门""关阀门"。每个操作台上的"进闸信号灯转换"按钮也是分别对本侧信号灯进行控制。手动控制时仍然存在各闸首闸门、阀门间的状态互锁关系,在本闸首要开闸门也要等到对侧闸阀门关到位且本侧阀门开到位、闸室内外水位差小于设计允许值时才能进行。进行手动控制时任何违反船闸运行工艺的操作都被禁止。

现地手动控制操作过程描述与单步运行操作方式相同。

4. 维修手动控制

近年来在进行电气改造或新建船闸的电气控制系统中,增加了维修手动控制运行方式。在调试或维修时,维护人员或程序员可通过下位机或触摸屏终端输入正确的口令进入维修手动控制模式画面。选择现地控制方式,进入维修手动画面,可通过触摸屏终端对本闸首的每一扇闸阀门进行开启关闭控制。进入维修手动控制方式后,所有信号灯变为红色。由操作员通过触摸屏进行一对一的控制,触摸屏只能控制本闸首的进出闸信号灯。

为确保在进行维修手动控制时避免通闸、通阀事故的发生，对任意一侧闸首闸阀门开启维修手动操作时，另一侧闸首机房必须有闸阀门关到位信号。任一闸首进入维修手动控制时，另一闸首处于停机状态，所有按钮无效（"急停""停机"按钮除外）。

四、安全操作规程

安全运行是船闸日常管理工作的重中之重，机电设备是确保船闸正常安全可靠运行的重要保障，正确使用和操作机电设备，杜绝"三违"现象的发生，是保障船闸安全生产的重要前提，任何违反船闸操作规程的行为，都有可能造成严重的后果。因此制定各种情况下安全操作规程及明确注意事项显得尤为重要。

（一）现地运行操作规程

所谓现地运行是指在使用分散单步运行的情况下，在各闸首机房内通过现地操作台（或控制箱等）完成对闸阀门的启闭。随着近几年国家对航道系统投资力度的不断加大，船闸控制系统的技术改造也在加速推进，特别是信息化技术的飞速发展，支撑了集散控制系统在船闸运行控制方面的广泛应用，使人们在各种控制方式下均能有效地监控各个部位的闸阀门及电机的实时运行状况。但就目前而言，全国大部分内河船闸控制系统虽然基本上都采用工业 PLC 控制技术，但早期的 PLC 应用仅仅停留在实现船闸闸阀门启闭的基本功能上，对船闸运行数据的实时传输及处理尚存不足。

下面主要就各种情况下现地运行时，如何加强现场操作正确性，确保设备安全运行进行阐述。

1. 在人员充足的情况下，应优先选用集中操作，这样可以最大限度地保证船闸安全生产，减少因人为因素出现违反操作规程的情况。

2. 在使用现地分散运行的情况下应从以下几方面加以注意。

（1）确保上、下闸首机房通信畅通，及时掌握上下游闸首闸阀门的实际运行状况。

（2）当某一闸首准备开启阀门时，一定要确认对侧闸首的闸阀门全部处在关终位，确保不因误操作导致放通阀或通闸的操作事故。

（3）闸口值班员及时转换进、出闸信号灯，合理科学排档调度，禁止闸室内的船舶超越上、下闸首停靠线及界限灯。

（4）灌泄水的宣传要及时、准确，提请船员在灌泄水时注意船舶动态并带好船舶缆绳。

（5）要严密监视闸阀门电机及闸室内外的情况，发现异常应针对具体情况，及时准确地作出判断并采取按"暂停"等按钮停止所有正在运行的程序，按"强落"按钮强行关闭未落到位的阀门，或按"急停"按钮强行切断主回路上的动力电源等保护性措施，避免异常情况进一步扩大。

(6) 密切观察并准确判断闸室内外的水位情况,确保不发生闸室内外水未平开门的现象。

(7) 坚持"安全第一"思想,闸门安全开启到位后,方可指挥船舶进出闸,船舶未进好时不得关闭闸门。

(二) 单闸集中操作规程

1. 集控室内操作员应随时与上、下闸首值班员保持密切联系,及时掌握上、下闸首闸阀门的实际启闭情况,并及时向闸口值班员通报上、下游航道的船舶待闸情况。

2. 当闸室开始涨落水时,集控室操作员要用广播及时通知船舶闸室涨落水的情况,并提请船员注意船舶动态,带好带活缆绳。

3. 在上、下闸首闸阀门启闭过程中,操作员要密切注视集中控制台及控制柜上的各类指示仪表,并做好记录,发现设备出现过流、过压、过载、缺相、闸门错位、闸门飘移等异常情况时应立即停机或切断主回路动力电源,并报告机电维修人员现场处理。

4. 在上、下闸首值班员向操作员发出"关闸门"信号时,操作员应确认集中控制台的各种条件是否已满足"关闸门"工序,在确认无误后方可按下"关闸门"按钮。

5. 及时切换"进闸"通航信号指示灯按钮,确保不向船员发出错误通航指示信号。

6. 密切观察并准确判断闸室内外的水位情况,确保不发生闸室内外水未平开闸门的违章操作。

7. 坚持"安全第一"的思想,闸门安全开启到位后,方可指挥船舶进出闸,船舶未进好不得关闭闸门。

(三) 双闸(三闸)联合运行操作规程

双闸(三闸)联合运行情况相对复杂,如果没有一套行之有效的管理和控制方案,将会给安全管理和通航效率带来一定的影响,因此科学合理、准确、及时地分析双闸(三闸)联合运行中的各类不安全因素,并制订规范可行的运行控制方案显得尤为重要。

1. 双闸(三闸)联合运行中存在的主要不安全因素

(1) 动水(水未平)开闸门(主要出现在由人工确认水平信号的情况下或由回水等因素造成假性水位时)。

(2) 误信号导致放通阀或通闸。

(3) 在对侧闸门错位的情况下,开启本侧阀门灌泄水。

(4) 指挥船舶编组、解缆不合理。

(5) 灌泄水时广播宣传不及时。

(6) 船舶在引航道停靠时漂移。

(7) 高水位差造成的短时间回水。

(8) 双闸(三闸)船舶同时同向进出交会。

(9) 双闸(三闸)同时同向灌泄水,产生高流速,形成水墙、水位坡降。

(10) 闸门未开启到位,指挥船舶进出闸,船未进好时关闭闸门。

2. 主要不安全因素分析及控制管理对策

(1) 动水(水未平)开闸门的危害、主要原因及控制管理对策

危害:

① 拉翻闸门油缸固定支座,撕裂闸门面板,损坏油缸组件,烧毁电机;

② 可能因瞬间高水位差泄水造成闸室船舶前涌,拉断缆绳,船舶倾沉。

原因:闸口值班员工作责任心不强,安全意识淡薄,抢放闸次,或因观察位置不佳、夜间视线较差等。

控制管理对策:加强班组管理,增强自我责任心教育,牢固树立"安全第一"的思想,在确保安全的前提下快放闸、放好闸。同时确保夜间闸室及引航道照明发光率在98%以上。

(2) 因误信号导致放通阀或通闸的危害、主要原因及控制管理对策

危害:

① 拉翻闸门油缸固定支座,撕裂闸门面板,损坏油缸组件,压爆高压油管等;

② 通阀或通闸将在闸室内形成坡降很大、流速很急的水流,闸室内的船舶很可能会拉断缆绳,冲撞闸门,严重时将会造成船沉人亡的重大恶性事故。

原因:当准备开启某一侧闸阀门时,从程序控制上来讲,对侧闸阀门此时均已处在关终位的状态,操作台或上位机中对侧闸阀门关终位的指示灯亮,但此时有可能对侧某一扇阀门并没有完全自落到位或某一扇闸门并没有完全关闭,某一闸阀门关终位的指示灯亮有可能是因该闸阀门关终位的行程开关提前被行程挡块碰到或此行程开关在上一次离位后没有复位所致。

控制管理对策:闸口值班员要保持高度的工作责任心,当本侧闸门准备关闭时,一定要到机房内确认阀门是否已完全关闭到位,若此时阀门仍没有关闭到位,一定要通知机电值班人员现场查明原因,在两侧阀门没有处于关终位时,不能向操作员发送"关闸门"指令。操作员要通过集控室室内的信号指示,及时与闸口值班员保持密切的联系,确保对侧闸阀门均已处于关终位时方可开启另一侧闸阀门。

(3) 在对侧闸门处于错位的情况下,强行开启本侧阀门的危害、主要原因及控制管理对策

危害:当某一侧闸门错位时,强行开启对侧阀门有可能拉翻闸门油缸支座、压爆高压软管、撕裂闸门面板等。

原因:这种情况主要是由闸门行程开关的位置设置及调整不到位或闸门门底有障碍物所致。尽管在一般情况下程序设计中均设置了闸门错位保护措施,但在实际运行中,

对于那些常年水位差不大，闸门时常发生飘移的船闸来说，设置闸门错位保护装置也在一定程度上影响了船闸的通航效率，所以有的单位在常规工作管理中有时会从加快船舶过闸速度、减少船舶待闸时间的角度上考虑，暂时取消这方面的保护措施。

控制管理对策：加强现场瞭望与观测，当发现闸门错位时，应及时通知机电维修养护人员现场调节闸门行程开关位置，直至消除闸门错位现象为止，严禁擅自采取措施，强行开启阀门。

(4) 船舶引航道停靠时，产生飘移的危害、主要原因及控制管理对策

危害：

① 造成航道堵塞，船舶碰撞，甚至造成安全事故；

② 阻碍船舶正常进出闸，延缓船闸运行速度，降低船闸通航效率。

原因：

① 现有的靠船墩长度不够长，加之船队有大型化发展的趋势，部分船队超长；

② 船队进入靠船墩区域编组，受闸室灌泄水流的影响不能及时、稳定、安全地停靠。

控制管理对策：提醒船员尽量避开闸室灌泄水或船队进出闸时解缆编组，要求船队必须在指定的引航道区域内停靠待闸，禁止其超越引航道停靠界限牌。

(5) 高水位差造成的短时间泄水回流的危害、主要原因及控制管理对策

危害：

① 导致船舶停靠困难，船舶漂移、堵塞、碰撞；

② 人字形闸门漂移，顶弯活塞杆，压爆高压软管，顶枢结构受损，闸室船舶倒退、缆绳被拉断，造成船舶及相关设施损坏等严重后果；

③ 形成瞬间假性水位，造成提前开启闸门，从而发生设备事故。

原因：

① 船闸水位差大；

② 双闸（三闸）同时同向泄水；

③ 下游过水段面较小。

控制管理对策：

① 根据闸室内外水位差的情况，提请机电维修人员调整阀门的开启速度，采取延长水位差较大的情况下阀门提升时间，或采取两次以上开启阀门的控制管理措施；

② 严格控制和尽量避免双闸（三闸）同时同向灌泄水，原则上两道船闸反方向运行；三道船闸联合运行时，要两两反方向运行，使双闸（三闸）灌泄水基本处于交叉运行状态；

③ 上、下行错开放行，有条件的情况下可设置反向水位超差报警装置；

④ 尽可能扩大泄水过流段面。

(6) 双闸（三闸）船舶同时同向进出闸的危害、主要原因及控制管理对策

危害:容易造成航道堵塞、船舶碰撞。

原因:受引航道条件和水流、风力、人员整体素质等综合因素的影响。

控制管理对策:

① 避免双闸(三闸)船舶同时同向进出闸;

② 规范引航道船舶停靠秩序,禁止引航道内船舶超帮停靠(货轮限二帮停靠);

③ 根据各类船舶不同的安全系数科学选择闸向。

(7) 双闸(三闸)同时同向灌泄水的危害、主要原因及控制管理对策

危害:双闸(三闸)同时同向灌泄水形成的水墙与坡降会导致严重的回水问题,影响人字形闸门的正常运行,对在引航道待闸的船舶造成较大的安全影响。

原因:

① 闸室内外水位差较大;

② 可能存在双闸(三闸)共用引航道情况且泄水过流段面较小等。

控制管理对策:

① 避免双闸(三闸)同时同向灌泄水;

② 充分考虑各种因素的不利影响,科学选择闸向;

③ 规范引航道停靠秩序,合理设置引航道界限牌。

(8) 闸门开启未到位,船舶出闸,或船未进好,关闭闸门的危害、主要原因及控制管理对策

危害:

① 船舶在出闸时碰撞闸门;

② 造成闸门挤夹船舶。

原因:现场值班人员监管不到位,工作责任心不强。

控制管理对策:加强现场监管,增强自我工作责任心,确保在安全第一的情况下,多放快放。坚决杜绝船未进好关闭闸门,闸门未开启到位,指挥船舶出闸的违章行为。

3. 运行操作规程

通过上述对双闸(三闸)联合运行中存在的各种不安全因素的综合分析,制定如下双闸(三闸)联合运行操作规程。

(1) 有条件的单位,双线船闸(三线船闸)的操作运行由总控室完成。

(2) 调进引航道的船舶,由闸口值班员负责宣传、排档、调度、维持现场秩序。

(3) 船闸运行时,闸口值班员密切注意闸阀门运行情况和涨泄水时船舶的动态,操作员或总控员正确操作各类控制按钮开关,密切注视设备运行时各类指示仪表的读数,如电流、电压、压力、水位等参数,并做好记录。

(4) 闸口值班员或操作员认真开展闸室广播宣传,让船员及时了解闸室灌泄水时的

注意事项、安全管理规定、过闸须知以及天气情况等。

（5）加强引航道秩序管理,给调入引航道的各类待闸船舶指定停靠位置并限帮停靠。

（6）调度船舶进闸时,做到正确指挥,科学调度,准确及时使用信号灯,对危险品船有条件时必须坚持单独放行,船不进好不关闸门。

（7）闸口值班员须在现场确认闸室内外水平的情况下,方可开启闸门,当闸门开启到位后,方可指挥船舶进出闸。

（8）当某侧闸门出现较大错位时,闸口值班员必须通知机电维修人员现场处理,严禁擅自采取措施,强行开启阀门。

（9）总控室（操作室）要与上下游远方调度站保持密切联系,发出调船指令;双闸（三闸）联合运行时严格掌握灌泄水时间,尽可能避免双闸（三闸）同时同向进出闸或灌泄水。

（10）三闸联合运行时,中间船闸和相邻两个闸灌泄水基本上要处于交叉运行状态,中间船闸关闭下游闸门时,两侧船闸不泄水。

（11）当闸室内外水位差较大时,应及时通知机电维修人员调整阀门运行速度,保证不因泄水过快造成短时间回水现象。

（12）当设备在运行过程中,出现电压、电流、压力等技术参数超出额定值时,应立即采取果断措施,暂停设备运行,并报告当班工长及机电维修养护人员。

第三节　船闸运行安全管理

一、船舶进出闸安全管理规则

船舶安全过闸,是船闸运行管理中一项极为重要的任务,也是船闸运行质量考核的一项重要指标。所谓船舶进出闸安全管理规则,就是指为了确保船舶过闸过程中船舶自身或船闸助航设施、运转设备的安全而制订的调度行为规范。

船舶进出闸安全管理规则可分为：船舶进闸安全管理规则,闸室停靠、灌泄水时安全管理规则,船舶出闸安全管理规则等。

（一）船舶进闸安全管理规则

1. 船舶进闸前船闸值班员应充分掌握船舶尺度。确定最大长度、最大宽度、最大吃水,以及船高是否满足船闸建筑物的要求。

2. 船舶进闸应遵循先出后进的原则,船舶未出清不得进闸。

3. 船舶应在引航道编好组进闸,货轮进闸不得超过双帮。

4. 船舶进闸应慢速行驶,控制好进闸节奏,船员应加强值班,船体应与船闸导航建筑物保持适当距离,严禁碰撞闸门等船闸设施,严禁拖锚进闸。

5. 配闸运行的船舶应遵循大船先进小船后进,不易控制的船舶先进(如浮桶、排筏),易控制的船舶后进原则。

6. 船体破损、动力或机械设备故障的船舶不得进闸。

7. 易燃易爆危险品船舶应该安排单独放行或隔离放行,加强现场指挥。

单向运行的船闸为了缩短船舶过闸时间可以在闸门开到边时即可动车进闸,但要注意闸室涨落水对引航道产生的水流影响。

双向运行的船闸,由于进闸船舶将在引航道产生交会错档。进闸船舶值班员应加强值班。配闸放行的船舶,必须严格遵守进闸顺序,行进时不得抢档越位。

通闸过船时,应实行单向过船,船舶应单帮或单队进闸。逆行船队的拖轮应顶着主流,保持船身顺直,不发生碰撞事故。要防止船入偏流受主流冲击驶不进闸口,当顺行船队过闸时,必须保持拖轮在进闸时中速行驶,船速略大于流速(或等速),只有在出闸时才能快速前进,这样,当船队进入回流区时就可以克服水流对它的冲击,当上、下游水位落差 $\Delta H=\pm(25\sim30)$cm 时(上下闸门敞开后,闸室内流速约 1.10~1.20 m/s),大马力拖轮尚可在逆水中正常通过,小马力或超负载拖轮应禁止进闸。顺流进闸时,要通知船队尾驳抛下 1~2 条锚链,以便稳住船队,进闸时后部驳船顺直不弯曲。

(二) 闸室停靠、灌泄安全管理规则

1. 船舶进闸应一次指挥到位,停靠在安全界限内,船与船、船与闸室墙之间应保持适当的活动空隙,但不得留有较大空间,影响闸室有效水面的使用。

2. 船舶进闸后应动力停车、停稳船身,不得下锚,不应用缆绳栓结闸室系缆钩和系船柱,采取制动停船措施,以避免缆绳拉断、系船设施损坏或由此带来的人身伤亡事故。

3. 船在闸室时,禁止在甲板上生火、放鞭炮以及一切引起火花的作业。

4. 禁止在闸室倾倒垃圾粪便,抛弃砂石、泥土,排放污泥脏水,不得在闸室下钩打捞沉物。

5. 船员要密切注意闸室涨泄水,及时带活和更替缆绳。防止船舶位移、上吊、被压、碰挤、扎撞事故发生,必要时船上值班员应将船只适当推离闸室墙。

6. 禁止在闸室墙上乱涂乱写,禁止在闸室爬梯上系缆,禁止在闸室内上、下旅客或装卸货物。

7. 开启闸门后,不要立即解掉系缆,防止闸室回流而产生事故。

(三) 船舶出闸安全管理规则

1. 闸门未开足,不得动车出闸。

2. 船舶出闸时应慢速通过闸门,不准双帮(不包括组合成型的双帮船)、挂帮、钩拖其他船出闸。

3. 集中放行的货轮,出闸时应按前后停靠次序,挨次跟艄出闸,不得抢档超越,以免堵塞口门。

4. 混放船舶出闸,应遵守先进闸的先出闸,后进闸的后出闸原则。

5. 任何过闸船舶均不得在闸室滞留。如有的船员上岸办事未归或因风雨潮汐等影响不愿出闸等,都必须清理出闸,以保证船闸安全。

6. 双闸共用航道的船闸,船舶出闸时要时刻注意复杂水流的影响。

7. 设计曲线出闸的引航道,在不易控制船舶或大型顶推船队出闸前,应先调整引航道待进闸船停靠泊位,预留较大的活动水域,方便出闸船舶调整角度。

(四)危险品船舶过闸的安全运行管理

对装运危险品的船舶应实行单独放行或隔离放行。不太繁忙的船闸应采取单独放行,繁忙的船闸可以采取隔离放行,其隔挡距离纵向一般不小于 20 m,横向不得安排其他船舶停靠,要预留好疏散通道,便于在紧急情况下及时疏散。要求值班班长必须到现场指挥,值班人员加强观察。装运易燃易爆危险品的船舶不适宜隔离放行。

通过装运危险品船舶较多的船闸可定时安排专门闸次集中放行。

(五)报废船安全管理

1. 认定标准

(1)船体明显锈蚀或剥落;

(2)船体明显老旧、破损;

(3)船体近期无明显修缮痕迹;

(4)货舱内无明显近期装载货物痕迹;

(5)船员舱室不具备基本生活条件;

(6)船员舱室甲板上前后左右 1.5 m 以上舷墙及顶盖割除或货舱两侧围板中部割除不少于 5 m。

2. 报废船首录

(1)申请作报废船过闸的钢质拖轮、驳船、货轮,均要进行信息首录。进行信息首录的规则如下。

船名船号按"×闸(闸名第一个字,为了便于区分,刘老涧用"涧",淮安闸用"安")+报废+(拖、驳、货选择其一)+两位年份+3 位数字流水号"进行录入。如泗阳船闸录入的报废船舶为"泗闸报废驳 13001",其含义为"泗阳船闸 2013 年首录放行的第 1 艘报废驳船"。年度内放行的各类报废船均按流水号分类进行累加排序。

(2)依据信息采集结果,按船舶首录的方法在联网收费系统进行报废船信息录入。

报废船信息录入船舶信息单,栏目填写要求如下。

① 船名船号:"×闸报废(拖、驳、货)＋两位年份＋3位数字流水号"。

② 船舶所有人:填申请人姓名。

③ 身份证号:填申请人的身份证号。

④ 船舶类型:按类填写。

⑤ 船长、船宽、型深:按实际量取尺寸填写。

⑥ 计费基数:按实际计算填写。

⑦ 信息首录时勾选"无证船舶"。

3. 报废船登记

(1) 申请作报废船过闸的船舶,要求其到海事管理机构进行安全检查,并出具临时过闸通知书(工作协调机制由各船闸与辖区海事管理机构具体协商),否则船闸不予受理过闸申请。

(2) 申请作报废船过闸的船舶,各船闸按照报废船认定标准,对该船进行现场认定并拍照录像,指定其在专门停泊点停泊。

(3) 口门船闸的首闸登记。对申请过闸的报废船,各船闸要查验可以证明其权属关系的相关证书、证件、交易证明等材料并复印或拍照存档。不能提供证明权属关系证书、证件、交易证明等材料的不予受理。

(4) 报废船舶通过上一船闸后,次道船闸登记时,核查其航行轨迹是否正常,现场对申请过闸的报废船进行检查认定并拍照录像,凭通过上一船闸的江苏省船舶过闸费专用票据及票据显示船名船号办理登记,指定专门停泊点停泊。

区间船闸之间航道与支流航道没有连接,申请作报废船过闸船舶无通过相邻船闸作报废船过闸航行轨迹的,要求其提供船舶检验证书、航行签证簿等船舶证书,说明船舶在区间停滞理由,经批准后给予登记,原船号锁入违章库。

(5) 各船闸建立统一的报废船(简称"BF")登记队列。

(6) 其他非营运船舶申请过闸的,按各单位现行规定执行。

4. 报废船调度过闸

(1) 报废船每周集中放行一次,具体放行时间由各单位决定。

(2) 申请作为报废船过闸的拖轮、货轮不得自航过闸。

(3) 报废船实行集中监护放行,放行时要有值班所长、运调管理人员现场监护。发现过闸报废船船体良好,不符合报废船特征的,立即向主管领导或分管领导报告,进一步调查确认。

二、闸次安全宣传

闸次安全宣传是确保船舶过闸安全和预防船闸被过闸船舶损坏的重要措施之一,闸次安全宣传是现场管理人员应尽的责任和重要的工作内容。不能及时有效地进行闸次安全宣传,一旦出了事故就要被追究责任,承担相应的事故责任。在宣传时推广普通话,应做到讲文明、讲礼貌、讲究语言美、讲究实效,使用文明用语,杜绝粗暴不文明行为。

闸次安全宣传从现场环节上可分为船舶进闸安全宣传,闸室涨、泄水安全宣传,船舶出闸安全宣传。从宣传内容上可分为待闸船舶停靠地点的宣传,船闸进闸顺序的宣传,船舶通过闸门时应注意的事项船舶进闸时应注意事项,闸室涨泄水时应注意的事项,船舶出闸时应注意的事项。

（一）船舶进闸安全宣传

1. 通知或预告进闸船舶名称、进闸次序、本闸次放船数量。
2. 宣传船舶进闸应遵守的秩序,要求其慢速行驶进闸,单帮跟艄不要拥挤,不要抢档超载以及注意航行安全等。
3. 宣传船舶通过闸门时的注意事项,如禁止钩捣闸门,禁止碰撞闸门,进闸禁止下倒锚,船舶危及闸门时要及早通知船员拿靠球,必要时指挥船舶驾驶人员操舵避让。
4. 进闸时发现的破损危船应及时通知不准进闸。阻止未登记船舶闯闸。
5. 宣传船舶进入闸室后应注意的事项,及时排档、顺档,指定靠船泊位,通知船舶靠在安全界限内,及时通知船队打好倒缆,不要在栏杆和爬梯上打缆等。

（二）闸室灌、泄水安全宣传

1. 船闸运行进入灌、泄水程序时,在机械动车前应及时、反复宣告"闸室里现在涨(落)水……",并说明本闸水位落差情况,闸室助航系缆设施状况。提醒船员关注。
2. 通知船员应照顾好船舶,带活缆绳,更换系缆钩,在闸室墙面有凸出物时,要将靠在两侧的船推离闸室墙,以免发生事故。
3. 播放船舶过闸须知。

（三）船舶出闸安全宣传

1. 提前预告和通知船舶出闸顺序。告知闸门未开到边不准出闸。
2. 宣传船舶出闸时的注意事项,如：单帮跟艄按次序出闸,不准抢档超越,对未过闸门航速过快的船舶应立即制止。
3. 大门开到边后督促停留在闸室未出闸船及时出闸。
4. 宣传出闸船没有出清,待进闸船不得进闸等。

三、闸、阀门安全运行观察

闸门和阀门是船闸的挡水设施,对船闸完成船舶过闸起着重要作用。本节主要介绍人字闸门、横拉闸门和平面阀门运行观察注意事项、常见问题处理。

(一)闸门安全运行观察注意事项与要求

1. 人字闸门安全运行观察注意事项和常见问题处理

(1)人字闸门组成

人字闸门是承受单向水头的船闸最常用的门型。主要由承重部分、支承部分、止水设备和工作桥等组成。具体内容见本书第一篇"船闸机械"。

(2)人字闸门的工作原理

船闸人字闸门由两扇门叶组成。门叶底部支承在底枢上,顶部支承在顶枢上。通过闸门上部的启闭机推拉杆作用,门叶绕着通过顶、底枢中心的轴线转动。闸门在运行及开到边后,闸门自重由顶、底枢支承;闸门关闭时,水压力靠设于门轴柱上的支枕垫块,传递到闸室两侧边墩。在船闸大修时,或闸门自重较大时,一般都增设闸门浮箱,主要是利用浮力减轻闸门顶、底枢磨损。

(3)注意事项和常见问题处理

船闸闸门严禁船舶碰撞。假如有船舶撞到闸门,不仅会对闸门造成损伤,同时会对闸门的支承件造成严重损伤,甚至可能发生闸门因支承件损坏而倒门的情况。因此在船闸运行中必须要做到指挥到位,值班人员必须站在门头进行现场指挥,指挥船舶慢速进出闸。另外还必须做到以下要求。

① 闸门运行中,要严禁船舶进出闸。无论闸门是在开门还是在关门期间,船舶都不得动车进出闸。

② 闸门运行期间,注意观察闸门有无异常响声,如有异常响声必须及时汇报养护管理部门,由养护管理部门协调人员进行处理,情况严重的,要及时停止闸门运行,并向值班领导汇报,同时要做好详细记录。

③ 闸室内外水位不平时严禁开门。尽管现在船闸电气控制系统连锁设计都比较好,正常情况下不会发生动水开门现象,但有时会因门头开关故障、涨泄水回流等造成误水平信号,因此值班员在开门时必须确认闸室内外水位水平后方可开门。

④ 值班期间,值班人员有责任经常性观察闸门运转件、紧固件是否正常,有无松动等情况,如有要及时通知养护管理部门到场维修。

⑤ 注意观察闸门运行是否平稳,如遇闸门运行中突然停顿、减速、爬行,说明门底可能遇有障碍物或启闭系统出现故障,必须及时停止闸门的运行,报由养护管理部门处理。

⑥ 做好在班期间闸门的清洁卫生工作。

⑦ 协助养护管理部门的每日巡查,并对自己值班期间发生的异常情况与养护管理部门巡查人员进行交流,并有责任监督养护管理部门巡查人员的巡查工作是否到位。

2. 横拉闸门安全运行观察注意事项和常见问题处理

(1) 横拉闸门组成

横拉闸门,它常用于承受双向水头、静水启闭的大中型船闸,也常用于有泄洪要求的山区小型船闸。主要由门体、滚轮支承和吊架、固定支承、侧轮、导架和导架轮、止水组成。具体内容见本书第一篇"船闸机械"。

(2) 横拉闸门的工作原理

横拉闸门用滚轮支承承受闸门重量,并使闸门沿着轨道行走。闸门的滚轮支承分别设置在闸门门顶和门底。闸门沿着闸墩和闸底板上轨道移动。滚轮支承可用简支轮,现在一般采用台车。

(3) 注意事项和常见问题处理

同人字闸门一样,横拉闸门更严禁船舶碰撞。因此在闸门运行中,为防止船舶撞击闸门,导致闸门脱轨等其他情况发生,闸门运行中要杜绝船舶动车进出闸。同时要加强以下方面的观察。

① 注意观察闸门进出门库时有无摆动现象,防止闸门脱轨,如有摆动现象,需立即停止闸门运行,并报船闸养护管理部门到场进行技术分析和处理,情况严重的,需报上级主管部门及时派员解决。

② 注意闸门运行中有无上下跳动现象,防止闸门底槛轨道有障碍物,如有这种情况,需立即停止闸门运行,及时报船闸养护管理部门,由养护管理部门请潜水员进行水下清障。

③ 注意闸门运行中有无异常响声,如有异常响声应立即停止闸门运行,并及时报养护管理部门到现场维修。

④ 闸室内外水位不平时严禁动车开门。

⑤ 协助养护管理部门的每日巡查,并对自己值班期间发生的异常情况与养护管理部门巡查人员进行交流,并有责任监督养护管理部门巡查人员的巡查工作是否到位。

⑥ 做好在班期间闸门的清洁卫生工作。

(二) 阀门安全运行观察注意事项、常见问题处理

国内已建船闸中,闸室灌、泄水一般都采用平面阀门。它具有门叶小、结构简单、门体刚度大,制造、安装和检修方便的优点。一般设置在闸首两侧边墩内。

1. 阀门组成

阀门主要由门叶、止水、检修锁定装置、主侧滚轮和吊耳组成。

2. 阀门的作用

对闸室进行灌、泄水。

3. 注意事项和常见问题处理

阀门因为一般设置在闸首边墩的机房内,值班人员正常是在闸门上指挥船闸进出闸,对阀门情况观察经常不到位。在班期间,要做好以下几个方面的观察,并对出现的问题及时处理。

(1) 注意观察阀门是否摆动,如有摆动,可能是阀门主侧滚轮磨损严重,需及时报养护管理部门进行维修。

(2) 观察阀门运行时有无异常响声,如有,需立即停止阀门运行,并及时报养护管理部门进行维修。

(3) 落阀门时,有时会遇到阀门卡阻,说明阀门偏位或是阀门井下有障碍物,需立即停止落阀,并报船闸养护管理部门进行维修或组织潜水员进行水下清障,切不可强行落阀。

(4) 注意观察静水时阀门有无明显振动,如有,可能是止水损坏严重,需及时报养护管理部门进行维修。

四、启闭机运行安全管理

启闭机的运行安全管理是船闸运行安全管理的一个重要组成部分,启闭机械在工作上的完善和灵活以及可靠程度密切关系到船舶过闸的快慢和安全。

下面将分别介绍几种江苏内河船闸常用启闭机的运行安全管理。

(一) 液压直推式启闭机运行安全管理

1. 简介

液压直推式启闭机是以液体油为工作介质传递能量和进行控制的启闭机。在密闭的容器内,受压的油液将压力传递给执行机构,再通过执行机构将压力能转换为机械能,这样的一种传动,我们叫作液压传动。我们平常所见的油压千斤顶就是一个简单的液压传动的实例。一个能完成能量传递的液压系统由四部分组成:驱动部分(油泵)、执行部分(油缸或油马达)、控制部分(压力控制阀、流量控制阀、方向控制阀)、辅助部分(管接头、油管、油箱、压力表等)。将这四部分按照工作要求合理配置,使之能完成一定的工作循环,达到一定的工作要求,就构成了一个液压系统。

船闸液压启闭机的液压系统通常是由油泵、换向阀、安全阀、油缸、油箱、管道等组成。

它的工作特点是:工作时,电动机带动油泵从油箱中吸油,以较高的压力将液压油输出;压力油进入油缸,使活塞杆前后伸缩运动,从而直接带动闸阀门开关和启闭。

液压直推式启闭机的优点是与机械、电力等启闭机的传动方式相比,在输出同等功率的条件下,体积和重量可以减少很多,因此惯性小、动作灵敏,工作时平稳,便于实现频繁的换向;可以在比较大的调速范围内实现无级调速;操作简单,便于实现自动化;液压传动易于实现过载保护,同时因为采用油液为工作介质,相对运动表面能自行润滑,使用寿命较长;液压元件易于实现系列化、标准化、通用化,便于设计、制造和推广应用。

缺点是液压传动不适用于传动比要求严格的情况;不适用于远距离传动;不适用于高温或低温工况;同时有渗漏油现象,易产生污染。

2. 运行观察注意事项及常见问题处理

液压直推式启闭机实际上就是一个完整的液压系统,因此运行中也就是主要观察液压系统的运行状况。

(1) 在液压系统中,油泵作为提供一定流量、压力的液压能源,是液压系统中的一个主要组成部分。油泵常会因为吸油管道漏气、油液不足、轴承损坏等原因而产生较大噪声、异常震动,因此,在运行中必须密切注意观察其有无异常响声及异常震动。如有,应立即按下紧急停电按钮或关掉紧急停车开关,使启闭设备立即停止运转,报维修人员修复正常后方可继续使用。

(2) 油缸是液压传动系统中的执行元件,为闸阀门启闭提供动力和运动。油缸底座松动、油缸部件磨损、密封件损坏、油缸中有气体等都会导致油缸运行中出现震动、响声。因此,在运行中必须密切注意观察油缸及其支座有无异常响声及异常震动。如有,应立即停止运转,报维修人员维修处理。

(3) 用来控制和调节液压系统中油液流动方向、压力、流量的阀件,会因润滑不良、油液污染堵塞、磨损等产生异常响声、震动,甚至使整个启闭机无法使用。因此,在运行中也必须密切注意观察其有无异常响声及异常震动。如有,应立即停止运转,进行处理。

(4) 渗漏油是液压传动方式的一个缺点,液压系统中的油缸、油泵、阀件、管路等均容易产生渗漏油现象。发生明显的漏油现象时,需停止运转,查明部位,报维修人员进行处理。

(5) 需做好机械设备的清洁卫生工作,保证设备上无污物。

(6) 做好当班的启闭机的运行记录工作,尤其是启闭设备运行中发生的异常现象,应详细记录异常情况发生的时间、位置、发生频率等,便于维修人员的检查修理。

(二) 液压四连杆启闭机运行安全管理

1. 简介

液压四连杆启闭机是利用液压驱动的一种四连杆机构的启闭机,主要适用于10～20 t启闭力的中型闸门上。液压四连杆启闭机通常是由油缸、活塞杆、齿轮、齿条、摇臂、导轨等部件组成。

它的工作特点是：工作时，带有齿条的活塞杆前后运动带动带齿的圆盘转动，圆盘上的固定臂杆又带动推杆，推拉闸门，使门叶转动。

液压四连杆式启闭机的最大优点是不用调速就能使人字门获得慢—快—慢的理想运行速度，可以消除对门叶的冲击。结构简单，缓冲性能好，起重能力大，结构紧凑，重量较轻，便于布置，经济上比较合理。并且启闭机械全部布置在水上，因而便于检修，管理方便。

缺点是人字门由于牵引力作用于门体上部，而启闭阻力的合力却作用于门扇下部，因而在启闭过程中结构受到相当大的垂直于门扇平面的扭转力矩，必须加大门扇结构刚度。此外在关门过程中刚性推杆受压长度不宜太长，这样对门扇转轴力臂较小，需要启闭机力较大。

2. 运行观察注意事项及常见问题处理

液压四连杆启闭机与液压直推式启闭机相比，多了四连杆机构。因此在运行中除要观察液压系统外，还要密切注意四连杆机构的运行情况，具体阐述如下。

（1）在液压系统中，油泵作为提供一定流量、压力的液压能源，是液压系统的一个主要组成部分。油泵常会因为吸油管道漏气、油液不足、轴承损坏等原因而产生大噪声、异常震动，因此，在运行中必须密切注意观察其有无异常响声及异常震动。如有，应立即按下紧急停电按钮或关掉紧急停车开关，使启闭设备立即停止运转，报维修人员维修正常后方可继续使用。

（2）油缸是液压传动系统中的执行元件，为闸阀门启闭提供动力和运动。油缸底座松动、油缸部件磨损、密封件损坏、油缸中有气体等都会导致油缸运行中产生震动、响声。因此，在运行中必须密切注意观察油缸及其支座有无异常响声及异常震动。如有，应立即停止运转，报维修人员维修处理。

（3）用来控制和调节液压系统中油液的流动方向、压力、流量的阀件，会因润滑不良、油液污染堵塞、磨损等产生异常响声、震动，甚至使整个启闭机无法使用。因此，在运行中也必须密切注意观察其有无异常响声及异常震动。如有，应立即停止运转，进行处理。

（4）渗漏油是液压传动方式的一个缺点，液压系统中的油缸、油泵、阀件、管路等均容易产生渗漏油现象。发生明显的漏油现象时，需停止运转，查明部位，报维修人员进行处理。

（5）注意观察齿轮底盘是否有松动现象，齿轮、齿条啮合是否正常，齿轮、齿条运行中是否发出异常响声，是否有异常震动。如有，应立即停止运行，报请维修人员进行处理。

（6）安全销是四连杆启闭机在突然受到外力作用下的一种保护装置。因此，在运行过程中必须密切注意安全销的状况。如有异常，应立即报请维修人员查明原因恢复正常后才能运行。

(7) 需做好机械设备的清洁卫生工作,保证设备上无污物,尤其是齿轮齿条上不能有,如有,须及时清除。

(8) 做好当班的启闭机的运行记录工作,尤其是启闭设备运行中发生的异常现象,应详细记录异常情况发生的时间、位置、发生频率等,便于维修人员检查修理。

(三) 齿轮齿条式启闭机运行安全管理

1. 简介

齿轮齿条式启闭机可适用于人字门、横拉门、三角门,通过驱动减速箱齿轮、轴及最后级齿轮转动,使齿条前后运动或最后级齿轮沿着齿条滚动。该启闭机通常是由减速箱、电动机、皮带轮、传动轴、齿条、齿轮等组成。

齿轮齿条式启闭机的优点是启闭机械处于水面以上,因而便于检修、操纵,管理方便,使用牢固可靠,价格较低廉。横拉门齿轮齿条启闭机置于门库中,省去了机房,适应较大启闭机力,一般 10 t 到 20 t 的启闭机力均可使用。

缺点是横拉门启闭机安装精度要求高。人字门、三角门由于牵引力作用于门顶,而启闭阻力的合力位于门扇下部,因而在启闭过程中结构受到相当大的垂直于门扇平面的扭转力矩,必须加大门扇结构刚度。此外其刚性推杆不宜过长,对门扇转轴的力臂较小,使所需启闭力增大。

2. 运行观察注意事项及常见问题处理

在运行中,需要加强如下观察。

(1) 必须密切注意顶平车上齿轮齿条运行和滚轮轨道的运行情况,观察齿轮齿条啮合是否正常,是否有咬卡、偏心、串动现象,同时观察滚轮轨道是否有切边摩擦现象,工作时齿轮齿条、滚轮轨道是否有噪声,紧固件是否松动。如有,须立即停止运转,报维修人员维修正常后方可继续使用。

(2) 密切注意电动机、电磁刹车、减速箱、轴承、联轴器等工作时有无噪声、震动、损坏、磨损等。发现异常情况应立即停止运行,检查部位、原因,针对不同情况,分别处理,恢复正常后方可继续使用。

(3) 密切注意齿轮箱等设备在运行时有无明显漏油现象,防止因为缺少润滑油而导致设备的损坏。如有,须立即停止运转,报请修理。

(4) 做好整个机械设备的清洁卫生工作,保证顶平车运行轨道上不能有杂物,如石子、混凝土碎块等,否则很容易加剧齿轮齿条、滚轮轨道的磨损,缩短其使用寿命。如有,应尽快清理。

(5) 做好当班的启闭机的运行记录工作,尤其是启闭设备运行中发生的异常现象,应详细记录异常情况发生的时间、位置、发生频率等,便于维修人员检查修理。

(四) 螺杆式启闭机运行安全管理

1. 简介

螺杆式启闭机是中小型闸门比较普遍采用的启闭机,它是一种既能产生启力,又能根据螺杆的支承情况,适当地产生一些闭门力的简单可靠的启闭设备。该启闭机通常是由起重螺杆、承重螺母、传动机构、机架及安全保护装置等部分组成。

螺杆式启闭机在构造上通常有下列三种:平轮式(承重螺母直接与平轮相连,无减速程序,一般提供0.5~3 t的启闭力),锥齿轮式(通过一对扇形齿轮进行减速,一般提供3~10 t的启闭力),蜗轮蜗杆式(采用蜗轮蜗杆代替扇形齿轮得到较大减速比,启闭力比扇形齿轮大)。

它的工作特点是:螺杆的下端与闸门连接,螺杆的上端利用螺纹与承重螺母相扣合。当承重螺母通过与其相连的齿轮或蜗轮被外力驱动而旋转时,它驱动螺杆作垂直的升降运动,从而启闭闸门。螺杆式启闭机一般采用一机开一孔,即单吊点启闭。但在需要时,也可采用两机一孔,即双吊点启闭。这时需将其手柄并联成为一根传动轴,以便同步启闭。

2. 运行观察注意事项及常见问题处理

在运行中,需要加强以下观察。

(1) 螺杆式启闭机的螺杆在使用中容易发生弯曲现象,这是闭门时过分施加压力的结果。为了防止螺杆弯曲,除了采取必要的技术措施外,操作人员必须加强责任感,在运行中,发现螺杆有弯曲时,应及时停止设备运转,报维修人员处理,恢复正常后方可继续运行。

(2) 注意观察机座启动时是否有松动、串动、响声等异常现象,如有,需立即报维修人员进行处理。

(3) 传动机构比如扇形齿轮或蜗轮蜗杆容易因为润滑不良或磨损较大而发出响声或串动、震动,因此在运行中必须密切注意,如果有异常情况,应立即停止运行,报请维修人员查明原因进行处理。

(4) 做好机械设备的清洁卫生工作,保证设备上无污物。

(5) 做好当班的启闭机的运行记录工作,尤其是启闭设备运行中发生的异常现象,应详细记录异常情况发生的时间、位置、发生频率等,便于维修人员检查修理。

五、危险品船舶特征及消防措施

(一) 危险品运输货物分类标准

根据危险货物的毒害性、污染危害性和安全风险性不同按照如下原则进行分类。

第一类危险货物:此类危险货物在运输及装卸作业过程中具有极高安全风险,本身具有毒害性的特点,有极大污染危害性。

第二类危险货物：此类危险货物在运输及装卸作业过程中具有高度安全风险，危险货物本身具有易燃易爆的特点，有较大污染危害性。

第三类危险货物：此类危险货物在运输及装卸作业过程中具有较高安全风险，危险货物本身具有一定的污染危害性。

第四类危险货物：此类危险货物在运输及装卸作业过程中具有较低的安全风险，危险货物本身具有较小的污染危害性。

新增的危险货物在未明确分类之前，按照第二类危险货物监管措施实施监管。

(二) 危险品船舶分级

危险品运输船舶根据船舶技术状况、船员履职考核情况、安全管理体系运行情况及事故险情等安全管理状况进行评估分级，确定危险品船舶分级评估的标准，将危险品船舶按照评估标准划分为 A、B、C 三个等级。

1. A 类安全等级危险品船舶评估标准

(1) 持安全管理证书 2 年以上，安全管理体系运行良好；

(2) 最近 2 年内未发生一般及以上安全或污染责任事故；

(3) 最近 2 年船舶安检中未滞留；

(4) 最近 2 年内未发生海事违法行为；

(5) 最近 2 年内未发生谎报、瞒报等不诚信行为；

(6) 船龄未超过 16 年的内河液货船；

(7) 船员履职能力良好。

2. C 类安全等级危险品船舶评估标准

(1) 最近 1 年内发生严重不符合规定情况（体系外船舶除外）；

(2) 最近 1 年内发生一般及以上安全或污染责任事故；

(3) 最近 1 年内船舶安全检查中滞留；

(4) 最近 1 年内发生严重海事违法行为；

(5) 最过 1 年内发生谎报、瞒报等不诚信行为；

(6) 500 总吨以下油船、150 总吨以下的散化船；

(7) 持证船员履职能力较差；

(8) 单壳液货危险品船舶。

注：上述严重海事违法行为是指对通航环境造成严重影响，对人身财产和（或）环境构成严重威胁的违法行为，主要包括交通肇事逃逸、持有伪造法定证书、最低安全配员不足、不按规定办理进出港签证、严重超载运输、无正当理由拒绝或阻挠主管机关监管等。

3. B 类安全等级危险品船舶评估标准

不属于 A、C 类安全等级危险品船舶均列入 B 类安全等级危险品船舶。

(三) 危险品物理、化学特性

危险品是指具有易燃、易爆、有毒、有害及有腐蚀性,对人员、设施、环境造成伤害或损害的化学品。危险品所具有的物理、化学特性对事故的发生及应急处理措施具有决定意义。

1. 基本特性

危险品的一些基本特性决定了危险品在运输过程中,发生泄漏事故后的水体扩散特点和存在形式。这些基本特性主要包括以下 4 个方面。

(1) 相对密度。相对密度决定液体化学品是在水面运动还是进入水体或下沉。

(2) 挥发性。挥发性决定液体化学品入水后是否以蒸气形式向空气中扩散,如强挥发性液体化学品入水后挥发,以蒸气形式向空气中扩散。

(3) 自身及与水的反应性。反应性决定液体化学品是否通过化学变化转化为其他物质,从而影响液体化学品在水中的运动。

(4) 水中的溶解性。可溶解的液体化学品在水中以三维形式输移,不溶的物质视其比重和挥发性或浮于水面,或沉降。溶解性是决定液体化学品扩散运动形式的主要因素,是对其他性质进行分析的前提。一般认为,溶解度小于 0.1% 为不溶,0.1%~1.0% 为微溶,1.0%~10% 为可溶,大于 10% 为易溶,100% 为全溶。

对运输中常见的 220 种危险品按溶解度进行统计分析,仅全溶部分就占 28.63%,除溶解度小于 0.1% 的不溶物质外,其余部分占统计总数的 66.82%,具体情况见表 3-3-1,溶解是大部分液体化学品的共性。

表 3-3-1　常见 220 种液体化学品水溶性分类

溶解度	不溶	微溶	可溶	易溶	全溶
	<0.1%	0.1%~1.0%	1.0%~10%	>10%	100%
数量	73	50	26	8	63
比例	33.18%	22.73%	11.82%	3.64%	28.63%

2. 危险品分类

危险化学品的溶解性、密度及挥发性是液体化学品泄漏后的短期行为的决定性因素,决定了危险品泄漏入水后的行为模式。根据这 3 个参数,可把液体化学品划分成 4 大类 10 小类。

(1) 4 大类

① 可形成气体和蒸汽雾的物质。

② 可在水面连续漂浮的物质。

③ 可在水中溶解和扩散的物质。

④ 可下沉的物质。

(2) 10 小类

在 4 大类的基础上,危险品可进一步分为:挥发类、挥发溶解类、漂浮挥发类、漂浮挥发溶解类、漂浮类、漂浮溶解类、溶解挥发类、溶解类、下沉溶解类和下沉类。

图 3-3-9 为液体化学品泄漏短期行为分类流程图。其中,s 表示溶解性,d 表示比重,v_p 表示蒸气压。部分液体化学品分类具体见表 3-3-2。

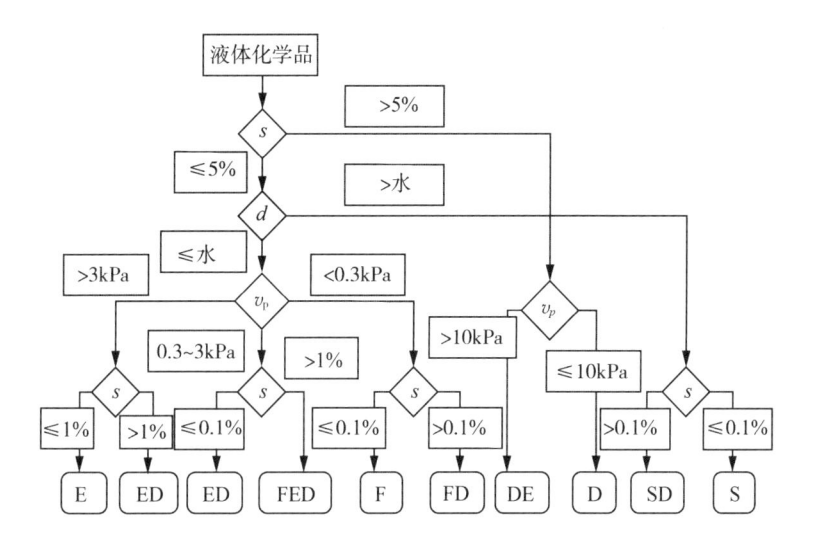

图 3-3-9　液体化学品分类图

表 3-3-2　部分液体化学品分类表

代号	类别	特征	实例	扩散
E	挥发类	漂浮于水面,迅速挥发	苯、环己烷	空气
ED	挥发溶解类	挥发迅速,溶解	甲基叔丁基醚、乙酸乙烯	空气,水体
FE	漂浮挥发类	漂浮,挥发	甲苯、二甲苯、松节油、庚烷	空气,水面
FED	漂浮挥发溶解类	漂浮,挥发,溶解	异丁醇、醋酸丁酯、丙烯酸乙酯	空气,水面,水体
F	漂浮类	漂浮	二聚戊烯、动植物油	水面
FD	漂浮溶解类	漂浮,溶解	丁醇、丙烯酸丁醇	水面,水体
DE	溶解挥发类	溶解迅速,挥发	丙酮、环氧丙烷	空气,水体
D	溶解类	溶解迅速	部分酸碱、部分胺、甲基乙基甲醇	水体
SD	下沉溶解类	下沉,溶解	1,2-二氯乙烷、二氯甲烷	水体,水底
S	下沉类	下沉	杂酚油、氯苯、煤焦油、四甲基铅、四乙基铅	水底

3. 危险化学品危害特性

对危险化学品的危害特性进行研究是分析危险化学品泄漏事故危害的基础,对展开事故危害等级评价和采取应急反应措施具有重要意义。危险化学品本身通常具有易燃、爆炸、毒性等危害特性,这些特性既可能导致事故的发生,又可能扩大事故的后果和加重事故的危害。

(1) 易燃、易爆性

危险化学品的火灾危险性与物质的闪点有关。闪点越低,物质的挥发性越强,危险品的火灾爆炸危险性越大。

液化烃、可燃液体挥发出来的蒸气与空气混合,浓度处于爆炸极限范围之内时,遇到火源,就会有爆炸的危险。爆炸极限范围越宽,爆炸极限下限越低,危险性就越大。在国际海上运输的液体化学品中,约有 50% 以上具有易燃、易爆性。我国沿海港口进出口的液体化学品中,除了少量无机化工品外,都具有不同程度的易燃、易爆性。其中 C4、C5、苯类(如纯苯、粗苯、甲苯等),部分有机溶剂(如丙酮等)的闪点都低于 23℃,同时具有很强的挥发性。这些货物在常温下就能挥发出大量的易燃蒸气,当与空气混合达到燃烧范围时,遇明火即可燃烧或爆炸。在液化烃、可燃液体的储运中,燃烧和爆炸经常同时出现,相互转化。由于液化烃、可燃液体蒸气具有易燃易爆性,因此在储运中应防止可燃蒸气的聚积,尽可能将其浓度控制在下限以下,防止火灾、爆炸事故的发生。

(2) 毒性

危险化学品一个重要的危险特性是毒性。根据《职业性接触毒物危险程度分级》(GBZ 230—2010),可将各货种的危害分为轻度、中度、高度和极度危害。国际海上运输的液体化学品中,约有 70% 具有不同程度的毒性或刺激性,其中 60% 具有易燃和毒害的双重危险。

我国进出口的液体化学品中,丙烯腈、苯类及 C9 等物质具有不同程度的毒性,在 MARPOL 73/78 附则Ⅱ中分别属于 Y、Z、OS 类物质。这些货物不仅对人身健康造成危害,而且对海洋资源和周围环境都会造成损害。苯类物质是我国液体化学品运输中运量最大的货种之一,是典型的慢性蓄积性毒品,挥发性很强,其毒性蒸气主要侵害中枢神经和血液,而且有较强的致癌作用。苯蒸气在低浓度下会对肌体产生难以复原的慢性损伤。此外,以重芳烃为主的 C9 也有类似苯的刺激性和致癌作用,而甲醇蒸气对眼睛刺激强烈可导致失明。

(3) 较大蒸气压

可燃物品饱和蒸气压越大,越容易产生引起燃烧所需的蒸气量,火灾爆炸危险性也就越大。由于蒸气压受温度影响较大,温度升高时,蒸气压将随之增大,因此散化船舶、储罐、软管及管路等应有足够的强度或采取相应的泄压措施以防止温度升高时容器胀裂。同时,应注意避免火源、热源接近上述设施。

(4) 易流淌、扩散性

液体化学品的黏度一般较小,一旦泄漏容易流淌扩散,蒸发速度随其扩散表面积的扩大而增加。蒸气与空气混合,极易发生燃烧爆炸,造成环境的污染,影响人类健康。液体化学品的蒸气具有流淌性,其密度一般比空气大,容易滞留在地表、水沟、下水道及凹坑等低洼处,并贴着地面流向远处,往往在预想不到的地方引起火灾、爆炸或中毒事故。

(5) 易受热膨胀性

液体化学品受热后,温度升高,体积膨胀,若容器装得过满,或管道输油后如不及时排空,又无泄压装置,便会导致容器和管件的损坏,引起液体渗漏、外溢。在炎热的夏季应特别注意这一点。另外,当温度降低,体积收缩,容器内会出现负压,也会使容器变形损坏。

(6) 易积聚静电

研究表明,电阻率在 $10^{10} \sim 10^{15}$ Ω·cm 的液体容易产生和积聚静电,且不容易消散。苯、二甲苯和苯胺等易产生静电积聚。静电的产生和积聚量的大小与管壁的粗糙度、流速、运送距离、设备的导电性能等诸多因素有关。静电危害是液体化学品储运过程中导致火灾爆炸的一个重要原因。

(7) 污染危害

《国际海运危险货物规则》总索引中凡是物质名称右上角标有"P"的物质为海洋污染物,物质名称右上角标有"PP"的物质为严重的海洋污染物。MARPOL 73/78 公约附则Ⅱ把有毒液体物质按照对海洋污染影响程度由高到低分为 X、Y、Z 和 OS 四个类别。这些物质一旦泄漏到海上将会造成海洋污染,甚至造成严重的生态破坏。

(四) 危险品泄漏应急处置技术

1. 应急处置原则

鉴于危险品固有的危险危害特性,危险品事故应急处置过程中,应特别注意防毒、防爆、防灼伤等危险,做好个体防护,防止造成应急救援人员的人身伤害。危险品泄漏应急处置通常应遵循以下应急原则。

(1) 以抢救人员、疏散人员和应急人员的安全为第一位。

(2) 控制危险源,防止事故扩展优先。

(3) 避免或减轻对环境的损害,优先避免对环境敏感资源的损害。

从技术上,为了能在应急处置中采取有效的措施、保护应急人员的安全、最大限度地减少事故的危害,对于每起危险化学品泄漏事故,首先应考虑对人的危害性:爆炸(E)、火灾(F)、反应(R)和毒性(T);其次才考虑环境污染的危害性。

2. 应急设备设施及使用

危险品种类繁多、性质差异大,应急设备(物资)不足,应急处置难度大。据调查,长江干线应急设备(物资)的储备,多为溢油应急设备,缺乏应对危险品泄漏事故的应急资源。在实际应用过程中,通常可以用溢油应急设备处置一些类油危险品事故,而水溶性危险品一旦泄漏入水,很难处置。

目前,可用于危险品泄漏事故的应急设备(物资)主要有围油栏、吸附材料、化学制剂(如分散剂、固化剂等)、回收设备、卸载设备等设备器材。

(1) 吸附材料

吸附材料是一种通过吸收危险品(将危险品渗入吸附材料内)或吸附危险品(将危险品黏附在吸附材料表面)来回收泄漏的危险品的材料。吸附材料使用时常采用人工作业方式,回收后的吸附材料需考虑它的储存和处置,同时在使用时除了考虑它的性能外还应考虑它的可获量。

① 吸附材料的性能要求

a. 高吸收效率或吸附效率;

b. 在吸收或吸附后容易回收;

c. 在回收后容易处理。

② 吸附材料的使用

在使用吸附材料对泄漏危险品进行应急处置的过程中,可简单分为3个步骤:

a. 吸附材料的投放;

b. 吸附材料的回收;

c. 储存和处置回收的吸附材料。

在投入吸附材料前应考虑到所选用的吸附材料的可获量并计划好每个阶段所需的人力。

(2) 围油栏

当油品或类油化学物质溢至水面时,必须采取措施使泄漏危险品对生物资源和环境的污染损害减至最小。最常用的方法是使用围油栏防止油品或类油性化学物质扩散并将类油性化学物质集中后进行回收或转向以保护环境敏感区。

① 围油栏的主要类型

a. 固体浮子型围油栏;

b. 充气型围油栏;

c. 可伸缩自充气型围油栏;

d. 外部张力构件型围油栏;

e. 栅栏型围油栏;

f. 特殊用途围油栏(耐火围油栏、拖网围油栏、岸线栅栏)。

② 围油栏的选择

表3-3-3列出了5种类型围油栏适用环境条件、性能特性、可操作的特性,供应急反应中选择围油栏时参考。

③ 围油栏使用的限制条件

围油栏不是在任何环境条件下都是有效的,在某些环境条件下,围油栏的滞油能力降低,甚至无效。

a. 在水流流速大于或等于 0.7 节(0.36 m/s)且水流流向与围油栏成直角时,油将从围油栏下部逃逸,因此在某些流速时,围油栏的铺设必须与水流方向成一定的角度才有效。

b. 在流速大于或等于 4 节(2 m/s)时,不推荐使用围油栏,不论围油栏以哪种形式布栏。

c. 在潮汐地区潮汐会改变水流方向,而围油栏只对来自某一方向油的滞留是有效的。因此在潮汐地区,需要在一定位置铺设一定数量的附加围油栏,以滞留来自不同水流方向的油。

表 3-3-3 围油栏选择评估表

选型条件		围油栏类型				
		固体浮子型	充气型	可伸缩自充气型	外部张力构件型	栅栏型
环境状况	近海 $HS>3$ ft①;$V<1$ kn②	中等	好	中等	好	差
	港口 $HS>3$ ft;$V<0.1$ kn	好	好	好	中等	中等
	平静水 $HS>3$ ft;$V<0.5$ kn	好	好	好	中等	好
	高流速 $V>1$ kn	中等	中等	差	好	差
	浅水,水深<1 ft	好	中等	中等	差	好
性能特征	在有粗糙物体情况下使用	好	中等	差	差	中等
	富余浮力	中等	好	中等	中等	差
	随波性	中等	好	中等	好	差
	强度	中等	中等	差	好	好
可操作的特性	易搬运	中等	中等	好	差	中等
	易清洗	好	好	好	差	好
	可压缩性	差	好	好	中等	差
	费用	低	中等	高	高	低

(3) 回收设备

泄漏危险品回收设备包括收油机、撇油器(堰式、黏着式、抽吸式)等。撇油器的性能一般从它的回收性能和能适应的作业环境两方面来考虑。

① 回收性能。撇油器的回收性能通常用两个指标表示,即回收能力和油品(或类油危险品)回收率。

a. 回收能力。回收能力是指撇油器单位时间内的回收量,用 t/h 表示。这里的回收量是回收油品(或类油危险品)和水的总量。因此不能只依回收能力一个指标来说明撇

---

① 1 ft=0.3048 m。

② 1 kn≈0.514 m/s。

油器性能的好坏,还需用回收量中的含油(或类油危险品)量即回收率来说明撇油器的性能。

b. 回收率。回收率是指撇油器回收量中的油品(或类油危险品)的百分比,回收率愈高,说明撇油回收量中含水量愈小。

② 撇油器的选择。各种类型撇油器的回收性能决定于被回收油品(或类油危险品)的黏度、厚度以及作业环境。因此,在应急反应时必须选择合适的撇油器才能达到较好的回收效率。

(4) 卸载设备

卸载设备是将事故船舶船舱中的货物或燃油舱中的燃油卸载,主要包括卸载泵等。

卸载泵系统由动力站、卸载泵、卸载泵支架、软管支架及液压管和输出软管组成。要求卸载泵卸载效率可调,耐腐蚀,卸载效果受水面漂浮垃圾影响小,适用于高中低黏度的液体。

卸载处理的货物储存船的选择则要慎重,最好选择同一货种或货类的专用化学品船,采用其他危险品船作为储存舱或转运舱时,必须进行评估,如此才能保证转运船舶安全及转运行动的成功,避免二次事故的发生。

(5) 污染物清除物资及设备

清除物资及设备包括溢油分散剂等化学制剂和喷洒装置等,主要用于油品、其他类油危险品泄漏后的污染物清除。

① 分散剂。分散剂主要作用是将溢油乳化分散在水体中,但是被乳化的微小油粒需要依靠水体净化作用而被消除。考虑到长江存在较多的饮用水水源地,需选用环保型消油剂。

② 手持消油剂喷洒装置。主要用于消油剂的喷洒。由支撑系统、动力系统、高压胶管和手持喷枪等组成,便于移动,适于船上和陆上使用;可调节消油剂的用量和喷洒速度,用防腐蚀材料制成。

当事故发生时,可通过陆路紧急调运消油剂及喷洒装置,另外与供应商签订应急供货协议。

(6) 储存及转运设备

① 储罐。主要用于储存平坦岸边回收的泄漏危险品。应快速装配,耐腐蚀,可储存大多数液体化学品。

② 浮动油囊。主要用于储存和运输临时回收的泄漏危险品,装卸快速,维护简便,可用船只拖带。

3. 危险品分类处置措施

危险化学品种类繁多,性质及危害作用各异,突发事故的情况复杂,应急救援困难。

因此，必须根据泄漏事故的具体情况，在准确预测、判断的基础上，制定合理、有效的应急反应方案及措施，把事故造成的损失和污染降到最低。

由于危险品种类繁多，其理化性质各不相同，产生的危害也不一样。具有强挥发性的液体化学品在限制范围内迅速挥发并可能产生火灾。在一些情况下，火灾危害范围超出泄漏物质所覆盖的水面范围。如果挥发出的是有毒气体，那么危害范围将在下风方向上远远超出溢出物覆盖范围。对于溶解性强的物质将会在水中迅速稀释并随水流移动，而有些化学品具有类似油类的性质，有些化学品则可能会沉于水底。总体来讲，危险化学品泄漏事故的危害往往比油类事故更为复杂严重。

在应对危险品泄漏事故的实际工作中，可以根据危险品的理化特性（如水溶性、相对密度和挥发性等）和在水中的行为模式，将泄漏液体化学品分为挥发类、下沉类、漂浮类、泄漏后凝固类和溶解类等类别，分别采取相应的应急措施，使得应急处置更具有针对性和可操作性。

(1) 挥发类液体化学品

挥发类液体化学品的泄漏应急比较困难。根据有毒蒸气对人员的伤害浓度剂量标准，可分为危害严重程度不同的危险区域，如致伤区、重伤区和致死区等。为防止毒气云对周围人员造成伤害应通过模拟、监测等措施，建立一个危害区域，对危害区域内的人群实施掩蔽或疏散的措施。当浓度通过大气或水的消散或稀释而降至可接受的水平时，最终宣布安全。在气体和蒸气大量释放的情况下，唯一可行的应对措施是回避。

泄漏蒸发物的另外一个危害在于可能造成火灾爆炸危险。当可燃混合气体的浓度超过最低爆炸极限（LEL）就会有发生爆炸的危险。一般情况下，工作人员采用仪器检测气体浓度是否达到 10%LEL，以确定火灾危险区域的外部边界。

(2) 沉于水底的有毒液体化学品

密度大于水且不溶解、不起化学反应的物质一旦泄漏入水，必然导致下沉。在下沉的过程中会受到水湍流作用的影响，类似油团的物质会逐渐地分裂破碎，随着水流的作用边漂移边破裂、边下沉。许多物质微团也可能在运动中发生再积聚形成较大的物质团，分裂、积聚、下沉和漂移的最终地点可由水体的流速、沉降的速度、水深粗略地算出。

沉于水底的有毒液体物质（SD 和 S 组），其中 SD 类能溶于水，S 类不溶于水。对 S 类物质可用一般捕捞设备回收。由于 SD 类比 S 类物质在水中溶解得快，所以对 SD 类物质应尽快回收。常用的捕捞设备有水力捕捞设备和气动装置捕捞机械两类。水力捕捞设备主要缺点是受水深的限制，小的设备可以在几米以下，大型设备可在 20~30 m 以下的水中作业。气动装置捕捞机械的使用效果较好，小型气动装置捕捞机械可以直接由潜水员手提操作。气动装置捕捞机械可以在 50 m 以下的水中操纵。

在河流中,这种漂移、沉降的推算应用较多,一旦探明位置,对于不同物质有不同的回收处理方法,如吸管法,如果沉积渗透到底质,则据该物质的危害特性,如有必要则采用挖吸沉积物方法予以消除。

(3) 泄漏后凝固的有毒液体化学品

一些化学品泄漏到水中,会结块或凝固成薄片。这些物质在水中的凝固过程取决于它们的凝固点、溶解度及周围水温。凝固点在周围环境温度以上的物质,若它们的溶解度不高,则与水接触时就会凝固。这些凝固了的化学品缓慢地溶解和蒸发,使得回收变得容易。例如:苯、环己苯在 0 ℃水温时凝固。

(4) 漂浮于水面的液体化学品

漂浮于水面的液体化学品泄漏应急处置可借鉴海上溢油的防治技术,具体技术方案根据化学品的物理化学特性进行调整。漂浮在水面的有毒液体物质进入水面后的基本状态有 4 种。

① (FD 类)边漂浮边溶解于水。

② (FE 类)边漂浮边蒸发到空气中。

③ (FED 类)边漂浮边蒸发边溶解于水。

④ (F 类)既不溶解也不蒸发。

以上状态只有 F 类的物质溶解性和蒸气压较低,可以通过回收装置成功回收。其他如 FE、FED、FD 类的化学品物质由于蒸发或者溶解速度太快,往往很难进行回收处理。

例如苯和环己胺虽然属于易蒸发物质,但它们的熔点只有 6~7 ℃在水温较低的情况下,泄漏物就凝固,这种情况延迟它们的蒸发。所以低温下苯和环己胺的回收就相对简单。

属于 FE、FED 和 FD 类的有毒液体物质在泄漏 10 h 内由于蒸发或溶解从水面消失。有毒液体物质(FE 和 FED 类)漂浮物挥发出的毒气云应该被监控,危险区域内人员的进入应受到严格的限制;有毒液体物质(FD 和 FED 类)蒸发物和其在水体中的漂浮物在水体中的溶解也应该被监控。在狭窄的和敏感的水域,通过某些处理剂可以进行处理。

属于 F 类的有毒液体物质被认为在两小时内不蒸发也不溶解。然而,应该强调的是低黏度 F 类物质可以扩散并在水面上形成极薄的薄膜。

有毒液体物质漂浮物在水面上形成较厚的膜层,在适当地用处理剂(胶化剂)或吸附剂处理之后,可用不同类型的撇油器回收。

对有毒液体物质(FE 和 FED 组)采取应急措施的同时,要特别注意其对健康的危害性和导致火灾爆炸的危险性。

(5) 可溶解的有毒液体化学品

对生物、人体极毒可产生积聚作用的易溶散化物质,因目前缺少回收良策,一旦发生泄漏,应准确描述溢出物在一定时间、一定范围的浓度分布,这是应急决策者损害估算的重要前提。水域环境不同,其扩散形式不同,在河流中考虑河水的径流、风速、风向、河流的地理状况,在不规则边界条件下,如大江、大河中污染物多不能扩散至全河断面,而是形成污染带。

水溶性的有毒液体物质(D 和 DE 组),一旦进入水中后,不可能用一般的回收办法处理。然而由于它可能对环境造成很大的危害(如污染饮水源),在一些特殊区域对已溶解的有毒液体物质可以进行中和剂处理。水溶性有毒液体物质进入水体后,有的能完全溶解,有的只能部分溶解于水。能完全溶解的有毒液体物质能影响较大范围的水域。

水溶性有毒液体物质中有一部分,如酸性、碱性、有毒液体物质在水体中污染可以用中和剂处理。酸性或碱性的污染泄漏物,在水中扩散迅速,因此在开阔的水域环境中,用中和剂进行处理的效果微乎其微。在一些狭窄、敏感的水域中大的泄漏可以用中和剂处理。处理过程要与当地的环境、生态专家进行磋商,并尽可能快地进行。处理前要进行估算,决定中和剂的用量。处理过程要用 pH 监测器监控。对于酸和碱,采用中和的方法,硫酸采用碳酸钠作为中和剂,氢氧化钠和氢氧化钾采用磷酸二氢钠作为中和剂。

(6) 有毒气体或蒸气泄漏事故的应急措施

在大量水上毒气泄漏事故中,由于该类事故风险高及蔓延速度快,时间来不及,而且在气体泄漏情况下,阻止泄漏源继续泄漏并处置它,常常是不可能的。对于有毒蒸气扩散,不可能采用一般的回收方法处理,主要通过有毒气体泄漏应急处置危险区域分析系统计算危险区域,划定警戒区,配备气体监测队伍,及时预测和监视气体云的扩散情况,监控其行为动态,给人们以提示警戒或安排人员疏散。安排配备有通畅通信系统和有充分准备的人员撤离。

① 逃离。人们从毒气云中逃跑的概率也许很小,也许很大,这取决于一系列因素。如果人在室外活动,又是在白天,那么运输事故导致毒气泄漏时,人们可能先听到事故产生的声响或先感知其他能吸引注意力的因素,随后毒气云才会到达。

② 掩蔽。在毒气泄漏事故情形下,除了采取行动外,人们还可能进入室内,通过关闭门窗和室内通风系统等行动降低暴露于毒气云中的危险。如果毒气泄漏发生在室外,室内毒气浓度一般远远小于室外毒气浓度。

③ 疏散。如果毒气泄漏事故已经发生,从室外进入室内是一种可取的行动。如果预先知道将来可能发生毒气泄漏,而且在毒气云到来之前有足够的疏散时间,则疏散是一种可取的行动。

(五)应急处置行动方案

1. 通用方案

(1) 控制泄漏源

① 封死泄漏或溢出口。

② 将危险货物转驳到其他货轮或储存空间内。

③ 用拖轮将事故船舶拖至安全区域。

(2) 采取防火防爆措施

① 密切注意是否有发生火灾爆炸的危险。

② 事故现场及周边区域全部禁止明火,注意消除其他能诱发火灾爆炸的因素。

③ 其他危险品船舶要暂时离开事故现场及其周边区域,并注意严禁一切火源。

(3) 搜救遇险人员

① 密切注意遇险船舶,核实遇险人员、遇险水域的水况、水温及救助要求等情况。

② 通知海事局或下属海事处进行救助行动。

(4) 救治中毒人员

① 密切注意是否会出现有害有毒气体的泄漏。

② 调动医疗卫生部门对可能出现的中毒人员提供及时的医疗救助。

③ 必要时按照危险化学品安全技术手册中的有关指南对中毒人员实施紧急救助。

(5) 疏散受危害人群

① 根据有害有毒气体的特性、泄漏量、泄漏压力、气象条件,预测其危害范围,确定疏散距离。

② 气象部门提供及时气象数据,指挥人员做出调整疏散人群范围的决策。

③ 采取撤离、密闭住所窗户等有效措施,并保持通信及指挥调度的畅通。

(6) 保护环境敏感区

① 根据危险化学品特性、泄漏量、气象水文条件,预测其环境归宿和危害范围。

② 确定可能受到威胁的环境敏感区,特别是饮用和工业水源地、自然(生态)保护区、旅游区、水产资源保护区等。

③ 迅速通知有关管理部门采取必要的防护措施。

(7) 采取交通管制措施

① 对事故水域实行交通管制。

② 设置警戒区域,疏导过往船舶。

(8) 加强对事故及其危害的监视监测

① 由监测部门对事故区域的水质、有害有毒气体的浓度进行布点监测。

② 对油品或化学品事故动态进行监视。

(9) 事故情况的取证

事故发生后,相关部门应按各自的职责积极做好事故造成的损伤、损害等情况的取证工作。

(10) 对污染物的处置

① 使用围油栏对水面油品或类油物质采取围控措施。

② 使用撇油器、吸附材料、化学分散剂等设施清除水面及水体中的污染物。

③ 对已经着岸的油品或类油化学品采取适当的清除措施。

④ 确定回收油与油污物的运输方式及处置方法。

2. 事故船舶应急方案

水上散化泄漏事故一旦发生,首先受到威胁的是船员和船舶。船舶发生事故可采用控制船位、紧急拖离事故船舶、紧急过驳船上货物等船舶事故特有的应急处置措施,船舶碰撞事故引起的泄漏要避免盲目将事故船舶分离,以免发生大量泄漏或引发火灾,采取应急处置措施时还要充分考虑水流、气象和水上交通对救援行动的限制。

(1) 排放(卸载)设备

货舱泵、舱底排水设备。

(2) 堵漏设备及操作方案

船舶主机立即停车或减速,将船舶破损部位置于下风向,以减少进水量防止船舶沉没。采用堵漏毯、堵漏板、堵漏垫、堵漏箱等设备进行堵漏操作。

① 对于强挥发类散化,如果泄漏量很大,而且仪器监测船舶周围的气体浓度已临近爆炸极限,在此情况下应该首先保证人员的安全,全部人员应紧急撤离。如果泄漏量在可控制范围之内,船员可在配备防护手套和自给式呼吸器情况下采取措施阻止泄漏,让泄漏出的液体蒸发掉(如可行)。

② 对于漂浮类散化,在处理泄漏或扑救火灾时要穿戴防护手套和自给式呼吸器。对于舱面泄漏,用大量水将泄漏物冲洗下船。对于其中的漂浮挥发类散化,要时刻关注其浓度阈值,在浓度阈值过高的情况下应撤离事故现场。

③ 对于溶于水的散化,在处理泄漏或扑救火灾时要穿戴防护手套和自给式呼吸器。对于舱面泄漏,尽可能从远的地方用大量水将泄漏物冲洗下船。对于其中的溶解挥发类散化,要时刻关注其浓度阈值,在浓度阈值过高的情况下应撤离事故现场。

④ 对于下沉类散化,在处理泄漏或扑救火灾时要穿戴防护手套和自给式呼吸器。对于舱面泄漏,如可行,则使用吸收材料收集起泄漏物以便安全处置。

(3) 陆域发生泄漏时的控制方案

当危险化学品储罐发生泄漏时,及时有效地堵漏,是防止火灾、爆炸、人员中毒等事故发生和控制其严重程度的重要手段,可采取关闭阀门、转移物料等多种措施进行堵漏。

如果通过关闭上游阀门可控制泄漏，应立即设法关闭有关阀门。如果储罐设有备用卸料储槽或与其他有剩余空间的储罐连通，可将泄漏罐内的物料转移。当危险化学品管道、法兰发生泄漏时，可利用预制的夹具和密封胶及密封胶注入工具进行带压堵漏。

① 实施堵漏作业的 3 个条件

a. 可以有效地疏散下风和侧下风的人与车。

b. 可以断绝下风和侧下风的火种、用电设备等任何足以引爆的火种和能量。

c. 可以控制泄漏量在估算的安全区域内。

止漏行动的具体部署和措施如下：迅速实施警戒；疏散人、车并断绝所有火种；单位消防控制中心处于上风时应及时启用水喷淋系统。

② 堵漏要在消防设备配合下进行

到场的消防设备和增援途中的消防车应做到：

a. 坚持选择上风侧上风方向的道路行驶；

b. 坚持停靠在上风或侧上风方向的水源边；

c. 坚持在明确指挥意图后实施行动；

d. 坚持选择上风或侧上风方向的通道铺设水带线路；

e. 坚持在上风或侧上风建立分水和水枪阵地；

f. 坚持在采取有效的安全防护条件下进入扩散区域实施止漏作业。

止漏作业应事先充分估计到所用的器材并一次到位；进入到气体扩散区域内的人员必须全体穿着全棉衣服，戴上头罩和手套，再外加防毒衣和空气呼吸器；作业人员应使用不发火工具，做好防止产生静电和摩擦产生火星的各种工作。

六、闸区消防与水上救生设施使用与维护

闸区是船闸运行的重要活动场所，装备有先进的船闸运行操作系统、机电设备等重要设施。船舶装载易燃易爆物品，容易产生自燃自爆，船员生活产生烟火，铁件碰撞产生火花，均可能引起火灾。因此对闸区消防必须予以高度重视。

(一) 闸区消防器材的配置

1. 每座船闸应配备手推式泡沫灭火机，以防油类起火、竹、木、棉、毛、草、纸类引起火灾。

2. 上、下游机房应各配挂式干粉灭火机、消防桶、消防铲，以防电器或油类引起火灾。

3. 电器操作室配洁净气体灭火器或二氧化碳灭火器，以防电器、精密仪器、仪表起火。

4. 在闸室两侧分别设黄砂箱。黄砂具有天然抑制可燃物能力，吸收着火液体，减少灾害范围，是最经济实用的灭火措施。

(二)主要消防器材的使用方法与维护管理

1. 泡沫灭火器的使用方法是:一手握提环,一手托底部,将灭火器颠倒来回摇晃几下,泡沫就会喷射出来,注意灭火器不要对人喷,不要打开筒盖,不要和水一起喷射,每年应更换药剂一次。

2. 干粉灭火器使用时一手握住喷嘴对准火源,一手向上提起栓环,便会喷出浓云般的粉雾,覆盖燃烧区,将火扑灭,干粉灭火器要注意防止受潮和日晒,严防漏气,每半年检查一次,如指示针指在红区应予以补充。

3. 二氧化碳是一种不燃烧的惰性气体,它在灭火时具有 2 大作用:一是窒息作用,二是冷却作用。二氧化碳灭火器使用方法是右手捂住喷嘴,左手执筒底边缘,上下摇晃,在上风源处,拔掉铅封和保险销,对准火源根部,按压灭火器。使用时要尽量防止皮肤因直接接触喷筒和喷射胶管而造成冻伤。扑救电器火灾时,如果电压超过600 V,切记要先切断电源后再灭火。不宜放置在潮湿或强腐蚀性的地点,在室外应有保护措施防止日晒雨淋。每半年卸下气瓶,称量气瓶内二氧化碳的重量。手提式灭火器二氧化碳气瓶的泄漏量大于额定重量的 5% 或 7 g(取两者中较小值),推车式灭火器二氧化碳泄漏量大于10%时,应按规定充足。

(三)水上救生设施的配置

1. 每座船闸上下游机房分别配救生圈、救生索。

2. 船闸航政艇除了按船员配备救生衣外,配备救生圈、救生衣,以备上航打档人员、船闸工作人员上船巡视时穿戴。

(四)水上救生设施的使用方法与维护管理

救生衣穿戴时应将有大片泡沫层的一面穿在背部,分开两片泡沫层的一面穿在胸前,要系牢衣带,这样在落水后会立即飘浮且手臂灵活。

救生圈可以直接投向落水人进行施救,落水人抓牢救生圈后身体浮力增加,最好能放在两腋下这样能赢得更多的时间实现自救或他人施救。

绳索可以扔向落水人,待其抓牢后牵引,实现救助。

救生器材应放在干燥通风处,定期晾晒,保证不发生霉变腐蚀,救生圈如出现脱漆应及时补漆。

七、船闸运行现场主要危险点与预控管理

船闸是航道咽喉,安全畅通是船闸各项工作的重中之重,船闸现场运行是个动态的管理过程,现场运行安全也包含着动态特性。

什么是船闸运行现场危险点?船闸运行现场危险点是指在船闸运行现场的设施、设备以及船舶过闸过程中的不安全状态,或者人的不安全行为和管理防范上的缺陷,可能导致机电设备、导航建筑物毁损,船舶夹档,堵塞航道,沉船或人身伤亡等潜在危险。

（一）船闸危险点监控法的主要内容

1. 成立危险点监控法三级组织网络

一级(所级)由分管安全工作的所领导任组长;二级(股室级)由部门主要负责人任组长;三级(班组级)由班长(工长)任组长。

2. 排查确认与级别划分

(1) 按照"1+3"安全监控工作体系("1"是事故隐患和职业危害监控法;"3"是建立事故隐患和职业危害动态管理机制、持续改进机制、系统评价机制)要求,职工必须积极参与本单位、本班组生产(工作)区域内事故隐患及危险源点排查,以提高对事故的预防能力,增强超前防范的心理意识和自我保护意识,牢固确立"安全第一,预防为主,综合治理"的思想。

(2) 事故隐患危险点排查及确认的依据

① 有易燃、易爆、易发生火灾危险的场所;

② 有易夹档、碰撞搁浅、吊船的危险部位;

③ 有易漏电、触电伤害危险的场所;

④ 有机械运转、起吊作业易致人伤害的部位;

⑤ 事故易发、频率较高的岗位、场所。

3. 事故隐患危险点监控级别划分

(1) A级(所级),危险性很大,一旦发生事故能造成严重的人员伤亡和较大经济损失,给全局工作带来危害,红色标示。

(2) B级(股室级),危险性较大,易导致重伤或一般设备事故发生,橙色标示。

(3) C级(班组级),危险性较小,其伤害程度较轻,黄色标示。

事故隐患危险监控点必须做到排查细致,确认适当,选取点准确,对事故隐患的评估、预防措施的制定要科学客观、严慎适用。

4. 监控方法与管理

(1) 凡控制点均应设置统一标牌,标明监控点名称、级别、易发事故因素、危害,监控内容和方法,考核标准与检查周期,具体责任人等,以便于落实责任和检查监控。

(2) 对不同级别的监控点,必须坚持"谁分管、谁负责"和"谁在岗、谁检查"的原则,做到层层把关,责任到人,突出重点,分级监控。

(3) 凡设置监控点的场所应建立"三图五卡"(三图:"1+3"安全监控体系流程图、事故隐患职业危害分布图、事故隐患职业危害监控法组织网络图;五卡:职工岗位权利义务告知卡、事故隐患应急处理卡、事故隐患和职业危害评价卡、事故隐患和职业危害监控卡、事故隐患和职业危害整改通知卡),所在岗位人员均应熟悉和掌握监控内容、监控方法与防范措施,必须严格执行操作规程,杜绝"三违"现象发生。

(4) 监控点的管理必须坚持经常化、制度化、规范化,应纳入安全生产目标管理范畴,对不同级的事故隐患、危险点,由各单位根据自身实际情况制定具体管理实施细则。

(5) 建立检查记录台账。对检查出的事故隐患,应及时下发整改通知书,督促整改。对不能及时整改的,要制定方案,限期整改,并将整改情况上报主管部门及劳动保护监督委员会备案。

5. 对挽救和制止重大事故发生的职工,应给予奖励,对在监控点发生的事故要按照"四不放过"的原则进行处理。

(二) 船闸运行现场主要危险点及其特征

1. 船闸的闸首是船舶进出闸的口门处,船员不听指挥不按调度次序抢档、超越,多帮齐头并进并出,闸室船还未清或闸门未到边提前进出闸,进闸时操舵失误,船舶动力操作系统失灵等都是船舶进闸发生事故的主要原因,其后果是夹档,船舶相互碰撞,碰撞损坏闸门或闸门动力传递设备,造成停航以及沉船、人员伤亡,其特点为:一是船员不听指挥,违章进出闸造成事故;二是船闸值班员调度不科学或者调度指令不清,用语不准,口齿不清晰使船员错听或理解错误出现误动作造成事故;三是无证船未登记,或调度船舶闯闸造成事故。

2. 船闸闸首也是船闸值班人员操作重地,有船闸主要运转部件和水工建筑,即输灌水系统。值班员误操作,违反操作规程,机电设备发生故障未及时发现,船闸机电带病作业等都能造成船舶放通闸、放通阀、闸门夹坏船舶设备等重大事故。其特点是都由值班人员疏忽大意,工作责任心不强,违反船闸运行操作程序和安全规定造成。

3. 闸室涨落水时,闸室出现吊船,闸室墙凸出物挂船;船被吸入阀门洞或引航道靠船墩被冲损。其特征是事故存在客观的因素。主观因素为船员在闸室涨落水时没有按通知要求去做,船闸值班员在动车前没有认真观察瞭望,动车后没有注意闸室和引航道船舶的动态。

4. 闸室因涨落水后产生的回流造成船闸设施设备损坏。受海潮潮汐的影响产生的复杂水流给船舶和船闸设施造成危害。

(三) 船闸运行现场主要危险点与预控管理

在前面我们已提到了船闸运行现场主要危险点是在上、下游闸首,分析了危险产生的原因及特征。这里着重要讲的是如何对危险点加强预控管理。

一般船闸上、下闸首都是被评为 A 级危险点监控点。主要隐患内容如下。

1. 引航道内船舶超帮停靠。
2. 船舶进出闸编组不合理。
3. 船舶超帮进闸引起夹档。

4. 闸内、引航道超警戒线停靠。

5. 门未开足,船舶出闸;船未进妥,超前关门;门未关好,另一闸首阀门放水。

6. 涨落水时闸室内吊船。

7. 机电设备运行异常。

8. 未按危险品船舶放行规定安排危险品船舶停靠及过闸。

9. 闸门动车时闸门工作桥上有行人走动,冬季闸门工作桥未采取防冻防滑措施。

10. 恶劣天气或夜间不加强瞭望或离岗、睡岗等致使船舶发生事故时得不到应有的控制。

11. 船舶故障失去控制发生碰撞,船员意外落水等。

主要控制措施如下。

1. 不准船舶超过安全停靠线,船在闸室内应停靠在安全区域内。

2. 上行重载货轮不准停靠在闸室内第一排。

3. 机房主岗无人不动车。

4. 机房内(指挥操作亭)不准闲杂人员进入。

5. 涨落水或闸阀门运转时,值班员必须监护运行。

6. 水不平不准开闸门;闸门不到边,船舶不准出闸;船舶没进好,不准关闸门;闸门未关到位,不准另一闸首提阀门放水。

7. 闸门运转时,禁止人员在闸门工作桥上走动站立。

8. 配齐消防、救生设备。

9. 冬季防冻、防滑,夏季防暑,恶劣天气及夜晚时更要加强瞭望,掌握闸室船舶、引航道船舶动态。

10. 科学调度,规范指挥,按规定使用口哨和红绿旗等。

闸首岗位值班员必须时刻牢记本岗位的事故隐患内容以及控制措施,做到关口前移,防患于未然。

船闸管理所对现场运行危险点要定期组织评定。制定制度,明确责任部门、责任人,以及巡查次数,对事故隐患源的变化时刻予以关注。对运行现场危险点要做到勤检查、勤分析、勤指导。因工作失职或检查工作不实而导致事故的应严肃追究责任。

八、防雷击防触电基本知识

雷电是自然界中的一种大规模静电放电现象,具有极大的破坏力。其破坏作用是综合的,包括电性质、热性质和机械性质的破坏,可以在瞬间击伤击毙人畜,毁坏发电机、电力变压器等电气设备绝缘,引起短路导致火灾或爆炸事故;可以在极短的时间内转换成大量的热能,造成易燃物品的燃烧或造成金属熔化飞溅而引起火灾。

(一)防雷击

1. 雷电的形成和种类

雷电是大气中的放电现象,多形成在积雨云中,积雨云随着温度和气流的变化会不停地运动,运动中摩擦生电,就形成了带电荷的云层。某些云层带有正电荷,另一些云层带有负电荷。另外,由于静电感应常使云层下面的建筑、树木等有异性电荷。随着电荷的积累,雷云的电压逐渐升高,当带有不同电荷的雷云与大地凸出物相互接近到一定程度时,其间的电场超过 25～30 kV/cm,将发生激烈的放电,同时出现强烈的闪光。由于放电时温度高达 2 000 ℃,空气受热急剧膨胀,随之发出爆炸的轰鸣声,这就是闪电与雷鸣。

雷电的大小和多少以及活动情况,与各个地区的地形、气象条件及所处的纬度有关。一般山地雷电比平原多,沿海地区比大陆腹地要多,建筑物越高,遭雷击的机会越多。

雷电可分为以下四种。

(1) 直击雷

直击雷是云层与地面凸出物之间放电形成的。

(2) 球形雷

球形雷是一种球形、发红光或极亮白光的火球,运动速度大约为 2 m/s。球形雷能从门、窗、烟囱等通道侵入室内,极其危险。

(3) 雷电感应(感应雷)

雷电感应分为静电感应和电磁感应两种。静电感应是由于雷云接近地面,在地面凸出物顶部感应出大量异性电荷所致。电磁感应是由于雷击后,巨大雷电流在周围空间产生迅速变化的强大磁场所致。

(4) 雷电侵入波

雷电侵入波是由于雷击而在架空线路上或空中金属管道上产生的冲击电压沿线路或管道迅速传播的雷电波。雷电可毁坏电气设备的绝缘,使高压窜入低压,造成严重的触电事故。例如,雷雨天,室内电气设备突然爆炸起火或损坏,人在屋内使用电器或打电话时突然遭电击身亡都属于这类事故。

防雷措施主要是在建筑物上安装避雷针、避雷网、避雷带、避雷线、引下线和接地装置,或在金属设备、供电线路上采取接地保护。

2. 防雷击措施

(1) 室内预防雷击

① 电视机的室外天线在雷雨天要与电视机脱离,而与接地线连接。

② 雷雨天关好门窗,防止球形雷窜入室内造成危害。

③ 雷暴时,人体最好离开可能传来雷电侵入波的线路和设备 1.5 m 以上。拔掉电源插头;不要打电话;不要靠近室内的金属设备,如暖气片、自来水管、下水管;尽量离开电源线、电话线、广播线,以防止这些线路和设备对人体二次放电。另外,不要穿潮湿的衣服,不要靠近潮湿的墙壁等。

(2) 室外避免雷击

① 要远离建筑物的避雷设施及其接地引下线。

② 要远离各种天线、电线杆、高塔、烟囱、旗杆,如有条件应进入有宽大金属构架、有防雷设施的建筑物或金属壳的汽车和船只,要远离帆布篷车和拖拉机、摩托车等。

③ 应尽量远离山丘、海滨、河边、池边、铁丝网、金属晒衣绳、孤立的树木和没有防雷装置的孤立小建筑等。

④ 雷雨天气尽量不要在旷野里行走。确需赶路时,应穿塑料等不浸水的雨衣;不要骑在牲畜上或自行车上赶路;不要用金属杆的雨伞,肩上不扛带有金属杆的工具,如铁锹、锄头等。

⑤ 野外作业遇雷雨时,应放下手中的金属器具,到安全处所躲避,严禁在大树下、电杆旁或涵洞内躲避。

⑥ 人在遭受雷击前,会突然有头发竖起或皮肤颤动的感觉,这时应立刻躺倒在地,或选择低洼处蹲下,双脚并拢,双臂抱膝,头部下俯,尽量缩小暴露面即可。

3. 中雷击抢救

受雷击被烧伤或严重休克的人,身体并不带电。应马上让其躺下,扑灭身上的火,并对他进行抢救。若伤者虽失去意识,但仍有呼吸或心跳,则自行恢复的可能性很大,应让伤者舒适平卧,安静休息后,再送医院治疗。若伤者已停止呼吸或心脏跳动,应迅速对其进行口对口人工呼吸和心脏按压,在送往医院的途中要继续对其进行心肺复苏的急救。

(二) 防触电

电气绝缘、安全距离、设备及其导体载流量、明显的标志等是保证用电安全的基本要素。只要这些要素都符合规范,正常工作下的用电安全就能得到保证。

1. 防止触电措施

电流通过人体称为触电,触电情况有三种:单相触电、两相触电和跨步电压触电。电对人体的伤害有电击和电伤两种情况。电击是指电流通过人体造成人体内部器官的伤害,使人出现痉挛、窒息、心颤、心跳骤停,甚至造成死亡;电伤则是指电对人体外部造成局部伤害,如电烧伤、电烙印和皮肤金属化等。

防止触电一般采取以下措施。

(1) 人体不要接触带电裸线、接地线和带电(漏电)设备。

(2) 熟悉供电设备结构及供电系统接线,不违章操作。

(3) 绝缘工具严禁超期使用。

(4) 严禁使用有疑问或显示不正常的验电器。

2. 触电急救办法

触电会造成人体伤害或死亡,发现人员触电应迅速采取使触电者脱离电源的措施。

(1) 切断电源。

(2) 采用短路法,使电源开关跳闸。

(3) 救护人员穿着绝缘鞋,戴上绝缘手套,使用绝缘棒使触电者脱离电源。

(4) 在切断电源的同时要防止触电者再次摔倒。

(5) 未断电前不可赤手直接与触电者的身体接触。

3. 触电医疗救护方法

(1) 触电者未失去知觉时,应安放在空气流通、温暖处安静休息,同时请医生。

(2) 触电者已失去知觉,但呼吸及脉搏均未停止时,应安放在平坦通风处,解开衣裤,使其呼吸不受阻碍,同时用毛巾摩擦全身,使之发热,并迅速请医生。

(3) 触电者失去知觉呼吸困难,应立即进行人工呼吸,并迅速请医生来急救,切不可向触电者注射强心剂或泼冷水。

(4) 触电者呼吸及心脏跳动均已停止时,可能是假死,救护人员要坚持先救后搬的原则,应即刻进行人工呼吸或对心脏进行按压救护直到经医生诊断确已死亡为止。

(5) 人工呼吸用口对口吹气效果较好。急救时,触电者的头部尽量后仰,鼻孔朝天,使舌根不阻塞气流,便于吹气急救。

4. 日常安全用电常识

(1) 不要贪便宜购买假冒伪劣电器、电线、线槽(管)、开关、插头、插座。

(2) 不要让无资格证的人布设电线和用电设备。

(3) 不要用湿手或在赤脚时接触开关、插座、插头和各种电器电源接口。不要用湿布擦拭照明用具和电器设备。

(4) 操作电器、开关时最好用右手。

(5) 在移动电器设备时必须切断电源。

(6) 每一电器设备单独使用一个插座,不要若干电器设备共用一个多用插座,以免互相影响产生一些意想不到的危害。

(7) 发现电器设备冒烟或闻到异味时要迅速切断电源进行检查。

(8) 通常情况下,电器设备使用完毕,即切断电源。

(9) 发现破损电线要及时更换或用绝缘胶布扎好,禁止用普通医用胶布或药膏片包扎。

（10）电器设备的使用电压和功率（总负荷）不应超过导线、保险丝和电表的允许负荷。

（11）漏电保护开关应安装在无腐蚀性气体、无爆炸危险的场所，并应注意防潮、防尘、防震动和防止阳光直射。

（12）定期对漏电保护开关灵敏性进行检验。

（13）按规定配备消防灭火器材。

（14）严禁儿童攀登电杆、变压器台架等。严禁私自开启公共变配电室和居民楼内开关箱，以免发生事故。

（15）在户外如发现电线断落地面，不要靠近，应就近及时报告有关部门处理。

（16）发生电器火灾时必须先切断电源再扑救，如不能断电，可使用二氧化碳、四氯化碳、1211灭火器或干粉灭火器进行扑救，禁止使用水和泡沫灭火器进行喷射。

（17）如发现有人触电，应迅速使触电者脱离电源，就地进行人工呼吸抢救，并及时向医疗急救机构求救。

（18）牢记救助电话——119，急救电话——120。

第四节　运行调度值班记录

运行调度值班记录是反映船闸运行的第一手资料，它对于船闸机电设备状况、船舶运行痕迹管理具有一定作用，同时也是考核当班值班员工作业绩的有效手段。

（一）登记岗位

1. 记录当班次登记船舶的各种信息。
2. 对已经放行的船舶数应注明调度时间和调度闸次、闸号。
3. 按船舶类型不同，分类登记，以利于统一调度、查询管理。
4. 将待闸船舶情况及时上报有关部门，确保准确不发生差错。
5. 记录班次发生的有关情况，详细交接需要移交的有关事项。
6. 记录班次交接班时间，并在交接表上签字确认。

（二）售票岗位

1. 记录班次航道规费征收的各种信息。
2. 记录班次发生的有关情况，详细交接需要移交的有关事项。
3. 记录班次交接班时间，并在交接表上签字确认。

（三）闸口岗位

1. 记录班次闸次编排情况。
2. 记录系统调度信息与实际过闸船舶信息吻合情况。
3. 记录机电设备运行状况。
4. 记录岗位事故隐患、职业危害监控点控制法落实情况。
5. 记录班次内发生的船舶违章情况。
6. 记录班次发生的有关情况,详细交接需要移交的有关事项。
7. 记录班次交接班时间,并在交接表上签字确认。

(四) 操作岗位

1. 记录班次船舶放行数量及编组情况。
2. 记录机电设备运行状况。
3. 记录岗位事故隐患、职业危害监控点控制法落实情况。
4. 记录班次发生的有关情况,详细交接需要移交的有关事项。
5. 记录班次交接班时间,并在交接表上签字确认。

思考题

1. 请简述安全生产、安全生产管理的定义,事故、事故隐患、危险、危险源与重大危险源的定义,安全生产方针,并熟悉安全生产相关法律法规。
2. 开展安全标准化建设的重点内容有哪些?隐患排查和治理应如何操作?请简述安全文化的定义与内涵,安全文化建设的内涵、操作步骤和评价。
3. 请简述安全生产检查的类型、检查内容和方法、安全生产检查的工作程序。
4. 请简述安全评价的内容和程序、安全评价的方法、安全生产事故等级和分类、安全生产事故的报告时限和部门、报告的内容、事故的应急处置。
5. 请简述下游过闸船舶从船闸下游通过闸室向船闸上游运行的程序。
6. 请简述上游过闸船舶从船闸上游通过闸室向船闸下游运行的程序。
7. 请简述PLC控制系统操作要领。
8. 请简述集散控制系统控制功能。
9. 请简述集散控制系统操作规程。
10. 请简述现地运行操作规程。
11. 请简述单闸集中操作规程。
12. 请简述双闸(三闸)联合运行操作规程。
13. 请简述动水(水未平)开闸门的危害、主要原因及控制管理对策。

14. 请简述因误信号导致放通阀或通闸的危害、主要原因及控制管理对策。

15. 请简述在对侧闸门处于错位的情况下,强行开启本侧阀门的危害、主要原因及控制管理对策。

16. 请简述船舶引航道停靠时,产生飘移的危害、主要原因及控制管理对策。

17. 请简述高水位差造成的短时间泄水回流的危害、主要原因及控制管理对策。

18. 请简述双闸(三闸)船舶同时同向进出闸的危害、主要原因及控制管理对策。

19. 请简述双闸(三闸)同时同向灌泄水的危害、主要原因及控制管理对策。

20. 请简述闸门开启未到位,船舶出闸,及船未进好,关闭闸门的危害、主要原因及控制管理对策。

21. 请简述考虑双闸(三闸)联合运行中存在的各种不安全因素基础上的双闸(三闸)联合运行操作规程。

22. 请简述船舶进出闸安全管理规则分类。

23. 请简述船舶进闸安全管理规则。

24. 请简述闸室停靠、灌泄时的安全管理规则。

25. 请简述船舶出闸安全管理规则。

26. 请简述危险品船舶过闸的安全运行管理。

27. 请简述报废船安全管理内容。

28. 请简述闸次安全宣传现场环节分类。

29. 请简述船舶进闸安全宣传内容。

30. 请简述闸室灌、泄水安全宣传内容。

31. 请简述船舶出闸安全宣传内容。

32. 请简述人字闸门组成、工作原理、安全运行观察注意事项和常见问题处理。

33. 请简述横拉闸门组成、工作原理、安全运行观察注意事项和常见问题处理。

34. 请简述阀门组成、作用、安全运行观察注意事项和常见问题处理。

35. 请简述液压直推式启闭机的组成、工作特点、优缺点、运行观察注意事项及常见问题处理。

36. 请简述液压四连杆启闭机的组成、工作特点、优缺点、运行观察注意事项及常见问题处理。

37. 请简述齿轮齿条式启闭机的组成、工作特点、优缺点、运行观察注意事项及常见问题处理。

38. 请简述螺杆式启闭机的组成、工作特点、优缺点、运行观察注意事项及常见问题处理。

39. 请简述危险品船舶分级,危险品物理、化学特性。

40. 请简述危险品泄漏应急处置原则、应急设备设施及使用、危险品分类处置措施。化学品围控方案选择需要考虑哪些因素？围油栏布设角度应如何选择？围油栏布设方法有哪些，如何实施？掌握危险品泄漏应急处置行动方案。

41. 请简述闸区消防器材的配置要求和主要消防器材的使用方法与维护管理。

42. 请简述水上救生设施的配置和水上救生设施的使用方法与维护管理。

43. 何谓船闸运行现场危险点？事故隐患危险点排查及确认的依据是什么？

44. 请简述船闸运行现场主要危险点及其特征。

45. 请简述船闸运行现场主要危险点的主要隐患内容和主要控制措施。

46. 请简述室外避免雷击和中雷击抢救方法。

47. 请简述防止触电措施、触电急救办法、触电医疗救护方法。

48. 请简述日常安全用电常识。

第四章　应急预案

第一节　应急预案编制

一、应急预案的作用

制定应急预案是贯彻落实"安全第一、预防为主、综合治理"方针,提高应对风险和防范事故的能力,保证职工安全健康和公众生命安全,最大限度地减少财产损失、环境损害和社会影响的重要措施。

应急预案在应急系统中起着关键作用,它明确了在突发事故发生之前、发生过程中以及刚刚结束之后,谁负责做什么、何时做,以及相应的策略和资源准备等。它针对可能发生的重大事故及其影响和后果的严重程度,为应急准备和应急响应的各个方面预先作出详细安排,是开展及时、有序和有效事故应急救援工作的行动指南。

应急预案的重要作用如下。

1. 应急预案确定了应急救援的范围和体系,使应急管理不再无据可依、无章可循。尤其是通过培训和演习,可以使应急人员熟悉自己的任务,具备完成指定任务所需的相应能力,并检验预案和行动程序,评估应急人员的整体协调性。

2. 应急预案有利于做出及时的应急响应,降低事故后果。应急预案预先明确了应急各方的职责和响应程序,在应急资源等方面进行了先期准备,可以指导应急救援迅速、高效、有序地开展,将事故的人员伤亡、财产损失和环境破坏降到最低限度。

3. 应急预案是各类突发重大事故的应急基础。通过编制应急预案,可以对那些事先无法预料到的突发事故起到基本的应急指导作用,成为开展应急救援的"底线"。在此基础上,可以针对特定事故类别编制专项应急预案,并有针对性地开展专项应急准备活动。

4. 应急预案建立了与上级单位和部门应急救援体系的衔接。通过编制应急预案,可以确保当发生超过本级应急能力的重大事故时与有关应急机构的联系和协调。

5. 应急预案有利于提高风险防范意识。应急预案的编制、评审、发布、宣传、教育和培训,有利于各方了解可能面临的重大事故及相应的应急措施,有利于促进各方提高风险防范意识和能力。

二、应急预案体系

《生产经营单位安全生产事故应急预案编制导则》(GB/T 29639—2020)中规定:生产经营单位应急预案分为综合应急预案、专项应急预案和现场处置方案。生产经营单位应根据有关法律、法规和相关标准,结合本单位组织管理体系、生产规模和可能发生的事故特点,科学合理确立本单位的应急预案,并注意与其他类别应急预案相衔接。

基于可能面临的多种类型重大事故灾害,为保证各种类型预案之间的整体协调性和层次,并实现共性与个性、通用性与特殊性的结合,对应急预案合理地划分层次,是将各种类型应急预案有机组合在一起的有效方法。一般情况下,按照应急预案的功能和目标,应急预案可分为3个层次,如图3-4-1所示。

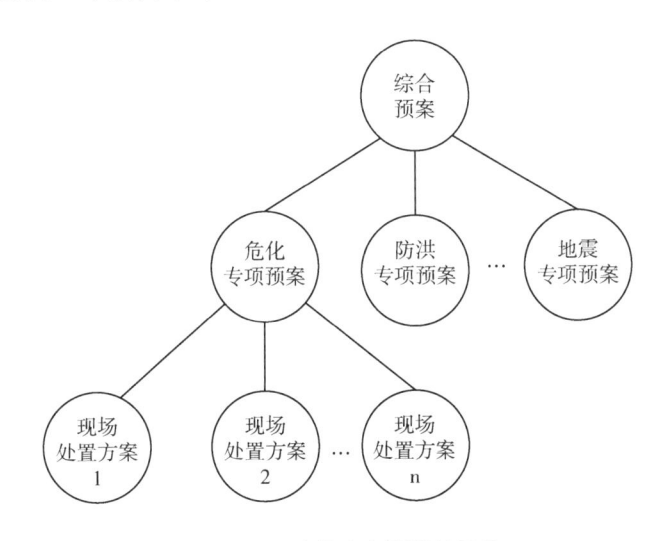

图 3-4-1 事故应急预案的层次

(一)综合预案

综合预案相当于总体预案,从总体上阐述预案的应急方针、政策,应急组织结构及相应的职责,应急行动的总体思路等。通过综合预案,可以很清晰地了解应急的组织体系、运行机制及预案的文件体系。更重要的是,综合预案可以作为应急救援工作的基础和"底线",对那些未预料到的紧急情况也能起到一般的应急指导作用。

(二)专项预案

专项预案是针对某种具体的、特定类型的紧急情况,如煤矿瓦斯爆炸、危险物质泄漏、火灾、某一自然灾害、危险源和应急保障而制定的计划或方案,是综合应急预案的组成部分,应按照综合应急预案的程序和要求组织制定,并作为综合应急预案的附件。

专项预案是在综合预案的基础上,充分考虑了某种特定危险的特点,对应急的形势、组织机构、应急活动等进行更具体的阐述,具有较强的针对性。专项应急预案应制定明确的救援程序和具体的应急救援措施。

（三）现场处置方案

现场处置方案是在专项预案的基础上,根据具体情况而编制的。它是针对具体装置、场所、岗位所制定的应急处置措施。如危险化学品事故专项预案下编制的某重大危险源的应急预案等。现场处置方案的特点是针对某一具体场所的该类特殊危险及周边环境情况,在详细分析的基础上,对应急救援中的各个方面作出具体、周密而细致的安排,因而现场处置方案具有更强的针对性和对现场具体救援活动的指导性。

现场处置方案的另一特殊形式为单项预案。单项预案可以是针对大型公众聚集活动(如经济、文化、体育、民俗、娱乐、集会等活动)或高风险的建设施工或维修活动(如人口高密度区建筑物的定向爆破、"生命线"施工维护等活动)而制定的临时性应急行动方案。随着这些活动的结束,预案的有效性也随之终结。单项预案主要是针对临时活动中可能出现的紧急情况,预先对相关应急机构的职责、任务和预防性措施作出安排。

三、应急预案编制的基本要求

编制应急预案必须以客观的态度,在全面调查的基础上,以各相关方共同参与的方式,开展科学分析和论证,按照科学的编制程序,扎实开展应急预案编制工作,使应急预案中的内容符合客观情况,为应急预案的落实和有效应用奠定基础。

《生产经营单位安全生产事故应急预案编制导则》明确了应急预案应包含的内容和编制要求,为应急预案的规范化建设提供了依据。根据有关法规及该导则的要求,编制应急预案时应进行合理策划,做到重点突出,反映主要的重大事故风险,并避免预案相互孤立、交叉和矛盾。

《生产安全事故应急预案管理办法》第八条规定:"应急预案的编制应当符合下列基本要求：

（一）有关法律、法规、规章和标准的规定；

（二）本地区、本部门、本单位的安全生产实际情况；

（三）本地区、本部门、本单位的危险性分析情况；

（四）应急组织和人员的职责分工明确,并有具体的落实措施；

（五）有明确、具体的应急程序和处置措施,并与其应急能力相适应；

（六）有明确的应急保障措施,满足本地区、本部门、本单位的应急工作需要；

（七）应急预案基本要素齐全、完整,应急预案附件提供的信息准确；

（八）应急预案内容与相关应急预案相互衔接。"

四、事故应急预案编制程序

下面以生产经营单位安全生产事故应急预案编制为例，阐述应急预案的编制程序。

应急预案的编制包括下面 6 个步骤。

1. 成立工作组。结合本单位部门职能分工，成立以单位主要负责人为领导的应急预案编制工作组，明确编制任务、职责分工，制定工作计划。

2. 资料收集。收集应急预案编制所需的各种资料（相关法律法规、应急预案、技术标准、国内外同行业事故案例分析、本单位技术资料等）。

3. 危险源与风险分析。在危险因素分析及事故隐患排查、治理的基础上，确定本单位的危险源、可能发生事故的类型和后果，进行事故风险分析并指出事故可能产生的次生衍生事故，形成分析报告，分析结果作为应急预案的编制依据。

4. 应急能力评估。对本单位应急装备、应急队伍等应急能力进行评估，并结合本单位实际，加强应急能力建设。

5. 应急预案编制。针对可能发生的事故，按照有关规定和要求编制应急预案。应急预案编制过程中，应注重全体人员的参与和培训，使所有与事故有关人员均掌握危险源的危险性、应急处置方案和技能。应急预案应充分利用社会应急资源，与地方政府预案、上级主管单位以及相关部门的预案相衔接。

6. 应急预案的评审与发布。评审由本单位主要负责人组织有关部门和人员进行。外部评审由上级主管部门或地方政府负责安全管理的部门组织审查。评审后，按规定报有关部门备案，并经生产经营单位主要负责人签署发布。

需要指出的是，应急预案的改进是预案管理工作的重要内容，与以上 6 项工作共同构成一个工作循环，通过这个循环可以持续改进预案的编制工作，完善预案体系。

五、应急预案基本结构

不同的应急预案由于各自所处的层次和适用的范围不同，因而在内容的详略程度和侧重点上会有所不同，但都可以采用相似的基本结构。如图 3-4-2 所示的"1+4"预案编制结构，是由一个基本预案加上应急功能设置、特殊风险管理、标准操作程序和支持附件构成的。

（一）基本预案

基本预案是应急预案的总体描述，主要阐述应急预案所要解决的紧急情况、应急的组织体系、方针、应急资源、应急的总体思路，并明确各应急组织在应急准备和应急行动中的职责以及应急预案的演练和管理等规定。

综合预案 = 基本预案 + (应急功能设置 / 特殊风险管理 / 标准操作程序 / 支持附件)

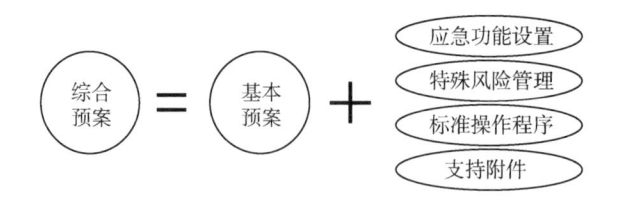

图 3-4-2　应急预案的基本结构

（二）应急功能设置

应急功能是指针对各类重大事故应急救援中通常采取的一系列的基本应急行动和任务，如指挥和控制、警报、通信、人群疏散与安置、医疗、现场管制等。因此，设置应急功能时，应针对潜在重大事故的特点综合分析并将其分配给相关部门。对每一项应急功能都应明确其针对的形势、目标、负责机构和支持机构、任务要求、应急准备和操作程序等。应急预案中包含的应急功能的数量和类型，主要取决于所针对的潜在重大事故危险的类型，以及应急的组织方式和运行机制等具体情况。表 3-4-1 直观地描述了应急功能与相关应急机构的关系。

表 3-4-1　应急功能矩阵表

部门	应急功能						
	接警与通知	警报和紧急公告	事态监测与评估	警戒与管制	人群疏散	医疗与卫生	消防和抢险
应急中心	R	R	S		S		
生产		S	S		S		S
消防	S	S	S	S	S	S	R
保卫	S			R	R	S	
卫生			S			R	
安环	S	S	R		S	S	S
技术			S				S

注：R——负责部门；S——支持部门。

（三）特殊风险管理

特殊风险指根据某类事故灾难、灾害的典型特征，需要对其应急功能作出针对性安排的风险。应说明处置此类风险应该设置的专有应急功能或有关应急功能所需的特殊要求，明确这些应急功能的责任部门、支持部门、有限介入部门及其职责和任务，为制定该类风险的专项预案提出特殊要求和指导。

（四）标准操作程序

由于基本预案、应急功能设置并不说明各项应急功能的实施细节，因此各应急功能的主要责任部门必须组织制定相应的标准操作程序,为应急组织或个人提供履行应急预案中规定职责和任务的详细指导。标准操作程序应保证与应急预案的协调和一致性,其中重要的标准操作程序可作为应急预案附件或以适当方式引用。

(五)支持附件

支持附件主要包括应急救援的有关支持保障系统的描述及有关的附图表,如危险分析附件、通信联络附件、法律法规附件、机构和应急资源附件、教育、培训、训练和演习附件、技术支持附件、协议附件、其他支持附件等。

从广义上来说,应急预案是一个由各级文件构成的文件体系。它不仅是应急预案本身,也包括针对某个特定的应急任务或功能所制定的工作程序等。一个完整的应急预案的文件体系可包括预案、程序、指导书、记录等,是一个 4 级文件体系。

六、事故应急预案主要内容

应急预案是整个应急管理体系的反映,它不仅包括事故发生过程中的应急响应和救援措施,而且还应包括事故发生前的各种应急准备和事故发生后的短期恢复,以及预案的管理与更新等。

通常,完整的应急预案主要包括以下六个方面的内容。

1. 应急预案概况

应急预案概况主要描述生产经营单位概况以及危险特性状况等,同时对紧急情况下应急事件、适用范围和方针、原则等提供简述并作必要说明。应急救援体系首先应有一个明确的方针和原则来作为指导应急救援工作的纲领。方针与原则反映了应急救援工作的优先方向、政策、范围和总体目标,如保护人员安全优先,防止和控制事故蔓延优先,保护环境优先。此外,方针与原则还应体现事故损失控制、预防为主、统一指挥以及持续改进等思想。

2. 事故预防

预防程序是对潜在事故、可能的次生与衍生事故进行分析并说明所采取的预防和控制事故的措施。

应急预案是有针对性的,具有明确的对象,其对象可能是某一类或多类可能的重大事故类型。应急预案的制定必须对所针对的潜在事故类型有一个全面系统的认识和评价,识别出重要的潜在事故类型、性质、区域、分布及事故后果,同时,根据危险分析的结果,分析应急救援的应急力量和可用资源情况,并提出建设性意见。

(1)危险分析

危险分析的最终目的是要明确应急的对象(可能存在的重大事故)、事故的性质及其影响范围、后果严重程度等,为应急准备、应急响应和减灾措施提供决策和指导依据。危险分析包括危险识别、脆弱性分析和风险分析。危险分析应依据国家和地方有关的法律法规要求，根据具体情况进行。

(2) 资源分析

针对危险分析所确定的主要危险，明确应急救援所需的资源，列出可用的应急力量和资源，包括：

① 各类应急力量的组成及分布情况；

② 各种重要应急设备、物资的准备情况；

③ 上级救援机构或周边可用的应急资源。

通过资源分析，可为应急资源的规划与配备、与相邻地区签订互助协议和预案编制提供指导。

(3) 法律法规要求

有关应急救援的法律法规是开展应急救援工作的重要前提保障。编制预案前，应调研国家和地方有关应急预案、事故预防、应急准备、应急响应和恢复相关的法律法规文件，以作为预案编制的依据和授权。

3. 准备程序

准备程序应说明应急行动前所需采取的准备工作，包括应急组织及其职责权限、应急队伍建设和人员培训、应急物资的准备、预案的演习、公众的应急知识培训、签订互助协议等。

应急预案能否在应急救援中成功地发挥作用，不仅仅取决于应急预案自身的完善程度，还依赖于应急准备的充分与否。应急准备主要包括各应急组织及其职责权限的明确、应急资源的准备、公众教育、应急人员培训、预案演练和互助协议的签署等。

(1) 机构与职责

为保证应急救援工作反应迅速、协调有序，必须建立完善的应急机构组织体系，包括城市应急管理的领导机构、应急响应中心以及各有关机构部门等。对应急救援中承担任务的所有应急组织，应明确相应的职责、负责人、候补人及联络方式。

(2) 应急资源

应急资源的准备是应急救援工作的重要保障，应根据潜在事故的性质和危险分析，合理组建专业和社会救援力量，配备应急救援中所需的各种救援机械和装备、监测仪器、堵漏和清消材料、交通工具、个体防护装备、医疗器械和药品、生活保障物资等，并定期检查、维护与更新，保证其始终处于完好状态。另外，对应急资源信息应实施有效的管理与更新。

(3) 教育、培训与演习

为全面提高应急能力，应急预案应对公众教育、应急训练和演习做出相应的规定，包括其内容、计划、组织与准备、效果评估等。

公众意识和自我保护能力是减少重大事故伤亡不可忽视的一个重要方面。作为应急准备的一项内容,应对公众的日常教育做出规定,尤其是位于重大危险源周边的人群,使他们了解潜在危险的性质和对健康的危害,掌握必要的自救知识,了解预先指定的主要及备用疏散路线和集合地点,了解各种警报的含义和应急救援工作的有关要求。

应急演习是对应急能力的综合检验。合理开展由应急各方参加的应急演习,有助于提高应急能力。同时,通过对演练的结果进行评估总结,有助于改进应急预案和应急管理工作中存在的不足,持续提高应急能力,完善应急管理工作。

(4) 互助协议

当有关的应急力量与资源相对薄弱时,应事先寻求与邻近区域签订正式的互助协议,并做好相应的安排,以便在应急救援中及时得到外部救援力量和资源的援助。此外,也应与社会专业技术服务机构、物资供应企业等签署相应的互助协议。

4. 应急程序

在应急救援过程中,存在一些必需的核心功能和任务,如接警与通知、指挥与控制、警报和紧急公告、通信、事态监测与评估、警戒与治安、人群疏散与安置、医疗与卫生、公共关系、应急人员安全、消防和抢险、泄漏物控制等,无论何种应急过程都必须围绕上述功能和任务开展。应急程序主要指实施上述核心功能和任务的程序和步骤。

(1) 接警与通知

准确了解事故的性质和规模等初始信息是决定启动应急救援的关键。接警作为应急响应的第一步,必须对接警要求做出明确规定,保证迅速、准确地向报警人员询问事故现场的重要信息。接警人员接受报警后,应按预先确定的通报程序,迅速向有关应急机构、政府及上级部门发出事故通知,以采取相应的行动。

(2) 指挥与控制

重大安全生产事故应急救援往往需要多个救援机构共同处置,因此,对应急行动的统一指挥和协调是有效开展应急救援的关键。建立统一的应急指挥、协调和决策程序,便于对事故进行初始评估,确认紧急状态,从而迅速有效地进行应急响应决策,建立现场工作区域,确定重点保护区域和应急行动的优先原则,指挥和协调现场各救援队伍开展救援行动,合理高效地调配和使用应急资源等。

(3) 警报和紧急公告

当事故可能影响到周边地区,对周边地区的公众可能造成威胁时,应及时启动警报系统,向公众发出警报,同时通过各种途径向公众发出紧急公告,告知事故性质、对健康的影响、自我保护措施、注意事项等,以保证公众能够及时做出自我保护响应。决定实施疏散时,应通过紧急公告确保公众了解疏散的有关信息,如疏散时间、路线、随身携带物、交通工具及目的地等。

(4) 通信

通信是应急指挥、协调和与外界联系的重要保障,在现场指挥部、应急中心、各应急救援组织、新闻媒体、医院、上级政府和外部救援机构之间,必须建立完善的应急通信网络,在应急救援过程中应始终保持通信网络畅通,并设立备用通信系统。

(5) 事态监测与评估

在应急救援过程中必须对事故的发展势态及影响及时进行动态的监测,建立对事故现场及场外的监测和评估程序。事态监测与评估在应急救援中起着非常重要的决策支持作用,其结果不仅是控制事故现场,制定消防、抢险措施的重要决策依据,也是划分现场工作区域、保障现场应急人员安全、实施公众保护措施的重要依据。即使在现场恢复阶段,也应当对现场和环境进行监测。

(6) 警戒与治安

为保障现场应急救援工作的顺利开展,在事故现场周围建立警戒区域,实施交通管制,维护现场治安秩序是十分必要的,其目的是要防止与救援无关人员进入事故现场,保障救援队伍、物资运输和人群疏散等的交通畅通,并避免发生不必要的伤亡。

(7) 人群疏散与安置

人群疏散是减少人员伤亡扩大的关键,也是最彻底的应急响应。应当对疏散的紧急情况和决策、预防性疏散准备、疏散区域、疏散距离、疏散路线、疏散运输工具、避难场所以及回迁等做出细致的规定和准备,应考虑疏散人群的数量、所需要的时间、风向等环境变化以及老弱病残等特殊人群的疏散等问题。对已实施临时疏散的人群,要做好临时生活安置,保障必要的水、电、卫生等基本条件。

(8) 医疗与卫生

对受伤人员采取及时、有效的现场急救,合理转送医院进行治疗,是减少事故现场人员伤亡的关键。医疗人员必须了解城市主要的危险,并经过培训,掌握对受伤人员正确消毒和治疗的方法。

(9) 公共关系

重大事故发生后,不可避免地会引起新闻媒体和公众的关注。应将有关事故的信息、影响、救援工作的进展等情况及时向媒体和公众公布,以消除公众的恐慌心理,避免公众的猜疑和不满。应保证事故和救援信息的统一发布,明确事故应急救援过程中对媒体和公众的发言人和信息批准、发布的程序,避免信息的不一致性。同时,还应处理好公众的有关咨询,接待并安抚受害者家属。

(10) 应急人员安全

重大事故尤其是涉及危险物质的重大事故的应急救援工作危险性极大，必须对应急人员自身的安全问题进行周密的考虑，包括安全预防措施、个体防护设备、现场安全监测等，明确紧急撤离应急人员的条件和程序，保证应急人员免受事故的伤害。

(11) 抢险与救援

抢险与救援是应急救援工作的核心内容之一，其目的是为了尽快地控制事故的发展，防止事故的蔓延和进一步扩大，从而最终控制住事故，并积极营救事故现场的受害人员。尤其是涉及危险物质的泄漏、火灾等事故，其消防和抢险工作的难度和危险性十分巨大，应对消防和抢险的器材和物资、人员的培训、方法和策略以及现场指挥等做好周密的安排和准备。

(12) 危险物质控制

危险物质的泄漏或失控，将可能引发火灾、爆炸或中毒事故，对工人和设备等造成严重危险。而且，泄漏的危险物质以及夹带了有毒物质的灭火用水，都可能对环境造成重大影响，同时也会给现场救援工作带来更大的危险。因此，必须对危险物质进行及时有效的控制，如对泄漏物的围堵、收容和洗消，并进行妥善处置。

5. 现场恢复

现场恢复也可称为紧急恢复，是指事故被控制住后所进行的短期恢复，从应急过程来说意味着应急救援工作的结束，进入到另一个工作阶段，即将现场恢复到一个基本稳定的状态。大量的经验教训表明，在现场恢复的过程中仍存在潜在的危险，如余烬复燃、受损建筑倒塌等，所以应充分考虑现场恢复过程中可能的危险。该部分主要内容应包括：宣布应急结束的程序；撤离和交接程序；恢复正常状态的程序；现场清理和受影响区域的连续检测；事故调查与后果评价等。

6. 预案管理与评审改进

应急预案是应急救援工作的指导文件。应当对预案的制定、修改、更新、批准和发布做出明确的管理规定，保证定期或在应急演习、应急救援后对应急预案进行评审和改进，针对各种实际情况的变化以及预案应用中所暴露出的缺陷，持续地改进，以不断完善应急预案体系。

以上这六个方面的内容相互之间既相对独立，又紧密联系，从应急的方针、策划、准备、响应、恢复到预案的管理与评审改进，形成了一个有机联系并持续改进的体系结构。这些要素是重大事故应急预案编制所应当涉及的基本方面，在编制时，可根据职能部门的设置和职责分配等具体情况，将要素进行合并或增加，以更符合实际。

第二节 应急预案的演练

应急演练是应急管理的重要环节,在应急管理工作中有着十分重要的作用。通过开展应急演练,可以实现评估应急准备状态,发现并及时修改应急预案、执行程序等相关工作的缺陷和不足;评估突发公共事件应急能力,识别资源需求,澄清相关机构、组织和人员的职责,改善不同机构、组织和人员之间的协调问题;检验应急响应人员对应急预案、执行程序的了解程度和实际操作技能,评估应急培训效果,分析培训需求。同时,作为一种培训手段,通过调整演练难度,可以进一步提高应急响应人员的业务素质和能力;促进公众、媒体对应急预案的理解,争取他们对应急工作的支持。

一、应急演练的定义、目的与原则

(一) 定义

应急演练是指各级政府部门、企事业单位、社会团体,组织相关应急人员与群众,针对待定的突发事件假想情景,按照应急预案所规定的职责和程序,在特定的时间和地域,执行应急响应任务的训练活动。

(二) 目的

1. 检验预案。通过开展应急演练,查找应急预案中存在的问题,进而完善应急预案,提高应急预案的实用性和可操作性。

2. 完善准备。通过开展应急演练,检查应对突发事件所需应急队伍、物资、装备、技术等方面的准备情况,发现不足及时予以调整补充,做好应急准备工作。

3. 锻炼队伍。通过开展应急演练,增强演练组织单位、参与单位和人员等对应急预案的熟悉程度,提高其应急处置能力。

4. 磨合机制。通过开展应急演练,进一步明确相关单位和人员的职责任务,理顺工作关系,完善应急机制。

5. 科普宣教。通过开展应急演练,普及应急知识,提高公众风险防范意识和自救互救等灾害应对能力。

(三) 原则

1. 结合实际、合理定位。紧密结合应急管理工作实际,明确演练目的,根据资源条件确定演练方式和规模。

2. 着眼实战、讲求实效。以提高应急指挥人员的指挥协调能力、应急队伍的实战能力为着眼点。重视对演练效果及组织工作的评估、考核,总结推广好经验,及时整改存在的问题。

3. 精心组织、确保安全。围绕演练目的，精心策划演练内容，科学设计演练方案，周密组织演练活动，制定并严格遵守有关安全措施，确保演练参与人员及演练装备设施的安全。

4. 统筹规划、厉行节约。统筹规划应急演练活动，适当开展跨地区、跨部门、跨行业的综合性演练，充分利用现有资源，努力提高应急演练效益。

二、应急演练的类型

根据应急演练的组织方式、演练内容和演练目的、作用等，可以对应急演练进行分类，目的是便于演练的组织管理和经验交流。

（一）按组织方式分类

应急演练按照组织方式及目标重点的不同，可以分为桌面演练和实战演练等。

1. 桌面演练。桌面演练是一种圆桌讨论或演习活动。其目的是使各级应急部门、组织和个人在较轻松的环境下，明确和熟悉应急预案中所规定的职责和程序，提高协调配合及解决问题的能力。桌面演练的情景和问题通常以口头或书面叙述的方式呈现，也可以使用地图、沙盘、计算机模拟、视频会议等辅助手段，有时被分别称为图上演练、沙盘演练、计算机模拟演练、视频会议演练等。

2. 实战演练。实战演练是以现场实战操作的形式开展的演练活动。参演人员在贴近实际状况和高度紧张的环境下，根据演练情景的要求，通过实际操作完成应急响应任务，以检验和提高相关应急人员的组织指挥、应急处置以及后勤保障等综合应急能力。

（二）按演练内容分类

应急演练按其内容，可以分为单项演练和综合演练两类。

1. 单项演练。单项演练是指只涉及应急预案中特定应急响应功能或现场处置方案中一系列应急响应功能的演练活动。注重针对一个或少数几个参与单位（岗位）的特定环节和功能进行检验。

2. 综合演练。综合演练是指涉及应急预案中多项或全部应急响应功能的演练活动。注重对多个环节和功能进行检验，特别是对不同单位之间应急机制和联合应对能力的检验。

（三）按演练目的和作用分类

应急演练按其目的和作用，可以分为检验性演练、示范性演练和研究性演练。

1. 检验性演练。主要是指为了检验应急预案的可行性及应急准备的充分性而组织的演练。

2. 示范性演练。主要是指为了向参观、学习人员提供示范，为普及宣传应急知识而组织的观摩性演练。

3. 研究性演练。主要是为了研究突发事件应急处置的有效方法,试验应急技术、设施和设备,探索存在问题的解决方案等而组织的演练。

不同演练组织形式、内容及目的的交叉组合,可以形成多种多样的演练方式,如单项桌面演练、综合桌面演练、单项实战演练、综合实战演练、单项示范演练、综合示范演练等。

三、应急演练的组织与实施

一次完整的应急演练活动主要包括计划、准备、实施、评估总结和改进等五个阶段(图 3-4-3)。

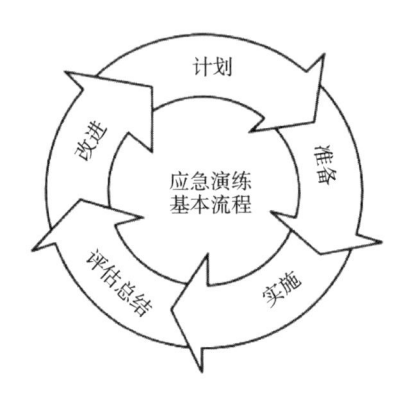

图 3-4-3　应急演练基本流程示意图

计划阶段的主要任务:明确演练需求,提出演练的基本构想和初步安排。

准备阶段的主要任务:完成演练策划,编制演练总体方案及其附件,进行必要的培训和预演,做好各项保障工作安排。

实施阶段的主要任务:按照演练总体方案完成各项演练活动,为演练评估总结收集信息。

评估总结阶段的主要任务:评估总结演练参与单位在应急准备方面的问题和不足,明确改进的重点,提出改进计划。

改进阶段的主要任务:按照改进计划,由相关单位实施落实,并对改进效果进行监督检查。

(一)计划

演练组织单位在开展演练准备工作前应先制订演练计划。演练计划是有关演练的基本构想和对演练准备活动的初步安排,一般包括演练的目的、方式、时间、地点、日程安排、演练策划领导小组和工作小组构成、经费预算和保障措施等。

在制订演练计划的过程中需要确定演练目的、分析演练需求、明确演练内容和范围、安排演练准备日程、编制演练经费预算等。

1. 梳理需求

演练组织单位根据自身应急演练年度规划和实际情况需要,提出初步演练目标、类型、范围,确定可能的演练参与单位,并与这些单位的相关人员充分沟通,进一步明确演练需求、目标、类型和范围。

(1) 确定演练目的。归纳提炼举办应急演练活动的原因、演练要解决的问题和期望达到的效果等。

(2) 分析演练需求。首先是在对所面临的风险及应急预案进行认真分析的基础上,发现可能存在的问题和薄弱环节,确定需加强演练的人员、需锻炼提高的技能、需测试的设施装备、需完善的突发事件应急处置流程和需进一步明确的职责等。

然后仔细了解过去的演练情况:哪些人参与了演练、演练目标实现的程度、有什么经验与教训、有什么改进、是否进行了验证。

(3) 确定演练范围。根据演练需求及经费、资源和时间等条件的限制,确定演练事件类型、等级、地域、参与演练的机构及人数和适合的演练方式。

事件类型、等级:根据需求分析结果确定需要演练的事件。

地域:选择一个现实可行的地点,并考虑交通和安全等因素。

演练方式:考虑法律法规的规定、实际的需要、人员具有的经验、需要的压力水平等因素,确定最适合的演练形式。

参与演练的机构及人数:根据演练的事件和演练方式,列出需要参与演练的机构和人员,以及确定是否涉及社会公众。

2. 明确任务

演练组织单位根据演练需求、目标、类型、范围和其他相关需要,明确细化演练各阶段的主要任务,安排日程计划,包括各种演练文件编写与审定的期限、物资器材准备的期限、演练实施的日期等。

3. 编制计划

演练组织单位负责起草演练计划文本,计划内容应包括:演练目的、目标、类型、时间、地点、演练准备实施进程安排、领导小组和工作小组构成、预算等。

4. 计划审批

演练计划编制完成后,应按相关管理要求,呈报上级主管部门批准。演练计划获准后,按计划开展具体演练准备工作。

(二) 准备

演练准备阶段的主要任务是根据演练计划成立演练组织机构,设计演练总体方案,并根据需要针对演练方案进行培训和预演,为演练实施奠定基础。

演练准备的核心工作是设计演练总体方案。演练总体方案是对演练活动的详细安排。

演练总体方案的设计一般包括确定演练目标、设计演练情景与演练流程、设计技术保障方案、设计评估标准与方法、编写演练方案文件等内容。

1. 成立演练组织机构

演练应在相关预案确定的应急领导机构或指挥机构领导下组织开展。演练组织单位要成立由相关单位领导组成的演练领导小组,通常下设策划部、保障部和评估组;对于不同类型和规模的演练活动,其组织机构和职能可以适当调整。演练组织机构的成立是一个逐步完善的过程,在演练准备过程中,演练组织机构的部门设置和人员配备及分工可能根据实际需要随时调整,在演练方案审批通过之后,最终的演练组织机构才得以确立。

(1) 演练领导小组

演练领导小组负责应急演练活动全过程的组织领导,审批决定演练的重大事项。演练领导小组组长一般由演练组织单位或其上级单位的负责人担任;副组长一般由演练组织单位或主要协办单位负责人担任;小组其他成员一般由各演练参与单位相关负责人担任。

(2) 策划部

策划部负责应急演练策划、演练方案设计、演练实施的组织协调、演练评估总结等工作。策划部设总策划、副总策划,下设文案组、协调组、控制组、宣传组等。

(3) 保障部

保障部负责调集演练所需物资装备,购置和制作演练模型、道具、场景,准备演练场地,维持演练现场秩序,保障运输车辆,保障人员生活和安全保卫等。其成员一般是演练组织单位及参与单位后勤、财务、办公等部门的人员,常称为后勤保障人员。

(4) 评估组

评估组负责设计演练评估方案和编写演练评估报告,对演练准备、组织、实施及安全事项等进行全过程、全方位评估,及时向演练领导小组、策划部和保障部提出意见、建议。其成员一般是应急管理专家或具有一定演练评估经验和突发事件应急处置经验专业人员,常称为演练评估人员。评估组可由上级部门组织,也可由演练组织单位自行组织,或由受邀承担评估工作的第三方机构组织。

(5) 参演队伍和人员

参演队伍包括应急预案规定的有关应急管理部门(单位)工作人员、各类专(兼)职应急救援队伍以及志愿者队伍等。参演人员承担具体演练任务,针对模拟事件场景做出应急响应行动。有时也可使用模拟人员替代未参加现场演练的单位人员,或模拟事故的发生过程,如释放烟雾、模拟泄漏等。

演练组织机构的部门设置和人员配备及分工可根据实际需要随时调整,在演练方案审批通过之后,最终的演练组织机构才得以确立。

2. 确定演练目标

演练目标是为实现演练目的需完成的主要演练任务及其效果。演练目标一般需说明"由谁在什么条件下完成什么任务,依据什么标准或取得什么效果"。

演练组织机构召集有关方面和人员,商讨确认范围、演练目的、演练目标以及各参与机构的目标,并进一步商讨,为确保演练目标实现而在演练场景、评估标准和方法、技术保障及对演练场地等方面应满足的要求。

演练目标应简单、具体、可量化、可实现。一次演练一般有若干项演练目标,每项演练目标都要在演练方案中有相应的事件和演练活动予以实现,并在演练评估中有相应的评估项目判断该目标的实现情况。

3. 演练情景事件设计

演练情景事件是为演练而假设的一系列突发事件,为演练活动提供了初始条件并通过一系列的情景事件,引导演练活动继续直至演练完成。

其设计过程包括:确定原生突发事件类型、请专家研讨、收集相关素材;结合演练目标,设计备选情景事件、研讨修改确认可用的情景事件、各情景事件细节确定。

演练情景事件设计必须做到真实合理,在演练组织过程中需要根据实际情况不断修改完善。演练情景可通过《演练情景说明书》和《演练情景事件清单》加以描述。

4. 演练流程设计

演练流程设计是按照事件发展的科学规律,将所有情景事件及相应应急处置行动按时间顺序有机衔接的过程。其设计过程包括:确定事件之间的演化衔接关系;确定各事件发生与持续时间;确定各参与单位和角色在各场景中的期望行动以及期望行动之间的衔接关系;确定所需注入的信息及注入形式。

5. 技术保障方案设计

为保障演练活动顺利实施,演练组织机构应安排专人根据演练目标、演练情景事件和演练流程的要求,预先进行技术保障方案设计。当技术保障因客观原因确难实现时,可及时向演练组织机构相关负责人反映,提出对演练情景事件和演练流程的修改建议。当演练情景事件和演练流程发生变化时,技术保障方案必须根据需要进行适当调整。

6. 评估标准和方法选择

演练评估组召集有关方面和人员,根据演练总体目标和各参与机构的目标以及演练的具体情景事件、演练流程和技术保障方案,商讨确定演练评估标准和方法。

演练评估应以演练目标为基础。每项演练目标都要设计合理的评估项目方法、标准。根据演练目标的不同,可以用选择项(如:是/否判断,多项选择)、主观评分(如:1-差、3-合格、5-优秀)、定量测量(如:响应时间、被困人数、获救人数)等方法进行评估。

为便于演练评估操作,通常事先设计好评估表格,包括演练目标、评估方法、评价标准和相关记录项等。有条件时,还可以采用专业评估软件等工具。

7. 编写演练方案文件

文案组负责起草演练方案相关文件。演练方案文件主要包括演练总体方案及其相关附件。根据演练类别和规模的不同,演练总体方案的附件一般有演练人员手册、演练控制指南、技术保障方案和脚本、演练评估指南、演练脚本和解说词等。

8. 方案审批

演练方案文件编制完成后,应按相关管理要求,报有关部门审批。对综合性较强或风险较大的应急演练,在方案报批之前,要由评估组组织相关专家对应急演练方案进行评审,确保方案科学可行。

演练总体方案获准后,演练组织机构应根据领导出席情况,细化演练日程,拟定领导出席演练活动安排。

9. 落实各项保障工作

为了按照演练方案顺利、安全地实施演练活动,应切实做好人员、经费、场地、物资器材、技术和安全方面的保障工作。

(1) 人员保障

演练参与人员一般包括演练领导小组、演练总指挥、总策划、文案人员、控制人员、评估人员、保障人员、参演人员、模拟人员等,有时还会有观摩人员等其他人员。在演练的准备过程中,演练组织单位和参与单位应合理安排工作,保证相关人员参与演练活动的时间;通过组织观摩学习和培训,提高演练人员的素质和技能。

(2) 经费保障

演练组织单位每年要根据具体应急演练方案规划编制应急演练经费预算,纳入该单位的年度财政(财务)预算,并按照演练需要及时拨付经费。对经费使用情况进行监督检查,确保演练经费专款专用、节约高效。

(3) 场地保障

根据演练方式和内容,经现场勘察后选择合适的演练场地。桌面演练一般可选择会议室或应急指挥中心等;实战演练应选择与实际情况相似的地点,并根据需要设置指挥部、集结点、接待站、供应站、救护站、停车场等设施。演练场地应有足够的空间,良好的交通、生活、卫生和安全条件,尽量避免干扰公众生产生活。

(4) 物资和器材保障

根据需要，准备必要的演练材料、物资和器材，制作必要的模型设施等，主要包括：信息材料、物资设备、通信器材和演练情景模型等。

(5) 技术保障

根据技术保障方案的具体需要，保障应急演练所涉及的有线通信、无线调度、异地会商、移动指挥、社会面监控、应急信息管理系统等技术支撑系统的正常运转。

(6) 安全保障

应急演练组织单位要高度重视应急演练组织与实施全过程的安全保障工作。在应急演练方案编制中，应充分考虑应急演练实施中可能面临的风险，制定必要的应急演练安全保障措施或方案。大型或高风险应急演练活动要按规定制定专门应急预案，采取预防和控制措施。

10. 培训

为了使演练相关策划人员及参演人员熟悉演练方案和相关应急预案，明确其在演练过程中的角色和职责，在演练准备过程中，可根据需要对其进行适当培训。

在演练方案获准后至演练开始前，所有演练参与人员都要经过应急基本知识、演练基本概念、演练现场规则、应急预案、应急技能及个体防护装备使用等方面的培训。对控制人员要进行岗位职责、演练过程控制和管理等方面的培训；对评估人员要进行岗位职责、演练评估方法、工具使用等方面的培训；对参演人员要进行应急预案、应急技能及个体防护装备使用等方面的培训。

11. 预演

对于大型综合性演练，为保证演练活动顺利实施，可在前期培训的基础上，在演练正式实施前，进行一次或多次预演。预演遵循先易后难、先分解后合练、循序渐进的原则。预演可以采取与正式演练不同的形式，演练正式演练的某些或全部环节。大型或高风险演练活动，要结合预先制定的专门应急预案，对关键部位和环节可能出现的突发事件进行针对性演练。

(三) 实施

演练实施是对演练方案付诸行动的过程，是整个演练程序中的核心环节。

1. 演练前检查

演练实施当天，演练组织机构的相关人员应在演练开始前提前到达现场，对演练所用的设备设施等进行检查，确保其正常工作。

按照演练安全保障工作安排，对进入演练场所的人员进行登记和身份核查，防止无关人员进入。

2. 演练前情况说明和动员

导演组完成事故应急演练准备，以及对演练方案、演练场地、演练设施、演练保障措施的最后调整后，应在演练前夕分别召开控制人员、评估人员、演练人员的情况介绍会，确保所有演练参与人员了解演练现场规则以及演练情景和演练计划中与各自工作相关的内容。演练模拟人员和观摩人员一般参加控制人员情况介绍会。

导演组可向演练人员分发演练人员手册，说明演练适用范围、演练大致日期（不说明具体时间）、参与演练的应急组织、演练目标的大致情况、演练现场规则、采取模拟方式进行演练的行动等信息。演练过程中，如果某些应急组织的应急行为由控制人员或模拟人员以模拟方式进行演示，则演练人员应了解这些情况，并掌握相关控制人员或模拟人同的通信联系方式，以免演练时与实际应急组织发生联系。

3. 演练启动

演练目的和作用不同，演练启动形式也有所差异。

示范性演练一般由演练总指挥或演练组织机构相关成员宣布演练开始并启动演练活动。检验性和研究性演练，一般在到达演练时间节点，演练场景出现后，自行启动。

4. 演练执行

演练组织形式不同，其演练执行程序也有差异。

（1）实战演练

应急演练活动一般始于报警消息，在此过程中，参演应急组织和人员应尽可能按实际紧急事件发生时的响应要求进行演示，即"自由演示"，由参演应急组织和人员根据自己对最佳解决办法的理解，对情景事件做出响应行动。

演练过程中参演应急组织和人员应遵守当地相关的法律法规和演练现场规则，确保演练安全进行，如果演练偏离正确方向，控制人员可以采取"刺激行动"以纠正错误。"刺激行动"包括终止演练过程，使用"刺激行动"时应尽可能平缓，以诱导方法纠偏，只有对背离演练目标的"自由演示"才使用强刺激的方法使其中断反应。

（2）桌面演练

桌面演练的执行通常是五个环节的循环往复：

演练信息注入、问题提出、决策分析、决策结果表达和点评。

（3）演练解说

在演练实施过程中，演练组织单位可以安排专人对演练过程进行解说。解说内容一般包括演练背景描述、进程讲解、案例介绍、环境渲染等。对于有演练脚本的大型综合性示范演练，可按照脚本中的解说词进行讲解。

（4）演练记录

演练实施过程中，一般要安排专门人员，利用文字、照片和音像等手段记录演练过程。文字记录一般可由评估人员完成,主要包括演练实际开始与结束时间、演练过程控制情况、各项演练活动中参演人员的表现、意外情况及其处置等内容,尤其要详细记录可能出现的人员"伤亡"(如:进入"危险"场所而无安全防护,在规定的时间内不能完成疏散等)及财产"损失"等情况。

照片和音像记录可安排专业人员和宣传人员在不同现场、不同角度进行拍摄,尽可能全方位反映演练实施过程。

(5)演练宣传报道

演练宣传组按照演练宣传方案做好演练宣传报道工作。认真做好信息采集、媒体组织、广播电视节目现场采编和播报等工作,扩大演练的宣传教育效果。对涉密应急演练要做好相关保密工作。

5. 演练结束与意外终止

演练完毕,由总策划发出结束信号,演练总指挥或总策划宣布演练结束。演练结束后所有人员停止演练活动,按预定方案集合进行现场总结讲评或者组织疏散。保障部负责组织人员对演练场地进行清理和恢复。

演练实施过程中出现下列情况,经演练领导小组决定,由演练总指挥或总策划按照事先规定的程序和指令终止演练:(1)出现真实突发事件,需要参演人员参与应急处置时,要终止演练,使参演人员迅速回归其工作岗位,履行应急处置职责。(2)出现特殊或意外情况,短时间内不能妥善处理或解决时,可提前终止演练。

6. 现场点评会

演练组织单位在演练活动结束后,应组织针对本次演练现场的点评会。其中包括专家点评、领导点评、演练参与人员的现场信息反馈等。

(四)评估总结

1. 评估

演练评估是指观察和记录演练活动、比较演练人员表现与演练目标要求,并提出演练中发现的问题的过程。演练评估目的是确定演练是否已经达到演练目标的要求,检验各应急组织指挥人员及应急响应人员完成任务的能力。要全面、正确地评估演练效果,必须在演练地域的关键地点和各参演应急组织的关键岗位上,派驻公正的评估人员。评估人员的作用主要是观察演练的进程,记录演练人员采取的每一项关键行动及其实施时间,访谈演练人员,要求参演应急组织提供文字材料,评估参演应急组织和演练人员表现并反馈演练表现。

应急演练评估方法是指演练评估过程中的程序和策略,包括评估组组成方式、评估目标与评估标准。评估人员较少时可仅成立一个评估小组并任命一名负责人。评估人员较多时,则应按演练目标、演练地点和演练组织进行适当的分组,除任命一名总负责人外,还应分别任命小组负责人。评估目标是指在演练过程中要求演练人员展示的活动和功能。评估标准是指供评估人员对演练人员各个主要行动及关键技巧评估的评判指标,这些指标应具有可测量性或力求定量化,然而根据演练的特点,评判指标中可能出现相当数量的定性指标。

情景设计时,策划人员应编制评估计划,列出必须进行评估的演练目标及相应的评估准则,并按演练目标进行分组,分别提供给相应的评估人员,同时给评估人员提供评价指标。

2. 总结报告

(1) 召开演练评估总结会议

在演练结束后一个月内,由演练组织单位召集评估组和所有演练参与单位,讨论本次演练的评估报告,并从各自的角度总结本次演练的经验教训,讨论确认评估报告内容,并提出总结报告内容,拟定改进计划,落实改进责任和时限。

(2) 编写演练总结报告

在演练评估总结会议结束后,由文案组根据演练记录、演练评估报告、应急预案、现场总结等材料,对演练进行系统和全面的总结,并形成演练总结报告。演练参与单位也可对本单位的演练情况进行总结。

演练总结报告的内容包括:演练目的、时间和地点、参演单位和人员、演练方案概要、发现的问题与原因、经验和教训,以及改进有关工作的建议、改进计划、落实改进责任和时限等。

3. 文件归档与备案

演练组织单位在演练结束后应将演练计划、演练方案、各种演练记录(包括各种音像资料)、演练评估报告、演练总结报告等资料归档保存。

对于由上级有关部门布置或参与组织的演练,或者法律、法规、规章要求备案的演练,演练组织单位应当将相关资料报有关部门备案。

(五) 改进

1. 改进行动

对演练中暴露出来的问题,演练组织单位和参与单位应按照改进计划中规定的责任和时限要求,及时采取措施予以改进,包括修改完善应急预案、有针对性地加强应急人员的教育和培训、对应急物资装备有计划地更新等。

2. 跟踪检查与反馈

演练总结与讲评过程结束之后,演练组织单位和参与单位应指派专人,按规定时间对改进情况进行监督检查,确保本单位对自身暴露出的问题做出改进。

第三节　应急预案举例——施桥船闸应对突发事件应急处置预案

为切实加强施桥船闸应急事件的管理工作,进一步做好安全应急预案与政府公共事件处置总体预案有机对接,全面提高施桥船闸系统应对恐怖事件和处置突发性事件的能力和水平,提高应急组织、快速反应、应急指挥、有效控制、通力协作、后勤保障、应急处置、现场救援、应急抢修和技术保障等十大能力,全力保障国家财产、人民群众生命财产以及全所广大干部职工的生命财产安全。根据上级要求,并结合本所实际,现修订本预案。

一、应急预案适用范围

（1）因地震、火灾、台风、洪水等自然灾害和待闸船舶大量积压、航道阻塞等特殊情况而引起的突发事件。

（2）因电力事故、火灾事故、爆炸品、食物中毒等人为因素而引起的突发事件。

（3）因恶性群体上访、刑事案件、邪教或敌对势力破坏、恐怖暴力活动等社会对抗和冲突而引发的突发事件。

上述给全所正常的工作环境、生活秩序、社会稳定、国家财产造成不良影响和严重后果的重大突发事件,超出日常有效处理能力,需要各部门(班组)做出响应或给予援助时,即启动本预案。

二、突发事件报告制度

在所党支部、行政统一领导和指挥下,与苏北处和地方各级政府积极协调配合,组织实施应急处置工作,及时启动应急预案。各部门、班组要按照管理所要求严格履行职责,按照相应预案全力以赴组织救援,及时组织相关部门和班组做好人员、物资的疏运工作。

按照突发事件的性质,选择采取如下报告措施：

1. 立即将所发生重大突发事件性质、发展态势报告所主要领导,及时向苏北处报送有关信息,并请示拟采取的措施。

2. 在24小时内写出书面报告,报送苏北处及有关主管部门。报告内容包括：发生突发事件的时间、详细地点(位置)、事件的简要经过、伤亡人数、直接经济损失的初步估计,危机原因、性质的初步判断,抢救处理情况和已采取的措施,需要有关部门和单位协助抢救和处理的有关事宜,事件的报告人、签发人和报告时间、联系电话、联系人。

3. 如涉及航道受损、不畅等情况,应根据上级指示,协调地方海事、水警等涉水部门及时进行疏通、抢修、保畅以及秩序维护工作。

4. 如涉及重点物资运输,则由处应急保障工作领导小组会同运力提供方,配合上级主管部门进行调度,确保重点物资快速通过苏北运河。

三、应急预案等级划分

(一) 突发事件分级

各类突发事件按照其性质、严重程度、可控性和影响范围等因素,分为四级:Ⅰ级(特别重大)、Ⅱ级(重大)、Ⅲ级(较大)和Ⅳ级(一般)。

(1) 一般突发事件(Ⅳ级):船闸非正常停航 6 小时以上 24 小时以下,预计将要发生一般以上的航道系统所属船闸突发公共事件,事件即将临近,事态可能扩大。

(2) 较大突发事件(Ⅲ级):船闸非正常停航 24 小时以上 72 小时以下,预计将要发生较大以上的航道系统所属船闸突发公共事件,事件即将临近,事态有扩大的趋势。

(3) 重大突发事件(Ⅱ级):船闸非正常停航 72 小时以上 240 小时以下,预计将要发生重大以上的航道系统所属船闸突发公共事件,事件即将发生,事态正在逐步扩大。

(4) 特别重大突发事件(Ⅰ级):船闸非正常停航 240 小时以上。预计将要发生特别重大以上的航道系统所属船闸突发公共事件,事件已经发生,事态正在蔓延。

(二) 突发事件预警分级

按照突发事件严重性和紧急程度,可分为一般(Ⅳ级)、较重(Ⅲ级)、严重(Ⅱ级)、特别严重(Ⅰ级)四级预警,并依次采用蓝色、黄色、橙色和红色表示。

(1) 蓝色预警(Ⅳ级):预计将要发生一般以上的突发事件,事件即将临近,事态可能会扩大。

(2) 黄色预警(Ⅲ级):预计将要发生较大以上的突发事件,事件已经临近,事态有扩大的趋势。

(3) 橙色预警(Ⅱ级):预计将要发生重大以上的突发事件,事件即将发生,事态正在逐步扩大。

(4) 红色预警(Ⅰ级):预计将要发生特别重大以上的突发事件,事件已经发生,事态正在蔓延。

(三) 预测和预警

信息报告:各部门、班组要及时向所应急指挥中心报告有关突发事件的动态信息,所应急指挥中心根据情况及时向处应急指挥中心报告,做到及时、真实、规范。属于重大和特别重大的突发事件,必须在事发接警后 30 分钟内报告主要情况,并在 2 小时内书面报告详细情况;属于恐怖事件、群体性堵塞主干道等特别重大突发事件,要立即报告。常规静态信息可定期报告。

预警:各部门或个人一旦掌握突发事件征兆或发生突发事件的情况,有责任迅速向所应急指挥中心报告突发事件信息。所应急指挥中心通过分析判断和研究,及时提出处理意见。

(四)应急响应

1. 发生一般突发事件后,管理所应立即启动本所应急预案,所主要负责人应当赶赴现场,调查处理,采取有效措施控制事态发展,对事件严重程度、影响范围、发展趋势随时评估,针对评估结果提出解决方案、措施并实施,处置工作完毕后,及时研判,适时决定应急工作结束。所应急办要在 1 小时内将突发事件简要情况快报至处,管理所依据实际情况,提出事故处理意见报处应急办核准、备案。

2. 发生较大、重大突发事件后,管理所应立即报告处应急保障工作指挥中心统一指挥处理,启动相应预案,各应急工作机构和人员积极配合开展工作,根据需要派出工作组或在现场设立指挥机构。涉及面广,需要省局、省厅、地方政府有关部门和单位统一协调处理的,立即向上级应急指挥中心请求支援,由上级应急指挥中心统一协调处理,有关信息报经上级批准后对外通报和发布。处置工作完毕后,处应急保障工作指挥中心及时研判,适时决定应急工作结束。

3. 发生特别重大突发事件后,由处应急保障工作指挥中心向省厅、省局和地方政府部门报告,请求上级应急指挥中心统一指挥、协调处理。全处各级应急工作机构和人员积极按照上级应急指挥中心的指令,启动相应应急预案,积极配合开展应急处置工作,并及时向上级应急指挥中心报告工作情况。

四、应急组织机构与分工

(一)应急领导小组

所成立施桥船闸应急保障工作领导小组,负责组织领导、协调配合、统一指挥突发性事件处置和船闸保畅工作。领导小组组长由×××担任,副组长由×××、×××、×××担任,所各部门负责人和各班组长为成员。

领导小组办公室设在所应急办,×××任应急办主任,×××、×××、×××、×××任常务副主任,×××、×××、×××为副主任。日常事务由运调指挥承担,领导小组办公室负责信息汇总上报、协调及应急处置工作。

(二)领导小组职责

1. 根据突发事件状态,统一部署应急救援预案的实施工作,对应急工作中发生的争议采取果断处理措施。

2. 根据预案实施过程中存在的问题和事件的变化,及时对预案进行调整、修订、补充和完善,确保所有参与应急救援预案的部门(班组)和人员明确各自的职责,指派专人和重大危险救助单位保持热线联系,使危机应急救援预案不断得到更新和完善。

3. 根据事件情况,组织人员和物资疏散工作;在管理所内紧急调用人员、物资、设备。

4. 在突发事件应急处置过程中,应当和危机现场的各关键区域的负责人员保持密切联系,及时反馈现场的态势。

5. 配合上级部门进行事件调查处理工作,做好稳定社会秩序和伤亡人员的善后及安抚工作,适时发布通报,将危机事件的原因、责任及处理决定公布于众,接受社会的监督。

(三) 领导小组成员分工及工作职责

发生恐怖活动或突发性事件时,在所应急保障领导小组的领导下,领导小组成员按照以下分工认真抓好落实。

1. 办公室

负责密切配合上级主管单位,在所领导小组的统一指挥下,接受指令,完成相应任务。

负责重大信息的上传下达,及时为领导提供突发事件应急的应对策略,保证信息渠道畅通。

负责全所应对突发事件的对外宣传工作。

负责指挥、协调、督促后勤管理要害岗位人员,根据事件的不同性质,迅速对供(排)水、供(切)电、消防、饮食等保障系统采取相应控制措施。

负责调度管理所所有车辆,保证应急交通通畅。

负责交通战备工作资料、机关设备安全,必要时经处领导小组同意,按有关规定向部队求助。

负责所后勤安全保卫工作,加强与公安、消防等部门的联系,根据实际情况报请所领导同意后拨打救援电话。

负责所文秘室、档案室、综合资料的安全和抢险。

与卫生防疫部门密切联系,负责疫情监测并做好隔离、消毒工作。

做好突发事件处置后垃圾清运处理工作。

与所财务材料室配合,根据不同危机事件和灾害种类,搞好物资储备,并与有关部门、单位建立物品供应联络关系等,所需经费列入所财务年度预算。

负责应急事件的临时人事调配和保证所人事档案的安全。

负责紧急状态下人员疏散、医疗救治及安抚工作。

负责紧急状态下伤员救助工作及事后落实相关政策。

负责做好后勤办公区、职工宿舍区供(排)水、供(切)电等工作,以及紧急情况下的集中供餐等工作。

2. 运调指挥中心、航管稽征中心

负责汛期船闸安全畅通，与处航闸养护科、处运调中心等部门配合加强汛期安全，及时启动《苏北处防汛防旱交通保障工作应急预案》并负责预案的实施。

待闸船舶增多时，及时向处运调中心申请启动多闸联合调度管理运行机制和《苏北运河电煤等重点物资运输保障应急方案》并负责预案的实施。

负责抓好船闸建设、船闸大修、低水位、汛期、大雾等特殊时期的通航安全管理。与处航道科、处航政科等部门配合加强汛期通航管理，及时启动《苏北处保障电煤等重点物资运输应急预案》。

3. 工程养护中心

负责船闸机电设备、闸阀门等突发性抢修，确保船闸运行安全高效，与处船闸养护科加强配合，及时启动《苏北处机电应急保障系统》并负责实施。

负责航道清障打捞，保证航道安全畅通。

负责车船等设备安全，保证技术状况性能良好。

负责应急工程的审核和施工质量监督工作。

负责全所通信、网络设备安全及应对突发事件通信联络畅通工作。

4. 财务材料室

负责及时审核应急经费的合理使用，保证财务资料的安全。

负责及时编制应急工作的经费预算，优先安排资金等工作。

与办公室配合，根据不同危机事件和灾害种类，搞好物资储备，所需经费列入管理所年度财务预算。

5. 监察室

负责突发事件的调查及善后。

6. 所工会

积极与相关部门配合，负责做好紧急状态下人员疏散、医疗救治、伤亡人员家属的安抚工作。

负责做好接受社会捐赠的有关工作。

7. 所党支部

负责做好应急保畅期间人员的思想和政令畅通工作。

五、施桥船闸应急保障工作主要预案

(一) 防汛防旱应急保障工作预案

苏北处负责管辖的京杭运河苏北段 404 km 大运河航道，共有十一个梯级、十道船闸，纵跨扬州、淮安、宿迁、徐州四市，与长江、淮河、沂沭泗等水系相连，是苏北防汛防旱

的重要水道，也是防汛抗旱物资运输的主要干线航道。为确保汛期险情发生时航闸的安全畅通和防汛抗旱交通物资保障工作顺利进行，按照有备无患、临危不惧，立足防大汛、抗大灾的精神，根据苏北处统一划分，结合我所实际情况，将防汛防旱交通保障工作分为甲、乙、丙、丁四个汛情警戒等级，特制定如下汛情交通保障工作应急预案。

1. 丁级汛情保障措施

丁级为最低的警戒级别，具体条件：时间进入汛情易发期，降雨增多，客水来量加大，骆马湖、洪泽湖处于汛限水位以下，长江、淮河、京杭大运河、三河、入海水道等重点河道没有出现大的洪峰，水位维持在警戒水位以下或常水位。

丁级汛情下，主要做好有关准备工作：

（1）管理所成立应急抢险队、巡查队伍和预备队，加强训练。

（2）制定和下发工作意见，明确工作责任，编制防汛防旱工作预案，召开有关工作会议，组织学习培训。

（3）所财材股备足相关防汛物资。

（4）加强航道巡查，清理违章碍航设施；组织航道扫床，及时打捞航道中的碍航物。

（5）对船闸机电设备、车船技术状况和电缆、避雷设施绝缘程度进行检测，及时进行维护保养，对机电设备及水下闸门等部位进行维修、保养，特别是船闸运转件，发现异常，立即更换。清除上、下游阀门底部和门槛等处杂物；检查闸室及上、下游引航道靠船墩系船设施，紧固松动部位，更换损坏部件；检查上、下游导航建筑物及护坡完好情况，防止护坡倒塌，影响船舶安全停靠。

2. 丙级汛情保障措施

丙级汛情的具体条件：时间进入汛情发生期，降雨增多，客水来量持续加大，三河闸、二河闸、高良涧闸等开闸泄洪，但泄洪量小于降雨和客水来量；有的航区纵向流速加大，船舶航行稍有困难，个别河口有影响船舶安全航行的横流出现，但小于通航标准规定的流速。航道和船闸一般不会有重大险情发生。

丙级汛情下，主要做好有关实施工作：

（1）所防汛防旱组织机构开始运转，启动24小时值班制。

（2）专用船艇、车辆、测量、通信等设备进入待命状态。

（3）密切注意水情变化情况，及时通报水情信息。

（4）全面掌握待闸船舶情况，加强引航道秩序管理，保证过往船舶安全有序进出闸。航政排档艇要及时巡查管理，维护好航道秩序，想方设法缓解待闸船舶压力。

（5）加强工程施工安全管理，特别是驳岸、码头、疏浚等室外工程项目的施工和施工船组调迁等，严格按照工程安全施工规范有关要求，认真落实安全施工防范措施，严守安全生产操作规程，防止汛期给工程施工带来影响，确保施工安全。

3. 乙级汛情保障措施

具体条件：沿线各重点河流水位暴涨，航道纵向流速超过 2 m/s，各重点泄洪河口横流已超过 0.4 m/s。

在乙级汛情下，航道和船闸随时可能出现险情，各重点河口横流较大，威胁过往船舶的航行安全。航道上流态复杂，航标被船舶碰撞、水毁时有发生，航道护坡可能出现局部毁坏，部分船闸可能因水位超过极限出现机械损坏、运行困难或被迫停航的情况。

乙级情况下，主要做好有关实施工作：

(1) 立即启动防汛防旱交通保障应急预案。

(2) 防汛防旱组织机构主要人员要集中上班，随时研究汛情，布置抢险和保重点物资运输工作。

(3) 各防汛动力(车、船等)24 小时待命，随时准备投入工作。

(4) 航道纵向流速接近 2 m/s，河口横向流速超过 0.4 m/s，根据地方汛期航道交通管制要求，船闸实行通航管制。

(5) 各工班值班人员密切注意观察机电、闸阀门等设备的运行状况。当水位达到警戒水位时，严格控制涨落水时间，调整提落阀门速度。

(6) 当船闸机电设备等发生故障时，机电值班人员应迅速组织排除，如一时排除不了，应及时向所详细汇报，请处及时安排工程总队闸修人员或有关人员抢修。

(7) 认真执行上级防汛有关指示精神，既要保证市场紧缺物资的运输船舶及时安排优先放行，又要按规定对装运防汛抢险物资的船舶，及时安排优先过闸。对紧急抢险物资的运输船舶要做到随到随放；对防汛堵决口的物资船舶的调度，应立即按抢险指挥部门要求执行，并报处。

(8) 加强汛情监测，并与各地方防汛部门保持密切联系，及时了解掌握汛情、旱情信息，上、下游远方调度站及时向过往船舶公示、宣传泄洪流量和流速等水文公告；建立汛期和枯水期水位监测制度，运调股明确专人每日观察船闸上、下游水位，并在每日上午 9 时前向处和有关部门通报并及时发布。

(9) 管理所成立应急抢险队、巡查队和预备队。巡查队 24 小时不间断检查，及时发现险情，争取工作主动；当水位可能触发险情时，抢险队要随时待命。

(10) 在遇到险情时，单位领导和抢险突击队人员要迅速到达现场，科学指挥抢险救灾，最大限度减少损失，并及时将情况向上级汇报。当发生突发情况造成船闸管理范围内航道堵塞时，应及时组织人员上航排档，积极争取海事、公安部门的支持配合，并向处业务主管部门报告，由处考虑统一调度，上、下船闸相互配合。

4. 甲级汛情保障措施

甲级防汛警戒级别是汛情警戒级别中最高的一级。具体条件是：已经发生汛情紧急情况，持续多天大雨或暴雨，客水来量持续加大，山东来水和淮河洪水会合，三河闸、二河闸、高良涧闸等全部大流量开闸泄洪。入海、入江水道全部开闸泄洪。

在甲级汛情下，大部分航道和船闸随时可能出现险情或已有船闸发生险情，个别船闸可能出现水位超过或接近最高通航水位的情况。大多数航段流态复杂，纵横流交错，航行十分困难，主要泄洪区船舶无法航行，被迫限制航行或停航；大部分航标灯桩被水淹没，出现非维护性失常，或被船舶碰撞毁坏；航道护坡出现坍塌、冲毁现象。

甲级汛情下，主要采取以下措施：

(1) 立即启动交通战备机制，分级成立抢险救灾指挥部，所有车、船设备听从上级抢险指挥部统一调配，全所全力投入到抢险救灾工作之中。

(2) 所防汛防旱组织机构主要人员靠前指挥，布置抢险和保重点物资运输工作。

(3) 管理所防汛动力（车、船等）全部处于应急状态，集中布置，24小时待命，听从处和地方防汛防旱办公室调遣，随时准备投入工作。

(4) 管理所根据海事部门汛期航道交通管制要求，配合实行通航管制。具体措施要根据现场上下行船舶航行安全情况决定，在船舶航行安全和航道畅通的前提下，最大限度地提高船舶通过量，减少滞留船舶的数量。

(5) 工程技术人员应确保机电、闸阀门等设备的运行状况良好。当船闸机电设备等发生故障时，应迅速组织排除，如不能及时排除，要向处汇报，请工程总队技术人员前往抢修。

(6) 保证船闸运行正常，对装运防汛抢险物资的船舶，及时安排优先过闸。对紧急抢险物资的运输船舶做到随到随放；对防汛堵决口的物资船舶的调度，立即执行过闸。

(7) 所领导和有关业务部门负责人、工程技术人员，全部一线指挥抢险救灾，帮助解决问题，最大限度减少损失并及时将情况向上级汇报。

(二) 施桥船闸电煤等重点物资运输保障应急方案

施桥船闸处于超饱和运行状态，严峻的通航形势与压力，必须要求航道安全畅通，迫使船闸不间断地高速运转，尽最大努力提高通过能力，才能有序优先安排电煤船舶过闸。

1. 牢固树立航闸畅通是电煤运输保障前提的观念。针对施桥船闸使用运行的特殊情况，认真组织落实船闸维修保养管理办法，重点加强维修保养工作的强制性与计划性管理，加强检查考核力度。严格执行船闸主要设备设施与维修保养日巡查、旬检查、月总结考评制度。发现不良闸况与隐患问题，及时落实整改处理。加强船闸专业性水下定期检查工作，要求检查做到认真细致、全面准确，检查报告填写准确、清楚。对发现的隐患、问题及时研究处理方案，抓紧落实。对暂时无法处理的隐患，建立安全防范管理预案，逐步进行整改处理。

2. 建立船闸突发性故障抢修处理保障机制和队伍。一旦发生突发性故障问题,管理所要立即向处报告,请处组织抢修人员实施抢修。对船闸养护经费进行计划安排,重点解决船闸生产设备设施存在的技况问题并实施必要的技术改造,保持与提高船闸使用技术状况,为电煤有序运输打好基础。

3. 严格加强航道秩序管理。当船舶待闸较为集中、40 个船队以下时,每日安排航政艇上航巡查一次;待闸船队超过 40 个以上时,要求做到船舶停靠在哪里航道管理到哪里,全力确保航道畅通。

4. 密切关注天气变化,在发生暴雨、大风、大雾、大雪等突发情况时,首先要考虑船闸设施、船舶和广大船员的生命财产安全,摆正电煤运输、船闸运行和安全保障的关系,严格遵守船闸安全运行规范要求。二是要通过各种宣传渠道向广大船员做好突发事件的预告和安全宣传,提示安全防范。三是加强现场观察瞭望,进行科学指挥调度,通知船舶有序进出船闸。四是风力超限、能见度不足时,采取临时停航措施。五是及时清扫积雪,保持工作场所和运行现场无积雪,确保船闸正常运行。

5. 认真执行全省电煤保障运输计划,按省政府保障电煤运输的要求,认真执行省经贸委和省交通厅下达的"江苏省内主力电厂苏北运河运输计划"和"各市重点保障地方热电厂苏北运河运输计划"。

6. 苏北航务处根据省经贸委和省交通厅核定的各电厂运输计划执行总控制,实施保障通过。具体程序是由各电厂自主负责调运计划管理,根据电煤调运的实际情况如实填报"电厂用煤安排过闸计划申请表",电传苏北航务处。苏北处根据运河电煤运输保障内部审核管理规范,审核船舶签证起讫港、货种、吨位、电厂经办人手续、计划执行情况等,发现有差错或疑问随即电话联系核准。电厂传真数量在月度计划运输总量控制范围内、手续完备的,制成"优先过闸电煤审核汇总表",确定需要优先安排过闸的船闸,经盖章后专人负责电传转发各有关船闸执行。

7. 运调股安排当日运行调度计划时,按照规定的先后顺序组织,优先保障省主力电厂用煤。在待闸船舶超过 80 个船队时,优先过闸电煤运输保障船队数量可以达到放行船队量的 50%;待闸船舶在 20~80 个船队时,优先过闸电煤运输保障船队数量不超过放行船队量的 30%。在特殊恶劣天气或各电厂电煤存量严重不足时,根据省电煤保障领导小组及上级的指示,对享有省经贸委和省交通厅联合核定优先保障计划的电厂煤炭运输船队采取随到随放措施。

8. 重点航段发生低于最低通航水位以下影响正常通航问题,管理所要及时将详细信息专报苏北处,处核准后及时办理信息专报省经贸委和省航道局,请求协调提高水位,保证通航需求。

(三) 施桥船闸机电信息应急保障工作预案

根据苏北处推行危险点控制法的相关要求,按照可控性、严重程度、影响范围、人员及财产损失情况,原则上将我所突发机电信息设备故障事件由高到低划分为重大(A级)、较大(B级)、一般(C级)三个等级。

重大突发机电信息故障事件(A级):指突然发生,情况复杂,可能造成长时间不能恢复通航,需要请求处调度多个部门、处、闸(站)及相关单位社会力量和资源进行联合处置的紧急机电信息故障事件。

较大突发机电信息故障事件(B级):指突然发生,情况较为复杂,对一定范围内的交通秩序和社会经济秩序造成一定危害或威胁,三日内难以恢复通航,需要请求处调度个别职能部门、处、闸(站)力量和资源进行处置的机电信息故障事件。

一般突发机电信息故障事件(C级):指突然发生,情况比较简单,仅对小范围内的船闸畅通和社会经济秩序造成较小危害,当日内难以恢复通航,需要请求处调度个别部门或闸(站)的自身力量和资源就能够处置的突发机电信息故障事件。

1. 应急处理

(1) 应急保障程序(图 3-4-4)

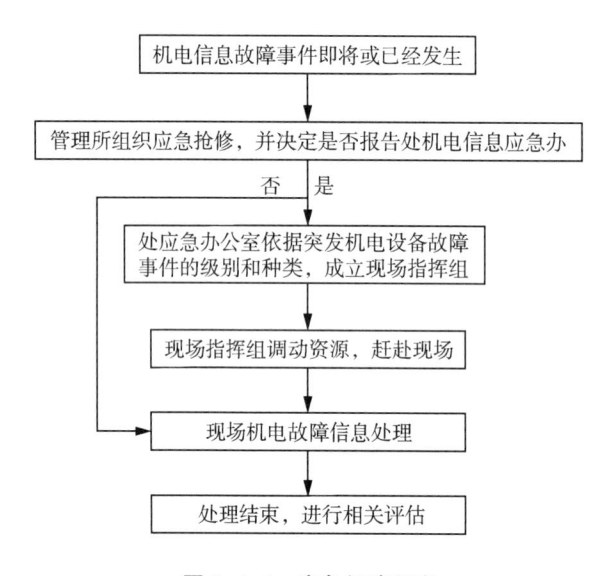

图 3-4-4 应急保障程序

a. 当确认突发机电设备故障事件即将或已经发生时,管理所应急领导小组应立即做出响应,按照"统一指挥、专业处置"的要求,现场组织调度本单位的各类应急保障物资,指挥协调本单位的应急队伍先期开展生产自救工作。

b. 当机电设备故障事件有进一步扩大或已造成较大或重大故障事件时,管理所应尽可能做好启动高级别应急响应预案的保障工作,尽全力防止故障事件进一步扩大,并及时掌握事件进展情况,随时向处应急领导小组办公室报告。

c. 由处应急领导小组办公室依据突发机电设备故障事件的级别和种类,决定是否启动高级别的应急预案,并根据事态的进展情况适时组织具有丰富应急处置经验人员对整个事件进行现场分析判断和事态评估,研究并提出处置措施。

d. 参与突发机电设备故障事件处置工作的各相关部门,应根据现场指挥部的要求,立即调动有关人员和处置队伍赶赴现场,在现场指挥部的统一指挥下,按照专项预案分工和事件处置规程要求,相互配合、密切协作,共同开展应急处置工作。

e. 现场指挥部应随时跟踪故障事件的进展情况,一旦发现故障事件有进一步扩大的趋势且其后果及影响有可能超出自身的控制能力,应立即向上级主管部门发出请求,由上级主管部门协助调配其他应急资源参与处置工作。同时应及时向事件可能波及的地区通报有关情况,必要时可通过媒体向社会发出预警。

(2) 专门小组

事故得到控制后,立即组织两个专门小组:

a. 成立故障调查小组,调查事故原因和落实防范措施。

b. 成立抢修小组,研究抢修方案,并立即组织抢修,尽早恢复通航。

2. 具体保障措施

(1) 应急队伍保障

a. 由苏北航务管理处应急保障办公室牵头,处所相关人员及苏北航务管理处工程总队,成立全处机电信息应急保障抢修队,负责全处 B 级以上的机电信息故障的应急抢修工作。

b. 管理所应配备常规性应急队伍,负责常规(C 级以下)机电信息故障的应急处理。主管所长作为应急队伍的总负责人,工程养护中心为应急队伍的主体,负责本单位的机电信息应急保障工作。

c. 本单位的应急保障队伍职能部门与苏北航务管理处的相应职能部门应建立联系机制,当本单位的技术力量不足时,能得到上一级部门的支援。

(2) 交通运输保障

a. 苏北航务管理处工程总队作为机电信息应急保障的主体力量,配有专用应急保障车船(工程用车、人员用车等)。

b. 本单位车船作为单位内部的应急保障车船,在需要的情况下,苏北航务管理处有权调用基层单位的车船设备作为处应急保障使用,单位不得以各种理由拒绝调用。

(3) 物资保障

a. 根据全处的实际情况,苏北航务管理处在江苏省第一机械厂和工程总队分别设有备件库。其中,第一机械厂备有底平车和四连杆的大齿轮等,工程总队备有泵站、电气控制系统备件等。

b. 本单位的备品备件库设专人管理,对各类备品备件要按照相关保养要求按时进行保养,以确保备品备件的性能良好,同时对备品备件进行统计和分析,缺少的及时予以补充。对更新的设备的备件也要同时更新,确保备品备件与使用中的设备保持一致。

(4) 资金保障

a. 管理所建立专用的应急保障资金账户,实行专款专用,以应对突发的故障。

b. 按照"急事急办"的原则,简化工作环节,保证突发的机电设备故障的应急保障资金及时到位,确保应急处置工作的顺利进行。

3. 有关规定和要求

为能在故障发生后,迅速准确、有条不紊地进行处理,尽可能减少损失,平时必须做好应急保障的准备工作,落实岗位责任制和各项制度。

(1) 落实应急保障组织。本着专业对口,便于领导,便于集结和开展的原则,建立组织,落实人员,确保应急保障组织的落实。

(2) 按照任务分工做好物资准备:准备各种防护器材和必要的指挥、通信、抢修等器材及交通工具,上述各种器材应指定专人保管,并定期检查保养,使其经常处于良好状态,专人保管以备急用。

(3) 各相关部门应根据实际情况对人员进行训练和演习。

(4) 建立健全值班、检查、总结评比等制度。

(四) 施桥船闸节日期间突发事件应急处理预案

1. 制定节日期间突发事件处理应急预案的目的

加强节日期间船闸安全保障工作,及时有效地处理在我所发生的突发事件。

2. 船闸突发事件应急领导、组织机构

(1) 所突发事件应急领导小组

组　长:×××、×××

副组长:×××、×××、×××

成　员:×××、×××、×××、……

(2) 所各突发事件应急小组

a. 救生应急小组

组　长:×××

成　员:当日值班所长、当日班长及班组相关成员、×××、×××

b. 消防应急小组

组　长:×××

成　员:当日值班所长、当班班组、×××、×××、×××、×××

c. 运行现场突发险情应急小组

组　　长：×××

副组长：×××

成　　员：当日值班所长、当日班长及班组相关成员、×××、×××、……

d. 治安保卫异常情况应急小组

组　　长：×××

副组长：×××、×××

成　　员：当日值班所长、当班班组相关人员、×××、×××、×××、……

e. 微机系统、机电故障抢修应急小组

组　　长：×××

副组长：×××

成员：×××、×××、×××、×××、……

3. 船闸突发事件应急组织机构职责

(1) 所突发事件应急领导小组职责

a. 研究制定、完善船闸突发事件应急预案。

b. 做好突发事件应急的技术、设施设备的配备工作。

c. 组织开展船闸突发事件应急预案的学习培训。

d. 组织指挥船闸突发事件的应急处理及善后工作。

(2) 船闸突发事件各应急小组职责

a. 熟悉船闸突发事件应急预案。

b. 组织开展好突发事件应急预案的学习培训。

c. 准备好本责任范围内应对突发事件必要的器材、设备，并确保可随时使用。

d. 认真执行所突发事件应急领导小组指令，迅速开展突发事件应急救援工作。

e. 组织协调好突发事件应急救援及善后工作。

(3) 各突发事件应急小组成员职责

a. 熟练掌握各突发事件应急预案内容、方法。

b. 认真执行所突发事件应急领导小组及突发事件应急小组指令，开展应急救援工作。

c. 应急救援中要相互协调、相互支持，并做好自身的安全防护工作。

4. 应急方案启动方式及措施

(1) 建立信息处理系统

a. 设立值班电话

白天：0514－********、********、********、********

正常上班期间由×××、×××负责信息的处理、上报和反馈,节假日和夜间由当日值班所长负责信息的处理工作。

b. 公布所突发事件领导小组及各应急小组成员的电话号码,具体如下:

××× ＊＊＊＊＊＊＊＊＊＊＊　　×××　＊＊＊＊＊＊＊＊＊＊

××× ＊＊＊＊＊＊＊＊＊＊＊　　×××　＊＊＊＊＊＊＊＊＊＊

……

(2) 建立船闸突发事件的报告制度,一是值班人员对发现的任何突发事件应及时向当日值班所长报告;二是值班所长发现或接到报告后,应及时向值班所领导和所主要领导报告,并及时通知到有关应急小组的组长。

(3) 各应急小组组长接到通知后,应迅速组织召集所属小组成员以最快的速度和最短的时间赶到事发现场进行有效处理。

5. 突发事件的应急措施

(1) 船闸管辖范围内发生火情,消防应急小组要服从总值班的领导和指导,迅速投入火灾的扑救。针对火灾的地点和性质,采取切断电源、疏散人群、利用船闸消防设施进行火灾的扑救工作,最大限度地减少火灾造成的损失,如火势过猛,自身力量难以扑救还应及时拨打"119"火警电话报警,报警时要讲清火灾发生的地点、性质、周围有无易燃易爆危险品,必要时报警人要在主要路口等候消防车的到来,带领消防车尽快赶往火灾地点。

(2) 运行现场发生险情,运行现场突发险情应急小组要服从总值班的领导和指挥,及时了解掌握事发现场的情况,迅速采取针对性的措施组织抢险和施救,最大限度地降低突发事件的后果和影响。

(3) 闸区治安保卫工作中出现突发事件,治安保卫突发事件应急小组要服从总值班的领导,及时调查了解事发情况,遇有大额现金、票据被盗或其他重大设备设施被盗、被恶意破坏等治安保卫情况时,应立即向当地公安机关报告。

(4) 船闸管控系统、机电设备发生故障,管控系统、机电设备抢修应急小组要服从总值班的领导和指挥,及时组织人员有效地排除各种故障,确保船闸的正常运行。

6. 应急保障要求

(1) 各应急小组人员必须做到招之即来,不得以任何借口延误、推托或不参加。凡在非值班期间离开居住地外出的,必须事先向所主要领导请假说明,经同意后方可外出,所有应急小组人员的手机一律不得关机,随时听从调遣。

(2) 值班人员必须严格按照制定的节日值班表认真值班,不得随意变动,遇有特殊情况需调整变动的,必须向所主要领导请示批准。

(3) 各岗位值班人员必须坚守岗位,加强值班,密切注意闸区人员动态、闸首周围逗留人员和经闸门通过人员的动态,提高警惕,防控万一。值班人员要严格纪律、严格规章、严守规程、严防死守,对违规行为或对船闸发生的突发事件不及时报告的,所将严肃追究其责任。

(五) 施桥船闸消防工作应急预案

1. 成立所消防工作领导小组

组　　长:×××、×××

副组长:×××、×××、×××

成　　员:×××、×××、×××、……

2. 建立消防义务应急队伍

指导员:×××

队　　长:×××

副组长:×××

成　　员:当日值班所长、当班班组成员、×××、×××、×××、……

3. 消防应急领导小组职责

(1) 熟悉消防应急预案内容、方法。

(2) 组织开展好突发事件应急预案的学习培训。

(3) 准备好本责任范围内应对突发事件必要的器材、设备,并确保可随时使用。

(4) 认真执行所突发事件应急领导小组的指令,迅速开展突发事件应急救援工作。

(5) 组织协调好突发事件应急救援及善后工作。

4. 消防义务应急队伍成员职责

(1) 熟练掌握消防应急预案内容、方法。

(2) 认真执行所突发事件应急领导小组及救生应急小组的指令,开展应急救援工作。

(3) 应急救援中要相互协调、相互支持,并做好应急方案及措施的有效贯彻落实。

5. 落实消防工作应急措施

(1) 应急召集分工

总召集人:×××

后勤召集人:×××

运行现场召集人:×××、×××

机电召集人:×××、×××

(2) 建立船闸火灾预警报告制度

a. 值班人员发现火灾应及时向当日值班所长报告。

b. 值班所长发现或接到报告后要及时向所主要领导报告,并及时通知总召集人。

(3) 总召集人接到通知后,应迅速通知各分工范围的召集人,使各分工范围的召集人能及时组织所属人员赶到火灾事发现场参与火灾的扑救工作。灭火过程中,由所消防领导小组负责人统一指挥,参加的人员必须服从安排,积极投入。

6. 应急实施具体方案

(1) 对远方调度站商业区发生的火情,一是迅速征调船艇赶赴火灾现场,利用船艇上的消防泵进行水上扑救;二是就地取用灭火机和利用船闸配置的消防器材进行陆上扑救。对远方调度站商业区的火灾扑救要注意四点:

a. 要先切断电源。

b. 要疏散人群。

c. 要及时拨打"119"火警电话报警。

d. 要及时组织自救。

(2) 对船闸运行发生的火情,针对火灾的性质,采取针对性灭火措施。

a. 对油船火灾的扑救,一要迅速调集我所发电机房和配电间的 MFT70 型灭火机 2 台,4 个闸口配置的 MFTZ35 型干粉灭火机 4 台,参与对油船的灭火工作;二要利用各岗位配置的 MFZ5 型灭火机或消防砂进行灭火扑救;三是在可能的情况下,油队还需对着火驳船进行解缆分离,不给其他油驳船带来危害;四要及时拨打"119"火警电话报警。

b. 对草船火灾的扑救,一要利用船闸配置的消防器材进行灭火;二是在可能的情况下,利用船艇进行水上扑救;三是立即进行船舶隔离,防止火势蔓延;四要及时拨打"119"火警电话报警。

c. 办公区、生产区、生活区、发配电间等重点防火区域一旦发生火情,应迅速切断电源,利用船闸配置的消防器材进行灭火,同时要及时拨打"119"火警电话报警。

7. 应急保障要求

(1) 配置齐全有效的消防设备设施。对消防设备设施要经常进行检查和维护,保证技术状况良好,摆放位置要合理,便于取用。在重要位置配置消防栓,确保正常使用。

(2) 各消防应急人员在接到通知后不得无故推托、延误或不参加,如有违反,所将严肃追究违规人员的责任。

(六) 施桥船闸救生工作应急预案

1. 成立所救生应急领导小组

组　长:×××

成　员:当日值班所长、运调股成员、当日班长及班组相关成员

2. 救生应急领导小组职责

(1) 熟悉救生应急预案。

(2) 组织开展好突发事件应急预案的学习培训。

(3) 准备好本责任范围内应对突发事件必要的器材、设备,并确保可随时使用。

(4) 认真执行所突发事件应急领导小组的指令,迅速开展突发事件应急救援工作。

(5) 组织协调好突发事件应急救援及善后工作。

3. 救生应急小组成员职责

(1) 熟练掌握救生应急预案内容、方法。

(2) 认真执行所突发事件应急领导小组及救生应急小组的指令,开展应急救援工作。

(3) 应急救援中要相互协调、相互支持,并做好自身的安全防护工作。

(4) 当日值班所长为当班救生的组织人;当班班组长为实施救生的指导员。

4. 实施救生的对象

(1) 上、下游远方调度站待闸船员。

(2) 船闸运行现场过闸船员。

(3) 船艇驾乘人员。

5. 通信联络

所救生工作值班电话

白天：0514－＊＊＊＊＊＊＊＊、＊＊＊＊＊＊＊＊内线：＊＊＊＊、＊＊＊＊

夜间：0514－＊＊＊＊＊＊＊＊　　内线：＊＊＊＊

6. 实施救生应急方案

(1) 在远方调度站区域发生待闸船员落水被救起后需要到医院救治的,远方调度站人员应及时向值班所长报告,值班所长接到报告后,应帮助船员联系车辆、就医事宜,所需车辆可以根据情况联系单位内部车辆或外部车辆,全力帮助船员尽快到医院抢救。

(2) 在运行生产现场发生船员落水事件,要具体情况具体对待。

① 如遇在闸室涨落水时有船员落水,值班人员发现或听到呼救时,应立即采取停止阀门运行、抛扔救生圈的救生措施,同时及时向值班工长和值班所长汇报,以使值班工长和值班所长赶到现场进行处理。

② 如遇船舶在进、出闸时发生船员落水,值班人员一方面要及时用广播宣传,告知进、出闸船舶有人落水,通知后续进、出闸的船舶慢速或停止进、出闸;另一方面立即抛扔救生圈,并及时向值班工长和值班所长报告,以使值班工长和值班所长赶到现场进行处理。

③ 在船闸引航桥区域,值班人员发现或听到呼救时,应及时向值班工长和值班所长报告,以使值班工长和值班所长赶到现场进行处理,同时抛扔救生圈进行救助。凡被救助船员需要就医时,值班所长应及时联系车辆,全力帮助船员尽快到医院抢救。

(3) 船艇是船闸救生工作的重点,驾乘人员必须穿着救生衣出航,并谨慎驾驶,遵守水上交通规则。如遇驾乘人员落水,其他驾乘人员应及时采取有效措施组织实施抢救。

7. 救生工作保障要求

(1) 配备齐全的救生设备,在上、下游远方调度站和4个现场调度岗位各配备1只救生圈和1件救生衣,在船艇上配备足够的救生衣和救生圈。

(2) 任何工作人员未经批准不允许上船,防止工作人员发生落水事件。运行现场调度人员加强安全防范,抓好现场秩序管理,有针对性地开展对船员上、下爬梯的安全宣传,注意现场观察,发现船员落水情况要及时采取措施实施救生工作。

(3) 对船闸管辖区域内发生的人员落水及抢救,实行逐级报告制,应急领导小组要认真做好组织抢救和调查处理工作。

(七) 施桥船闸特殊天气情况下运行管理应急预案

1. 制定特殊天气情况下船闸运行管理应急预案的目的

船闸的安全运行极易受特殊天气的影响,主要特殊天气是指大雾、大风、大雪及特大暴雨,这些特殊天气都会给船舶的安全过闸带来较大危害。为适应船闸运行安全的需要,确保船闸的安全畅通特编制应急预案。

2. 成立所特殊天气情况下船闸运行管理领导小组

组　　长:×××

副组长:×××

成　　员:当日值班所长、×××、×××、×××、……

(1) 管理职责

① 特殊天气情况下船闸运行管理由分管领导×××主抓,由运行调度具体负责,当日值班所长协助负责,主要抓好特殊天气情况下船闸的运行安全管理,强化责任和措施,认真督促检查,确保特殊天气时应急工作方案落实到位,管理工作情况和效果要向所主要领导汇报。

② 运行工班是船闸运行管理的直接责任班组,当班工长是特殊天气情况下船闸运行管理的责任人(正工长休息由副工长负责),负责对本班组岗位职工特别调度岗位值班人员的指挥管理,要以确保船闸运行安全为核心,按照规定要求做好特殊天气情况下船闸运行安全管理或船闸临时停航工作,保证在遇有特殊天气情况下本班组不发生任何船闸运行的安全事故。

(2) 应急方案及措施

① 遇有大雾

a. 白天遇有大雾天气,运调股和值班所长应根据雾的等级做好应急措施的落实。当能见度在30 m以内时,必须落实班组停航任何船舶,船闸实行临时停航,并加强现场岗位工作检查,保证停航期间船舶安全;当能见度在30 m以外时,运调股或值班所长要及时布置放闸的管理要求,重点控制班组的调船数量和强调现场的安全管理要求。分管领导、运调股、值班所长要深入现场抓好船闸安全放行的监管工作。

b. 夜间遇有大雾天气,根据船闸实际工作的特点,当能见度在30 m以内时,由班组工长负责船闸的临时停航工作,抓好停航工作的布置和督查,禁放期间当班人员要做到"两要":一要加强值班;二要加强宣传。当能见度在 30 m 以外时,由班组工长负责好班组的管理,抓好本班组职工有关放闸安全事项的落实,班组人员要有针对性地加强安全宣传,做好现场动态的观察了解,掌握闸情,强化超前管理,确保船舶安全通过。

② 遇有大风

a. 遇有七级以上大风时,船闸要及时实行临时停航,分管领导、运调股、值班所长要加强对当班班组的安全交代和岗位巡查工作;当班工长要加强本班组的管理,落实调度人员,做好停航期间的安全宣传和监护管理,特别是要加强航道内船舶停靠情况的了解和掌握,确保船舶不出安全问题。

b. 遇有七级以下大风时,运调股或值班所长要控制班组的调船数量,加强现场安全工作的布置和检查,做好现场管理的服务保障工作。

当班班组要严守制度规定,加强对船舶停靠秩序及进、出闸秩序的管理,加大对船舶过闸的指挥、宣传和排档工作,全力保障船闸的安全运行。分管领导、运调股、值班所长要深入一线加强现场安全检查和管理,确保七级以下大风天气情况下船闸现场运行安全有序。

③ 遇有大雪

a. 大雪天气,财材股要将草帘配备到位,四个闸口的值班人员应及时在闸门上铺好草帘,切实做好防滑工作。

b. 分管领导、运调股、值班所长要加强对现场的安全检查与管理,当班工长、操作员、闸口值班员要加强对船员上、下爬梯的安全宣传,做好船舶过闸全过程的安全管理。

c. 分管领导、运调股、政秘股要组织人员清除闸首、天桥、引航道等部位的积雪,确保人员行走安全。

④ 遇有大暴雨

遇有特大暴雨时,船闸要实行临时停航,运调股或值班所长要做好布置和落实,当班工长要负责抓好本班组的及时停放工作,班组人员要强化责任,落实要求,做好值班保卫工作。

(3) 应急保障要求

① 运调股、值班所长、各运行工班要及时掌握天气的变化,以安全为第一需要,做好特殊天气情况下的布置和落实,做到各项应急工作到位,安全防范有力。

② 在特殊天气情况下,当班值班人员要坚守岗位,加强现场安全监护,杜绝"三违"现象,确保船闸安全工作不出任何事故。

③ 建立特殊天气情况下的岗位值班责任追究制,实行"谁值班、谁负责、谁出事、严追究",同时遇有重要情况要及时逐级向上汇报,以便及时处理。

六、应急预案实施要求与措施

各部门、班组须按照职责分工全力做好应急准备工作,强化日常管理,为处置大规模突发事件提供可靠的水上交通运输保障。

1. 加强应急职守。对重大突发性事件的处理,由处机关应对突发事件领导小组统一指挥,由处办公室协调处机关各科室(部门),保证对突发事件的有效控制和快速处置。要严格落实交通安保和安全防范值班制度,实行 24 小时值班制度,值班人员必须坚守岗位,带班领导、相关人员必须严格执行请假报备制度。管理所应对突发事件领导小组成员手机 24 小时在线,工作人员保持 24 小时联络畅通。要畅通信息渠道,遇有突发情况、紧急状况,迅速上报,坚决杜绝迟报、漏报甚至瞒报重大信息等情况的发生。对领导关心的重要问题要及时做好协调和反馈工作。要严格落实每日情况报告制度,及时报告有关应急情况和动态信息。

2. 制定并落实应急预案,强化日常培训与演练。各部门要按照所预案,结合自身实际,制定本部门预案,落实运输保障车辆及相关装备,并经常性地组织演练,以确保出现紧急情况时预案的各项措施能够实施到位。做好船闸基础设施快速修复和替代方案,确保船闸安全运行、航道安全畅通。特别是要加强管理所应对突发事件的防范能力,及时对安全设施进行维修、更新和改造,对消防、抢救、人员疏散等进行培训和演练,把应急管理的各项工作落实在日常管理之中,提高危机防范水平。

3. 整合资源,发挥优势。发生重大突发事件时,充分利用和发挥现有资源,对已有的各类工作岗位人员、设备、物资、信息、工作方式进行资源整合,保证实现全所应对处置措施的统一指挥和调度。

4. 做好后勤保障。管理所应建立预警和处置突发危机事件的快速反应机制,保证人力、物力、财力的储备,一旦出现危机,保证人员和物资疏散运输的安全畅通,确保发现、报告、指挥、处置等环节的紧密衔接,及时应对。做好充足的运力储备,确保紧急情况下调得出、用得上。

5. 维护团结稳定。对涉及本部门的矛盾和问题,部门领导要主动下访,着力做好群众思想政治工作,认真细致排查群访集访事件,及时准确掌握不稳定动态,将矛盾纠纷化解在基层,将重点人员稳控在当地,坚决防止大规模群体性事件。

6. 加强督查考核。各部门、班组要进一步明确各自的工作职责,确保安全保障工作有条不紊。要认真排查工作中的薄弱环节,及时整改工作中存在的问题。落实奖惩措施,对措施得力、工作出色的部门和人员予以奖励;对失职、渎职造成严重后果和恶劣影响的,严肃追究相关人员责任。

第四节　专项预案示例

一、邵伯船闸船舶碰撞闸门应急预案

为了加强一二号船闸的闸门监护管理，防止船舶在进、出闸过程中碰撞我闸上、下游闸门的突发事故发生，现结合我闸工作实际，特制定船舶碰撞闸门应急预案如下。

（一）成立所应急领导小组

为了加强应急工作的组织领导，所成立应急领导小组。

组　　长：×××、×××

副组长：×××、×××、×××

成　　员：×××、×××、×××、×××、……

（二）明确对闸门监护的安全管理职责和规定

1. 运调股是实施对闸门监护管理的职能部门，负责对各运行工班的闸门安全运行进行有效督促、检查与管理。

2. 运行工班现场调度员是闸门运行安全的直接管理人员，负责对进、出闸的船舶进行安全宣传、指挥管理以及全程监护，对闸门的防撞工作负直接、主要责任。

3. 运行工班现场调度员在平时的放闸过程中，必须认真落实船舶放行的安全事项，并现场实施对船舶进、出闸全程的安全监护，为杜绝闸门被撞打下扎实的基础。要做好以下三点：一是在船舶进闸前，必须做好对进闸船舶的安全宣传，要求头帮进闸船舶在进闸停靠前要注意减速慢行并及时打缆；二是在船舶进闸时，必须密切注意其动向，同时严禁一切进闸船舶超越安全警戒线停靠，发现超越苗头及时制止；三是在闸门开启过程中，要认真查看头帮船舶的动向，及时制止船舶在闸门未开启到位前动车出闸。

4. 运行工班现场调度员要加强对过闸船舶的管理，发现违章或不服从管理的船舶要及时上报值班所长、运调股，由运调股迅速组织人员进行查处，为规范船舶进、出闸秩序打下坚实的基础。

（三）落实应急措施及要求

1. 建立过闸船舶发生碰撞闸门事件的报告制度。现场调度员在放闸过程中一旦发生船舶碰撞闸门的突发事件，应及时向当日值班所长或运调股报告。当日值班所长或运调股接到报告后，要及时向所主要领导报告。

2. 在所主要领导的领导下，所应急领导小组的有关人员在接到通知后，要求在最短的时间内赶到被撞闸门现场参与应急处理工作。

3. 应急处理方法：一是迅速组织人员查明闸门被撞部位的损伤情况以及是否影响闸门运行，如有影响及时组织人员抢修并上报上级机关；二是迅速调查闸门被撞原因并调看现场监控录像查看当班值班员是否履行工作职责；三是对碰撞闸门的肇事船舶进行查扣；四是对当班值班员所属班组进行"四不放过"教育；五是评估闸门被撞损失并向肇事船舶索赔及处理；六是对负有责任的当班值班员进行处理；七是把闸门被撞的各项处理结果上报上级机关。

（四）信息处理及通信联系

1. 建立信息处理系统

① 值班所长电话号码(内电：＊＊＊＊；外电：0514－＊＊＊＊＊＊＊＊)；

② 运调股电话号码(内电：＊＊＊＊；外电：0514－＊＊＊＊＊＊＊＊)；

③ 政秘股设立专用值班电话(0514－＊＊＊＊＊＊＊＊)和传真机，由×××、×××负责信息的处理、上报和反馈，保证信息畅通。

2. 所应急小组人员电话号码

×××　　＊＊＊＊＊＊＊＊＊＊＊　　×××　　＊＊＊＊＊＊＊＊＊＊＊

×××　　＊＊＊＊＊＊＊＊＊＊＊　　×××　　＊＊＊＊＊＊＊＊＊＊＊

×××　　＊＊＊＊＊＊＊＊＊＊＊　　×××　　＊＊＊＊＊＊＊＊＊＊＊

……

二、邵伯船闸上、下游远方调度站区域突发事件处理应急预案

为加强我闸远方调度站区域的安全保障工作，及时有效处置所属范围内发生的各类突发事件，结合我所实际，特制定本所远方调度站区域突发事件应急处理预案如下。

（一）成立所应急领导小组

为加强上、下游远方调度站区域突发事件处理的组织领导，特成立所应急领导小组。

组　　长：×××、×××

副组长：×××、×××、×××

成　　员：×××、×××、×××、×××、……

（二）组建各突发事件应急小组

针对我所上、下游远方调度站可能发生的突发事件，所组建了五个应急小组，具体情况如下。

1. 消防应急小组。由×××负责，小组成员：×××、×××、×××。

2. 道路清障应急小组。由×××负责，小组成员：×××、×××、×××、×××。

3. 伤员救治应急小组。由当日值班所长负责，小组成员：×××（当班工长）、××

×、×××、×××、×××。

4. 供电故障抢修应急小组。由×××负责,小组成员:当日值班机电工×××、×××、×××、×××、×××。

5. 站区治安保卫异常情况应急小组。由当日值班所长负责,小组成员:×××、×××、×××、×××(当班工长)。

(三) 应急启动方式及措施

1. 建立信息处理系统

(1) 公布值班所长电话号码(内部电话号码为****;对外电话号码为0514-*******、************)和主要人员电话号码,具体是:

×××　***********　　　　×××　***********
×××　***********　　　　×××　***********

……

(2) 在政秘股设立专用值班电话(0514-*******)和传真机,由×××、×××负责信息的处理、上报和反馈,保证信息畅通。

2. 建立上、下游远方调度站区域突发事件的报告制度。一是远方调度站值班人员对发现的任何突发事件应及时向当日值班所长报告;二是值班所长发现或接到报告后,应及时向所主要领导报告,并及时通知到有关应急小组的负责人。

3. 各应急小组负责人接到通知后,应迅速组织召集所属小组成员在最短的时间内赶到事发现场进行有效处理。

4. 各突发事件的应急处理措施

(1) 对远方调度站管辖范围内发生的火情,消防应急小组在投入火灾扑救中,要服从值班所长的领导和指挥,针对火灾的地点和性质,及时采取切断电源、疏散人群、利用船闸消防设施进行火灾的扑灭工作,最大限度地减少火灾造成的损失。

(2) 一旦发现上、下游远方调度站道路受阻时,道路清障应急小组要服从值班所长的领导,及时赶往受阻现场出面制止施工队的野蛮施工行为,现场没有施工人员时,及时电话联系并督促施工队负责人清除路上障碍物,最大限度保障路面平整干净,确保我闸上、下游道路的通畅和人员上、下班安全。

(3) 对远方调度站人员在上、下班途中遇突发险情导致受伤时,伤员救治应急小组要在接到电话后的第一时间内赶往现场实施救助;对摔伤、跌伤等小伤情,应及时驾车送治伤员;对摔伤严重的人员,如无法判明其情况或不清楚正确的施救方法,应及时拨打"120"急救电话进行处置,最大限度地降低伤者的伤情后果和影响。

(4) 对远方调度站突发断电故障,供电故障抢修应急小组要服从值班所长的领导和指挥,一是先行停止对该断电区域的电力输送;二是及时上路核查该区域电源线连接及电线杆的状况;三是在确定电源线及电线杆无异常情况时,方可恢复供电,同时进一步查明断电原因,有效排除各种故障,确保远方调度站登记工作的正常开展。

(5) 对远方调度站区域治安保卫工作中出现的突发事件,站区治安保卫异常情况应急小组要服从值班所长的领导,及时前往事发地点保护现场免遭破坏,调查和了解事发情况,遇有大额现金丢失等重大治安保卫情况时,应及时向当地公安部门报告。

(四) 相关要求

1. 各应急小组人员必须招之即来,不得以任何借口延误、推托或不参加。非值班期间离开居住地外出的,必须事先向所主要领导请假说明,经同意后方可外出,所有应急小组人员的手机一律不得关机,随时听从召唤。

2. 所职能股室要根据上、下游道路及施工的实际情况,科学合理制定远方调度站班组的运行班次,尽可能减少夜间交接班频率,为职工上、下班出行安全提供保障。

3. 运调站人员在上、下班途中,必须严守道路交通安全法规,驾驶机动车的人员,必须依法取得机动车驾驶证;驾驶摩托车、电动车的人员,必须佩戴安全帽;如遇大雾、大雪、暴雨等恶劣天气时,更要注意加强瞭望和减慢车辆行驶速度,严防路滑导致摔伤事故的发生。

4. 总调值班人员必须坚守岗位,加强值班,密切关注远方调度站区域的各种动态,提高警惕,防控万一。远方调度站人员在班期间,要严肃纪律,严格规章,严防死守,及时锁闭工作间前后门锁;售票员收存票款后应及时锁好保险柜,进出票库应随手锁闭防盗门,切实提高安全防范意识,形成良好的安全防范习惯;对违规行为或对发生的突发事件不及时报告的,所将严肃追究其责任。

三、邵伯船闸应对危险化学品及油污泄漏事故应急处置预案

(一) 总则

1. 编制目的

为建立健全本船闸对危险化学品及油污泄漏事故应急救援体系,规范应急响应程序,强化预防、预警、预测机制,迅速有效地实施应急处置,最大限度地减少突发事故及由此造成的人员伤亡、财产损失和对航道生态环境的损害,保障人民生命财产安全,企业正常生产活动,维护社会、政治、经济秩序,促进经济社会全面、协调、可持续发展,编制本预案。

2. 编制依据

依据《生产安全事故报告和调查处理条例》、《危险化学品安全管理条例》、《江苏省水路交通运输条例》和《危险化学品事故灾难应急预案》,结合苏北运河货物运输特点制定本预案。

3. 编制原则

本预案遵循以人为本、预防为主、分级管理、快速反应、依法规范、依靠科技的原则。

4. 适用范围

（1）因地震、火灾、台风、洪水等自然灾害和待闸船舶大量积压、航道阻塞等特殊情况而引起的危险化学品及油污泄漏事故。

（2）因电力事故、火灾事故、爆炸品、食物中毒等人为因素而引起的危险化学品及油污泄漏事故。

（3）因恶性群体上访、刑事案件、邪教或敌对势力破坏、恐怖暴力活动等社会对抗和冲突而引发的危险化学品及油污泄漏事故。

上述给全所正常的工作环境、生活秩序、社会稳定、国家财产造成不良影响和严重后果的重大危险化学品及油污泄漏事故，超出日常有效处理能力，需要各部门（班组）做出响应或给予援助时，即启动本预案。

5. 事故分级

水上溢油引起的环境灾害系指在船闸航道水域内，油船发生的Ⅰ级、Ⅱ级、Ⅲ级溢油事件；石油制品液体流入附近水域，发生的Ⅰ级、Ⅱ级、Ⅲ级水环境污染事件。

Ⅰ级溢油事件是指水上溢油量超过10 t的溢油事件。

Ⅱ级溢油事件是指水上溢油量为5～10 t的溢油事件。

Ⅲ级溢油事件是指水上溢油量为5 t以下的溢油事件。

化学危险品对水域的污染，根据险情程度的不同，分以下三类管理：

一类险情：遇险人员超过10人以上；

　　　　　大面积的水域污染；

　　　　　剧毒化学品泄漏严重或正在泄漏之中；

　　　　　发生在交界水域的二类险情。

二类险情：遇险人员超过3人以上；

　　　　　情节较严重的污染事故。

三类险情：有人员遇险；

　　　　　船舶发生事故，无水域污染。

（二）组织体系

1. 领导机构

邵伯船闸管理所成立应急保障工作领导小组，负责组织领导、协调配合、统一指挥突发性事件处置和船闸保畅工作。领导小组组长由×××所长担任，副组长由×××、×××、×××、×××担任，所各部门负责人和各班组长为成员（图3-4-5）。

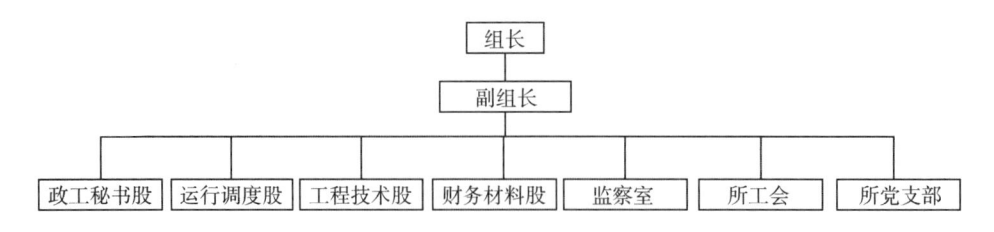

```
                    ┌──────┐
                    │ 组长 │
                    └──┬───┘
                    ┌──┴────┐
                    │ 副组长 │
                    └──┬────┘
   ┌──────┬──────┬────┼────┬──────┬──────┐
┌──┴──┐┌──┴──┐┌──┴──┐┌┴───┐┌┴───┐┌┴───┐┌─┴────┐
│政工 ││运行 ││工程 ││财务││监察││所工││所党  │
│秘书股││调度股││技术股││材料股││室  ││会  ││支部  │
└─────┘└─────┘└─────┘└────┘└────┘└────┘└──────┘
```

图 3-4-5 施桥船闸环保应急管理网络图

领导小组办公室设在所应急办，×××任应急办主任，×××、×××、×××任常务副主任，×××、×××、×××为副主任。日常事务由运调股承担，领导小组办公室负责信息汇总上报、协调及应急处置工作。

2. 应急响应部门

发生恐怖活动或突发性事件时，在所应急保障领导小组的领导下，领导小组成员按照以下分工认真抓好落实。

(1) 政工秘书股

负责密切配合上级主管单位，在所领导小组的统一指挥下，接受指令，完成相应任务。

负责重大信息的上传下达，及时为领导提供危险化学品及油污泄漏事故应急的决策参谋，保证信息渠道畅通。

负责全所应对危险化学品及油污泄漏事故的对外宣传工作。

负责指挥、协调、督促后勤管理要害岗位人员，根据事件的不同性质，迅速对供（排）水、供（切）电、消防、饮食等保障系统采取相应控制措施。

负责调度管理所所有车辆，保证应急交通通畅。

负责交通战备工作资料、机关设备安全，必要时经处领导小组同意，按有关规定向部队求助。

负责所后勤安全保卫工作，加强与公安、消防等部门的联系，根据实际情况报请所领导同意后拨打救援电话。

负责所文秘室、档案室、综合资料的安全和抢险。

与卫生防疫部门密切联系，负责疫情监测并做好隔离、消毒工作。

做好危险化学品及油污泄漏事故处置后垃圾清运处理工作。

与所财务材料股配合，根据不同危机事件和灾害种类，搞好物资储备，并与有关部门、单位建立物品供应联络关系等，所需经费列入所财务年度预算。

负责应急事件的临时人事调配和保证所人事档案的安全。

负责紧急状态下人员疏散、医疗救治及安抚工作。

负责紧急状态下伤员救助工作及事后落实相关政策。

负责做好后勤办公区、职工宿舍区供（排）水、供（切）电等工作，以及紧急情况下的集中供餐等工作。

（2）运行调度股

负责汛期船闸安全畅通，与处航闸养护科、处运调中心等部门配合加强汛期安全，及时启动《邵伯船闸防汛防旱交通保障工作应急预案》并负责预案的实施。

待闸船舶增多时，及时向处运调中心申请启动多闸联合调度管理运行机制和《邵伯船闸电煤等重点物资运输保障应急方案》并负责预案的实施。

负责抓好三线闸建设、船闸大修、低水位、汛期、大雾、沉船等特殊时期的通航安全管理。与处航道科、处航政科等部门配合加强汛期通航管理，及时启动《邵伯船闸保障电煤等重点物资运输应急预案》。

（3）工程技术股

负责船闸机电设备、闸阀门等突发性抢修，确保船闸运行安全高效，与处船闸养护科加强配合，及时启动《邵伯船闸机电应急保障系统》并负责预案的实施。

负责航道清障打捞，保证航道安全畅通。

负责车船等设备安全，保证技术状况性能良好。

负责应急工程的审核和施工质量监督工作。

负责全所通信、网络设备安全及应对危险化学品及油污泄漏事故通信联络畅通工作。

（4）财务材料股

负责及时审核应急经费的合理使用，保证财务资料的安全。

负责及时编制应急工作的经费预算，优先安排资金等工作。

与政秘股配合，根据不同危机事件和灾害种类，搞好物资储备，所需经费列入管理所年度财务预算。

（5）监察室

负责危险化学品及油污泄漏事故的调查及善后适用党纪政纪等相关工作。

（6）所工会

积极与相关部门配合，负责做好紧急状态下人员疏散、医疗救治、伤亡人员家属的安抚工作。

负责做好接受社会捐赠的有关工作。

（7）所党支部

负责做好应急保畅期间人员的思想和政令畅通工作。

(三)预警预报

1. 预警级别

按照危险化学品及油污泄漏事故严重性和紧急程度,可分为一般(Ⅳ级)、较重(Ⅲ级)、严重(Ⅱ级)、特别严重(Ⅰ级)四级预警,并依次采用蓝色、黄色、橙色和红色表示。

(1)蓝色预警(Ⅳ级):预计将要发生一般以上的危险化学品及油污泄漏事故,事件即将临近,事态可能会扩大。

(2)黄色预警(Ⅲ级):预计将要发生较大以上的危险化学品及油污泄漏事故,事件已经临近,事态有扩大的趋势。

(3)橙色预警(Ⅱ级):预计将要发生重大以上的危险化学品及油污泄漏事故,事件即将发生,事态正在逐步扩大。

(4)红色预警(Ⅰ级):预计将要发生特别重大以上的危险化学品及油污泄漏事故,事件已经发生,事态正在蔓延。

2. 预警级别调整

根据突发事故的发展态势和处置情况,应急保障工作领导小组须对预警级别做出调整。

3. 预警信息发布

应急保障工作领导小组对预报预警信息进行分析评估,对可能发生的突发事故及时进行预警。预警信息的发布、调整和解除按照发布程序和渠道,通过广播、电视、报刊、通信、信息网络等方式进行发布。

4. 预警行动

进入预警期后,各相关联动部门可采取相应的预防性措施,并及时向应急保障工作领导小组报告相关情况。

(四)信息处理

1. 信息的接收

应急保障工作领导小组负责24小时值守,接收突发事故报警信息。

事故报警电话:

电话:＊＊＊＊＊＊＊＊、＊＊＊＊＊＊＊＊、＊＊＊＊＊＊＊＊

扬州市安监局:0514-＊＊＊＊＊＊＊＊

环保投诉电话:12369

应急小组各成员的电话号码,具体如下:

×××　＊＊＊＊＊＊＊＊＊＊　×××　＊＊＊＊＊＊＊＊＊＊

×××　＊＊＊＊＊＊＊＊＊＊　×××　＊＊＊＊＊＊＊＊＊＊

……

2. 报告与通报

应急保障工作指挥中心接到事故报警信息后,应迅速核实情况,开展初始评估并立即向苏北运河应急保障工作领导小组报告。苏北运河应急保障工作领导小组应及时向交通运输部、市应急办报告,并向市安监局、市交委等相关部门通报情况。报告内容见表3-4-2。

表 3-4-2　报告内容

内　　容	说　　明
报告人单位、姓名、电话	
接警日期和时间	
险情发生日期和时间	
险情发生水域地点	水域名称、地理位置、陆地标志
当事船舶、设施、货物名称、概况	
遇险人员、设施情况	准确性、不明情况及时续报
水域污染及航道通航状况	是否有恶化趋势
事故发生的初步原因	简述
目前采取的措施	包括初步需要哪些部门支持配合

(五)应急响应

1. 事故的划分

(1)发生Ⅲ级溢油事件或化学危险品三类险情后,管理所应立即启动本所应急预案,所主要负责人应当赶赴现场,调查处理,采取有效措施控制事态发展,对事件严重程度、影响范围、发展趋势随时评估,针对评估结果提出解决方案、措施并实施,处置工作完毕后,及时研判,适时决定应急工作结束。所应急办要在1小时内将危险化学品及油污泄漏事故简要情况快报至处,管理所依据实际情况,提出事故处理意见报处应急办核准、备案。

(2)发生Ⅱ级溢油事件或化学危险品二类险情后,管理所应立即报告处应急保障工作指挥中心统一指挥处理,启动相应预案,各应急工作机构和人员积极配合开展工作,根据需要派出工作组或在现场设立指挥机构。涉及面广,需要环保部门、省局、省厅、地方政府有关部门和单位统一协调处理的,立即向上级应急指挥中心请求支援,由上级应急指挥中心统一协调处理,有关信息报经上级批准后对外通报和发布。处置工作完毕后,处应急保障工作指挥中心及时研判,适时决定应急工作结束。

(3)发生Ⅰ级溢油事件或化学危险品一类险情后,由处应急保障工作指挥中心向环保部门、省厅、省局和地方政府部门报告,请求上级应急指挥中心统一指挥、协调处理。全处各级应急工作机构和人员积极按照上级应急指挥中心的指令,启动相应应急预案,积极配合开展应急处置工作,并及时向上级应急指挥中心报告工作情况。

2. 应急救援行动

应急保障工作指挥中心应按照应急救援决策组织各应急救援力量实施应急救援行动。应急救援行动主要包括以下内容。

(1) 迅速与地方有关部门联系,要求撤离溢油区域无关船舶,禁止船只在溢油区域通行。

(2) 尽快切断溢油源,阻止事故的扩大。

(3) 根据溢油事件发生的位置、范围、溢油种类、溢油量等情况,确定是否需要进行人员疏散。

(4) 组织有关环境检测部门,按照国家环境检测标准和规范对溢油和受溢油污染的水域及资源进行跟踪检测。

(5) 组织专家根据监视监测结果、现场气象、河流(湖泊)水文条件和溢油预测模型等信息,对溢油去向、数量、范围和扩散规模做进一步评估。

(6) 组织零售管理部和物流部等有关部门及专家制定具体的溢油控制和清除作业方案。根据溢油量、油品污染危害的特性、事件发生的地理位置以及易受损害资源保护的优先次序,决定采取应急设备和人员的投入程度,迅速组织调集清污队伍携带围油栏赶往指定地点开展油污控制和清除工作。

(7) 通知消防船赶赴现场实施警戒。禁止在现场明火作业,防止火灾事件发生。发生次生火灾时,采取隔离和疏散措施,避免无关人员进入火灾危险区域。

(8) 立即通知可能受危及的区域附近单位组织力量做好防污染应急准备,并指导其采取相应的自救、防范措施。

(9) 及时向应急指挥中心汇报、请示并落实指令。

3. 溢油抢险方案实施原则

(1) 优先保护原则

a. 保护人命和财产安全;

b. 控制污染源,避免或减少进一步污染的威胁;

c. 避免或减轻对环境的损害威胁。

(2) 环境目标的优先保护次序

a. 源头水、自然保护区(包括国家、省、市等各级别);

b. 饮用水和工业用水源或取水口;

c. 水产养殖区;

d. 濒危动、植物的栖息地;

e. 湿地;

f. 农田、林场、名胜古迹、旅游游乐场所；

g. 船舶和设施。

（3）溢油控制和清污作业程序

a. 切断溢油源：溢油事件发生后，首先以果断的措施切断溢油源；

b. 溢油的围控：用最快速度利用围油栏进行围控，根据具体情况立即布放一道或数道围油栏，防止溢油继续漂移扩散；

c. 水面溢油回收：尽可能依靠吸油毡将围控的浮油回收，回收时采用吸油材料以及人工捞取。

4. 危险化学品事故应急救援的组织和实施

接到危险化学品事故应急救援报警与报告后，根据险情程度立即启动相应的应急救援方案，出动应急救援队伍，实施应急处理（即紧急疏散、现场急救、溢出或泄漏处理和火灾控制几个方面，见图3-4-6）。应急中心负责水上交通秩序的维护、水上人员的紧急疏散、事故的调查处理，同时协助其他救援队做好相应工作。

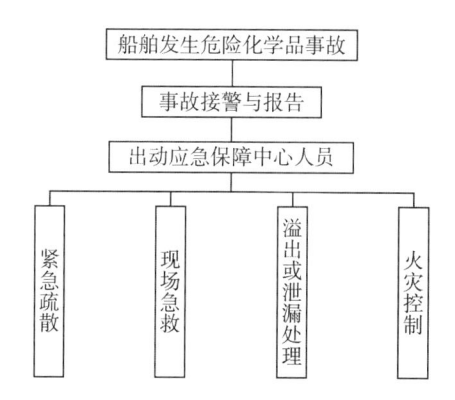

图 3-4-6 水上危险化学品事故的应急处理过程图

（1）出动应急救援队伍

接到水上危险化学品事故救助信息后，立即向环保部门、安全局、交通局等报告。各相关职能部门、单位负责人迅速赶到应急保障中心，指挥抢险救灾工作。各专业救援小组在第一时间赶赴事故现场。

（2）成立现场救援指挥部

各救援小组到达事故现场后，成立现场救援海事指挥部，接受现场救援指挥部的指挥。

（3）开展救援活动

各救援组在做好自身防护的基础上，快速实施救援，控制事故发展，并将伤员救出危险区域和组织群众撤离疏散，协助做好危险化学品的清除工作，及时将救援情况向现场指挥部及应急救援中心汇报。

（六）应急结束

危险化学品及油污泄漏事故处置结束后，应急保障工作指挥中心应组织专家进行分析论证，经现场监测、评估和鉴定，确定事故已得到控制，报市政府批准后，总指挥发布终止救援行动的命令。

现场指挥部组织各应急救援力量清理事故现场后有序撤离。

（七）后期处置

1. 善后与恢复

事故发生地区县政府组织相关部门和责任单位负责危险化学品及油污泄漏事故的善后工作，包括人员安置与补偿、社会救助、卫生防疫、保险理赔、环境恢复等。及时消除事故影响，妥善安置、慰问受害和受影响人员，尽快恢复正常秩序，保证社会稳定。

2. 调查评估

应急保障工作指挥中心应组织有关部门及专家对危险化学品及油污泄漏事故的起因、性质和责任等进行调查，对应急救援行动相关部门行动和应急救援效果等进行科学评估，评估报告报市政府和交通运输部。

（八）信息发布

根据事故发生和救援情况，组织发布危险化学品及油污泄漏事故信息。

（九）应急保障

各有关部门和各相关区县政府要根据本预案的要求，切实做好应对危险化学品及油污泄漏事故的人力、物力、财力、交通运输、医疗卫生、治安等保障工作，保证应急救援的急需和受灾群众的基本生活，以及灾后重建工作的顺利进行。

1. 人力资源

（1）公安、医疗救护、海上搜救等救援队伍是危险化学品及油污泄漏事故应急救援的专业队伍和骨干力量。

（2）各应急响应部门和相关单位组建的应急专业队伍要规模适度、工种配套、设备齐全，经常开展对危险化学品及油污泄漏事故应急处理的相关知识和技能培训，加强演练，不断提高应急处置和现场救援能力。

2. 物资保障

各应急响应部门应加强应急设备设施建设，配备先进的救援装备、器材等，建立现场救援和抢险装备信息库，明确其类型、数量、性能和存放位置。建立相应的维护、保养和调用制度。

围油栏、吸油毡、吸油机等环保应急设备均应放置在船闸管理所，由专人保管，定期检查。

3. 财力保障

处置危险化学品及油污泄漏事故所需财政担负的经费,按照现行事权、财权划分原则,分级负担。

4. 交通运输保障

组织交通、铁路、港口等有关部门保证紧急情况下应急交通工具的优先安排、优先调度、优先放行,确保运输安全畅通。依法建立紧急情况下社会交通运输工具的征用程序,确保救灾物资和人员能够及时、安全运达。

5. 医疗卫生保障

负责组建医疗卫生救援队伍,开展医疗卫生救援工作。

6. 治安保障

按照有关规定,负责治安维护和相关应急处置工作。加强对重点地区、重点场所、重点人群、重要物资和设备的安全保护,依法严厉打击违法犯罪活动。必要时,依法采取有效管制措施,控制事态,维护正常社会秩序。

(十)应急管理

1. 宣传教育

积极组织和指导相关企业开展安全生产宣传教育活动,努力提高企事业单位对危险化学品及油污泄漏事故的安全防范意识和自救能力,最大限度地预防和减少危险化学品及油污泄漏事故的发生。

2. 培训与演练

有组织、有计划地开展相关单位危险化学品专业知识、事故应急救援和处置知识培训。进一步提高单位和个人自救互救能力,增强危险化学品单位和从业人员的防范意识。

每年开展1～2次、多种形式的处置危险化学品及油污泄漏事故应急演练,提高各联动单位和生产经营(运输)单位的实战应对能力。做好实施应急处置的各项准备,确保一旦发生危险化学品及油污泄漏事故,能迅速投入应急救援中。

3. 责任与奖惩

(1)危险化学品及油污泄漏事故应急救援工作实行行政领导责任制和责任追究制。

(2)对应急管理工作中做出突出贡献的先进集体和个人要给予表彰和奖励。

(3)对迟报、瞒报、漏报和谎报重要情况或者有其他失职、渎职行为的,依法对有关责任人给予行政处分;构成犯罪的,依法追究刑事责任。

4. 预案管理

(1)预案编制与解释

本预案由邵伯船闸应急保障工作领导小组负责编制与解释。

（2）预案修订

本预案由邵伯船闸应急保障工作指挥中心适时组织评审与修订,报市应急办审核、备案。

四、危险品船过闸安全防范预案

危险品运输船舶通过淮安闸的频次较高,数量也较多。为确保过闸安全,制定该防范预案。

（一）隐患特征

1. 待闸和过闸过程中遇明火发生火灾事故。

2. 碰撞时,发生爆炸和危险品泄漏。

3. 不按指定地点停靠产生意外。

（二）预控措施

1. 航管稽征中心划定危险品船专用停靠地点,并设有明显标志。

2. 登记和发号人员要求船舶按指定地点停靠,不得与非危险品船舶靠在一起。

3. 登记调度人员严格执行危险品船运调计划,单独分期分批实施调度。

4. 运调指挥中心根据季节特点科学制订运行调度计划,采取单独放行措施。船多混合隔离放行时,规定隔离间距,并检查督促。

5. 在船舶进、出闸过程中,值班员做好宣传工作,加强观察瞭望,要求减速慢行,不抢档超越,做好排档工作。

6. 操作员注意闸室动态,随时做好宣传,禁止烟火。

7. 运行时,工班长和安全员等现场监护。

8. 闸口、远方调度站等岗位配备必要的消防器材,闸区设置黄砂箱、消防栓等救助设备。

9. 发生突发险情,各岗位及时采取措施,并通知所领导,向消防部门报告。

五、船舶积压时运行调度应急预案

目前,我所3座船闸正常运行,但下游远方调度站离淮钢码头和新港码头较近,这两个码头常年等待装卸货物的船舶较多,航道不畅,下行船舶无法正常放行,易导致上游积压船舶。为确保苏北运河的安全畅通和船闸高效运行,保持良好的通航秩序,最大限度地提高通过能力,确保电煤运输和国家重点物资的及时通过,苏北处运调中心有可能通知我所下行船舶间断放行。为了应对因船舶积压、航道堵塞而引起的突发事件,保证下行船舶停航期间,上游航道畅通、船闸运行安全、船舶过闸有序,特制定本预案。

（一）组织领导

1. 成立现场运行调度管理领导小组：分管现场的副所长、运调指挥中心主任、航管稽征中心主任、班组安全员。

2. 成立安全行风稽查领导小组：书记、监察室（副）主任、监察员。

3. 成立机电设备应急抢修领导小组：分管机电副所长、养护中心主任。

4. 成立后勤协调保障领导小组：所领导班子成员、各部门负责人。

（二）计划控制

根据处统一安排，以及我所上游航道状况，分步实施下列步骤：

1. 当待闸船队达 60 个时，管理所成立航道排档组，24 小时上航维持秩序。

2. 当上游航道待闸船队达 100 个时，在××地方设立二级远方调度站。

（三）船舶停靠管理

1. 在上游航道指定位置设立各类船舶停泊区，并在停泊区沿岸设立明显的停靠指示牌。

2. 在运河××地方设立上游二级远方调度站。下行船队按到闸先后顺序在二调区域临时划定的船队停靠牌 300 m 范围外，依次二帮停靠，大型吊拖或顶推船依船队顺序限单帮停靠；危险品船队到原危险品船舶待闸区停靠。所有报到船头经登记后一律回原船队停靠。

3. 下行货轮从远方调度站码头西边缘依次向西停靠，当二级远方调度站启动时，从二级远方调度站以西同侧向南停靠。

（四）船舶登记管理

1. 下行货轮采取见船发号的方式，由发号员上航发号、登记，当待闸货轮超过 300 艘时，在登记的同时收缴航行簿和检验证书，分别捆扎，下班后移交远方调度站。

2. 船队必须先在指定停泊区按顺序停靠，轮头要有明显船名号，且与航行证件相符。排档员在见到轮头和驳船后，在航行簿上签署"已见船队"字样；无船名号或证件不一致，没有见到船队的，不得签署意见。

3. 船队持航行簿、上道闸闸票、规费、驾驶证、轮机证到二调报到登记，领取过闸序号，等候通知。未列入调度计划的船头一律回船队停靠，以备上航稽查。

（五）船舶登记程序

1. 远方调度站或二级远方调度站、货轮发号员等在登记船舶时必须同时查验下列事项：(1)见船；(2)上一道闸闸费；(3)航养费或运单；(4)按照航行证件上的配员实施对人对照，船队不少于 3~4 人，货轮不少于 1~2 人。

2. 二调登记时一式二联，第二联随航行簿到远方调度站，船员手中持有船舶登记号单。

3. 航行簿到远方调度站时,由当班值班员在交接班记录上签收,送收双方认可,留下二调送达的第二联登记簿收存。

4. 船舶到计划放行时,由远方调度站根据二调号单及航行证件,打调单放行。

(六) 船舶放行程序

1. 每日安排一定数量的临时交通公务船到停泊区船队停靠的尾部拦船排档或维护航道秩序。

2. 根据运调指挥中心的计划,每日7时,由二调盖章并从二调以外调进相应的排号队和大铁驳、油船进入一级待闸区。

3. 远方调度站对调出船舶,在二调送来的第二联上签署调出时间和调度员姓名。

4. 提放船舶每日12时后,由远方调度站用电台通知给二调,盖章后有序调进一级待闸区。

(七) 运行秩序管理

1. 运调指挥中心每日根据上级的放行计划指令,在17时前制订出第二日放行计划,通知远方调度站和运行工班执行。

2. 货轮发号员每日根据运行调度计划以及时间安排,在调单上签字,调进相应数量的货轮(包括危险品船和提放货轮等),由远方调度站打印调单按计划放行。

3. 上游远方调度站至二级远方调度站为一级停泊区,二调以西为二级停泊区。

(八) 信息传递

每日9时前,统计员将当日船闸使用运行、船舶通过、待闸船舶、水位情况用电子邮件发送到苏北处。

六、低水位运行期间安全防范预案

(一) 隐患特征

淮阴船闸下游设计最低通航水位8.5 m,门槛设计高程为3.5 m,而下游实际水位有时会低于8.5 m。目前,二级航道船舶普遍吃水深度都在3 m左右,二号闸闸室墙底部有1 m倒坎,实际水位在7.5 m以下,形成下列隐患:

1. 二号闸浮式系船柱到底,形成吊船。

2. 闸室船舶泄水时向中间挤夹,发生档挡沉船事故。

3. 超深船不能出闸,形成搁浅。

(二) 预控措施

1. 航管稽征中心及时在远方调度站等区域公布水位情况。

2. 远方调度站值班员要认真核对船舶吃水深度,船员签字认可,吃水超过3 m的一律不予放行。水位特低时,控制大型船舶过闸。

3. 闸口值班员组合调度船舶时,闸室容船宽度适当留有余地,防止泄水时夹档。船舶进闸后加强观察瞭望,注意泄水时闸室动态。危急时,下游值班员采取强落阀措施。

4. 闸口值班员与操作员密切配合,加强宣传,要求船员带活缆绳。

(三) 水情通告

发生低水位时,运调指挥中心要及时向船员发布水情通告,具体内容如下。

船员同志们:淮阴船闸下游水位低枯,目前只有 X m,与设计最低通航水位 8.5 m 相差 Y m,下游闸门底坎设计高程 3.5 m,水深不足。为了船舶(船队)的过闸安全,保证船闸畅通,敬请您自觉如实申报船舶实际最大吃水深度,并请您签字认可,如瞒报或虚报,后果自负。

七、防止船舶沉没应急救援预案

虽然水泥质船舶已退出水运市场,但船舶沉没事故仍时有发生,给人民生命财产造成了较大的损失。为了做好船舶沉没事故的预防工作,我们认真分析事故案例,发现目前海事事故处理多为事后亡羊补牢式的监管,缺乏事前控制和现场过程控制,为此制定了本预案。

1. 加强引航道管理,为过往船舶提供良好的通航环境,防止船舶碰撞发生。

2. 加强安全宣传,要求做好船舶进、出闸前的设备检查和维护;在进、出闸过程中,有较强的安全意识和执行规则的自觉性。

3. 发现船舶碰撞后,要及时掌握船舶自救情况和船方明确的救助请求。向海事部门报案(电话:12395),同时向本单位相关部门报告。

4. 要求船方提供必要的信息,如货物的性质、包装、数量、货物积载等。

5. 督促、帮助遇难船堵漏、排水,及时疏散有关人员。

6. 组织拖轮施救,强制性拖离主航道和危险区域,尽量向安全区域撤滩。

7. 了解倾斜情况,调整吃水(压载水、油舱等),计算剩余浮力,进行减载,或合理地抛货,用拖轮顶推。

8. 备妥足够的拖轮,组织大马力拖轮施救。

9. 必要时将阀门关紧,关好门窗,防止危险品船舶散热、泄漏等。

10. 如沉没无法避免,要尽量抛锚,按"弃船"要求做好各项工作。

11. 沉没后,必须准确定位、设标,必要时实施临时交通管制,发布航行警告,防止第二次事故发生。

12. 充分考虑水流、潮沙的影响,以及当时的风向风力情况,采取最佳救助方案或善后措施。

13. 两船因碰撞事故咬合在一起时不要急于分开,防止大量进水导致沉没,必要时进行搁滩。如有船正快速下沉而危及他船时,才能倒车退出,采取其他抢救措施。

14. 值班员发现船舶在进闸过程中有沉没危险时,要制止其进闸行为,同时向本单位相关部门责任人报告,并及时按预案组织抢险。

15. 值班员发现船舶在涨泄过程中有沉没危险时,应及时按预案组织抢险,同时向本单位相关部门责任人报告。

八、南通船闸通闸运行事故应急救援预案

为确保通闸运行的安全、可靠、高效,确保船舶快速、安全过闸,减少通闸运行事故并使事故损失降低到最低限度,结合通闸运行的实际情况,制定本应急救援预案。

(一)适用范围

通闸期间一旦出现船闸设备运行失常,进、出闸的船舶由于本船动力不够或突然失航等不安全因素,有可能造成船沉人亡等危险时,本应急救援预案立即启动。

(二)应急救援预案程序

1. 机电设备运行失常,不能及时关闭闸、阀门

(1)当班操作人员一旦发现船闸设备不能正常运行时,立即通知当班机电工,如机电工一时不能排除故障,应立即报告值班所长,值班所长视情况启动应急救援预案。报警电话:＊＊＊＊＊＊＊＊、＊＊＊＊＊＊＊＊,内线:＊＊＊、＊＊＊。

(2)通知上、下游管理艇立即控制船舶进入闸室,闸口当班人员应立即用广播通知:船舶禁止进闸,待进闸船舶在引航道内靠边带缆或抛锚。同时开启禁止通航信号,暂停通闸运行。

(3)机电设备抢险救护组迅速查明事故原因,决定抢修方案。如遇停电,立即启动另一路电源;如遇双路外供电都停,应立即启动自备发电机组供电,保证机电设备能正常运转。

(4)如遇机电设备发生故障,应立即关闭正常一侧的闸门,停止通闸,对故障设备进行紧急抢修。

(5)如因动力线路等发生故障,一时无法修复,两侧闸门均无法关闭,则立即组织人力手摇顶平车皮带轮关闭一侧闸门,停止通闸,对故障设备进行紧急抢修。

2. 船舶出现险情

(1)通闸时发现过闸船舶因动力不足或过闸船舶发生失控等险情,应立即向现场总指挥汇报。报警电话:＊＊＊＊＊＊＊＊、＊＊＊＊＊＊＊＊,内线:＊＊＊、对讲机等。

(2)现场总指挥通知上、下游管理艇立即控制其余船舶进入闸室,并指挥引航道内船舶远离闸口,有序停靠。

(3)闸口当班人员应立即用广播通知:船舶禁止进闸,待进闸船舶在引航道内靠边带

缆或抛锚。同时开启禁止通航信号，暂停通闸运行。

（4）关闭双侧或单侧闸门。

（5）如遇轮队卡在闸室内，不能关闭任何一侧闸门，应立即组织其他拖轮，将轮队尽快拖离闸室；如当时没有拖轮或拖轮不能拖动，可将闸口外后面的驳轮用其他坚固缆绳系于闸口导航墙处，砍断闸口外后面的驳轮与轮队的系缆，断开轮队，关闭一侧的闸门，停止通闸。

（6）如发现已进闸船舶漏水，应立即控制其他船舶停止进闸，通知船主做好本船的自救工作，如填漏、抽排水等，同时操作人员做好宣传和该船的出闸准备，通知引航道内船舶让出主航道，及时做好闸室内的排档工作，方便该船出闸；管理艇应立即靠近事故船舶，并设法将其拖离闸室至航道浅滩处进行施救，避免闸室沉船。

九、南通船闸套闸运行事故应急救援预案

为确保船闸套闸运行的安全高效，保障船舶安全、有序地过闸，减少套闸运行事故并降低事故损失，结合套闸运行的实际情况，制定本应急救援预案。

（一）适用范围

套闸运行一旦出现闸室内船舶轧档而造成闸室内船舶漏水、倾覆、沉船、火灾等非正常情况，本预案立即启动（闸室内火灾按火灾事故应急救援预案实施）。

（二）应急救援预案程序

1. 当班操作人员一旦发现闸室内船舶轧档、有沉没的危险，应立即组织排档，如救助失败，立即报告值班所长。电话：＊＊＊＊＊＊＊＊、＊＊＊＊＊＊＊＊，内线：＊＊＊、＊＊＊。

2. 值班所长在发现排档失败后，应立即启动预案，通知通信联络组利用内、外线电话等通知各应急救援组到场、到位。

3. 如船舶闸口轧档，立即通知轧档船舶向后倒。水上抢险救护组在船舶倒车困难的情况下，可协助拖动，直至其拖离险情。

4. 如闸室输水时船舶轧档、船舶倾斜或漏水，应立即停止输水，保持闸室内水位稳定，指挥事故船舶利用本船所有设施进行自救，并及时组织闸室内其他船舶协助救助，包括将该船拖离闸室，严禁在闸室内发生沉船事故。

5. 闸室内船舶漏水、有沉船危险的，通知船主做好本船的自救工作，如填漏、抽排水等，以及请其他船舶协助救助，如帮助卸载、暂时绑吊等。马上做好船舶出闸准备，通知引航道内船舶让出主航道，及时做好闸室内的排档工作。如进船侧闸门未关闭且遇险船舶在较后面，则停止套闸施放程序，通知船舶倒车；如进船侧闸门已关闭或遇险船舶在较前面，倒出船闸有困难的情况下，则应尽快完成套闸施放程序，并立即通知遇险船舶尽快

驶离闸室,在引航道内找浅滩搁浅施救,避免闸室沉船。

6. 闸室内已发生沉船,应立即通知停放套闸,在向遇险船员抛掷救生设备的同时,用竹竿、绳索抢救落水船员,必要时拨打"120"求助。按事故上报程序向上级主管部门汇报,及时组织沉船打捞,尽快恢复通航。

7. 如闸室内发生危险品船舶沉没或泄漏时,应防止有害液体溢流,同时应向消防和环保部门报警,请求支援;如有毒物泄漏不允许开启闸门或输排水,应暂关闭船闸并及时向有关部门报警并协助进行处理。

十、南通船闸引航道事故应急救援预案

为确保船闸引航道的安全畅通,维护引航道的通航秩序,确保过闸船舶进、出船闸的安全、快捷,保障船闸开放安全、良好,减少事故并使事故损失降低到最低限度,结合船闸引航道安全管理的特点和引航道长效管理办法,制定本应急救援预案。

（一）适用范围

船闸管辖引航道上游 800 m、下游 800 m 范围内待闸船舶发生漏水、倾覆、沉没、火灾、危险品泄漏等事故时,本应急救援预案立即启动(船舶失火按火灾事故应急救援预案实施)。

（二）应急救援预案程序

1. 闸口当班人员或交通组人员一旦发现待闸船舶发生漏水、倾覆、沉没、火灾、危险品泄漏等险情(船舶失火按火灾事故应急救援预案实施),在初起自救失败后,应立即向所领导或值班所长汇报,管理艇随即赶赴出事现场协助救助。联系电话:＊＊＊＊＊＊＊＊、＊＊＊＊＊＊＊＊,内线:＊＊＊、＊＊＊。

2. 所领导或值班所长在接到汇报的同时向海事有关部门报告(报警电话:＊＊＊＊＊＊＊＊、＊＊＊＊＊＊＊＊),及时按事故上报程序的有关规定向上一级主管部门汇报。

3. 现场总指挥接报后立即通知通信联络组利用内线电话等通知各抢险救援组到场、到位。

4. 所领导或值班所长接报后火速赶往发生险情的水域,第一个到达的领导应立即承担起抢险救护的责任,随后由到场职务最高的领导任总指挥。

5. 如遇船舶漏水等,在保证拖船的安全下,应尽可能将其拖至引航道浅滩处,防止沉没。

6. 向遇险船舶抛掷救生设备。

7. 划定警戒区实行引航道局部管制,命令无关船舶撤离,维护好外围秩序,为海事执法艇到现场抢险创造有利条件,协同海事部门抢险救助。

8. 帮助联系拖轮和空船抢救货物、遇险船舶,在抢救无效时,协助船民弃船自救。

9. 尽快疏散、合理调度船舶,如有毒物泄漏应及时向有关部门报警并协助进行处理,尽早恢复通航。

10. 及时按事故上报程序的有关规定向上一级主管部门汇报。

思考题

1. 请简述企业预警系统的建立与实现步骤。预警系统的实现应具备哪些功能?

2. 事故应急救援的基本任务有哪些?事故应急救援的特点有哪些?应急管理是个动态的过程,包括哪四个阶段?

3. 请简述事故应急管理体系应如何构建?

4. 请简述事故应急预案的作用、事故应急预案体系组成、事故应急预案编制的基本要求、事故应急预案编制程序、事故应急预案基本结构等相关方面内容。完整的应急预案主要包括哪些方面的内容?

5. 请简述应急演练的类型及应急演练的组织与实施过程。

参考文献

[1] 王剑华.港口机械液压与液力传动[M].北京:人民交通出版社,2008.

[2] 陈立德.机械设计基础[M].北京:高等教育出版社,2004.

[3] 饶蜀华.电工电子技术基础[M].北京:北京理工大学出版社,2008.

[4] 贺一平.电工学[M].大连:大连海事大学出版社,2007.

[5] 余孟尝,陆小珊,王胜元.电子技术[M].北京:高等教育出版社,2005.

[6] 陈大力,杨宇.电机及拖动基础[M].北京:清华大学出版社,2010.

[7] 徐建俊.电机与电气控制项目教程[M].北京:机械工业出版社,2008.

[8] 李茂福.公路工程机械控制技术[M].北京:人民交通出版社,2010.

[9] 胡庆生.PLC控制系统应用与维护[M].北京:电子工业出版社,2012.

[10] 柳桂国.传感器与自动检测技术[M].北京:电子工业出版社,2011.

[11] 王协瑞.计算机网络技术[M].北京:高等教育出版社,2002.

[12] 张加雪,钱江.智慧船闸[M].南京:东南大学出版社,2018.

[13] 赵前,徐连胜.长江危险品运输安全监管与应急反应关键技术[M].北京:人民交通出版社,2015.

[14] 刘清,徐开金.交通运输安全[M].武汉:武汉理工大学出版社,2009.

[15] 中国安全生产协会注册安全工程师工作委员会,中国安全生产科学研究院.安全生产管理知识[M].北京:中国大百科全书出版社,2011.